Ansgar Zerfaß

# Unternehmensführung und Öffentlichkeitsarbeit

# Organisationskommunikation. Studien zu Public Relations/Öffentlichkeitsarbeit und Kommunikationsmanagement

Herausgegeben von
*Günter Bentele*

Die Reihe „Organisationskommunikation. Studien zu Public Relations/Öffentlichkeitsarbeit und Kommunikationsmanagement" zielt darauf, wesentliche Beiträge zur Forschung über Prozesse und Strukturen der Kommunikation von und in Organisationen in ihrem gesellschaftlichen Kontext zu leisten. Damit kommen vor allem Arbeiten zum Tätigkeits- und Berufsfeld Public Relations/Öffentlichkeitsarbeit und Kommunikationsmanagement von Organisationen (Unternehmen, politische Organisationen, Verbände, Vereine, Non-Profit-Organisationen, etc.), aber auch zur Werbung oder Propaganda in Betracht. Nicht nur kommunikationswissenschaftliche Arbeiten, sondern auch Beiträge aus angrenzenden Sozialwissenschaften (Soziologie, Politikwissenschaft, Psychologie), der Wirtschaftswissenschaften oder anderen relevanten Disziplinen zu diesem Themenbereich sind erwünscht. Durch Praxisbezüge der Arbeiten sollen Anstöße für den Professionalisierungsprozess der Kommunikationsbranche gegeben werden.

Ansgar Zerfaß

# Unternehmensführung und Öffentlichkeitsarbeit

## Grundlegung einer Theorie der Unternehmenskommunikation und Public Relations

2., ergänzte Auflage

VS VERLAG FÜR SOZIALWISSENSCHAFTEN

VS Verlag für Sozialwissenschaften
Entstanden mit Beginn des Jahres 2004 aus den beiden Häusern
Leske+Budrich und Westdeutscher Verlag.
Die breite Basis für sozialwissenschaftliches Publizieren

Bibliografische Information Der Deutschen Bibliothek
Die Deutsche Bibliothek verzeichnet diese Publikation in der Deutschen Nationalbibliografie; detaillierte bibliografische Daten sind im Internet über <http://dnb.ddb.de> abrufbar.

Wir danken der Stiftung zur Förderung der PR-Wissenschaft an der Universität Leipzig (SPRL) für die finanzielle Förderung bei der Erstellung des vorliegenden Bandes.

1. Auflage 1996 (erschienen im Westdeutschen Verlag)
2. Auflage Juli 2004
Unveränderter Nachdruck Mai 2005



Lektorat: Barbara Emig-Roller

Der VS Verlag für Sozialwissenschaften ist ein Unternehmen von Springer Science+Business Media.
www.vs-verlag.de



Umschlaggestaltung: KünkelLopka Medienentwicklung, Heidelberg
Druck und buchbinderische Verarbeitung: MercedesDruck, Berlin
Gedruckt auf säurefreiem und chlorfrei gebleichtem Papier
Printed in Germany

ISBN 3-531-32845-X

# Inhalt

# Vorwort zur Neuauflage

„Für jedes komplexe Problem gibt es eine einfache Lösung", schreibt Umberto Eco, „und die ist die falsche". Das gilt auch und gerade für Fragen der Unternehmenskommunikation und Öffentlichkeitsarbeit, die bis Mitte der 90er Jahre allzu oft mit holzschnittartigen Formeln und Verweisen auf legendäre PR-Pioniere beantwortet wurden. Dies reicht längst nicht mehr aus. Ein professionelles Kommunikationsmanagement bedarf konzeptioneller Grundlagen, die auf einem breiten Fundus praktischer Erfahrungen und theoretischer Erkenntnisse aufbauen. Die Unübersichtlichkeit des Themenfeldes macht es sogar unabdingbar, bei der theoretischen Grundlegung ad prima fundamenta zu gehen. Nur so lässt sich sicherstellen, dass die PR-Forschung an andere Disziplinen anschlussfähig wird und ein vergleichbares Reflexionsniveau erreicht.

Die vorliegende Studie versteht sich als Grundlagenarbeit, die sich mit den sozialtheoretischen, kommunikationswissenschaftlichen und betriebswirtschaftlichen Grundlagen der Public Relations auseinandersetzt. Sie wendet sich an Praktiker und Wissenschaftler mit unterschiedlichem Hintergrund und regt ausdrücklich zur Auseinandersetzung mit den Überlegungen anderer Disziplinen an. Deshalb sind die Grundlagenkapitel bewusst breit angelegt; sie sind der Schlüssel zum Verständnis des theoretischen Gesamtkonzepts.

Entstanden ist dieses Buch während meiner mehrjährigen Tätigkeit am Lehrstuhl für Allgemeine Betriebswirtschaftslehre und Unternehmensführung der Universität Erlangen-Nürnberg. Es wurde erstmals im Frühjahr 1996 im Westdeutschen Verlag veröffentlicht. Aufgrund der großen Resonanz in Wissenschaft und Praxis war der Band bereits nach kurzer Zeit vergriffen. Dem Drängen vieler Leser und Kollegen nach einer Neuauflage konnte ich leider erst jetzt folgen. Da der Gedankengang weiterhin hochaktuell und inhaltlich gültig ist, wurden Kapitel 1 bis 8 in Text, Seitenumbruch und Rechtschreibung unverändert beibehalten. Hinzugekommen sind in der ergänzten Neuauflage ein erweitertes Inhalts- und Literaturverzeichnis sowie das Kapitel 9, in dem neuere Diskussionslinien der Kommunikationspraxis und PR-Theorie vor dem Hintergrund der hier entworfenen Leitideen aufgegriffen und weiterentwickelt werden. Im Ergebnis zeigt sich: Die methodisch-konstruktivistisch und strukturationstheoretisch fundierte Theorie der Integrierten Unternehmenskommunikation hat sich bewährt und wird sich auch für künftige Forschungsvorhaben als fruchtbar erweisen.

Mein Dank gilt allen, die durch Ihre fachliche und persönliche Unterstützung zum Gelingen der Studie und der Neuauflage beigetragen haben. An erster Stelle ist Prof. Dr. Dr. h.c. mult. Horst Steinmann zu nennen. Er hat die Entstehung der vorliegenden Arbeit stets fordernd und fördernd vorangetrieben, mir am Nürnberger Lehrstuhl für Unternehmensführung ungewöhnlich große

Freiräume für eigenständige wissenschaftliche Studien einschließlich dieser Dissertationsschrift eingeräumt und bis heute meine Arbeiten freundschaftlich begleitet. Prof. Dr. Winfried Schulz, ebenfalls Nürnberg, gilt ein besonderer Dank dafür, dass er mein Interesse an kommunikationswissenschaftlichen Fragestellungen geweckt und die vorliegende Arbeit als Zweitreferent begutachtet hat. Für aufschlussreiche inhaltliche Diskussionen ist Prof. James E. Grunig, Ph.D., University of Maryland, sowie den Kollegen Prof. Dr. Andreas Georg Scherer, Zürich, Prof. Dr. Albert Löhr, Zittau, und Dr. Carola Hennemann zu danken. Prof. Dr. Günter Bentele, Universität Leipzig, hat meine wissenschaftlichen Arbeiten zur Unternehmenskommunikation in den letzten Jahren stets unterstützend begleitet und mich nach langem Drängen dazu gebracht, diese Neuauflage trotz vielfältiger anderer Verpflichtungen in Angriff zu nehmen. Ihm gebührt großer Dank für die Aufnahme des Bandes in die von ihm herausgegebene Publikationsreihe und die tatkräftige Unterstützung seiner Mitarbeiter bei der Literaturrecherche für die Neuauflage.

Die Rekonstruktion der einleitenden Fallstudie wurde freundlicherweise durch die Abteilung Unternehmenskommunikation der damaligen Hoechst AG, Frankfurt, unterstützt. Hier sind insbesondere Ludwig Schönefeld und Dr. Friedmar Nusch zu nennen. Zu Dank verpflichtet für den langjährigen Gedankenaustausch bin ich ferner zahlreichen Kollegen aus der Kommunikationspraxis und dem Hochschulbereich, insbesondere Rupert Ahrens, Frankfurt, Dr. Kurt Hesse, Nürnberg, Prof. Dr. Michael Krzeminski, Bonn / St. Augustin, Hartwin Möhrle, Frankfurt, Lars Rademacher, Hannover, Prof. Dr. Ulrike Röttger, Münster, sowie Prof. Dr. Peter Szyszka, Winterthur. Teile des ursprünglichen Manuskripts bzw. der Neuauflage wurden freundlicherweise Korrektur gelesen von Dr. Joachim Hein, Brigitte Kustermann, Swaran Sandhu, Andreas Scherer und René A. Seidenglanz.

Ein besonderer Dank gilt ferner allen, die die Erstauflage der vorliegenden Untersuchung ausgezeichnet und mit hoch dotierten Preisen gewürdigt haben. Die Studie wurde im Herbst 1995 mit dem Albert-Oeckl-Preis der Deutschen Public Relations Gesellschaft (DPRG) – Berufsverband Öffentlichkeitsarbeit e.V., Bonn, sowie dem von der Hermann Gutmann-Stiftung, Weißenburg/Bay., gestifteten Promotionspreis der Wirtschafts- und Sozialwissenschaftlichen Fakultät der Universität Erlangen-Nürnberg ausgezeichnet. 1997 folgte der Ludwig-Schunk-Preis für Wirtschaftswissenschaften der Universität Gießen.

Gewidmet ist diese Studie und die Neuauflage meiner Frau Franziska-Beate, unseren Söhnen Maximilian und Johannes sowie unserem Nesthäkchen Katharina. Sie sorgen in bewundernswerter Weise für das lebensweltliche Fundament, ohne das weder wissenschaftliche Arbeiten noch Erfolge in der spannenden Praxis der Unternehmenskommunikation entstehen können. Ihnen gilt deshalb mein letzter und größter Dank.

Stuttgart / Esslingen a.N., im Mai 2004 Dr. Ansgar Zerfaß

# 1. Einleitung

## 1.1 Problemstellung

Wenn die sozialwissenschaftliche Forschung vehement in das Kreuzfeuer praktischer Kritik gerät, dann ist dies im allgemeinen ein untrügliches Zeichen für die Bedeutung der angesprochenen Thematik. Nebensächliches, über das im Elfenbeinturm der Wissenschaft nachgedacht wird, findet in der Praxis nur selten Beachtung. Lapidare Erkenntnisse, die nicht über das tradierte Selbstverständnis eines Berufsstandes hinausgehen, rufen dagegen kaum Widerspruch hervor. Aus diesem Blickwinkel erscheinen die lebhaften Diskussionen, die in jüngster Zeit von einigen theoretischen Zugriffen auf das breite Feld der *Unternehmenskommunikation und Public Relations* (PR) entfacht wurden,[1] als Vorboten einer grundlegenden Entwicklung, die von der Unternehmensführung und Managementforschung nicht vernachlässigt werden darf.

Dabei sind es gleich mehrere Arenen, in denen über die konzeptionellen Grundlagen der Öffentlichkeitsarbeit gestritten wird. In der *Kommunikationswissenschaft* wurde die lange vorherrschende PR-Kunde, bei der die Forderung nach einer Verwissenschaftlichung des Faches mit der Propagierung praxeologischer Lösungen einherging, ungefähr Anfang der 90er Jahre durch ein vielschichtiges, international vernetztes Forschungsprogramm abgelöst.[2] Das Spektrum reicht dabei von systemtheoretischen Ansätzen, wie sie z.B. von Ronneberger/Rühl und Merten/Westerbarkey vorgetragen werden, bis zum handlungstheoretischen Konzept der »verständigungsorientierten Öffentlichkeitsarbeit« von Burkart. Dazu kommen die Vorschläge einer angloamerikanischen Forschergruppe um James E. Grunig, die sich im Rahmen eines ambitionierten Projektes seit mehreren Jahren um die Grundlegung einer „ersten allgemeinen Theorie der Public Relations“ [3] bemüht. Insgesamt ist unübersehbar, daß die PR-Forschung dem status nascendi entwachsen ist. Sie beginnt, sich als ernstzunehmendes Teilgebiet der Kommunikationswissenschaft zu etablieren. Parallel dazu hat die *Soziologie* das lange vergrabene Thema der (politischen) Öffentlichkeit wiederentdeckt und zum Gegenstand eines eigenen Diskussionsfeldes gemacht.[4] Dabei treffen sich demokratietheoretische Überlegungen, die ein neues Licht auf den normativen Zusammenhalt der Gesellschaft werfen (Habermas, Peters), mit empirischen Analysen einer im Ent-

---

1 Vgl. im Überblick Avenarius 1994 und ders. 1995, S. 47 ff.

2 Vgl. vor allem die Beiträge in Avenarius/Armbrecht 1992, Armbrecht et al. 1993, Armbrecht/Zabel 1994, den Überblick von Kunczik 1993 sowie Dorer 1994. Nachweise zu den hier genannten Ansätzen finden sich im nachfolgenden Kapitel, vgl. unten S. 46 ff.

3 J.E. Grunig 1992a, S. 2 (Übersetzung des Verf.). Vgl. zur amerikanischen PR-Forschung ferner Botan/Hazleton 1989, Toth/Heath 1992, die *Public Relations Review* (1975 ff.), das *Public Relations Research Annual* (1989-1991) und das *Journal of Public Relations Research* (1992 ff.).

4 Vgl. hierzu vor allem Neidhardt 1994b.

stehen begriffenen »Kommunikationsgesellschaft« (Münch).[5] Schließlich denkt die *Marketingforschung* seit einiger Zeit über die Facetten einer Kommunikationspolitik nach, die über die klassische Absatzwerbung hinausgeht und ein neues Licht auf die Mitarbeiterkommunikation und Öffentlichkeitsarbeit wirft. Beachtung und teilweise auch Kritik haben hier, wenn man von den eher praxeologischen Corporate Identity-Ansätzen der 80er Jahre absieht, insbesondere die Forderungen von Raffée/Wiedmann nach einer strategischen »Corporate Communications«-Politik und das Konzept einer »Integrierten Unternehmenskommunikation« von Bruhn gefunden.[6]

Diese konzeptionellen Anstrengungen korrespondieren mit einer zunehmenden Bedeutung kommunikativer Problemlagen und Lösungsansätze in der *Unternehmenspraxis*. Schlanke und flexible Strukturen, die infolge des internationalen Wettbewerbsdrucks allerorts eingeführt wurden, erfordern neue Formen der innerbetrieblichen Koordination. Statt festgefügter Routinen sind dezentrale Abstimmungsprozesse gefragt, die durch informationstechnische Entwicklungen und einheitsstiftende Organisationskulturen befördert werden.[7] Unübersehbar sind ferner die Anstrengungen, sich in gesättigten und wenig innovationsträchtigen Märkten mit kommunikativen Mitteln zu profilieren. Technologische Neuerungen wie Multimedia-Applikationen, interaktive Fernsehkanäle und weltweite Datennetze eröffnen gänzlich neue Perspektiven für die Absatzwerbung. Bereits jetzt ist absehbar, daß klassische Werbeformen mehr und mehr durch innovative Formen der personalen und interaktiven Kommunikation ergänzt werden. Schließlich hat die zunehmende ökologische und gesellschaftspolitische Sensibilität vieler Bürger dazu geführt, daß Unternehmen immer häufiger um die gesellschaftliche Akzeptanz konkreter Vorgehensweisen ringen müssen. Dies betrifft die Grundsatzdebatten um verschiedene Risikotechnologien, aber auch Auseinandersetzungen um die Ansiedlung oder Schließung einzelner Produktionsstätten, bei denen stets mit den Einwänden von Anrainern, Ökogruppen oder Gewerkschaften zu rechnen ist. Im Kreuzfeuer der Kritik stehen ferner Produkte, Produktionsprozesse und Vermarktungsmethoden, die aus moralischen Gründen (Umweltverträglichkeit, Kinderarbeit, Bestechung) bedenklich erscheinen. Die öffentliche Exponiertheit großer Organisationen kommt besonders deutlich zum Ausdruck, wenn sich einzelne Problemlagen zu bedrohlichen Krisen oder Skandalen verdichten. Entsprechende Beispiele sind jedem Zeitungsleser zur Genüge bekannt; sie betrafen in den letzten Jahren vor allem Nahrungsmittelhersteller (Rückstände in Teigwaren, Mineralwasser, Babykost), die chemische Industrie (Störfälle) und einige Mineralölkonzerne (Tankerunglücke, Entsorgung von Ölplattformen). Alle Erfahrungen haben gezeigt, daß die Kommunikationspolitik in solchen Situationen eine entscheidende Rolle spielt. So kann es nicht verwundern, daß man

5 Vgl. einerseits Habermas 1992 und Peters 1993, zum anderen Münch 1991 sowie ders. 1995.

6 Vgl. v.a. Raffée/Wiedmann 1989a und Bruhn 1995. Beide Ansätze beziehen sich im erweiterten Sinne eines »Social Marketing« auch auf Non-Profit-Organisationen.

7 Vgl. insbes. Bromann/Piwinger 1992 und Wever/Besig 1995.

sich in der Praxis und teilweise auch in der Wissenschaft verstärkt mit Fragen der Krisenkommunikation auseinandergesetzt hat.[8]

Dieses Diskussionsfeld steht stellvertretend für den gesamten Bereich der *Öffentlichkeitsarbeit* und *Public Relations,*[9] deren strategische Bedeutung immer deutlicher erkannt wird. Verschiedene empirische Untersuchungen kommen in dieser Hinsicht zu ähnlichen Ergebnissen. Das Verhältnis von Unternehmensführung und Öffentlichkeitsarbeit wurde im Frühjahr 1995 vom Institut für Demoskopie Allensbach in einem Führungskräfte-Panel thematisiert. Über 88% der befragten Unternehmer und Manager gaben an, daß eine gut funktionierende Public Relations für ihr Unternehmen sehr wichtig oder wichtig sei; gleichzeitig wurde von einem knappen Drittel ein deutlicher Bedarf zur Verbesserung der Öffentlichkeitsarbeit konstatiert.[10] Eine andere Befragung, die eine Düsseldorfer Agentur bei den 500 größten Unternehmen in Deutschland durchgeführt hat, weist auf den zunehmenden Stellenwert der PR im Zeitablauf hin. Ende 1993 gaben 91% der befragten Geschäftsführer und PR-Verantwortlichen an, daß die Bedeutung der Öffentlichkeitsarbeit aus ihrer Sicht in den letzten fünf Jahren größer geworden ist. 78% vertraten die Meinung, daß die PR in ihrem Unternehmen in Zukunft an Gewicht gewinnen wird.[11] Zu ähnlichen Ergebnissen kam eine Ende 1994 abgeschlossene Delphi-Studie der Universität Bern, bei der ausgewählte Experten nach den Entwicklungstendenzen der Marketingkommunikation befragt wurden.[12] Vor diesem Hintergrund ist es nicht erstaunlich, daß die Organisationseinheiten bzw. Mitarbeiter, die in der Unternehmenspraxis vornehmlich für die Öffentlichkeitsarbeit verantwortlich zeichnen, in der Praxis kontinuierlich aufgewertet werden. Die empirischen Studien von Haedrich, der die Situation der Öffentlichkeitsarbeit in der deutschen Industrie 1981 und dann wieder 1993 erhoben hat, kommen in diesem Zusammenhang zu eindeutigen Ergebnissen.[13] Zu Beginn der achtziger Jahre gab es in gut 60% der Unternehmen einen Mitarbeiter bzw. eine Abteilung, die sich speziell mit PR-Aufgaben befaßten. Inzwischen haben 73% aller Unternehmen eine solche Organisationseinheit eingerichtet. Diese PR-Stellen bzw. -Abteilungen sind zudem in 87% aller Fälle auf der ersten bzw. zweiten Hierarchieebene eingeordnet; zwölf Jahre zuvor waren es nur 76,4%. Die Längsschnittanalyse kommt ferner zu dem Ergebnis, daß sich die Zielsetzung der Öffentlichkeitsarbeit in der letzten Dekade erheblich gewandelt hat. Während es früher neben dem Aufbau eines positiven Firmenimages auch

Wichtigkeit der PR

8 Vgl. z.B. Wiedemann 1991, Kunczik et al. 1995.

9 Die Termini »Öffentlichkeitsarbeit« und »Public Relations« werden synonym verwendet.

10 Vgl. Institut für Demoskopie Allensbach 1995, insbes. Tab 68.1 und Tab. 69.1. Die Fragen wurden in die März-Erhebung des Führungskräfte-Panels aufgenommen, das im Auftrag der Zeitschrift »Capital« bei Unternehmern und Spitzenmanagern der deutschen Wirtschaft (n=414) erhoben wird.

11 Vgl. PR Executive Search GmbH 1994 (schriftliche Befragung von Vorständen/Geschäftsführern und PR-Leitern, n=242).

12 Vgl. Pasquier et al. 1994, S. 46 ff. (strukturierte mehrstufige Befragung von 46 Experten).

13 Vgl. zur Erhebung von 1981 Haedrich/Kreilkamp 1983; zur neueren Studie Haedrich et al. 1995. Die schriftlichen Befragungen wendeten sich an alle Inhaber leitender PR-Stellen in der deutschen Industrie; die bereinigten Stichproben umfaßten 793 bzw. 600 Personen.

um die Förderung einzelner Produkte ging, stehen heute generell unternehmensbezogene Zielsetzungen im Vordergrund. Eine zentrale Aufgabe ist z.B. die Förderung des Ansehens bei relevanten gesellschaftlichen und politischen Institutionen, wodurch günstige Bedingungen für die Unternehmenstätigkeit geschaffen werden sollen. Weitere PR-Ziele wie die Bewältigung von Krisen und die konkrete Interessenabstimmung mit Kritikergruppen, für die es in den letzten Jahren prominente Beispiele gab, wurden im relativ beschränkten Zielkatalog der beiden Umfragen nicht zur Diskussion gestellt. Dennoch gibt die Längsschnittanalyse einen eindeutigen Trend wieder, der auf eine Bedeutungszunahme und einen Zielwandel der Public Relations in der Unternehmenspraxis hinweist.

Vor diesem Hintergrund mag es erstaunen, daß sich die *Betriebswirtschaftslehre* bislang nur ansatzweise mit Fragen der Unternehmenskommunikation und Öffentlichkeitsarbeit auseinandergesetzt hat.[14] Kommunikationsprozesse wurden immer wieder unter partiellen Gesichtspunkten beleuchtet, z.B. unter dem Aspekt der Bereitstellung entscheidungsrelevanter Informationen (Organisationstheorie, Strategielehre, Wirtschaftsinformatik) oder der Vermittlung handlungsleitender Wertvorstellungen (interpretative Organisationsforschung).[15] Kommunikation ist ferner ein Thema, wenn die Unterrichtung und Steuerung von Mitarbeitern (Führungslehre) und die Gestaltung von Partizipationsprozessen (Mitbestimmung, Unternehmensethik) zur Debatte stehen.[16] Schließlich wäre an die Marketingforschung zu denken. Dort wird die Kommunikationspolitik seit jeher als Aktionsparameter herangezogen, wenn die Positionierung auf Absatz- und Beschaffungsmärkten zur Debatte steht. In diesem Zusammenhang wurde die Öffentlichkeitsarbeit lange Zeit als „Werbung um öffentliches Vertrauen" [17] bezeichnet, die als Mittel zum Zweck der Marktbearbeitung einzusetzen sei. Dieses Verständnis wurde zwischenzeitlich von Haedrich und Raffée/Wiedmann dahingehend revidiert, daß Public Relations und Absatz- bzw. Beschaffungsmarketing unterschiedliche, aber ähnlich bedeutsame

---

14 In den drei deutschen Fachzeitschriften »Die Betriebswirtschaft«, »Zeitschrift für Betriebswirtschaft« und »Zeitschrift für betriebswirtschaftliche Forschung« wurden in den letzten 25 Jahren nur sechs Aufsätze zum gesamten Bereich der Öffentlichkeitsarbeit, der Imagegestaltung und des Issues Management veröffentlicht; vgl. Haedrich/Kreilkamp 1983, Hahn 1992, Haedrich/Jeschke 1994, Liebl 1994, Zerfaß/Scherer 1995 und Haedrich et al. 1995.

15 Die optimale Gestaltung des Informationsflusses innerhalb und zwischen Unternehmen (das Informationsmanagement) ist der gemeinsame Nenner, der die organisationstheoretischen Arbeiten der sechziger Jahre (z.B. Kramer 1965, Kosiol 1968), das Kommunikationsverständnis der entscheidungsorientierten Betriebswirtschaftslehre (Picot/Reichwald 1991) und die moderne Wirtschaftsinformatik (Mertens et al. 1995) eint. Information wird dabei mit Wittmann (1959, S. 14) verstanden als *„zweckorientiertes Wissen,* also solches Wissen, das zur Erreichung ... einer möglichst vollkommenen Disposition eingesetzt wird." In der Organisationskultur-Debatte wird dagegen ein besonderes Augenmerk auf die symbolische Dimension der Kommunikation gelegt. Vgl. dazu Hein 1990 und die von der deutschsprachigen Betriebswirtschaftslehre bislang völlig vernachlässigte »Organizational Communication«-Forschung (Jablin et al. 1987, Theis 1994).

16 Vgl. einerseits Staehle 1994, S. 279 ff., andererseits Macharzina 1990 und Zerfaß 1994c.

17 Meffert 1986, S. 493; ähnlich auch Kotler/Bliemel 1995, S. 1019 ff., Nieschlag et al. 1994, S. 537 ff. Eine ausführliche Rekonstruktion des absatz- bzw. marktorientierten Verständnisses der Öffentlichkeitsarbeit findet sich bei Laube 1986, S. 50 ff.

Kommunikationsaufgaben zu erfüllen haben.[18] In jüngerer Zeit finden sich zudem einige Monographien, die sich mit branchenspezifischen oder inhaltlichen Teilaspekten der Public Relations auseinandersetzen.[19] Gemeinsam ist diesen Ansätzen, daß sie die kommunikationswissenschaftliche und soziologische Dimension der Thematik weitgehend außer acht lassen. Es fehlt zwar nicht an knappen Hinweisen auf grundlegende Konzepte, von einer kritischen Rezeption oder Weiterentwicklung der neueren Theoriediskussion, insbesondere von einer Klärung der zentralen, aber umstrittenen Begriffe »Kommunikation« und »Öffentlichkeit«, kann jedoch kaum die Rede sein. Dies ist deshalb unbefriedigend, weil damit viele Probleme eher verdeckt denn erhellt werden. Konzeptionelle oder gar empirische Ausführungen zur Public Relations, die mit naiven Kommunikationsmodellen und diffusen Vorstellungen von Öffentlichkeit operieren, stehen auf tönernen Füßen.[20] Umgekehrt gilt, daß die Unternehmenspraxis nicht schlicht auf kommunikationswissenschaftliche Konzepte zurückgreifen kann, weil man dort eine hinreichende Thematisierung organisationstheoretischer und unternehmenspolitischer Fragestellungen vermißt.[21]

Mit diesen Thesen, die im nachfolgenden noch näher zu begründen sind, ist die Problemstellung der vorliegenden Untersuchung benannt. Die Öffentlichkeitsarbeit präsentiert sich heute als ein komplexes und in der Praxis bedeutsames Problem, das durch die bislang vorliegenden Zugriffe der Kommunikations- und Wirtschaftswissenschaften nur unzureichend erfaßt wird. Die Voraussetzung für alle weiterführenden Studien ist deshalb ein konsequent *infradisziplinärer Ansatz,*[22] der die Erkenntnisse verschiedener Disziplinen auf einer gemeinsamen Grundlage zusammenbindet, um eine konsistente und an die bisherige Forschung anschlußfähige *Theorie der Unternehmenskommunikation und Öffentlichkeitsarbeit* aufzubauen. Der unübersehbare Theorienpluralismus in den einzelnen Wissenschaften erfordert ein einheitsstiftendes sozialtheoretisches Fundament, mit dessen Hilfe sich Aporien vermeiden und methodische Verbindungslinien aufzeigen lassen. Statt einfacher und nur auf den ersten Blick befriedigender Lösungen ist eine umfassende theoretische Grundlegung notwendig. Mit dieser Aufgabe wollen wir uns in der vorliegenden Untersuchung auseinandersetzen. Unser Ziel ist die Erarbeitung eines Bezugsrahmens, der das Verhältnis von Unternehmensführung, Unternehmenskommunikation

---

18 Vgl. unten S. 73 ff.; dieses PR-Verständnis findet sich auch bei Meffert 1988.

19 Vgl. hierzu vor allem die betriebswirtschaftlichen Dissertationen von Fischer 1991, Köcher 1991, Schüller 1991, Roloff 1992, Börner 1994 und Kleebinder 1995.

20 Das Problemfeld der *Öffentlichkeit* wird von einigen Autoren durchaus andiskutiert, ohne daß jedoch Bezüge zur soziologischen Theorie der Öffentlichkeit hergestellt werden. Eine differenzierte Klärung des *Kommunikationsbegriffs* sucht man in der betriebswirtschaftlichen Literatur zur Unternehmenskommunikation bislang vergebens.

21 Diese Einschätzung wird im folgenden Kapitel anhand einiger ausgewählter Ansätze begründet.

22 Die *interdisziplinäre* Forschung muß – wenn sie denn überhaupt betrieben wird – ständig damit rechnen, daß unterschiedliche Begrifflichkeiten und Paradigmen in Mißverständnisse und Aporien münden. Deshalb ist es bei vielen Fragestellungen unabdingbar, eine allen Disziplinen zugrundeliegende, also *infradisziplinäre* Wissensbildung in Angriff zu nehmen und sich explizit der gemeinsamen Grundlagen zu versichern. Vgl. zu dieser zentralen Einsicht der Wissenschaftstheorie Lorenzen 1974.

und Öffentlichkeitsarbeit klärt und die diesbezüglichen Probleme und Lösungsansätze der Praxis in ihrer ganzen Vielschichtigkeit aufgreift. Die Sinnfälligkeit dieses Anliegens wird deutlich, wenn man bedenkt, daß nach der letzten Mitgliederbefragung der Deutschen Public Relations-Gesellschaft (DPRG) etwa 77% der berufsständisch organisierten PR-Fachleute in Deutschland in Wirtschaftsorganisationen und Agenturen tätig sind.[23] Ein konzeptioneller Ansatz, mit dem die Rolle der Öffentlichkeitsarbeit im Konzert der Kommunikationsfunktionen schlüssig bestimmt wird, kann zur Verbesserung dieser Berufspraxis beitragen und neue Impulse für die Aus- und Weiterbildung geben. Der Nachweis, daß der PR ein systematischer Platz im strategischen Management zukommt, unterstreicht zudem die Forderungen nach einer Einbindung qualifizierter PR-Fachleute in organisatorische Entscheidungsprozesse. Der skizzierte Blickwinkel führt natürlich dazu, daß die empirisch weniger relevanten Fragen der Öffentlichkeitsarbeit von nicht-kommerziellen Organisationen vorläufig ausgeblendet werden. Wir werden diesen Punkt jedoch in der Schlußbetrachtung aufgreifen und kurz auf die Übertragbarkeit des hier entfalteten Gedankenganges auf Non-Profit-Organisationen eingehen.

## 1.2 Gang der Untersuchung

Die skizzierte Problemstellung soll in sechs Schritten verdeutlicht und bearbeitet werden. Im ersten Teil der Untersuchung wollen wir eine *praktische und theoretische Vororientierung* gewinnen (Kapitel 2). Wir werden zunächst die Praxis der Unternehmenskommunikation und Öffentlichkeitsarbeit bei einem großen Chemiekonzern rekonstruieren, um die strategische Relevanz der Public Relations zu verdeutlichen und die zentralen Anforderungen an die Theoriebildung kennenzulernen. Diese Einsichten werden herangezogen, um die wichtigsten Ansätze der deutschen und angloamerikanischen PR-Forschung vorzustellen und kritisch zu hinterfragen. Wir werden zeigen, daß diese Konzepte wesentliche Aspekte der PR-Praxis thematisieren, aber aus unterschiedlichen Gründen zu kurz greifen. Bislang liegt kein Ansatz vor, der sich um eine differenzierte Klärung der kommunikationswissenschaftlichen *und* betriebswirtschaftlichen Gesichtspunkte bemüht. Dies gilt für imagezentrierte (Ronneberger/Rühl, Merten/Westerbarkey) und verständigungsorientierte (Pearson, Burkart) Ansätze der Kommunikationswissenschaft, aber auch für die elaborierte PR-Theorie von Grunig et al. und für die gesellschaftsorientierte Marketinglehre (Raffée/Wiedmann, Haedrich). Einige dieser Ansätze nehmen sogar sozialtheoretische Prämissen in Anspruch, von denen man aus methodologischen Gründen keine Stützung der Praxis erwarten kann.

---

23 Bei der Befragung gaben 14,8% der Praktiker an, in staatlichen, wissenschaftlichen und kirchlichen Organisationen tätig; vgl. o.V. 1990, Statistikteil, Frage 6. Eine genauere Analyse (Nachberechnung unter Ausklammerung der Fragebögen, bei denen die Frage nach der Branchenzugehörigkeit nicht oder mit »Ausbildung«/»sonstige Position« beantwortet wurde) zeigt, daß 76,7% der befragten PR-Praktiker in Wirtschaftsorganisationen und PR-Agenturen tätig sind. Ein ähnliches Bild ergibt sich in den USA; dort arbeiten über 72% der Betroffenen in Unternehmen und Kommunikationsagenturen; vgl. Cutlip et al. 1994, S. 28 f.

Unsere Überlegungen münden deshalb in die Einsicht, daß ein grundlegender Neuanfang notwendig ist. Der Leser wird eingeladen, sich auf diesen Versuch einzulassen. Die Auseinandersetzung mit dem Gedankengut anderer Disziplinen soll dadurch erleichtert werden, daß die Grundlagenkapitel bewußt breit angelegt sind. Sie vermeiden einen aspekthaften Zugriff und bemühen sich statt dessen um eine systematische Einführung in die relevanten Problemfelder der Sozialtheorie, Kommunikationswissenschaft und Betriebswirtschaftslehre. Alle zentralen Kapitel schließen mit einer Zusammenfassung, so daß sich der einschlägig vorgebildete Leser rasch mit dem jeweils entwickelten Begriffsgerüst vertraut machen und gezielt auf die wichtigsten Gedankengänge zugreifen kann.

Kapitel 3 widmet sich den *sozialtheoretischen Grundlagen,* d.h. der Auseinandersetzung mit dem sozialen Handeln und seinen Akteuren. Im Kern geht es uns um die strukturellen Bedingungen und Konsequenzen des Handelns und um die Frage, wie das latente Problem der sozialen Integration, d.h. der Abstimmung potentiell divergierender Handlungsweisen, im Prinzip gelöst werden kann. Systemtheoretische und voluntaristische Konzeptionen, die bislang in der PR-Theorie aufgegriffen wurden, führen an dieser Stelle nicht weiter. Wir werden deshalb zeigen, wie sich die handlungstheoretischen Aussagen des methodischen Konstruktivismus (Kamlah, Lorenzen, Kambartel) mit den sozialwissenschaftlichen bzw. soziologischen Theorien von Giddens und Peters zu einer Sichtweise verbinden lassen, die das Spannungsfeld von individuellem Wollen und kultureller Prägung systematisch erfaßt. Mit diesem Bezugsrahmen wird ein einheitliches Fundament für die weiteren Ausführungen gelegt. Die zentralen Begrifflichkeiten der Untersuchung, z.B. Handeln, Struktur, Kultur, Systeme, Sphären, Integration, Vertrauen und Image, werden an dieser Stelle eingeführt. Gleichzeitig begründen wir unsere Kernthese, daß voluntaristische Handlungsvollzüge und allgemeine Strukturen (Schemata und Ressourcen) wechselseitig miteinander verschränkt sind. Deshalb lassen sich tradierte Handlungsmuster und ungleich verteilte Ressourcen in letzter Konsequenz nur im gemeinsamen Lebensvollzug verändern. Diese Einsicht führt zu einer differenzierten Bewertung verschiedener Grundformen der sozialen Integration, die zunächst auf einer allgemeinen Ebene vorgestellt werden.

In Kapitel 4 beschäftigen wir uns ausführlich mit den *kommunikationstheoretischen Grundlagen* der PR-Theorie. In Übereinstimmung mit dem späten Wittgenstein gehen wir davon aus, daß kommunikative Handlungen eine spezifische Form des sozialen Handelns und Kommunikationen eine Spielart von symbolischen Interaktionen sind. Diese Vororientierung führt in mehreren Schritten zu einem umfassenden handlungstheoretischen Bezugsrahmen, der die ganze Spannweite personaler und (massen)medialer, persuasiver und argumentativer, öffentlicher und geheimer Kommunikationsprozesse erfaßt. Wir werden ferner die Einbettung der Kommunikation in soziale Kontexte rekonstruieren. Dies führt zur Unterscheidung von sinnstiftenden Kommunikationsräumen (Öffentlichkeiten) und konkreten Foren (Teilöffentlichkeiten), in denen kommunikative Beziehungen letztlich realisiert werden. Ein weiterer Punkt betrifft das Verhältnis von Kommunikation und sozialer Integration. In Fortführung unserer sozialtheoretischen Überlegungen werden wir zeigen, daß Kommunikationsprozesse in unterschiedlicher Weise zur Handlungskoordination und Interessenabstimmung beitragen können. In Situationen von Kopräsenz erweist sich die argumentative Beratung als besonders leistungsfähige Vorgehensweise. Makrosoziologische Zusammenhänge zwischen räumlich und zeitlich getrennten Akteuren bleiben dagegen auf leistungsfähige Koordinationsmechanismen angewiesen, bei denen sich die Bindungskraft der Kommunikation in anderer Weise entfaltet. Hier weisen die soziologischen Medientheorien von Parsons und Habermas den Weg zu einem Raster, das die zentralen Anschlußstellen von Kommunikationswissenschaft und Gesellschaftstheorie offenlegt.

Kapitel 5 bemüht sich in ähnlich differenzierter Weise um eine Klärung der *betriebswirtschaftlichen Grundfragen*, d.h. um die Rekonstruktion der Unternehmenstätigkeit in modernen Marktgesellschaften. Wir berufen uns hierbei auf das handlungstheoretische Programm der konstruktiven Betriebswirtschaftslehre, das von Steinmann und Mitarbeitern seit längerer Zeit vorangetrieben wird und durch unsere sozialtheoretischen Überlegungen eine erweiterte Fundierung erfährt. Eine Kernaussage dieses Ansatzes lautet, daß es beim betriebswirtschaftlichen Handeln letztlich um vielfältige Probleme der sozialen Integration geht. Dies betrifft sowohl die arbeitsteilige Formulierung und Realisierung strategischer Konzepte im Organisationsfeld als auch die Durchsetzung solcher Strategien in den Arenen von Markt und Gesellschaft, in denen viele unterschiedliche Interessen aufeinandertreffen. Von daher erklärt sich die Notwendigkeit situationsgerechter Steuerungsbemühungen (Managementaktivitäten), die von allen Organisationsmitgliedern wahrzunehmen sind. Diese Bemühungen unterliegen jedoch strukturellen Imperativen, z.B. Rechtsnormen und gesellschaftlichen Wertvorstellungen, in denen die duale Aufgabenstellung der Unternehmenstätigkeit festgeschrieben wird: Die Unternehmensführung bleibt in unserer Kultur grundsätzlich dem partikularen Gewinnstreben verpflichtet (Wettbewerbsorientierung). Darüber hinaus muß sie aber auch immer wieder bemüht sein, einen subsidiären Beitrag zum Gemeinwohl zu leisten, indem sie die ihr eingeräumten Handlungsspielräume verantwortlich nutzt (Unternehmensethik). Diese Überlegungen lassen sich präzisieren, wenn man den Blick auf die verschiedenen Organisationsformen und Handlungsfelder der Unternehmenstätigkeit richtet. Wir werden uns eingehend mit diesen Fragen auseinandersetzen, weil damit zugleich die Rahmenbedingungen und Eckpunkte der Kommunikationspolitik angesprochen werden.

In Kapitel 6 ziehen wir die bislang entwickelten Gedanken zum Zusammenhang von sozialer Integration, Unternehmensführung und Kommunikation heran, um die Grundzüge einer handlungstheoretischen *Theorie der Unternehmenskommunikation* zu umreißen. Als Unternehmenskommunikation bezeichnen wir sämtliche Kommunikationsprozesse in und von erwerbswirtschaftlichen Organisationen. Diese Prozesse tragen auf unterschiedliche Weise dazu bei, daß potentiell divergierende Handlungen im Organisationsfeld, in der ökonomischen Sphäre und in den gesellschaftspolitischen Handlungsarenen miteinander abgestimmt werden. Die divergierenden Koordinationsmechanismen in diesen drei Bereichen sind der eigentliche Grund für die begriffliche Abgrenzung von (interner) Organisationskommunikation, Marktkommunikation und Public Relations. Der Öffentlichkeitsarbeit obliegt es, die Unternehmensstrategie in der politisch-administrativen Sphäre und in verschiedenen soziopolitischen Handlungsfeldern durchzusetzen bzw. entsprechende Widerspruchspotentiale und gesellschaftliche Anforderungen in das organisatorische Zielsystem einzubinden. Eine zentrale Rolle kommt dabei der gesellschaftspolitischen Öffentlichkeit zu, jenem primär massenmedial konstituierten Kommunikationsraum, der als Bindeglied zwischen den ausdifferenzierten Teilbereichen moderner Gesellschaften fungiert. Die drei Kernbereiche der Unternehmenskommunikation unterscheiden sich hinsichtlich ihrer prinzipiellen Ziele und Vorgehensweisen. Ihr gemeinsamer Bezugspunkt bleibt jedoch die Unternehmensstrategie. Unsere Erörterungen münden deshalb in ein Plädoyer für eine integrierte Kommunikationspolitik, die das Spannungsfeld von Einheit und Vielfalt unter strategischen Gesichtspunkten auflöst und die skizzierten Teilaktivitäten auf verschiedenen Ebenen miteinander abstimmt.

Kapitel 7 greift diese Überlegungen auf einer konkreteren Ebene auf, um die *Perspektiven eines kommunikationswissenschaftlich und betriebswirtschaftlich aufgeklärten PR-Managements* zu umreißen. Damit schlagen wir eine Brücke zwischen der allgemeinen Theoriebildung und dem Instrumentarium der praktischen Öffentlichkeitsarbeit, das an dieser Stelle natürlich nicht im Detail vorgestellt werden kann. Wir beschränken uns deshalb auf eine Skizze prinzipieller Vorgehensweisen der Situationsanalyse (Stakeholdersegmentierung, Thementracking, Meinungsforschung, Potentialanalyse) sowie der Planung, Umsetzung und Kontrolle von PR-Programmen. Diese Methoden werden vor dem Hintergrund der bislang entfalteten Überlegungen in einen präskriptiven Bezugsrahmen eingefügt, der den Facettenreichtum konkreter Kommunikationsprogramme offenlegt. Am Schluß unserer Überlegungen kristallisiert sich ein Konzept heraus, das die Beschränkungen und Inkonsistenzen der bisherigen Theoriebildung aufhebt. Wir plädieren für ein Verständnis der Öffentlichkeitsarbeit als integralem, strategisch verankertem Bestandteil der Unternehmenskommunikation, der episodische Kommunikationsprozesse, Präsenzveranstaltungen, mediale Vorgehensweisen und publizistische Kampagnen in einem situativen Ansatz zusammenführt.

Unsere Ausführungen, die in Kapitel 8 mit einem kurzen *Resümee* beschlossen werden, bilden in ihrer Gesamtheit einen handlungstheoretischen Ansatz, der sich auch als Beitrag zur kommunikationswissenschaftlichen und betriebswirtschaftlichen Grundlagendiskussion versteht. Er beruht auf der Prämisse, daß die sozialwissenschaftliche Forschung nur dann einen Beitrag zur Stützung der Praxis leisten kann, wenn sie *praktische* Probleme, Lösungsansätze und Unterscheidungen aufgreift und begrifflich rekonstruiert. Damit läßt sich vermeiden, daß der a-disziplinäre Charakter der Praxis durch konkurrierende Paradigmen und Denkraster der (empirischen) Forschung verhüllt wird. Selbstverständlich mag der vorliegende Entwurf ebenfalls Anlaß zur Kritik geben. Er kann jedoch für sich in Anspruch nehmen, daß seine sozialtheoretischen, kommunikationswissenschaftlichen, betriebswirtschaftlichen und soziologischen Grundlagen offengelegt werden und untereinander kompatibel sind. Er ist zudem in der Lage, die Probleme und Lösungsansätze der Unternehmenspraxis in ihrer ganzen Vielschichtigkeit zu erfassen. Dies unterscheidet unser Konzept von den vorliegenden Ansätzen der PR-Theorie. Deshalb lohnt es sich, den folgenden Gedankengang mitzugehen.

# 2. Praktische und theoretische Vororientierung

»Public Relations« und »Unternehmenskommunikation« sind schillernde Begriffe, die wir in der Umgangssprache für höchst unterschiedliche Aufgabenstellungen, Aktivitäten und Phänomene verwenden. Dies gilt auch für die Theoriebildung, in der das Problemfeld bislang sehr unterschiedlich konturiert wird.[24] Public Relations werden auf gesamtgesellschaftlicher und organisatorischer Ebene thematisiert, auf das Innen- und Außenverhältnis von Unternehmungen bezogen, als Synonym oder als Teilbereich der Unternehmenskommunikation verstanden. Wenn man in einer solchen Situation eine Vororientierung gewinnen will, darf man offenkundig nicht schlicht auf einen beliebigen theoretischen Zugriff setzen oder gar versuchen, die »richtige« Sichtweise aus den vorliegenden Definitionen herauszudestillieren.[25] Wir müssen vielmehr mit einigen Gedanken zum *Verhältnis von Theorie und Praxis* beginnen, um unsere weitere Vorgehensweise zu begründen.[26]

Ausgangspunkt unserer Überlegungen ist die Einsicht, daß Wissenschaften stets den Zweck verfolgen sollen, praktische Probleme zu erfassen und zu lösen. Um ihre Praxis zu verbessern, haben Menschen die Möglichkeit von Wissenschaft erst entdeckt, als sie versuchten, ihr gewöhnliches Denken zu üben und dabei bemerkten, daß ihnen dadurch ihre Handlungen besser gelingen. Dieses *praktische Fundament* jeglicher Forschung erlaubt uns eine Antwort auf die wissenschaftstheoretische Frage, welchen Zielen die PR-Theorie dienen soll und wie sie im Prinzip zu betreiben ist. „Wissenschaften müssen als Wahl und Ergreifung von Mitteln für von Menschen gesetzte Ziele begriffen werden",[27] weil sie niemals voraussetzungslos in Gang kommen können. Menschen haben nämlich schon vor jeder Wissenschaft gelernt, Probleme zu erkennen und zu bewältigen. Beispielsweise verfügen sie in ihrer technischen Praxis schon immer über die Fähigkeit, Mangelsituationen zu überwinden, und in ihrem politischen Zusammenleben haben sie gelernt, Konflikte gewaltsam oder aber durch gemeinsame Beratungen zu lösen. Dieses alltägliche Können stellt einen geeigneten Ausgangspunkt für den Aufbau einer Wissenschaft dar.[28] entgeht man dem Anfangsproblem theoretisch beginnender Wissenschaften, die spätestens an der Begriffsvielfalt unterschiedlicher Forschungsprogramme, z.B. in den Kommunikations- und Wirtschaftswissenschaften, zu scheitern drohen. Weil die Forschung keinen extramundanen, »objektiven« Standpunkt einnehmen kann, muß sie inmitten der immer nur ansatzweise gelungenen Praxis beginnen. Die Einsicht, daß Theorien „aus der Praxis für die

24 Vgl. zur Begriffsgeschichte der PR Ronneberger/Rühl 1992, S. 23 ff., Kunczik 1993, S. 3 ff.

25 Eine solche naive Vorgehensweise wird beispielsweise von Harlow 1976 demonstriert.

26 Vgl. nachfolgend Zerfaß/Scherer 1995, S. 501 f., und grundlegend Löhr 1991, S. 20 ff.

27 Janich 1992a, S. 38.

28 Vgl. Kamlah/Lorenzen 1973, S. 15 ff., Inhetveen 1983, Löhr 1991, S. 20 ff., Lueken 1992.

Praxis" [29] zu deren Verbesserung zu entwickeln sind, mündet in die Forderung nach einer praktisch fundierten und nicht nur an der Praxis orientierten Theoriebildung. Im Sinne einer solchen *fundamentalpragmatischen Vorgehensweise,* in der das Handeln „als Grundlage und Ausgangspunkt aller theoretischen Bemühungen verstanden und nur unter strengem Rückbezug zur Ebene des konkreten Handelns theoretisiert" [30] wird, ist es zunächst notwendig, die alltäglichen Probleme und die Lösungsansätze der (primären) Praxis sprachkritisch zu rekonstruieren, d.h. begrifflich präzise zu fassen, um eine Wortgemeinsamkeit zwischen Forschern und Praktikern herzustellen. Auf der Basis dieser symbolgestützten Praxis können dann methodisch begründete Theorien in Form von Bezugsrahmen bzw. Denkrastern aufgebaut werden, die wichtige Zusammenhänge verdeutlichen und Erfahrungen lehrbar machen. Methodisch begründet heißt dabei, am Lösungsvermögen der Praxis (und nicht im »Theorienhimmel«) anzusetzen und daraus schrittweise und zirkelfrei ein intersubjektiv geltendes Wissen aufzubauen. Die Anwendung dieses Wissens kennzeichnet dann eine theoriegestützte Praxis, die nicht mehr nur pragmatisch vorgehen muß, sondern auf Erklärungen und Handlungsanleitungen der Wissenschaft zurückgreifen kann. Sofern diese Theorien dann wieder in unser alltägliches Können eingehen, werden sie zum Bestandteil der (weiterentwickelten) primären Praxis, deren historischer Status quo wiederum als Ausgangspunkt für neue Forschungsbemühungen herangezogen werden muß. Damit gilt das Diktum von Lorenzen, daß die Entscheidungen von Praktikern gefällt werden, „aber die Wissenschaften ... – neben der Ausbildung – langfristige Orientierungen, Richtlinien, Prinzipien erarbeiten" [31] müssen.

Diese Kerngedanken der *konstruktiven Wissenschaftstheorie,* die wir an dieser Stelle nur grob umreißen können, nehmen in der sozialphilosophischen Grundlagendiskussion und in der Betriebswirtschaftslehre seit langem einen prominenten Status ein.[32] Der methodische Konstruktivismus, wie dieses Programm auch genannt wird, beharrt auf der Möglichkeit einer intersubjektiven Erschließung der Welt. Er weist damit einen dritten Weg zwischen den ontologischen Fehlschlüssen des Realismus und kritischen Rationalismus, die von der Existenz einer »objektiven«, durch (vorläufige) Gesetzesaussagen beschreibbaren Welt ausgehen,[33] und den relativistischen Tendenzen des radikalen Kon-

---

29 Lorenzen 1991, S. 42.

30 Lueken 1992, S. 224. Dieser Zugriff unterscheidet sich von formalpragmatischen Ansätzen (Habermas, Apel, Kuhlmann), die für sich in Anspruch nehmen, die konstitutiven Grundformen jedes Handelns in universalen oder gar transzendentalen Regeln beschreiben zu können.

31 Lorenzen 1987, S. 230.

32 Vgl. zum *methodischen Konstruktivismus* der »Erlanger und Konstanzer Schule« v.a. Kamlah/Lorenzen 1973, Janich et al. 1974, Kambartel 1974b, Lorenzen 1987, Mittelstraß 1995a, 1995b, 1995c, zu den neueren Entwicklungslinien A.G. Scherer 1995, S. 326 ff., und zur betriebswirtschaftlichen Rezeption Steinmann/Böhm et al. 1976, Steinmann 1978b und A.G. Scherer 1995. Der methodische Konstruktivismus darf nicht mit dem *radikalen Konstruktivismus* verwechselt werden; vgl. zur Abgrenzung Janich 1992a, Zerfaß/Scherer 1995.

33 Vgl. zu realistischen Positionen in der Kommunikationswissenschaft z.B. Bentele 1993, S. 156 ff., zum kritischen Rationalismus insbes. Popper 1994, Albert 1991; kritisch hierzu Steinmann/Böhm et al. 1976, S. 54 ff., und Steinmann/Scherer 1995, S. 1057 ff.

struktivismus, der die subjektive Vorstellungskraft des Einzelnen zum letzten Bezugspunkt erhebt.[34] Die Tragweite dieses Spannungsfeldes wird in der Publizistik- und Kommunikationswissenschaft besonders deutlich.[35] Diese Disziplin bewegt sich derzeit zwischen der Scylla einer bewährten, aber deterministischen Sozialforschung und der Charybdis radikalkonstruktivistischer Paradigmen, die „empirisch leer und für die empirische Wissenschaft irrelevant“ [36] sind. Der methodische Konstruktivismus bietet hier einen möglichen Ausweg, weil er den Stellenwert der Empirie innerhalb konstruktiver Vorstellungen verdeutlicht.[37] Die Sozialwissenschaften beschäftigen sich mit menschlichen Aktivitäten und deren Organisationsformen, die im Prinzip immer wieder geändert werden können. Deshalb ist hier ein Ursache-Wirkungs-Denken, mit dem naturgesetzliche und irreversible Aussagenzusammenhänge entdeckt werden sollen, fehl am Platz. Der Forscher muß statt dessen versuchen, beobachtbare Situationen und Handlungen auf der Grundlage typischer Konstellationen und Zwecksetzungen zu *deuten*. Die Stimmigkeit der zugrundegelegten »Sinngehalte«, die eine zentrale Voraussetzung für Breitenerhebungen ist, läßt sich im Zweifel nur sicherstellen, wenn man die Betroffenen selbst befragt. An dieser Stelle muß man zwangsläufig auf Methoden der interpretativen Sozialforschung zurückgreifen, bei denen der Wissenschaftler zum Teilnehmer (und nicht nur Beobachter) der Praxis wird.[38] Auf dieser Grundlage können dann Tendenzprognosen über künftige Realitätskonstruktionen und Handlungsweisen abgegeben werden, die eine mehr oder minder gute Chance des Eintreffens haben. Insofern liefert die empirische Sozialforschung „durch ihre Datenerhebung eine systematisch erweiterte zeitgeschichtliche Erfahrung“,[39] die über die Beliebigkeit subjektiver Realitätskonstruktionen hinausgeht und einen konkreten Nutzen für die Praxis verspricht.

Für eine Theorie der Unternehmenskommunikation und Public Relations, die sich ihrer infradisziplinären Grundlagen versichern will, bedeutet dies, daß das unscharfe Themenfeld zunächst anhand der (exemplarischen) Schilderung der Kommunikations-*Praxis* vermessen werden muß. Die praktischen Probleme und Lösungsansätze weisen darauf hin, welche Fragen die Theoriebildung im Prinzip beantworten muß. Dementsprechend werden wir uns im folgenden in den Alltag der Unternehmenskommunikation begeben. Als Beispiel dient uns dabei der Hoechst-Konzern, ein großer und seit langem für seine facettenreiche Kommunikationspolitik bekannter Verbund innovativer Chemieunternehmen. Damit gewinnen wir eine praktische Vororientierung, die sich in einigen zentralen und forschungsleitenden Unterscheidungen niederschlägt (2.1). Diese Einsichten werden dann herangezogen, um die Kernaussagen und die Tragweite der bisherigen Theoriebildung kennenzulernen. Wir werden sehen, daß

34 Vgl. grundlegend Maturana/Varela 1987, im Überblick Schmidt 1987, von Glasersfeld 1991 und die einleitenden Beiträge in Merten et al. 1994; zur Kritik z.B. Zerfaß/Scherer 1995, S. 497 ff.

35 Vgl. Bentele/Rühl 1993 und Merten et al. 1994.

36 Saxer 1993a, S. 70.

37 Vgl. Lorenzen 1975 sowie Braun/Schreyögg 1977, S. 200 ff.

38 Vgl. zur Bedeutung der Teilnehmerperspektive Lueken 1992 und A.G. Scherer 1995, S. 181 ff.

39 Lorenzen 1975, S. 263 (im Original teilweise kursiv).

die wichtigsten Ansätze der deutschsprachigen und amerikanischen PR-Forschung wesentliche Aspekte der Praxis thematisieren, aber aus unterschiedlichen Gründen zu kurz greifen (2.2). Unsere Überlegungen münden deshalb in ein Plädoyer für einen grundlegenden Neuanfang, bei dem in mehreren Schritten versucht wird, die problemrelevanten Aspekte des sozialen Zusammenlebens, der Kommunikation und der Unternehmenstätigkeit durch eine systematische und nachvollziehbare Begriffseinführung zu erfassen (2.3). Diese methodische Rückbindung an die Praxis erlaubt es uns, vorhandene Theoriestücke begründet aufzunehmen, zu interpretieren, zu präzisieren und in handlungsleitende Bezugsrahmen einzubinden. Damit kann verdeutlicht werden, daß die konstruktive Vorgehensweise wichtige Anschlußstellen zur bisherigen Forschung aufweist und insofern auf die dort gewonnenen empirischen und konzeptionellen Erkenntnisse zurückgreifen kann.

## 2.1 Public Relations in der Unternehmenspraxis: Ein Fallbeispiel

### *2.1.1 Unternehmenskommunikation im Hoechst-Konzern* [40]

Der Hoechst-Konzern ist ein weltweit agierender Unternehmensverbund, der mit über 160.000 Mitarbeitern und einem Umsatz von 52 Mrd. DM zu den führenden Anbietern pharmazeutischer und chemischer Produkte in Europa, Amerika und Asien gehört.[41] Schwerpunkt der Forschung und Entwicklung, in die 1995 fast 3,5 Mrd. DM investiert wurden, sind medizinische Anwendungen, Pflanzenschutzmittel, Werkstoffe und Verfahrenstechnologien. Hoechst ist trotz seiner internationalen Ausrichtung eng mit dem deutschen Wirtschaftsraum verbunden. Im Inland wird etwa ein Fünftel des Umsatzes erzielt. Das Werk in Frankfurt-Höchst mit rund 21.000 Mitarbeitern ist der wichtigste Produktions- und Forschungsstandort des Konzerns, die Hoechst AG zudem einer der größten Arbeitgeber im Rhein-Main-Gebiet.

Der Konzern eignet sich besonders gut für einen ersten Einblick in die Praxis der Unternehmenskommunikation, weil die Hoechst-Kommunikationspolitik wie diejenige der gesamten Chemieindustrie seit längerem vor großen Herausforderungen steht. Das Unternehmen operiert an einem traditionellen Standort, dessen Bewohner die Entwicklung des Konzerns mit großem Interesse beobachten. Aus diesem Grund wurde schon zu Beginn der siebziger Jahre eine erfolgreiche Nachbarschaftszeitung entwickelt, die bis Anfang 1995 in einer Auflage von bis zu 700.000 Exemplaren verteilt wurde und über einen großen Bekanntheitsgrad sowie eine hohe Leser-Blatt-Bindung verfügte.[42] Im Hin-

---

40 Die folgende Darstellung beruht auf persönlichen Gesprächen des Verfassers mit Dr. Friedmar Nusch (Direktor Unternehmenskommunikation) und Ludwig Schönefeld M.A. (Pressereferent Technik und Umwelt, Werke), die im August 1995 in Frankfurt a.M. geführt wurden. Zusätzlich wurden verschiedene Publikationen der Hoechst AG, u.a. der Geschäftsbericht 1995, der Umweltbericht 1994 und der interne Informationsdienst »Communications«, ausgewertet.

41 Die Kennzahlen beziehen sich auf die Konzernbilanz 1995 (Stichtag 31.12.1995); die Hoechst AG als größtes Konzernunternehmen erwirtschaftete 1995 einen Umsatz von 14 Mrd. DM.

42 Vgl. o.V. 1992a. Diese Publikation (»Blick auf Hoechst«) wurde 1995 durch eine Zeitung abgelöst, die sich zugleich an Anwohner und Mitarbeiter wendet; vgl. unten S. 39.

blick auf die Wertschöpfungskette ist festzuhalten, daß ein Großteil der Produktion als Vorprodukte an die weiterverarbeitende Industrie verkauft wird. Daraus erklärt sich der große Stellenwert der Business-to-Business-Kommunikation, die neben die klassische Konsumenten- bzw. Entscheiderwerbung (im Pharmabereich) tritt. Die Produktvielfalt und -struktur kann einem Laienpublikum, das sich eine Meinung über das Unternehmen und sein Leistungsspektrum bilden will, kaum im Detail vermittelt werden. Deshalb setzte man bei Hoechst bereits frühzeitig auf verschiedene Formen der Unternehmenswerbung, z.B. auf Anzeigen, in denen es nicht primär um einzelne Produkte, sondern um die Leistungsfähigkeit und gesellschaftliche Relevanz des Gesamtkonzerns ging. In diesem Zusammenhang wurde Mitte der 80er Jahre der umfassende Anspruch einer integrierten Kommunikationspolitik formuliert, der die Ausrichtung aller Maßnahmen an dem inhaltlich und formal verpflichtenden Leitmotiv »Hoechst High Chem« forderte.[43] Die chemische und pharmazeutische Industrie war zudem eine der ersten Branchen, deren Unternehmenstätigkeit in größerem Ausmaß in das Kreuzfeuer öffentlicher Kritik geriet. Wichtige Themen, die von Kritikergruppen auf die Agenda gesetzt wurden und problemspezifische Kommunikationsprozesse nach sich zogen, waren z.B. die Umweltverträglichkeit von Produktion (Abwässer, Biotechnologie) und Erzeugnissen (FCKW) sowie die Vermarktung von Pharmazeutika in Entwicklungsländern. Hoechst hat in diesem Bereich vielfältige Erfahrungen sammeln können, z.B. bei der langanhaltenden Kontroverse mit der BUKO-Pharma-Kampagne, die mit Unterstützung der Evangelischen Kirche in eine produktive Form der kommunikativen Interessenklärung umgewandelt werden konnte.[44] Ein anderes Beispiel war die öffentliche Auseinandersetzung um den Ausstieg aus der FCKW-Produktion. Die symbolträchtige Konfrontation mit Greenpeace mündete dort nach mehreren Anläufen in wechselseitige Konsultationsprozesse. Zwischenzeitlich kommt der Kampagnenleiter der Umweltschutzorganisation sogar im Umweltschutzbericht des Unternehmens zu Wort. Er würdigt die Vorreiterrolle von Hoechst, bringt aber auch weiterführende Anliegen zur Sprache.[45] Ein letztes Beispiel, bei dem die zentrale Bedeutung der Kommunikation für den Unternehmenserfolg besonders deutlich wurde, waren die Ereignisse des Frühjahrs 1993. Es kam damals zu einem größeren Störfall im Griesheimer Werk der Hoechst AG, bei dem sich eine Chemiewolke über die angrenzenden Stadtteile ausbreitete. Der Störfall, aber vor allem die anschließende Krisenkommunikation des Unternehmens sorgten dabei für vielfältige Irritationen, die zu einem rapiden Vertrauensverlust bei Bürgern und Politikern führten.[46]

„Was sich nicht kommunizieren läßt, läßt sich nicht realisieren“ [47] – mit dieser Aussage stellte der heutige Vorstandsvorsitzende Dormann bereits bei seiner

43 Vgl. hierzu Bingel 1993. Das Leitmotiv »Hoechst High Chem« kommt seit 1995 nur noch in der industriellen Chemie und nicht mehr bei der konzernweiten Kommunikation zum Einsatz.

44 Vgl. zur Rekonstruktion dieses Falles Hugot 1991.

45 Vgl. Hoechst AG 1995b, S. 11.

46 Vgl. unten S. 30 ff.

47 Dormann 1994, o.S.

Antrittsrede im April 1994 klar, daß die Unternehmenskommunikation für Hoechst in Zukunft eine noch wichtigere Rolle spielt. Die von Dormann geforderte „Kommunikationsrevolution“ [48] galt bereits für die strategische Neuausrichtung des Konzerns, die von einer Fülle unterschiedlicher Kommunikationsmaßnahmen begleitet wurde. Im Rahmen einer grundlegenden Restrukturierung wurde die traditionelle Matrixorganisation zum Jahresbeginn 1995 in dezentrale, prozeßorientierte Verantwortungsbereiche überführt. Der Gesamtkonzern gliedert sich jetzt in sieben Geschäftsbereiche (Pharma, Diagnostika, Chemikalien, Spezialchemikalien, Fasern, Kunststoffe und Folien, Technische Kunststoffe) und eine Reihe von Beteiligungsgesellschaften, z.B. Messer Griesheim GmbH, SGL Carbon). Diese marktorientierten Einheiten werden von einem schlanken, nur etwa 250 Mitarbeiter umfassenden Corporate Center unter Leitung des Vorstands gesteuert. Hinzu kommen die Central Services, d.h. Dienstleistungseinheiten wie das Finanz- und Rechnungswesen, Materialwirtschaft und Informatik, die als Profit Center agieren. Die strategische Neuordnung der Geschäftsprozesse betraf auch diejenigen Abteilungen, die primär mit Kommunikationsaufgaben betraut sind. Im Juli 1994 wurden die früheren Ressorts Öffentlichkeitsarbeit, Werbung, Belegschaftsinformationen, Internationale Beziehungen, Politik und Verbände sowie Firmengeschichte zur Abteilung »Unternehmenskommunikation« (Corporate Communications) zusammengezogen, dessen Leiter unmittelbar an den Vorstandsvorsitzenden berichtet. Dormann begründete die Integration und Aufwertung der Kommunikationsfunktion mit folgenden Worten: „Von den Mitarbeiterinnen und Mitarbeitern erwartet Hoechst Engagement und Übernahme von Verantwortung, dies erfordert intensive Kommunikation. Mit dem Umfeld zu kommunizieren, ist für uns existentiell wichtig geworden. Beide Aufgaben, Kommunikation nach innen und außen, sind untrennbar miteinander verbunden und gehören zu den wichtigsten Aufgaben aller Führungskräfte“.[49] Die Abteilung Unternehmenskommunikation beschäftigt etwa 150 Kommunikationsexperten. Ein Drittel davon gehört zum Corporate Center; dieses Team ist für die internationale Steuerung der Kommunikationsaktivitäten und konzernbezogene Aufgabenstellungen (Umweltberichterstattung, Unternehmenswerbung, Lobbyismus) zuständig.[50] Die übrigen Mitarbeiter sind den Central Services zugeordnet. Sie arbeiten in Inhouse-Kommunikationsagenturen, die spezielles Know-How (z.B. für Wirtschafts- und Marktanalysen, Veranstaltungs- und Messeservice, Medienproduktion) vorhalten, das vom Corporate Center oder anderen Konzerneinheiten bei Bedarf abgerufen und bezahlt wird.[51] Im Prinzip sind die Geschäftsbereiche, Ländergesellschaften und Beteiligungsunternehmen nämlich selbst

48 Dormann 1996a, S. 74.

49 Dormann 1994, o.S.

50 Vgl. zur Organisation der Hoechst-Unternehmenskommunikation Schönefeld 1996, S. 375.

51 In den Central Services ist die Unternehmenskommunikation in acht Bereiche gegliedert: Wirtschafts- und Marktanalysen, Marktkommunikation (konzeptionelle Beratung der Geschäftseinheiten), Kommunikations-Service (Messen, Veranstaltungen), Publikations-Service (Inhouse-Werbeagentur), Unternehmensgeschichte, Sprachendienst, Abteilungsservice Unternehmenskommunikation (Ablauforganisation, Rechnungswesen), Kommunikation Werk Höchst.

für ihre Kommunikationspolitik verantwortlich. Das heißt: entsprechende Leistungen müssen entweder von eigenen Fachleuten und Abteilungen erbracht oder aber von den Central Services bzw. externen Dienstleistern (Kommunikationsagenturen) zugekauft werden. In jedem Fall bleibt die Kommunikation nicht nur inhaltlich, sondern auch unter finanziellen Gesichtspunkten eng an das jeweilige Geschäft und Umfeld gekoppelt.

Die vielfältigen Aktivitäten der Unternehmenskommunikation orientieren sich dennoch an einem gemeinsamen Ziel. Sie sollen die strategischen Zielsetzungen des Hoechst-Konzerns befördern. Diese manifestieren sich in einer Aufgabenstellung, die darin besteht, „Neues zu schaffen, um zur Lösung der Aufgaben und Probleme unserer Zeit beizutragen und zugleich Umwelt und endliche Rohstoffe zu schonen, also Unersetzbares möglichst zu bewahren, um es an nachfolgende Generationen weitergeben zu können".[52] In dieser Formulierung kommt zum Ausdruck, daß sich Hoechst heute der Grundidee eines Sustainable Development verpflichtet weiß. Dieser Orientierungsrahmen für das unternehmerische Handeln verbindet technische Kompetenz und ökonomische Leistungsfähigkeit mit einer umfassenden Verantwortung für die ökologischen und gesellschaftlichen Aspekte der eigenen Tätigkeit. Ein Ausfluß dieses Selbstverständnisses ist das »Responsible Care«-Programm der Chemischen Industrie, eine Brancheninitiative, die zur kontinuierlichen Verbesserung der Produktverantwortung, des Umweltschutzes, der Arbeits-, Anlagen- und Transportsicherheit sowie zur offenen Kommunikation mit betroffenen und interessierten Kreisen auffordert.[53] Hoechst trägt mit Maßnahmen der Produktwerbung, Mitarbeiterinformation und Public Relations dazu bei, daß diese mehrdimensionale Zielstruktur aktiv kommuniziert wird. Der Öffentlichkeitsarbeit kommt dabei die Aufgabe zu, „Verständnis, Glaubwürdigkeit, Akzeptanz und Vertrauen zwischen Hoechst und seiner Umwelt stärken", um so „den erforderlichen Freiraum für erfolgreiches unternehmerisches Handeln" [54] zu schaffen.

Im folgenden wollen wir die Praxis der Unternehmenskommunikation anhand einiger Fallbeispiele näher beleuchten. Die Verknüpfung zwischen Unternehmensstrategie und -kommunikation wurde bei der bereits erwähnten Krisensituation im Jahr 1993 besonders deutlich. Wir werden diesen Fall kurz rekapitulieren und anschließend einige neuere Beispiele aus dem Alltag der Abteilung Unternehmenskommunikation skizzieren. Auf diese Weise soll ein Eindruck von den vielfältigen Ansatzpunkten und Vorgehensweisen der praktischen Kommunikationsarbeit vermittelt werden.

---

52 Hoechst AG 1995a, S. 4.

53 Vgl. Verband der Chemischen Industrie e.V. 1995, insbes. S. 6 ff.

54 Nusch 1995a, S. 2. Hoechst setzt auf ein »Transparenzmodell«, bei dem eine Interessenabstimmung mit anderen Akteuren, zumindest aber eine Begründung der jeweiligen Positionen angestrebt wird (persönliche Auskunft von F. Nusch an den Verfasser, August 1995).

### *2.1.2 Public Relations als Quelle strategischer Bedrohungen*

Am Rosenmontag, dem 22. Februar 1993, kam es kurz nach vier Uhr morgens zu einem folgenschweren Störfall im Griesheimer Werk der Hoechst AG.[55] Bei der Herstellung von *o*-Nitroanisol, das als Vorprodukt für die Farbstoffherstellung dient, geschahen drei voneinander unabhängige Bedienungsfehler. Dadurch wurde eine ungeplante chemische Reaktion ausgelöst.[56] In dem betreffenden Kessel stiegen Druck und Temperatur so stark an, daß das aufschäumende Gemisch schließlich durch zwei Sicherheitsventile auf dem Dach des Produktionsgebäudes ins Freie austrat. Über 10 Tonnen einer zunächst unspezifizierten Stoffmenge breiteten sich wolkenförmig über das Werk und die jenseits des Mains angrenzenden Frankfurter Stadtteile Schwanheim und Goldstein aus. Bei Außentemperaturen unter dem Nullpunkt kam das Gemisch als harzartiges Pulver nieder, das sich später unter dem Einfluß der Luftfeuchtigkeit und Sonneneinstrahlung in einen bräunlich-gelben, schmierigen Belag verwandelte. Insgesamt waren 108 Hektar betroffen, darunter auch eine Kleingartenanlage und ein Wohngebiet, in dem über 2.700 Menschen leben. Die Folgen waren gravierend: Mehr als vier Wochen lang wurden in einer beispiellosen Sanierungsaktion Straßen abgefräst, Grünflächen und Privatgärten bearbeitet, Sandkästen entleert, Bäume und Sträucher beschnitten sowie Fahrzeuge gereinigt. Bei einigen Personen traten Gesundheitsbeschwerden, insbesondere Nasen- und Hautreizungen, auf. Der anfängliche Verdacht, daß über diese kurzfristigen Symptome hinaus mit einem erhöhten Krebsrisiko zu rechnen sei, bestätigte sich jedoch nicht. Bodenproben und Untersuchungen von Obst- und Gemüsebeständen zeigten, daß auch von dieser Seite keine Gesundheitsgefährdungen drohten.

Dennoch wurde der Griesheimer Störfall für die Hoechst AG zu einer strategischen Bedrohung. Die hochsensibilisierte Presse berichtete bis Anfang April 1993 über insgesamt drei Störfälle und 15 Betriebsstörungen an verschiedenen Standorten des Konzerns, die zu einer bundesweit beachteten »Störfall-Serie« verknüpft wurden. Die hessischen Behörden ordneten eine Sicherheitskontrolle für 160 Chemieanlagen an, deren Kosten die Betreiber tragen mußten. Journalisten, Behördenvertreter, Anwohner, Politiker und Wissenschaftler erhoben eine Reihe schwerwiegender Vorwürfe gegen Hoechst.[57] Im Kern wurde dem Unternehmen vorgeworfen, inkompetent und inhuman zu sein, die Gefahren zu unterschätzen und fehlerhaft zu kommunizieren. Die zuständigen Umweltminister in Bonn und Wiesbaden erhoben darüber hinaus den Verdacht eines weitreichenden Organisationsversagens. Dieser Verdacht wurde im September 1993 durch zwei unabhängige Gutachten zweifelsfrei widerlegt; man attestierte dem Sicherheits- und Umweltschutzmanagement von Hoechst sogar ein über-

55 Die nachfolgende Rekonstruktion stützt sich auf die ausführlichen Analysen von Kepplinger/Hartung 1995, Vennen 1993, sowie Schönefeld 1993, 1994a, 1994b und 1994c. Zudem wurden überregionale Presseberichte herangezogen, die jeweils einzeln zitiert sind.

56 Eine genaue Darstellung findet sich bei Vennen 1993, S. 3 ff.

57 Vgl. Kepplinger/Hartung 1995, S. 120 ff.

durchschnittliches Niveau.[58] Doch bereits lange vorher hatte der damalige Vorstandsvorsitzende Hilger in seiner Rede an die Teilnehmer der Hauptversammlung bekundet, daß Hoechst in eine kritische Situation geraten war. Die Vorkommnisse hätten das Unternehmen in einer wirtschaftlich schwierigen Zeit zurückgeworfen, seinem Ansehen geschadet und das Vertrauen in die Chemie erschüttert.[59] Damit war nicht nur für Hoechst, sondern für die gesamte deutsche Chemiebranche ein langfristiger Schaden entstanden. Ihre Handlungsspielräume wurden eingeengt, weil man mehr als zuvor mit zusätzlichen Auflagen und Kontrollen, vor allem aber mit erheblichen Schwierigkeiten bei der Genehmigung zukunftsträchtiger Risikotechnologien rechnen mußte.[60]

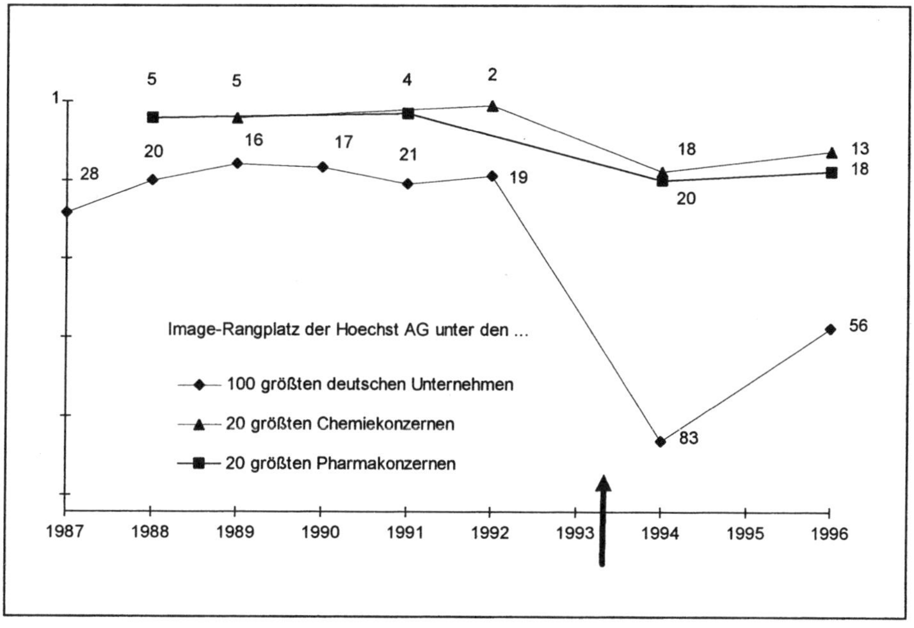


*Abb. 1: Imageprofil der Hoechst AG bei deutschen Führungskräften* [61]

58 Diese Gutachten wurden im Behördenauftrag von den Unternehmensberatungen Dr. Adams & Partner und Arthur D. Little erstellt; vgl. Schönefeld 1994b, S. 29.

59 Vgl. Hilger 1993, S. 1.

60 Diese Einschätzung wurde im Frühjahr 1993 von den Vorständen der Chemiekonzerne BASF, Bayer und Hoechst geäußert (vgl. Salchow 1993) und von weiten Teilen der Fachpresse geteilt.

61 Quelle: Eigene Darstellung unter Verwendung der Daten aus den Imageprofil-Studien des »Manager Magazin«, die seit 1987 jährlich und seit 1992 im zweijährigen Turnus durchgeführt werden; vgl. Rüßmann 1987, 1988, 1989, 1990, 1991, 1992, 1994 sowie Rieker/Schlote 1996. Untersuchungsgegenstand ist der Ruf (das Gesamtimage) der 100 umsatzstärksten deutschen Unternehmen, konkretisiert durch die Imagefaktoren Managementqualität, Innovationskraft, Kommunikationsfähigkeit, Umweltorientierung und finanzielle Solidität. In persönlichen (ab 1992 telefonischen) Interviews wurde eine repräsentative Stichprobe von Führungskräften (Unternehmer und Manager) aller Branchen befragt (n=784 bis 2160).

Inwiefern diese Befürchtungen führender Branchenvertreter eingetreten sind, läßt sich naturgemäß nur schwer abschätzen. Ein Indikator ist jedoch der nachhaltige Imageverlust, den die chemische Industrie und insbesondere die Hoechst AG sowohl bei Führungskräften der deutschen Wirtschaft als auch in der breiten Bevölkerung erlitten hat.[62] Abb. 1 auf der vorhergehenden Seite zeigt den dramatischen Einbruch, den die Hoechst AG bei den regelmäßigen Imagestudien der Fachzeitschrift »Manager Magazin« erlitt. Obwohl sie jahrelang einen guten und vor allem stabilen Ruf hatte, wurde sie in der Ende 1993 durchgeführten Umfrage von Führungskräften sehr negativ bewertet. Zu einem ähnlichen Ergebnis kam eine Untersuchung des Sample-Instituts, das Anfang 1994 eine repräsentative Stichprobe aller Bundesbürger über 14 Jahren nach ihrer Meinung über Großunternehmen befragte.[63] Bei der Frage, welches Unternehmen überhaupt nicht den Idealvorstellungen entspricht, wurde am häufigsten die Hoechst AG genannt. Aber auch ihre Konkurrenten BASF und Bayer sowie die gesamte Chemieindustrie lagen noch deutlich vor anderen Branchen, die ebenfalls seit längerem in der öffentlichen Kritik stehen (z.B. Automobilbau, Atomwirtschaft und Versicherungen).

Was waren die Gründe für diese – inzwischen überwundene – strategische Bedrohung? Kepplinger und Hartung, die die öffentlichen Auseinandersetzungen um den Störfall ausführlich rekonstruiert und analysiert haben, kommen zu einem eindeutigen Ergebnis: „Der Störfall von Griesheim war weniger ein Chemie-Unglück als eine Kommunikations-Katastrophe – vor allem, aber nicht nur der Hoechst AG".[64] Alle Beteiligten machten Fehler. Das Hauptproblem war jedoch, daß Unternehmensvertreter, Bürger, Journalisten, Politiker und Experten vor dem Hintergrund unterschiedlicher Orientierungsmuster agierten.[65] Die Sichtweise des Unternehmens wurde durch einige Umstände bereits am Morgen des Rosenmontags diskreditiert. Dadurch wurde der Störfall zu einem Schlüsselereignis. Es etablierte sich eine kritische Sichtweise, die alle weiteren Situationsdeutungen und Handlungen vorstrukturierte. Das Unternehmen hatte keine Chance mehr, mit seinen Argumenten Gehör zu finden.[66] Es war der Dynamik der massenmedialen Berichterstattung ausgeliefert, die das Geschehen in unterschiedlicher Weise dramatisierte, voneinander unabhängige Ereignisse als Störfallserie bündelte, die Meinungen weniger Journalisten vor Ort bundesweit aufgriff und sogar Pseudo-Ereignisse inszenierte.[67] Daran änderte auch die offensive Kommunikationspolitik nichts mehr, die u.a. Pressekonferenzen und -informationen, Anzeigen in der Tagespresse, Berichte in der Hoechst-Nachbarschaftszeitung, Informationsblätter für Bürger, Ärzte und Mitarbeiter, Nachbarschaftsversammlungen, ein Bürgertelefon und nicht

62 Vgl. zum Imagebegriff unten S. 127 ff. Hoechst gibt selbst keine regelmäßigen Imageanalysen in Auftrag, so daß wir im folgenden auf Studien anderer Auftraggeber zurückgreifen müssen.

63 Vgl. Kohtes & Klewes Kommunikation 1994 (n=1.300, Mehrthemenumfrage).

64 Kepplinger/Hartung 1995, S. 10.

65 Vgl. Kepplinger/Hartung 1995, S. 10, S. 115 ff., S. 150 ff.

66 Dies entspricht der Einsicht von Barth/Donsbach 1992 und Saffarina 1993, daß Unternehmen in Krisensituationen – i.U. zum Normalfall – kaum Einfluß auf die Massenmedien nehmen können.

67 Vgl. die detaillierten Nachweise bei Kepplinger/Hartung 1995, insbes. S. 96 ff. und S. 128 ff.

zuletzt Gespräche mit Betroffenen und Journalisten vor Ort umfaßte.[68] Die Kommunikation vor Ort wird von den Anwohnern im Rückblick durchweg positiv bewertet.[69] Dennoch stand im Frühjahr 1993 vor allem das Informationsverhalten von Hoechst im Zentrum der öffentlichen Kritik,[70] und auch im nachhinein werden dort von allen Beteiligten Versäumnisse gesehen. Die Kritik entzündete sich weniger am Handeln einzelner Mitarbeiter oder an der Zentralabteilung Öffentlichkeitsarbeit, sondern an der prinzipiellen Handhabung der Kommunikationsaufgabe durch das Gesamtunternehmen.

Am Anfang standen einige Diskrepanzen während der ersten Pressekonferenz am Morgen des Unglückstages. Kepplinger/Hartung betonen, daß die entscheidende Weichenstellung bereits geschah, als der Werksleiter darauf hinwies, daß das ausgetretene *o*-Nitroanisol »mindergiftig« sei.[71] Diese Klassifikation entsprach dem damals gültigen DIN-Sicherheitsdatenblatt. Sie war also korrekt, aber mißverständlich. Der Niederschlag wurde nämlich zur gleichen Zeit von Arbeitern mit Atemmasken und Schutzanzügen entfernt; der Grund hierfür wurde erst später erläutert. Zudem war die Toxizität für viele Außenstehende nicht einmal das zentrale Thema: Die Menge und die Beschaffenheit der klebrigen Substanz erforderten ungewöhnliche Reinigungsmaßnahmen, und daraus schloß man auf die Tragweite des Problems. Unmittelbar nach Abschluß der Pressekonferenz wurde zudem bekannt, daß das Schadensgebiet größer war, als man gerade noch angegeben hatte. Diese Meldung stammte von einem Trupp der Frankfurter Berufsfeuerwehr, der gemeinsam mit Mitarbeitern der Hoechst AG unterwegs war. Sie wurde aber ganz spontan vom Feuerwehrchef bekanntgegeben, so daß der Eindruck entstehen mußte, daß die Unternehmensdarstellung von Behördenseite korrigiert wird. Damit geriet das Unternehmen erstmals in den Verdacht, eine mangelhafte Informationspolitik zu betreiben. Diese Sichtweise wurde im Verlauf der folgenden Tage verfestigt. Der Krisenstab erfuhr erst durch die Meldung einer Nachrichtenagentur, daß eine Forschungsabteilung der Hoechst AG das Umweltbundesamt kurz zuvor über neueste Erkenntnisse unterrichtet hatte, nach denen *o*-Nitroanisol möglicherweise krebserregend sei. Für den externen Beobachter standen die radikalen Sanierungsmaßnahmen im Widerspruch zu den Aussagen, daß dennoch keine Gefahr für die Bevölkerung bestand. Schließlich kam hinzu, daß sich der damalige Vorstandsvorsitzende trotz der mittlerweile eskalierten Lage erst nach zehn Tagen zu Wort meldete. Die Hoechst AG, das muß ausdrücklich betont werden, war nicht der einzige Beteiligte, der Kommunikationsfehler machte.[72] Mehrere Politiker, Behördenvertreter und ein Toxikologieprofessor erhoben Vorwürfe, die bereits zum Zeitpunkt der Äußerung als unhaltbar erkennbar waren. Ferner stellten einige Massenmedien den Störfall und seine Folgen in grob irreführender Weise dar. Sie wiesen Vermutungen als Tatsachen aus, verwendeten drastische Schlagworte und realitätsverfremdende

68 Vgl. (mit ausführlicher Quellendokumentation) Schönefeld 1994b, insbes. S. 10 ff. und S. 43 ff.
69 Vgl. Kepplinger/Hartung 1995, S. 74 ff.
70 Vgl. Kepplinger/Hartung 1995, S. 34 ff.
71 Vgl. Kepplinger/Hartung 1995, S. 112 ff.
72 Vgl. zusammenfassend Kepplinger/Hartung 1995, S. 151 ff.

Darstellungsformen, inszenierten Ereignisse zum Zweck der Berichterstattung und versäumten es vor allem, Fehldarstellungen hinreichend zu korrigieren.

Zwei Jahre nach dem Störfall ist es der Hoechst AG offenkundig gelungen, verlorenes Vertrauen wiederzugewinnen.[73] Ein wichtiger Grund war sicherlich, daß man die damaligen Versäumnisse offen eingeräumt, intensiv über Verbesserungsmaßnahmen nachgedacht und diese dann auch realisiert hat.[74] Krisensituationen lassen sich aber niemals ganz vermeiden. Dies zeigte sich unter anderem bei zwei neuerlichen Störfällen Anfang 1996, bei denen die vorgesehene Meldekette von den beteiligten Werksmitarbeitern nicht eingehalten wurde.[75] Krisen stellen auch in Zukunft eine besondere Herausforderung dar, in denen die strategische Bedeutung der Unternehmenskommunikation und Öffentlichkeitsarbeit überaus deutlich wird. Der Alltag sieht natürlich anders aus. Er besteht aus einer Vielzahl höchst unterschiedlicher Kommunikationsprozesse, denen wir uns im folgenden zuwenden wollen.

### *2.1.3 Public Relations als strategischer Erfolgsfaktor*

Im Hoechst-Konzern laufen gleichzeitig eine Vielzahl verschiedener Kommunikationsprozesse ab, die in ganz unterschiedlicher Weise zum Unternehmenserfolg beitragen.[76] Nur ein geringer Teil dieser Prozesse wird unmittelbar von den Mitarbeitern der Abteilung Unternehmenskommunikation gesteuert oder durchgeführt. Diese Akteure sind also keinesfalls alleine für die optimale Erfüllung der Kommunikationsaufgabe verantwortlich; hier ist letztlich jeder Mitarbeiter gefordert.[77] Dennoch macht es Sinn, die Unternehmenskommunikation anhand der Aktivitäten derjenigen Akteure zu studieren, die in erster Linie Kommunikationsaufgaben (und nicht etwa solche der Forschung, Finanzierung oder Materialwirtschaft) zu erfüllen haben. Wir stoßen dort naturgemäß auf das breiteste Spektrum praktischer Problemfelder und Lösungsansätze, und eben dieses wollen wir im Zuge unserer Vororientierung kennenlernen.[78] Ein Blick in die Agenda des Bereichs Unternehmenskommunikation bestätigt zunächst die inhaltliche und instrumentelle Spannbreite der anfallenden Routineaufgaben und Projekte. Ein Team analysiert bereits am frühen Morgen über 90 Zeitungen und Zeitschriften, um bis acht Uhr einen tagesaktuellen Medienspiegel zusammenzustellen. Mehrere Referenten sind ständig damit beschäftigt, schriftliche Anfragen von Bürgern, Journalisten, Studenten und Politikern zu beantworten oder an die zuständigen Ansprechpartner im

73 Die Inhaltsanalysen von Kepplinger/Hartung (1995, S. 41 ff.) zeigen, daß die Massenmedien ab Herbst 1993 – als Hoechst durch zwei unabhängige Gutachten entlastet wurde – erstmals wieder positiv über das Unternehmen berichteten. Die Anfang 1996 durchgeführte Imagestudie des »Manager Magazin« zeigt ebenfalls steigende Imagewerte; vgl. oben Abb. 1 auf S. 31.

74 Vgl. zur Neuorientierung des Krisenmanagements und der Krisenkommunikation bei Hoechst v.a. die aufschlußreichen Darstellungen von Schönefeld 1994a und Holoubek 1994, S. 80 ff.

75 Vgl. Dormann 1996b.

76 Vgl. Holoubek 1994, S. 82 f.

77 Vgl. Dormann 1994; vgl. auch Steinmann/Zerfaß 1995, S. 17 und S. 38 ff.

78 Die folgende Darstellung stützt sich auf persönliche Gespräche mit Mitarbeitern der Abteilung und auf interne Dokumentationen der Kommunikationstätigkeit; vgl. oben Anmerkung 40.

Konzern weiterzuleiten. Eine Sachbearbeiterin verschickt Geschäftsberichte, Umweltberichte und Informationsbroschüren, die über eine gebührenfreie 0130-Telefonnummer angefordert werden. Verschiedene Mitarbeiter nehmen gerade an Fachtagungen teil, bei denen sie über die Umweltpolitik und die technologischen Visionen des Unternehmens berichten. Ein Referent ist für die Präsenz des Unternehmens im weltweiten Datennetz »Internet« verantwortlich; er pflegt die Informationsseiten und leitet eingehende Botschaften weiter. Im Bereich der Öffentlichkeitsarbeit werden wichtige Informationen (z.B. Einsatzberichte der Werksfeuerwehr, online einlaufende Meldungen von Nachrichtenagenturen) per E-Mail an den »Chef vom Dienst« geschickt, der sie über verschiedene Verteiler weiterleitet und ein Tagesprotokoll führt. Verschiedene Werbegruppen betreuen Anzeigenkampagnen in Fachzeitschriften, die durch persönliche Anschreiben an Entscheidungsträger (Ärzte, Einkäufer, Entwickler in der weiterverarbeitenden Industrie) ergänzt werden. Hinzu kommt das Kompetenzmagazin »Future«, das sich an Kunden, potentielle Abnehmer und Meinungsbildner wendet und über aktuelle Themen aus den Bereichen Forschung, Entwicklung und Technologiepolitik berichtet.[79] Ein anderes Marketingteam veranstaltet ein Symposium über die Verwendung von Zuckerersatzstoffen, zu dem Getränkehersteller, Händler und Fachjournalisten eingeladen werden. Zur gleichen Zeit wird für das betriebliche Vorschlagswesen im Werk Höchst eine Werbekampagne entwickelt, die sich an die Mitarbeiter in der Produktion richtet. Sie sollen durch Plakate, Beilagen in Gehaltsbriefen, Beiträge in der Mitarbeiterzeitschrift und die persönliche Ansprache ihrer Abteilungsleiter zur Einreichung von Verbesserungsvorschlägen motiviert werden.

Diese Skizze läßt sich nahezu unbegrenzt erweitern. Wir wollen uns deshalb auf zwei Beispiele konzentrieren, die aus Sicht der Beteiligten in den Bereich der *Öffentlichkeitsarbeit* fallen, und diese näher beleuchten. Es handelt sich dabei um die Unternehmenswerbung, die das Ansehen der Hoechst AG auf bundesweiter Ebene steigern und bestimmte inhaltliche Positionen verdeutlichen soll, und um die vielschichtigen Kommunikationsbeziehungen im lokalen Umfeld des Standortes Frankfurt am Main.

Die *Unternehmenswerbung* wendet sich an einen breiten Adressatenkreis, der von kritischen Bürgern über Meinungsbildner (Mitarbeiter in Schulen, Bildungsstätten, Kirchen) bis hin zu Politikern und Jugendlichen reicht. Sie wird zum Teil als Marketinginstrument eingesetzt, wenn potentielle Kunden, z.B. Führungskräfte im Industriebereich, durch spezifische Anzeigen auf allgemeine Unternehmenskompetenzen und nicht auf konkrete Produktvorteile hingewiesen werden. An dieser Stelle geht es uns jedoch um diejenigen Kampagnen, in denen das Selbstverständnis und die Leistungen des Konzerns vorgestellt werden, um die notwendige Akzeptanz für das unternehmensstrategische

79 Das in mehreren Sprachen aufgelegte, modular ergänzbare Magazin erscheint seit Oktober 1995; es löst das kundenorientierte »Hoechst High Chem Magazin« und die an Freunde des Hauses gerichtete Publikation »Hoechst Heute« ab.

*Abb. 2: Ausgewählte Motive der Hoechst-Imagewerbung 1995*

Handeln sicherzustellen.[80] Hoechst schaltet zu diesem Zweck regelmäßig ganzseitige Anzeigenserien in überregionalen Tageszeitungen. Im Herbst 1994 wurde beispielsweise in vier Motiven das Prinzip des Sustainable Development erläutert und zugleich anhand einzelner Beispiele dargelegt, wie Hoechst durch innovative Produkte und Verfahren zur Realisierung dieses Leitbildes beitragen kann. Das Verantwortungsbewußtsein des Unternehmens für künftige Generationen stand auch im Vordergrund, als man sich im Frühjahr 1995 anläßlich der Weltklimakonferenz in Berlin zu Wort meldete. Zwei Anzeigen gingen explizit auf das Thema der $CO_2$-Emissionen ein. Die Unternehmenswerbung beschränkt sich demnach nicht auf die Darstellung und Positionierung

80 Vgl. zum Begriff der Unternehmenswerbung Frauscher/Signitzer 1991, Klenk 1991.

des Unternehmens; sie gibt darüber hinaus auch inhaltliche Standpunkte wieder.[81]

Eine Betrachtung der in Abb. 2 wiedergegebenen Motive macht deutlich, daß der inhomogene Adressatenkreis eine Verdichtung hochkomplexer Zusammenhänge zu relativ einfachen Botschaften notwendig macht. Der Leser wird mit behauptender Rede und assoziativer Symbolik über die Sichtweise des Unternehmens informiert. Hoechst meldet sich in der gesellschaftspolitischen Diskussion zu Wort, ohne in einen direkten Dialog mit einzelnen Interessengruppen einzutreten. Eine Fortführung der Kommunikation ist in diesem Fall nicht vorgesehen. In anderen Kampagnen werden jedoch ausdrücklich weiterführende Publikationen offeriert; dort fehlt es auch nicht an Hinweisen auf das

81 Diese beiden Vorgehensweisen unterscheiden imagebezogene und themenbezogene Unternehmenswerbung; vgl. Frauscher/Signitzer 1991, S. 292, und Hunt/Grunig 1994, S. 327 ff.

Hoechst-Infotelefon und die entsprechende Internet-Adresse. Die Anzeigen können zudem genutzt werden, um sich ein Vorstellungsbild von Hoechst und seinen Zielen bzw. Leistungen zu bilden. Dieses Bild wird durch andere Informationen, z.B. durch Presseberichte und persönliche Erfahrungen mit Mitarbeitern oder Produkten, ergänzt. Dadurch entsteht ein facettenreiches, aber in seiner Gesamtheit nicht nachprüfbares Image, das gleichwohl die Meinungen und Handlungsweisen der betroffenen Akteure beeinflussen kann.

Einen Kontrast zu dieser Vorgehensweise bietet die *Öffentlichkeitsarbeit im lokalen Umfeld* des Stammsitzes.[82] Im Rhein-Main-Gebiet ist der Weltkonzern Hoechst für viele Menschen keine abstrakte Organisation, sondern ein direkt erfahrbarer Arbeitgeber, Steuerzahler, Mäzen und Nachbar. Vor allem aber ist und bleibt das Unternehmen ein Betreiber von sieben Werken, die in einem dichtbesiedelten Ballungsraum chemische und pharmazeutische Produkte herstellen. Deshalb ergeben sich immer wieder Interessenkonflikte, die möglichst konstruktiv und friedlich gelöst werden müssen. Ein typisches Spannungsfeld ist der Umweltschutz, bei dem der Wunsch nach dem Erhalt von Naturflächen mit dem industriellen Naturverbrauch durch Standorterweiterungen oder Entsorgungsmaßnahmen kollidiert.[83] In ähnlicher Weise widersprechen sich die Anforderungen von Arbeits- und Freizeitwelt; viele Anwohner sehen ihre Lebensqualität durch die Lärm- und Geruchsbelästigungen der Produktionsbetriebe beeinträchtigt. Bei alledem ist der gesellschaftliche Nutzen der Industrietätigkeit nur schwer erkennbar, weil in den meisten Werken Grundstoffe und Vorprodukte hergestellt werden. Bei Fasern und Kunststoffen fallen Produktion und Konsum beispielsweise soweit auseinander, daß die Leistungsbilanz des Unternehmens im allgemeinen nur partiell erfaßt wird: Konsumenten nutzen die Vorzüge der Hoechst-Produkte, Anwohner erfahren neben dem Arbeitsplatzangebot vor allem die negativen Auswirkungen der industriellen Produktion. Vor diesem Hintergrund ist eine langfristige Koexistenz im lokalen Umfeld nur möglich, wenn die Handlungsweisen und Interessenlagen der betroffenen Akteure miteinander abgestimmt werden. Hoechst setzt dazu auf ein ganzheitliches Kommunikationskonzept, in dem Prozesse der einseitigen und wechselseitigen Kommunikation ineinandergreifen.[84] Information und Dialog mit Anwohnern, lokalen Bürgerinitiativen, Parteigruppierungen, Politikern, Kirchenvertretern und anderen Interessenten dienen als Mittel, um „zwischen den wirtschaftlichen Interessen des Unternehmens und den Interessen der Gesellschaft zu vermitteln, Transparenz zu schaffen, Akzeptanz zu erzielen und letztlich Vertrauen für die Verantwortung sowie die fachliche und gesellschaftliche Kompetenz [des] Unternehmens zu gewinnen".[85]

Seitens der Hoechst AG erfordert dies vielfältige Anstrengungen, die ganz gezielt von den *PR-Fachleuten* im Werk Höchst, eher beiläufig aber auch von allen anderen Mitarbeitern erbracht werden (vgl. Abb. 3). Die *Mitarbeiter*

82 Vgl. nachfolgend vor allem Schönefeld 1995a und 1996.
83 Vgl. zu den skizzierten Spannungsfeldern Schönefeld 1995a, S. 3 ff.
84 Vgl. Schönefeld 1995a, S. 5 ff.
85 Schönefeld 1995a, S. 5.

werden deshalb von der Kommunikationsabteilung nicht nur in Ansehung ihrer eigenen Interessenlagen, sondern überdies in ihrer Funktion als Botschafter des Unternehmens angesprochen.[86] Hierzu dienen die Informationsblätter »kurz berichtet«, das sporadisch erscheinende Videomagazin für Mitarbeiter und als Dialogformen eine telefonische Mitarbeiter-Hotline sowie regelmäßige Besprechungen auf Gruppen- und Abteilungsebene.

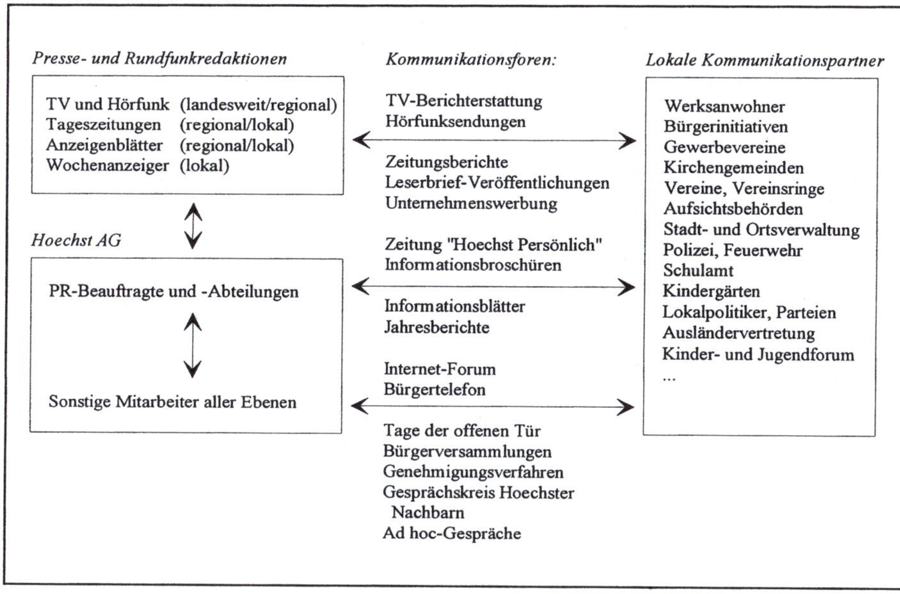


*Abb. 3: Öffentlichkeitsarbeit im lokalen Umfeld: Das Beispiel der Hoechst AG*

Die ad hoc stattfindenden Kommunikationsprozesse zwischen Mitarbeitern und Anwohnern können auf diese Weise erleichtert und vorstrukturiert, aber natürlich nicht vollends gesteuert werden. Dies gilt auch für die Aktivitäten der lokalen Presse und des regionalen Rundfunks, die ebenfalls eine Mittlerfunktion zwischen Hoechst und seinem unmittelbaren Umfeld wahrnehmen.[87] Die Medienreferenten des Unternehmens bemühen sich deshalb um einen kontinuierlichen und vor allem aktuellen Informationsaustausch mit den betreffenden *Journalisten und Redaktionen.* Hierzu dienen klassische Pressemeldungen, Rundfunkstatements, Pressekonferenzen, Hintergrundgespräche und verschiedene Fax-Verteiler, die im Bedarfsfall schnell aktiviert werden können. In diesem Zusammenhang hat Hoechst bereits 1993 ein leistungsfähiges Pressezentrum im Werk Höchst eingerichtet, in dem bei Bedarf bis zu 50 Journalisten arbeiten können. Für Presseanfragen steht zudem rund um die Uhr ein Bereitschaftsdienst zur Verfügung. Der Kontakt mit den Redaktionen führt natürlich

86 Vgl. Schönefeld 1995a, S. 6 f.
87 Vgl. Schönefeld 1995a, S. 11 ff.

ebenso wie die gezielt einsetzbare Unternehmenswerbung noch nicht zu einem Dialog mit den Personen und Organisationen, um deren Interessenlagen es in erster Linie geht. Redaktionelle Berichterstattung, Anzeigen und veröffentlichte Leserbriefe erlauben allenfalls einen zeitversetzten Meinungsaustausch, nicht aber eine konkrete Handlungsabstimmung.

Das trifft auch für einen großen Teil derjenigen Kommunikationsaktivitäten zu, die sich direkt an die *lokalen Kommunikationspartner* wenden. Als zentrales Informationsmedium dient seit Mai 1995 die zweimonatlich erscheinende Zeitung »Hoechst persönlich«. Die vierfarbige Publikation wendet sich zugleich an Mitarbeiter *und* Nachbarn des Unternehmens; sie ist insofern Ausdruck einer ganzheitlichen Vorgehensweise.[88] Informationen zu aktuellen Themen vermittelt ferner die Publikationsreihe »Hoechst im Dialog«, die ein gemeinsames Dach für verschiedene periodische und situationsbezogene Veröffentlichungen bietet.[89] Wichtige Bausteine, die im lokalen Umfeld auf Interesse stoßen, sind z.B. Broschüren zur Sicherheitsvorsorge bei Störfällen, Faltblätter mit den Umweltschutz- und Sicherheitsdaten der einzelnen Werke, illustrierte Informationsblätter zum Wasserverbrauch der Hoechst AG und nicht zuletzt die konzernweiten Geschäfts- und Umweltberichte. Beide Jahresberichte können von Computerbenutzern inzwischen auch auf Diskette, multimedialer CD-ROM und online im weltweiten Datennetz »Internet« (http://www.hoechst.com/) abgerufen werden. Die Präsenz im Internet ermöglicht zugleich eine elektronische Kommunikation per E-Mail, die auch im lokalen Umfeld genutzt werden kann. Schnelle und vor allem direkte Antwortmöglichkeiten ebnen dabei den Weg für einen zweiseitigen Meinungsaustausch, bei dem unterschiedliche Sichtweisen dargelegt und Mißverständnisse durch Nachfragen geklärt werden können. Die gleichen Vorteile bietet das Bürgertelefon (069) 305-4000, eine jederzeit erreichbare Rufnummer, unter der Angehörige des Bereichs Corporate Communications Fragen beantworten bzw. einen kompetenten Gesprächspartner im Unternehmen vermitteln.[90] In beiden Fällen bleibt der Dialog zunächst auf schriftliche bzw. fernmündliche Äußerungen beschränkt. Erweiterte Möglichkeiten bieten persönliche Gespräche zwischen Hoechst-Mitarbeitern und den lokalen Kommunikationspartnern bzw. ihren Vertretern, die in sehr unterschiedlichen Zusammenhängen stattfinden. Das Spektrum reicht von ad-hoc-Gesprächen, bei denen Werksangehörige im privaten Umfeld auf ihre Rolle als Hoechst-Mitarbeiter angesprochen werden, bis hin zu eigens inszenierten Großveranstaltungen. Beim bundesweiten »Tag der offenen Tür« der chemischen Industrie besuchten im Herbst 1993 über 30.000 Nachbarn die Hoechst-Werke im Rhein-Main-Gebiet. Ende 1994 wurden für die Bürger in Frankfurt-Höchst »Wasser-Touren« durchgeführt,

88 »Hoechst persönlich« ist ein neues Format, das die Mitarbeiterzeitschrift gleichen Namens und die langjährige Nachbarschaftszeitung »Blick auf Hoechst« abgelöst hat. Durch die modulare Zusammenstellung der einzelnen Druckbögen ist es möglich, den Zeitungsmantel um zielgruppenspezifische und regionale Seiten zu ergänzen (z.B. Personalia/Firmenjubilare, Rhein-Main).

89 Vgl. Schönefeld 1995b.

90 Dieses Angebot wird derzeit nur spärlich genutzt (1-2 Anrufe pro Woche). Ein Pendant im Bereich der innerbetrieblichen Kommunikation ist das Mitarbeitertelefon 069-305 3333.

weil Fragen der Grundwasserknappheit und -verschmutzung dort ein wichtiges Diskussionsthema sind. Ein weitgehend vorstrukturiertes Kommunikationsforum bieten Genehmigungsverfahren für den Bau bzw. die Modernisierung von Produktionsanlagen, für die das Gesetz eine Öffentlichkeitsbeteiligung vorsieht. Diese Verfahren nahmen in der Vergangenheit häufig die Form eines öffentlichen Tribunals an, bei denen Bürgerinitiativen den Wissensvorsprung und die Machtstellung der Hoechst AG anklagten. Inzwischen überläßt das Unternehmen potentiellen Einwendern bereits im Vorfeld die vollständigen Genehmigungsunterlagen; zusätzlich werden direkte Gespräche vor Ort angeboten. Mit dieser freiwilligen Verpflichtung bemüht man sich um mehr Transparenz, die inzwischen zu einem sachlicheren und stärker ergebnisorientierten Ablauf der Erörterungstermine geführt hat.[91]

Unabhängig von diesen Strukturen wurden seit jeher informelle Gespräche mit den Vertretern lokaler Organisationen und Interessengruppen geführt. Daraus entstand im Juni 1993 auf Initiative des Unternehmens ein »Runder Tisch«, der sich inzwischen als »Gesprächskreis Hoechster Nachbarn« etabliert hat.[92] Rund 30 Teilnehmer aus den in Abb. 3 aufgeführten Kreisen treffen sich etwa viermal jährlich, um alle auftretenden Probleme zwischen Hoechst und seinen Nachbarn zu diskutieren. Um Schaukämpfe zu vermeiden, werden Politiker bewußt außen vor gelassen. Das Unternehmen zeichnet für die Durchführung der Veranstaltungen verantwortlich; es wird dort durch den Leiter des Werks Höchst und je nach Themenstellung durch Angehörige der Abteilungen Umweltschutz, Sicherheitsüberwachung, Unternehmenskommunikation und Recht vertreten. Die Beteiligten haben nach kontroversen Diskussionen eine Geschäftsordnung verabschiedet, in der die genannte Zielsetzung präzisiert wird.[93] Der Gesprächskreis hat keine formalen Mitbestimmungsrechte, sondern die Aufgabe, durch Anregungen und Empfehlungen zur Meinungsbildung und Entscheidungsfindung des Unternehmens beizutragen. Hoechst muß jeweils bei der nachfolgenden Sitzung berichten, ob und inwieweit die Empfehlungen aufgegriffen werden. Die Themen der einzelnen Treffen werden von den Teilnehmern bestimmt. Sie reichten bislang von der Störfallnachsorge (Durchführung einer ärztlichen Langzeituntersuchung) über Luftemissionen und die wirtschaftliche Zukunft der Standorte bis hin zur Ausbildungssituation bei Hoechst. Die Sitzungen sind grundsätzlich öffentlich. Sie werden von einer lokalen Vertrauensperson, dem Ortsbezirksvorsteher, moderiert.[94] Er soll sicherstellen, daß sich ein konstruktiver Dialog entfalten kann. Die Tätigkeit beschränkt sich deshalb in den ersten zwei Stunden nur auf den Gesprächskreis. Anschließend haben anwesende Bürger die Möglichkeit, Fragen zu stellen. Schließlich wird auch den Vertretern von Presse und Rundfunk das Wort erteilt. Über diese regelmäßigen Treffen hinaus hat der Gesprächskreis die Möglichkeit, größere Nachbarschaftsversammlungen einzuberufen, um einen

91 Vgl. Schönefeld 1995a, S. 10 f.

92 Vgl. zu diesem Gesprächskreis insbes. Holoubek 1994, S. 92 ff., und Schönefeld 1995a, S. 8 ff.

93 Vgl. o.V. 1995b.

94 Der Richter Dr. Rudolf Hartleib (SPD) hat diese Aufgabe ehrenamtlich übernommen.

breiteren Interessentenkreis in seine Arbeit einzubinden. Auch diese Option wurde von Anfang an in Anspruch genommen. Die bisherigen Erfahrungen zeigen, daß sich auch in der offenen Argumentation nicht alle Kontroversen beilegen lassen. Ein Beispiel war die Forderung nach der sofortigen Stillegung aller Betriebsstätten, die nicht völlig risikofrei operieren. Dies würde die Aufgabe des Chemiestandorts Rhein-Main bedeuten und wurde deshalb von den meisten Gesprächspartnern abgelehnt. Immerhin ist es gelungen, die kontroversen Standpunkte einschließlich ihrer Begründungen offenzulegen und damit in der lokalen Öffentlichkeit mehr Transparenz zu schaffen. Bei vielen Fragen fand man auch einvernehmliche Lösungen. Beispiele sind die Gesundheitsvorsorge in der Schwanheimer Bevölkerung und die bereits erwähnten Einsichtsmöglichkeiten bei laufenden Genehmigungsverfahren. In diesen Fällen ist es gelungen, die disparaten Interessen und Handlungen der Beteiligten qua Kommunikation miteinander abzustimmen. Die Vorteile der persönlichen Kommunikation sollen deshalb in Zukunft noch stärker genutzt werden. In diesem Zusammenhang ist es bemerkenswert, daß das Werk in Frankfurt-Höchst erstmals seit 30 Jahren wieder einen Werksleiter bekam. Er dient explizit als Kristallisations- und Identifikationsfigur für den Dialog im lokalen Umfeld, der vom Unternehmen als unabdingbare Voraussetzung einer fruchtbaren Koexistenz betrachtet wird.

Unsere Skizze zeigt, daß die Öffentlichkeitsarbeit in vielfältiger Weise zum strategischen Erfolg beiträgt. Sie beschränkt sich dabei keinesfalls auf die Pressearbeit oder massenmediale Imageanzeigen. In der Praxis läßt sich sogar ein Trend zur Personalisierung und Dialogisierung der Kommunikation feststellen. Das gilt nicht nur für Hoechst, sondern auch für andere Unternehmen.[95] Unterstützt wird dies durch die Verfügbarkeit interaktiver Medien, z.B. durch internationale Datennetze, Sprachcomputer und Multimedia-Applikationen, die neue Möglichkeiten für gezielte Informationsabfragen und zum Teil auch für den wechselseitigen Meinungsaustausch bieten.

### *2.1.4 Einsichten und Folgerungen*

Der Hoechst-Konzern steht in unserer Fallstudie stellvertretend für die große Zahl unterschiedlicher Wirtschaftsorganisationen, die sich in sehr verschiedenen Branchen und Umfeldern bewegen und deshalb immer wieder vor anderen, situativ bestimmten Kommunikationsproblemen stehen. Unsere Skizze erhebt deshalb keineswegs den Anspruch, den PR-Alltag umfassend zu beschreiben. Ebenso wenig ist es möglich, die geschilderten Vorgehensweisen als unbedingtes Vorbild für andere Unternehmen darzustellen. Damit wäre nicht nur eine methodisch unhaltbare Hochstilisierung des Seins zum Sollen, sondern auch eine Vernachlässigung der Situationsgebundenheit jeglicher Kommunikationspolitik verbunden. Die Suche nach dem »one best way« der Unternehmenskommunikation verbietet sich schon deshalb, weil es beim wirtschaftlichen Handeln stets um die Erarbeitung von Differenzen geht: Über-

95 Vgl. die Praxisbeispiele in Bentele et al. 1996b sowie unten S. 367 ff.

durchschnittlich erfolgreich wird nur sein, wer bessere Leistungen erbringt, niedrigere Kosten hat, neue Märkte schafft, einzigartige Ressourcen vorhält und sich im gesellschaftspolitischen Raum profiliert – und nicht derjenige, der trotz unterschiedlicher Ausgangslage genau so vorgeht wie seine Wettbewerber. Trotzdem treten einzelne Probleme immer wieder in ähnlicher Weise auf. Deshalb macht es auch Sinn, sich dieser Fragen zu vergewissern und entsprechende Lösungsansätze systematisch aufzuarbeiten. In diesem Zusammenhang wollen wir die Skizze der Hoechst-Unternehmenskommunikation heranziehen, um einige grundlegende begriffliche Unterscheidungen einzuführen, die das praktische Erfahrungsfeld strukturieren und zugleich unser Forschungsgebiet vermessen.

Die zentrale Einsicht ist sicherlich, daß es bei der Unternehmenskommunikation um ein Bündel spezifischer *Handlungsweisen* und deren Gestaltung geht. Wir haben in der Praxis weder natürliche Vorgänge noch abstrakte Phänomene, sondern konkrete menschliche Aktivitäten kennengelernt. Diese Aktivitäten unterscheiden sich von anderen nicht dadurch, daß sie von bestimmten Aufgabenträgern, z.B. einem PR-Referenten oder einer Werbeabteilung, ausgeführt werden.[96] Das entscheidende Kriterium ist vielmehr, daß ihnen von allen Beteiligten ein *kommunikativer Charakter* zugestanden wird. Im Alltag bereitet es offenkundig kein Problem, Kommunikationsprozesse von anderen Handlungsweisen, z.B. von manueller Arbeit oder innerem Nachdenken, zu unterscheiden. Ebenso ist es unstrittig, daß Kommunikation in sozialen Zusammenhängen als Mittel zum Zweck verwendet wird. Wenn Hoechst Umweltschutzberichte veröffentlicht oder ein Anwohner sich telefonisch über ungewöhnliche Lärmbelastungen beschwert, dann ist dies offenkundig kein Selbstzweck, sondern Ausdruck des Bestrebens, Akzeptanz für die Unternehmenstätigkeit zu erzielen bzw. ein subjektives Ruhebedürfnis zu befriedigen. Unabhängig von den jeweils angestrebten Zielen gilt also, daß der *teleologische Charakter* der Kommunikation zu beachten ist. Von Unternehmenskommunikation werden wir allerdings nur sprechen, wenn zweckorientierte Kommunikationshandlungen dazu dienen, die Ziele einer *Wirtschaftsorganisation* zu verfolgen. Unsere Fallskizze hat gezeigt, daß es wenig zweckmäßig wäre, jegliche Alltagskommunikation, z.B. die Gerüchteküche am Arbeitsplatz, oder auch die besagten externen Anfragen am Bürgertelefon, in unseren Problemkatalog aufzunehmen. Diese Prozesse stellen Randbedingungen und Herausforderungen für die Unternehmensführung dar, sind aber nur begrenzt von ihr gestaltbar.

Die Gestaltung der Unternehmenskommunikation präsentiert sich als eine Aufgabe, bei der *alle* Mitarbeiter gefordert sind. Die Kommunikation mit Kollegen, Untergebenen, Vorgesetzten, potentiellen Kunden, Journalisten und Kritikergruppen wird auf vielen verschiedenen Ebenen geführt. Aufgrund ihrer

96 Dies hat sich nach dem Griesheimer Störfall gezeigt, in dem sich die Kritik an der Unternehmenskommunikation weniger an den Aktivitäten der PR-Fachleute, sondern vielmehr an einem mißverständlichen Ausdruck des Werksleiters, der verzögerten Kommunikation zwischen Forschern und Krisenmanagern und der »Sprachlosigkeit« des Vorstandsvorsitzenden entzündete.

Vielschichtigkeit kann sie nur zum Teil von eigens damit beauftragten Personen oder Abteilungen vorstrukturiert oder durchgeführt werden. Dies betrifft nicht zuletzt den Teilbereich der *Public Relations,* der in der Praxis anhand seiner Aufgabenstellung definiert wird. Öffentlichkeitsarbeit soll nach Ansicht von Hoechst dafür sorgen, daß die notwendigen Freiräume für unternehmerisches Handeln geschaffen werden.[97] Wie dies geschehen soll, bleibt dabei zunächst noch offen. Instrumentelle Vorgehensweisen, z.B. Pressearbeit oder Lobbyismus, und Zwischenziele wie die Schaffung eines positiven Images können demnach allenfalls als nachgelagerte Unterscheidungskriterien herangezogen werden. Das Spektrum der Public Relations ist in der Praxis viel breiter: Auf der Handlungsebene wird ein Bündel gänzlich *verschiedener Mittel* eingesetzt, das von massenmedialen Verlautbarungen über interaktive Formen der Daten- und Telefonkommunikation bis hin zu verschiedenen Formen der persönlichen Ansprache und Gesprächsführung reicht. Manche dieser Vorgehensweisen sind »typische« PR-Aktivitäten (z.B. Pressegespräche), andere kommen auch und sogar vorrangig in anderen Bereichen der Unternehmenskommunikation zum Tragen (Anzeigenwerbung, E-Mail). Unser Fallbeispiel hat weiterhin gezeigt, daß im Einzelfall sehr *unterschiedliche Zwischenziele* angestrebt werden, um den soziopolitischen Handlungsspielraum des Unternehmens zu festigen bzw. zu erweitern. Auf einer generellen Ebene geht es um die Beeinflussung der öffentlichen Meinungsbildung. Eine erste Option ist der Aufbau eines positiven Unternehmensimages, das die Situationsdeutungen und dadurch auch die Handlungsweisen der Kommunikationspartner beeinflussen soll. Mit verschiedenen Formen der Informationstätigkeit und thematischen Stellungnahmen will man dagegen Transparenz schaffen und inhaltliche Positionen beziehen. Hier geht es weniger um affektive Vorstellungen als um klar nachvollziehbare Argumentationsketten. Auf einer konkreteren Ebene haben wir kommunikative Vorgehensweisen kennengelernt, bei denen die direkte Interessenklärung und Handlungsabstimmung im Vordergrund steht. Beispiele sind direkte Kontakte zwischen Anrainern und Firmenvertretern, sei es am Bürgertelefon, beim Tag der offenen Tür oder im Rahmen eines von neutraler Seite moderierten Gesprächskreises. In diesen Fällen tritt die gemeinsam erarbeitete Sichtweise der Beteiligten an die Stelle öffentlicher, aber kaum nachprüfbarer Vorstellungen. Das ermöglicht differenziertere, situationsgerechte Argumentationen, die zu tendenziell stabileren Lösungen führen. Die Erfahrung lehrt uns freilich auch, daß diese Vorteile mit ungleich höheren Anforderungen an den Kommunikationsprozeß einhergehen. Deshalb ist die direkte Interessenklärung und Handlungsabstimmung in der Praxis nicht die Regel, sondern eine Ausnahme, die allerdings immer mehr an Bedeutung gewinnt.

Unabhängig von diesen Zwischenzielen und Mittelwahlen stellt sich die Frage, wie man sich die praktische *Gestaltung* der Öffentlichkeitsarbeit im Grundsatz vorzustellen hat. Geht es um die Entzifferung struktureller Imperative, z.B. der Dynamik öffentlicher Thematisierungsprozesse, aus denen sich situativ geeignete Vorgehensweisen ableiten lassen? Oder steht das voluntaristische Handeln

97 Vgl. oben S. 29.

im Vordergrund, unabhängig von systemischen Einflüssen, die allenfalls als Randbedingung zu beachten sind? Unser Praxisbeispiel zeigt, daß die hier anklingende Unterscheidung von zentraler Bedeutung ist. In der Krisensituation nach dem Griesheimer Störfall war es offenkundig so, daß die Handlungsspielräume für die Unternehmenskommunikation gegen Null tendierten. Journalistische Selektionskriterien, politische Symbolisierungen und schlüsselhaft geprägte Schemata wurden dort zu bestimmenden Faktoren. In anderen Fällen ist es Hoechst dagegen gelungen, durch proaktives Handeln völlig neue Kommunikationsstrukturen zu etablieren. Aktuelle Beispiele sind der Gesprächskreis Hoechster Nachbarn und die gleichermaßen an Mitarbeiter wie an Nachbarn gerichtete Zeitung »Hoechst persönlich«. Diese Plattformen stellen an alle Beteiligten kommunikative Anforderungen, die sich vielfach erst in langwierigen Lernprozessen herauskristallisieren werden, jedenfalls aber nicht schlicht aus bisherigen Erfahrungen ableitbar sind.

Wir können diese wenigen, aber zentralen Unterscheidungen zu vier Fragestellungen verdichten, mit deren Hilfe wir die Praxisrelevanz der bislang vorliegenden Theoriebildung prüfen können. Eine erste Anfrage betrifft die differenzierte Erfassung von *Kommunikationsprozessen.* Im Kern geht es um die Vielschichtigkeit und Dynamik kommunikativen Handelns, das hinsichtlich seiner Ausgestaltung und Sinnstiftung erklärt werden muß. Es ist zu prüfen, ob die angedeuteten Unterscheidungen von personaler und massenmedialer, einseitiger und zweiseitiger, überredender und argumentierender, in lokalen Erfahrungsbereichen und abstrakten Kulturräumen stattfindender Kommunikation konzeptionell erfaßt und auf einen begrifflichen Nenner gebracht werden. Ein zweiter Punkt betrifft die Rolle der *Unternehmung* in der Gesellschaft. Wenn Kommunikation in sozialen Zusammenhängen als Mittel zum Zweck verwendet wird, und wenn Aktivitäten der Unternehmenskommunikation dazu dienen, die Ziele von Wirtschaftsorganisationen zu verfolgen, dann ist es unbedingt notwendig, sich näher mit der Konstitution der Unternehmung und ihrem Zielhorizont auseinanderzusetzen. Von daher lassen sich die unterschiedlichen Ziele und Akteure der Unternehmenskommunikation identifizieren, und von daher wird es auch möglich, die praktische Aufgabenstellung der Öffentlichkeitsarbeit zu rekonstruieren und ihre systematische Rolle im Konzert der Kommunikationsfunktionen zu bestimmen. Eine dritte Herausforderung betrifft das prinzipielle *Wechselspiel von struktureller Prägung und innovativer Gestaltung*, von dem die skizzierten Kommunikationsprozesse gekennzeichnet sind. An dieser Stelle muß die Frage beantwortet werden, warum wir einerseits gezwungen sind, etablierten Spielregeln zu folgen, und andererseits ganz offenkundig immer wieder die Möglichkeit besteht, diese Imperative zu durchbrechen und neue Strukturen zu schaffen. Diese lebenspraktische Erfahrung sollte durch sozialtheoretische Unterscheidungen eingeholt werden, deren Tragweite sich daran zeigt, daß mit der genannten Frage letztlich die grundlegende Konstitution und Evolution der sozialen Welt thematisiert wird. Eine letzte, methodische Anfrage betrifft das Selbstverständnis der Theoriebildung. Hier geht es darum, ob die Forschung vornehmlich dem akademischen Erkenntnisgewinn dient, oder ob sie konkrete Vorschläge zur besseren Bewältigung unseres Zusammenlebens entwickeln will. Ein Indiz dafür wäre die Einbettung der bislang genannten Fragestellungen in einen *umfassenden Bezugsrahmen,* der der Praxis als »Redeinstrument« dienen kann, d.h. die zentralen Probleme und Lösungsansätze aufgreift, systematische Verbindungslinien aufzeigt und auf diese Weise eine Reflektion über situativ geeignete Handlungsweisen ermöglicht.

Im folgenden wollen wir prüfen, inwiefern die vorliegenden Ansätze der deutschsprachigen und angloamerikanischen PR-Forschung den hier formulierten Ansprüchen genügen, d.h. ob sie in der Lage sind, die vielschichtigen Problemlagen der Praxis konzeptionell aufzugreifen und ob sie überhaupt einen Beitrag zu ihrer Verbesserung leisten wollen.

## 2.2 Public Relations in der Theoriebildung: Konzepte und Kritiken

Öffentlichkeitsarbeit ist im Grundsatz keine neue Erscheinung, sondern eine Aktivität, die in modernen Gesellschaften immer schon in unterschiedlicher Form und Gewichtung betrieben wurde.[98] In Deutschland bereitete Hundhausen den Weg für eine systematische Reflektion der Thematik, als er 1938 in der »Zeitschrift für Betriebswirtschaft« über die US-amerikanischen Erfahrungen mit Public Relations berichtete.[99] Der Begriff selbst hat sich in der Wiederaufbauphase nach dem zweiten Weltkrieg durchgesetzt. Als terminologisches Äquivalent sprach man im Laufe der Zeit auch von »Öffentlichkeitsarbeit«.[100]

Von einer theoretischen Durchdringung der damit angesprochenen Problemfelder kann bis Mitte der 70er Jahre jedoch keine Rede sein. Im angloamerikanischen und deutschsprachigen Raum entwickelte sich vielmehr eine rege *PR-Kunde,* die auf den Erfahrungen bekannter Praktiker aufbaute und diese mehr oder minder systematisch zu vermitteln suchte.[101] Erwähnung verdienen in diesem Zusammenhang die Arbeiten von Hundhausen, Oeckl und Flieger, die in unterschiedlicher Weise auf amerikanische Autoren zurückgreifen.[102] Einen besonderen Einfluß übten dabei die Gedanken von Bernays aus. Dieser Mentor der Public Relations bemühte sich mit Hilfe massenpsychologischer Erklärungsansätze um die Entwicklung von Sozialtechniken, die eine bewußte Manipulation der öffentlichen Meinung ermöglichen sollten.[103] Parallel dazu

98 Vgl. Barthenheier 1982a, Binder 1983, S. 239 ff., Ronneberger/Rühl 1992, S. 41 ff.

99 Vgl. Hundhausen 1938. Der Autor, PR-Leiter der Friedrich Krupp AG in Essen, hatte den Begriff »Public Relations« bereits ein Jahr vorher in einem Tagungsbericht vorgestellt.

100 Diese Übertragung schreibt sich Oeckl (1990, S. 16) zu; er habe den Terminus »Öffentlichkeitsarbeit« 1950 als Presseleiter des Deutschen Industrie- und Handelstages erfunden.

101 Vgl. zur Kennzeichnung, inhaltlichen Darstellung und Kritik dieser PR-Kunde insbes. Binder 1983, S. 85 ff., Ronneberger/Rühl 1992, S. 53 ff., sowie Kunczik 1993, S. 1 ff. und S. 90 ff.

102 Vgl. Hundhausen 1969, Oeckl 1976, Flieger 1986. Auf diesem Reflektionsniveau bewegen sich auch viele jüngere Publikationen; z.B. Bogner 1990 und Brauer 1993. Dagegen verknüpfen Reineke/Sachs 1975, Neske 1977, Beger et al. 1989 und Avenarius 1995 Praxiserfahrungen und wissenschaftliche Ansätze, ohne daß jedoch eine konsistente Theoriebildung vorgelegt wird.

103 Vgl. insbes. Bernays 1961, Kunczik 1993, S. 90 ff., und Cutlip 1994, S. 159 ff.

fragte die Marketinglehre, welchen Beitrag die Öffentlichkeitsarbeit im Sinne einer instrumental bestimmten »Werbung um öffentliches Vertrauen« zur Erreichung absatzpolitischer Zielsetzungen leisten könne.[104] Diese Sichtweise machte die PR zum Anhängsel der Marktkommunikation, eröffnete ihr aber eine erste Anschlußstelle zur wissenschaftlichen Theoriebildung. Ansätze zu einer systematischen *PR-Theorie* wurden erst seit Ende der 70er und verstärkt in den 90er Jahren entwickelt. Dabei kann man zwei große Linien unterscheiden.[105] *Organisationstheoretische Ansätze* verstehen Public Relations als eine Kommunikationsfunktion von Unternehmen oder Non-Profit-Organisationen. In diesem Zusammenhang ist einerseits auf die Fülle angloamerikanischer Forschungsbeiträge zu verweisen, deren unbestrittener Kristallisationspunkt das mehrfach weiterentwickelte Konzept von Grunig et al. ist. Dieser kommunikationswissenschaftlich motivierte Zugriff wird im deutschsprachigen Raum durch verschiedene Konzepte der gesellschaftsorientierten Marketingforschung (Raffee/Wiedmann, Haedrich) ergänzt. Auf beide Sichtweisen, die trotz ähnlicher Fragestellung durchaus unterschiedliche Problemaspekte und Antworten thematisieren, wird im folgenden näher einzugehen sein.[106] In unserer ersten Annäherung müssen wir darauf verzichten, einige ebenso aufschlußreiche, aber weniger elaborierte Theorieansätze zu diskutieren. Zu denken wäre hier insbesondere an das postmoderne Konzept von Dorer/Marschik, die organisationssoziologische Analyse von Theis und den symbolisch-interpretativen Ansatz von Heath.[107]

Die zweite große Entwicklungslinie der PR-Forschung betrifft die *gesellschaftstheoretischen Ansätze*. Sie fragen in erster Linie nach der Sinnstiftung und Funktion von Public Relations im Reproduktionsprozeß moderner Gesellschaften,[108] knüpfen also unmittelbar an soziologische und demokratietheoretische Überlegungen an. Dies zeigt sich vor allem in der strukturfunktionalistischen PR-Theorie von Ronneberger, einem 1977 veröffentlichten Essay, der eine erstaunliche Wirkungsgeschichte entfaltete.[109] Der Ansatz stellt zweifelsohne einen Meilenstein der PR-Forschung dar, wurde jedoch trotz offenkundiger Lücken nicht weiterentwickelt, sondern bis in die heutige Zeit mehr oder minder kritisch zum umfassenden Theorieansatz hochstilisiert und als Ausgangspunkt zahlreicher empirischer Untersuchungen herangezogen.[110] Ronne-

---

104 Vgl. zur Rekonstruktion Friedrich et al. 1978, S. 376 ff., und insbes. Laube 1986, S. 50 ff.

105 Vgl. Signitzer 1992, S. 135 ff., zur neueren PR-Forschung auch Kunczik 1993, S. 166 ff.

106 Vgl. unten S. 62 ff. bzw. S. 73 ff.; dort finden sich auch entsprechende Literaturverweise.

107 Vgl. Dorer/Marschik 1993, Theis 1992 sowie Heath 1992, 1993, 1994.

108 Vgl. Ronneberger 1989 sowie Signitzer 1992, S. 136.

109 Vgl. Ronneberger 1977a. Auf der Grundlage dieses Ansatzes thematisierte Ronneberger bis Anfang der achtziger Jahre in mehreren Monographien und Sammelbänden die Öffentlichkeitsarbeit des politischen Systems, der Verwaltung, von Parteien und Non-Profit-Organisationen. Die PR von Unternehmungen wurde nur am Rande behandelt; vgl. v.a. Friedrich 1979, Ronneberger 1977b und die Beiträge in Flieger/Ronneberger 1983.

110 Vgl. die Dissertationen von Friedrich et al. 1978, Hintermeier 1982, Pauli-Balleis 1987, Neumann 1991, Laube 1986, Köcher 1991, Fischer 1991, Börner 1994. Ronneberger geht davon aus, daß sich das Gemeinwohl im Sinne eines gesamtgesellschaftlichen Minimalkonsenses auf natürliche Weise einstellt, wenn nur alle Beteiligten eine öffentliche Darstellung und Selbstkorrektur

berger etablierte damit eine wichtige Sichtweise, die Anfang der 90er Jahre in einem neuen Anlauf von ihm selbst (gemeinsam mit Rühl), aber auch von anderen Kommunikationswissenschaftlern vertieft wurde. Die gesamtgesellschaftliche Funktion der Public Relations, die eng mit den Prozessen der öffentlichen Meinungsbildung verknüpft bleibt, steht z.B. im Mittelpunkt der Ansätze von Saxer und Faulstich.[111] Diese Autoren gründen ihre Überlegungen auf neuere Entwicklungen der Systemtheorie, namentlich auf innovationstheoretische bzw. funktional-strukturelle Konzepte. Noch einen Schritt weiter gehen zwei Ansätze, die wir im folgenden näher diskutieren wollen. Ronneberger/Rühl und Merten/Westerbarkey stützen sich explizit auf die autopoietische Variante der Systemtheorie,[112] die um radikalkonstruktivistische Überlegungen ergänzt wird.[113] Ein gänzlich anderes Bild zeichnet Münch, der das Augenmerk darauf lenkt, daß die öffentliche Darstellung von Organisationen stets durch eine nicht-öffentliche Mikrokommunikation ergänzt werden muß.[114] Diese Perspektive schlägt eine Brücke zu den kommunikationstheoretischen Ansätzen von Pearson und Burkart, die elaborierte Konzepte einer verständigungsorientierten, personalen Öffentlichkeitsarbeit entwerfen und dabei auf handlungstheoretische Vorstellungen zurückgreifen. Mit dieser vielbeachteten Programmatik werden wir uns ebenfalls genauer auseinandersetzen.[115]

Bei der nachfolgenden Diskussion geht es uns um die Konturen der gegenwärtigen PR-Forschung, die seit Anfang der neunziger Jahre in einem nie gekannten Maß vorangetrieben wird. Wir beschränken uns dabei auf diejenigen Ansätze, die wir in unserem kursorischen Überblick hervorgehoben haben. Die Rekonstruktion mündet jeweils in eine Kritik, bei der wir uns auf die Einsichten berufen werden, die wir im Zuge unserer praktischen Vororientierung gewonnen haben. Wir werden sehen, daß die einzelnen Konzepte wichtige Aspekte aufgreifen, aufgrund ihres jeweiligen Zugriffs aber nicht umhinkommen, einige ebenso zentrale Probleme und Lösungsansätze der Praxis auszublenden. Dies gilt nicht nur für die gesellschaftstheoretische Betrachtung der Public Relations als öffentliches Kommunikationssystem (Ronneberger/Rühl, Merten/Westerbarkey) (2.2.1), sondern auch für die verständigungsorientierten

---

ihrer Interessen anstreben. Von daher erklärt sich die Notwendigkeit einer systematischen Öffentlichkeitsarbeit, die zum konstitutiven Bestandteil demokratischer Gesellschaften wird: umfassende Information führt zur Legitimation von Interessen und damit zur Integration sozialer Handlungszusammenhänge. Offenkundig vernachlässigt diese Sichtweise die Differenz von personaler und massenmedialer Kommunikation, den fundamentalen Unterschied zwischen begründeter Übereinstimmung und machtinduzierten Kompromissen, und nicht zuletzt die asymmetrischen Zugangschancen zum Mediensystem. Zudem steht die normative Forderung nach einem gesellschaftspolitischen Engagement der Unternehmung in Widerspruch zur neoliberalen Lehre, nach der jede Abkehr von marktorientierten Zielen zu Wohlfahrtsverlusten führen muß.

111 Vgl. Saxer 1992, 1993b, 1994 bzw. Faulstich 1992.

112 Zur zur Abgrenzung der hier erwähnten Spielarten der Systemtheorie Willke 1993, S. 5 ff.

113 Vgl. unten S. 49 ff. Radikalkonstruktivistische Zugänge zur Public Relations bzw. internen Kommunikation finden sich ferner bei Jarchow 1992 und Witzer 1992.

114 Vgl. Münch 1995, S. 77 ff., insbes. S. 104 ff. Diese soziologischen Überlegungen bilden jedoch eher eine Klammer für andere Konzepte denn eine eigenständige PR-Theorie.

115 Vgl. unten S. 55 ff.

Ansätze von Pearson bzw. Burkart (2.2.2). Systematische Lücken kennzeichnen ferner die organisationstheoretischen Ansätze, die PR mit Grunig et al. als Kommunikationsmanagement (2.2.3) oder aus betriebswirtschaftlicher Sicht als gesellschaftsorientierte Unternehmenskommunikation (Raffée/Wiedmann, Haedrich) begreifen (2.2.4). Eine umfassende Theorie der Unternehmenskommunikation und Öffentlichkeitsarbeit muß offenkundig breiter angelegt sein. Wir benötigen eine Perspektive, die ein tragfähiges Bild von Gesellschaft, Öffentlichkeit, Kommunikation und sozialer Integration zeichnet *und zugleich* ein damit kompatibles, adäquates Konzept der Organisation bzw. Unternehmung vorlegt.[116] Dies erklärt, warum wir im Verlauf dieser Untersuchung einen Neuanfang wagen müssen, der die etablierten und nachfolgend rekonstruierten Ansätze nicht vernachlässigt, von seinem grundlegenden Anspruch her aber doch weit über sie hinausgeht.

### *2.2.1 Public Relations als öffentliches Kommunikationssystem: Die Ansätze von Ronneberger/Rühl und Merten/Westerbarkey*

Die Kommunikationswissenschaftler Ronneberger und Rühl haben 1992 ein vielbeachtetes Werk vorgelegt, in dem eine Theorie der PR als allgemeine „Theorie der öffentlichen Beziehungen moderner Gesellschaften" [117] entworfen wird.[118] Die Autoren verstehen Public Relations als Teilbereich der öffentlichen Kommunikation (Publizistik),[119] genauer noch: als ein selbstreferentielles System, das sich in der historischen Entwicklung ausdifferenziert hat und in Wechselbeziehungen mit sich selbst, anderen gesellschaftlichen Funktionssystemen und der Gesamtgesellschaft steht. Diese „Modellvorstellung von PR-Systemen" [120] wird unter Rückgriff auf wissenschaftliche Befunde der verschiedensten Disziplinen begründet, jedoch explizit als „erster Forschungsschritt betrachtet und an dieser Stelle nicht weiter ausgearbeitet".[121] Hier setzen die Münsteraner Forscher Merten und Westerbarkey an.[122] Sie wählen einen vergleichbaren Zugriff, versuchen aber ausdrücklich, die praktische Fruchtbarkeit systemtheoretischer Aussagen nachzuweisen.[123] Ob und inwie-

116 Es geht also nicht um eine zufällige Kompatibilität oder relativ willkürliche Anwendung alternativer Zugriffe (vgl. Signitzer 1992, S. 137 f.), sondern um die systematische Reflektion einer prinzipiell unteilbaren und a-disziplinären Praxis.

117 Ronneberger/Rühl 1992, S. 14 (im Original teilweise kursiv).

118 Vgl. Ronneberger/Rühl 1992, Rühl 1992a, 1992b, 1992c, 1992. *Franz Ronneberger*, em. Ordinarius für Kommunikations- und Politikwissenschaft an der Universität Erlangen-Nürnberg; *Manfred Rühl,* Ordinarius für Kommunikationswissenschaft an der Universität Bamberg.

119 Ronneberger/Rühl (1992, S. 300) beschränken den vieldeutigen Begriff Publizistik zunächst nicht auf massenmediale Prozesse, nähern sich aber dann der üblichen und auch von Merten/Westerbarkey vertretenen Gleichsetzung von öffentlicher und massenmedialer Kommunikation.

120 Ronneberger/Rühl 1992, S. 93.

121 Ronneberger/Rühl 1992, S. 93.

122 Vgl. insbes. Merten 1992 und Merten/Westerbarkey 1994, ferner Westerbarkey 1989, ders. 1991a, S. 175 ff., ders. 1991b und ders. 1995, insbes. S. 159 ff. *Klaus Merten,* Professor für Empirische Kommunikationsforschung an der Universität Münster; *Joachim Westerbarkey*, Privatdozent am Institut für Publizistik der Universität Münster.

123 Vgl. Merten 1992, S. 36.

weit dies gelingt, wird im folgenden nachzuprüfen sein. Dazu wollen wir die wichtigsten Kerngedanken nachzeichnen und sie einer praktischen Kritik unterziehen.

Die genannten Autoren stützen ihre Überlegungen auf die These, daß die Unübersichtlichkeit und mangelhafte Entwicklung der PR-Forschung darauf zurückzuführen ist, daß sie bis dato „zu nah, zu vordergründig am praktischen Handeln“ [124] ansetzt. Einen Ausweg sehen sie im Rückgriff auf eine fächerübergreifende *Metatheorie,* mit der die widersprüchlichen Begrifflichkeiten einzelner Fachdisziplinen umgedeutet und auf ein „von allen zu teilendes Verstehensniveau“ [125] gehoben werden. Dieser Lösungsweg steht offenkundig in diametralem Gegensatz zu der von uns vorgeschlagenen Vorgehensweise.[126] Die Einheit der Theoriebildung soll nicht durch einen Anfang inmitten der a-disziplinären Praxis, d.h. durch eine methodische Rekonstruktion praktischer Probleme und Lösungsansätze, sondern durch die einheitsstiftende Kraft einer allumfassenden Supertheorie sichergestellt werden.[127] Ronneberger/Rühl und Merten/Westerbarkey berufen sich in diesem Zusammenhang auf die erkenntnistheoretischen Aussagen des radikalen Konstruktivismus und die neuere Sozialtheorie von Luhmann.[128] Im Zentrum dieser Theoriebildung steht der *Systembegriff.* Er steht für sehr verschiedene Entitäten, die von Körperzellen über Menschen (psychische Systeme), formelle und informelle Sozialsysteme (Organisationen, Gruppen) bis hin zu gesellschaftlichen Teilsystemen (Politik, Wirtschaft, Religion) und deren Elementen (Parteien, Unternehmen) reichen. Gemeinsam ist allen Systemen, daß sie sich selbst erzeugen, organisieren und reproduzieren. Als autopoietische (selbstbezügliche) Einheiten kapseln sie sich gegenüber ihrer Umwelt ab. Sie definieren ihre Sinnstiftung selbst und nehmen externe Einflüsse nur vor dem Hintergrund dieser systemspezifischen Bestimmung wahr. Unterschiede ergeben sich jedoch hinsichtlich der Art und Weise, wie Sinn konstituiert und verarbeitet wird. Luhmann versteht „psychische Systeme als konstituiert auf der Basis eines einheitlichen (selbstreferentiellen) Bewußtseinszusammenhanges und soziale Systeme als konstituiert auf der Basis eines einheitlichen (selbstreferentiellen) Kommunikationszusammenhanges“.[129] Mit *Kommunikation* bezeichnet er einen dreistelligen Selektionsprozeß, bei dem Mitteilung, Information und Verstehen zur Synthese gebracht werden. Der Kommunikationsprozeß kann auf jeder dieser Stufen scheitern. Kommunikationen werden nur dann „realisiert, wenn und soweit das Verstehen zustandekommt“.[130] Gleichwohl läßt sich noch eine vierte Selektion unter-

124 Merten 1992, S. 35, Merten/Westerbarkey 1994, S. 205. Gegen eine praktische Grundlegung der PR-Forschung wenden sich auch Ronneberger/Rühl 1992, S. 23 f., sowie Rühl 1992a, 1992c.

125 Rühl 1992a, S. 43. Vgl. ferner Ronneberger/Rühl 1992, S. 21 ff., Rühl 1992c, S. 90 ff.

126 Vgl. oben S. 23 ff.

127 Vgl. zum Begriff der »Supertheorie« Luhmann 1984, S. 19; zur wissenschaftstheoretischen Kritik einer theorieinduzierten Vorgehensweise Zerfaß/Scherer 1995.

128 Vgl. insbes. Luhmann 1984 und 1981b, im Überblick auch Holzer 1994, S. 131 ff. Zum radikalen Konstruktivismus vgl. oben S. 25, Anmerkung 34.

129 Luhmann 1984, S. 92.

130 Luhmann 1984, S. 203. Vgl. zu diesem Kommunikationsbegriff ferner Luhmann 1981a und kritisch Esser 1994; im Kontext der Massenmedienforschung z.B. Merten 1993.

scheiden: Der Adressat kann auch nach erfolgtem Verstehen den mitgeteilten Sinn annehmen oder ablehnen, d.h. sich entsprechend der Erwartung des Senders verhalten oder nicht. Aus systemtheoretischer Perspektive sind Kommunikationen die basalen Elemente der sozialen Welt. Sie – und nicht etwa konkrete Akteure oder deren Handlungen – sind es, die das Gesellschaftssystem im Sinne einer umfassenden Weltgesellschaft konstituieren.[131] Daraus folgt, daß gesellschaftliche Evolution stets mit einem Wandel des Kommunikationssystems einhergeht; nur auf diese Weise läßt sich die Anschlußfähigkeit systemrelativer Operationen in einer immer komplexer werdenden Welt gewährleisten.[132] Merten weist darauf hin, daß das Kommunikationssystem ständig an Bedeutung gewinnt und längst zum führenden Teilsystem postindustrieller Gesellschaften geworden ist.[133] Dabei hat es sich selbst weiter ausdifferenziert: An die Stelle gemeinsamer Wahrnehmungskontexte ist in zunehmendem Maße die öffentliche Kommunikation getreten, bei der die Kommunikationspartner füreinander anonym bleiben und auf unpersönliche Verbreitungsmedien (Schrift, Druck, Funk) angewiesen sind. Die *Öffentlichkeit* wird dabei als ein virtuelles Kommunikationssystem verstanden, als ein Sammelbecken für Themen und Meinungen, das von anderen Teilsystemen gespeist und angezapft wird.[134] Innerhalb dieses Systems bilden sich fiktionale Strukturen aus, die nicht mehr im einzelnen nachprüfbar sind, aber wechselseitig unterstellbare Wirklichkeiten konstruieren und so die Wahrscheinlichkeit erfolgreicher Kommunikation erhöhen. Die wichtigsten fiktionalen Strukturen sind die *öffentliche Meinung* im Sinne einer als relevant erachteten Themen- und Meinungsagenda sowie *Images,* d.h. konsonante Schemata kognitiver und emotionaler Strukturen, mit denen bestimmte Objekte (Personen, Organisationen, Produkte, Ereignisse) erfaßt werden.[135]

Von daher erklärt sich die Bedeutung kommunikativer Subsysteme, namentlich des Massenmediensystems (Publizistik i.e.S.) und der Public Relations.[136] Das Massenmediensystem – so lautet die entscheidende Prämisse – bildet eine Schleuse, die von allen überwunden werden muß, die am Prozeß der öffentlichen Meinungsbildung und Imagegenese teilhaben wollen.[137] Hier setzt die Öffentlichkeitsarbeit an. Ronneberger/Rühl konzipieren *Public Relations* als ein autopoietisches System, dessen Verhältnis zu anderen Sozialsystemen auf

131 Vgl. Luhmann 1984, S. 551 ff.

132 Eine über die Anschlußfähigkeit bzw. „strukturelle Kopplung" (Maturana/Varela 1987, S. 85) hinausgehende Einheitsstiftung ist aus systemtheoretischer Sicht nicht denkbar, weil dies der prinzipiellen Geschlossenheit aller Systeme widersprechen würde.

133 Vgl. Merten 1992, S. 36 ff., ähnlich bereits Luhmann 1981b.

134 Vgl. Luhmann 1990, Marcinkowski 1993, Westerbarkey 1995.

135 Die öffentliche (herrschende) Meinung bezeichnet die „institutionalisierte Themenstruktur des gesellschaftlichen Kommunikationsprozesses" (Luhmann 1971, S. 29); sie entfaltet gesellschaftliche Wirkung, weil sie von allen beteiligten Systemen für relevant gehalten wird. Vgl. Ronneberger/Rühl 1992, S. 211 ff., Merten/Westerbarkey 1994, S. 200 ff. Zum systemtheoretischen Imagebegriff vgl. Merten/Westerbarkey 1994, S. 206 ff., sowie Rühl 1993.

136 Vgl. Weischenberg 1994, Marcinkowski 1993.

137 Vgl. Ronneberger/Rühl 1992, S. 51 f. und S. 193 ff., Merten/Westerbarkey 1994, S. 196 ff., Westerbarkey 1995, S. 156 ff.

drei verschiedenen Ebenen festgemacht wird.[138] Die Einheit des Systems Public Relations wird durch seine gesamtgesellschaftliche Funktion konstituiert. Sie betrifft die makropolitische „Durchsetzung von Themen durch Organisationen auf Märkten mit der Wirkungsabsicht, öffentliche Interessen (Gemeinwohl) und öffentliches Vertrauen zu stärken".[139] Auf einer Mesoebene bestimmen PR-Leistungen das Verhältnis des PR-Systems zu anderen gesellschaftlichen Teilsystemen. Öffentlichkeitsarbeit findet dabei per definitionem „nicht als Punkt-zu-Punkt-Verlauf von organisatorischen Herstellern zu persönlichen Abnehmern statt",[140] sondern sie nimmt stets den Umweg über die massenmedial konstituierte Öffentlichkeit. Auch vertrauliche Gespräche, persönliche Anschreiben und inszenierte PR-Events „agieren letztlich auf eine positive Berichterstattung in den Medien hin".[141] Auf der Mikroebene lassen sich schließlich Wechselverhältnisse zwischen dem PR-System und einzelnen Organisationen oder Humansystemen (z.B. PR-Beratern) identifizieren. Sie nehmen die Form von Aufgaben an, die erst dann gelöst sind, „wenn die durch PR-Kommunikationen gewonnenen Publika im Sinne der persuasiven PR-Kommunikation handeln".[142]

Diese Bestimmung bleibt sehr formal; ein Bezug zu den einleitend skizzierten Aktivitäten der Unternehmensführung ist kaum erkennbar.[143] Merten/Westerbarkey bemühen sich deshalb, die systemtheoretische Konzeption griffiger zu formulieren. Sie betonen, daß die Öffentlichkeitsarbeit eine strategische Managementfunktion ist, die aus Unternehmen Unternehmenspersönlichkeiten konstruiert.[144] Im Kern geht es um einen „Prozeß intentionaler und kontingenter Konstruktion wünschenswerter Wirklichkeiten durch Erzeugung und Befestigung von Images in der Öffentlichkeit".[145] Das heißt: PR-Strategien vertrauen darauf, daß soziale Systeme auf der Grundlage fiktionaler Realitätsentwürfe operieren und daß diese Strukturen (massen-) medial konstituiert sind. Dieser Zusammenhang wird von Unternehmen für ihre partikularen Ziele instrumentalisiert.[146] Öffentlichkeitsarbeit präsentiert sich als eine Sozialtechnologie, die nicht auf die „Authenzität der Aussagen, sondern allein auf die Durchsetzung ihres Zieles verpflichtet" [147] bleibt. Dazu bedient man sich der Verbreitung positiv getönter Aussagen. Eine selektive Selbstdarstellung soll Organisationsgeheimnisse schützen und die selbstdefinierte Autonomie des Systems sicher-

138 Vgl. zur Systembetrachtung der PR insbes. Ronneberger/Rühl 1992, S. 90 ff., zu den drei Betrachtungsweisen ebenda S. 249 ff., im Überblick auch Rühl 1992a, S. 62 f.

139 Ronneberger/Rühl 1992, S. 283 (im Original kursiv); ähnlich auch Jarchow 1992, S. 92 ff.

140 Ronneberger/Rühl 1992, S. 261; vgl. ferner Rühl 1992b, S. 63.

141 Merten/Westerbarkey 1994, S. 209; ähnlich auch Ronneberger/Rühl 1992, S. 58.

142 Ronneberger/Rühl 1992, S. 269 (im Original kursiv).

143 Ronneberger/Rühl (1992, S. 276 ff.) thematisieren die Fülle praktischer PR-Aktivitäten, die der Referenzpunkt jeder anwendungsorientierten PR-Theorie sein müßte, nur ganz am Rande.

144 Vgl. Merten 1992, S. 44.

145 Merten/Westerbarkey 1994, S. 210, Merten 1992, S. 44 (im Original jeweils kursiv).

146 Vgl. Merten/Westerbarkey 1994, S. 207 f. Laut Westerbarkey (1995, S. 160) ist die „»parasitäre« Nutzung medialer Betriebssysteme samt ihrer operativen Logik" der eigentliche „*Clou* von PR". Zur Kritik dieser Sichtweise vgl. Bentele 1995.

147 Merten 1992, S. 44.

stellen. Erfolgreiche Öffentlichkeitsarbeit schafft keinesfalls Transparenz; sie ist vielmehr Ausdruck einer Strategie der bewußten „Ablenkung durch Hinlenkung“.[148]

Diese These steht in scharfem Kontrast zum neopluralistischen PR-Verständnis von Ronneberger und zu vielen berufsständischen Definitionen, in denen die offene Darstellung von Organisationsinteressen zur ultima ratio der Öffentlichkeitsarbeit erklärt wird.[149] Daher kann es nicht erstaunen, daß das skizzierte Theoriegebäude gerade von praktischer Seite heftig kritisiert wurde.[150] Die Grenzen der systemtheoretischen und radikalkonstruktivistischen Ansätze werden besonders deutlich, wenn man ihre Kernaussagen mit den Einsichten aus unserer Fallstudie vergleicht.[151] Ein erster Prüfstein ist das *Kommunikationsverständnis*. Unser Anfang in der Unternehmenspraxis hat gezeigt, daß es bei der Öffentlichkeitsarbeit um ein Bündel spezifischer – kommunikativer – Handlungsweisen geht, mit denen stets bestimmte Zwecke erreicht werden sollen. In diesem Zusammenhang stellen sich viele Fragen, z.B. nach der Eigenart und Wirkungsweise kommunikativer Handlungen, die von der systemtheoretischen Begrifflichkeit nicht erfaßt werden können. Der Grund hierfür ist, daß Kommunikationen als »Letztelemente« der sozialen Welt aufgefaßt und nicht mehr auf das Handeln einzelner Akteure zurückgeführt werden,[152] insofern also auch nicht von anderen Vorgehensweisen abgrenzbar sind. Zudem wird das telelogische Zweck-Mittel-Denken explizit durch das System-Umwelt-Paradigma abgelöst.[153] Daraus folgt freilich, daß das *Wechselspiel von struktureller Prägung und innovativer Gestaltung,* das in unserem Fallbeispiel besonders deutlich wurde, in der autopoietischen Konzeption nur unzureichend thematisiert werden kann. Das Primat von Systemen und Strukturen führt dazu, daß sich die Systemtheorie auf die Entwicklung deskriptiver Aussagengebäude beschränken muß. Von einer Theoriebildung, die Public Relations als öffentliches Kommunikationssystem begreift, kann man also schon aus paradigmatischen Gründen keine *handlungsleitenden Empfehlungen* erwarten. Konsequenterweise versuchen Ronneberger/Rühl erst gar nicht, die praktische Fruchtbarkeit ihrer Aussagen nachzuweisen. Wenn Merten/Westerbarkey dennoch propagieren, daß soziale Systeme mittels sozialtechnologischer PR-Strategien steuerbar und manipulierbar sind, dann stehen sie damit in bemerkenswertem Widerspruch zur Konzeption Luhmanns, der eine solche Möglichkeit ausdrücklich anzweifelt. Nicht Planung und Kontrolle, sondern Autonomie und evolutionäre Selektion stehen im Zentrum des systemtheoreti-

148 Westerbarkey 1991b, S. 54. Deshalb bezeichnet Westerbarkey (1991a, S. 175 ff.) die Öffentlichkeitsarbeit in seiner Habilitationsschrift auch als »Geheimnismanagement«.

149 Vgl. oben S. 47 f. sowie Deutsche Public Relations-Gesellschaft e.V./Gesellschaft Public Relations Agenturen e.V. 1990.

150 Vgl. v.a. die Kritik von Barthenheier 1992, Kleindiek 1992, Faulstich 1992, S. 20 ff., Szyszka 1993a, Piwinger/Niehüser 1993, Kunczik 1993, S. 235 ff., an dem Ansatz von Ronneberger/Rühl 1992 und die Replik von Rühl 1992a.

151 Vgl. oben S. 42 ff.

152 Vgl. Luhmann 1984, S. 240. Auf die Unzulänglichkeit dieses Kommunikationsbegriffs für die PR-Theorie weisen Martens 1989, S. 120 ff., sowie Kunczik 1993, S. 244 f., hin.

153 Vgl. Luhmann 1984, S. 242 ff., Ronneberger/Rühl 1992, S. 86 ff.

schen Zugriffs.[154] Aus praktischer Sicht ist ferner zu fragen, inwiefern die vorgestellten Konzepte *betriebswirtschaftliche Aspekte* aufgreifen, d.h. welches Bild der Unternehmung sie zeichnen und wie in diesem Zusammenhang die Unternehmenskommunikation verortet wird. Auf einer generellen Ebene wird man feststellen können, daß diese Fragen weitgehend ausgeblendet werden.[155] Wenn überhaupt ein Brückenschlag zur wirtschaftswissenschaftlichen Forschung hergestellt wird, dann allenfalls insofern, als willkürlich auf die Marketinglehre und ihre nicht näher thematisierten (Austausch-) Paradigmen zurückgegriffen wird.[156] Die vereinzelt vorliegenden Ansätze einer autopoietischen Theorie der Unternehmung bleiben dagegen unberücksichtigt.[157] So kann es nicht verwundern, daß die systemtheoretische PR-Forschung letztlich einen Rahmen aufspannt, in dem einige zentrale Aspekte der Kommunikationspraxis ausgeblendet werden.[158] Dies betrifft zunächst das ungeklärte Verhältnis der Public Relations zu anderen Kommunikationsaktivitäten, namentlich zur öffentlichkeitswirksamen Werbung und zu Prozessen der unternehmensinternen (systemkonstitutiven) Kommunikation. Ein zweiter Punkt, der vor allem im Ansatz von Merten/Westerbarkey aufscheint, ist die sozialtechnologische Verkürzung der Öffentlichkeitsarbeit. Wenn Public Relations nur auf den Entwurf von Fiktionen, das Anschlußhandeln der Adressaten und die Durchsetzung partikularer Interessen abzielen, dann können die allerortens feststellbaren Bemühungen um glaubwürdige Problemlösungen und die Wahrnehmung sozialer Verantwortung nur als Ablenkungsmanöver oder fruchtlose Sandkastenspiele gedeutet werden. Eine solche Interpretation verkennt jedoch, daß die Anliegen potentieller Kritiker nicht auf Dauer durch den Aufbau einer fiktionalen Realität zu befriedigen sind. Wie Merten selbst zugibt, ist der sozialtechnologische PR-Ansatz „kontraproduktiv, wenn er durchschaubar wird“ [159] – und dies wird er spätestens dann, wenn investigative Journalisten, hartnäckige Bürgerinitiativen und aufmerksame Konkurrenten die Wahrheit ans Licht bringen. Die Fiktion eines blütenreinen Unternehmens ließe sich wohl durch keine noch so ausgeklügelte PR-Maßnahme aufrechterhalten. Die Labilität der Imagestrategie veranlaßt immer mehr Unternehmen zu Vorgehensweisen, die den Öffentlichkeitsprozeß scheuen und statt dessen auf eine direkte Handlungskoordination und Interessenklärung setzen. Solche Aktivitäten, die nicht in den Kernbereich medial vermittelter Kommunikation fallen,

154 Vgl. Luhmann 1984, S. 27, Willke 1989; kritisch bereits Zerfaß/Scherer 1995, S. 499 f.

155 Ronneberger/Rühl (1992, S. 72 ff. und S. 183 ff.) gehen nur am Rande auf wirtschaftswissenschaftliche und organisationstheoretische Konzepte ein; Merten/Westerbarkey operieren mit ungeklärten Vorverständnissen der Begriffe »Unternehmen«, »Markt« und »Strategie«.

156 Vgl. Ronneberger/Rühl 1992, S. 72 ff. und S. 86 ff. Dies gilt auch für die Münsteraner Dissertation von Derieth (1995), in der die radikalkonstruktivistischen Überlegungen von Merten/Westerbarkey in wissenschaftstheoretisch widersprüchlicher Weise mit zweckrationalen Ansätzen der Marketingforschung verknüpft werden (Derieth 1995, S. 33 ff., S. 52 ff. und S. 108 ff.).

157 Vgl. zur autopoietischen Unternehmenstheorie vor allem Baecker 1993, zu Knyphausen-Aufseß 1995 und Weiß 1995; zur Wirtschaft als selbstreferentielles System bereits Luhmann 1988.

158 Vgl. zu den nachfolgend entfalteten Kritikpunkten bereits Zerfaß/Scherer 1995, S. 496 ff., ferner Piwinger/Niehüser 1993, S. 12 ff., Bentele 1994b, S. 247 f., sowie Röglin 1996, S. 232.

159 Merten 1992, S. 45.

werden von den systemtheoretischen Ansätzen überhaupt nicht berücksichtigt. Rühl stellt explizit heraus, daß „PR-Prozesse nicht auf Individuen und »Zielgruppen« direkt abzielen, sondern an die Öffentlichkeit appellieren".[160] Dies hat wiederum paradigmatische Gründe: Weil Luhmann Gesellschaft stets als massenmedial konstituierte Weltgesellschaft betrachtet, blendet er lokale Zusammenhänge einschließlich der dort wirksamen Integrationsformen aus.[161] Dies führt dazu, daß der Öffentlichkeitsbegriff ausschließlich auf das Gesellschaftssystem bezogen wird – die Öffentlichkeit abgrenzbarer Räume und Sinnzusammenhänge wird allenfalls als historische Reminiszenz, nicht aber als Gegenstand praktischer Öffentlichkeitsarbeit diskutiert.[162]

Im Ergebnis zeigt sich, daß die elaborierten Ansätze von Ronneberger/Rühl und Merten/Westerbarkey praktische Defizite aufweisen, die nicht zuletzt auf die „vorbehaltlose Übernahme der mit Absolutheitsanspruch auftretenden Theorie von Luhmann" [163] zurückzuführen sind. Im folgenden Abschnitt wenden wir uns deshalb einer alternativen Sichtweise zu, die das Problemfeld der Öffentlichkeitsarbeit handlungstheoretisch strukturiert und ausdrücklich auf Vorgehensweisen eingeht, die eine personale und nicht-persuasive Interessenklärung zum Ziel haben.

### *2.2.2 Verständigungsorientierte Öffentlichkeitsarbeit: Die Ansätze von Pearson und Burkart*

Der kanadische Kommunikationswissenschaftler Pearson hat bereits 1989 die Vermutung geäußert, daß die systemtheoretische Grundlegung der Öffentlichkeitsarbeit „schlicht ein Weg sein könnte, um ein engstirniges Selbstinteresse als unausweichlichen Beweggrund organisationalen Handelns festzuschreiben".[164] Um diese Verkürzung zu überwinden, stellt er seinen eigenen Entwurf einer Theorie der Public Relations und PR-Ethik auf ein handlungstheoretisches Fundament.[165] Einen vergleichbaren Zugriff wählt Burkart für sein Konzept der »verständigungsorientierten Öffentlichkeitsarbeit«, das im Zusammenhang mit der Standortplanung für zwei Sonderabfalldeponien in Niederösterreich entwickelt wurde.[166]

Beide Autoren stützen ihre Entwürfe auf die »Theorie des kommunikativen Handelns« von Habermas und in beiden Fällen wird der Abgleich divergieren-

160 Rühl 1992b, S. 63. Vgl. dagegen J.E. Grunig 1993, S. 135 ff., Piwinger/Niehüser 1993, S. 12, Baerns 1995a, S. 20, und Cheney/Dionisopoulos 1989, die ganz plakativ vorschlagen, statt von »Public Relations« besser von »Relations with Publics« zu sprechen.

161 Vgl. mit weiteren Nachweisen Holzer 1994, S. 182 ff.

162 Vgl. etwa Merten/Westerbarkey 1994, S. 196 ff.

163 Kunczik 1993, S. 243, im Hinblick auf Ronneberger/Rühl 1992 (Hervorhebung des Verfassers).

164 Pearson 1989a, S. 92 (Übersetzung des Verfassers); vgl. auch Pearson 1990.

165 Vgl. Pearson 1989a sowie ders. 1989b, 1989c. Der Kommunikationswissenschaftler *Ron Pearson* († 1990) war Professor an der Mount Saint Vincent University, Halifax, Kanada.

166 Vgl. grundlegend Burkart/Probst 1991, zur Dokumentation der Fallstudie insbes. Burkart 1993 und zum Grundkonzept Burkart 1995a, 1995b, 1995d, 1996. *Roland Burkart,* Universitätsdozent am Institut für Publizistik und Kommunikationswissenschaft der Universität Wien.

der Interessen als oberstes Ziel der Öffentlichkeitsarbeit benannt.[167] Public Relations präsentieren sich dann als Kommunikationsstrategie für Organisationen bzw. Unternehmen, die (potentielle) Konflikte mit anderen Akteuren im Dialog bewältigen und dadurch einen Beitrag zur „Optimierung gesellschaftlicher Verständigungsverhältnisse“ [168] leisten wollen. Die naheliegende Frage, in welchen Situationen eine solche Vorgehensweise angebracht ist, bleibt jedoch umstritten. Pearson begreift die diskursive Interessenklärung als prinzipielles Leitbild der Öffentlichkeitsarbeit. Eine ethisch aufgeklärte PR soll sicherstellen, daß die Unternehmenstätigkeit von allen potentiell betroffenen Organisationen, Gruppen und Personen akzeptiert wird.[169] Burkart betont demgegenüber den situativen Charakter der verständigungsorientierten Öffentlichkeitsarbeit. Sie wird nur dann empfohlen, wenn das Ansinnen einer Organisation auf Ablehnung stößt und deshalb eine Interessendurchsetzung nur unter Miteinbeziehung der jeweils Betroffenen möglich erscheint.[170] Mit solchen Situationen ist heute immer häufiger zu rechnen. Sie sind Ausdruck der Forderung nach einer Ausweitung demokratischer Teilnahmerechte, die in westlichen Gesellschaften seit geraumer Zeit um sich greift.[171] Das nachfolgend darzulegende PR-Verständnis greift diese Partizipationsbemühungen auf, indem es konkrete Hinweise zur Planung, Durchführung und Kontrolle entsprechender Kommunikationsprozesse gibt.

Habermas geht davon aus, daß das sprachliche (symbolische) und nichtsprachliche Handeln von Personen und Organisationen stets der Verwirklichung spezifischer Interessen dient.[172] Weil man in sozialen Zusammenhängen immer mit Interessengegensätzen rechnen muß, stellt sich zwangsläufig die Frage, wie die Handlungspläne und Aktivitäten verschiedener Akteure harmonisiert werden können. Im Prinzip bieten sich zwei idealtypische Vorgehensweisen an, die einander ausschließen.[173] Beim *erfolgsorientierten Handeln* sollen unterschiedliche Interessen durch das Ineinandergreifen und den machtinduzierten Abgleich egozentrischer Nutzenkalküle abgestimmt werden. Der erfolgsorientiert Handelnde muß demnach versuchen, die Umwelt zu objektivieren und andere im Sinne seiner partikularen Ziele zu beeinflussen. Sein Erfolg bemißt sich alleine an der Wirksamkeit dieses Beeinflussungsversuchs.

---

167 Vgl. Pearson 1989b, S. 69 f., und Burkart/Probst 1991, S. 62 f.; zur »Theorie des kommunikativen Handelns« vgl. v.a. Habermas 1987a, 1987b und 1989b.

168 Burkart 1993, S. 21. Vgl. zum Verständnis der PR als bewußt gestaltbare Managementaufgabe v.a. Pearson 1989a, S. 8 ff., zur Konzeptionalisierung von Public Relations als Konfliktmanagement insbes. Burkart 1993 und ders. 1995d, S. 18 ff.

169 Vgl. Pearson 1989b, S. 127 ff. Pearson stellt in diesem Zusammenhang eine explizite Verknüpfung zur nordamerikanischen Unternehmensethik-Debatte her; vgl. ebenda, S. 117 ff.

170 Vgl. Burkart/Probst 1991, S. 61 f. Vor diesem Hintergrund empfiehlt Röglin seit längerem eine offene Kommunikationspolitik, die jenseits konkreter Akzeptanzziele vor allem auf Vertrauen und Transparenz abzielt; vgl. Röglin 1985, Röglin/Grebmer 1988, Röglin 1994 und ders. 1996. Die (wissenschafts-) theoretischen Wurzeln dieser instruktiven Sichtweise wurden jedoch bislang noch nicht hinreichend präzisiert, so daß wir hier von einer näheren Diskussion absehen.

171 Vgl. Burkart/Probst 1991, S. 56 f., und Burkart 1995d, S. 20 ff.

172 Vgl. Habermas 1987a, S. 150 f.

173 Vgl. Habermas 1987a, S. 384 ff. Vgl. nachfolgend bereits Zerfaß/Scherer 1995, S. 504 f.

Symbolisches Handeln wird hier zur Erzielung außersprachlicher Wirkungen instrumentalisiert; die Sprache ist nur eines von mehreren denkbaren Medien zur Einflußnahme auf andere. Wie man sofort sieht, entspricht dies dem sozialtechnologischen Verständnis der systemtheoretischen PR-Ansätze, bei denen die anvisierten „Publika im Sinne der persuasiven PR-Kommunikation handeln“ [174] sollen. Eine gänzlich andere Vorgehensweise hat Habermas im Sinn, wenn er von kommunikativen Handlungen i.e.S. spricht, d.h. von jenen Fällen, in denen „die Handlungspläne der beteiligten Aktoren nicht über egozentrische Nutzenkalküle, sondern über Akte der Verständigung koordiniert werden“.[175] Der Begriff der Verständigung wird hier in einem »starken« Sinn verwendet. *Verständigungsorientiertes Handeln* zielt nicht nur auf ein Verstehen symbolischer Äußerungen, sondern auf ein darüber hinausgehendes Einverständnis ab.[176] Dieses Einverständnis betrifft mehrere Aspekte. Die Beteiligten müssen die artikulierten Interessenlagen zugleich als verständlich (grammatisch korrekt), wahr (hinsichtlich der thematisierten Zustände und Ereignisse), wahrhaftig (bzgl. der Selbstdarstellung der Redner) und richtig (im Hinblick auf gemeinsam akzeptierte Normen und Werte) anerkennen. Bezüglich der letzten drei Aspekte spricht Habermas auch von drei »Weltbezügen« jedes kompetenten Sprechers, nämlich von der objektiven Welt der Gegenstände, der subjektiven Welt der einzelnen Akteure und der sozialen Welt aller legitim geregelten intersubjektiven Beziehungen.[177] Diese Dimensionen ergeben sich aus einer Analyse der universellen Tiefenstrukturen, von denen Habermas glaubt, daß sie hinter den kulturspezifischen Ausformungen der menschlichen Sprache aufzufinden sind.[178] Zu den universellen Kommunikationsregeln gehört auch die Annahme, daß eine Äußerung jederzeit hinsichtlich der genannten Aspekte kritisiert werden kann. In diesem Fall wäre ein Diskurs anzustoßen. Der *Diskurs* stellt eine Sonderform der dialogischen Kommunikation dar, bei dem ein Einverständnis allein durch den „eigentümlich zwanglosen Zwang des besseren Argumentes“ [179] hergestellt werden soll. Dieser Zusammenhang verdeutlicht, daß die Sprache im Fall des verständigungsorientierten Handelns einen direkten Beitrag zur Handlungskoordination leistet.[180] Das Ergebnis eines solchen Prozesses ist prinzipiell offen: welche Situationsdeutungen und Handlungspläne übereinstimmend akzeptiert werden oder welche Kompromisse im Zuge der Interessenklärung vereinbart werden, kann sich nur im konkreten Einzelfall zeigen.

---

174 Ronneberger/Rühl 1992, S. 269; vgl. auch oben S. 49 ff. Habermas (1990a, S. 289 ff.) hat diese Sichtweise der PR bereits in seiner Schrift zum »Strukturwandel der Öffentlichkeit« thematisiert.

175 Habermas 1987a, S. 385.

176 Vgl. auch Burkart 1995b, S. 72. Burkart hat u.E. den »starken« Verständigungsbegriff von Habermas und vor allem den kategorialen Unterschied von erfolgs- und verständigungsorientiertem Handeln in früheren Texten nicht deutlich genug herausgearbeitet. Dies mag einige grundlegende Mißverständnisse in der Aufsatzsammlung von Bentele/Liebert 1995 erklären.

177 Vgl. Habermas 1987a, S. 149.

178 Vgl. hierzu Habermas 1976, im Anschluß daran auch Pearson 1989a, S. 233 ff.

179 Habermas 1971, S. 137.

180 Vgl. Habermas 1988, S. 68 ff.

Die verständigungsorientierte Öffentlichkeitsarbeit kann zu einer solchen Interessenklärung beitragen, indem sie die Voraussetzungen für entsprechende Gespräche schafft, Diskurse initiiert und die erzielten Resultate anschließend allgemein bekannt macht. In erster Linie geht es also darum, die formalen Bedingungen für die Herbeiführung eines Einverständnisses zu schaffen.[181] Burkart schlägt dazu ein Stufenschema vor, das den PR-Prozeß in mehrere Stadien unterteilt (vgl. Tab. 1).

| | *Kommunikation über* | | |
|---|---|---|---|
| *PR-Phasen* | Themen, Sachverhalte (objektive Welt) | Organisationen, Personen (subjektive Welt) | Legitimität des Interesses (soziale Welt) |
| 1. Information | Erläuterung relevanter Begriffe und Sachverhalte | Erläuterung des Selbstbildes und der Absichten, Benennung von Ansprechpartnern | Rechtfertigung des Interesses durch Angabe von Gründen |
| 2. Diskussion | Auseinandersetzung mit relevanten Begriffen bzw. Sachverhalten | (kann nicht diskutiert werden) | Auseinandersetzung über die Angemessenheit der Begründungen |
| 3. Diskurs | Einigung über Richtlinien zur Einschätzung von Sachurteilen | (kann nicht diskursiv erörtert werden) | Einigung über Richtlinien zur Einschätzung von Werturteilen |
| 4. Einverständnis/ Situationsdefinition | Einigung über Sachurteile | Einigung über die Vertrauenswürdigkeit der Handlungsträger | Einigung über moralische Werturteile |

*Tab. 1: Phasen und Teilziele der verständigungsorientierten Öffentlichkeitsarbeit* [182]

Jeder Phase sind unterschiedliche Teilziele zugeordnet, die eine differenzierte Evaluation des Kommunikationsprozesses ermöglichen.[183] In einem ersten Schritt geht es um die Bereitstellung von *Informationen* zu dem strittigen The-

181 Die inhaltliche Lösung kann also nicht im Sinne eines sozialtechnologischen »Engineering of Consent« (Bernays 1955) vorweggenommen werden; sie wird sich erst in der konkreten Interaktion zwischen den Kommunikationspartnern ergeben. Vgl. Burkart/Probst 1991, S. 62 ff.

182 Quelle: Burkart 1995d, S. 19, Abb. 2 (leicht modifiziert). Die Wahrhaftigkeit der kommunizierten Selbstbilder und Absichten kann nicht diskursiv begründet werden. Sie muß sich prinzipiell im konkreten Handeln erweisen; vgl. Habermas 1987a, S. 69.

183 Vgl. Burkart/Probst 1991, S. 63 ff., zu den Evaluationskriterien ferner Burkart 1995b.

menkomplex. Ziel der Öffentlichkeitsarbeit muß es zunächst sein, die Absichten des Auftraggebers umfassend und allgemeinverständlich darzulegen. Dabei bietet es sich an, auf (massen)mediale Vorgehensweisen wie Anzeigen und Serienbriefe zurückzugreifen. In den weiteren Phasen muß man dagegen auf personale Strategien setzen und den direkten Kontakt mit (potentiellen) Kontrahenten suchen.[184] Dies gilt für die *Diskussionsphase*, in der die inhaltliche Auseinandersetzung angestoßen werden soll, und für den eigentlichen *Diskurs*, bei dem sich die Beteiligten zunächst auf gemeinsame Verfahrensrichtlinien für die Klärung strittiger Fragen einigen müssen. Als kontrafaktischer Maßstab dient hierbei die »ideale Sprechsituation«, d.h. ein Kommunikationsprozeß, der durch Unvoreingenommenheit, Sachverständigkeit, Nicht-Persuasivität und Machtverzicht aller Beteiligten gekennzeichnet ist.[185]

Auf dieser Grundlage soll dann im letzten Schritt ein rationales *Einverständnis* erzielt werden. Diese Einigung kann die Form eines umfassenden Konsenses annehmen, sich aber auch auf einzelne Aspekte der Thematik beschränken. Es ist also durchaus denkbar, daß ein Unternehmen seine Glaubwürdigkeit im Dialog mit Kritikergruppen unter Beweis stellen kann, ohne daß deshalb schon eine Übereinstimmung in Sachfragen (z.B. der Legitimität bestimmter Werbepraktiken) besteht. Burkart weist ferner darauf hin, daß schon ein »rationaler Dissens«,[186] d.h. eine gemeinsame Identifikation vorläufig nicht überwindbarer Differenzen, als Teilerfolg bewertet werden kann. Verständigungsorientierte PR-Konzepte tragen in diesem Fall dazu bei, daß diffuse Interessengegensätze in einen endlichen Konflikt überführt werden.[187] In jedem Fall obliegt es der Öffentlichkeitsarbeit abschließend, die „gemeinsam erarbeitete Situationsdefinition und die Bedingungen, unter denen sie zustandegekommen ist, möglichst allen Mitgliedern der diversen Teilöffentlichkeiten – also auch jenen, die sich an der bisher geführten Diskussion kaum oder nicht beteiligt haben – zugänglich zu machen".[188]

Die Habermas-Rezeption ist in der deutschsprachigen Theoriediskussion verschiedentlich auf Kritik gestoßen.[189] Die meisten Vorwürfe beruhen allerdings auf Mißverständnissen, die auf eine unzureichende Auseinandersetzung mit der »Theorie des kommunikativen Handelns« zurückzuführen sind.[190] Wir wollen deshalb auf eine Rekonstruktion der einzelnen Kritikpunkte verzichten und statt dessen versuchen, die Ansätze von Pearson und Burkart vor dem Hintergrund unserer praktischen Einsichten zu hinterfragen.[191] Unsere Fall-

---

184 Vgl. Burkart/Probst 1991, S. 71 ff., sowie Pearson 1989a, S. 405 ff.

185 Vgl. Habermas 1973b, S. 255 f., 1983, S. 98 ff, und Pearson 1989a, S. 333 ff., 1989b, S. 75 ff.

186 Dieser Begriff, der auf die Differenz zwischen dem Verstehen und der Akzeptanz einer Position abhebt, wurde von Miller 1992 geprägt. Vgl. zu den Strategien eines »Dissensmanagements« auch Hubig 1995, der seine Vorschläge als Alternative zum diskursethischen Programm versteht.

187 Vgl. Burkart 1995b, S. 82 f., und ders. 1995d, S. 19 f.

188 Burkart/Probst 1991, S. 66.

189 Vgl. insbes. die Beiträge in Bentele/Liebert 1995; ferner Rust 1993, S. 278 ff., Zöllner 1993, S. 40 f., und Kunczik 1994, S. 247 ff.

190 Vgl. die treffende Replik von Burkart 1995a.

191 Vgl. zu diesen zentralen Einsichten oben S. 42 ff.

studie hatte gezeigt, daß es bei der Öffentlichkeitsarbeit um ein Bündel spezifischer Handlungsweisen und deren Gestaltung geht. Die handlungstheoretische Perspektive greift den Handlungscharakter der *Kommunikation,* die als symbolische Interaktion von anderen Aktivitäten abgrenzbar ist, in umfassender Weise auf. Sie betont, daß Kommunikationshandlungen stets der Realisierung von Interessen dienen, also im Kontext konkreter Zweck-Mittel-Ketten zu analysieren sind.[192] Die »Theorie des kommunikativen Handelns« fokussiert zudem auf personale Kommunikationsprozesse, mit denen ein direkter Beitrag zur Interessenklärung und Handlungsabstimmung geleistet wird. Damit rücken innovative Vorgehensweisen wie der Gesprächskreis Hoechster Nachbarn, die von systemtheoretischen Zugriffen grundsätzlich ausgeblendet werden, in den Mittelpunkt der Theoriebildung. Das Phasenkonzept von Burkart ist ein Beispiel dafür, daß in diesem Zusammenhang ganz konkrete, *handlungsleitende Empfehlungen* für die Gestaltung und Evaluation von PR-Strategien ausgesprochen werden. Dies ist aus Sicht der Praxis begrüßenswert, führt jedoch zu theoretischen Aporien, die Zweifel an der internen Konsistenz der vorgetragenen Ansätze aufkommen lassen. Problematisch ist vor allem, daß Burkart den rekonstruktiven Ansatz von Habermas, in dem die kontrafaktischen Bedingungen gelungener Kommunikation offengelegt werden, in eine unmittelbare Handlungsanleitung überführt.[193] Die verständigungsorientierte Öffentlichkeitsarbeit „soll und will Einfluß nehmen, dies paradoxerweise aber mit dem Ziel der Verständigung".[194] Dies widerspricht der dedizierten Auffassung von Habermas, daß „sich die beiden Mechanismen der überzeugungsmotivierenden Verständigung und der verhaltensinduzierenden Einflußnahme ausschließen. Sprechhandlungen können nicht in der doppelten Absicht geführt werden, mit einem Adressaten Einverständnis über etwas zu erzielen und gleichzeitig bei ihm etwas kausal zu bewirken".[195] Diese These läßt sich nicht entkräften, ohne den »starken« Verständigungsbegriff in Frage zu stellen und damit an den Grundfesten der Habermasschen Theoriebildung zu rütteln.[196] Dies haben Burkart und Pearson freilich nicht im Sinn. Um so mehr erstaunt es, daß die Unterscheidungen von persuasiver und argumentativer bzw. personaler und massenmedialer Kommunikation in den vorliegenden Ansätzen (noch) nicht ausdrücklich herausgearbeitet werden. Hier finden sich in der »Theorie des kommunikativen Handelns« wichtige Anknüpfungspunkte, die man sicherlich für die PR-Forschung fruchtbar machen kann.[197] Eine vertiefende Diskussion wäre auch hinsichtlich der *betriebswirtschaftlichen Grundlegung* zu fordern. Pearson greift auf die Grundaussagen der interpretativen Organisationsfor-

---

192 Vgl. zum telelogischen Charakter von Handlungen sowie der nachgelagerten Abgrenzung von nichtsprachlichen Handlungen (Zwecktätigkeiten) und Sprechakten Habermas 1988, S. 63 ff.

193 Vgl. Rust 1993, S. 278 ff., sowie Müller-Schöll 1995, S. 44 f.

194 Müller-Schöll 1995, S. 44.

195 Habermas 1988, S. 69 f.

196 Dies werden wir im Zuge unserer eigenen Theoriebildung tun und damit die hier angedeuteten Aporien auflösen; vgl. unten S. 150, insbes. Anmerkung 535.

197 Ansatzpunkte bietet die Abgrenzung von instrumentellem und verständigungsorientiertem Sprachgebrauch bei Habermas 1987a, S. 396, und die Reflektion der ambivalenten Rolle von Massenmedien in modernen Gesellschaften bei Habermas 1987b, S. 571 ff.

schung und den »Public Policy«-Ansatz der angloamerikanischen Unternehmensethik-Debatte zurück,[198] blendet aber jegliche Fragen administrativer Machtausübung und tauschvertraglicher Marktbeziehungen aus. Damit erfaßt die Theoriebildung nur einen kleinen Ausschnitt der Kommunikationsprozesse, die wir in der Unternehmenspraxis kennengelernt haben. Es wird nicht geklärt, wie klassische Persuasionsstrategien zu konzeptionalisieren sind und in welchem Verhältnis sie zur verständigungsorientierten Kommunikation stehen. Eine vergleichbare Kritik trifft den Ansatz von Burkart. Er weist zwar ausdrücklich auf den situativen Charakter der Diskursstrategie hin, läßt aber offen, ob und unter welchen Bedingungen solche Partizipationsmodelle in marktwirtschaftlichen Zusammenhängen zur Geltung kommen können. Dabei steht und fällt sein ganzes Konzept mit der Klärung dieser Frage. Die Marktwirtschaft ist nämlich grundsätzlich als erfolgsorientierter Handlungsraum verfaßt; und zwar in dem Sinne, daß „hier Sprache und Argumentation nicht Zentrum und Basis der Handlungskoordination bilden, sondern andere Koordinationsmedien (Macht, Geld und Markt etc.) die Koordination bewirken (sollen)".[199] Habermas konzipiert die Wirtschaft und die darin tätigen Organisationen ausdrücklich als „systemisch integrierte Handlungsbereiche, die nicht mehr von innen demokratisch umgestaltet, d.h. auf einen politischen Integrationsmodus umgestellt werden könnten, ohne in ihrem systemischen Eigensinn beschädigt und damit in ihrer Funktionsfähigkeit gestört zu werden".[200] Wenn man die positiven Erfahrungen der Unternehmenspraxis dennoch aufgreifen und verständigungsorientierte PR-Strategien in Stellung bringen will, dann muß man die »Theorie des kommunikativen Handelns« offenkundig in einer weiteren Dimension revidieren.[201] In diesem Zusammenhang wäre auch zu klären, wie der zentrale Begriff der »Öffentlichkeit« stimmig eingeführt werden kann. Wenn Pearson und Burkart von »Publics« bzw. »Teilöffentlichkeiten« sprechen, meinen sie damit konkrete Handlungsträger (Personen oder Organisationen), mit denen eine diskursive Interessenklärung angestrebt wird.[202] Habermas hat die (gesellschaftspolitische) Öffentlichkeit dagegen stets als Handlungsraum konzipiert, als Arena, die der Kommunikation von Meinungen dient und einen Beitrag zum normativen Zusammenhalt der Gesellschaft leistet.[203] Klärungsbedarf besteht schließlich hinsichtlich der Frage, wie das *Wechselspiel von struktureller Prägung und innovativer Gestaltung* der Öffentlichkeitsarbeit schlüssig erklärt werden kann. In diesem Zusammenhang rücken handlungstheoretische Ansätze stets die voluntaristische Dimension in den Vordergrund; systemische Zusammenhänge werden von Habermas als abgeleitete und zum Teil sogar dysfunktionale Phänomene analysiert.[204] Der gleiche Autor vertritt

198 Vgl. Pearson 1989a, S. 157 ff., sowie ders. 1989c, S. 117 ff.
199 Steinmann/Schreyögg 1993, S. 79.
200 Habermas 1990b, S. 36.
201 Vgl. dazu etwa Kirsch/zu Knyphausen 1993.
202 Vgl. z.B. Pearson 1989a, S. 331, und Burkart/Probst 1991, S. 62.
203 Vgl. Habermas 1990a und ders. 1992, insbes. S. 435 ff.
204 In der »Theorie des kommunikativen Handelns« befürchtet Habermas (1978b) ausdrücklich eine Kolonialisierung der nicht-vermachteten Lebenswelt durch die expansiven Kräfte systemischer Handlungsbereiche, insbesondere der Wirtschaft und des Staatsapparates.

freilich die Auffassung, daß symbolische Handlungen letztlich auf universalpragmatische, überall anzutreffende Tiefenstrukturen zurückzuführen sind. Diese Sichtweise verweist im Bereich der Kommunikation also doch auf universelle Regeln, die der einzelne Akteur nicht hintergehen kann.[205] Hier werden weitere Brüche in der Theoriebildung erkennbar, die in der philosophischen Grundlagendiskussion zwischenzeitlich intensiv diskutiert werden, aber bislang noch nicht in die PR-Forschung eingegangen sind.

Zusammenfassend können wir festhalten, daß die Ansätze von Pearson und Burkart die eingeschränkte Sichtweise systemtheoretischer Konzeptionen überwinden und einen Bezugsrahmen bereitstellen, der innovative Vorgehensweisen der personalen Öffentlichkeitsarbeit erfassen kann. Die vorliegenden Fassungen stellen jedoch nur den Grundstock für eine umfassende Theoriebildung bereit, die das umfangreiche Œuvre von Habermas systematisch für die PR-Forschung fruchtbar machen müßte. Unsere kursorischen Anmerkungen haben freilich gezeigt, daß eine grundlegendere Beschäftigung mit der »Theorie des kommunikativen Handelns« einige Aporien ans Tageslicht bringen wird, deren Auflösung letztlich eine Revision der sozialtheoretischen Programmatik erforderlich macht. Hierzu werden wir im Verlauf dieser Untersuchung einige Vorschläge unterbreiten. Zunächst wenden wir uns einem weiteren Eckpfeiler der PR-Theorie zu, in dem der situative Charakter der Öffentlichkeitsarbeit besonders deutlich herausgearbeitet wird. Das Konzept von Grunig et al. bietet einen Anknüpfungspunkt für imagebezogene *und* dialogorientierte Vorgehensweisen; es schlägt insofern eine pragmatische Brücke zwischen den systemtheoretischen und handlungsorientierten Ansätzen.

### *2.2.3 Public Relations als Kommunikationsmanagement: Der Ansatz von Grunig et al.*

Die International Association of Business Communicators (IABC), einer der beiden großen PR-Berufsverbände in den Vereinigten Staaten, fördert seit 1985 eine grundlegende Studie zur Unternehmenskommunikation, die sich inzwischen zum Kristallisationspunkt der angloamerikanischen PR-Forschung entwickelt hat. Das »Excellence Project« wird von dem Kommunikationswissenschaftler James E. Grunig geleitet.[206] Er geht mit mehreren Koautoren zwei Fragen nach, die mit Hilfe einer interdisziplinären Literaturstudie und einer mehrstufigen empirischen Erhebung bei Unternehmen und Non-Profit-Organisationen in den U.S.A., Kanada und Großbritannien beantwortet werden.[207] Die *Effektivitätsfrage* lautet, wie, warum und in welchem Umfang

205 Vgl. Habermas 1976; zur verwandten Transzendentalpragmatik Apel 1973, Kuhlmann 1985.

206 *James E. Grunig,* Professor für Public Relations am College of Journalism der University of Maryland, College Park, U.S.A. Seine wichtigsten Koautoren sind Professor *Todd Hunt,* Department of Communication, State University of New Jersey, und im Rahmen der »Excellence«-Studie *Larissa A. Grunig,* Associate Professor, College of Journalism, University of Maryland, sowie *David M. Dozier,* Professor, Department of Journalism, San Diego State University.

207 Vgl. zum Hintergrund und methodischen Vorgehen der Studie Dozier et al. 1995, S. ix ff. und S. 237 ff., im Überblick auch Zerfaß 1996b. Die Ergebnisse der konzeptionellen Überlegungen

Kommunikation dazu beiträgt, die Ziele einer Organisation zu erreichen. Die *Exzellenzfrage* will klären, wie die Kommunikationsfunktion organisatorisch ausgestaltet und die Öffentlichkeitsarbeit praktisch durchgeführt werden muß, damit eine bestmögliche Effektivität erreicht wird.[208] Im Ergebnis präsentieren Grunig et al. eine mehrstufige Theorie, die sich nicht nur mit der Planung und Kontrolle konkreter PR-Programme, sondern auch mit der grundsätzlichen Organisation und Steuerung der PR-Funktion beschäftigt. Ein weiterer Aspekt betrifft die Voraussetzungen, die hierfür auf der Ebene der Gesamtorganisation geschaffen werden müssen.[209] Insgesamt wird ein äußerst facettenreiches Gedankengebäude errichtet, das hier nicht en détail dargestellt werden kann. Bei der nachfolgenden Erörterung wollen wir uns deshalb auf eine kritische Rekonstruktion der zentralen Argumentationslinie beschränken.

Grunig stützt seine Ausführungen auf die Einsicht, daß (Wirtschafts-) Organisationen heute in einem komplexen Beziehungsgeflecht agieren, das von verschiedenen Akteuren (Arbeitnehmern, Kommunen, Konsumenten, Regierungen usw.) mit höchst unterschiedlichen Interessenlagen geknüpft wird.[210] Dies macht eine ständige Interessenabstimmung und Handlungskoordination erforderlich. Kommunikationsprozesse dienen dabei als Mittel zum Zweck. Sie sollen Verhandlungen und Kompromißfindungen zwischen Unternehmen und ihren Bezugsgruppen ermöglichen und dadurch für eine symbiotische Weiterentwicklung der Gesellschaft sorgen. Von *Public Relations* ist die Rede, wenn solche Kommunikationsprozesse nicht zufällig entstehen, sondern systematisch gesteuert werden. Der Begriff steht für das „Management der Kommunikation zwischen einer Organisation und ihren Publikumsgruppen",[211] d.h. für die Planung und Durchführung sämtlicher symbolischer Handlungen, mit denen Informationen aus dem Umfeld gesammelt oder zielgerichtete Botschaften gestreut werden. Mit dieser weiten Begriffsfassung, die in der Gleichsetzung von PR und »Organisationskommunikation« zum Ausdruck kommt,[212] sollen alle internen und externen Kommunikationsaktivitäten erfaßt werden, die von professionellen Kommunikationsexperten und -abteilungen ausgeführt oder vorstrukturiert werden. Das Spektrum reicht von der Gestaltung der Mitarbei-

---

werden von J.E. Grunig 1992b, die empirischen Resultate der 1990/91 durchgeführten Breitenerhebung bei 321 Unternehmen- und Non-Profit-Organisationen von Dozier et al. 1995 präsentiert. In einer weiteren Phase wurden 1994 bei 24 Organisationen qualitative Interviews geführt, um vertiefende Fallstudien zu erstellen. Die Auswertung dieser Studie ist noch nicht beendet; weitere Veröffentlichungen sind in Vorbereitung. Obwohl sich Grunig et al. primär mit den Problemen erwerbswirtschaftlicher Organisationen auseinandersetzen (vgl. etwa Vercic/Grunig 1995), sprechen sie durchgehend nicht von »Unternehmenskommunikation«, sondern von »Organisationskommunikation«. Wir verwenden die beiden Ausdrücke im folgenden synonym.

208 Vgl. zu diesen Kernfragen J.E. Grunig 1992a, S. 3, und ders. 1996, Manuskript S. 28 f.

209 J.E. Grunig spricht in diesem Zusammenhang von der *Mikroebene* konkreter PR-Programme, der *Mesoebene* von PR-Abteilungen und der *Makroebene* der Gesamtorganisation; vgl. J.E. Grunig 1992a, S. 3 und S. 12 ff., sowie ders. 1996, Manuskript S. 6. Diese Ebeneneinteilung ist nicht mit derjenigen von Ronneberger/Rühl (1992, S. 249 ff.) zu verwechseln; vgl. oben S. 51 f.

210 Vgl. Grunig 1996, Manuskript S. 1 ff., ferner Vercic/Grunig 1995, S. 21 ff.

211 Grunig/Hunt 1984, S. 6 (Übersetzung des Verf.); ferner J.E. Grunig 1992b, S. 5, ders. 1996, Manuskript S. 3 f., und Hunt/Grunig 1994, S. 5 f.

212 Vgl. zur synonymen Verwendung dieser Termini insbes. J.E. Grunig 1992a, S. 4 f.

terbeziehungen über die Marketing- und Finanzkommunikation bis hin zur kommunikativen Auseinandersetzung mit Anwohnern, Gemeinden und Behörden;[213] außen vor bleibt nur die ungeplante, »naturwüchsige« Kommunikation.

Der Zusammenhang von Public Relations und *strategischem Management* entfaltet sich in zweifacher Hinsicht. Die Öffentlichkeitsarbeit leistet einen Beitrag zur strategischen Positionierung des *Gesamtunternehmens,* indem sie die Beziehungen mit jenen Bezugsgruppen gestaltet, die auf die Unternehmensstrategie einwirken oder von ihr beeinflußt werden, die also die Erreichung der Organisationsziele befördern oder behindern. Dies eröffnet Handlungsspielräume, kann aber auch dazu beitragen, daß kostspielige Rechtsstreitigkeiten, Boykotte, öffentliche Auseinandersetzungen und gesetzliche Einschränkungen vermieden werden.[214] Ein besonderes Augenmerk gilt dabei der sozialen Verantwortung der Unternehmensführung. Public Relations wird ausdrücklich als diejenige Funktion betrachtet, mit der die Wertvorstellungen und Probleme verschiedener Bezugsgruppen in strategische Entscheidungen eingebracht werden, so daß diese Entscheidungen auch unter ethischen Gesichtspunkten gefällt werden können.[215] Auf diese Weise wird das Effektivitätspostulat erfüllt; die Kommunikationspolitik ermöglicht eine Positionierung des Unternehmens in Markt und Gesellschaft. Voraussetzung dafür ist allerdings, daß die Öffentlichkeitsarbeit *selbst* strategisch angelegt ist, d.h. konsequent auf die Organisationsziele ausgerichtet und systematisch gesteuert wird, und daß sie darüber hinaus ethischen Anforderungen genügt. Dieser zweite Aspekt manifestiert sich vor allem in der Entwicklung allgemeiner Kommunikationsrichtlinien und -ziele, in der Planung und Umsetzung konkreter PR-Programme und in der systematischen Evaluation aller durchgeführten Maßnahmen.[216]

Grunig et al. unterscheiden dabei drei *Phasen der Beziehungsgestaltung,* in denen unterschiedliche Kommunikationsaktivitäten angebracht sind. Das Bezugsgruppenstadium (stakeholder stage) ist dadurch gekennzeichnet, daß eine Beziehung zwischen einer Organisation und anderen Akteuren vorliegt. Dies ist dann der Fall, wenn sich die jeweiligen Handlungsweisen gegenseitig beeinflussen. In diesem Zusammenhang trägt eine kontinuierliche Kommunikationspolitik zum Aufbau stabiler, langfristiger Beziehungen bei, durch die allfällige Konfliktpotentiale leichter entschärft werden können. Vor dem Hintergrund divergierender Interessenlagen kommt es jedoch immer wieder vor, daß verschiedene Betroffene oder Bezugsgruppen die gegenseitige Einflußnahme problematisieren und sich organisieren, um die unbefriedigende Situation zu verändern. In diesem Stadium entstehen Publikumsgruppen (publics),[217] die eine zentrale Herausforderung für die Organisationskommuni-

---

213 Vgl. z.B. J.E. Grunig 1992a, S. 2, Grunig/Grunig 1989, S. 28.

214 Vgl. L.A. Grunig et al. 1992, sowie J.E. Grunig 1996, Manuskript S. 22 und S. 35.

215 Vgl. insbes. Grunig/Hunt 1996, Kapitel 4, sowie Vercic/Grunig 1995, insbes. S. 45 ff.

216 Vgl. nachfolgend Grunig/Repper 1992, S. 124 ff.

217 Dieser Begriff wird in der deutschsprachigen Literatur häufig mit dem mißverständlichen Terminus »Teilöffentlichkeiten« übersetzt; vgl. etwa Signitzer 1992, S. 142 ff. Der Ausdruck »Publikumsgruppen« folgt Armbrecht 1992, S. 250 ff. Grunig/Hunt (1984, S. 144) bezeichnen Publikumsgruppen als „loosely structured systems whose members detect the same problem or issue,

kation darstellen. Der Öffentlichkeitsarbeit obliegt es zunächst, konkrete Publikumsgruppen zu identifizieren und anhand typischer Verhaltensweisen zu klassifizieren. Grunig weist in seiner »situational theory of publics« z.B. darauf hin, daß entsprechende Organisationsformen immer dann entstehen, wenn ein starkes Problembewußtsein und ein hohes Ausmaß an Betroffenheit mit dem Empfinden zusammentrifft, daß man etwas bewegen kann und nicht durch externe Restriktionen am aktiven Handeln gehindert wird.[218] Eine sorgfältige Analyse ermöglicht die Entwicklung zielgruppenspezifischer Kommunikationsprogramme, mit denen divergierende Problemsichten in den organisationsinternen Entscheidungsprozeß eingebunden werden sollen. In der skizzierten Theoriebildung geht es also von vornherein nicht um die Kommunikation mit der »breiten Öffentlichkeit«, sondern stets um identifizierbare soziale Akteure.[219] Deshalb kommen in dieser Phase vor allem personale, dialogorientierte Vorgehensweisen ins Spiel. Dies reicht freilich nicht mehr aus, wenn ein Interessenkonflikt das Stadium der öffentlichen Thematisierung (issue stage) erreicht. Hierbei spielen die Massenmedien eine entscheidende Rolle.[220] Ihre Arbeitsroutinen und Aufmerksamkeitsregeln bestimmen, welche Themen auf der gesellschaftspolitischen Agenda plaziert werden. Dadurch werden Problemsichten vernetzt und neue Perspektiven etabliert, die jederzeit zur Bildung neuer Publikumsgruppen führen können. Professionelle Analysen decken diese Dynamik auf. Bei Unternehmenskrisen gilt es zum Beispiel, die kurzfristige Zuwendung zu skandalträchtigen Ereignissen von jenem Problembewußtsein zu unterscheiden, das auf eine langfristige Sensibilisierung zurückzuführen ist. Auf der Grundlage solcher Abgrenzungen wird es dann möglich, massenmediale Kommunikationskampagnen durchzuführen. Daneben empfiehlt Grunig aber auch, das strittige Thema in direkten Verhandlungen mit den wichtigsten Publikumsgruppen anzugehen.[221] In der Gesamtschau zeigt sich sogar, daß eine »exzellente« Öffentlichkeitsarbeit weniger häufig auf massenmediale Vorgehensweisen setzt: Erfolgreiche Organisationen können Probleme der Interessen- und Handlungskoordination bereits lösen, *bevor* einzelne Publikumsgruppen daraus ein öffentlichkeitswirksames Thema machen.[222]

Das skizzierte Leitbild einer strategischen Öffentlichkeitsarbeit stellt bestimmte Anforderungen an die Organisation und das Selbstverständnis der PR-Funktion. Weil die Organisationskommunikation letztlich den Zweck verfolgt,

---

interact either face to face or through mediated channels, and behave as though they were one body".

218 Vgl. hierzu J.E. Grunig 1979, Grunig/Hunt 1984, S. 143 ff., J.E. Grunig 1989a, Grunig/Repper 1992, S. 127 ff. Die Phasenbetrachtung sozialer Beziehungen spiegelt sich darin wider, daß sich aus Bezugsgruppen (*latenten* Publikumsgruppen) zunächst *aufmerksame* und dann *aktive* (Themen lancierende und Informationen nachfragende) Publikumsgruppen entwickeln; vgl. Grunig/Hunt 1984, S. 153 ff. Ein besonderes Augenmerk muß den *aktivistischen* Publikumsgruppen gelten, d.h. denjenigen Gruppen, die eine einflußreiche Rolle spielen, wenn bewußte Publikumsgruppen aktiviert werden sollen; vgl. J.E. Grunig 1989b.

219 Vgl. sehr pointiert J.E. Grunig 1996, Manuskript S. 10.

220 Vgl. Grunig/Repper 1992, S. 148 ff.

221 Vgl. Grunig/Repper 1992, S. 124, sowie J.E. Grunig 1996, Manuskript S. 27.

222 Vgl. J.E. Grunig 1990, S. 23.

zwischen dem Entscheidungszentrum der Unternehmung und anderen Interessenträgern zu vermitteln, ist eine direkte *Anbindung an die interne Führungsschicht* unabdingbar.[223] Das bedeutet zugleich, daß die leitenden Aufgabenträger die Rolle eines *Kommunikationsmanagers* übernehmen müssen. Sie dürfen sich nicht auf die Bereitstellung operativer Leistungen (z.B. Texterstellung, Medienkontakte, Publikationsdienste) beschränken, sondern sie müssen in der Lage sein, systematische Analysen durchzuführen und auf dieser Grundlage strategische Entscheidungen zu treffen.[224] Der Entscheidungshorizont wird dabei wesentlich durch das Bild geprägt, das Öffentlichkeitsarbeiter und Unternehmensleitung von der Kommunikationsfunktion haben. Grunig identifiziert in diesem Zusammenhang vier typische Arten, in denen Public Relations praktiziert werden kann und auch faktisch praktiziert wird.[225]

Diese *Modelle der Public Relations* unterscheiden sich im Hinblick auf die Kommunikationsrichtung (Einweg- vs. Zweiwegkommunikation) und die angestrebten Wirkungen. Asymmetrische Vorgehensweisen zielen auf a priori definierte Einstellungsänderungen oder Verhaltensweisen der Rezipienten ab. Bei der symmetrischen Kommunikation geht es hingegen um „das Aushandeln eines Sachverhaltes oder eines Zustandes durch gleichberechtigte und einander respektierende Partner“,[226] wobei das inhaltliche Ergebnis nicht vorweggenommen werden kann. Das in der Praxis vorherrschende *Publicity-Modell* bemüht sich primär um eine positive Berichterstattung in den Massenmedien. Mit klassischer Pressearbeit und ergänzenden Maßnahmen wie der Inszenierung von publicityträchtigen Pseudo-Ereignissen soll sichergestellt werden, daß die öffentliche Aufmerksamkeit auf bestimmte Unternehmen, Personen oder Produkte gelenkt wird. Demgegenüber besteht die Aufgabe des *Informationstätigkeit-Modells* darin, „relativ objektive Informationen durch die Massenmedien und kontrollierte Medien wie Rundschreiben, Broschüren und Briefe zu verbreiten“.[227] In beiden Fällen wird die Öffentlichkeitsarbeit letztlich als einseitige, asymmetrische Einflußnahme betrachtet. Grunig et al. sprechen deshalb auch von »handwerklich-technischer Public Relations«, die alleine nicht zum Erfolg führen kann.[228] Professionelle Öffentlichkeitsarbeit umfaßt vor allem zweiseitige Vorgehensweisen. Beim *zweiseitigen asymmetrischen Modell* begibt man sich mit gezielt entwickelten Botschaften auf den »Markt der Meinungen«, um so das Wohlwollen strategisch relevanter Bezugsgruppen zu erreichen und ihr Handeln im Sinne eigener Zielsetzungen zu be-

223 Vgl. Dozier/Grunig 1992, Dozier et al. 1995, S. 107 ff.

224 Vgl. zu den Rollen und Subrollen des Kommunikationstechnikers und -managers Broom/Smith 1979, Dozier 1992 sowie Steinmann et al. 1993, S. 35 ff.

225 Vgl. vor allem Grunig/Hunt 1984, S. 21 ff., Grunig/Grunig 1992, im Überblick Signitzer 1992, S. 139 ff., und zur jüngsten Revision dieser Modellbildung insbes. J.E. Grunig et al. 1996.

226 Signitzer 1992, S. 140.

227 J.E. Grunig 1992a, S. 18 (Übersetzung d. Verf.).

228 Mit der Aussage, daß das Informationstätigkeitsmodell stets asymmetrisch orientiert sei, revidiert J.E. Grunig (1989c, S. 31, 1996, Manuskript S. 39) seine frühere Auffassung, daß das Publicity- und zweiseitig-asymmetrische Modell ein- bzw. zweiseitige Varianten der asymmetrischen Kommunikation sowie das Informationstätigkeits- und zweiseitig-symmetrische Modell Spielarten der symmetrischen Kommunikation sind; vgl. hierzu z.B. Grunig/Grunig 1989.

einflussen. Dabei wird das Feedback der jeweiligen Zielgruppen systematisch erfaßt; es wird jedoch nur ausgewertet, um die eigenen Persuasionstechniken zu verbessern. Im Unterschied dazu beschreibt das *zweiseitige symmetrische Modell* jene noch recht selten anzutreffenden Vorgehensweisen, bei denen (potentielle) Konflikte mit strategischen Bezugsgruppen auf der Grundlage von Verhandlungen gelöst werden sollen. Es geht also nicht mehr um die Durchsetzung fertiger Weltbilder, sondern um die Herbeiführung eines Kompromisses, der von allen Beteiligten akzeptiert werden kann. Dies setzt häufig eine Abkehr von massenmedialen Konzepten und eine Hinwendung zur interpersonalen Kommunikation voraus; letztere kann ggf. durch neutrale Konfliktmittler (Mediatoren) befördert werden.[229]

Grunig et al. stützen sich bei der Beschreibung dieses symmetrischen Prozesses auf die bekannten Konfliktlösungs- und Verhandlungsmodelle der Harvard Law School.[230] Diese Sichtweise wird in neueren Publikationen ausdrücklich mit spieltheoretischen Überlegungen verknüpft.[231] (Wirtschafts-) Organisationen und Publikumsgruppen können demnach „als kooperative Antagonisten beschreiben werden, die einen Kompromiß in einer Angelegenheit anstreben, in der grundlegende Differenzen bestehen. Die Parteien vertrauen sich nicht und sie glauben auch nicht an die Aufrichtigkeit aller Äußerungen der anderen Seite. Sie trauen einander aber so weit, daß sie daran glauben, daß sich jeder an alle erreichten Vereinbarungen halten wird“.[232] Die Verhandlungspartner sollen versuchen, gemeinsame Interessenlagen herauszuarbeiten, die sie trotz aller prima facie aufscheinenden Gegensätze haben. Dazu ist es gemäß der Harvard-Methode notwendig, Sachprobleme und soziale Beziehungen getrennt zu thematisieren und sich nicht auf vordergründige Positionen, sondern auf die dahinter liegenden Interessen zu konzentrieren. Ferner sollten vor jeder Entscheidung möglichst viele neue Handlungsoptionen entwickelt werden, die dann nicht alleine aus der partikularen Sicht der Beteiligten, sondern unter Anwendung objektiver Kriterien beurteilt werden können.[233] Weil subjektive Interessenlagen aus spieltheoretischer Sicht nicht mehr hinterfragt werden, gilt die Maxime, daß kommunikative Konfliktlösungen nur dann sinnvoll sind, wenn alle Parteien einen Gewinn aus den Verhandlungen ziehen können.[234] Symmetrische Öffentlichkeitsarbeit zielt deshalb explizit auf die Erarbeitung von »Win-Win-Lösungen« ab.[235] Sie ist dann fehl am Platz, wenn (potentielle) Differenzen auf Wertkonflikte, ideologische Differenzen

---

229 Vgl. Grunig/Grunig 1992, S. 313 ff; zur Leistungsfähigkeit von Mediatoren ferner Goldberg et al. 1992, S. 103 ff., und im PR-Kontext Steinmann et al. 1993, S. 36 und S. 39, Anmerkung 2.

230 Das Verständnis des symmetrischen Modells wurde laut einer Auskunft von J.E. Grunig an den Verfasser (Juni 1995) ursprünglich von den populären Werken zum »Harvard-Verhandlungskonzept« (Fisher/Ury 1989, Fisher/Brown 1989) geprägt; vgl. auch Grunig/Grunig 1992, S. 313.

231 Vgl. Ehling/Dozier 1992, S. 277 ff., Grunig/Grunig 1992, S. 311 f., Dozier et al. 1995, S. 47 ff., J.E. Grunig et al. 1996; grundlegend bereits die Arbeiten von Murphy 1989, 1991.

232 Dozier et al. 1995, S. 48 (Übersetzung des Verf.).

233 Vgl. Fisher/Ury 1989, S. 33 ff, ähnlich auch Gray 1989, Goldberg et al. 1992.

234 Vgl. Renn/Webler 1994, S. 32.

235 Vgl. Grunig/Grunig 1992, S. 316 ff., sowie Dozier et al. 1995, S. 39 und S. 48.

oder gravierende Machtunterschiede zwischen den Beteiligten zurückzuführen sind.[236]

Die skizzierte Typologie der PR-Modelle, die inzwischen als empirisch abgesichert gelten kann, hat seit Mitte der achtziger Jahre einen bedeutenden Einfluß auf die organisationstheoretisch motivierte PR-Forschung ausgeübt.[237] Die vier Idealtypen wurden von Grunig/Hunt ursprünglich historisch gedeutet, d.h. sie sollten den Weg von einer niedrigen zu einer höheren Entwicklungsstufe der Öffentlichkeitsarbeit nachzeichnen.[238] Die faktische Kommunikationspolitik verschiedener Organisationen bzw. Branchen kann dann durchaus unterschiedlich verortet werden. In präskriptiver Hinsicht wäre das symmetrische Modell aber eindeutig zu bevorzugen.[239] Die jüngsten Ergebnisse des »Excellence Project« führen jedoch zu einer neuen Interpretation. Die PR-Modelle sind demnach als *Leitbilder* anzusehen, denen in der Praxis eine zweifache Bedeutung zukommt.[240] Sie dienen zum einen als Leitbild für das *grundsätzliche Kommunikationsverständnis,* das von Organisation zu Organisation variiert. Diese Unterschiede lassen sich zumeist aus der Geschichte erklären. Historische Restriktionen und Herausforderungen sind z.B. dafür verantwortlich, daß die Öffentlichkeitsarbeit in Behörden und wissenschaftlichen Einrichtungen heute zumeist als Informationstätigkeit und Pressearbeit verstanden wird, während Unternehmen meist auf zweiseitige Vorgehensweisen setzen.[241] Die vier PR-Konzepte dienen zweitens als Richtschnur für *konkrete Kommunikationsprogramme,* die situationsspezifisch zur Anwendung kommen können. Welche Vorgehensweise ein Unternehmen hier einschlägt, hängt vor allem von den jeweiligen Kommunikationspartnern und Zielsetzungen ab. Die symmetrische Kommunikation mag z.B. die einzige Wahl sein, wenn eine Krise zu bewältigen ist oder eine Interessenklärung mit Aktivisten und Regierungsvertretern ansteht.[242] Mit dieser doppelten Leitbildfunktion erklären Grunig et al. die empirische Einsicht, daß erfolgreiche Kommunikationsabteilungen nicht alleine auf das symmetrische Modell setzen, sondern sich gleichzeitig auf beide zweiseitigen Konzepte berufen. „Exzellente PR-Abteilungen", schreibt Grunig, „schaffen ein Gleichgewicht zwischen persuasiven Einflußversuchen, die auf dem asymmetrischen Konzept beruhen, und dem Bemühen, auf der

236 Vgl. Grunig/Grunig 1992, S. 318, ausführlicher insbes. Gray 1989, S. 246 ff. Insofern führt die Kritik von Kunczik (1993, S. 211 ff., und 1994, S. 247 ff.) am Symmetriepostulat der PR-Forschung in die Irre, weil dort die verhandlungstheoretische Sicht von Grunig et al. nicht von verständigungsorientierten Deutungen des zweiseitigen Modells (Pearson, Burkart) getrennt wird.

237 Vgl. Grunig/Grunig 1992, S. 290 ff., Signitzer 1992, S. 139.

238 Vgl. Grunig/Hunt 1984, S. 27 ff.

239 Vgl. sehr dezidiert Grunig/Grunig 1992, S. 308, kritisch hierzu Steinmann/Zerfaß 1993a.

240 Vgl. nachfolgend J.E. Grunig et al. 1996, S. 220, ähnlich bereits Leichty/Springston 1993; vgl. in diesem Sinne auch Bentele et al. 1996a, S. 450.

241 Vgl. zu den empirischen Nachweisen – die sich bislang nur auf die Vereinigten Staaten beziehen – Grunig/Grunig 1992, S. 303 ff. Die grundsätzliche Übertragbarkeit der angloamerikanischen PR-Konzepte auf andere Kulturräume wird von Grunig/Hunt 1996, Kap. 12, thematisiert.

242 Vgl. J.E. Grunig 1996, Manuskript S. 43.

Grundlage symmetrischer Vorstellungen mit einzelnen Publikumsgruppen zu verhandeln. Sie setzen dabei auf eine Art der *symmetrischen Persuasion"*.[243]

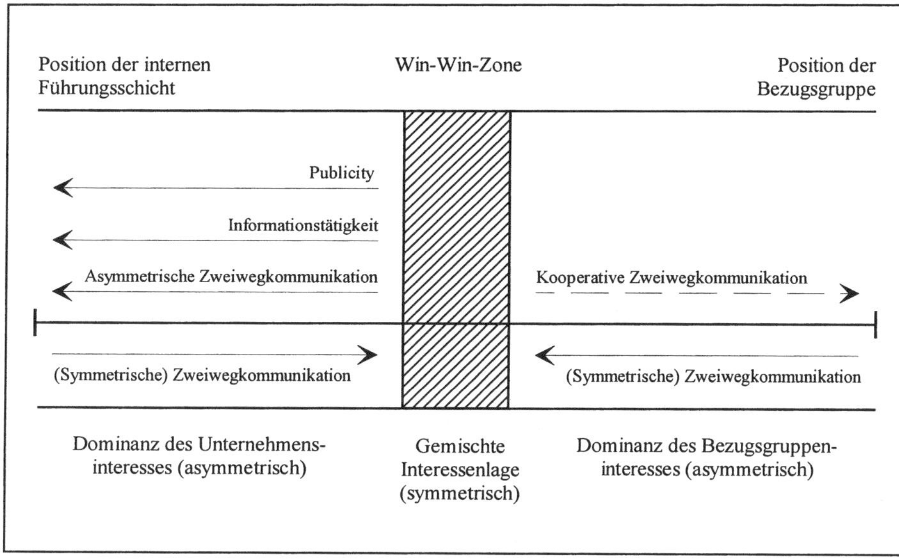


*Abb. 4: Die Public Relations-Modelle von Grunig et al.* [244]

Die PR-Beauftragen verstehen sich dabei als Mittler zwischen der internen Führungsschicht ihres Unternehmens und verschiedenen Bezugsgruppen. Sie bemühen sich mit unterschiedlichen Mitteln, diese beiden Antagonisten zur Annäherung ihrer Interessenlagen und zur Vereinbarung beiderseits tragfähiger Lösungen zu bewegen. Von daher erklärt sich die jüngste Systematisierung der vier PR-Modelle, die in Abb. 4 dargestellt wird.[245] Grunig et al. gehen davon aus, daß (Wirtschafts-) Organisationen und Bezugsgruppen unterschiedliche und zuweilen widerstreitende Interessenlagen vertreten. Dennoch ist es möglich, durch Verhandlung und Kompromißfindung auf einen gemeinsamen Nenner zu kommen. Es wird also ausdrücklich suggeriert, daß stets eine Anzahl von Lösungen in der Win-Win-Zone existieren. Jenseits dieses langfristig stabilen Bereichs bestehen dagegen unbefriedigende und labile Beziehungen, in denen entweder das Unternehmensinteresse oder das der Bezugsgruppen dominiert. PR-Strategien können nun entweder eingesetzt werden, um die Bezugsgruppen so zu beeinflussen, daß die Ziele und Weltbilder der internen Füh-

243 J.E. Grunig 1996, Manuskript S. 46 (Übersetzung und Hervorhebung durch den Verf.); vgl. ferner Dozier et al. 1995, S. 47 f.

244 Quelle: Modifizierte und erweiterte Übersetzung von Abb. 3.1. in Dozier et al. 1995, S. 48. In der ursprünglichen Darstellung fehlen vor allem die einseitigen PR-Konzepte. Wir sprechen ferner von Bezugsgruppen statt von »publics« (Publikumsgruppen), um alle drei Phasen des strategischen PR-Managements (stakeholder – public – issue) zu erfassen.

245 Vgl. nachfolgend Dozier et al. 1995, S. 47 ff.

rungsschicht durchgesetzt werden. Dies wäre der Fall, wenn man auf einseitige Vorgehensweisen (Publicity, Informationstätigkeit) oder auf die Reinform der asymmetrischen Zweiwegkommunikation setzt. Umgekehrt können einzelne PR-Beauftragte natürlich auch versuchen, die interne Führungsschicht im Sinne der »öffentlichen Meinung« bzw. bestimmter Bezugsgruppeninteressen zu beeinflussen. In dieser Vorgehensweise spiegelt sich ein neues PR-Modell wider, das Grunig et al. als »kooperative Öffentlichkeitsarbeit« bezeichnen.[246] Es ist prinzipiell dialogisch angelegt, führt jedoch zu asymmetrischen Ergebnissen, weil die Organisationsziele gegenüber bestimmten Publikumsinteressen weitgehend in den Hintergrund treten. Da die Träger der Kommunikationsfunktion jedoch langfristig immer von der internen Führungsschicht abhängig sind, dürfte dieses Konzept in der Praxis nur selten anzutreffen sein. Als normatives Leitbild der Public Relations bietet sich letztlich eine Zweiwegkommunikation an, in der die Reinformen des symmetrischen und asymmetrischen Konzeptes zu einem *„mixed-motive model"*[247] verschmelzen. Dabei werden „aus strategischen Vorteilskalkülen von Zeit zu Zeit asymmetrische Taktiken benutzt, um die beste Position für eine Organisation innerhalb der Win-Win-Zone zu erreichen. Weil diese Praktiken aber in eine symmetrische Gesamtsicht eingebettet sind, in der die Integrität langfristiger Beziehungen respektiert wird, ist das Zweiwegmodell im Kern symmetrisch".[248] Das *generelle Leitbild* einer »exzellenten« Kommunikationspolitik entspricht demnach dem symmetrischen Konzept; auf der Ebene *konkreter PR-Programme* können dagegen je nach Situation auch persuasive Vorgehensweisen zum Einsatz kommen.

In der kritischen Betrachtung zeigt sich, daß der Ansatz von Grunig et al. einen umfassenden Bezugsrahmen aufspannt, der die Öffentlichkeitsarbeit von (Wirtschafts-) Organisationen systematisch beschreibt und darüber hinaus konkrete Empfehlungen zur Gestaltung der Kommunikationspolitik ausspricht. Von daher mag es erstaunen, daß diese Gedanken im deutschsprachigen Raum bislang erst ansatzweise aufgegriffen wurden.[249] Eine intensivere Auseinandersetzung mit der angloamerikanischen Theoriebildung wäre insbesondere anzuraten, wenn Fragen der Public Relations aus einem organisationstheoretischen Blick-

---

246 Vgl. Dozier et al. 1995, S. 49. Als eine solche Strategie der reinen Kooperation haben Murphy (1991, S. 122 ff.) und Kunczik (1994, S. 247 ff.) das zweiseitig symmetrische Modell verstanden. J.E. Grunig bezeichnet die pure Kooperation jedoch als ein gesondertes Konzept, das letztlich zu asymmetrischen Beziehungen führt (pers. Mitteilung an den Verfasser, Juli 1995).

247 J.E. Grunig 1996, Manuskript S. 46 (Hervorhebung des Verf.); in Anlehnung an Murphy 1991.

248 Dozier et al. 1995, S. 49 (Übersetzung des Verf.). Bei der Erörterung dieses symmetrischen Weltbildes (J.E. Grunig 1989b, Grunig/White 1992) zeigt sich, daß die wissenschafts- und sozialtheoretische Basis des skizzierten Ansatzes weitgehend ungeklärt ist. U.a. greifen Grunig/White (1992) neben systemtheoretischen Ansätzen (S. 43 f.) auch auf die Überlegungen von Pearson und Habermas (S. 58 ff.) zurück, ohne die auftretenden Inkonsistenzen zu bemerken.

249 Die Rezeption des Ansatzes von Grunig et al. beschränkt sich durchgehend auf eine Skizze der vier PR-Modelle von Grunig/Hunt (1984) und der »situational theory of publics« von J.E. Grunig (1979, 1989a). Von einer fundierten Kritik oder konzeptionellen Weiterentwicklung der Ansätze kann jedoch nirgends die Rede sein. Die hier rekonstruierten Ergebnisse der »Excellence Studie« wurden von der deutschsprachigen Theoriebildung bislang negiert.

winkel angegangen werden.[250] Unabhängig davon ist aus Sicht der Unternehmenspraxis zu fragen, wo die Vorzüge und Grenzen der skizzierten Konzeption liegen. Die Antwort wird deutlich, wenn man den Zugriff von Grunig et al. mit den Einsichten aus unserer Fallstudie vergleicht. Zunächst ist unstrittig, daß hier keine systemtheoretischen Sprachspiele vollzogen, sondern *handlungsleitende Empfehlungen* erarbeitet werden, die für die Unternehmenspraxis von unmittelbarem Nutzen sind. Die angloamerikanische Forschung zeichnet ein breites Spektrum unterschiedlicher Kommunikationsprozesse, die stets als Mittel zum Zweck der Interessenklärung und Handlungskoordination dienen, dabei aber eine personale oder massenmediale, einseitige oder zweiseitige, persuasive oder symmetrische Ausprägung erfahren können. Diese situative Betrachtung überwindet die einseitigen Beschränkungen der imagebezogenen und verständigungsorientierten Theoriebildung.[251] Dennoch greift das *Kommunikationsverständnis* von Grunig et al. zu kurz. Dies hat einen paradigmatischen Grund: Kommunikationsprozesse werden stets als Verhandlungen konzipiert, in denen die faktischen Interessenlagen der Beteiligten nicht mehr zur Disposition stehen. Eine solche Sichtweise, bei der allein das subjektive Nutzenkalkül zählt, ist jedoch mit mehreren Problemen behaftet. Erstens sind die meisten praktischen Entscheidungen so komplex, daß sie mit spieltheoretischen Modellen nicht mehr erfaßt werden können.[252] Die dynamische Entwicklung nach dem Griesheimer Störfall zeigt deutlich, daß es die Unternehmenskommunikation nur selten mit wohlstrukturierten Situationen zu tun hat, bei denen man von festen Interessenlagen und bekannten Regeln ausgehen kann. Unklar bleibt insbesondere, wie bereits im Vorfeld des Kommunikationsprozesses festgestellt werden soll, ob ein (potentieller) Konflikt auf Wertkonflikte, ideologische Differenzen oder gravierende Machtunterschiede zurückzuführen ist.[253] Zweitens zeigen alle Erfahrungen mit realen Konfliktlösungsverfahren, daß »Win-Win-Situationen« extrem selten sind. Renn/Webler weisen darauf hin, daß das, was viele Autoren als einen solchen Zustand bezeichnen oder interpretieren, sehr häufig ein Nachgeben einer der beiden Seiten ist, „sei es aus Einsicht, aus Nachgeben gegenüber dem Druck von innen und außen oder aus freiwilliger Unterordnung unter ein übergeordnetes Prinzip".[254] Drittens blendet die verhandlungstheoretische Interpretation der symmetrischen Zweiwegkommunikation jene Fälle aus, in denen eine Lösung nur möglich ist, wenn subjektive Interessenlagen hinterfragt und gemeinsame Situationsdeutungen erarbeitet werden. In diesen Fällen müssen sich die Beteiligten von vornherein nicht nur um einen Kompromiß, sondern um einen Konsens bemühen, wohl wissend,

250 Insofern bleiben die neueren Studien von Derieth 1995, Börner 1994, Nöthe 1994 und Kleebinder 1995 hinter dem status quo der internationalen PR-Forschung zurück.

251 Vgl. oben S. 53 ff. bzw. oben S. 59 ff.

252 Vgl. zu dieser Kritiklinie Heß 1991, S. 88 ff., sowie Kunczik 1994, S. 249, Anmerkung 134.

253 Wenn man sich hier nicht auf subjektive Einschätzungen verlassen will, muß man offenkundig die Bezugsgruppen befragen und sich bemühen, die Interessen hinter ihren Positionen offenzulegen – eben dies ist jedoch das Ziel symmetrischer Kommunikationsprozesse, die vom Harvard-Konzept angesichts der genannten Konfliktquellen als sinnlos erachtet werden.

254 Renn/Webler 1994, S. 33. Vgl. zu dieser fundamentalen Kritik an dem Verhandlungsmodell von Fisher/Ury 1989 ferner Wiedemann et al. 1991, S. 57, sowie White 1992.

daß sich dieser nicht immer erreichen läßt. Diese Lösung haben bekanntlich Habermas und mit ihm die Verfechter einer verständigungsorientierten Öffentlichkeitsarbeit im Sinn.[255] An dieser Stelle müßte die Modellbildung von Grunig et al. weiterentwickelt werden. Man kann die symmetrische Konzeption dahingehend deuten, daß sie sowohl eine zweiseitige Kompromißsuche als auch eine gemeinsame Konsensfindung umfaßt. Eine solche integrative Sichtweise vermeidet, daß die von Grunig favorisierte Verhandlungstheorie und die »Theorie des kommunikativen Handelns« als unabdingbare Gegenpole betrachtet werden.[256] Sie erklären vielmehr zwei disparate Vorgehensweisen, die beide eine dialogische Form annehmen, aber auf unterschiedliche Weise zur Interessenklärung und Handlungskoordination beitragen.[257]

In jedem Fall zeigt sich, daß die skizzierte Theoriebildung an dieser Stelle weiterentwickelt werden muß. Auf diese Weise mag es auch gelingen, die Frage nach dem *Wechselspiel von struktureller Prägung und innovativer Gestaltung* der Öffentlichkeitsarbeit zu beantworten. Diese Frage muß bislang offen bleiben, weil Grunig et al. das wissenschaftstheoretische Fundament ihrer Konzeption nur sehr widersprüchlich bestimmen. Sie setzen z.B. gleichzeitig auf handlungstheoretische und systemtheoretische Vorstellungen, ohne die damit aufscheinenden Aporien zu bemerken.[258] In dieser Hinsicht bleibt ihr Gedankengang hinter den gegensätzlichen, aber jeweils stimmig fundierten Ansätzen zurück, die wir in den letzten beiden Kapiteln kennengelernt haben. Ein letzter Prüfstein ist die *betriebswirtschaftliche Grundlegung* der angloamerikanischen Theoriebildung. Hier ergibt sich ein sehr ambivalentes Bild. Einerseits schlagen Grunig et al. eine Brücke zwischen Public Relations und strategischem Management, wobei die zweifache Bedeutung dieser Beziehung treffend herausgearbeitet wird. Ihr Phasenmodell weist in überzeugender Weise auf die Dynamik der Kommunikationsbeziehungen mit verschiedenen Bezugsgruppen hin. Aus Sicht der Unternehmenspraxis kann die undifferenzierte Verwendung der Begriffe »Organisationskommunikation« bzw. »Public Relations« jedoch nicht überzeugen. Damit wird die alltägliche Erfahrung verwischt, daß die Öffentlichkeitsarbeit anderen Spielregeln gehorcht als die Kommunikation zwischen Marktpartnern und Organisationsmitgliedern. Grunig übersieht, daß Märkte prinzipiell als sprachfreie Handlungsräume konstituiert sind und daß administrative Beziehungen legitime Machtverhältnisse widerspiegeln sollen – diese Grundstruktur wird durch den unübersehbaren Trend zu langfristigen Konsumentenbeziehungen und partizipativen Unter-

255 Vgl. oben S. 55 ff., ferner Zerfaß/Scherer 1995.

256 Diese Auffassung beherrscht die derzeitige Theoriediskussion. Während das zweiseitig-symmetrische Modell von Pearson und Burkart mit den Überlegungen von Habermas verbunden wird, weist J.E. Grunig inzwischen ausdrücklich darauf hin, daß er dieses Konzept niemals im Sinne einer solchen starken »Verständigung« verstanden hat (persönliche Mitteilung von J.E. Grunig an den Verfasser, Juni 1995). Ein Disput um die »richtige« oder »ursprüngliche« Deutung führt an dieser Stelle nicht weiter, weil beide Interpretationen theoretisch stimmig sind und für sich genommen noch zu kurz greifen.

257 Vgl. Zerfaß 1996a, S. 30 ff.

258 Vgl. oben S. 70, Anmerkung 248.

nehmenskulturen verändert, aber keineswegs aufgehoben. Diesen Kritikpunkt haben wir schon bei den verständigungsorientierten Ansätzen betont; er bedarf offenkundig einer besonderen Klärung.[259] Ein weiterer Mangel der angloamerikanischen Theoriebildung besteht darin, daß die Rolle der Unternehmung in der Gesellschaft weitgehend ungeklärt bleibt.[260] Grunig et al. sprechen zwar von der gesellschaftlichen Verantwortung der Unternehmensführung, sie versäumen es aber, ein hinreichend differenziertes Bild der Marktwirtschaft und ihrer Einbindung in den demokratischen Prozeß zu zeichnen. Dies kommt unter anderem darin zum Ausdruck, daß sie nicht näher auf die zentralen Kategorien der gesellschaftspolitischen Öffentlichkeit und der öffentlichen Meinungsbildung eingehen, die von Habermas und Luhmann in gleicher Weise hervorgehoben werden. Der im »Excellence Project« favorisierte Zugriff läßt solche Fragen auch gar nicht zu: Die organisationstheoretische PR-Forschung beschränkt sich auf jene Probleme, die Ronneberger/Rühl als Mikro- und Mesoebene der Öffentlichkeitsarbeit bezeichnen;[261] die Makroebene der Gesellschaftstheorie wird von Grunig et al. nicht thematisiert.

Die Überbrückung dieser partiellen Sichtweisen erfordert einen grundlegend neuen Zugriff auf die Theorie der Unternehmenskommunikation und Öffentlichkeitsarbeit. Ein solcher Ansatz soll im Verlauf dieser Untersuchung entwickelt werden. An dieser Stelle können wir festhalten, daß der elaborierte Ansatz von Grunig et al. die Kommunikationspraxis in differenzierter Weise erfaßt und in den meisten Punkten deutlich über die bislang vorgestellten Ansätze hinausgeht. Er weist jedoch noch große Lücken auf, wenn es jenseits pragmatischer Handlungsempfehlungen um sozialtheoretisch und wissenschaftstheoretisch stimmige Konzeptionalisierungen geht. Aus Sicht der Unternehmenspraxis wird man vor allem nach Erklärungen suchen müssen, in denen das vielschichtige Beziehungsgeflecht der Unternehmung schärfer analysiert wird. Hier bietet das gesellschaftsorientierte Marketingkonzept, mit dem wir uns im nächsten Abschnitt auseinandersetzen wollen, wichtige Ansatzpunkte.

### *2.2.4 Öffentlichkeitsarbeit als gesellschaftsorientierte Unternehmenskommunikation: Die Ansätze von Raffée/Wiedmann und Haedrich*

In der deutschsprachigen Betriebswirtschaftslehre setzen sich verschiedene Vertreter einer gesellschaftsorientierten Marketinglehre schon seit längerem mit Fragen der Unternehmenskommunikation und PR auseinander. An erster Stelle sind hierbei Raffée/Wiedmann und Haedrich mit Mitarbeitern zu nennen.[262] Sie weisen seit Beginn der 80er Jahre mit unterschiedlichen Akzen-

259 Vgl. oben S. 61. Es geht hier um die Frage, wie die Kommunikation unter unterschiedlichen Bedingungen zur sozialen Integration beitragen kann; vgl. als Antwort unten S. 208 ff.

260 Diese Lücke wurde von Vercic/Grunig 1995 erkannt, aber noch nicht stimmig geschlossen.

261 Vgl. zu diesen alternativen Ebenenkonzepten oben S. 51 f. und S. 63, Anmerkung 209.

262 Vgl. einerseits v.a. Raffée/Wiedmann 1989a, Wiedmann 1986, 1992c und 1993a, zum anderen Haedrich 1982, 1986a, 1987, 1992 und Haedrich/Jeschke 1994. *Hans Raffée,* em. Ordinarius am Institut für Marketing der Universität Mannheim; *Klaus-Peter Wiedmann,* Ordinarius am Institut

tuierungen, aber im Kern übereinstimmenden Aussagen auf die strategische Bedeutung der Öffentlichkeitsarbeit hin. Marketing und PR präsentieren sich als unterschiedliche Funktionen, die gemeinsam zum Unternehmenserfolg beitragen. Die bereits skizzierten Ansätze der neueren PR-Forschung, die diese Aussage unterstreichen könnten, werden von den genannten Autoren allerdings (noch) nicht aufgegriffen. Umgekehrt wird das gesellschaftsorientierte Marketingkonzept jedoch immer wieder herangezogen, wenn man sich aus kommunikationswissenschaftlicher Perspektive mit Fragen der Unternehmensführung auseinandersetzt.[263] Dabei wird durchweg verkannt, daß es sich bei diesem Ansatz keineswegs um den Mainstream der betriebswirtschaftlichen Forschung, sondern um eine sehr spezifische Sichtweise handelt, die innerhalb der Marketing- und Wirtschaftswissenschaften bis heute umstritten ist. Warum dies so ist, und welche Konsequenzen dies für die PR-Forschung hat, wollen wir bei der folgenden Rekonstruktion darlegen.

Raffée/Wiedmann und Haedrich gründen ihre Überlegungen auf ein *Marketingverständnis,* das nicht nur den betrieblichen Funktionsbereich »Absatz« erfaßt, sondern ein umfassendes sozialwissenschaftliches Forschungsprogramm beschreibt: „Marketing ist eine Führungskonzeption, mit der eine Organisation das Ziel verfolgt, Bedürfnisse und Anforderungen aus Markt und Gesellschaft möglichst früh zu erkennen und auf der Basis einer Analyse der eigenen Stärken und Schwächen im Verhältnis zum Wettbewerb Strategien zur aktiven Gestaltung der Beziehungen zwischen Organisation und Umwelt zu entwickeln und zu implementieren".[264] Diese weite Sichtweite steht am Endpunkt einer kontinuierlichen Weiterentwicklung des klassischen Marketingkonzepts.[265] Einerseits wurde vorgeschlagen, die Denkhaltung und Instrumente des Marketing über den kommerziellen Bereich hinaus auch auf öffentliche Betriebe und gemeinnützige bzw. kulturelle Organisationen zu übertragen (Nonprofit-Marketing). Diese Perspektive wurde immer weiter ausgedehnt. Marketing wird inzwischen unabhängig von den jeweiligen Trägern als universell einsetzbare Sozialtechnologie propagiert, mit deren Hilfe man aktuelle gesellschaftliche Probleme wie Umweltverschmutzung, Obdachlosigkeit oder Drogenkonsum bewältigen kann (Social Marketing).[266] Eine andere Entwicklungslinie überwindet die klassische Kundenorientierung des Marketing dahingehend, daß die Beziehungen mit anderen Interaktionspartnern unter vergleichbaren Gesichtspunkten analysiert werden. Als faktische Engpässe wurden nacheinander die Absatz- und Beschaffungsmärkte, die Beziehungen zu Konkurrenten und die Gestaltung organisationsinterner Prozesse thematisiert. Mit der zunehmenden Bedeutung sozialer und ökologischer Aspekte rückt schließlich die gesamtgesellschaftliche Einbettung des Unternehmens und seine soziale Verantwor-

für Betriebsforschung der Universität Hannover (Lehrstuhl für Marketing II), vorher in Mannheim; *Günther Haedrich,* Ordinarius am Institut für Marketing der Freien Universität Berlin

263 Vgl. z.B. Derieth 1995, S. 33 ff., Armbrecht 1992, S. 55 ff., und B. Schulz 1992, S. 33 ff.

264 Haedrich/Tomczak 1990, S. 20 (im Original kursiv); ähnlich Raffée 1989, S. 5, ders. 1995.

265 Vgl. nachfolgend Krulis-Randa 1993 und Zerfaß/Emmendörfer 1994, S. 6 ff.

266 Vgl. zum Social Marketing Raffée et al. 1983 und Wiedmann/Raffée 1995; zum Nonprofit-Marketing Raffée/Wiedmann 1995.

tung (Unternehmensethik) in den Blickpunkt. Am Endpunkt beider Entwicklungsstränge steht das *Gesellschaftsorientierte Marketingkonzept (GOM)* von Raffée/Wiedmann, das den Objektbereich des Marketing weder auf erwerbswirtschaftliche Organisationen noch auf marktliche Aspekte beschränkt.[267] Die Marketinglehre wird damit zu einer Universalwissenschaft, die den Anspruch erhebt, als umfassendes Grundkonzept der Betriebswirtschaftslehre einen Bezugsrahmen für das erfolgsstrategische und sozialverträgliche Handeln in Markt und Gesellschaft aufzuspannen.[268]

Diese Gleichsetzung von Marketing und Unternehmensführung beruht auf mehreren Prämissen, die für das Verständnis des Ansatzes von zentraler Bedeutung sind. Zunächst ist darauf hinzuweisen, daß die Marketingforschung eine spezifische *Denkhaltung* – die Ausrichtung an Engpässen und den Bedürfnissen der dort relevanten Interaktionspartner – und die Anwendung eines bestimmten *Instrumentariums* propagiert.[269] Diese Sozialtechnologien reichen von den Methoden der Marktforschung und -segmentierung bis zu den verschiedenen Spielarten der Preis-, Produkt-, Distributions- und Kommunikationspolitik (Marketingmix).[270] Von ungleich größerer Bedeutung ist jedoch die paradigmatische Grundorientierung, die sich hinter diesen Handlungsempfehlungen verbirgt. „Im Zentrum des Marketing und der Marketingwissenschaft", schreibt Raffée, „stehen *Austauschprozesse*, die von menschlichen Bedürfnissen geprägt und gesteuert sind und der Befriedigung dieser Bedürfnisse dienen sollen".[271] Diese Orientierung an menschlichen Bedürfnissen führt dazu, daß die Marketingwissenschaft konsequent auf das Prinzip des *methodologischen Individualismus* setzt.[272] Sie knüpft stets beim einzelnen Individuum an und versucht, auch gesellschaftliche Strukturen und Prozesse als Konsequenz individuellen Verhaltens und der daraus abgeleiteten Interaktionen zu erklären. Dabei ist davon auszugehen, daß das Handeln von Personen und Organisationen stets „von tatsächlichen und/oder erwarteten Gratifikationen (Belohnungen und Bestrafungen) bestimmt" [273] wird, also der Maxime einer *subjektiven Zweckrationalität* folgt. Im Zusammenhang mit der extrem weiten Fassung des Austauschbegriffs bedeutet dies, daß sämtliche wirtschaftlichen und sozialen Handlungszusammenhänge, im weiteren Sinne also das gesamte gesellschaftliche Leben, ausschließlich durch subjektive Interessenlagen erklärt werden.[274] Raffée et al. vertreten zudem die Meinung, daß die Betriebswirtschaftslehre der Methodologie des *kritischen Rationalismus* verpflichtet bleiben muß. Die Forschung bleibt demnach aufgefordert, nach Gesetzmäßigkeiten

---

267 Vgl. zum GOM v.a. Wiedmann 1989b und 1993b, zu ähnlichen Vorstellungen Haedrich 1987, S. 25 ff., Haedrich/Tomczak 1990, S. 11 ff., Kotler 1976, Fässler 1989, Krulis-Randa 1993.

268 Vgl. zu diesem Anspruch Raffée 1977 und Wiedmann 1993b; kritisch v.a. Meffert/Bruhn 1978, Hansen/Stauss 1983 sowie Zerfaß/Emmendörfer 1994, S. 39 ff.

269 Vgl. Raffée 1980, S. 320, und ders. 1989, S. 5.

270 Vgl. Meffert 1986, Nieschlag et al. 1994 und Kotler/Bliemel 1995.

271 Raffée 1995, Sp. 1674 f. (Hervorhebungen vom Verf. geändert); vgl. auch Wiedmann 1993b.

272 Vgl. Wiedmann 1993b, S. 165 ff., und Raffée 1995, Sp. 1675 f.

273 Raffée 1995, Sp. 1677; ausführlich insbes. Wiedmann 1993b, S. 169 ff.

274 Vgl. zur Rekonstruktion der Austauschrationalität Zerfaß/Emmendörfer 1994, S. 20 ff.

im Verhalten der Menschen suchen und Werturteile nur insofern zu thematisieren, als es sich hierbei um subjektive Vorschläge einzelner Wissenschaftler handelt, die von den Beteiligten vor dem Hintergrund ihrer jeweiligen Interessenlagen zu beurteilen sind.[275]

Raffée/Wiedmann und Haedrich gliedern die Unternehmung und ihre Umwelt in verschiedene Interaktionsfelder, in denen die Interessen interner und externer Bezugsgruppen (Stakeholder) mit Hilfe unterschiedlicher Steuerungsmechanismen abgeglichen werden.[276] Das Management dieser Austauschprozesse obliegt einer integrierten Führungskonzeption, in der ökonomische und gesellschaftliche Anforderungen eine gleichermaßen bedeutsame Rolle spielen.[277] Soziale Beziehungen innerhalb der Organisation sind Aufgabe des *internen Marketing*, das im Rahmen der vorliegenden Ansätze allerdings nicht näher thematisiert wird.[278] Austauschprozesse auf Absatz- und Beschaffungsmärkten werden vom *externen Marketing* gestaltet. Dem *Public Marketing* bzw. der Öffentlichkeitsarbeit obliegt es schließlich, die Beziehungen im gesellschaftlichen Umfeld zu gestalten.[279] Wiedmann unterscheidet dieses Handlungsfeld weiter in das regulative Umfeld von Staat, Behörden und Interessenverbänden sowie das soziale Umfeld von Anwohnern und gesellschaftlichen Anspruchsgruppen. Daneben tritt das übergreifende Interaktionsfeld der Öffentlichkeit, das „der zunehmenden Ausdifferenzierung gesellschaftlicher Subsysteme (Politik, Wirtschaft, Kultur etc.)“ entgegenwirkt und „in der Tendenz eine gesamtgesellschaftlich übergreifende, integrierend wirkende ethisch-moralische Ordnung“ [280] etabliert. Ein systematisches PR-Management soll vor allem sicherstellen, daß die Belange des gesellschaftlichen Umfelds in den strategischen Entscheidungsprozeß einfließen. Das bedeutet aber keineswegs, daß sich die Unternehmung schlicht an den Forderungen der entsprechenden Bezugsgruppen zu orientieren hat. Raffée/Wiedmann fordern vielmehr ein gezieltes Beeinflussungs-Management, mit dem sich Widerspruchspotentiale abbauen und nach Möglichkeit in Zustimmung umwandeln lassen.[281] Auf diese Weise sollen die notwendigen Spielräume für unternehmerisches Handeln gesichert werden.[282] Damit wird der Einsicht Rechnung getragen, daß das

275 Vgl. zum kritischen Rationalismus Albert 1991 und Popper 1994; in der Betriebswirtschaftslehre insbes. Raffée 1974, Raffée/Abel 1979, Raffée 1980 und ders. 1995.

276 Vgl. Raffée 1979, Wiedmann 1993a, S. 155; Haedrich 1992, S. 260 ff., Jeschke 1993, S. 48 ff.

277 Raffée/Wiedmann bezeichnen diese integrierte Führungskonzeption (vgl. bereits Kotler/Mindak 1978) als »Gesellschaftsorientiertes Marketing«. Public Relations bilden dann „auf der operativen Ebene ... neben dem Absatz- und Beschaffungsmarketing die dritte Schiene, über die ein strategisches, gesellschaftsbezogenes Marketing realisiert wird“ (Wiedmann 1986, S. 8). Haedrich et al. vertreten letztlich die gleiche Auffassung, plädieren aber für eine Vereinigung von Marketing und PR zu einer geschlossenen strategischen Führungskonzeption, für die sie allerdings keinen eigenständigen Begriff einführen (können), weil diese Konzeption offenkundig mit ihrem auf S. 74 zitierten, weiten Marketingverständnis übereinstimmt; vgl. v.a. Haedrich 1987, ders. 1992 und Haedrich/Tomczak 1990, S. 21.

278 Vgl. Wiedmann 1993a, S. 148, und Raffée 1995, Sp. 1671.

279 Vgl. zum Begriff des »Public Marketing« Raffée 1979, S. 9, und Haedrich 1987, S. 25.

280 Wiedmann 1993a, S. 157.

281 Vgl. Raffée 1982, S. 83, und Raffée/Wiedmann 1985, S. 31.

282 Vgl. Haedrich 1982, S. 73 f., ders. 1986b, ders. 1992, Raffée/Wiedmann 1989a, S. 667.

Überleben eines Unternehmens heute nicht mehr alleine von seiner ökonomischen Leistungskraft, sondern auch und vor allem von seiner gesellschaftlichen Akzeptanz abhängt.[283] Deshalb wird die Legitimitätsbeschaffung zum strategischen Erfolgsfaktor. Und aus genau diesem Grund plädiert die gesellschaftsorientierte Marketingforschung dafür, die PR aus dem Instrumentenkasten der klassischen Marktkommunikation zu befreien und sie zur betrieblichen Kernfunktion aufzuwerten.

Das skizzierte Führungskonzept richtet sich auf eine umfassende Prozeßgestaltung, die sich in einem ganzen Spektrum unterschiedlicher Kommunikationsmaßnahmen niederschlägt. Diese Dimension wird von Raffée/Wiedmann unter den Stichworten »Corporate Identity« und »Corporate Communications« thematisiert. Die *Unternehmensidentität* bezeichnet die Gesamtheit spezifischer Werthaltungen, Ziele, Denk- und Handlungsweisen und Strukturen, durch die sich eine Organisation in Markt und Gesellschaft positioniert. Aus dieser Perspektive wird die Identitätsgestaltung und -vermittlung zur eigentlichen Kernaufgabe der strategischen Unternehmensführung.[284] An dieser Stelle kommt das integrierte Leitkonzept der *Unternehmenskommunikation* ins Spiel. Die Corporate Communications-Politik „übersetzt die Identität eines Unternehmens in Kommunikation und bildet das strategische Dach für die unterschiedlichsten Kommunikationsaktivitäten nach innen und außen".[285] Sie steuert und koordiniert die disparaten Kommunikationsmaßnahmen des Unternehmens und zeichnet darüber hinaus dafür verantwortlich, daß funktions- und zielgruppenübergreifende Kommunikationsprogramme geplant und durchgeführt werden. Diese integrierte Sichtweise greift die Erkenntnis auf, daß Märkte, regulatives und soziales Umfeld mehr und mehr zu einem Netzwerk verschmelzen. Damit entstehen komplexe Beziehungsmuster, die von isolierten Vorgehensweisen nur unzureichend erfaßt werden und eine Abstimmung aller Kommunikationsaktivitäten erforderlich machen.[286]

Die Eckpunkte einer solchen Kommunikationspolitik werden von Raffée/ Wiedmann in mehreren Dimensionen beschrieben. Sie schlagen zunächst vor, zwischen drei *Zielbereichen* der Unternehmenskommunikation zu unterscheiden.[287] Die leistungsbezogene Kommunikation stellt spezifische Informationen und Anreize bereit, mit denen konkrete Transaktionen auf Absatz- und Beschaffungsmärkten befördert werden sollen. Die imagebezogene Kommunikation bewegt sich auf der allgemeineren Ebene des Reputations- und Beziehungsmanagements. Sie versucht, bei bestimmten Bezugsgruppen Unterstützungspotentiale aufzubauen und das Unternehmen gegenüber seinen Wettbewerbern zu profilieren. Die kontextbezogene Kommunikation richtet sich schließlich auf die ökonomischen und gesellschaftlichen Rahmenbedingungen

283 Vgl. Haedrich 1986b, 1987 (in Anlehnung an Achleitner 1985); ferner Raffée/Wiedmann 1989b.

284 Vgl. Wiedmann 1989a und ders. 1992a, S. 8 ff., Haedrich 1986a, S. 30 f., ders. 1994, S. 92 ff.

285 Raffée/Wiedmann 1989a, S. 665; vgl. dies. 1985, S. 31 ff., Wiedmann 1986, S. 9 ff., ders. 1992d.

286 Vgl. Wiedmann 1989b, S. 236 ff., sowie Haedrich 1987, S. 27, und ders. 1992, S. 264.

287 Vgl. nachfolgend v.a. Raffée/Wiedmann 1989a, S. 668 ff., sowie Wiedmann 1989b, S. 240 ff.; zur Imagepolitik auch Haedrich/Jeschke 1994.

der Unternehmenstätigkeit. Hier geht es vor allem um die Sicherung eines »Wertekonsenses«, durch den ein Korridor abgesteckt wird, innerhalb dessen sich eine effiziente und sozial verantwortliche Unternehmensführung bewegen kann. Von diesen Stoßrichtungen sind die bereits erwähnten *Handlungsfelder* der Unternehmensführung und damit der Kommunikationspolitik zu unterscheiden. Dabei ist jedoch zu beachten, daß Marktkommunikation und Public Relations stets mehrdeutige Wirkungen entfalten.[288] Ein Beispiel wäre die Produktwerbung, die in erster Linie leistungsbezogene Themen aufgreift, aber immer auch auf das Unternehmensimage und die Weiterentwicklung des gesellschaftlichen Kontextes abstrahlt (Imagetransfer vom Produkt auf die Organisation, Schaffung von Erlebniswelten, Veränderung der Käufermentalität). Umgekehrt gilt, daß der Schwerpunkt der Öffentlichkeitsarbeit bei der image- und kontextbezogenen Kommunikation liegt. Dennoch wird die PR immer wieder herangezogen, um die Absatz- und Beschaffungswerbung auf mehr oder weniger direktem Wege zu unterstützen.[289] Diese Querverbindungen sollten systematisch analysiert und unter strategischen Gesichtspunkten ausgenutzt werden. Ein letzter Themenkreis betrifft die *inhaltliche Gestaltung* der Unternehmenskommunikation und Öffentlichkeitsarbeit. Raffée/Wiedmann machen in dieser Hinsicht ganz konkrete Vorschläge, die wir hier nur andeuten können.[290] Sie fordern zunächst eine proaktive Kommunikationspolitik, bei der bestehende Konfliktpotentiale (z.B. zwischen Ökonomie und Ökologie) offensiv thematisiert werden. In diesem Zusammenhang gilt es auch, den Dialog mit kritischen Bezugsgruppen und Medienvertretern zu suchen. Dies soll jedoch nicht heißen, daß »schlafende Hunde« geweckt werden sollen. Der Marketingansatz setzt stets bei faktischen Wertvorstellungen und Engpässen an, fordert das Unternehmen aber nicht zur Thematisierung weiterer Problemlagen auf. Schließlich wird eine Intensivierung der zweiseitigen, personalen Kommunikation gefordert. Wiedmann schlägt in diesem Zusammenhang ausdrücklich vor, innovative Konzepte wie telefonische Hotlines, Podiumsdiskussionen, Hintergrundgespräche, Anlaufstellen für den Bürger und Ethik-Kommissionen einzurichten bzw. durchzuführen.[291]

Diese *handlungsleitenden Empfehlungen* zeigen bereits, daß die Marketingforschung nicht nur deskriptive Ziele verfolgt, sondern darüber hinaus auch präskriptive Aussagen zur praktischen Gestaltung der Kommunikationspolitik erarbeiten will.[292] Raffée/Wiedmann und Haedrich gelingt es insbesondere, den Zusammenhang von Kommunikation, strategischer Positionierung und Unternehmenserfolg herauszuarbeiten. Diese praxisorientierte Sichtweise darf jedoch nicht darüber hinwegtäuschen, daß das *Kommunikationsverständnis* der genannten Autoren viele Fragen offen läßt.[293] Der Kommunikationsbegriff wird nicht ausdrücklich geklärt. Man vermißt vor allem eine Abgrenzung zu

288 Vgl. z.B. Wiedmann 1992b, S. 58 f., ähnlich auch Kühn 1992.
289 Dies belegen u.a. die empirischen Studien von Haedrich et al. 1983, 1995, sowie Jeschke 1993.
290 Vgl. bereits Raffée/Wiedmann 1985, S. 33, und zuletzt Wiedmann 1993b, S. 191 ff.
291 Vgl. Wiedmann 1993b, S. 192, ähnlich bereits ders. 1986, S. 13 f.
292 Vgl. dezidiert Raffée 1995, Sp. 1668 f.
293 Vgl. zu dieser Kritiklinie auch Baerns/Fuhrberg 1994, S. 52 ff.

anderen sozialen Aktivitäten und eine schlüssige Unterscheidung von massenmedialer und personaler, einseitiger und zweiseitiger, in lokalen Erfahrungsräumen und abstrakten Kulturräumen stattfindender Kommunikation. Deshalb bleibt die Forderung nach einer Intensivierung des Dialogs mit strategischen Bezugsgruppen abstrakt und vieldeutig. Durch die Abgrenzung verschiedener Zielbereiche und Handlungsfelder der Unternehmenskommunikation gelingt es zwar, das breite Spektrum praktischer Kommunikationsaktivitäten (von der Imagepolitik bis hin zu Bürgergesprächen) auf einer pragmatischen Ebene zu erfassen. Die damit beabsichtigten Wirkungsmechanismen werden jedoch nicht näher thematisiert.[294] Im Gegensatz zu den bereits skizzierten Ansätzen der PR-Forschung bleibt unklar, ob und in welchen Fällen eine manipulative Realitätskonstruktion, eine interessengeleitete Handlungsabstimmung oder gar ein Aufbau gemeinsamer Orientierungsmuster angestrebt werden soll. Ein Blick auf die wissenschaftstheoretischen Grundlagen des gesellschaftsorientierten Marketingkonzepts zeigt zudem, daß der letztgenannte Fall aus paradigmatischen Gründen vollständig ausgeblendet wird. Die Maxime der subjektiven Zweckrationalität verstellt den Blick auf diskursive Kommunikationsprozesse, in denen partikulare Interessenlagen hinterfragt werden sollen. Ein Einverständnis im Habermasschen Sinne läßt sich nicht durch Belohnung und Bestrafung, sondern nur durch die Einsicht in gute Gründe herbeiführen. Deshalb führt die wiederholte Forderung nach einer „Diskurs- oder Dialogethik“,[295] die inzwischen sogar von Raffée als einem der exponiertesten Vertreter einer wertfreien Betriebswirtschaftslehre erhoben wird, zu theoretischen Unstimmigkeiten. Wir haben an anderer Stelle nachgewiesen, daß sich dieses Postulat nur aufrechterhalten läßt, wenn entweder der Diskursbegriff modifiziert oder die Grundlagen der Marketingtheorie in Frage gestellt werden.[296] In diesem Zusammenhang wären weiterführende Diskussionen notwendig, auf die wir hier nicht näher eingehen können.

Vor dem Hintergrund unserer Fallstudie wird jedoch deutlich, daß das gesellschaftsorientierte Marketingkonzept auch in anderer Hinsicht mit Problemen behaftet ist. Dies betrifft zum Beispiel die Frage nach dem Wechselspiel von *struktureller Gestaltung und innovativer Prägung* der Unternehmenskommunikation, die eine zentrale Herausforderung für jede Theoriebildung darstellt. Es ist grundsätzlich zu bezweifeln, ob der methodologische Individualismus gesellschaftliche Strukturen und Prozesse hinreichend erklären kann. Lautmann weist darauf hin, daß ein Ansatzpunkt „bei den nutzenkalkulierend in Austausch tretenden Individuen ... kaum Evidenz über soziale Wirklichkeit“ [297] vermittelt. Dies gilt insbesondere dann, wenn die komplexen Handlungszusammenhänge moderner Gesellschaften und die darin tätigen (Wirtschafts-) Organisationen erfaßt werden sollen. Hans Ulrich hat dieses Problem auf den Punkt gebracht: „Nicht das Verhalten von Menschen, sondern das Ver-

294 Eine Ausnahme bilden die Ausführungen von Haedrich/Jeschke (1994) zur Imagepolitik und die Thesen von Wiedmann (1993a, S. 161 ff.) zur Dynamik öffentlicher Kommunikationsprozesse.

295 Raffée/Wiedmann 1988, S. 204; vgl. auch Haedrich 1994, S. 91.

296 Vgl. Zerfaß/Emmendörfer 1994.

297 Lautmann 1985, S. 226.

halten sozialer Systeme ist Gegenstand der Betriebswirtschaftslehre, und letzteres kann nicht logisch auf ersteres zurückgeführt werden, denn das individuelle Verhalten erfolgt im sozialen System und wird von dessen Verhalten mitbestimmt".[298] Raffée/Wiedmann versuchen dieses Problem zu umgehen, indem sie die Orientierung am Individuum dahingehend auflockern, daß ggf. auch das „Quasi-Handeln von Organisationen" [299] betrachtet werden soll. Sie legen jedoch nicht dar, was unter einer Organisation zu verstehen ist und wie man sich das Zusammenspiel von Individuum und Organisation vorzustellen hat.

Die erweiterte Marketingkonzeption greift also auch und vor allem zu kurz, wenn es um die *betriebswirtschaftliche Grundlegung* einer Theorie der Unternehmenskommunikation geht. Drei zentrale Kritikpunkte fallen besonders ins Auge. Ein erster Aspekt betrifft die Unterscheidung verschiedener Interaktionsfelder der Unternehmenstätigkeit, in denen die Beziehungen mit internen und externen Stakeholdern gestaltet werden sollen. Diese Abgrenzung erscheint pragmatisch sinnvoll, bleibt jedoch widersprüchlich, solange nicht offengelegt wird, was unter dem Referenzpunkt der »Unternehmung« verstanden wird. Eine Theorie der Unternehmung wurde bislang weder von der Marketingforschung noch von der angloamerikanischen Stakeholderdebatte entwickelt. Die mehrdeutige Begrifflichkeit dieser Ansätze zeigt sich beispielsweise, wenn die Akteure der »internen« und »externen« Unternehmenskommunikation benannt werden sollen. Während sich im ersten Fall eine nicht näher definierte Führungsschicht an die Mitarbeiter wendet, ist es bei der Marktkommunikation und Öffentlichkeitsarbeit stets die Unternehmung als soziale Einheit, die Kommunikationsstrategien planen und durchführen soll.

Ein zweiter Kritikpunkt betrifft die unzulängliche Rekonstruktion der Koordinationsmechanismen, die in den skizzierten Handlungsfeldern zum Tragen kommen. Die extrem weite Fassung des Austauschbegriffs verdeckt die praktische Erfahrung, daß Organisationsbeziehungen, Marktprozesse und gesellschaftspolitische Interaktionen unterschiedlichen Spielregeln unterliegen. Der Versuch, diese Beziehungsmuster ausschließlich als Tauschvorgänge zu interpretieren, wird der Komplexität moderner Gesellschaften nicht gerecht. Aus diesem Grund wenden sich namhafte Vertreter der Marketingwissenschaft seit langem gegen eine Ausdehnung des Marketingkonzepts auf sämtliche Fragen des sozialen Lebens. Meffert und Bruhn weisen darauf hin, daß eine solche Erweiterung des Objektbereichs in vielen Fällen dazu führt, daß sich die angebotene Leistung, die Nachfrage, der Preis und damit letztlich auch der relevante Markt nicht mehr bestimmen lassen.[300] Damit fehlen die Voraussetzungen für einen sinnvollen Einsatz des Marketinginstrumentariums. Problematisch ist ferner, daß die Ausweitung und Vertiefung des Marketingkonzepts keineswegs mit einer entsprechenden inhaltlichen Erweiterung seines Instru-

298 H. Ulrich 1981, S. 17 f.

299 Raffée 1995, Sp. 1675, in Übernahme eines Zitats von Schanz 1977, S. 290. Vgl. zu diesem »liberalen methodologischen Individualismus« Fritz 1984, S. 107 ff., Wiedmann 1993b, S. 165.

300 Vgl. Meffert/Bruhn 1978, S. 9 f., zu einer ähnlichen Kritik auch Hansen/Stauss 1983.

mentariums einhergegangen ist. Für Koordinationsprobleme im regulativen, soziopolitischen und organisationsinternen Umfeld wird im Prinzip der gleiche Marketing-Mix offeriert, der ursprünglich für Absatzmärkte entwickelt wurde. Gegenteilige Forderungen von Raffée/Wiedmann ändern laut Stauss nichts daran, daß die notwendige Auseinandersetzung mit soziologischen, sozialpsychologischen und politologischen Forschungskonzeptionen bislang ausgeblieben ist, obwohl dies Voraussetzung einer so anspruchsvollen Theoriebildung wäre.[301] Die eindimensionale Auszeichnung der Austauschperspektive verhindert zudem eine differenzierte Bestimmung des Zusammenhangs von Kommunikation und Handlungskoordination. Für eine tragfähige Theoriebildung wäre es notwendig, verschiedene Wirkungsabsichten der Kommunikation zu unterscheiden (darauf hatten wir bereits hingewiesen) und in einem weiteren Schritt darzulegen, in welchen sozialen Kontexten entsprechende Vorgehensweisen zur Anwendung kommen. Auf diese Weise könnte man z.B. auch Fragen der alltäglichen Kommunikation zwischen Vorgesetzten und Mitarbeitern thematisieren, die von den skizzierten Ansätzen noch nicht erfaßt werden.

Eine letzte Anfrage betrifft die gesellschaftliche Einbettung der Unternehmenstätigkeit, die von Raffée/Wiedmann und Haedrich in besonderer Weise betont wird. Der Hinweis auf die Verschränkung von Erfolgsstreben und sozialer Verantwortung greift die praktischen Erfahrungen der letzten beiden Jahrzehnte auf; die Theoriebildung bewegt sich insofern zweifelsohne in die richtige Richtung. Aus praktischer Sicht wird man jedoch eine genauere Bestimmung des Verhältnisses von ökonomischen und soziopolitischen Zielen einfordern müssen. Unsere Fallstudie hat gezeigt, daß sich diese beiden Zieldimensionen häufig widersprechen. Eine sofortige Stillegung aller in irgendeiner Weise risikobehafteten Chemieanlagen, die von einigen Teilnehmern des Gesprächskreises Hoechster Nachbarn gefordert wurde, würde zu einer Gefährdung der Güterversorgung, zum Verlust von Arbeitsplätzen und zu finanziellen Einbußen führen. Dieses Beispiel zeigt, daß die Verschmelzung von Marketing und Public Relations zu einer integrierten Führungskonzeption eine Leerformel bleibt, solange nicht geklärt wird, welcher systematische Stellenwert den Interessen von Organisationsmitgliedern, Transaktionspartnern und gesellschaftlichen Bezugsgruppen in einer Marktwirtschaft zukommt. Hier wäre ein Rekurs auf ordnungspolitische und demokratietheoretische Vorstellungen notwendig. Diese Metaebene wird von der gesellschaftsorientierten Marketinglehre jedoch ausgeblendet; die skizzierten Ansätze bleiben insofern (noch) hinter der wirtschaftswissenschaftlichen Diskussion um eine tragfähige Neubestimmung des Verhältnisses von Unternehmung und Gesellschaft zurück.[302]

In der Zusammenschau zeigt sich, daß die Vorschläge des gesellschaftsorientierten Marketingverständnisses auf einer pragmatischen Ebene durchaus über-

301 Vgl. Stauss 1991, S. 136 f.

302 Vgl. zur angloamerikanischen Business & Society-Diskussion Wood 1991; zur deutschsprachigen Wirtschafts-/Unternehmensethik Enderle et al. 1993, Forum für Philosophie Bad Homburg 1994.

zeugen können. Sie schließen einige Lücken der kommunikationswissenschaftlichen PR-Forschung, indem sie das vielschichtige Beziehungsgeflecht der Unternehmung schärfer analysieren und den Oberbegriff der Unternehmenskommunikation deutlich von den Teilbereichen der Öffentlichkeitsarbeit, Marktkommunikation und internen Kommunikation abgrenzen. Die Grenzen der vorgestellten Ansätze werden deutlich, wenn man ihre paradigmatischen Grundannahmen betrachtet. Die Gleichsetzung von Marketing und Unternehmensführung versperrt den Blick auf den reichhaltigen Fundus betriebswirtschaftlicher Theorien, die sich nicht alleine auf das Austauschparadigma berufen, sondern ein breites Spektrum mikroökonomischer, soziologischer, sozialpsychologischer und philosophischer Denktraditionen aufgreifen. Eine erweiterte Sichtweise, bei der die Austauschperspektive systematisch um Aspekte der legitimen Autorität bzw. der demokratischen Partizipation ergänzt wird, soll im Verlauf dieser Untersuchung entwickelt werden.

## 2.3 Perspektiven einer Neuorientierung

Unsere Überlegungen haben gezeigt, daß die wichtigsten Ansätze der deutschsprachigen und amerikanischen PR-Forschung wesentliche Aspekte der Kommunikationspraxis thematisieren, aber aus unterschiedlichen Gründen zu kurz greifen. Eine schlichte Zusammenschau der verschiedenen Konzepte führt an dieser Stelle nicht weiter, weil man bislang mit sehr unterschiedlichen und zum Teil widersprüchlichen Grundannahmen operiert. Handlungs- und systemtheoretische Vorgehensweisen vermischen sich nicht nur mit organisations- und gesellschaftstheoretischen Zugriffen, sondern auch mit kommunikationswissenschaftlichen und marketingorientierten Fokussierungen der Problemstellung. Wir schlagen deshalb einen grundlegenden Neuanfang vor, bei dem in mehreren Schritten versucht wird, die problemrelevanten Aspekte des sozialen Zusammenlebens, der Kommunikation und der Unternehmenstätigkeit zu erfassen.

In methodischer Hinsicht geht es um eine systematische und nachvollziehbare Begriffseinführung, mit der die Probleme und Lösungsansätze der Praxis sprachlich erfaßt und zu *handlungsleitenden Bezugsrahmen* bzw. Denkrastern verknüpft werden.[303] Diese praktische Fundierung erlaubt es uns, vorhandene Theoriestücke begründet aufzunehmen und zu interpretieren, um sie in ein stimmiges Gesamtgerüst einzubauen. Bei der Errichtung dieses Gerüstes werden wir nacheinander auf die inhaltlichen Fragestellungen eingehen, die im Rahmen unserer Fallstudie als Eckpunkte einer Theorie der Unternehmenskommunikation und PR herausgestellt wurden. Das Wechselspiel von struktureller Prägung und innovativer Gestaltung der Kommunikationspolitik verweist auf die Notwendigkeit einer *sozialtheoretischen Grundlegung,* in der die Aporien systemtheoretischer und voluntaristischer Konzeptionen überwunden werden. Die Vielschichtigkeit praktischer Kommunikationsprozesse kann nur thematisiert werden, wenn die *kommunikationstheoretischen Grundlagen* in

303 Vgl. auch oben S. 23 ff.

differenzierter Weise geklärt werden. Schließlich muß eine *betriebswirtschaftliche Grundlegung* angestrebt werden, die über den engen Blickwinkel der Marketingforschung hinausgeht und ein adäquates Bild der Unternehmung und ihrer Rolle in der Gesellschaft zeichnet. Wir laden den Leser ein, diesen verzweigten, aber auf ein klares Ziel hin orientierten Weg mitzugehen und unsere Unterscheidungen kritisch nachzuvollziehen.

# 3. Sozialtheoretische Grundlagen

In unserer ersten Annäherung wurde deutlich, daß Unternehmenskommunikation und PR stets im Spannungsfeld von voluntaristischem Handeln und strukturellem Determinismus stehen. Während sich die Verantwortlichen in Unternehmen und Agenturen stets aufs neue um eine situationsgerechte und innovative Gestaltung der Kommunikationspolitik bemühen, ist gleichzeitig immer wieder von den unverrückbaren Rahmenbedingungen der Öffentlichkeitsarbeit, insbesondere von den Strukturen des massenmedialen Diskurses, die Rede. Folgerichtig ist zu fragen, ob sich kommunikatives Handeln in der erfolgreichen Dechiffrierung und Anpassung an die jeweiligen Rahmenbedingungen erschöpft, oder ob dieser Kontext letztlich selbst nur ein Ergebnis vieler individueller Kommunikations- und Selektionshandlungen ist. Werden beispielsweise massenmediale PR-Strategien weitgehend durch publizistische »Spielregeln« geprägt, oder können diese strukturellen Bedingungen nochmals beeinflußt werden? Grundsätzlicher gefragt: Wie hat man sich das Verhältnis von (kommunikativer) Handlung und Struktur, von individuellem Wollen und sozialer Prägung, vorzustellen?

Mit der Beantwortung dieser *sozialtheoretischen* Fragen wollen wir ein einheitliches Fundament legen, in dem sich kommunikationswissenschaftliche Überlegungen ebenso verankern lassen wie solche der Unternehmenstheorie und der PR-Forschung. Unter Sozialtheorie verstehen wir dabei mit Giddens die „Auseinandersetzung mit dem menschlichen Akteur, mit seinem Bewußtsein und Handeln, mit den strukturellen Bedingungen und Konsequenzen dieses Handelns sowie mit den institutionellen Formen und kulturellen Symbolen, die aus diesem hervorgehen".[304] Die insbesondere in der Soziologie teilweise schon zum Glaubenskrieg ausgeartete Kontroverse zwischen System- und Handlungstheorien, zwischen strukturalistischen und voluntaristischen Konzeptionen, führt an dieser Stelle offenkundig nicht weiter.[305] Wir wollen deshalb in diesem Kapitel einen sozialtheoretischen Bezugsrahmen skizzieren, der die *wechselseitige Bezogenheit* von intentionalen Handlungen und der Verselbständigung des Sozialen zum Ausdruck bringt. Im Kern stützen wir uns dabei einerseits auf die sozialwissenschaftlich orientierten Vorschläge von Giddens,[306] andererseits auf die handlungstheoretischen Aussagen des metho-

---

304 Giddens im Interview mit Kießling (1988b, S. 287).

305 Vgl. zu diesen beiden Hauptparadigmen der Soziologie, die im Gefolge der Habermas-Luhmann-Debatte (Habermas/Luhmann 1971, Habermas 1987a und 1987b, Luhmann 1984) auch in andere Disziplinen eingegangen sind, v.a. Vanberg 1975, Schimank 1985.

306 Vgl. zur Sozialtheorie und Soziologie von Anthony Giddens, dessen „unablässiger Strom aufsehenerregender soziologisch-theoretischer Publikationen" ihn „zu einem der bekanntesten Autoren der einschlägigen internationalen Diskussion gemacht" (Joas 1986, S. 237) v.a. Giddens 1984, 1988, 1995a, Craib 1992, Kießling 1988a, Bryant/Jary 1991, Schönbauer 1994.

dischen Konstruktivismus (Kamlah, Lorenzen, Kambartel, Janich, Gethmann u.a.). Die gemeinsamen Wurzeln dieser Ansätze, so lautet unsere These, bilden die Spätphilosophie Wittgensteins und die Handlungstheorie seines Schülers von Wright. In der Verknüpfung wird es insbesondere möglich, die von Giddens entwickelte Begrifflichkeit durch die sprachliche Präzisierung lebenspraktischer Unterscheidungen zu rekonstruieren und die konstruktive Handlungstheorie zu einer umfassenderen Sozialtheorie zu erweitern. Darin spiegelt sich unsere theoriestrategische Absicht, das Spannungsfeld von Mikro- und Makroperspektive durch eine handlungsorientierte Rekonstruktion sozialer Strukturen zu bearbeiten. Durch die Einbeziehung des soziologischen Ansatzes von Peters [307] lassen sich diese Überlegungen dann auch für die Gesellschaftstheorie fruchtbar machen. Damit ergibt sich letztlich ein konsistenter Bezugsrahmen zur Klärung des Verhältnisses von Handeln und Struktur, der in den nachfolgenden Kapiteln nicht nur auf Fragen der Kommunikation, sondern auch auf die Prozesse des Wirtschaftens, der gesellschaftspolitischen Willensbildung und der Öffentlichkeitsarbeit bezogen werden soll.

Im folgenden werden wir zunächst das Verhältnis von Handeln und Struktur klären (3.1), um dann auf die prinzipiellen Organisationsformen sozialen Handelns in ausdifferenzierten Gegenwartsgesellschaften einzugehen (3.2) und die dabei auftretenden Konfliktdimensionen und Integrationsprozesse zu diskutieren (3.3).

## 3.1 Soziales Handeln

Eine methodisch-konstruktive Erklärung des sozialen Handelns nimmt ihren Ausgang bei der begrifflichen Präzisierung einzelner *Handlungen*, mit denen kompetente Akteure in den Lauf der Welt eingreifen (3.1.1). Dabei nehmen sie eine Fülle *struktureller Regeln und Ressourcen* in Anspruch, die im Zuge ihrer Anwendung gleichzeitig reproduziert und verändert werden (3.1.2). Der Zusammenhang von Handeln und Struktur wird im Prozeß der Strukturierung deutlich; beide Pole sind wechselseitig miteinander verschränkt.

### *3.1.1 Akteure und Prozesse des sozialen Handelns*

#### 3.1.1.1 Handeln und Verhalten

Im alltäglichen Lebensvollzug haben wir gelernt, den Gang der Dinge, den Ablauf des natürlichen und sozialen Lebens, in einzelne *Situationen* zu unterscheiden. Eine bestimmte Situation ist zunächst ein einzigartiger Ausschnitt im Zeitablauf, ein Zustand der Welt, der durch ein nie wiederholbares Ensemble von Gegenständen, Lebewesen, deren Eigenschaften und Beziehungen charakterisiert werden kann.

307 Bernhard Peters (1993, insbes. S. 78 ff.) befaßt sich in seiner Frankfurter Habilitationsschrift ebenso wie Giddens mit einer Erklärung des Verhältnisses von Handlung und Struktur, legt aber besonderes Gewicht auf die Diskussion alternativer Formen der gesellschaftlichen Integration.

Jenseits dieser engen Interpretation sprechen wir aber auch dann von Situationen, wenn wir über typische Konstellationen der Welt nachdenken, die in ähnlicher Weise immer wieder auftreten.[308] Beispiele hierfür sind Problemsituationen (Umweltskandale), für die wir geeignete Lösungsstrategien (Krisenkommunikation) bereithalten werden, oder solche Situationen (Vollbeschäftigung), die uns unter bestimmten Gesichtspunkten (sozialer Frieden) besonders erstrebenswert erscheinen.

Den Wandel einzelner Situationsmerkmale, durch die eine Situation in eine neue überführt wird, bezeichnen wir als *Geschehnisse* oder *Ereignisse*. Bereits die Natur sorgt dafür, daß laufend etwas geschieht, daß sich Zustände unablässig verändern: Mit der ersten Morgenröte wird die Nacht zum Tag und mit den milden Abenden kehrt das Frühjahr ein. Darüber hinaus wird der »Lauf der Welt« wesentlich durch das *Verhalten* von Lebewesen geprägt. Situationen werden verändert, wenn sich pflanzliche Organismen regen, Tiere instinktiv reagieren und Menschen physiologischen Reizen ausgesetzt sind. Beispiele für menschliches Verhalten sind das Augenzwinkern, Husten, Stolpern, Ermüden. Von diesem bloßen Verhalten i.e.S., das uns letztlich schlicht widerfährt, unterscheiden wir *Handlungen*, mit denen menschliche Akteure willentlich in den Lauf der Dinge einzugreifen vermögen.[309] Beispiele für Handlungen, mit denen Situationen in andere Situationen überführt werden,[310] sind das Herstellen einer Holzfigur, das Schreiben eines Textes, das Schlichten eines Streites, aber auch Unterlassungen wie der Verzicht auf eine Gegenrede. Handeln wird dadurch charakterisiert, daß es beabsichtigt und damit verantwortbar ist. Handeln kann gelingen oder mißlingen und bestimmte Geschehnisse hervorbringen. Es ist zugleich komplex, routinisierbar und selbstbezüglich.[311] Der Handlungsbegriff präsentiert sich damit als ein vielschichtiges Phänomen, dessen einzelne Dimensionen wir im folgenden näher beleuchten wollen.

Ein erster Aspekt betrifft die Frage nach den *Gründen oder Ursachen des Handelns*. Warum greifen wir immer wieder in den Lauf der Welt ein? Die alltägliche Erfahrung lehrt uns, daß hier jenseits der physiologischen Ursachen des Verhaltens i.e.S. vor allem zwei Kategorien von Handlungsdeterminanten zu unterscheiden sind, die wir als innere und äußere Beweggründe bezeichnen können.[312] Beide dürfen jedoch nicht als kausale Grundlagen des Handelns mißverstanden werden, die gleichsam vor diesem liegen und dieses zwangsläufig hervorrufen.[313] Um mit Wittgenstein zu sprechen: „Das Wollen ... muß

---

308 Vgl. von Wright 1977, S. 84, sowie Kambartel 1992b, S. 274.

309 Als Widerfahrnis bezeichnet Kamlah (1973, S. 34 ff.) ein Geschehnis, das uns ganz unabhängig von eigenem Tun schlicht zustößt. Handeln heißt dagegen „in den ‚Lauf der Natur' eingreifen" (von Wright 1979b, S. 47); vgl. ferner Kambartel 1989a, S. 124, Habermas 1989a, S. 274.

310 Vgl. Schwemmer 1979, S. 537, oder Janich 1981, S. 76.

311 Vgl. von Wright 1977, 1979a, 1979b, 1984, Kamlah 1973, Kamlah/Lorenzen 1973, Hartmann 1990, S. 17 ff., Janich 1993, S. 7 ff., sowie Kambartel 1989a und Lueken 1992, S. 190 ff.

312 Vgl. von Wright 1979a, Schneider 1979 und Beck 1976, S. 83 ff.

313 Vgl. grundlegend Ryle 1969, S. 95 f., von Wright 1979a, S. 422 ff., Kambartel 1989a, S. 124 ff., ders. 1993c, sowie als Übersicht Harras 1983, S. 18 ff. und S. 75 ff.

das Handeln selber sein. Es darf nicht vor dem Handeln stehenbleiben".[314] Handlungsgründe im Sinne einer „Kausalität aus Freiheit" [315] sind also bereits begrifflich mit unserem Verständnis des Handelns verknüpft. Erst das Merkmal der *Intentionalität*, des willentlichen Eingreifens in den Gang der Dinge, zeichnet menschliche Handlungen aus.

Die inneren Motive des Handelns bezeichnen wir als *Bedürfnisse*. Als Lebewesen verspürt der Mensch stets Bedürfnisse verschiedenster Art, die er durch bestimmte Handlungen befriedigen kann.[316] Äußere Motive des Handelns mögen demgegenüber *Erwartungen* sein, die von anderen an einen Akteur herangetragen werden, etwa in der Form von moralischen Wertvorstellungen, sozialen Rollen und gesetzlichen Normen. Soziale Erwartungen und individuelle Bedürfnisse wecken den Wunsch, handelnd in den Lauf der Dinge einzugreifen, um bestimmte Situationen herbeizuführen oder zu bewahren. Das führt dazu, daß ein Akteur ein *Interesse* an diesen Situationen hat.[317] Der Interessenbegriff bezeichnet ein Wollen, das sich auf bestimmte *allgemeine* Lebensweisen und Handlungskontexte richtet und durch seine beständige Präsenz die Identität des Handelnden prägt. Dieses Bestreben bleibt auch dann bestehen, wenn es mangels geeigneter Handlungen zunächst unerreichbar bleibt oder im Einzelfall bereits realisiert wurde.

Von den Motiven einer Handlung ist die konkrete Situation zu unterscheiden, deren Eintreten mit einer Handlung angestrebt wird. Eine solche Situation bezeichnen wir üblicherweise als *Zweck* oder *Ziel* unseres Handelns.[318] Indem wir handelnd eine Absicht verwirklichen, verfolgen wir im allgemeinen einen bestimmten Zweck. Dieser Zweck kann zunächst in dem Ausführen der Handlung selbst liegen. Dies wäre etwa der Fall, wenn man in seiner Freizeit wandert oder Klavier spielt. Von solchen *Selbstzweckhandlungen* unterscheiden wir jenes Handeln, das als Mittel zur Herbeiführung bestimmter Zustände oder Sachverhalte dienen soll.[319] *Ergebnisorientierte Handlungen* sind in diesem Zusammenhang dadurch gekennzeichnet, daß sie den angestrebten Zweck direkt herbeiführen. Ein alltägliches Beispiel wäre das Öffnen einer Türe, durch das man sich Zugang zu einem Raum verschafft. Mit *konsequenzenorientierten Handlungen* bewirken wir dagegen einen Zustand, der weitere Ereignisse außerhalb unserer eigenen Verfügungsgewalt anstößt. Das angestrebte Ziel soll dann durch dieses weitere Geschehen erreicht werden, und zwar als Folge eines natürlichen Verlaufs oder des voraussehbaren Handelns anderer Menschen. So wird man beispielsweise einen Baum pflanzen, um in den Genuß eigener Gartenfrüchte zu kommen, oder eine Wurfsendung an Kon-

---

314 Wittgenstein 1993b, S. 465 (PU 615); vgl. auch von Wright 1984, S. 108 f.

315 Kambartel 1989a, S. 123, in Anlehnung an die handlungstheoretischen Überlegungen von Kant.

316 Bedürfnisse sind nicht nur physiologischer, sondern auch sozialer Art; vgl. Maslow 1954, S. 388 ff., Kamlah 1973, S. 52 ff., und Kambartel 1974a, S. 62.

317 Vgl. grundlegend Mittelstraß 1975, ferner Janich et al. 1974, S. 110 f., und Schwemmer 1995.

318 Vgl. Lorenzen/Schwemmer 1975, S. 153, Kambartel 1978b, S. 6, und Janich 1993, S. 8.

319 Vgl. nachfolgend – mit anderer Terminologie – Janich 1981, S. 76 ff.

sumentenhaushalte streuen, um aus den rücklaufenden Coupons eine Adreßdatei für künftige Direktmarketing-Aktivitäten aufzubauen.

Ob wir eine konkrete Handlung als selbstbezweckt, ergebnis- oder konsequenzenorientiert bezeichnen, hängt natürlich von den Unterscheidungen ab, mit denen wir komplexe Zweck-Mittel-Ketten beschreiben. Solche Handlungsketten liegen vor, wenn Absichten systematisch miteinander verknüpft oder Zwecke an anderen Zwecken orientiert sind. Letzte Bezugspunkte sind dabei stets Situationen, die der Bedürfnisbefriedigung dienen oder die Erfüllung von Erwartungen ermöglichen. Konkrete Zwecke sind insofern immer mit allgemeinen Interessenlagen verknüpft. Daher hängt es letztlich von der Intention des jeweiligen Akteurs ab, ob eine bestimmte Handlung bzw. Situation als ein eigenständiges Ziel oder als ein instrumentelles Mittel aufgefaßt wird. Das Klavierspielen kann einmal als Selbstzweck, in einem anderen Fall aber als therapeutische Maßnahme verstanden werden. Handlungen lassen sich also nicht ontologisch identifizieren, sondern nur kontextspezifisch deuten bzw. erfahren. Dabei ist man primär auf die Sichtweise des Handelnden selbst, auf eine unmittelbare *Teilnehmerperspektive* am Geschehen, angewiesen.[320] Auch für die weitere Differenzierung komplexer und routinisierter Handlungen gilt, daß man als externer Beobachter nur Deutungen vornehmen kann, bei denen man sich auf *typische* Absichten, Bedürfnisse und Handlungsmuster berufen wird.[321] Die Freiheit des Handelnden erlaubt es ihm jedoch immer wieder, die eingetretenen Pfade zu verlassen, insbesondere auch seine Zwecke zu ändern und andere Mittel zu wählen.

Das Vorliegen von Gründen und die Setzung konkreter Zwecke bedeutet natürlich noch lange nicht, daß eine Handlung glückt. Die tagtägliche Erfahrung, daß unser Handeln auch mißlingen kann, wirft die Frage nach dem Status fehlgeschlagener Aktivitäten auf. Sollen wir bereits den *Versuch*, eine Pressemeldung über einen neuen Großauftrag in der Lokalpresse zu lancieren, als Handlung klassifizieren? Oder kann ein solcher Versuch nochmals begrifflich vom »eigentlichen« Handeln unterschieden werden? An dieser Stelle mag der Hinweis weiterhelfen, daß auch ein gescheitertes Bemühen dazu führt, daß die ursprüngliche Situation in eine andere überführt wird. Weil wir bereits mit unseren Versuchen in den Gang der Dinge eingreifen, tun wir gut daran, diese als Handlungen zu bezeichnen. Aus dieser Perspektive sind wir dann auch in der Lage, nach den Gründen bzw. Ursachen unseres Scheiterns zu fragen und damit einen wichtigen Grundstein für die Erfolgsträchtigkeit künftiger Versuche zu legen.

An dieser Stelle ist ein weiterer Hinweis wichtig. Weil unsere Handlungen nicht kausal verursacht sind, sondern auf Gründen beruhen, kann man sie einerseits unterlassen, andererseits zu ihnen auffordern.[322] Der Entschluß zum Handeln läßt sich dann als eine Selbstaufforderung verstehen,[323] für die man

320 Vgl. Kambartel 1978b, S. 6, ausführlicher insbes. Lueken 1992, S. 190 ff.
321 Vgl. Harras 1983, S. 23 ff. , Schwemmer 1976 und Kötter 1980, S. 140 ff.
322 Vgl. Janich 1993, S. 7.
323 Vgl. Riedel 1978, S. 153 ff.

im Gegensatz zum Verhalten i.e.S. stets *Verantwortung* trägt. Die Fähigkeit, sich von natürlichen und sozialen Zwängen zu befreien und eigenverantwortlich zu handeln, hat unmittelbare Konsequenzen für die lebenspraktische Bewertung einer Aktivität: Wir messen Erwachsene mit einem anderen Maßstab als Kinder, und wir stellen an die Pressearbeit eines Großunternehmens andere Anforderungen als an diejenige eines Handwerksbetriebs, dem sich vergleichsweise weniger Spielräume für eine langfristige Themenbeeinflussung eröffnen werden.

#### 3.1.1.2 Formen des Handelns

Der bislang skizzierte Handlungsbegriff läßt sich schärfen, wenn man in einem zweiten Schritt verschiedene Formen des Handelns unterscheidet. Ausgangspunkt ist dabei die Überlegung, daß unser tägliches Handeln zugleich komplex, routinisierbar und selbstbezüglich ist.

Eine erste Unterscheidung beruht auf der *Komplexität des Handelns*. Manche Handlungen sind nur auf der Grundlage anderer Handlungen durchführbar. Solche Aktivitäten bezeichnen wir als *vermittelte Handlungen*.[324] Dies können einerseits komplexe Handlungen i.e.S. sein, die wie das Autofahren bereits dadurch definiert sind, daß mehrere Aktivitäten (Kuppeln, Schalten, Gasgeben, ...) gemeinsam ausgeführt werden. Andererseits wäre an Kausalhandlungen zu denken, die weniger durch ein konkretes Geschehen als vielmehr durch eine bestimmte Handlungsfolge charakterisiert sind. So können wir etwa der Aufforderung zum Lichtmachen nicht folgen, ohne ein Streichholz zu entflammen oder einen Schalter zu betätigen. *Basishandlungen* enthalten demgegenüber keine weiteren Handlungen, und sie setzen auch keine anderen Handlungen voraus.[325] Ein Beispiel wäre das erwähnte Entflammen des Streichholzes. Dabei macht es wenig Sinn, jede Körperbewegung oder gedankliche Operation, mit deren Hilfe unser Handeln vollzogen wird, als Basishandlung zu bezeichnen.[326] Der Begriff soll vielmehr jenen leiblichen Aktivitäten vorbehalten bleiben, die nicht bloß physiologische Bestandteile des Handelns sind, sondern auch in selbständiger Form ausgeführt und eingeübt werden können. Dies trifft für unser Beispiel des Streichholzanzündens, nicht aber für jede einzelne der dabei vollzogenen Handbewegungen zu. Natürlich lassen sich Basishandlungen nicht ontologisch identifizieren; es hängt vielmehr von unseren jeweiligen Lebensformen und individuellen Fähigkeiten ab, über welche Handlungen wir willentlich verfügen und welche unselbständigen Körperbewegungen wir dabei in Anspruch nehmen.

Die *Routinisierung des Handelns* weist auf die Differenz von gedanklich oder argumentativ vorbereitetem, *reflektiertem Handeln* auf der einen und *Gewohn-*

324 Vgl. Kambartel 1978b, S. 7.

325 Vgl. nachfolgend Kambartel 1978b, S. 7, im Vergleich zu ders. 1984, S. 38 f., sowie von Wright 1984, S. 70; und zur kontroversen Diskussion um Basishandlungen Harras 1983, S. 50 ff.

326 Vgl. Habermas 1987a, S. 144 f., und 1989a, S. 274 f.

*heitshandeln* auf der anderen Seite hin.[327] Das Beispiel der allmorgentlichen Begrüßung von Kollegen und Mitarbeitern zeigt, daß wir uns die Zwecke und Intentionen unseres alltäglichen Handelns vielfach nicht bewußt machen. Die Motivation, sozialen Umgangsformen gerecht zu werden, und die angestrebte Situation (ein gutes Betriebsklima) werden bei einer solchen gewohnheitsmäßigen Aktivität nicht problematisiert. Unser Handeln ist routinisierbar, weil wir es immer wieder mit gleichen oder ähnlichen Situationen und Handlungsgründen zu tun haben. Im Unterschied zu einem physiologisch verursachten Verhalten bleibt das Gewohnheitshandeln jedoch prinzipiell für Aufforderungen und Entschlüsse zugänglich: Wenn wir uns über einen Kollegen geärgert haben, können wir am folgenden Tag absichtlich auf den üblichen Gruß verzichten, um damit unsere Stimmungslage zu bekunden. Im Prinzip kommt das reflektierte Handeln immer dann zum Zuge, wenn Gewohnheiten und Verhaltensmuster an ihre Grenzen stoßen. Es ist insofern eigentlich ein Ausnahmefall,[328] der dennoch für die Sozialtheorie von grundlegender Bedeutung ist, weil das Spannungsfeld von individuellem Wollen und strukturellem Determinismus nirgends deutlicher wird als beim bewußten Eingreifen in den natürlichen Gang der Welt.

Eine letzte wichtige Unterscheidung gründet in der alltäglich erfahrbaren *Selbstbezüglichkeit unseres Handelns*, der Möglichkeit also, daß wir uns handelnd (insbesondere argumentierend) mit unseren eigenen Aktivitäten und Verhaltensweisen auseinandersetzen. Ein solches reflektierendes bzw. theoretisches Handeln ist von dem Objekt dieser Reflexion, dem primärpraktischen Handeln, zu unterscheiden.[329] Mit dem Begriff des *primärpraktischen Handelns* bezeichnen wir jenes selbstverständliche und unproblematische Können, mit dem wir alltägliche Aufgaben lösen. Dieses apriorische Können ist durch einen Verzicht auf explizite theoretische Anstrengungen gekennzeichnet; es umfaßt die Fähigkeit zum gewohnheitsmäßigen *und* reflektierten Handeln. Dies wird deutlich, wenn man sich das Beispiel einer Öffentlichkeitsarbeiterin vergegenwärtigt, die für ein Industrieunternehmen tätig ist. Sie wird einerseits in der Lage sein, einem unbekannten Bittsteller mit wenigen Handgriffen den aktuellen Geschäftsbericht zuzusenden. Andererseits sollte es ihr auch keine Mühe bereiten, sich eine bestimmte Problemsituation zu vergegenwärtigen und ganz gezielt eine diesbezügliche Pressekampagne zu entwickeln. In beiden Fällen nimmt die Mitarbeiterin nur ihr selbstverständliches Können in Anspruch. Dies mag sich ändern, wenn ihre Handlungen scheitern oder zu scheitern drohen, insbesondere also, wenn das angestrebte Ziel verfehlt wird. Man kommt dann schon in ganz alltäglichen Zusammenhängen nicht umhin, das bisherige Handeln zum Gegenstand *reflektierender Handlungen* zu machen.[330]

327 Zu den Handlungsgewohnheiten vgl. Kamlah 1973, S. 60 ff., Schwemmer 1979, S. 539, Lorenzen 1987, S. 259, oder auch Peters 1991, S. 181, Giddens 1984, S. 89 ff., und ders. 1988, S. 53 ff. Steinmann 1978b, S. 74, spricht hier von „Quasi-Verhalten".

328 Vgl. Weber 1964, S. 15.

329 Wir nachfolgend v.a. Lueken 1992, insbes. S. 174 ff., sowie Schneider 1993.

330 Dieser Punkt wird von Giddens (1984, S. 89 ff., 1988, S. 53 ff.) unzureichend herausgearbeitet (vgl. Kießling 1988a, S. 195); unsere Interpretation modifiziert dessen Handlungsverständnis.

Unsere Öffentlichkeitsarbeiterin wird beispielsweise darüber nachdenken, warum ihre ausgefeilte Pressekampagne bei bestimmten Zielgruppen nicht zu der erhofften Einstellungsänderung geführt hat. Sie muß sich dazu von der aktuellen Situation distanzieren und jene (theoretischen) Annahmen problematisieren, die ihrem Handeln zugrundeliegen. Sie wird dann etwa versuchen, ihr problematisch gewordenes Wissen über die Wirkung von Massenmedien zu prüfen, indem sie mit Kollegen diskutiert, ein entsprechendes Fachbuch studiert oder auch ein diesbezügliches Fortbildungsseminar besucht. Allgemein gesprochen: Mit reflektierenden Handlungen verläßt man die primäre Praxis des unproblematischen Könnens und begibt sich in die theoretische Praxis, in der Wissen gebildet und geprüft werden soll. Wohlrapp hat diesen Schritt folgendermaßen beschrieben: „Wir kommen aus der Ebene der Praxis in die der Theorie durch einige besondere Schritte, die in der Philosophie »Reflexion« genannt worden sind. Diese Reflexion ist eine Distanzierungsoperation, mit ihr treten wir heraus aus dem Eingebundensein in die Praxis und ihr Resultat ist, daß ein Subjekt gegenüber einem Gegenstand fragend und untersuchend tätig ist“.[331] Auch auf der theoretischen Ebene lassen sich einzelne Handlungen nach dem jeweils verfolgten Zweck, dem Grad ihrer Komplexität oder Routinisierung unterscheiden. So mag etwa ein psychologisches Experiment, mit dem ein Sozialforscher empirisches Wissen bilden will, gleichzeitig konsequenzenorientiert, komplex und eingewöhnt sein. Ein plastisches Beispiel wären Erinnerungstests in der Marktforschung, bei dem vielfach eingeübte Basishandlungen (das Vorlegen von Werbeanzeigen) in Anspruch genommen werden, um einen natürlichen Verlauf (das Erinnerungsvermögen der Probanden) in Gang zu setzen. Damit wird gleichzeitig deutlich, daß Theorie und Praxis untrennbar miteinander verbunden sind und keineswegs durch institutionelle Grenzziehungen definiert – und auseinanderdividiert – werden dürfen. Das Nachdenken über die Praxis der Öffentlichkeitsarbeit ist primär eine Aufgabe der Kommunikationsfachleute in Unternehmen und Agenturen; eine (akademisch etablierte) PR-Wissenschaft kann diese Bemühungen ergänzen, aber nicht ersetzen.

#### 3.1.1.3 Poietisches und soziales Handeln

Für unsere weiteren Überlegungen spielt die alltägliche Erfahrung, daß das Herstellen oder Bearbeiten von Gegenständen etwas grundsätzlich anderes ist als zwischenmenschlich relevante Aktivitäten, eine entscheidende Rolle. *Poietische Handlungen (Aktionen)* bezeichnen einen Eingriff in die natürliche Welt der materiellen Gegenstände, Pflanzen und Tiere.[332] Als kompetente Akteure verfügen wir über elementare Aktionsroutinen, insbesondere Herstellungsroutinen, die es uns ermöglichen, Situationen durch eine Bearbeitung, Veränderung oder Benutzung natürlicher Elemente zu verändern. Dabei nehmen wir neben unseren körperlichen Fähigkeiten häufig auch Geräte (Werkzeuge) in

---

331 Wohlrapp 1983, S. 837, im Grundsatz auch schon Kamlah 1973, S. 67 ff.

332 Vgl. Janich 1989, S. 147, Hartmann 1990, S. 19, Gethmann 1992, S. 156 f., die den Begriff allerdings in einem engeren Sinne einführen, sowie insbes. Wieland 1974, S. 20.

Anspruch. Erfolgreiche Herstellungshandlungen sind dadurch gekennzeichnet, daß sie natürliche »Spuren« hinterlassen. Dies mögen Zustandsveränderungen von Gegenständen oder die produzierten Dinge (Artefakte) selbst sein; man denke etwa an die Zubereitung einer Mahlzeit und das Schnitzen einer Holzfigur. Poietische Handlungen sind prinzipiell wiederholbar, weil vorhersehbar ist, welche »Reaktionen« wir bei den Objekten unseres Handelns verursachen.

Für *soziale Handlungen* gilt dies nicht.[333] Der zwischenmenschliche Umgang ist dadurch charakterisiert, daß wir in die soziale Welt menschlicher Subjekte eingreifen. Nicht der Zustand von Objekten, sondern die Einstellungen, Absichten und Handlungen von Personen sollen verändert werden. Da die Betroffenen jedoch selbst agieren können, ist immer damit zu rechnen, daß bei einer Wiederholung der Handlung alles anders kommt, als man es aufgrund vorhergehender Erfahrungen erwartet hat. Soziales Handeln liegt nach Max Weber dann vor, wenn man sich „am vergangenen, gegenwärtigen oder für künftig erwarteten Verhalten anderer“ [334] orientiert. Einen entsprechenden Handlungszusammenhang kompetitiver oder kooperativer Art, an dem mehrere Subjekte beteiligt sind, bezeichnen wir als *Interaktion*.[335] Beispiele wären einerseits sportliche Wettkämpfe, andererseits arbeitsteilige Produktionsvorgänge in der Industrie. Die Beispiele deuten bereits an, daß soziale Handlungen nicht isoliert ausgeführt werden können, sondern stets durch poietische Handlungen vermittelt sind und diese häufig auch zum Zweck haben. Ein gemeinsames Ballspiel setzt sich aus (Basis-) Handlungen wie dem Werfen oder Fangen des Balles zusammen. Die Mitglieder einer Arbeitsgruppe verfolgen mit ihren individuellen Handlungen das gemeinsame Ziel, ein bestimmtes Produkt herzustellen. In alltäglichen Lebenszusammenhängen wird dies deshalb gelingen, weil wir parallel zu den Aktionsroutinen über elementare Interaktionsroutinen verfügen. Wir wissen beispielsweise, wie wir unsere Arbeitsgeschwindigkeit an diejenige der Kollegen anpassen, wie wir ein Gespräch führen, wie wir einen Streit beginnen oder schlichten.

Die Unterscheidung von poietischen und sozialen Handlungen ist natürlich nicht ontologisch, sondern primär analytisch zu verstehen. Konkrete Handlungen vereinen häufig beide Aspekte: Wenn ein Akkordarbeiter bestimmte Vorprodukte herstellt, mag er dadurch gleichzeitig an mehreren Interaktionsprozessen teilnehmen, weil er einigen Kollegen zuarbeitet und mit anderen in einem indirekten Leistungswettbewerb steht.

#### 3.1.1.4 Akteure des sozialen Handelns

Unsere bisherigen Überlegungen haben gezeigt, daß es Handeln im strengen Sinne stets nur als Aktivität einer oder mehrerer einzelner Personen geben kann. Auch kooperative Handlungszusammenhänge, in denen mehrere Akteure

333 Vgl. Lorenz 1995a, S. 34, Gethmann 1995, S. 264, und in Abgrenzung zum poietischen Handeln Kötter 1980, S. 150 ff.; sinngemäß auch Janich 1989, S. 147, Gethmann 1992, S. 156 f.

334 Weber 1964, S. 16.

335 Vgl. Gethmann 1995, S. 264; klassisch auch die „sozialen Beziehungen“ bei Weber 1964, S. 19.

ein gemeinsames Ziel verfolgen, werden letztlich durch individuelle Handlungen vermittelt. Bedeutet dies nun, daß soziale Gebilde wie PR-Abteilungen, Unternehmen und Verbände nicht handlungsfähig sind, also auch keine gezielte Kommunikationspolitik betreiben können? Sollte sich die PR-Forschung folglich auf die Handlungsspielräume, das Entscheidungsverhalten und die Aktivitäten einzelner Kommunikationsverantwortlicher konzentrieren?

Eine Antwort auf diese keineswegs trivialen Fragen finden wir bereits bei Max Weber. Handeln i.e.S. können nur natürliche Personen, die dabei in bestimmte strukturelle Zusammenhänge eingebunden sind. Für „praktische Ziele kann es andererseits zweckmäßig und geradezu unvermeidlich sein: soziale Gebilde (»Staat«, »Genossenschaft«, »Aktiengesellschaft«, »Stiftung«) genauso zu behandeln, wie Einzelindividuen (z.B. ... als Täter rechtlich relevanter Handlungen)".[336] Weber ist allerdings der Meinung, daß wir diese praktische Erfahrung nicht theoretisch einholen können, daß also gesellschaftliche Institutionen aus soziologischer Sicht *ausschließlich* als Aggregate individueller Handlungen zu verstehen sind. Diese Ansicht können wir vor dem Hintergrund unserer sozialtheoretischen These einer wechselseitigen Verschränkung von Handlung und Struktur nicht teilen. Um diese These zu belegen, wollen wir uns in den folgenden Abschnitten mit dem *handlungsprägenden* Charakter sozialer Systeme auseinandersetzen. An dieser Stelle soll jedoch zunächst gezeigt werden, daß bestimmte soziale Gebilde, nämlich korporative Akteure bzw. Organisationen, durchaus auch *handlungsfähig* sind.[337]

Grundlegend ist hierbei eine Unterscheidung von individuellem, kollektivem und korporativem Handeln. Unter *individuellem Handeln* verstehen wir Handlungen einzelner Personen. *Kollektives Handeln* bezeichnet demgegenüber die gleichartigen bzw. gemeinsamen Aktivitäten mehrerer oder vieler Menschen. Hier lassen sich zwei idealtypische Formen voneinander abheben.[338] Kollektives Handeln i.e.S. liegt vor, wenn mehrere Individuen gemeinschaftlich, aber nicht in Ansehung ihrer Rolle als Mitglied bestimmter Organisationen agieren. Ein Beispiel wäre das gemeinsame Bemühen einer Gruppe von Passanten, einem Unfallopfer Erste Hilfe zu leisten. Umgangssprachlich bezeichnen wir auch den gemeinsamen Jubel einer Menschenmasse im Sportstadion und die kumulierte Nachfrage vieler Kleinanleger auf dem Aktienmarkt als Handlungen, durch die ein Tor signalisiert bzw. eine Kurssteigerung verursacht wird. In all diesen Fällen wird jedoch eine in sich nicht organisierte Menschenmenge metaphorisch zum »kollektiven Akteur« hochstilisiert.[339] Das »Handeln« zufälliger und aggregierter Kollektive geht gänzlich in demjenigen einzelner Personen auf. Die zweite wichtige Form kollektiven Handelns wollen wir als *korporatives Handeln* von Organisationen bezeichnen. Unter Organisationen verstehen wir hier in einer ersten Annäherung solche dauerhaften sozia-

336 Weber 1964, S. 10 (im Orginal teilweise kursiv); vgl. ferner Coleman 1992, S. 3 ff., Geser 1990, ders. 1992, und aus autopoietischer Perspektive auch Teubner 1992, S. 205 ff.

337 Diese zentrale Unterscheidung folgt Schimank 1985, S. 427 ff.

338 Vgl. – mit anderer Terminologie – French 1984, S. 5 ff., sowie Maring 1989, S. 25 f.

339 Vgl. zum kollektiven (Massen-) Handeln Hortleder 1977, Coleman 1991, S. 254 ff.

len Gebilde, deren »Identität« aufgrund bestimmter verfestigter Beziehungsmuster, Rollengefüge und Wertkomplexe nicht restlos auf diejenigen ihrer Mitglieder reduziert werden kann. Im Unterschied zu anderen Kollektiven bezeichnen wir organisierte Interessengruppen, Unternehmen, Abteilungen und ähnliche Kollektive mit einem (Eigen-) Namen; wir sprechen ihnen sogar Spielräume, Strategien und Verantwortung zu. Dennoch können auch Organisationen nicht per se, sondern nur vermittelt durch ihre Mitglieder »handeln«.[340] Maring bringt das folgendermaßen auf den Punkt: „Das Handeln eines Mesohandlungssystems ist ein Handeln im Sinne der Nicht-Reduzierbarkeit auf die Akteure des Systems; faktisch (ontisch) handeln immer ... Individuen".[341] Korporatives Handeln ist daher im strengen Sinne ein *»Quasi-Handeln«,* ein (gemeinschaftliches) Handeln einzelner oder mehrerer Individuen in Ansehung ihrer Rolle als Mitglied einer bestimmten Organisation. Die bislang eingeführten handlungstheoretischen Unterscheidungen gelten dann im Prinzip auch für solche kollektiven Gebilde. Weil korporatives Handeln jedoch stets vermittelt ist, können die zugrundeliegenden Situationsdeutungen und Absichten nicht nur auf die Organisation per se, sondern immer auch auf die jeweils beteiligten Personen zurückgeführt werden. Ebenso muß man die Verantwortung für den Erfolg und die (moralische) Qualität korporativen Handelns nicht nur der Organisation, sondern stets auch den ausführenden Individuen zurechnen.[342]

### *3.1.2 Strukturelle Regeln und Ressourcen des sozialen Handelns*

#### 3.1.2.1 Regeln und Handlungsschemata

Handlungen, mit denen individuelle oder korporative Akteure in den Lauf der Welt eingreifen, stehen uns im Gegensatz zu Verhaltensweisen nicht von Natur aus zur Verfügung. Sie sind vielmehr das Ergebnis vielschichtiger *Lernprozesse*, in denen wir uns tradierte Handlungsformen aneignen und neue entwikkeln. Die Aneignung elementarer Aktions- und Interaktionsroutinen geschieht dabei zunächst durch ein schlichtes Vor- und Nachmachen. In einfachen Lehr- und Lernsituationen übernehmen wir nicht nur die poietischen und sozialen Fertigkeiten unserer Vorfahren und Mitmenschen, sondern auch deren begriffliche Unterscheidungen von Gegenständen, Ereignissen und Situationen.[343] Das versetzt uns in die Lage, konkrete Aktivitäten als Ausprägungen eines allgemeinen Handlungsschemas zu *verstehen* und zu *vollziehen.*

Unter einem *Handlungsschema* oder einer *Handlungsregel* verstehen wir „»geprägte Gestalten« von Handlungsabläufen, ... die in der variierenden Aktualisierung einerseits wiederholt, andererseits wiedererkannt werden".[344] So wird etwa das »Klavierspielen«, das einmal als Komplex wiederholbarer

340 Vgl. Franken 1982, S. 252 ff., Werhane 1985, S. 50 ff., Geser 1990, S. 415, ders. 1992, S. 431 f.
341 Maring 1989, S. 37.
342 Vgl. die verschiedenen Modelle korporativer Verantwortung bei Maring 1989.
343 Vgl. Lorenz 1995b, Mittelstraß 1967, Kambartel 1995, H.J. Schneider 1994, S. 22 ff.
344 Kamlah/Lorenzen 1973, S. 100; vgl. ferner Kamlah 1967, Kamlah/Lorenzen 1973, S. 53 ff., Kamlah 1973, S. 66 ff., Kambartel 1989a, S. 123 ff., von Wright 1979b, S. 48.

Handlungen erlernt wurde, beim konkreten Musizieren in einer je einzigartigen Weise aktualisiert. Letztlich lassen sich alle menschlichen Aktivitäten als raumzeitliche Ausprägungen bestimmter Tätigkeitsmuster verstehen. Schwemmer schreibt: „Wir verfügen über solche Schemata im gesamten Bereich unseres Handelns und Verhaltens. Gesichtsausdruck und Körperhaltung, Gestik und Körperbewegungen im allgemeinen, aber auch unser Sprachverhalten vom Reden bis zum Schreiben von Texten folgen solchen Schemata und wären ohne solche Schemata schlichtweg unverständlich, da wir in vielen Fällen überhaupt nicht wüßten, um welche Handlung es sich handelt: ja, ob es sich überhaupt um eine Handlung handelt". [345] Die grundlegende Unterscheidung individueller und generischer Aspekte beschränkt sich keineswegs auf Handlungen. Auch ein Verhalten i.e.S., einen Gegenstand, ein Ereignis oder einen Zustand, lernen wir in schematischer Weise kennen. Was es heißt, eine Rose geschenkt zu bekommen oder daß es regnet, wissen wir nur, wenn wir das entsprechende Ding- bzw. Ereignisschema anhand von Beispielen und Gegenbeispielen kennengelernt haben. Gleiches gilt für die sozialen Aspekte unseres Zusammenlebens: Wertkategorien wie Gut und Böse, Ideale wie Freiheit und Frieden, aber auch Formen des Zusammenlebens (Ehe, Familienclan), Machtverhältnisse und Abhängigkeiten stützen sich stets auf bestimmte Gebrauchssituationen, in denen sich diese Schemata sinnvoll verwenden lassen.

*Schemata* sind demnach nichts anderes als wiederkehrende Muster im Lauf der Welt und deren begriffliche Repräsentation. Sie sind als conditio sine qua non des menschlichen Zusammenlebens dafür verantwortlich, daß Handlungen und Ereignisse überhaupt verständlich sind. Als *Verstehen* bezeichnen wir die Zuordnung einer konkreten Handlung oder eines konkreten Ereignisses zu dem entsprechenden Schema;[346] es ist als kognitive Leistung vom bloßen *Wahrnehmen* einer Situationsveränderung zu unterscheiden. Während das Verstehen von Geschehnissen und Verhaltensweisen auf natürliche Konstellationen und Wirkungszusammenhänge verweist, meint das *Handlungsverstehen* etwas anderes. Kamlah/Lorenzen schreiben: „Den Sinn einer Handlung verstehen heißt soviel wie: verstehen, *wozu* diese Handlung ausgeführt wird, ihren »Zweck«, ihre causa finalis verstehen und damit auch das »Motiv« des Handelnden".[347] Das Verstehen ist in jedem Fall selbst eine Handlung.[348] Die Intentionalität, Erlernbarkeit und Verantwortbarkeit von Verstehenshandlungen kommt bereits dadurch zum Ausdruck, daß wir uns im Alltag immer wieder darum »bemühen«, etwas zu verstehen.

Schemata stehen ferner in engem Bezug zu unseren jeweiligen Lebensformen; sie werden dort praktisch angewendet und beim Auftreten neuer Gebrauchssituationen modifiziert und erweitert.[349] Weil Regeln nicht unabhängig von konkreten Handlungen oder Widerfahrnissen existieren, sind sie ein wichtiger

345 Schwemmer 1986, S. 134 f.; vgl. auch Schimank 1992a, S. 168 f.

346 Vgl. Trabant 1976, S. 59; ähnlich bereits Kamlah 1967, S. 428, Kamlah/Lorenzen 1973, S. 56.

347 Kamlah/Lorenzen 1973, S. 131 (Hervorhebung im Original gesperrt statt kursiv).

348 Vgl. in diesem Sinne Trabant 1976; kritisch dazu Bentele/Brystina 1978, S. 88 und S. 116 ff.

349 Vgl. Kambartel 1992b, S. 273, dort im Hinblick auf die Sprache.

Bestandteil dessen, was wir gemeinhin als »Kultur« bezeichnen.[350] In unterschiedlichen Kulturkreisen mag man unterschiedliche Problemerfahrungen gemacht und Visionen entworfen haben, so daß man etwa in traditionalen Gesellschaften vergebens nach bestimmten Schemata des Zusammenlebens (Kleinfamilie, Demokratie) suchen dürfte. Wenn man Handeln als die Aktualisierung eines situativ geeigneten Handlungsschemas versteht,[351] dann setzt dies im sozialen Kontext nicht nur eine intersubjektiv geteilte Situationseinschätzung, sondern auch ein gemeinsames Wissen um die »Spielregeln« voraus. Kommunikationsprozesse zwischen Pressesprechern und Journalisten werden beispielsweise erst dann von Erfolg gekrönt sein, wenn alle Beteiligten ein annähernd gleiches Verständnis von der Rolle der Massenmedien entwikkeln und nicht einerseits deren Sprachrohrfunktion, andererseits ausschließlich ein institutionenkritisches Leitbild im Sinn haben. Soziale Handlungen können also prinzipiell nur dann gelingen, wenn die beteiligten Akteure über einen gemeinsamen Regelvorrat verfügen.

Zum Problem wird diese Abhängigkeit des konkreten Handelns und Erkennens von generischen Schemata immer dann, wenn es uns an einem gemeinsamen Regelvorrat mangelt.[352] Die Rede von unterschiedlichen »Kulturen« des Miteinanders von Unternehmen und Journalisten bringt ja bereits zum Ausdruck, daß man jenseits terminologischer Differenzen zwischen verschiedenen Ausprägungen des Interaktionsschemas »Pressebeziehungen« unterscheiden muß. Die praktische Relevanz solcher Divergenzen haben wir in unserer einleitenden Fallstudie kennengelernt: Die Krisenkommunikation nach nach dem Griesheimer Störfall wurde deshalb zur strategischen Bedrohung für die Hoechst AG, weil Unternehmensvertreter, Bürger, Journalisten, Politiker und Experten vor dem Hintergrund unterschiedlicher Orientierungsmuster agierten.[353] Fraglich ist nun erstens, wie diese Divergenzen entstehen können und welche Rolle der Prozeß der Regelgenese hierbei spielt. Zweitens muß in praktischer Hinsicht geklärt werden, ob und wie in einer solchen Situation eine Einheit des Handelns und Zusammenlebens (wieder)hergestellt werden kann. Die Antworten auf diese Fragen sind nicht nur für die Präzisierung unseres Handlungsbegriffs, sondern auch für die grundlegende Problematik des Verhältnisses von Voluntarismus und sozialer Prägung von zentraler Bedeutung. Unsere These einer wechselseitigen Verschränkung von Handlung und Struktur beruht letztlich auf dem spezifischen Zusammenhang zwischen den individuellen und generischen Aspekten des Handelns und Erkennens, den man als *Dialektik von Regelbegrenzung und Regelveränderung* bezeichnen kann. Diese Dialektik ist der Schlüssel zum Verständnis des prinzipiellen Zusammenwirkens von Struktur und Handlung; sie geht auf Wittgenstein zurück und stellt ein wichtiges Bindeglied zwischen den sozialwissenschaftlichen Über-

---

350 Vgl. zum Kulturbegriff genauer unten S. 104 f.

351 Vgl. Kambartel 1989a, S. 123.

352 Diese eigentliche Problemstellung für die Sozialtheorie wird u.E. von sozialpsychologischen Handlungstheorien, z.B. vom symbolischen Interaktionismus (Blumer 1973, Mead 1993) und von kommunikationswissenschaftlichen Schematheorien (Brosius 1991) vernachlässigt.

353 Vgl. oben S. 32.

legungen von Giddens und der Handlungstheorie des methodischen Konstruktivismus dar.[354] Für unsere weiteren Überlegungen ist daher die Klärung des *Regelbegriffs* von entscheidender Bedeutung.

Wittgenstein vergleicht eine Regel mit einem Wegweiser, der uns die richtige Route angeben soll.[355] Die Erfahrung lehrt uns, daß ein solcher Wegweiser zwar im allgemeinen zuverlässig ist, aber niemals eine absolut eindeutige Anleitung geben kann. Damit er keine Zweifel offen läßt, muß er in einen Kontext übereinstimmender praktischer Erfahrungen gestellt werden, in eine Lebensform, in der der Umgang mit diesem Wegweiser immer wieder eingeübt und ausgeführt wird. Schemata dienen also nicht dazu, soziales Handeln zu determinieren, sie sind vielmehr ein Ausdruck und Bezugspunkt gemeinsamer Praxis:[356]„Einer Regel folgen, eine Mitteilung machen, einen Befehl geben, eine Schachpartie spielen, sind *Gepflogenheiten*".[357] Sie lassen sich keineswegs immer so abstrakt formulieren, wie wir es von mathematischen Kalkülen oder Spielregeln her gewohnt sind. Selbst im Sport gibt es „ja auch keine Regel dafür z.B., wie hoch man im Tennis den Ball werfen darf, oder wie stark, aber Tennis ist doch ein Spiel und es hat auch Regeln".[358] Regeln begrenzen unser Handeln also primär ex negativo; sie erläutern, wann unsere spielerischen Interaktionen nicht mehr als »Tennis«, wann geschäftliche Beziehungen nicht mehr als »kooperativ«, wann bestimmte Produkte nicht mehr als »umweltverträglich« angesehen werden. Die pragmatische Verwandtschaft und Ähnlichkeit bestimmter Handlungen, Dinge und Zustände erlaubt es uns, sie als konkrete Ausprägung eines bestimmten Schemas zu erkennen.[359] Das *Verstehen* einer Regel in dem bereits erläuterten Sinn heißt dann nicht, sie abstrakt beschreiben zu können. Ein Schema zu kennen, bedeutet vielmehr, daß man weiß, in welchen Kontexten es auf welche Art und Weise anwendbar ist.[360] Damit wird es möglich, (generische) Handlungen unabhängig von ihrer tatsächlichen Beherrschung oder Aktualisierung zum Gegenstand von Überlegungen, Beratungen und Bewertungen zu machen.[361] Ein Beispiel: Wenn wir einmal den Handlungstypus »Klavierspielen« kennengelernt haben, können wir ihn nicht nur in den jeweiligen Bemühungen des Anfängers und Maestros wiedererkennen, sondern auch mehr oder weniger fachkundig darüber diskutieren, wie man einem Piano Töne entlockt. Das Fachsimpeln über das Kla-

354 Vgl. insbesondere Wittgenstein 1993b, Giddens 1984, S. 150 f., ders. 1988, S. 69 ff., Kambartel 1989a, ders. 1992b, und weiterführend Wiggershaus 1974, S. 16 ff., sowie Möllmann 1977.

355 Vgl. Wittgenstein 1993b, S. 288 (PU 85).

356 Vgl. Möllmann 1976, S. 32 ff., sowie insbes. H.J. Schneider 1994, S. 28 ff.

357 Wittgenstein 1993b, S. 344 (PU 199); vgl. bereits ders. 1984, S. 322 f. und S. 346.

358 Wittgenstein 1993b, S. 279 (PU 68); vgl. hierzu auch Giddens (1984), S. 150 f.

359 Vgl. Wittgenstein 1993b, S. 278 (PU 66), erläuternd auch Möllmann 1977, S. 58 ff.

360 Vgl. Giddens 1984, S. 150, sowie ders. im Gespräch mit Kießling 1988b, S. 291. H.J. Schneider (1994, S. 30) schreibt in diesem Zusammenhang „Die Regelformulierungen sollen den »Witz« längst bekannter Umgangsformen erinnernd auf eine Formel bringen, sie sollen von Fall zu Fall differenzieren helfen, Mißverständnisse klären und Ausflüchte sichtbar machen. Sie sollen keine vollständige Darstellung oder Regulierung einer Praxis bringen (...)."

361 Vgl. Kamlah 1973, S. 67.

vierspielen erfordert weder, daß man es selbst beherrscht, noch daß das allgemeine Handlungsschema derzeit gerade aktualisiert wird.

Die Anwendung einer Regel setzt laut Wittgenstein voraus, daß man sie in einer Lehr- und Lernsituation kennengelernt hat. Wer „verstehen will, was es heißt: »einer Regel folgen«, der muß ... selbst einer Regel folgen können".[362] Im Prinzip ermöglicht es also erst die Teilnahme an einer bestimmten Praxis, deren Geregeltheit zu erkennen und die „Regeln aus der Praxis ... abzulesen".[363] Insofern bleibt unser schemabezogenes Wissen und Können stets relativ; es ist an bestimmte Gebrauchssituationen und Lebensformen gekoppelt. Dies ist dann auch der Grund dafür, warum der Erfolg unserer Handlungen und Interaktionen immer wieder durch ungeeignete oder divergierende Schemata in Frage gestellt wird. Die potentielle Verschiedenartigkeit von Regeln ist letztlich darauf zurückzuführen, daß einzelne Akteure sie in unterschiedlichen Kontexten kennengelernt haben. Um ein Beispiel aus dem Bereich der Ethik zu nennen: Für das praktische Ringen um gemeinsame moralische Orientierungen mag sich in traditionalen Gesellschaften ein Rekurs auf überlieferte Werte, in westlichen Zivilisationen eine argumentative Erörterung als geeignete Vorgehensweise erweisen. Dementsprechend ergeben sich verschiedene schemabezogene Verständnisse der »Normenbegründung« – ein Problem, das bei Handlungsregeln mit vergleichbarem Lern- und Erfahrungshintergrund (Laufen, Trinken, Tennisspielen) nicht auftreten wird. Weil unser Handeln und Erkennen im Hinblick auf die typischen Problemstellungen unserer Lebensformen paradigmatisch bestimmt ist, ist es zudem offen für die Ergänzung um neue Konkretisierungen.[364] Die *variierende* Aktualisierung von Schemata und Regeln im täglichen Lebensvollzug ist dafür verantwortlich, daß diese einerseits immer wieder reproduziert, andererseits aber auch modifiziert werden. Wertvorstellungen, Handlungsweisen und Interaktionsformen unterliegen so einem ständigen Wandel. Insofern mag sich auch das Verständnis einer gelungenen Normenbegründung im Laufe der Zeit verändern, wobei keineswegs gesagt ist, daß das Rad der Geschichte nicht in mancherlei Hinsicht zurückgedreht werden kann. Das Erstarken fundamentalistischer Strömungen in den Gesellschaften des Nahen Ostens zeigt, wie die freiheitlichen Wertmaßstäbe der Aufklärung abgelöst werden, wenn sie im alltäglichen Lebensvollzug nicht eingeübt und umgesetzt werden können.[365]

Die enge Verknüpfung von Regelgenese und -anwendung beantwortet unsere Frage nach der Entstehung widersprüchlicher Schemata. Gleichzeitig wird deutlich, daß der *pragmatische* Aufbau von Schemata und Handlungsregeln nicht mit der Suche nach einem Orientierungssystem verwechselt werden darf, das unser Handeln situationsunabhängig oder sogar naturgesetzlich vorherbestimmt. Die Suche nach einem festumrissenen Regelkomplex, die Wittgen-

362 Wittgenstein 1984, S. 405.

363 Wittgenstein 1984, S. 405; vgl. auch Schneider 1993.

364 Vgl. Kambartel 1992b, S. 273; ähnlich auch die Hermeneutik nach Gadamer 1975, S. 290 ff.

365 Vgl. zu dieser Problemdiagnose Tibi 1991.

stein in seinem Frühwerk noch im Sinn hatte, führt in die Irre.[366] Sie ist insbesondere dann unangebracht, wenn der Erfolg unseres Zusammenlebens durch einen Mangel an gemeinsamen Schemata beeinträchtigt wird. Die Einheit des Handelns und Verstehens kann in diesem Fall nicht durch den Rekurs auf universelle oder gar transzendentale Regeln (wie dies Habermas und Apel versuchen) sondern nur durch eine konsequente *pragmatische Vernetzung* verschiedener Lebensformen und Erfahrungen sichergestellt werden. Diese Vernetzung muß gegebenenfalls durch geeignete Situationsinszenierungen hergestellt werden. Von dort her wird es dann möglich, die Inkommensurabilität tradierter Schemata durch den Aufbau gemeinsamer Orientierungen zu überwinden.[367]

Verlauf und Erfolg solcher Bemühungen sind natürlich wesentlich von den pragmatischen Fähigkeiten der Beteiligten abhängig. Wenn Regeln das soziale Handeln einerseits anleiten, dieses Handeln andererseits aber nur im praktischen Vollzug reproduziert und verändert werden kann, dann stellt sich die Frage nach dem *Handlungsvermögen* der Akteure und dessen Einflußgrößen. Wir wollen uns dieser Frage im folgenden widmen und dabei insbesondere auf die Ressourcen eingehen, die von individuellen und korporativen Akteuren in Anspruch genommen werden, um in den Lauf der Welt einzugreifen.

### 3.1.2.2 Ressourcen und Handlungsvermögen

Auf der Grundlage unserer bisherigen Überlegungen können wir *Handlungsvermögen* als die Fähigkeit beschreiben, geeignete Handlungsschemata in konkreten Situationen variierend zu aktualisieren und somit in den Lauf der Welt einzugreifen.[368] Giddens bezeichnet diese transformatorische Fähigkeit als »Macht« i.w.S., als ein „»können«, das zwischen den Intentionen und Bedürfnissen und der tatsächlichen Verwirklichung der angestrebten Ereignisse vermittelt".[369] Ein kompetenter Akteur muß also nicht nur ein schemabezogenes Handlungsverständnis besitzen, sondern auch in der Lage sein, es ganz konkret umzusetzen.[370] Hierbei ist die Verfügbarkeit geeigneter *Ressourcen* von zentraler Bedeutung. Das Schnitzen einer Holzfigur wird nur dann gelin-

366 Vgl. Wittgenstein 1993a, insbes. S. 22 ff., und kritisch Kambartel 1989c, S. 34 ff.

367 Vgl. Lueken 1992, A.G. Scherer 1995, im interkulturellen Kontext Wohlrapp 1995c, S. 159 ff.

368 Vgl. Kambartel 1989a, S. 123.

369 Giddens (1984), S. 135; vgl. ferner Ortmann 1995, S. 49 ff., und die Aussage von Giddens (1982, S. 30): „power, in its broadest sense, is precisely the capability of »making a difference« to a course of events." Wir bezeichnen die Fähigkeit, natürliche Elemente oder handelnde Akteure zu beeinflussen, im folgenden als »Handlungsvermögen« (»capability«) und reservieren den Terminus »Macht« für das allgemein übliche, *relationale* Machtverständnis. *Macht i.e.S.* bedeutet dann „jede Chance, innerhalb einer sozialen Beziehung den eigenen Willen auch gegen Widerstreben durchzusetzen" (Max Weber 1964, S. 38); als Macht über andere führt sie zur dauerhaft gestellten, legitimierten *Herrschaft* oder auch, wenn dem Machtunterworfenen keine Wahlmöglichkeiten mehr offengelassen werden, zum *Zwang*; vgl. auch Braun/Schreyögg 1980.

370 Giddens (1981b, S. 162 f., und 1982, S. 29 ff.) weist darauf hin, daß menschliches Handeln gleichermaßen durch »knowledgeability« (schemabezogenes Wissen und Können) und »capability« (Handlungsvermögen oder Macht i.w.S.) gekennzeichnet ist; vgl. auch Giddens 1977b, S. 134.

gen, wenn man einerseits die notwendige Technik erlernt hat und andererseits über die notwendigen Rohmaterialien und Werkzeuge verfügt. Ein argumentativer Interessenausgleich zwischen Verbrauchergruppen und Unternehmensvertretern verlangt von den Beteiligten einerseits, daß sie mit den Möglichkeiten einer sprachlichen Konsensfindung vertraut sind. Darüber hinaus müssen sie in der konkreten Situation aber auch triftige Argumente vorbringen; sie sind also auf sprachliches Geschick, relevantes Fachwissen und ähnliche Ressourcen angewiesen. Das Handlungsvermögen eines Akteurs manifestiert sich demnach wesentlich in seiner Fähigkeit, auf Ressourcen zurückzugreifen, um bestimmte Elemente oder Akteure im Sinne der jeweiligen Handlungsmuster zu beeinflussen.

Giddens unterscheidet hierbei zwei verschiedene Typen von Ressourcen.[371] *Allokative Ressourcen* beziehen sich insbesondere auf poietische Handlungen; sie umfassen die materiellen Aspekte der Umwelt (Rohstoffe), Produktionsmittel (Werkzeuge) und produzierte Güter (Artefakte). Mit ihrer Hilfe wird es möglich, auf Elemente in der physischen Welt einzuwirken. In Interaktionen mit anderen Akteuren kommen darüber hinaus auch nichtmaterielle, *autoritative Ressourcen* zur Geltung. Soziale Fertigkeiten (z.B. Fachkompetenz, Rhetorik, Fremdsprachenkenntnisse) und gesellschaftliche Organisationsformen (Arbeitsteiligkeit) versetzen uns in die Lage, Interaktionsschemata in einer bestimmten Weise zu aktualisieren und damit das Handeln anderer Akteure zu beeinflussen. In deskriptiver Perspektive ergibt sich dabei zunächst kein Unterschied zwischen verschiedenen Quellen der Handlungskompetenz; körperliche Gewalt und Überzeugungskraft sind insofern systematisch gleichzuordnen.

Allokative und autoritative Ressourcen stehen offenkundig nicht jedem Handelnden in gleichem Ausmaß zur Verfügung; materieller Besitz und immaterielle Fähigkeiten sind zumeist ungleich verteilt. Gesellschaftliche Beziehungsmuster, moralische Autorität, fachliche Qualifikationen und andere Ressourcenkomplexe werden im konkreten Handlungsvollzug jedoch nicht nur in Anspruch genommen, sondern gleichzeitig auch immer wieder reproduziert und verändert. Die Vertrautheit mit bestimmten politischen Themen und Entscheidungsprozessen mag einen Kommunikationsexperten dazu befähigen, als Lobbyist tätig zu werden. Durch diese Tätigkeit trägt er aber umgekehrt dazu bei, daß sein Wissensvorsprung reproduziert oder ausgebaut, gegebenenfalls aber auch verringert wird. Ressourcen sind demnach ebenso wie Regeln bzw. Schemata durch eine immanente *Dialektik* gekennzeichnet.[372] Unser Handlungsvermögen beruht nicht nur auf der Ressourcenstruktur, die wir von unseren Vorfahren und Mitmenschen übernommen haben oder die uns als physische Fähigkeiten quasi in die Wiege gelegt wurden. Die Verteilung von Potentialen und Chancen wurzelt letztlich im alltäglichen Handeln, in der praktischen Inanspruchnahme allokativer und autoritativer Ressourcen. Das konkrete, situationsgebundene Handeln ist demnach der Ansatzpunkt, von dem aus

371 Vgl. Giddens 1981a, S. 47, sowie ders. 1988, S. 315 f. und S. 429.
372 Vgl. Giddens 1982, S. 32.

sowohl Regeln und Schemata als auch tradierte Ressourcenverteilungen modifiziert werden können.

#### 3.1.2.3 Strukturen als Zusammenhänge sozialer Regeln und Ressourcen

Auf der Basis unserer bisherigen Überlegungen sind wir jetzt in der Lage, die Rede von der strukturellen Prägung des Handelns präziser zu fassen. Die Verselbständigung des Sozialen konkretisiert sich in den Regeln und Ressourcen, die wir im täglichen Lebensvollzug in Anspruch nehmen. Wenn wir diese Regeln und Ressourcen im ganzen charakterisieren wollen, können wir mit Giddens von *Strukturen* sprechen. Der Begriff der »Struktur« bezeichnet eine „rekursiv organisierte Menge von Regeln und Ressourcen ... außerhalb von Raum und Zeit",[373] die nur als schemabezogenes Wissen und in Form beispielhafter Anwendungen im konkreten Handlungsvollzug existiert.

Der duale Charakter von Strukturen äußert sich darin, daß sie einerseits Voraussetzung, andererseits Ergebnis des praktischen Handelns sind. Strukturen befähigen zum Handeln, indem sie eine vom Einzelfall abhebende, intersubjektive Orientierung ermöglichen. Damit sie praktisch wirksam werden können, müssen sie laut Giddens „durch das Nadelöhr des Bewußtseins oder der Wahrnehmung der handelnden Individuen hindurch. Die Strukturen gewinnen zunächst Existenz in der Form von Elementen des Alltagswissens der Subjekte. In dieser Form entfalten sie handlungsorientierende Potenz, steuern und strukturieren sie das Handeln, um als dieses Handeln selbst allererst Wirklichkeit in Raum und Zeit zu gewinnen".[374] Dabei ist es den Akteuren prinzipiell möglich, innezuhalten und sich diese häufig unerkannten Bedingungen ihres alltäglichen Könnens zu vergegenwärtigen.[375] Nichts anderes tut auch der Sozialwissenschaftler, wenn er nach den strukturellen Merkmalen bestimmter Handlungsweisen fragt, wenn er beispielsweise als systemtheoretisch orientierter PR-Forscher danach trachtet, die Rahmenbedingungen der Öffentlichkeitsarbeit zu identifizieren, um das praktische Handeln daran auszurichten. Umgekehrt kann man aber auch darüber nachdenken, welche Regeln und Ressourcen als Resultat des konkreten Handelns reproduziert und verändert werden. Damit eröffnet sich ein wichtiger Ansatzpunkt zur strategischen Beeinflussung sozialer Interaktionsprozesse. Begriffe, Wertvorstellungen, Handlungsweisen und ähnliche Schemata können im konkreten Handeln in leicht modifizierter Form aktualisiert oder in neuen Kontexten angewendet werden, ohne daß ihre integrative Wirkung verloren geht. Wenn sich solche Variationen im praktischen Vollzug bewähren, wird man sie immer wieder in Anspruch nehmen. Mit der Zeit bilden sich so ganz neue oder veränderte Gepflogenheiten heraus; durch

---

373 Giddens 1988, S. 77; vgl. zum Strukturbegriff auch ders. 1981b, S. 168 ff., ders. 1984, S. 143 ff., ders. 1988, insbes. S. 75 ff. und S. 432, sowie Craib 1992, S. 33 ff.

374 Giddens im Interview mit Kießling 1988b, S. 290 f.; vgl. auch H.J. Schneider 1994, S. 29 f.

375 Im Gegensatz zu Giddens (1988, S. 55 ff.) und seinem Konzept der *unerkannten* Handlungsbedingungen und -folgen gehen wir davon aus, daß Strukturen weder feste Determinanten noch zufällige Ergebnisse des Handelns sind, sondern Leitplanken, die häufig im Nebel versinken, aber durch beständiges Bemühen immer wieder schrittweise verrückt werden können.

das faktische Handeln werden letztlich soziale Tatsachen geschaffen. Der Strukturwandel geschieht dabei in den seltensten Fällen durch eine explizite Neufassung der Regeln oder Umverteilung von Ressourcen. Entscheidend ist vielmehr die praktische Bewährung bestimmter Handlungsmuster bei der Lösung situationsspezifischer Probleme. Kodifizierte Gesetze und Förderprogramme können hier den Weg weisen, aber das tägliche Handeln keineswegs determinieren. Rechtsnormen und Moralvorstellungen erfüllen ihre Funktion nicht schon dann, wenn sie auf dem Papier stehen. Um praktisch wirksam zu werden, müssen sie von einer Vielzahl kompetenter Akteure in ihre Handlungspläne einbezogen werden. Umgekehrt können bestimmte Regeln und Ressourcen obsolet werden, wenn sie im praktischen Lebensvollzug nicht mehr in Anspruch genommen werden; man denke etwa an den vielzitierten Wertewandel in westlichen Industriegesellschaften.[376] Die Veränderung gesellschaftlicher Strukturen ist insofern eine Folge vieler zeitgleicher und interdependenter Interaktionen, deren strukturelle Konsequenzen von den einzelnen Subjekten mehr oder weniger beabsichtigt und beeinflußbar sind.

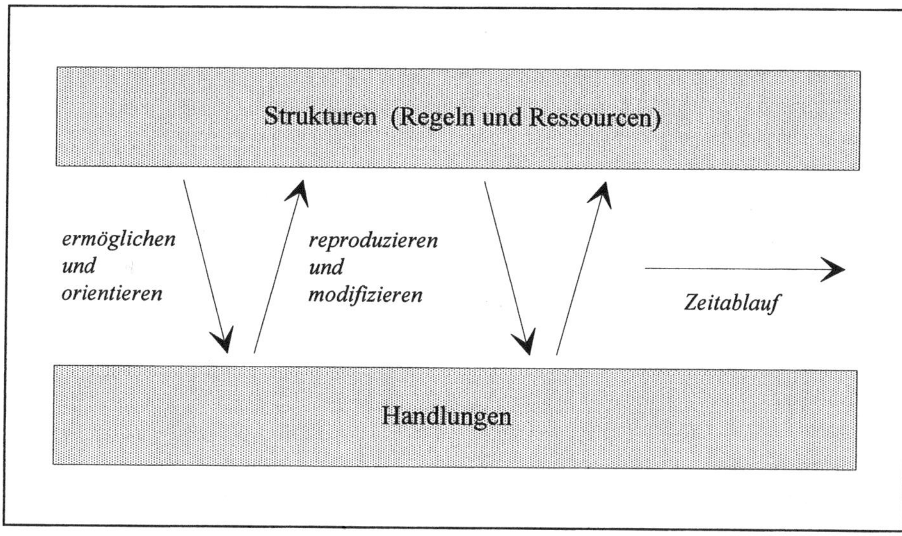


*Abb. 5: Der Prozeß der Strukturierung*

Die wechselseitige Bedingtheit von Handeln und Struktur führt dazu, daß der Prozeß der *Strukturierung* durch eine immanente Dynamik gekennzeichnet ist.[377] Strukturen werden in der variierenden Aktualisierung einerseits reproduziert, andererseits modifiziert. Sozialer Wandel läßt sich als Regelveränderung und Ressourcenverschiebung begreifen. Er kann von einzelnen Akteuren willentlich beeinflußt werden, wenn sie in der Lage sind, sich die strukturelle

376 Vgl. Inglehart 1989.

377 Vgl. Giddens 1984, S. 146 ff., ders. 1988, S. 77 f., ähnlich auch Peters 1993, S. 78 ff.

Bedingtheit ihres Handelns zu vergegenwärtigen und eine *praktische* Umorientierung auf den Weg zu bringen. Die entscheidende Frage, wann diese Bedingungen vorliegen, läßt sich jedoch nicht mehr *theoretisch* beantworten. Ob sich tradierte Handlungsweisen bewähren und insofern reproduziert werden, oder ob ihr Scheitern der Auslöser für Reflexions- und Transformationsprozesse ist, wird erst in der täglichen Anwendung deutlich. Dann stellt sich auch heraus, welche Handlungspotentiale wichtig sind, inwiefern also die historische Ressourcenverteilung den sozialen Wandel begünstigt oder behindert, und inwiefern sie durch die Veränderung von Schematas einem Wandel unterliegt.

Abb. 5 bringt unsere bisherigen Überlegungen zum Verhältnis von Handeln und Struktur nochmals auf den Punkt. Es wird deutlich, daß voluntaristische und strukturalistische Erklärungen des sozialen Handelns zu kurz greifen. Die wechselseitige Verschränkung von Handeln und Struktur manifestiert sich im Prozeß der Strukturierung, der zwar auf einer Vielzahl intentionaler Handlungen beruht, aber von einzelnen Akteuren nur in begrenztem Umfang gesteuert werden kann.

## 3.2 Organisationsformen und Sphären des sozialen Handelns

Mit dem Wechselspiel von Handeln und Struktur haben wir bislang insbesondere den *prozessualen* Aspekt der Sozialtheorie beleuchtet, dabei aber die konkreten *Elemente* des sozialen Lebens noch weitgehend ausgeblendet. Wir wollen im folgenden die Perspektive wechseln und der Frage nachgehen, wie sich Kultur, Persönlichkeit und Gesellschaft als die drei klassischen Gegenstandsbereiche der (empirischen) Soziologie vor dem Hintergrund unserer bisherigen Überlegungen konzeptionalisieren lassen (3.2.1).[378] Die Differenzierung moderner Gesellschaften führt dabei zu einer Unterscheidung von Systemen als Organisationsformen sozialer Interaktionen (3.2.2), die in vielfältigen Handlungsfeldern bzw. Sphären miteinander verknüpft sind (3.2.3).

### *3.2.1 Kultur, Persönlichkeit und Gesellschaft als Elemente der sozialen Welt*

Der Kulturbegriff zielt im allgemeinen auf die „Gesamtheit der Bedeutungen oder sinnhaften Praktiken“ ab, „die in einer bestimmten sozio-kulturellen Welt zu finden sind“.[379] Eine konkrete Kultur ist demnach durch ein Ensemble bestimmter Regeln und Ressourcen gekennzeichnet. Mit einer »traditionalen Kultur« verbinden wir beispielsweise die Vorstellung hierarchischer Integrationsmuster und feudalistischer Ressourcenverteilung, während eine »demokratische Kultur« unter anderem durch argumentative Methoden der Interessenklärung charakterisiert werden kann. Auf einer konkreteren Ebene lassen sich Kulturen und Subkulturen durch eine gemeinsame Praxis von Sprache, Wertvorstellungen, Sozialverhalten usw. kennzeichnen. In die Sprache der Sozialtheorie übersetzt bedeutet dies, daß eine *Kultur* oder *Lebensform* die Ge-

378 Vgl. insbes. Parsons 1991, S. 3 ff., und Habermas 1987b.

379 Peters 1993, S. 68.

samtheit von Strukturen umfaßt, die eine bestimmte Praxis kennzeichnen. In Übereinstimmung mit dieser Sichtweise versteht Kambartel unter einer Lebensform „eine Weise der Orientierung ..., welche alle unsere Lebenssituationen und Lebensverhältnisse durchzieht; welche immer zur Anwendung kommt, oder doch immer zur Anwendung kommen kann“.[380]

Der Kultur als Verbindungsglied einer gemeinsamen Praxis steht die Einzigartigkeit konkreter Handlungen gegenüber, die kompetente Akteure auf der Basis ihrer jeweiligen Fähigkeiten vornehmen. Aus der Perspektive des einzelnen Akteurs entspricht die kumulative Abfolge solcher individuellen Handlungen und Erfahrungen einem ständigen Lernprozeß, in dessen Verlauf sich die Persönlichkeit herausbildet und verändert. *Personen* sind maßgeblich durch ihre Biographie gekennzeichnet, durch eine einzigartige Abfolge konkreter Handlungsvollzüge, in denen man sich einerseits vorgegebene kulturelle Muster aneignet, andererseits aber auch an ihrer Reproduktion und Veränderung mitwirkt.[381] Daneben spielen natürlich auch physiologische Eigenschaften, insbesondere die je einzigartige leibliche Konstitution des Menschen, eine entscheidende Rolle. Sie sind die Quelle allokativer und autoritativer Ressourcen, die im sozialen Kontext in Anspruch genommen und erneuert werden.

Im Zentrum der soziologischen Analyse stehen seit jeher nicht nur Kulturen und Personen, sondern vor allem diejenigen Handlungsweisen und Interaktionsformen, die in einer bestimmten Lebensform immer wieder realisiert werden, so daß sie uns letztlich als eigenständige soziale Einheiten oder funktionale Sinnzusammenhänge entgegentreten. Dies sind einerseits größere Strukturkomplexe, die wir als Gesellschaft bezeichnen, andererseits verschiedene Formen der Vergesellschaftung und Interaktion, die auf einer konkreteren Ebene identifiziert und lokalisiert werden können (Unternehmen, Verbände, Märkte, Veranstaltungen, das »Gesundheitswesen«, die »Wirtschaft«). Unter einer *Gesellschaft* soll dabei die Gesamtheit aller raum-zeitlich verfestigten Interaktionsmuster verstanden werden, die mit einem bestimmten Territorium verbunden sind und sich durch die Existenz eines rechtlich-politischen Normengefüges auszeichnen.[382] Häufig ist damit auch die Herausbildung einer identitätsstiftenden Gemeinschaft, der Nation, verbunden. Andererseits bietet jede moderne Gesellschaft unabhängig vom Grad ihrer nationalen oder multikulturellen Prägung Raum für viele verschiedene Lebensformen. Man kann sogar sagen, daß die Pluralität verschiedener Lebensformen ein entscheidendes Merkmal posttraditionaler Gesellschaften ist [383] – ein Merkmal, das durch die soziologischen Hinweise auf eine „Enttraditionalisierung der industriegesellschaftlichen Lebensformen“ [384] (Beck) und das Nebeneinander verschiedener Milieus in einer vom Wertewandel geprägten „Erlebnisgesellschaft“ [385]

380 Kambartel 1989b, S. 47; ähnlich von Wright 1984, S. 108, und im Überblick Martens 1994.
381 Vgl. Peters 1993, S. 66 f., und Giddens 1984, S. 142.
382 Vgl. Giddens 1988, S. 217 ff., sowie Peters 1993, S. 161.
383 Vgl. Lorenzen 1987, S. 232 f., und ders. 1991, S. 44 f.
384 Beck 1986, S. 113. Vgl. zur Bedeutung und Begründung von Traditionen ferner Giddens 1993.
385 Vgl. Schulze 1995.

(Schulze) belegt wird. Kultur, Nation, Gesellschaft und Lebensformen sind insofern in analytischer Hinsicht strikt zu unterscheiden.

Als besonders fruchtbar für die Erklärung gesellschaftlicher Strukturen, ihrer Entstehung, ihres Wandels und ihres Fortbestandes haben sich verschiedene Konzepte der sozialen Differenzierung erwiesen.[386] Gemeinsam ist ihnen, daß sie die Konstitution und Reproduktion konkreter Gesellschaften aus dem Blickwinkel einer kontinuierlichen *Abgrenzung* sozialer Systeme betrachten, die gleichzeitig durch eine ständige *Interdependenz* gekennzeichnet sind. Unterschiede ergeben sich hinsichtlich des zugrundegelegten Systembegriffs. Der vorherrschende, vom Strukturfunktionalismus (Parsons, Münch) inspirierte Sprachgebrauch favorisiert eine analytische Begriffsverwendung. Konkrete soziale Einheiten haben hier stets einen multifunktionalen Charakter. Der Systembegriff bezeichnet dann funktional bestimmte, aber nur analytisch voneinander unterscheidbare Handlungszusammenhänge.[387] Der autopoietische Ansatz Luhmanns geht demgegenüber davon aus, daß es konkrete, selbstreferentielle und auf Selbsterhaltung angelegte Systeme gibt. Luhmann hält aber an einer strikt funktionalistischen Sichtweise fest; es geht ihm stets um Funktionen und nicht um Strukturen oder gar um das handelnde Subjekt, das in seiner Theoriebildung völlig ausgeblendet wird.[388] Mit der Konkretisierung des Systems geht also eine Abstrahierung vom handelnden Akteur einher. Dieser Preis ist uns angesichts der einleitend skizzierten Problemstellungen der Sozialtheorie zu hoch. Wir wollen daher einen dritten Weg einschlagen und den Systembegriff im Spannungsfeld von Handeln und Struktur verorten. Ausgangspunkt unserer Überlegungen ist die Erfahrung, daß sich die wiederholte Aktualisierung bestimmter Handlungszusammenhänge in konkreten, in Raum und Zeit lokalisierbaren Formen der Vergesellschaftung manifestieren kann. Diese sozialen Einheiten wollen wir als *Systeme* bezeichnen. Die Pointe unseres an Giddens und Peters angelehnten Bezugsrahmens besteht darin, diese Systeme von primär funktional ausdifferenzierten, aber keineswegs nur analytisch relevanten Handlungsfeldern *(Sphären)* zu unterscheiden.[389] Sphären definieren sich durch einen gemeinsamen Sinnbezug und die Dominanz bestimmter Rationalitätskriterien. Sphären, Systeme und Gesellschaft sind verschiedene Arten von handlungsprägenden Strukturkomplexen, die nicht in einem Über-Unterordnungsverhältnis stehen, sondern zueinander querliegen. Multinationale Unternehmen, Religionsgemeinschaften, wissenschaftliche Netzwerke und andere soziale Einheiten übergreifen einzelne Gesellschaften. In diesen haben sich wiederum verschiedene Handlungsfelder wie Wirtschaft, Bildung oder das Gesundheitswesen herausgebildet, die durch spezifische Sinnbezüge gekennzeichnet sind und gleichzeitig eine Vielzahl konkreter Systeme umfassen. Gesellschaftliche Differenzierung und Integration sind dann

386 Vgl. Schimank 1996 und zu alternativen Erklärungsansätzen Peters 1993, S. 144 ff.

387 Vgl. Parsons/Smelser 1956, S. 14 ff., im Überblick Jensen 1980a, S. 43 ff., sowie Münch 1984.

388 Vgl. v.a. Luhmann 1984 und zur Kritik Haferkamp/Schmid 1987, Krawietz/Welker 1992.

389 Diese Abgrenzung markiert den zentralen Unterschied zum Systembegriff von Schimank (1985, 1988, 1992a), der handlungsprägende Sphären und handlungsfähige Vergesellschaftungen als Systeme bezeichnet; vgl. im Anschluß daran auch Gerhards 1994, S. 78 ff.

nicht auf evolutionäre Prozesse zurückzuführen, sondern ein Ergebnis der Interaktionen zwischen sozialen Akteuren mit divergierenden, aber dennoch interdependenten Interessenlagen.[390] Wir wollen diese Grundgedanken im folgenden vertiefen, indem wir uns näher mit den Merkmalen von Systemen und Sphären auseinandersetzen.

### *3.2.2 Systeme als Organisationsformen sozialer Interaktionen*

Kulturen als Ensemble bestimmter Regeln und Ressourcen konkretisieren sich im alltäglichen Handeln, in der *wiederholten* Aktualisierung bestimmter Strukturen. Es sind diese raumzeitlich verfestigten Interaktionsmuster, die wir als konkrete Formen der Vergesellschaftung wahrnehmen[391] und im hier vorgeschlagenen Sprachgebrauch als handlungsprägende *Systeme* bezeichnen wollen. Systeme sind „konkrete, identifizierbare, in Raum und Zeit zu lokalisierende Entitäten",[392] deren Strukturen uns im täglichen Lebensvollzug als „träge, widerständige Faktizität"[393] begegnen. Das Spektrum reicht von flüchtigen, situationsgebundenen Interaktionen unter Anwesenden (Verkaufsgespräch, Tennisspiel) über dauerhafte, rollengeprägte Organisationen (Unternehmen, Verbraucherverband) bis hin zu komplexen Verflechtungen, bei denen die Beteiligten nicht gleichzeitig präsent sein müssen (Aktienbörse, Mediensystem). Gemeinsam ist diesen sozialen Einheiten, daß sie durch bestimmte Strukturmomente und Integrationsmuster sowie eine je eigene Dynamik gekennzeichnet sind. Die Grenzen sozialer Systeme sind jedoch keineswegs klar definierbar. Der Grund dafür ist, daß Systemgrenzen wiederum durch kulturspezifische Regeln vermittelt werden. Gemeinsame Schemata bestimmen, was wir in einer konkreten Lebensform unter einer »Diskussion« oder einer »Protestbewegung« verstehen, und wo der Übergang zu einem »Streit« bzw. einem »Interessenverband« beginnt. Andererseits werden diese Schemata durch jede Aktualisierung in Form konkreter Gespräche bzw. Gruppenbildungen tradiert und modifiziert. Die immanente Dialektik von Handeln und Struktur kommt also auch an dieser Stelle zur Geltung. Sie ist dafür verantwortlich, daß die strukturell repräsentierten Grenzen sozialer Systeme analog zum Regelwissen im lebenspraktischen Können kompetenter Akteure verankert sind, dabei aber ständigen Veränderungen unterliegen, häufig umstritten und nur selten präzise formulierbar sind. Dies gilt sogar für solche soziale Einheiten, die durch gesetzliche Normen definiert sind. Sportvereine umfassen juristisch nur die formellen Mitglieder und ihre Beziehungen, mit denen sie dem Vereinszweck nachgehen. Bei einem Proficlub wäre allerdings zu fragen, ob nicht auch die angestellten Spieler und Trainer, Manager, Ver-

390 Damit verzichten wir auf evolutionstheoretische Prämissen, die z.B. Parsons 1975 formuliert.

391 »Vergesellschaftung« wird hier als Synonym für »soziale Einheit« bzw. »System« verwendet; der Begriff umfaßt damit auch die »Vergemeinschaftungen« von Weber 1964, S. 29 ff.

392 Peters 1993, S. 62. Diese Sichtweise markiert einen entscheidenden Unterschied zu Parsons, der den Systembegriff analytisch konzipiert und auf funktionsspezifische Aspekte beschränkt. Unser Systembegriff folgt Giddens 1984, S. 147 f., und 1988, S. 77 ff., sowie Peters 1993, S. 57 ff.

393 Peters 1993, S. 28.

waltungsangestellten, ja vielleicht auch die in einem Geflecht regelmäßiger Interaktionen mitwirkenden Fanclubs, Zuschauer, Sportberichterstatter usw. einzubeziehen wären, wenn man den systemischen Charakter des Vereins hervorheben will.

Als *Institutionen* sollen dann diejenigen Systeme bezeichnet werden, die dauerhaft auftreten und mit dem Attribut der legitimen Geltung versehen sind.[394] Zu denken wäre hier an Staaten, Parteien, Unternehmen und Universitäten; Gegenbeispiele sind Konzerte, sportliche Wettkämpfe und andere Formen flüchtiger Vergesellschaftung. Die wichtigste Unterklasse von Institutionen stellen zweifelsohne korporativ handlungsfähige Organisationen dar.[395] Beide Begriffe sind jedoch nicht gleichzusetzen; das Beispiel des Islams zeigt, daß Institutionen auch ohne formelle Mitgliedschafts- und Leitungsstrukturen auskommen können und insofern nicht immer dem Typus einer Korporation entsprechen müssen.

Für unsere weiteren Überlegungen wird es wichtig sein, einen Überblick über die verschiedenen Typen sozialer Systeme zu bekommen, die in *unserer* Kultur, in den posttraditionalen Industriegesellschaften der westlichen Hemisphäre, empirisch von Bedeutung sind. Wir greifen dabei eine Kategorisierung von Peters auf, der Interaktionssysteme i.e.S., Organisationen, imaginierte Gemeinschaften und soziale Netzwerke voneinander unterscheidet.[396] Diese Vergesellschaftungen unterscheiden sich hinsichtlich Kontinuität, Geschlossenheit und korporativer Handlungsfähigkeit. Gemeinsam ist ihnen, daß sie verschiedene gesellschaftliche Funktionen wahrnehmen können. Unsere Systemtypologie zielt also auf *konkrete* Formen der Vergesellschaftung ab; insofern unterscheidet sie sich von der *analytischen* Subsystembildung der Parsons-Tradition.

- Als *Interaktionssysteme i.e.S.* wollen wir relativ flüchtige, aber dennoch mehr oder minder strukturierte Formen der Vergesellschaftung unter Anwesenden bezeichnen. Das Spektrum reicht von der spielerischen Begegnung zwischen Mutter und Kind über Gespräche und Verhandlungen bis hin zu routinisierten Interaktionen am Arbeitsplatz. Interaktionen können ein Bestandteil übergeordneter Systeme sein (z.B. die jährliche Vorstandswahl des Sportvereins oder der Tauschakt als Element der marktwirtschaftlichen Ordnung), aber auch als relativ selbständige soziale Einheiten auftreten. Hier wäre etwa an das spontane Gespräch im Eisenbahnabteil, den Menschenauflauf bei einem Feuerwehreinsatz oder ganz allgemein an kulturell vorstrukturierte Beziehungen zwischen Fremden zu denken.

- *Organisationen* (Korporationen, Assoziationen) heben sich durch ein großes Ausmaß an Kontinuität und Geschlossenheit, vor allem aber durch ihre Fähigkeit zum korporativen Handeln von anderen Vergesellschaftungen ab.

394 Vgl. Peters 1993, S. 65 f.; diese Differenzierung fehlt bei Giddens 1988, insbes. S. 81 ff.
395 Zur Handlungsfähigkeit von Organisationen vgl. oben S. 93.
396 Vgl. nachfolgend Peters 1993, insbes. S. 165 ff.

Sie sind zugleich handlungsprägende und handlungsfähige Systeme.[397] Typischerweise dienen Mitgliedschaftsrollen zur Grenzziehung;[398] interne Steuerungs- und Kontrollmechanismen sowie kollektiv geteilte Deutungsmuster (Organisationskulturen) ermöglichen es, im sozialen Kontext als korporative Einheit aufzutreten. In unserer Alltagssprache kommt dies dadurch zum Ausdruck, daß wir Unternehmen, Interessengruppen, Staaten, Kommunen, Abteilungen oder auch Familien mit einem Eigennamen bezeichnen können. Korporative Akteure können nur durch Menschen vermittelt handeln, so daß auch die Entwicklung einer Organisationsidentität oder -biographie eng mit derjenigen der beteiligten Mitglieder verbunden bleibt. Die strukturelle Verfestigung dieser Handlungen und Erfahrungen trägt jedoch dazu bei, daß sich Organisationen und Assoziationen von einzelnen Individuen entkoppeln können, daß sie beispielsweise als Familie die Abfolge verschiedener Generationen und als Unternehmen den Wechsel von Inhabern und Mitarbeitern überdauern können.

- *Imaginierte Gemeinschaften* sind „durch ein Bewußtsein gemeinsamer Zugehörigkeit unter Mitgliedern, durch kollektive Identifikationen, Identitätsbestimmungen oder Interessendefinitionen ausgezeichnet".[399] Diese Merkmale gelten im allgemeinen auch für Organisationen; im Unterschied zu diesen mangelt es imaginierten Gemeinschaften jedoch an korporativer Handlungsfähigkeit. Der Grund hierfür sind unscharfe Mitgliedschafts- und Rollendefinitionen sowie mangelnde Leitungsstrukturen – Faktoren, die nicht zuletzt auf die Größe solcher Systeme zurückzuführen sind. Die interne Interaktion ist dann häufig auf die Verbreitung von Ritualen, Meinungen und integrativen Symbolen angewiesen. Ein gutes Beispiel für eine imaginierte Gemeinschaft ist die Anhängerschaft eines Schauspielers oder Sportvereins. Eine solche Vergesellschaftung ist keine bloß klassifikatorische Einheit; insofern unterscheidet sie sich von einer Bevölkerungsgruppe mit bestimmten demographischen Merkmalen. Das aufeinander bzw. auf das gemeinsame Idol bezogene Handeln ihrer Mitglieder konstituiert ein soziales System, weil in ihm bestimmte kulturelle Muster der gemeinsamen Lebensform reproduziert werden. Dennoch mangelt es einer Fangemeinde ebenso wie identitätswirksamen »Mileus« bzw. »Klassen«, lose strukturierten Religionsgemeinschaften und ähnlichen, durchaus dauerhaften Gemeinschaften an der organisatorischen Geschlossenheit, die ihnen koordiniertes Handeln ermöglichen würde.

- *Soziale Netzwerke* definieren sich weder durch Mitgliedschaftsrollen noch durch gemeinsame Identifikationskerne; ihr systemischer Charakter beruht auf der Gleichartigkeit und wechselseitigen Verschränkung bestimmter Interaktionen oder Transaktionen. Beispiele für solche Einheiten sind verzweigte Verwandschaftsbeziehungen, Zuliefernetzwerke in der Automobilindustrie und vor allem Märkte, auf denen eine Vielzahl einzelner Tauschprozesse über das Preissystem miteinander in Beziehung stehen. Netzähnliche Strukturen verknüpfen die Handlungen von Personen und Organisationen; sie können sich

---

397 Vgl. Schimank 1985, S. 430 f.

398 Vgl. zur Konzeptionalisierung der Organisation als Rollensystem z.B. Büschges 1983, S. 120 ff.

399 Peters 1993, S. 168. Dies entspricht den »Vergemeinschaftungen« von Weber 1964, S. 29.

aber auch selbst zu Korporationen verfestigen, wenn sich gemeinsame Ziele und Leitungsstrukturen herauskristallisieren.

Zweifelsohne gibt es viele Misch- und Übergangsformen zwischen diesen idealtypischen Systemen. Einige davon werden wir im Verlauf dieser Untersuchung kennenlernen, wenn wir den hier entwickelten Begriffsrahmen in Anspruch nehmen, um Kommunikationsprozesse, unternehmerisches Handeln und Öffentlichkeitsarbeit näher zu analysieren. Unabhängig davon muß an dieser Stelle noch hervorgehoben werden, daß nicht jede Gemeinsamkeit von Interessen, Handlungsweisen und Fähigkeiten ein System im hier verstandenen Sinne konstituiert. Das gilt vor allem für *klassifikatorische Differenzierungen* (z.B. soziodemographische Kategorien), auf die man zurückgreift, wenn man aus der Perspektive des Beobachters bestimmte Elemente der sozialen Welt auf einen begrifflichen Nenner bringen will. Solche Klassifikationen können unabhängig von der Realisierung kultureller Strukturmuster vorgenommen werden. Sie sind deshalb ein Indikator für bestimmte Vergesellschaftungsformen, weil sie den Anstoß zur Bildung konkreter Systeme geben können – viele Interessenverbände haben ihren Ursprung in soziodemographischen Gemeinsamkeiten ihrer Mitglieder. Im Unterschied zu Systemen entfalten deskriptive Kategorien jedoch selbst keine unmittelbare Relevanz auf der Handlungsebene; es mangelt ihnen insbesondere an empirisch relevanten Interaktionsmustern und Grenzziehungen.[400] Dies unterscheidet sie auch von handlungsprägenden gesellschaftlichen Sphären, auf die wir im folgenden eingehen wollen.

### *3.2.3 Handlungsfelder als interdependente soziale Sphären*

Ein charakteristisches Merkmal moderner Gesellschaften und ihrer Kulturen ist die Ausdifferenzierung einer Vielzahl sozialer *Sphären* (Handlungsfelder), die jeweils bestimmte Typen von sozialen Aktivitäten umfassen. Wenn man nach Beispielen für solche Handlungsbereiche sucht, wird man an Wirtschaft, Kunst, Religion, aber auch an das Gesundheitswesen, die Wissenschaft und den Bereich des Familienlebens denken. Diese Sphären unterscheiden sich hinsichtlich ihrer Sinnbezüge und Rationalitätsvorstellungen. Sie prägen das intentionale Handeln (korporativer) Akteure, indem sie einen Orientierungsrahmen für konkrete Zweck- und Mittelwahlen bereitstellen.[401] Im Wissenschaftsbereich lautet die generelle Zielvorgabe, an denen sich die Rationalität einzelner Handlungen bemißt, daß intersubjektiv nachvollziehbares und akzeptables Wissen gebildet werden soll. Hierzu dient die Publikation und Diskussion von Forschungsergebnissen in anerkannten Fachzeitschriften. Im Sport geht es um körperliche Ertüchtigung, aber auch um den fairen Wettkampf innerhalb definierter Spielregeln. Die konkrete Mittelwahl wird hier vorstrukturiert, indem bestimmte Handlungsweisen (z.B. Doping), die in anderen Sphä-

---

400 Vgl. hierzu bereits Weber 1964, S. 30 f., sowie Peters 1993, S. 61 f.

401 Vgl. Schimank 1988, S. 622 ff., ders. 1992a, S. 173 ff., sowie Gerhards 1994, S. 80 f.; der dort thematisierte Systembegriff entspricht unserer Rede von Sphären.

ren legitim sein mögen, gesellschaftlich sanktioniert werden. Ein weiterer Ansatzpunkt zur Abgrenzung verschiedener Sphären sind ihre jeweiligen gesellschaftlichen Funktionen. Dabei ist es jedoch eine primär empirisch zu beantwortende Frage, inwiefern kulturell vermittelte Handlungsfelder auf bestimmte Funktionen spezialisiert sind oder diese sogar in einzigartiger Weise wahrnehmen.[402] Während das wissenschaftliche und politische Feld relativ klare Aufgaben erfüllen, trifft dies für die Lebensbereiche von Familie und Verwandtschaft, von Freundschaft und Freizeit offenkundig nicht im gleichen Ausmaß zu.

Sphären sind ebenso wie Systeme und Handlungen durch Schemata bestimmt.[403] Was wir der Wirtschaft, der Wissenschaft oder dem Privatleben zuordnen, und wo die (fließenden) Grenzen zwischen diesen Bereichen liegen, ergibt sich aus gemeinsamen Deutungsmustern, die ihrerseits einem ständigen Wandel unterliegen. Die Komplementarität von Handeln und Struktur führt dazu, daß der Übergang zwischen verschiedenen Feldern (»Kunst oder Kommerz?«) häufig unklar und umstritten ist. Soziale Deutungsmuster unterscheiden „zwischen bestimmten Typen von sozialen Aktivitäten ..., die in ihrer Gesamtheit jeweils eine identifizierbare soziale Sphäre bilden – *ohne* daß diese Sektoren insgesamt nach der Art von Organisationen, Gruppen oder ähnlichen sozialen Entitäten strukturiert und abgegrenzt wären".[404] Jedes Handlungsfeld umfaßt vielmehr eine ganze Reihe verschiedener Personen und Systeme. Diese mögen sich auf die sphärenspezifischen Aktivitäten spezialisiert haben oder aber zugleich in anderen Sektoren tätig werden. Im ersten Fall wäre an Schulen zu denken, die als Stätten der Ausbildung relativ problemlos dem Bildungswesen zugeordnet werden können. Das Gegenbeispiel sind dann Universitätskliniken, die nicht nur Stätten der wissenschaftlichen Forschung, sondern auch Kristallisationspunkte des Gesundheitswesens und Knotenpunkte eines bedeutsamen Dienstleitungsmarktes sind. Ähnliches gilt für Großunternehmen, bei denen man neben ökonomisch inspirierten Handlungen eine Vielfalt von Forschungsaktivitäten, Bildungsanstrengungen und politischen Prozessen findet. Hinzu kommt immer häufiger der Versuch, durch eine aktive Gestaltung von Organisationskulturen Sinn zu vermitteln. Damit wird eine einheitsstiftende Aufgabe übernommen, die im Gefolge des Wertewandels von religiösen Institutionen und imaginierten Gemeinschaften (z.B. der »Nation«) nicht mehr im gleichen Ausmaß wie früher erbracht werden kann.

Das *Verhältnis von Personen, Systemen und Sphären* läßt sich genauer klären, wenn man sich vor Augen führt, daß der Persönlichkeitsbegriff auf einmalige *Biographien* abzielt, während das Systemkonzept konkrete Formen der *Vergesellschaftung* umfaßt und die Unterscheidung von Handlungsfeldern an strukturell ähnlichen *Aktivitäten* ansetzt. In der Konsequenz führt das zu einer viel-

402 Diese Interpretation folgt Peters (1993, S. 173); sie wendet sich gegen die Parsons-Tradition.

403 Vgl. Schimank 1988, 1992a.

404 Peters 1993, S. 172. In ähnlicher Weise definiert Biesecker (1994a, 1994b, 1994c) die Ökonomie als Raum sozialen Handelns, in dem diverse Institutionen materielle Ansprüche absichern.

schichtigen Interdependenz dieser sozialtheoretischen Bausteine. Warum dies so ist, läßt sich anhand des in Abb. 6 dargestellten Schemas erläutern.

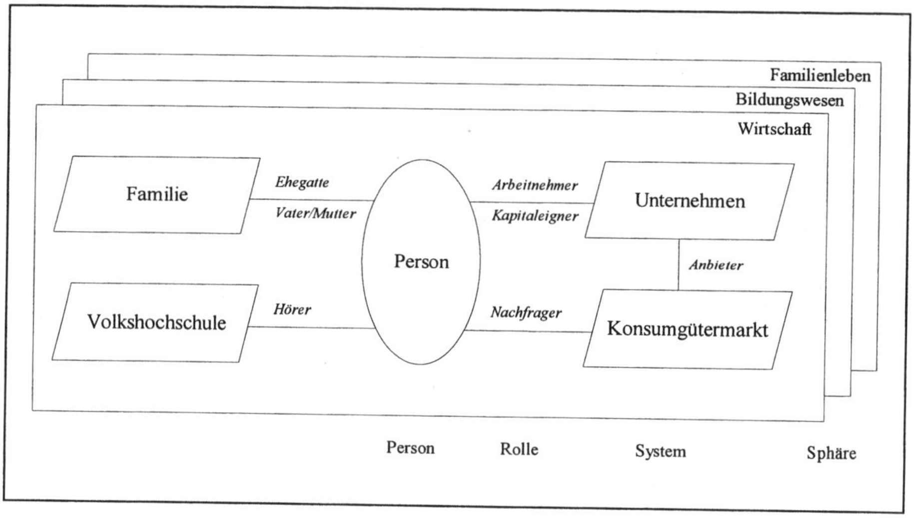


*Abb. 6: Die Interdependenz von Personen, Systemen und Sphären*

Ausgangspunkt unserer Betrachtungen ist eine konkrete *Person,* ein kompetenter Akteur, dessen individuelle Biographie durch bestimmte leibliche Eigenschaften, aber auch durch eine einzigartige Abfolge situationsspezifischer Handlungsvollzüge geprägt wird. Auf einer ähnlich konkreten Ebene lassen sich *Systeme* identifizieren. Hierunter verstehen wir verschiedene Formen der Vergesellschaftung, die in einigen Fällen den normativen oder institutionellen Rahmen für Interaktionen bilden (Märkte), teils aber auch – vermittelt durch individuelle Akteure – selbst handlungsfähig sind (Unternehmen, Vereine). Das Verhältnis zwischen *Person und System* läßt sich dann primär rollentheoretisch rekonstruieren.[405] Ein Individuum nimmt bezüglich bestimmter Vergesellschaftungen unterschiedliche, häufig sogar mehrere verschiedene *Rollen* wahr. Eine Rolle ist durch einen Komplex von Verhaltenserwartungen definiert, die an ihren Träger gestellt werden.[406] Die mikrosoziologische Rollentheorie führt diese Erwartungen auf gemeinsame normative Orientierungen der Akteure zurück. Sie sind letztlich nichts anderes als Handlungsschemata bzw. Strukturen, deren Aktualisierung in systemisch bestimmten Kontexten vom Rollenträger eingefordert wird.[407] Dies führt dann dazu, daß sich das Handeln im Familienkreis z.B. an den Rollen des Ehemanns und Familienvaters orientiert und jenes im Unternehmen an den Anforderungen gemessen wird, die man an einen Arbeitnehmer in einer bestimmten Position richtet.

405 Vgl. Büschges 1983, S. 171 ff.
406 Vgl. Mayntz 1980, Sp. 2044, grundlegend Dahrendorf 1977 und im Überblick Joas 1978.
407 Vgl. Giddens 1988, S. 73.

Rollenmuster können mehr oder weniger stark verankert sein. Während Organisationen zumeist explizite Erwartungen an ihre Mitglieder und Funktionsträger stellen und diese sogar schriftlich dokumentieren (in Stellenbeschreibungen oder Vereinssatzungen), sind andere Systeme durch ein diffuseres Rollengefüge gekennzeichnet. Ein Beispiel sind Verhandlungen, in denen die Rolle von Proponent und Opponent laufend getauscht wird, oder Märkte, bei denen die Rollenübernahme nicht langfristig, sondern erst durch die Ausübung bestimmter Aktivitäten (Warenangebot, Nachfrageäußerung) geschieht. Bestehende Verhaltenserwartungen werden jedoch nicht nur übernommen (role-taking), sondern auch immer wieder aktiv mitgestaltet (role-making). Interpretative Rollenkonzepte weisen darauf hin, daß jeder Akteur durch sein konkretes Handeln zum Ausdruck bringt, welche Rolle er tatsächlich zu spielen gedenkt. Eine solche zweiseitige Lesart der Rollentheorie stimmt mit unseren bisherigen Überlegungen zum Verhältnis von Handeln und Struktur überein; die Rollentheorie kann damit als mikrosoziologische Anwendung der allgemeinen Sozialtheorie rekonstruiert werden.[408]

Sofern korporative Akteure betroffen sind, ist die Rollenmetapher auch geeignet, um die Verschränkung verschiedener Systeme zu erklären.[409] Wenn konkrete Vergesellschaftungen als Bestandteil anderer Systeme auftreten, dann lassen sich diese Intersystembeziehungen als Rollengefüge rekonstruieren. Abb. 6 verdeutlicht dies am Beispiel des Konsumgütermarktes, in dem verschiedene Unternehmen (als korporative Akteure) die Rollen der Produzenten und Anbieter übernehmen, während Individuen vornehmlich als Nachfrager auftreten. Weil bestimmte Personen und Organisationen jedoch gleichzeitig eine Vielfalt verschiedener Rollen wahrnehmen, kommt es immer wieder zu Widersprüchen zwischen einzelnen Erwartungshaltungen. Eine Folge sind Interessen- und Entscheidungskonflikte verschiedenster Art.[410] Man denke etwa an einen Arbeitnehmer, der Belegschaftsaktien erwirbt und damit zum Anteilseigner wird, oder an den vielzitierten Konflikt zwischen Beruf und Familie, der letztlich auf konträre Erwartungen an die Rollen der Führungskraft und des Vaters bzw. der Mutter zurückzuführen ist.

Die Interdependenz von *Personen bzw. Systemen und Sphären* beruht dann darauf, daß in verschiedenen sozialen Kontexten und Vergesellschaftungen immer wieder Handlungen vollzogen werden, die man aufgrund ihrer strukturellen Ähnlichkeit bestimmten Typen und Handlungsfeldern zuordnen kann. Ein Beispiel sind Bildungsmaßnahmen wie EDV-Schulungen und Rhetorikkurse, die in ähnlicher Weise von Volkshochschulen, privaten Seminaranbietern und betrieblichen Personalentwicklern durchgeführt werden. Obwohl sie verschiedenen Systemen zuzuordnen sind, folgen sie doch den gleichen Strukturmustern, insbesondere natürlich den jeweiligen Leitbildern der Wissensvermittlung und Erwachsenenpädagogik. Die Maßstäbe, an denen wir solche Aktivitäten messen, sind dann auch diejenigen des Handlungsfeldes »Bil-

408 Vgl. zu einer solchen Lesart der Rollentheorie Löhr/Bischof 1993, S. 11 ff. und S. 21 f.
409 Vgl. Banton 1965, S. 13 ff., und zu den Grenzen dieser Sichtweise Mayntz 1980, Sp. 2050 f.
410 Vgl. zu Rollenkonflikten Parsons 1991, S. 280 ff., im PR-Kontext Steinmann et al. 1993, S. 37 f.

dungswesen« und nicht etwa die Rationalitätsvorstellungen der Wirtschaft oder des Familienlebens. Sphären umfassen also offenkundig eine Vielzahl konkreter Personen und Systeme. Umgekehrt ist es aber auch nur in den seltensten Fällen möglich, eine bestimmte Vergesellschaftung ausschließlich einem Handlungsfeld zuzuordnen – darauf hatten wir anhand zweier Beispiele (Universitätsklinik, Großunternehmen) bereits hingewiesen. Einzelne Sphären sind intern mehr oder minder lose gekoppelt. Während familiäre Beziehungen und Freizeitaktivitäten im allgemeinen relativ autonom gestaltet werden können, sind Wirtschaft, Politik und Recht durch starke Formen der wechselseitigen Einflußnahme und Einwirkung gekennzeichnet. Diese Integrationsprozesse sind ebenso wie verschiedene Formen der systemspezifischen Integration dafür verantwortlich, daß unser Zusammenleben trotz der latenten Widersprüchlichkeit individueller Handlungspläne und Handlungen immer wieder gelingt. Der dritte Teil unserer sozialtheoretischen Überlegungen widmet sich deshalb der Frage, welches Konfliktpotential die Interdependenz von Personen, Systemen und Handlungsbereichen in ausdifferenzierten Gesellschaften mit sich bringt, und welche prinzipiellen Integrationsformen uns zur Lösung dieser Abstimmungsprobleme zur Verfügung stehen.

## 3.3 Soziales Handeln und gesellschaftliche Integration

Im alltäglichen Lebensvollzug erfahren wir immer wieder, daß die Verwirklichung vieler Interessen und Intentionen mit Problemen verbunden ist. Unsere Bemühungen können einerseits scheitern, weil es uns an geeigneten Handlungsschemata oder Ressourcen mangelt. Der Handlungserfolg kann ferner durch die Aktivitäten anderer Akteure in Frage gestellt werden. In sozialen Zusammenhängen werden unsere Pläne immer dann durchkreuzt, wenn die notwendige Unterstützung oder Duldung anderer ausbleibt oder wenn sich gar aktiver Widerspruch regt. Ein Beispiel wäre der Verkauf eines Tochterunternehmens, der für eine Konzerngesellschaft aus unternehmenspolitischen Gründen wünschenswert sein mag. Der Verkauf wird nur dann gelingen, wenn sich erstens ein Käufer findet, zweitens die Kartellbehörden zustimmen und drittens ein nachhaltiger, auf Dauer ressourcenverzehrender Protest der betroffenen Mitarbeiter verhindert werden kann.

Das Kernproblem ist dabei stets die immanente Interdependenz sozialer Handlungen; sie macht den Erfolg vieler Interaktionen von den Interessenlagen und Intentionen anderer Akteure abhängig. Diese Interdependenz beruht zum einen darauf, daß wir bei der Verfolgung unserer Interessen auf (knappe) *Ressourcen* materieller und immaterieller Art angewiesen sind, die von anderen Akteuren bereitgestellt oder beansprucht werden können. Andererseits sind viele individuelle und gesellschaftliche Ziele nur arbeitsteilig zu erreichen. Dies gilt vor allem für die Befriedigung komplexer ökonomischer Bedürfnisse, die mindestens eine volkswirtschaftliche Arbeitsteilung (Branchen; Zulieferer/Hersteller/Handel), in den meisten Fällen aber auch eine innerbetriebliche *Differenzierung* in verschiedene Steuerungs- und Sachfunktionen notwendig macht. Diese Interdependenz führt nur deshalb nicht zu einer Paralyse des sozialen Lebens, weil uns in modernen Gesellschaften vielfältige Mechanismen der *Integration* zur Verfügung stehen, mit denen sich die skizzierten Konflikte lösen lassen.[411] Auf unser Beispiel bezogen wäre an den Markt für Unternehmensbeteiligungen, die Verfahrensvorschriften des Kartellrechts und nicht zuletzt an verschiedene Formen der Mitarbeiterkommunikation zu denken.

Unter *Integration* verstehen wir die Verknüpfung unterschiedlicher sozialer Handlungen oder Elemente zu einem gemeinsamen Handlungszusammenhang, in dem die Konfliktpotentiale von Arbeitsteiligkeit und Ressourcenverteilung bewältigt werden.[412] Soziale Integration wird damit zu einem normativen Begriff; sie kann in unterschiedlichem Ausmaß gelingen oder mißlingen. Insofern ist von einem Kontinuum zwischen integrierten und desintegrierten, pathologischen Handlungszusammenhängen auszugehen. Verschiedene *Integrationsmechanismen* führen im Ergebnis zu unterschiedlichen *Formen der Integration*.[413] Die Integrationsformen reichen dabei von einer Zielharmonisierung und gemeinsamen Willensbildung über die kooperative Zusammenarbeit zur arbeitsteiligen Problemlösung bis hin zu einer Anpassung individueller Aktivitäten im Wettbewerb. Das Zusammenführen verschiedener Handlungen und Elemente zu einem einheitlichen Ganzen kann man auch als *Integration i.e.S.*, die schwächeren Formen einer wechselseitigen Abstimmung und Nebenordnung dagegen als *Koordination* bezeichnen.[414] Eine gelungene Integration liegt immer dann vor, wenn ein situations- und problemadäquates Verhältnis von Freiheit und Bindung besteht. Die Stabilität von sozialen Beziehungen ist demnach durchaus zwiespältig zu beurteilen; im Bereich der Familie mag sie auf integrierte Beziehungen verweisen, im Wirtschaftsleben dagegen ein (negativer) Indikator für mangelnden Wettbewerb und geringe Handlungsspielräume sein.

Diese Überlegungen sind nicht nur von grundlegender sozialtheoretischer Bedeutung, sondern sie haben auch direkte Implikationen für die Unternehmenskommunikation, die einerseits mit anderen Aktivitäten abgestimmt werden muß, andererseits aber auch – dies zeigt das Beispiel der Mitarbeiterkommunikation – selbst einen gewichtigen Beitrag zur Integration verschiedener Interessen leisten kann.[415] Im folgenden wollen wir zunächst versuchen, eine begriffliche Präzisierung potentieller Handlungskonflikte vornehmen. Dadurch wird es möglich, verschiedene inhaltliche Dimensionen und Formen der Integration zu unterscheiden (3.3.1). Konkrete Integrationsprobleme unterscheiden sich ferner im Hinblick auf die raumzeitliche Ausprägung der zugrundeliegenden Handlungszusammenhänge. Wir wollen auch auf diesen Punkt kurz eingehen (3.3.2) und anschließend die prinzipiellen Ansatzpunkte sozialer Integrationsmechanismen skizzieren (3.3.3). Die Zusammenfassung dieser drei

---

411 Vgl. grundlegend zur Integrationsproblematik z.B. Habermas 1988, S. 68 f.

412 Vgl. Epskamp 1994, Giddens 1988, S. 80, Peters 1993, insbes. S. 23 ff., S. 41, und S. 92 ff.

413 Vgl. die Systematisierungen von Angell 1972, Peters 1993, S. 41.

414 Vgl. im betriebswirtschaftlichen Kontext Rühli 1992, Sp. 1165, und Macharzina 1995, S. 362.

415 Vgl. unten S. 208 ff.

Aspekte in einem mehrdimensionalen Klassifikationsraster (3.3.4) vervollständigt unseren sozialtheoretischen Bezugsrahmen.

### *3.3.1 Inhaltliche Dimensionen der Integration*

Der Vollzug von Handlungen setzt immer voraus, daß wir uns über die anzustrebenden *Zwecke* bzw. die zu realisierenden Interessen klar werden und geeignete *Mittel* zur Verwirklichung unserer Pläne auswählen. Dies gilt unabhängig davon, ob wir mit poietischen Handlungen in die natürliche Welt eingreifen oder mit anderen in Interaktion treten, wie dies bei der Bewältigung ökonomischer Problemlagen der Fall ist. Mit der Handlungsorientierung geht gleichzeitig die Möglichkeit von *Konflikten* bei der Mittelwahl und Zweckbestimmung einher, wobei Zwecke sowohl auf der Ebene einzelner Akteure wie auch zwischen Handelnden strittig sein können. Im Prinzip ergeben sich damit drei Konflikttypen, die durch unterschiedliche Integrationsformen *vermieden* oder *bewältigt* werden können:[416] Mittelkonflikte, subjektive Zweckkonflikte und intersubjektive Zweckkonflikte.[417] Sie sollen im folgenden kurz skizziert werden; anschließend ist auf die Bedeutung von Situationsdefinitionen und Handlungsinterpretationen für die Integrationsproblematik einzugehen.

#### 3.3.1.1 Mittelkonflikte und Handlungskoordination

Probleme der Interessenrealisierung und des Handelns drängen sich im einfachsten Fall immer dann auf, wenn uns die geeigneten *Mittel* zur Erreichung der verfolgten Zwecke nicht zur Verfügung stehen.[418] Wir sprechen in diesem Fall von *Mangelsituationen*, die durch den Erwerb von (schemabezogenen) Handlungsfähigkeiten oder die Bereitstellung der notwendigen Ressourcen bewältigt werden können. Eine solche Ressource wäre etwa eine leistungsfähige EDV-Ausstattung, die für die Erstellung individualisierter Serienbriefe an potentielle Kunden unabdingbar ist. Handlungskompetenz wird dagegen durch das Erlernen eines Computerprogrammes zur Serienbrieferstellung, aber auch die Entwicklung von Kalkülen für die Entscheidung zwischen Direktwerbekampagnen und massenmedialer Zielgruppenansprache entwickelt. Mangelsituationen betreffen also sowohl die direkte Wahl geeigneter Mittel als auch die vernünftige Abwägung von Unterzielen bei bestehenden Präferenzen und Interessen.[419] Es geht um geeignete Techniken der Interessenrealisierung, um die Bereitstellung *technischen und sozialtechnischen Wissens* zur Über-

---

416 Die Rede von *potentiellen* Konflikten verweist darauf, daß unsere Überlegungen zur sozialen Integration keineswegs erst ex post ansetzen, um manifeste Differenzen beizulegen, sondern daß es uns stets auch um die proaktive Vermeidung von Interessen- und Handlungskonflikten geht.

417 Diese Trias folgt Habermas 1991; vgl. ferner Peters 1993, S. 92 ff., und Kambartel 1992, S. 275. Die methodisch-konstruktive Unterscheidung von Mittel- und Zweckkonflikten wird damit um eine differenziertere Analyse der Zweckbestimmungen erweitert.

418 Vgl. Lorenzen/Schwemmer 1975, S. 149 f., Schwemmer 1976, S. 25, Habermas 1991, S. 101 f., im betriebswirtschaftlichen Kontext z.B. Braun/Schreyögg 1977, S. 195, Gerum 1977, S. 210.

419 Vgl. Habermas 1991, S. 102. Dies entspricht der klassischen betriebswirtschaftlichen Sichtweise von Schmalenbach (»Wirtschaften heißt wählen«); vgl. Löhr 1991, S. 48, Anm. 32.

windung der aufgetretenen Schwierigkeiten.[420] Bei der Lösung solcher *pragmatischen* Probleme wird der Horizont der *Zweckrationalität*, der Suche nach Techniken, Programmen und Strategien für den Eingriff in die natürliche oder verobjektivierte Welt, nicht überschritten.[421] Die Handlungen und Interessen anderer Akteure, aber auch alternative Entwürfe der eigenen Identität werden nur als Randbedingungen berücksichtigt. Faktische Zwecksetzungen werden nicht mehr hinterfragt.

Dies bedeutet gleichzeitig, daß sich die *soziale Integration* hier als ein Problem der *Koordination poietischer Handlungen* präsentiert.[422] Wir müssen unsere Handlungen mit denjenigen anderer Akteure abstimmen, damit die Orientierung in der objektiven bzw. verobjektivierten Welt gelingt. Dazu sind Integrationsmechanismen notwendig, die den Beteiligten eine zweckrationale Beantwortung der Frage »Was sollen wir tun?« ermöglichen. Eine darüber hinausgehende Übereinstimmung in der Zieldimension ist nicht notwendig. Beispiele für solche Integrationsmodi wären die Ausübung von Zwang, die Zuweisung von Routineaufgaben in Organisationen, das Preissystem auf Märkten, Verhandlungen, aber auch eingeübte Formen des Zusammenspiels beim Mannschaftssport. Bei der Inanspruchnahme dieser Mechanismen kann sich der einzelne Akteur an (sozial)technischen Regeln der *Geschicklichkeit* und pragmatischen Kriterien der *Klugheit* orientieren. Dieses Wissen nimmt die Form eines *relativen Sollens* an;[423] es sagt uns, wie wir angesichts bestimmter Schwierigkeiten handeln sollen, *wenn* wir bestimmte Zwecke oder Interessen realisieren wollen.

Welche Mangelsituationen überhaupt auftreten, hängt freilich davon ab, *welche* Zwecke die Akteure verfolgen. Technische Probleme werden stets durch die zu verfolgenden Zielsetzungen definiert; beispielsweise stellen sich die oben skizzierten Fragen der Direktwerbung erst gar nicht, wenn ein (korporativer) Akteur – z.B. eine Behörde – Marketing und Kundengewinnung überhaupt nicht als notwendig erachtet. Mittelkonflikte müssen daher stets im Licht der zugrundeliegenden Zwecke und Interessen betrachtet werden. Sobald diese aber selbst strittig oder widersprüchlich sind, haben wir es mit einer anderen Art von Handlungsproblemen, mit Zweckkonflikten, zu tun.

#### 3.3.1.2 Zweckkonflikte und Interessenintegration

Von *Interessenkollisionen* oder *Konfliktsituationen i.e.S.* sprechen wir dann, wenn verschiedene Handlungsziele miteinander unvereinbar sind oder unsere *Zwecke* im Widerspruch zu denen anderer Akteure stehen.[424] Nach Kambartel liegt eine Interessenkollision genau dann vor, „wenn für die in einem Hand-

420 Vgl. z.B. Lorenzen/Schwemmer 1975, S. 149 f., Lorenzen 1978a, S. 28.

421 Dies entspricht der Aufgabenstellung des kritischen Rationalismus, vgl. Albert 1991. Zur Zweckrationalität vgl. ferner Weber 1964, S. 18, und Habermas 1987a, insbes. S. 377 ff.

422 Vgl. Peters 1993, S. 93.

423 Vgl. Habermas 1991, S. 102 f.; zu Klugheit und Moral auch Frankena 1986, S. 23.

424 Vgl. Kambartel 1974a, S. 65 ff., Lorenzen/Schwemmer 1975, S. 149 ff., Schwemmer 1976, S. 25, im betriebswirtschaftlichen Kontext auch Löhr 1991, S. 48.

lungszusammenhang stehenden Personen und Gruppen keine Handlungsweisen verfügbar sind, die es ihnen gestatten, alle ihre Interessen zu verfolgen; und zwar deswegen nicht, weil die Einlösung bestimmter Interessen stets, d.h. welche Handlungsweisen man auch vorsieht, das Zurückstellen anderer Interessen bedeutet".[425]

Die Lösung von Zweckkonflikten setzt *praktisches* bzw. *politisches Wissen* voraus. Wir müssen uns über die Vorzugswürdigkeit alternativer Zielsetzungen Klarheit verschaffen, damit vorhandene oder drohende Konfliktsituationen beseitigt bzw. verhindert werden. Eine Interessenkollision läßt sich nämlich per definitionem nicht dadurch vermeiden, daß andere Handlungsweisen oder Mittel gewählt werden – in diesem Fall würde ja »bloß« ein technisches Problem vorliegen.[426] Wenn aber eine Änderung der faktisch verfolgten Interessen notwendig wird, dann erhält die Frage »Was sollen wir tun?« eine neue Qualität. Es geht nicht mehr um eine zweckrationale Auseinandersetzung mit der objektivierten oder verobjektivierten Welt, sondern um eine Definition der Lebensformen und Situationen, die für uns selbst oder auch für alle Handelnden erstrebenswert sind. Dabei wollen wir aus der Sicht einer Person oder Gemeinschaft von einem *subjektiven Interessenkonflikt* sprechen, wenn unser eigener Zweckekanon widersprüchlich ist, und eine Kollision mit den Zwecksetzungen anderer Akteure als *intersubjektive Interessenkonflikte* bezeichnen.

Fragen der *subjektiven Interessenorientierung* betreffen im Kern das Problem, „welches Leben man führen möchte und das bedeutet: welche Person man ist und zugleich sein möchte".[427] Die Ausbildung eines widerspruchsfreien Interessenkanons betrifft das Selbstverständnis jedes Akteurs, sie prägt seinen Charakter und seine Identität. Solche prinzipiellen Orientierungen, die mehr sind als einmalige Präferenzen oder zufällige Neigungen, begegnen uns im alltäglichen Handeln einerseits in der individuellen Lebensplanung von Personen (Berufswahl, Sozialbindungen, Beantwortung von Sinnfragen), andererseits in Form von gewachsenen Wertorientierungen und Selbstverständnissen konkreter Institutionen (Unternehmenskultur, gruppenspezifische Einstellungen zu gesellschaftspolitischen Fragen). Subjektive Interessenkonflikte münden notwendigerweise in Entscheidungen über *Werte und Maximen*, über die Kriterien des guten und gelungenen Lebens, die zur Beurteilung und Abwägung divergierender Interessen herangezogen werden können.[428] Solche Erörterungen sprengen den Rahmen der Zweckrationalität. Sie fallen, wenn man dem aristotelischen Sprachgebrauch folgen will, in den Bereich der Ethik.[429] Das *ethisch-existentielle* Problem, wer man ist und sein möchte, mündet im sozialen Kon-

425 Kambartel 1974a, S. 65, vgl. auch Janich et al. 1974, S. 113 ff.

426 Vgl. Kambartel 1974a, S. 65.

427 Habermas 1991, S. 103.

428 Vgl. zu diesen klassischen Fragen Frankena 1986, S. 27 und S. 77 f., Cortés Rodas 1993, S. 69.

429 Unter Ethik verstehen wir hier die (methodische) Reflektion über die Zwecke des Handelns, mit der stets eine Kritik der faktischen Zwecksetzungen und Interessen einhergeht. Im Unterschied zu Lorenzen (1991, S. 37), Steinmann/Löhr (1994a, S. 8 ff.) und mit Habermas (1991, S. 103), Wingert (1993, S. 131 ff.) verwenden wir den Terminus »Ethik« jedoch nicht nur für transsubjektive Orientierungen (Moralnormen), sondern auch für subjektive Konzeptionen des Guten.

text in die *ethisch-politische* Frage, welche Ideale von den Angehörigen einer konkreten Organisation oder Gesellschaft geteilt werden.[430] Sobald mehrere Akteure beteiligt sind, ist zugleich eine *Integrationsleistung* zu erbringen: Probleme der Bedürfnisinterpretation, Lebensplanung und Identitätsbildung erfordern Integrationsformen, die zur Herausbildung gruppenspezifischer Orientierungen beitragen.[431] Zu denken wäre hier insbesondere an soziale Beziehungen, die den Charakter von Freundschaften, Institutionen und imaginierten Gemeinschaften annehmen können.

Diese Integrationsmodi tragen dazu bei, den Status quo unklarer oder widersprüchlicher Interessen und Werte in Frage zu stellen und nach begründeten Neuorientierungen zu suchen. Solche Wertentscheidungen betreffen aber nur die partikulare Identität des Einzelnen bzw. das kollektive Selbstverständnis eines sozialen Systems. Sofern keine identitätsstiftende Verbindungslinie, z.B. zwischen den Mitgliedern einer Religionsgemeinschaft oder eines Staatenbundes, erkennbar ist, werden andere Akteure und deren Interessenlagen weiterhin verobjektiviert. Weil das Gute letztlich egozentrisch bzw. ethnozentrisch bleibt, kann es auch nur einen lokalen Geltungsanspruch erheben.

Diese partikulare Geltung wird immer dann in Frage gestellt, wenn verschiedene Konzeptionen des Guten aufeinandertreffen und auf der Ebene des Handelns konkrete Konflikte hervorrufen. Um ein verträgliches Miteinander der faktischen Vielfalt von Identitäten und Lebensformen in posttraditionalen Gesellschaften sicherzustellen, ist eine *intersubjektive Interessenorientierung* notwendig. Eine Regelung von Handlungskonflikten, die auf gegensätzliche Interessenlagen der beteiligten Akteure zurückzuführen sind, kann jedoch nur gelingen, wenn die Pluralität von Lebensentwürfen und (Sub-) Kulturen anerkannt wird. Im Kern geht es dann um die *ethisch-moralische* Frage, welche Interessen als handlungsbezogene *Normen* transsubjektive Gültigkeit beanspruchen können, und wie man gegebenenfalls zu einem solchen gemeinsamen Zweckekanon gelangt.[432] Die *Integrationsproblematik* präsentiert sich hier in aller Schärfe. Es geht nicht mehr um die Kompatibilität des Eingreifens in die objektive Welt oder um die Generierung eines einheitlichen Interessenspektrums, sondern um „die Notwendigkeit, *konfligierende* Ansprüche auszugleichen und das Wohl und die Integrität aller Betroffenen angemessen zu berücksichtigen".[433]

Entsprechende Integrationsmechanismen zielen nicht auf das subjektiv Gute ab, sondern auf das Gerechte, das von den Konfliktparteien anerkannt werden kann. Daraus folgt noch nicht, daß entsprechende Normen oder Begründungsverfahren zwangsläufig für *alle* kompetenten Akteure gelten. Ein solch starker Anspruch würde einen naturrechtlichen Rekurs auf kulturinvariante Eigenschaften des Menschen oder aber den Nachweis unverrückbarer Strukturen des

430 Vgl. Habermas 1991, S. 108 f., ders. 1992, S. 198 f. Lorenzen (1985, 1987, 1989) bezeichnet dagegen alle Arten von Zweck- und Interessenkonflikten als ethisch-politische Probleme.

431 Vgl. Peters 1993, S. 93.

432 Vgl. Frankena 1986, S. 27 und S. 78, sowie Habermas 1991, S. 105 ff.

433 Peters 1993, S. 93.

Handelns erforderlich machen. Die diesbezüglichen Bestrebungen der Universal- und Transzendentalpragmatik (Habermas, Apel, Kuhlmann) übersehen jedoch, daß alle Ansätze zur Konfliktlösung ihren Ausgangspunkt stets in der „sozial eingebundenen, rechtlich und institutionell verfaßten Situation des Handelnden“ [434] nehmen.[435] Daher erlangen auch moralische Maßstäbe zunächst nur lokale Geltung; sie verpflichten nur die beteiligten Personen und Organisationen in Ansehung ihrer jeweiligen Identitäten und Lebensformen. Eine weitergehende Universalisierung von Normen setzt voraus, daß eine gemeinsame Basis der Problemerfahrung und -bewältigung mit anderen Akteuren vorhanden ist oder hergestellt werden kann. Bestimmte materiale Menschenrechte mögen dann in verschiedenen Kulturkreisen als Orientierungsmaßstab dienen, weil bezüglich der zugrundeliegenden Interessenkonflikte ähnliche Erfahrungen vorliegen.[436] Unabhängig davon ist das Streben nach universalisierbaren Normen jedoch zweifelsohne ein spezifisches Merkmal *unserer* Kultur, in der die am eigenen Wohl orientierte Goldene Regel durch den Kategorischen Imperativ und seine Forderung nach allgemeingültigen Orientierungen ersetzt wird. Die Universalität wird damit selbst zu einer Lebensform, die bestimmte andere Lebensformen und (Sub-) Kulturen verbindet, aber weiterhin dort an Grenzen stößt, wo es an einer gemeinsamen Praxis der Konfliktbewältigung mangelt.[437] Damit wird im Vorgriff auf die nachfolgenden Erörterungen zugleich deutlich, wie intersubjektive Interessenkonflikte im Prinzip gelöst werden können. Die beteiligten Akteuren können sich einerseits auf gemeinsame Moralnormen (Menschenrechte) oder Begründungsverfahren (Universalisierungsprinzip) *berufen,* andererseits aber auch versuchen, solche Verbindungslinien ausgehend vom konkreten Problem zuallererst *herzustellen.*[438] Damit kommt die Dualität von Handeln und Struktur auch auf dieser Ebene zum Ausdruck; unser Handeln wird von transsubjektiven Orientierungen geprägt, leistet aber andererseits immer wieder einen Beitrag zur Reproduktion und Veränderung dieser Normen.

Die *Trennlinie zwischen subjektiven und intersubjektiven Interessenkonflikten* ist oft nur schwer erkennbar.[439] Welcher Unterschied besteht beispielsweise zwischen der Frage nach einer wünschenswerten Regierungsform, die unter Rückgriff auf die politischen Ideale einer Gesellschaft beantwortet werden kann, und elementaren Menschenrechten, die wir im Lichte moralischer Orientierungen beurteilen? Die Antwort wird deutlich, wenn man sich in die Rolle

434 Gethmann 1992, S. 152. Vgl. zu weiteren Kritiklinien Hubig 1995.

435 Vgl. zur diesbezüglichen Kritik der Universalpragmatik (Habermas 1983, 1986, 1992) Kambartel 1989c, Lueken 1992, S. 223 ff., und bzgl. der Transzendentalpragmatik (Apel 1973, Kuhlmann 1985) insbes. Gethmann 1987, 1993b.

436 Vgl. Kambartel 1993d, S. 11, mit ähnlichem Ergebnis auch Rawls 1993.

437 Vgl. vor allem Kambartel 1989b und 1992, ferner H.J. Schneider 1994, S. 43.

438 Vgl. Kambartel 1991, S. 121, sowie Giddens 1993, S. 483 ff.

439 Die Abgrenzung zwischen der Frage nach dem Guten und dem Gerechten wurde von der sprachphilosophisch motivierten Ethik lange Zeit vernachlässigt. Sie wurde im Gefolge der Kommunitarismus-Diskussion (McIntyre, Sandel, Charles Taylor, Walzer; vgl. Brumlik/Brunkhorst 1993, Honneth 1993) wieder aufgegriffen; vgl. v.a. Habermas 1986, ders. 1992, Wingert 1993, Cortés Rodas 1993, S. 69 ff., Kambartel 1992, 1993d, Gethmann 1992, S. 165 ff.

der *Teilnehmer* an einem Interessenkonflikt versetzt und die jeweiligen Einstellungen des Akteurs oder der Akteure rekonstruiert.[440] Bei *subjektiven* Interessenkonflikten steht die Bestimmung oder Explikation einer individuellen Lebensgeschichte oder gemeinschaftlichen Lebensform zur Debatte. Die Auseinandersetzung um das partikulare Gute wird hierbei in Ansehung der eigenen Individualität bzw. der Zugehörigkeit zu einer konkreten Vergesellschaftung geführt. Als Leitidee dient dabei stets die Frage, was für *mich* oder für *unsere* Kultur erstrebenswert ist und somit zur Ausbildung eines widerspruchsfreien Zweckekanons beiträgt. Diese Abwägung führt zwangsläufig zur Ablehnung bestimmter Ideale, die nicht für uns, wohl aber für andere Personen oder Lebensformen sinnstiftend sein mögen. Kommt es deshalb zu *intersubjektiven* Interessenkonflikten, so wird eine neue Einstellung der Handelnden notwendig. Sie müssen jetzt versuchen, eine gerechte Lösung herbeizuführen, die für sie *und* die anderen gilt. Unsere begriffliche Unterscheidung orientiert sich also daran, ob der Interessenwiderspruch *von den Betroffenen* als individueller bzw. lebensformspezifischer Konflikt oder aber als Kontroverse zwischen alternativen Identitätsentwürfen und Kulturen betrachtet wird. Hier bestehen natürlich fließende Übergänge, die letztlich auf die Interdependenz und die unklaren Grenzziehungen vieler Lebensbereiche zurückzuführen sind. Die Lösung von Handlungskonflikten mag deshalb darauf angewiesen sein, daß zunächst eine gemeinsame Definition der Problemlage herbeigeführt wird. Hierauf wird im folgenden Abschnitt einzugehen sein.

#### 3.3.1.3 Situationsdefinitionen und Handlungsinterpretationen

Eine besonderes Problem liegt vor, wenn unsere Handlungen scheitern, aber zunächst unklar bleibt, ob dies auf fehlende Mittel oder widersprüchliche Zwecksetzungen zurückzuführen ist.[441] In ähnlicher Weise können bei der eigentlichen Konfliktbewältigung Mißverständnisse auftreten, wenn die Beteiligten ihre jeweiligen Handlungen unterschiedlich interpretieren.[442] Beispielsweise mag die Koordination ökonomischer Handlungen durch das Preissystem kurzfristig daran scheitern, daß die Anbieter eine steigende Nachfrage irrtümlicherweise auf saisonale Schwankungen und nicht auf eine Änderung von Konsumpräferenzen zurückführen. Das Ringen um gemeinsame moralische Orientierungen kann dagegen durch verschiedene Lesarten einschlägiger Begriffe behindert werden; unter »Meinungsfreiheit« versteht man in unserer Kultur sicherlich etwas anderes als in totalitär geprägten Gesellschaften.

Im Kern geht es hier stets um kontroverse *Situationsdefinitionen* und *Handlungsinterpretationen*, die im Gefolge von Mittel- und Interessenkonflikten auftreten. Die Aufklärung dieser Widersprüche präsentiert sich als ein eigenständiges *kognitives* Problem, das vorab oder parallel zur eigentlichen Kon-

---

440 Vgl. hierzu auch den kontrastierenden Vergleich von Habermas 1991, S. 105 ff.

441 Vgl. Lorenzen 1985, S. 164.

442 Vgl. Schwemmer 1976, S. 37, und Lorenzen/Schwemmer 1973, S. 150, die darauf hinweisen, daß die Bewältigung von Mißverständnissen bei der gemeinsamen Konfliktbewältigung eine vorab zu lösende Teilaufgabe der Überwindung von Mittel- und Zweckkontroversen ist.

fliktbewältigung und Handlungsintegration gelöst werden muß.[443] Der Versuch, die Problemdefinition *vorweg* durchzuführen, stößt in komplexen Handlungszusammenhängen jedoch rasch an Grenzen. Im Zuge des Integrationsprozesses werden Präferenzen und Mittelwahlen schrittweise verändert, so daß eine *fortschreitende* Situations- und Handlungsinterpretation notwendig wird.[444] Die Herstellung eines gemeinsamen Deutungsrahmens ist eine permanente Herausforderung. Um ihr gerecht zu werden, ist es im Prinzip notwendig, schemabezogenes Wissen, z.B. über Marktsignale und die Bedeutung von »Freiheit«, zu aktivieren oder herzustellen.[445] Im einfachsten Fall mag sich dann herausstellen, daß ein vermeintliches Dilemma schlicht auf ein Mißverständnis zurückzuführen ist; die Konfliktlösung reduziert sich dann darauf, sich einer gemeinsamen Situationsbeschreibung zu vergewissern. Wenn es dagegen an geeigneten Mitteln mangelt oder widersprüchliche Zwecke verfolgt werden, kann eine Verdeutlichung der jeweiligen Handlungsweisen und Motive dazu beitragen, daß soziale Integrationsformen (Preissystem, Moralnormen, Rechtsvorschriften, Argumentationen) die ihnen zugedachte Aufgabe erfüllen.

### *3.3.2 Raumzeitliche Dimensionen der Integration*

Ein zweites Merkmal, anhand dessen man konkrete Integrationsprobleme klassifizieren kann, ist die raumzeitliche Ausprägung sozialer Handlungszusammenhänge. Mechanismen, die eine Reziprozität auf der Ebene *direkter Interaktionen* zwischen Personen und Korporationen steuern sollen, unterscheiden sich von solchen, mit denen die Handlungen und Interessen von *zeitlich bzw. räumlich getrennten* Akteuren verknüpft werden. Diese Unterscheidung ist deshalb von zentraler Bedeutung, weil die Zunahme raumzeitlich ausdifferenzierter Interaktionen für moderne Gesellschaften kennzeichnend ist.[446] Habermas hat dieses Thema in seiner »Theorie des kommunikativen Handelns« zum Leitmotiv einer kritischen Zeitdiagnose gemacht, die eine Kolonialisierung der (soziologisch verstandenen) Lebenswelt durch systemisch geprägte Beziehungsmuster konstatiert.[447] Sein Begriffspaar der Sozial- und Systemintegration führt jedoch zu weitreichenden Aporien, weil es die raumzeitliche Integrationsdimension nicht unabhängig von inhaltlichen Problemstellungen und Lösungsansätzen konzipiert.[448] Giddens vermeidet diese Unschärfen, indem er mit diesen Termini zunächst nur die Integration im Nahbereich von derjenigen im Fernbereich unterscheidet.[449] Seine Theorie der

443 Anders als Lorenzen/Schwemmer (1973, S. 150) behandeln wir die Bewältigung von Mißverständnissen damit nicht als eine Quantite négligeable, die der eigentlichen Konfliktlösung unterzuordnen und deshalb nicht weiter zu thematisieren ist.

444 Vgl. Knapp 1978, A.G. Scherer 1993, S. 222, Anm. 78, ähnlich Wohlrapp 1979, S. 142.

445 Vgl. auch oben S. 95 ff.

446 Vgl. etwa Giddens 1992a, S. 26 f., und ders. 1995a, S. 28 ff.

447 Vgl. Habermas 1987b, insbes. S. 229 ff.

448 Vgl. Habermas 1973a, S. 11 ff., ders. 1987b, S. 173 ff. und S. 223 ff.; zur Kritik Peters 1993, S. 41 f. und S. 202 f., sowie Dietz 1993.

449 Vgl. v.a. Giddens 1988, S. 80 f., S. 192 ff., S. 431 f., ders. 1995b, sowie Calhoun 1992, S. 207 f.

Spätmoderne beruht auf der Feststellung, daß die Verfügbarkeit universeller Maße und Meßmethoden zu einer Entleerung von Raum und Zeit geführt hat. Soziale Beziehungen können aus konkreten räumlichen Gegebenheiten herausgelöst und – z.B. durch Märkte – über unbestimmte Raum-Zeit-Distanzen hinweg rekombiniert werden.[450] Die Folge ist eine *Entflechtung von Handlungszusammenhängen* (Disembedding) und eine Zunahme von Interaktionen im Fernbereich, bei denen die Beteiligten nicht mehr gleichzeitig präsent sein müssen. Daraus ergeben sich neue Fragestellungen, insbesondere solche des sozialen Vertrauens, aber auch wichtige Konsequenzen für die Lösung des Integrationsproblems. Diese Punkte sollen im folgenden diskutiert werden.

#### 3.3.2.1 Integration im Nahbereich

Handlungsinterdependenzen, die den Erfolg unserer Aktivitäten in pragmatischer, ethischer oder kognitiver Hinsicht in Frage stellen können, treten im einfachsten Fall zwischen gleichzeitig anwesenden Akteuren auf. Man denke etwa an die fortwährenden Interaktionen eines Projektteams, das eine Kommunikationskampagne entwickeln und realisieren soll. Zur Erfüllung der gemeinsamen Aufgabe ist es notwendig, daß sich die Aktivitäten der einzelnen Mitarbeiter ergänzen und gegebenenfalls eine Klärung strittiger Situationsdeutungen, Handlungsinterpretationen und Zielvorstellungen herbeigeführt wird. Die Vernetzung disparater Handlungen präsentiert sich als ein Problem der direkten Integration auf der Ebene von face-to-face-Interaktionen. Giddens führt an dieser Stelle den Begriff der *Sozialintegration* ein; er stellt damit auf die „Reziprozität zwischen Akteuren in Kontexten von Kopräsenz“ [451] ab.

Im Kern geht es ihm dabei um die Kennzeichnung sozialer Beziehungen im *Nahbereich*, die selbstverständlich – um naheliegenden Mißverständnissen vorzubeugen – den systemischen Charakter raumzeitlich verfestigter Interaktionsmuster annehmen können.[452] Beispiele wären flüchtige, aber dennoch von sozialen Regeln geprägte Begegnungen auf der Straße und im Café, familiäre Handlungszusammenhänge, aber auch die alltäglichen Beziehungen in einer Arbeitsgruppe. Die Anwesenheit der Handelnden schafft wichtige Randbedingungen, die für die Struktur sozialer Integrationstypen von unmittelbarer Bedeutung sind. Im Prinzip kann die direkte Interaktion von sehr verschiedenartigen Mechanismen gesteuert werden; das Spektrum reicht von einer intuitiven Koorientierung im Mannschaftssport über Formen des Gesprächs und die Ausübung von körperlicher Gewalt bis hin zum Rekurs auf gruppenspezifische Wertvorstellungen. Allerdings erweisen sich Integrationstypen, die sich stark generalisierte Strukturen zu eigen machen, für den Nahbereich als weniger geeignet. Allgemeine Normen, Bewertungen und Deutungsmuster verlieren in

---

450 Vgl. Giddens 1992a, S. 26, ders. 1995a, S. 17 ff.; im Hinblick auf den sozialen Wandel auch ders. 1995b, S. 155 ff. Der Wandel der raumzeitlichen Wahrnehmung wird in modernen Gesellschaften wesentlich durch die Entwicklung der (Massen-) Medien beeinflußt; vgl. Großklaus 1995.

451 Giddens 1988, S. 81.

452 Vgl. Giddens 1988, S. 80; sein Systembegriff stimmt mit dem von uns vorgeschlagenen überein.

Situationen der Kopräsenz an Bedeutung, weil dort eine situations- und problem*spezifische* Lösung von Handlungskonflikten möglich ist. In der Unternehmenspraxis zeigt sich dies vor allem im kommunalen Umfeld. Viele Energieversorger haben festgestellt, daß sich die Beziehungen zu den Anrainern eines Kraftwerks nur selten durch den Rekurs auf stereotype Wertmuster, wohl aber durch eine Erörterung der lokalen Betroffenheiten gestalten lassen. Die grundsätzliche Bewertung der Atomenergie tritt in diesen Fällen hinter die direkten Erfahrungen zurück, die die Beteiligten miteinander machen.[453]

#### 3.3.2.2 Integration im Fernbereich: Zur Relevanz von generalisierten Interaktionsmechanismen, Vertrauen und Images

In modernen Gesellschaften treten Handlungsinterdependenzen nicht nur zwischen Anwesenden, sondern ebenso zwischen räumlich und/oder zeitlich getrennten Akteuren auf. Das beste Beispiel sind ökonomische Beziehungen. Die arbeitsteilige Bedürfnisbefriedigung involviert Produzenten und Konsumenten, die sich einerseits an verschiedenen Orten aufhalten, andererseits aber auch zu verschiedenen Zeitpunkten am Wirtschaftsprozeß teilnehmen. Als Verbraucher kaufen wir täglich Waren, die vor einer mehr oder minder langen Frist im In- und Ausland hergestellt wurden. Die zeitliche Dimension kann dabei sogar über die Gegenwart hinausreichen. Man denke etwa an die Konsequenzen, die das ökonomische Handeln heutiger Akteure für die Lebensbedingungen künftiger Generationen haben kann, oder umgekehrt an die Folgen, die bestimmte geschichtliche Erfahrungen für die Identität von Personen, Gruppen und Nationen zeitigen.

Die „Reziprozität zwischen Akteuren oder Kollektiven über größere Raum-Zeit-Spannen“ [454] wird von Giddens als *Systemintegration* bezeichnet. Präziser sollte man von der Integration sozialer Beziehungen im *Fernbereich* sprechen. Damit geht die Frage einher, welche Konsequenzen die Entflechtung von Handlungszusammenhängen und die Abwesenheit der Beteiligten für die soziale Integration haben. Im Kern sind hier drei Punkte relevant, die verschiedene Aspekte des Integrationsprozesses betreffen und im folgenden näher diskutiert werden: Im Fernbereich müssen sich die Akteure bei der Einschätzung der Situationsmerkmale zu einem großen Teil auf *Images* stützen, weil es ihnen an erfahrungsgestütztem Wissen mangelt. Sie müssen zweitens generalisierte *Integrationsmechanismen* in Anspruch nehmen, damit die Anschlußfähigkeit ihrer Handlungen auch dann sichergestellt ist, wenn die Grenze einer engen Kontextgemeinschaft überschritten wird. Schließlich müssen alle Beteiligten darauf *vertrauen*, daß die perzipierten Situationsmerkmale zutreffen und die aktualisierten Strukturkomplexe die ihnen zugedachten Aufgaben erfüllen. Der Grund dafür ist wiederum die vergleichsweise schwache Erfahrungsbasis, die einer vollständigen Beherrschung der Situation im Wege steht.

453 Vgl. zu entsprechenden PR-Konzepten unten S. 367 ff. und Steinmann et al. 1993, Kresse 1995.

454 Giddens 1988, S. 81.

Wenn die Möglichkeit zur direkten Interaktion entfällt, müssen Strukturen aktiviert werden, die eine möglichst breite Wirkung entfalten und von den spezifischen Merkmalen einzelner Handlungszusammenhänge abstrahieren. Parsons hat im Rahmen seiner soziologischen Medientheorie eine Typologie dieser *Integrationsmechanismen* vorgeschlagen, die später von Habermas weiterentwickelt wurde und auch an dieser Stelle aufgegriffen werden soll.[455] Im Prinzip ist von vier Idealtypen (Markt, Hierarchie, Prestige- und Wertordnungen) auszugehen, die sich anhand der jeweils in Anspruch genommenen *Interaktionsmedien* voneinander abgrenzen lassen.[456] Um bei dem anfangs genannten Beispiel zu bleiben: Das Preissystem als Kernelement der Marktwirtschaft setzt auf das Medium »Geld«, um die raumzeitlich auseinanderfallenden Handlungen von Produzenten und Konsumenten zu koordinieren.[457] Weitere Medien, mit deren Hilfe die Steuerung von Interaktionen im Fernbereich ermöglicht wird, wären administrative Macht, geteilte Wertvorstellungen sowie Einfluß, der auf sozialer Reputation (Prestige, Expertenwissen) beruht. Abstrakte Integrationsmechanismen und generalisierbare Medien sind eine Grundvoraussetzung für die Entflechtung sozialer Handlungszusammenhänge und damit ein wesentliches Merkmal der Moderne.[458] Sie ermöglichen die Verknüpfung fragmentierter Beziehungen, bringen aber zugleich eine Dimension ins Spiel, die für die Sozialtheorie von größter Bedeutung ist: das Vertrauen.

Der *Vertrauensbegriff* ist ein ebenso zentrales wie umstrittenes Element der sozialwissenschaftlichen Forschung.[459] Für unsere Zwecke läßt er sich in drei Schritten rekonstruieren. Hierbei müssen wir zunächst das Basisvertrauen vom sozialen Vertrauen unterscheiden, bevor wir letzteres in der Zustands- und Prozeßdimension beleuchten können. Vertrauen wird immer dann notwendig, wenn unser Handeln durch Kontingenz, insbesondere auch durch mangelndes Wissen über die Eigenschaften und das Verhalten bzw. Handeln anderer gekennzeichnet ist.[460] Im Prinzip müssen wir bei jedem Schritt darauf vertrauen, daß der Boden nicht durch ein Erdbeben erschüttert wird, und bei jeder Begegnung mit einem Fremden darauf bauen, daß uns dieser nicht tätlich angreift. Ein solches *Basisvertrauen* im Sinne eines „Zutrauens zu eigenen Erwartungen" [461] (Luhmann) und einer gewissen „ontologischen Sicherheit" [462] (Giddens) ist eine unabdingbare Voraussetzung des menschlichen Lebens. Die

455 Vgl. Parsons 1980a, 1980b, 1980c, im Überblick Jensen 1980b, Münch 1982, S. 123 ff., sowie Habermas 1980, 1987b, S. 269 ff. und S. 384 ff. Zur vergleichenden Rekonstruktion vgl. Künzler 1989, zu den empirischen Anschlußstellen vgl. Münch 1995, S. 159 ff.

456 Jensen (1984, S. 153) bezeichnet Medien als *„selektive Verstärkungs-* und *Transfermechanismen";* vgl. zum soziologischen Medienbegriff auch ders. 1980b, S. 11 ff.

457 Vgl. hierzu bereits die »Philosophie des Geldes« von Simmel 1989, S. 448 ff.

458 Giddens (1992, S. 26) bezeichnet sie deshalb auch als „entflechtende Mechanismen".

459 Vgl. zum Vertrauensbegriff Luhmann 1989, Gambetta 1988, Giddens 1995a und im Kontext der PR-Theorie Ronneberger/Rühl 1992, S. 237 ff., Bentele 1994a, Vercic/Grunig 1995, S. 13 f.

460 Vgl. Luhmann 1989, S. 1, und Giddens 1995a, S. 48.

461 Luhmann 1989, S. 1.

462 Giddens 1995a, S. 117. An anderer Stelle beschreibt Giddens das Basisvertrauen als einen *„protective cocoon*, which all normal individuals carry around with them as the means whereby they are able to get on with the affairs of day-to-day life" (Giddens 1991, S. 40).

Entwicklung des primären Weltvertrauens wird von der Sozialpsychologie darauf zurückgeführt, daß die Bedürftigkeit des Kleinkinds immer wieder erfüllt wird.[463] Sein Gegenteil wäre eine pathologische und lähmende Furcht, daß alles anders kommt, als man es erwartet.[464]

Von diesem Basisvertrauen, zu dem es letztlich keine Alternative gibt, ist das *soziale Vertrauen* zu unterscheiden. Es kommt immer dann ins Spiel, wenn Situationen nicht vollständig beherrschbar sind, weil es uns an hinreichenden Erfahrungen mangelt. Dies trifft insbesondere im Fernbereich zu. Die Entflechtung sozialer Beziehungen bringt es mit sich, daß die Interaktionspartner häufig unbekannt sind. Mit der Inanspruchnahme von Medien wird zudem die Komplexität der Handlungssituation vergrößert. Wenn Situationen nicht beherrschbar sind, stellt sich die Frage, wie wir die *Zuversicht* aufbringen können, daß unser Handeln nicht mißlingt.[465] Eine erste Option wäre, schlicht und einfach die *Hoffnung* zu hegen, daß unsere Erwartungen nicht enttäuscht werden. Hierzu müssen wir nicht einmal Gründe in Stellung bringen. In manchen Fällen können wir auch auf ein *schwaches Wissen* bauen, das auf vereinzelten Erfahrungen mit den betreffenden Umständen beruht und es uns erlaubt, das Risiko einer Enttäuschung zu kalkulieren.[466] Ein dritter und mittlerer Weg wäre das *soziale Vertrauen*. Es beruht auf dem Glauben in die Zuverlässigkeit der beteiligten Akteure und der in Anspruch genommenen Strukturen.[467] Man vertraut darauf, daß Personen bzw. korporative Akteure bestimmte positive und negative Eigenschaften aufweisen (Akteurvertrauen) und die in Anspruch genommenen Handlungsweisen, z.B. Versprechen, Drohungen und Zahlungen, die ihnen zugedachte Funktion erfüllen (Strukturvertrauen). Daraus leitet sich dann die Zuversicht ab, daß konkrete Interaktionen gelingen. Vertrauen wird damit als *kognitiver Zustand* konzipiert, der das Verhältnis eines Akteurs zu den perzipierten Merkmalen einer Person, einer Organisation oder eines Interaktionsmusters zum Ausdruck bringt.[468] Sein Gegensatz ist Mißtrauen. Soziales Vertrauen kann weder erzwungen noch kalkuliert werden, man muß es – ganz im Sinne der üblichen Redewendung – stets »schenken«. Das Vertrauen in Akteure und Strukturen gewinnt an Bedeutung, weil die Entflechtung moderner Gesellschaften eine hinreichende kognitive Einsicht im Sinne eines

463 Vgl. Giddens 1995a, S. 117 ff., der sich hier vor allem auf Erikson 1965 bezieht.

464 Vgl. Luhmann 1989, S. 1, sowie Giddens 1995a, S. 126 f.

465 Mit den folgenden Unterscheidungen bemühen wir uns um eine Präzisierung der Konzeption von Giddens (1995a, S. 44 ff.), der i.U. zu Luhmann (1989 und 1984, S. 179 ff.) Vertrauen (trust) nicht als Gegensatz, sondern als Unterfall von Zuversicht bzw. Zutrauen (confidence) konzipiert und es damit vom schwachen Wissen (weak inductive knowledge) abhebt.

466 Vgl. Giddens 1995a, insbes. S. 40, S. 48 f., S. 50 f., S. 73.

467 Vgl. Giddens 1995a, S. 34 und S. 39 f.

468 Das mehr oder minder große *Vertrauen* eines Akteurs in seine Perzeptionen von abstrakten Personen, Organisationen und Strukturmustern ist also von den Eigenschaften zu unterscheiden, die diesen Vertrauensobjekten zugeschrieben werden. Eine solche Eigenschaft bzw. Imagedimension kann die *Vertrauenswürdigkeit* bzw. *Glaubwürdigkeit* eines (korporativen) Akteurs sein, die dann relevant wird, wenn man dessen Aussagen (Berichte, Kommentare, Prognosen) beurteilen will. Aus methodischer Sicht tritt sie neben andere Eigenschaften wie Prominenz, soziales Prestige, Fachkompetenz, moralische Integrität u.a.; vgl. unten S. 130 f.

schwachen Wissens verhindert.[469] Glaube und Erfahrung dürfen jedoch nicht dichotomisch gedacht werden. Wie wir noch sehen werden, beruht soziales Vertrauen stets *auch* auf einer vagen und nur partiell erschließbaren Wissens- und Erfahrungsbasis.

Der für den Fernbereich typische Mangel an konkreten Erfahrungszusammenhängen betrifft neben dem prinzipiellen Vertrauen in die Stimmigkeit unserer Situationseinschätzungen auch die inhaltlichen Elemente dieser Perzeptionen. Das stabile, erfahrungsgestützte Wissen um die *Eigenschaften* verschiedener Akteure und die Angemessenheit bestimmter Handlungsweisen wird in ausdifferenzierten Gesellschaften mehr und mehr durch diffusere, facettenhafte *Images* ersetzt. Wir wollen dies mit einer Differenzbetrachtung verdeutlichen. Im Prinzip wird die Verknüpfung disparater Handlungszusammenhänge immer dann gelingen, wenn es den Beteiligten gelingt, die interaktionsrelevanten Situationsparameter korrekt einzuschätzen. Diese Einschätzungen sind nun, das sagt schon das Wort, keineswegs Abbildungen einer ontologischen Wirklichkeit, und sie können dies im Sinne der von uns skizzierten, nichtpositivistischen Sozialtheorie auch nicht sein. Selbstbilder und Fremdbilder sind vielmehr Ausfluß intersubjektiver Erfahrungsprozesse, in denen Bedeutungen generiert und modifiziert werden.[470] Es handelt sich um Strukturkomplexe, deren »korrekte« Aktualisierung auf ein gemeinsames Können verweist, das sich zum Teil in expliziten Wissensbeständen manifestiert. Als kompetente Akteure ziehen wir dieses Wissen und Können heran, wenn wir konkrete Handlungen planen und ausführen. Diese Grundaussage des symbolischen Interaktionismus ist im Nahbereich leicht einsichtig. Im *Fernbereich,* um den es uns hier geht, mangelt es uns dagegen an direkten Erfahrungen. Wenn Politiker und Konsumgüterproduzenten um unsere Gunst werben, dann müssen wir unsere Entscheidung häufig vor dem Hintergrund unvollständiger und teils widersprüchlicher Einschätzungen der interaktionsrelevanten Eigenschaften treffen. Ob ein Kandidat integer, sachverständig und entschlußkräftig ist, können wir nur selten aus eigener Erfahrung beurteilen. Das gleiche gilt beim Kauf eines Produktes, das wir bislang noch nie verwendet haben, oder bei der Einschätzung abstrakter Integrationsmechanismen, bei denen der einzelne kaum in der Lage ist, prinzipielle Funktionsfähigkeit und empirische Lücken voneinander zu trennen – ein triftiges Beispiel wäre die Komplexität realer Marktprozesse. Die Situationseinschätzung im Fernbereich stützt sich deshalb auf vergleichsweise diffuse Perzeptionen, die nur zu einem geringen Teil auf direkten Erfahrungen beruhen.

Dieser prinzipielle Unterschied kommt in der Verwendung des *Imagebegriffs* zum Ausdruck, der im allgemeinen nicht auf face-to-face-Beziehungen, son-

469 Vgl. die empirisch gestützten Aussagen von Inglehart 1989, S. 49 ff.

470 Vgl. oben S. 95 ff. Die Einsicht verweist u.a. darauf, daß das v.a. in der Corporate Identity-Literatur immer wieder skizzierte Spannungsfeld von »wahren« und perzipierten Eigenschaften, von Identität und Image, in die Irre führt. Es kann dabei nur um den Vergleich *verschiedener* Einschätzungsprofile gehen, die von unterschiedlichen Akteuren in divergierenden Kontexten, aber stets intersubjektiv generiert werden; vgl. auch Rühl 1993, S. 62 ff.

dern nur auf ausdifferenzierte Handlungszusammenhänge bezogen wird.[471] Als Image wollen wir dabei einen Gesamtkomplex von Strukturen kennzeichnen, die in ihrer Summe ein vereinfachtes, aber handlungsprägendes Vorstellungsbild bestimmter Akteure oder Systeme vermitteln.[472] Diese Begriffsbestimmung stimmt mit der klassischen Definition von Bergler überein, der aus sozialpsychologischer Sicht schreibt: „Ein Image ist ein vereinfachtes, überverdeutlichtes und bewertetes Vorstellungsbild, ein Quasi-Urteil, das keine Gültigkeitsgrenzen kennt und empirisch nicht hinreichend abgesichert ist. Alle menschlichem Wahrnehmen, Erleben und Denken zugänglichen Gegenstände werden immer auch vereinfacht – als Images – verarbeitet: Landschaften, Länder, Technologien, Städte-Standorte, Berufe, Wissenschaften, Personen, Tiere, Pflanzen, Klima. Images ... machen ihre Schlußfolgerungen an Schlüsselreizen, exemplarischen Leistungen, einzelnen Erfolgen, aber auch einzelnen Mißerfolgen fest".[473] Der Hinweis auf die mangelnden Gültigkeitsgrenzen macht deutlich, daß Images im Gegensatz zu erfahrungsgestütztem Wissen nicht an gemeinsame Lebensformen gebunden bleiben. Deshalb werden sie bei ausdifferenzierten Beziehungen relevant. Dies ist auch der Grund für die inhaltliche Varianz universeller Images, die sich in empirischen Erhebungen nachweisen läßt. Der breite Anwendungshorizont wird nämlich durch einen Abstrahierungsvorgang erkauft, der die gemeinsame Erarbeitung von Orientierungswissen durch einen facettenhaften, auf subjektive Eindrücke gestützten Prozeß der Imagegenese ersetzt. Auf diesen Entstehungsprozeß werden wir noch eingehen. Zunächst gilt es, den Imagebegriff hinsichtlich seiner Dimensionen und Funktionen bzw. Wirkungen zu verdeutlichen. Als *Imagedimensionen* bezeichnet man die inhaltlichen Kriterien, anhand derer ein Gegenstand, eine Person oder ein System beurteilt wird.[474] Dies mögen bei einem Haushaltsgerät Leistungsfähigkeit, Haltbarkeit, Design und Umweltverträglichkeit sein. Bei einem abstrakten Integrationsmechanismus wie dem Preissystem geht es dagegen eher um Aspekte wie Funktionsfähigkeit und Flexibilität. Personen und korporative Akteure können nicht nur im Bezug auf ihre fachliche Kompetenz und moralische Integrität, sondern vor allem auch hinsichtlich ihrer Glaubwürdigkeit oder Vertrauenswürdigkeit beurteilt werden.[475] Diese Dimension wird immer dann wichtig, wenn man bei der Konstruktion von Weltbildern und Images auf die Behauptungen und Meinungen anderer angewiesen bleibt – auch darauf wird noch einzugehen sein. Die latente Interdependenz von Images weist darauf hin, daß sich Imagedimensionen ebenso wie die

471 So sprechen wir im allgemeinen nicht vom Image, sondern schlicht von den *Eigenschaften* unserer Familienmitglieder, Bekannten und Kollegen, wohl aber vom *Image* eines Politikers oder Großunternehmens; vgl. zum methodologischen Hintergrund Weber 1985, S. 298 ff.

472 Vgl. zum Imagebegriff grundlegend Bromley 1993, ferner Rühl 1993, J.E. Grunig 1993, Hesse/Gelzleichter 1993, im Kontext der PR-Theorie Szyszka 1992 und B. Schulz 1992, S. 33 ff., aus Sicht der Marketingforschung Trommsdorff 1987, Barich/Kotler 1991 und Huber 1993.

473 Bergler 1991, S. 31 (Hervorhebungen geändert); vgl. grundlegend bereits ders. 1963.

474 Vgl. z.B. Huber 1993, S. 27. Barich/Kotler (1991, S. 96 ff.) sprechen hier von *Imagefaktoren*. In Analogie dazu sprechen wir bei erfahrungsgestütztem Wissen von *Eigenschaftsmerkmalen*.

475 Im übertragenen Sinn spricht man diese Glaubwürdigkeit nicht nur (korporativen) Akteuren, sondern auch ihren Handlungen (Reden) bzw. Handlungsprodukten (Zeitungen) zu.

Vorstellungsbilder zusammenhängender Elemente der sozialen Welt (Images von Parteien und ihren Mitgliedern, von Unternehmen und ihren Produkten) gegenseitig beeinflussen.[476] Gemeinsam ist ihnen jedoch die *Funktion,* den Mangel an erfahrungsgestütztem Wissen in ausdifferenzierten Gesellschaften durch handlungsprägende Orientierungsmuster zu kompensieren.[477] Diese Strukturen beeinflussen dann wiederum die Situationsdeutungen und damit die Handlungen der beteiligten Akteure.

Dieser Verwendungszusammenhang lenkt den Blick zwangsläufig auf den *Entstehungsprozeß* von Images. Wenn die soziale Integration im Fernbereich wesentlich auf strukturellen Vorstellungsbildern beruht, dann ist die Imagegenese offenkundig ebenso relevant wie der konkrete Handlungsvollzug innerhalb imaginierter Interaktionszusammenhänge. Wir vertreten in diesem Zusammenhang die These, daß Images als handlungsprägende Vorstellungsbilder und das notwendige Vertrauen in die Zuverlässigkeit dieser Perzeptionen im Prinzip auf die gleiche Weise entstehen.[478] Bei der Rekonstruktion dieser Prozesse greifen wir vor allem auf vertrauenstheoretische Überlegungen zurück, die um einige Hinweise auf die Parallelen und Interdependenzen zur Imagegenese ergänzen werden.

Soziales Vertrauen ist das Ergebnis von *Vertrauensprozessen,* in dem Bindungen an bestimmte Personen und Strukturen aufgebaut, erneuert oder gelöst werden. Images resultieren dagegen aus *Imageprozessen,* in denen Vorstellungen über interaktionsrelevante Eigenschaften von Personen, Organisationen und Systemen ausgebildet und verändert werden. Im Nahbereich werden Vertrauensbeziehungen durch soziale Bindungen etabliert, die unter den Bedingungen von Kopräsenz entstehen. Giddens spricht hier in sehr plastischer Weise von „facework commitments".[479] Unter diesen Bedingungen sind die beteiligten Akteure auch in der Lage, sich bei der Einschätzung der relevanten Situationsmerkmale auf ihr situativ eingebettetes Wissen und Können zu verlassen. Im Fernbereich, der uns hier besonders interessiert, geht es dagegen um den Glauben an die Zuverlässigkeit abstrakter Systeme und die Eigenschaften unbekannter Akteure. Im Blickpunkt steht beispielsweise die Funktionsfähigkeit der Marktwirtschaft und Rentenversicherung, oder auch die Sachkompetenz von konkreten Unternehmen und Politikern. Vertrauen in abstrakte Integrationsmechanismen und unbekannte Interaktionspartner kann nicht durch direkte Beziehungen hergestellt werden, weil die »Objekte« des Vertrauens per se nicht »faßbar« sind. Das gleiche gilt für inhaltliche Situationseinschätzungen, die hier nicht auf erfahrungsgestütztes Wissen, sondern auf lückenhafte Imagefacetten zurückgehen. Wie ist es dennoch möglich, daß den entflechtenden Mechanismen, die in modernen Gesellschaften eine zentrale Rolle spielen, nachhaltiges Vertrauen entgegengebracht wird? Und wie können unklare, häu-

---

476 Die empirische Messung setzt jedoch an den Imagedimensionen an; vgl. unten S. 339 ff.

477 Vgl. Landsch 1995, S. 219 ff., Baerns 1995a, S. 24 ff., Hesse/Gelzleichter 1993, S. 416 ff.

478 Vgl. die Analogien bei Bentele 1992, 1994a sowie Szyszka 1992, B. Schulz 1992, S. 38 ff.

479 Giddens 1990, S. 80 (im Original kursiv). Die deutsche Übersetzung (Giddens 1995a, S. 103) spricht hier recht unglücklich von »gesichtsabhängigen Bindungen«.

fig auch widersprüchliche Einzelattribute überhaupt zu handlungsprägenden Images verdichtet werden? Zur Erklärung kann man auf zwei Punkte verweisen. Der erste folgt aus der These von Giddens, daß entflochtene soziale Beziehungen immer wieder zu bestimmten Zeitpunkten und an spezifischen Orten gleichsam »festgenagelt« werden. Das Spiegelbild jeder Entflechtung von Handlungszusammenhängen ist ihre partielle *Wiedereinbettung* (Reembedding) in konkrete Kontexte. Bestimmte Handlungssituationen bilden Zugangspunkte zu abstrakten Medien und Akteuren, die hier in Form konkreter Aktionen und Reaktionen »faßbar« und erlebbar werden. Beispiele wären der tägliche Einkauf, bei dem die Spielregeln des Marktes Kontur gewinnen, oder ein Anruf bei der Verbraucherabteilung eines Konsumgüterherstellers, durch den das anonyme Unternehmen (positives oder negatives) Profil gewinnt. An diesen Zugangspunkten treffen abstrakte und persönliche Bindungen als Basis sozialen Vertrauens aufeinander. Hier liegt die Quelle, von der aus das Vertrauen in Interaktionsmedien und unbekannte Akteure gespeist wird.[480] Hier ist zugleich der Punkt, an dem sich abstrakte Images im konkreten Handlungsvollzug bewähren müssen. Weil Situationen der Abwesenheit stets an Zusammenhänge der Kopräsenz gekoppelt bleiben, präsentiert sich die konkrete, situationsgebundene Interaktion einmal mehr als zentraler Bezugspunkt für die Lösung sozialer Integrationsprobleme.

Dies ist jedoch nur eine Seite der Medaille. Vertrauen und Images stützen sich nicht nur auf partielle Erfahrungen, sondern auch auf die Aussagen und Meinungen anderer Akteure mit einem erhöhten Wissens- oder Erfahrungsschatz, denen man aus diesen oder anderen Gründen Glauben schenkt.[481] Solche *Vertrauens- und Imagemittler* wären Bezugspersonen wie Eltern, Freunde, Lehrer, aber auch korporative Akteure wie Forschungsinstitute, Nachrichtendienste und Zeitungsredaktionen. Mit einigen Vermittlern stehen wir in einem unmittelbaren face-to-face-Kontakt, so daß wir ihre Zuverlässigkeit und andere relevante Eigenschaften selbst beurteilen können. Ein großer Teil unseres Weltbildes wird jedoch durch Organisationen vermittelt, zu denen eine räumliche oder zeitliche Distanz besteht. Ob die mittelalterliche Ständeordnung ungerecht war oder der Golfkrieg überhaupt stattgefunden hat, wissen wir nicht aus den Berichten derer, die entsprechende Erfahrungen machen mußten, sondern aus den Zeitungen. Damit wird deutlich, daß nicht nur direkte und indirekte Vermittlungsprozesse, sondern auch Image und Vertrauen untrennbar miteinander verwoben sind. Wenn wir unsere Situationsdeutungen und die Zuversicht, daß unsere Handlungen gelingen, auf die Aussagen *unbekannter* Akteure stützen, dann müssen wir stets darauf vertrauen, daß diese Vermittler glaubwürdig sind, wohl wissend, daß diese prinzipielle Glaubwürdigkeit selbst nur eine Imagedimension und keine erfahrungsgestützte Eigenschaft ist. Dies erklärt die Sinnstiftung empirischer Untersuchungen, in denen die Glaubwürdigkeit professio-

480 Vgl. im wirtschaftswissenschaftlichen Kontext bereits Granovetter 1985, 1990.

481 Vgl. im Hinblick auf vertrauenstheoretische Fragestellungen Giddens 1995a, S. 116 f., und Bentele 1994a, S. 141 f., sowie insbes. Coleman 1991, S. 232 ff. Zur Rolle von Dritten bei der Imagegenese vgl. Boulding 1956, Bentele 1992, S. 157 ff., Hesse/Gelzleichter 1993, S. 411 ff.

neller Mittler (Journalisten) und ihrer in Medienprodukte gegossenen Aussagen (Zeitungen, Rundfunkprogramme) verglichen wird.[482] Die Interdependenz von direkten und indirekten Vermittlungsprozessen verdeutlicht zudem, warum persönlichen Erfahrungen und face-to-face-Beziehungen, z.B. im Rahmen sozialer Netzwerke, auch in ausdifferenzierten Gesellschaften ein systematischer Stellenwert zukommt. Wie wir im Verlauf dieser Untersuchung noch sehen werden, spielen beide Aspekte auch bei der Grundlegung einer Theorie der Public Relations eine entscheidende Rolle.[483]

### *3.3.3 Ansatzpunkte der sozialen Integration*

Unsere bisherigen Überlegungen haben gezeigt, daß die Integration sozialer Handlungen im Nah- und Fernbereich in mehreren inhaltlichen Dimensionen scheitern kann. Der Interaktionserfolg wird durch pragmatische Schwierigkeiten der Mittelwahl, durch ethisch-existentielle bzw. ethisch-politische Probleme der subjektiven Zwecksetzung und in ethisch-moralischer Hinsicht durch intersubjektive Interessenkonflikte gefährdet. Ferner müssen immer wieder kognitive Fragen der Situations- und Handlungsdefinition geklärt werden, damit unser Zusammenleben gelingt. In konkreten Lebenszusammenhängen treten alle genannten Integrationsdimensionen in der Regel stets *gleichzeitig* auf – wenn auch mit unterschiedlicher Gewichtung und Relevanz.[484] Diese alltägliche Erfahrung machen wir beispielsweise in der Familie, in der arbeitsteilige Handlungen abgestimmt, gemeinsame Lebenspläne definiert und moralische Aspekte des Zusammenlebens (Gleichberechtigung, Autorität) geklärt werden müssen. Hierbei können wir zwar meistens auf eine gleichzeitige Anwesenheit der Betroffenen bauen. In bestimmten Fällen sind jedoch auch Interdependenzen zwischen räumlich und zeitlich getrennten Akteuren zu regeln; man denke etwa an das historisch gewachsene Selbstverständnis mancher Großfamilien, das über Generationen und Grenzen hinweg aufrechterhalten wird.

Zur Lösung dieser vielschichtigen Probleme stehen uns verschiedene *Mechanismen der sozialen Integration* zur Verfügung. Diese Integrationsmodi sind ein Teil unserer Kultur; sie werden in Form eines schemabezogenen Alltagswissens um die Funktionsweise von Machtprozessen, Verhandlungen, Prestigeordnungen u.ä. von allen kompetenten Akteuren gelernt und im täglichen Handeln reproduziert bzw. modifiziert. Integrationstypen kann man anhand verschiedener Kriterien voneinander abgrenzen. Für unseren sozialtheoretischen Bezugsrahmen ist neben den bereits erwähnten Medien (Geld, Macht) vor allem der *Ansatzpunkt der Integration* von Bedeutung. Dies deshalb, weil sich das Integrationsproblem aus Sicht der beteiligten Akteure primär als Frage nach der Anschlußfähigkeit ihrer jeweiligen Handlungen und Interessen präsentiert. Wie muß ein Akteur bei der Mittelwahl und Zweckbestimmung vor-

482 Vgl. hierzu Bentele 1988, 1992 und 1994a sowie Hesse/Gelzleichter 1993.

483 Vgl. zum Thema Vertrauen und PR bereits Bentele 1992, 1994a sowie B. Schulz 1992, S. 36 ff.

484 Vgl. – auch zum nachfolgend angeführten Beispiel – Peters 1993, S. 114, im wirtschaftswissenschaftlichen Kontext ferner Biesecker 1992, S. 60 ff., 1994a, 1994b, Bouckaert 1994, S. 158 ff.

gehen, damit eine Verknüpfung seiner Aktivitäten mit anderen Handlungen gelingt? Und umgekehrt: „wie bringt Ego es fertig, daß Alter die Interaktion in gewünschter Weise fortsetzt, daß kein Konflikt auftritt, der die Handlungssequenz unterbricht?“ [485] Eine Antwort auf diese Fragen findet sich in den bereits erwähnten Medientheorien von Parsons und Habermas,[486] die wir vor dem Hintergrund unserer bisherigen Überlegungen nochmals aufgreifen wollen.

Im Prinzip bieten sich zwei Ansatzpunkte zur Lösung der skizzierten Problemstellung an. Parsons schreibt: „Ego kann erstens versuchen, sein Ziel bei Alter durchzusetzen, indem er die *Situation* von Alter so steuert, daß die Wahrscheinlichkeit dafür steigt, daß Alter sich in der gewünschten Weise verhält. Alternativ dazu – ohne den Versuch, Alters Situation zu ändern – kann Ego anstreben, Alters *Absichten* zu verändern“.[487] Habermas spricht hier wiederum von System- und Sozialintegration; er verknüpft diese Unterscheidung explizit mit derjenigen zwischen raumzeitlich verbundenen und getrennten Handlungsinterdependenzen.[488] Für uns ist an dieser Stelle jedoch nur wichtig, daß alle Integrationsmechanismen entweder an der Handlungssituation oder aber an der Willensbildung der Akteure ansetzen müssen.[489]

#### 3.3.3.1 Situationsbezogene Integration

Die *situationsbezogene Integration* macht sich die Überlegung zu eigen, daß wir handelnd in den Lauf der Welt eingreifen, um eine bestehende Situation in andere, wünschenswerte Zustände zu überführen. Dabei nehmen wir gemeinsame Regeln und verteilte Ressourcen in Anspruch, die uns im jeweiligen Kontext zur Verfügung stehen.[490] Konkrete Handlungen stehen somit in einem direkten Bezug zur jeweiligen Ausgangssituation. Aus diesem Grund können disparate Handlungen durch eine Einwirkung auf die Situation beeinflußt und gegebenenfalls mit anderen Aktivitäten koordiniert werden. Entsprechende Integrationsmechanismen beeinflussen insbesondere die Verteilung allokativer und autoritativer Ressourcen. Ein Beispiel wäre die Ausübung von physischem Zwang, durch die ein Akteur an bestimmten Handlungen gehindert wird – ein anderes die Nachfrage auf Gütermärkten, die bestimmte Anreize und damit neue Handlungsmöglichkeiten für potentielle Anbieter eröffnet. Eingriffe in die Situation betreffen zunächst nur die Ebene des Eingreifens in die natürliche Welt; sie leisten einen Beitrag zur *Koordination poietischer Handlungen.*

Dagegen ist es auf diesem Weg nicht möglich, Zwecksetzungen und Interessen direkt zu verändern. Individuelle Bedürfnisse und soziale Erwartungen bleiben

---

485 Habermas 1987b, S. 413. *Ego* ist hier der jeweils Handelnde (eine Person oder eine Korporation), *Alter* ein mit diesem im Interaktionszusammenhang stehender Akteur.

486 Vgl. einerseits Parsons 1980a und 1980b sowie Jensen 1980b, andererseits Habermas 1980 und 1987b, S. 269 ff., S. 384 ff. Ein Überblick und Vergleich findet sich bei Künzler 1989.

487 Parsons (1980a), S. 72 (im Original teils kursiv), weiterführend vgl. Habermas 1980, S. 97 ff.

488 Vgl. vor allem Habermas 1987b, S. 173 ff., und zur Kritik oben S. 122, Anmerkung 448.

489 Vgl. in diesem Sinne auch Peters 1991, S. 28 ff., sowie Schimank 1992a, S. 166 f.

490 Vgl. ausführlicher oben S. 86 ff. und S. 95 ff.

zunächst bestehen, wenn sie in einer konkreten Situation nicht erfüllt werden können. Die wiederholte Erfahrung entsprechender Beschränkungen oder Potentiale mag jedoch faktisch dazu führen, daß einzelne Akteure ihre Interessenlagen modifizieren und auf ein »realisierbares« Niveau bringen. In ähnlicher Weise können Situationsdefinitionen und Handlungsinterpretationen *autonom* verändert werden. Die Interdependenz von Zielen und Mitteln sorgt so dafür, daß eine indirekte Anpassung von Interessen und kognitiven Strukturen stattfindet. Das auf dieser Ebene angesiedelte Konfliktpotential wird jedoch keineswegs beseitigt. Isolierten Anpassungsprozessen mangelt es an der bindenden Kraft *gemeinsamer* ethischer und kognitiver Integrationsbemühungen.[491] Sie sind durch eine latente Instabilität und damit durch eine Tendenz zur Desintegration gekennzeichnet, weil sie *empirisch* motivierte Handlungsverknüpfungen herbeiführen.[492] Die disparaten Handlungen werden sozusagen nur „hinter dem Rücken der Akteure“[493] koordiniert. Dies grenzt einerseits ihren prinzipiellen Anwendungsbereich auf pragmatische Problemstellungen ein, verlangt andererseits aber auch nach einer Ergänzung durch solche Mechanismen, die einen Beitrag zur Stabilisierung potentiell konfliktträchtiger Interessenstrukturen leisten können. In dem Maß, in dem eine Gemeinsamkeit in grundlegenden Orientierungen herbeigeführt werden kann, steigt auch die Wirkungschance zweckrationaler Koordinationstypen. Um zwei plastische Beispiele zu nennen: Familienbeziehungen werden immer dann durch autoritative Weisungen stabilisiert, wenn diese durch gemeinsame Lebensentwürfe und Gerechtigkeitsvorstellungen getragen werden. Ebenso »funktioniert« der Preismechanismus als Kernelement jeder marktwirtschaftlichen Ordnung nur dann, wenn seine grundsätzliche Notwendigkeit und Berechtigung gesellschaftspolitisch anerkannt wird. Damit wird deutlich, daß eine situationsbezogene Koordination stets auf vorgängige bzw. begleitende Mechanismen der intentionalen Integration verweist.[494]

#### 3.3.3.2 Intentionale Integration

Die *intentionale Integration* setzt an den Absichten der handelnden Akteure an. Disparate Handlungen können durch eine Veränderung der Willensbildung oder -struktur miteinander verknüpft werden, weil unser Handeln stets begründet bzw. begründbar ist. Im Kern sind es individuelle Bedürfnisse und soziale Erwartungen, die sich zu bestimmten Interessenlagen verdichten und den Wunsch wecken, handelnd in den Lauf der Welt einzugreifen.[495] Eine Änderung von Bedürfnisstrukturen und Rollenerwartungen erweist sich von daher als sinnfälliger Ansatzpunkt für Integrationsbemühungen. Der Prototyp eines

491 Vgl. Habermas 1989b, S. 574.

492 Vgl. Habermas 1987b, S. 270 f.

493 Peters 1993, S. 42.

494 Insofern treten dann auch allokative Ressourcen, die zum Eingreifen in die natürliche Welt befähigen, hinter autoritative Ressourcen zurück, die intersubjektive und prinzipiell reflektionszugängliche Handlungen ermöglichen. Die deskriptive Gleichordnung von Macht und argumentativer Interaktion bei Giddens – vgl. oben S. 100 f. – wird an dieser Stelle aufgehoben.

495 Vgl. ausführlicher oben S. 86 ff.

hierfür geeigneten Integrationstyps, auf den wir im Verlaufe dieser Untersuchung noch näher eingehen werden, ist die argumentative Diskussion zwischen kompetenten Akteuren.[496] Mit der intentionalen Integration kann zunächst eine *gemeinsame Situationsdeutung und Handlungsinterpretation* angestrebt werden, d.h. es sollen Mißverständnisse beseitigt und eine kognitive Übereinstimmung zwischen den Beteiligten hergestellt werden. Dies hatten wir als Voraussetzung dafür bezeichnet, daß zweitens eine *Harmonisierung subjektiver oder intersubjektiver Zwecksetzungen und Interessenlagen* erreicht werden kann. Wenn die Pluralität von Zielen und Lebensformen verträglich gemacht wird, können Handlungskonflikte einerseits verhindert, andererseits aber auch legitimiert werden, weil produktive Auseinandersetzungen in vielen Fällen natürlich auch einen Beitrag zur gemeinsamen Zielerreichung leisten können. Dies gilt beispielsweise für den Markt, der den konfliktträchtigen Wettbewerb zwischen verschiedenen Akteuren als Mittel installiert, um auf diese Weise für eine höchstmögliche Effizienz bei der gesamtgesellschaftlichen Versorgung mit Gütern und Dienstleistungen zu sorgen. Die empirische Handlungskoordination durch das Preissystem wird hier durch die Einbettung in eine normative Ordnung legitimiert und stabilisiert.[497] Intentionale Integrationsmechanismen können drittens eine direkte *Anpassung poietischer Handlungen* bewirken.[498] In diesem Fall wird eine gemeinsame Orientierung auf der Ebene der Mittelwahl und des Eingreifens in die natürliche Welt angestrebt. Die Interessenharmonisierung kann dadurch ergänzt und in bestimmten Fällen sogar ersetzt werden – disparate Ziele und Lebensformen können immer dann dahingestellt bleiben, wenn kompatible Mittel zu ihrer Verwirklichung gefunden und somit Handlungskonflikte vermieden werden.[499]

### *3.3.4 Soziale Integration – eine zusammenfassende Klassifikation*

In den vorhergehenden Abschnitten wurde deutlich, daß die Interdependenz sozialer Handlungen zu vielschichtigen Abstimmungsproblemen führt, deren Lösung durch ein ganzes Repertoire von Integrationsmechanismen ermöglicht wird, über die wir im Sinne von Handlungsschemata verfügen. Wenn wir die verschiedenen Dimensionen und Ansatzpunkte der sozialen Integration zueinander in Beziehung setzen, können wir den in Abb. 7 skizzierten Bezugsrahmen aufspannen. Das Raster systematisiert konkrete Integrationsprobleme und -mechanismen anhand der drei Fragen, *was* in inhaltlicher Hinsicht zusammengeführt bzw. koordiniert werden soll, *wo* die Verknüpfung in Raum und Zeit stattfindet und *wie* die Integration herbeigeführt wird.

Die *inhaltliche Integrationsdimension* bezieht sich auf die Unterscheidung, ob poietische Handlungen (Mittel) abgestimmt, Interessenlagen verträglich ge-

496 Dementsprechend verwenden Parsons und später auch Habermas (1980) sowie Peters (1993, S. 229 ff.) die Sprache als Kontrastfolie für ihre jeweilige Integrationstypologie.

497 Vgl. Steinmann/Löhr 1994a, S. 94 ff., Steinmann/Schreyögg 1993, S. 81 f.

498 Vgl. Habermas 1989b, S. 602 f., und Peters 1993, S. 203.

499 Diues entspricht dem Moralprinzip von Schwemmer 1974, insbes. S. 86 ff.

macht oder gemeinsame Situationsdeutungen und Handlungsinterpretationen herbeigeführt werden müssen.[500] Die *raumzeitliche Dimension* bringt zum Ausdruck, daß sich diese Integrationsprobleme sowohl zwischen kopräsenten Akteuren im Nahbereich als auch zwischen Abwesenden, d.h. im Fernbereich stellen.[501] Beide Differenzierungen sind primär analytisch zu verstehen. In konkreten Handlungszusammenhängen treten die genannten Aspekte zumeist gleichzeitig, allerdings mit unterschiedlicher Gewichtung und Bedeutung auf. Diese empirische Vielfalt darf bei den folgenden Überlegungen, die den Blick auf idealtypische Konstellationen lenken, nicht aus den Augen verloren werden.

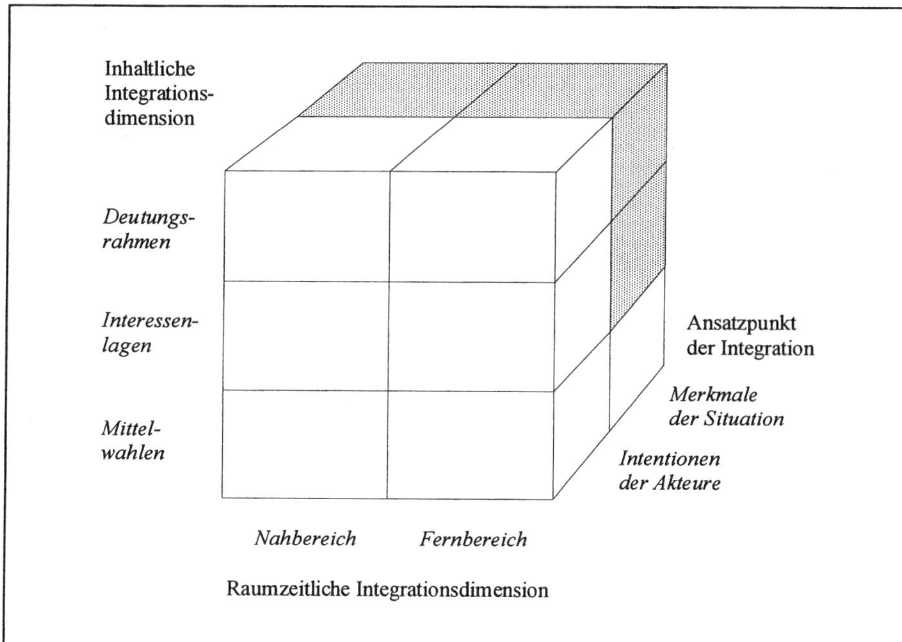


*Abb. 7: Bezugsrahmen zur Klassifikation sozialer Integrationsprozesse*

Eine Kreuztabellierung der beiden Dimensionen führt zu einer zweidimensionalen Matrix, in der wir konkrete *Integrationsprobleme* verorten können. Die Frage, wie die Mitglieder einer Projektgruppe zu einer gemeinsamen Einschätzung der Wettbewerbssituation gelangen, unterscheidet sich beispielsweise von dem Problem, daß die wirtschaftlichen Aktivitäten verschiedener Produzenten und Konsumenten über Raum und Zeit hinweg abgestimmt werden müssen. Während der erste Fall die Synthese von Deutungen im Nahbereich betrifft, zielt das zweite Beispiel auf die Ebene der zwecktätigen Mittelwahl im Fern-

500 Vgl. oben S. 116 ff.
501 Vgl. oben S. 122 ff.

bereich ab. Offenkundig muß die notwendige Integrationsleistung in beiden Fällen auf unterschiedliche Art und Weise erbracht werden. Die offene Diskussion in der Projektgruppe bietet einen deutlichen Kontrast zum Preismechanismus, der Angebot und Nachfrage quasi hinter dem Rücken der Akteure koordiniert.

Die Unterschiede zwischen diesen Mechanismen lassen sich insbesondere darauf zurückführen, daß sie sich verschiedene *Ansatzpunkte der Integration* zu eigen machen. Integrationsmechanismen wirken entweder auf die Willensbildung der Akteure oder aber auf die Merkmale der Handlungssituation ein.[502] Wenn wir diese Überlegung aufgreifen, können wir in einem zweiten Schritt über die Eignung verschiedener *Integrationsmechanismen* für konkrete Interaktionsprobleme nachdenken. Auf der Ebene unseres Bezugsrasters lassen sich hier natürlich keine Aussagen für den Einzelfall treffen. Wir können jedoch einige generelle Hinweise aus den vorhergehenden Abschnitten rekapitulieren und zusammenführen. Die grau unterlegte Fläche in Abb. 7 erinnert daran, daß situationsbezogene Koordinationstypen primär geeignet sind, um poietische Handlungen miteinander abzustimmen. Eine stabile Verknüpfung von Zwecksetzungen und Interessen ist auf diesem Weg nicht möglich. Die gleiche Einschränkung betrifft die Entwicklung gemeinsamer Deutungsrahmen. Beispiele für Integrationsmechanismen, die sich auf die Ebene der Mittelwahl beschränken, sind einerseits die Ausübung von physischem Zwang zwischen Anwesenden, andererseits die Marktkoordination im Fernbereich.

Ein weiteres Unterscheidungskriterium für Integrationsmechanismen betrifft die Inanspruchnahme generalisierter Strukturen im Prozeßverlauf. Im Fernbereich sind solche Integrationstypen gefragt, die auf allgemein verständliche und transferierbare *Medien als Interaktionsmittler* zurückgreifen. Das beste Beispiel wäre wiederum der Preismechanismus, der in dieser Hinsicht auf das Medium »Geld« rekurriert. Interessenlagen können dagegen durch den Verweis auf geteilte Wertvorstellungen und intersubjektive Normen, Deutungsrahmen durch die Aktivierung gemeinsamer kognitiver Schemata harmonisiert werden. In Situationen der Kopräsenz verlieren diese generalisierten Strukturen allerdings an Bedeutung, weil dort eine stärker problem- und kontextspezifische Konfliktlösung möglich ist. In einer Arbeitsgruppe präsentieren sich Fragen des Umweltschutzes und der zwischenmenschlichen Kooperation nicht mehr als gesamtgesellschaftliche Probleme, die auf wie auch immer geartete Rechtsvorschriften oder Moralnormen verweisen, sondern als Aufforderung an alle Beteiligten, ihre jeweiligen Handlungen vor dem Hintergrund einer konkreten Lebensform (Unternehmenskultur) zu rechtfertigen. Hier kommen solche Integrationstypen zum Zuge, die sich die Anwesenheit der Akteure zu eigen machen und eine Konfliktlösung in der direkten Interaktion anstreben. Beispiele wären das offene Gespräch, aber auch die intuitive Koordination zwischen den Gruppenmitgliedern.

---

502 Vgl. oben S. 131 ff.

Die Verknüpfung zwischen medienvermittelten und persönlichen Interaktionen wird deutlich, wenn man sich die steigende Bedeutung von *Vertrauen* und *Images* in modernen Gesellschaften vergegenwärtigt. Weil die Entflechtung sozialer Beziehungen dazu führt, daß die meisten Situationen nicht vollständig beherrschbar sind, müssen die Beteiligten prinzipiell die Zuversicht aufbringen, daß ihr Handeln nicht mißlingt. Dabei können sie sich nicht alleine auf erfahrungsgestütztes Wissen verlassen; der faktische Ablauf ökonomischer oder demokratischer Prozesse ist z.B. nicht im ganzen »begreifbar«. Jeder Handelnde stützt seine Zuversicht deshalb auch auf den Glauben, daß die an einer Interaktion beteiligten Akteure integer und die in Anspruch genommenen Strukturen funktionstüchtig sind. Diese inhaltlichen Situationseinschätzungen sind zu einem großen Teil selbst nur Images, das heißt unvollständige und facettenhafte Vorstellungsbilder, und keineswegs Ausdruck eines gemeinsam erarbeiteten Wissens und Könnens. Images beruhen ebenso wie das Vertrauen in nicht »faßbare« Akteure und Strukturen einerseits auf partiellen Erfahrungen, die an konkreten Zugangspunkten zu den abstrakten Elementen entflochtener Handlungszusammenhänge, also im Nahbereich, gemacht werden. Hier kommt zum Ausdruck, daß die Integration zwischen Abwesenden systematisch an Kontexte der Kopräsenz gekoppelt bleibt. Soziales Vertrauen und Images beruhen zum zweiten auf den Aussagen und Meinungen von Vermittlern (Bezugspersonen, Massenmedien), die über einen erhöhten Wissens- oder Erfahrungsschatz verfügen und selbst glaubwürdig sind. Auf einen Nenner gebracht bedeutet dies, daß bei der sozialen Integration nicht nur die inhaltlichen Problemstellungen, sondern auch das Vertrauen in die imaginierten Eigenschaften von Integrationsmechanismen und Interaktionspartnern zu berücksichtigen sind.

Mit diesen Überlegungen zur Integration sozialer Handlungen wird selbstverständlich nur ein *Möglichkeitsraum* aufgespannt. Die These, daß es im Prinzip geeignete Verfahren zur Bewältigung von Mittelkonflikten, Interessenkollisionen und kognitiven Unstimmigkeiten gibt, beinhaltet nicht, daß jedes konkrete Integrationsproblem mit Hilfe dieser Mechanismen gelöst werden kann.[503] Es wird immer wieder Situationen geben, in denen das Zusammenleben und -handeln *faktisch* mißlingt. Die Gründe hierfür sind äußerst vielschichtig. Um nur einige zu nennen: Man versucht, Konflikte auf der falschen Ebene zu lösen und z.B. poietische Handlungen zu koordinieren, obwohl es im Kern um eine Frage von Werten und Interessen geht. Man setzt auf Integrationsmechanismen, die der Situation nicht angemessen sind. Man unterläßt es, sich angesichts neuer Problemstellungen um innovative Formen der Handlungsabstimmung zu bemühen. Dabei mag es den Beteiligten nicht nur an Wissen oder Können, sondern vor allem auch an der notwendigen *Bereitschaft* zur (vernünftigen) Konfliktbewältigung mangeln. Die Freiheit des Handelns verweist ja zwingend auf die Entschlußkraft der Akteure. Integrationsmechanismen sind Schemata, die erst dann ihre einheitsstiftende Wirkung entfalten, wenn sie im konkreten Lebensvollzug in Anspruch genommen werden.

---

503 Vgl. Janich et al. 1974, S. 115, dort allerdings nur mit Blick auf Interessenkollisionen.

Dieser allgemeine Bezugsrahmen gibt uns das begriffliche Werkzeug an die Hand, mit dem wir im weiteren Verlauf dieser Untersuchung konkrete Integrationsprozesse im Bereich des kommunikativen Handelns, der wirtschaftlichen Tätigkeit und letztlich der Unternehmenskommunikation identifizieren und klassifizieren können. Bevor wir uns dieser Aufgabe widmen, wollen wir jedoch zunächst das Zwischenergebnis unserer sozialtheoretischen Überlegungen festhalten.

## 3.4 Zusammenfassung des sozialtheoretischen Bezugsrahmens

Ausgangpunkt unserer Überlegungen war die Frage, wie das für die Grundlegung einer Theorie der Public Relations zentrale, aber bislang weitgehend ungeklärte Verhältnis von intentionalem Handeln und struktureller Prägung konzeptionell erfaßt werden kann. Die Antwort führte uns in drei Schritten zu einem sozialtheoretischen Bezugsrahmen, der in den nachfolgenden Kapiteln einerseits auf kommunikative Prozesse, andererseits aber auch auf Fragen des Wirtschaftens, der gesellschaftspolitischen Willensbildung und der Öffentlichkeitsarbeit bezogen werden soll.

Ein erster Aspekt betraf das grundlegende Verständnis des menschlichen *Handelns*. Mit Handlungen greifen individuelle und korporative Akteure willentlich in den Lauf der Welt ein, um bestimmte Situationen (Zwecke) herbeizuführen. Die Gründe hierfür sind verschiedene Interessenlagen, die beim Gewohnheitshandeln oft verborgen bleiben, aber jedenfalls auf Nachfrage hin benannt werden können. Handlungen können einerseits komplex, d.h. auf andere selbständige Aktivitäten angewiesen sein. Zum anderen sind sie durch eine prinzipielle Selbstbezüglichkeit gekennzeichnet. Als kompetente Akteure sind wir in der Lage, über unsere eigenen Handlungen zu reflektieren und so unser (primärpraktisches) Können durch die Bildung (theoretischen) Wissens zu verbessern. Dies gilt nicht nur für poietische Handlungen, mit denen kompetente Akteure in die natürliche Welt der materiellen Gegenstände, Pflanzen und Tiere eingreifen, sondern insbesondere auch für soziale Handlungszusammenhänge. In Interaktionen hat man es mit anderen Akteuren zu tun, die selbst agieren und jederzeit ihre Absichten bzw. Handlungsweisen ändern können.

Trotz dieser grundlegenden Freiheit ist unser Handeln stets von gemeinsamen Strukturen geprägt; erst dadurch wird es überhaupt verständlich und erfolgsträchtig. Die eigentliche Auseinandersetzung mit den *strukturellen Bedingungen des sozialen Handelns* war insofern noch ein Teil des ersten Argumentationsschritts. Sie hat uns darauf aufmerksam gemacht, daß das voluntaristische Handeln unabdingbar mit allgemeinen Handlungsmustern verknüpft ist. Solche Schemata sind generische Formen von Handlungsabläufen, Dingen, Ereignissen, Wertkategorien usw., die erst in der konkreten Aktualisierung Gestalt annehmen und dabei gleichzeitig reproduziert und verändert werden. Ein Schema zu verstehen bedeutet, daß man weiß, in welchen Kontexten es auf welche Art und Weise anwendbar ist. Man muß es also keineswegs tatsächlich beherrschen oder aktualisieren – man muß es jedoch in einer gemeinsamen Lebenspraxis kennengelernt haben. Insofern bleibt unser schemabezogenes Wissen stets relativ; es ist an bestimmte Gebrauchssituationen und Lebensformen gekoppelt. Umgekehrt bietet eine pragmatische Vernetzung verschiedener Lebensformen und Erfahrungen die Möglichkeit, bestehende Differenzen durch den Aufbau gemeinsamer Orientierungsmuster zu überwinden. Der Bezugspunkt für die Veränderung von tradierten Schemata und ungleich verteilten Ressourcen ist also stets das praktische Handeln. Es bleibt auf gemeinsame Strukturen angewiesen, die in der variierenden Anwendung zugleich reproduziert und modifiziert werden. Dieser Strukturierungsprozeß beruht zwar auf einer Vielzahl intentionaler Handlungen. Weil er von den einzelnen Akteuren aber nur begrenzt gesteuert werden kann, manifestiert sich die wechselseitige Verschränkung von Handeln und Struktur an dieser Stelle in aller Deutlichkeit.

In besonderer Weise erklärungsbedürftig sind seit jeher diejenigen Handlungsweisen und Interaktionsformen, die immer wieder realisiert werden, so daß sie uns letztlich als *eigenständige soziale Einheiten oder funktionale Sinnzusammenhänge* entgegentreten. Deshalb haben wir in einem zweiten Schritt Gesellschaften, Systeme und Sphären voneinander unterschieden. Eine Gesellschaft umfaßt die Summe aller raumzeitlich verfestigten Interaktionsmuster, die mit einem bestimmten Territorium verbunden sind und sich durch die Existenz eines rechtlich-politischen Normengefüges auszeichnen. Moderne Gesellschaften sind durch eine Pluralität verschiedener Subkulturen und Lebensformen, aber auch durch ein interdependentes Geflecht verschiedener Systeme und Handlungsfelder gekennzeichnet. Systeme sind konkrete, in Raum und Zeit identifizierbare Formen der Vergesellschaftung, die Voraussetzungen und Randbedingungen für das individuelle Handeln schaffen. Sie präsentieren sich als flüchtige Interaktionen unter Anwesenden (Verkaufsgespräche), handlungsfähige Korporationen (Unternehmen), imaginierte Gemeinschaften (Milieus) und nicht zuletzt als komplexe Verflechtungen, bei denen die Beteiligten nicht gleichzeitig präsent sein müssen (Märkte, Mediensystem). Handlungsfelder oder soziale Sphären umfassen dagegen bestimmte Typen von sozialen Aktivitäten, die sich hinsichtlich ihrer Sinnbezüge, Rationalitätsvorstellungen und gesellschaftlichen Funktionen unterscheiden, aber einer ganzen Reihe verschiedener Personen und Systeme zugeordnet werden können. Beispiele sind die Bereiche von Wirtschaft, Kunst, Religion und Wissenschaft, in denen viele unterschiedliche Akteure tätig werden. Durch den hier aufgespannten Begriffsrahmen wird es uns im Verlauf dieser Untersuchung möglich, das prinzipielle Handlungsfeld und die potentiellen Plattformen der Öffentlichkeitsarbeit zu identifizieren und voneinander abzugrenzen.[504]

Die Organisationsformen und Sphären des sozialen Handelns haben unseren Blick schließlich auf Fragen der *gesellschaftlichen Integration* gelenkt. Durch gemeinsame Strukturen werden soziale Handlungen zwar verständlich; ihr Erfolg ist damit aber noch keineswegs sichergestellt. Divergierende Interessen und Rationalitätsvorstellungen sorgen vielmehr dafür, daß sich die Integration

504 Vgl. unten S. 301 ff. und S. 358 ff.

verschiedener Handlungen als ein beständiges Problem erweist. Unter Integration verstehen wir die Verknüpfung unterschiedlicher sozialer Handlungen oder Elemente zu einem gemeinsamen Handlungszusammenhang, in dem die Konfliktpotentiale von Arbeitsteiligkeit und Ressourcenverteilung bewältigt werden. Diese Konflikte lassen sich in inhaltlicher und raumzeitlicher Hinsicht klassifizieren. Einerseits ist die Koordination poietischer Handlungen von der Abstimmung divergierender Interessenlagen und der Erarbeitung gemeinsamer Deutungsrahmen bzw. Schemata zu unterscheiden; andererseits muß die Integration zwischen Anwesenden von derjenigen im Fernbereich getrennt werden.

Zur Lösung dieser (potentiellen) Handlungskonflikte, die in konkreten Lebenszusammenhängen stets gleichzeitig auftreten, stehen uns verschiedene Integrationsmechanismen zur Verfügung. Das Spektrum dieser Modi reicht von Machtprozessen über Verhandlungen und Argumentationen bis hin zum Preismechanismus und dem Verweis auf gemeinsame Wertvorstellungen. Alle Typen der sozialen Integration beeinflussen entweder die Merkmale der Handlungssituation oder die Willensbildung der Akteure. Dabei kommt der intentionalen Integration ein Primat zu, weil auf diesem Weg nicht nur poietische Handlungen koordiniert, sondern auch strittige Interessenlagen harmonisiert und Situationsdeutungen bzw. Handlungsinterpretationen geklärt werden können. Unabhängig davon muß vor allem im Fernbereich berücksichtigt werden, daß das Vertrauen in die imaginierten Merkmale von Integrationsmechanismen und Interaktionspartnern eine große Rolle spielt. Von besonderer Bedeutung hierfür sind einmal mehr konkrete Interaktionen, die in Zusammenhängen von Kopräsenz stattfinden. Vertrauen und Image als zentrale Begriffe der Öffentlichkeitsarbeit haben also unweigerlich eine Dimension, die weit über das Mediensystem hinausreicht. Unsere Überlegungen haben schließlich gezeigt, daß sich durch die Verknüpfung dieser Ansatzpunkte mit den verschiedenen Dimensionen des Integrationsproblems ein Bezugsrahmen aufspannen läßt, der den begrifflichen Rahmen für eine inhaltliche Diskussion der am Anfang dieser Untersuchung skizzierten Fragestellungen bereitstellt. Diese Diskussion steht im Mittelpunkt der folgenden Kapitel.

# 4. Kommunikationstheoretische Grundlagen

Public Relations betreffen das Management von *Kommunikationsbeziehungen.* Diese These ist ebenso unstrittig wie vieldeutig. Unsere einleitende Annäherung an das Themenfeld der vorliegenden Untersuchung hat gezeigt, daß sich das praktische Verständnis von Öffentlichkeitsarbeit an dieser Stelle mit den Aussagen der Wissenschaft trifft, wobei jedoch von theoretischer Seite sehr disparate und oft widersprüchliche Konzeptionen von Kommunikation in Stellung gebracht werden.[505] „Offensichtlich ist die Alltäglichkeit von Kommunikation, ihre als selbstverständlich angenommene und in Anspruch genommene Simplizität der wissenschaftlichen Analyse nicht förderlich sondern, wie bei vielen anscheinend selbstverständlichen Phänomenen, eher hinderlich gewesen".[506] Diesem Diktum von Merten, der sich intensiv mit der begrifflichen Vielfalt der Kommunikation auseinandergesetzt hat, ist zweifelsohne zuzustimmen. Für unsere konzeptionellen Überlegungen zur Public Relations bedeutet dies, daß zunächst der Kommunikationsbegriff selbst geschärft werden muß. Dieser Aufgabe wollen wir in diesem Kapitel nachgehen.

Eine Vorbemerkung ist in diesem Zusammenhang notwendig. Sie betrifft die Unüberschaubarkeit kommunikationstheoretischer Beiträge, die in der Soziologie, Sprachphilosophie, Linguistik, Publizistik und anderen Wissenschaften geleistet werden. Diese Vielfalt gibt den Anstoß für die folgenden Überlegungen; sie stellt aber zugleich auch sehr hohe Anforderungen an die Diskussion der Thematik. Es ist leicht einsichtig, daß eine umfassende Erörterung, die allen vorliegenden Aspekten und Ansätzen auch nur annähernd gerecht werden will, nicht zu leisten ist, ohne das Ziel der vorliegenden Untersuchung aus den Augen zu verlieren.[507] Wir konzentrieren uns daher auf die Entwicklung eines kommunikationstheoretischen Bezugsrahmens, der auf den bereits skizzierten Überlegungen zur Methodologie und Sozialtheorie aufbaut. In der gebotenen Kürze soll jedoch auf zwei prominente Positionen hingewiesen werden, die unseres Erachtens keinen zielführenden Beitrag zur Lösung praktischer Probleme leisten und deshalb explizit *nicht* aufgegriffen werden sollen.

Die erste Position ist dadurch gekennzeichnet, daß sie den Terminus »Kommunikation« heranzieht, um die bereits eingeführte Kategorie der Interaktion zu beschreiben. Auf einer solchen *Gleichsetzung von Kommunikation und Interaktion*, von kommunikativem und sozialem Handeln, beruht beispielsweise das bekannte Axiom von Watzlawick et al., daß man „nicht *nicht* kommunizieren kann".[508] Mit dieser Formulierung ist allerdings wenig gewonnen. Unser

---

505 Vgl. oben S. 23 ff.

506 Merten 1977, S. 9.

507 Vgl. zu den Kernparadigmen der Kommunikationstheorie Merten 1977, W.L. Schneider 1994.

508 Watzlawick et al. 1990, S. 51. Zum Verhältnis von Kommunikation und Interaktion vgl. ebenda, S. 23, Graumann 1972, Merten 1977, S. 62 ff., Kunczik 1977, S. 1 ff., Burkart 1995c, S. 30 ff.

Zusammenleben ist selbstverständlich dadurch gekennzeichnet, daß jegliches Handeln, Verhalten oder auch Unterlassen den Gang der Welt verändert. Wir fragen deshalb im allgemeinen auch nicht, *ob* wir handeln, sondern *wie* wir faktisch handeln bzw. möglicherweise handeln könnten. Dies setzt voraus, daß uns alternative Vorgehensweisen zur Verfügung stehen, die wir dann auch terminologisch unterscheiden sollten.[509] Demnach begibt man sich mit der Gleichsetzung von Kommunikation und Interaktion der Möglichkeit, Kommunikationshandlungen als einen spezifischen Baustein der Unternehmensführung zu thematisieren. Wenn jegliche Interaktion in und von erwerbswirtschaftlichen Organisationen als Kommunikation bezeichnet wird, gehen Unternehmenskommunikation und Unternehmensführung zwangsläufig ineinander auf mit der Folge, daß viele lebenspraktischen Probleme des Managements nicht entfaltet werden könnten. Diskussionen um eine Stärkung kommunikativer Kompetenzen, um die Höhe von Kommunikationsetats und um die Ablösung des Produktwettbewerbs durch kommunikative Profilierung würden sich dann als Scheingefechte entpuppen. Die Unzweckmäßigkeit einer solchen Auffassung ist leicht einsichtig, wenn man sich die Konsequenzen für die PR-Theorie vergegenwärtigt. Man kann hier exemplarisch auf die Überlegungen von Faulstich verweisen, der Öffentlichkeitsarbeit als Teil der Unternehmenskommunikation bzw. -führung, und zwar als bereichsspezifische Interaktion in der (Gesamt-) Gesellschaft konzeptionalisiert.[510] Der PR-Experte unterscheidet sich dann nicht mehr vom Manager, die PR-Theorie nicht mehr von der (gesellschaftsorientierten) Betriebswirtschaftslehre. Damit verschwimmen die spezifischen Fragen und Problemlösungskompetenzen der Praxis so weit, daß die zugrundeliegende Gleichsetzung von Kommunikation und Interaktion insgesamt zurückzuweisen ist.

Eine noch radikalere Theoriestrategie verfolgt Luhmann, wenn er *Kommunikationsprozesse als basale Elemente der sozialen Welt* bezeichnet und sie zunächst unabhängig von Akteuren und Handlungen konzipiert.[511] Handlungen werden dann erst durch eine intersubjektive Bedeutungszuschreibung konstituiert.[512] Diesen Punkt haben wir in unserem sozialtheoretischen Bezugsrahmen mit dem Hinweis auf die Notwendigkeit gemeinsamer Handlungsschemata erfaßt, aber in der Dualität von Handeln und Struktur zugleich wieder relativiert und auf gemeinsame Lehr- und Lernsituationen zurückgeführt.[513] Das von uns thematisierte, konkrete Handeln im Sinne eines problemorientierten Eingreifens in die Welt taucht in der autopoietischen Theoriebildung jedoch gar nicht auf. Luhmann beschreibt mit seinem Handlungsbegriff „fest typisierte, im stock of knowledge gut verankerte und für problemlos gehaltene *Vorstellungen* von Akteuren über typische »Einheiten« eines an sich ununterbrochenen Hand-

509 Vgl. bereits Bentele/Bystrina 1978, S. 127, ferner Kunczik 1984, S. 8, Bentele/Beck 1994, S. 20, Burkart 1995c, S. 21 f.

510 Vgl. Faulstich 1992, insbes. S. 50, S. 105, S. 107, der sich explizit auf Watzlawick beruft.

511 Vgl. Luhmann 1984, S. 191 ff., sowie oben S. 50.

512 Vgl. W.L. Schneider 1994, S. 12 und S. 149 ff.

513 Vgl. oben S. 95 ff.

lungs»stromes«",[514] also Handlungs*schemata.* Diese systemtheoretische Vorordnung von Strukturen entpuppt sich immer dann als widersprüchlich, wenn sie im Rahmen einer Theorie aufgegriffen wird, die nicht in deskriptiver Resignation verharren will, sondern um einen Beitrag zur Lösung konkreter Probleme der Unternehmenspraxis bemüht ist. Die Fragen der Praxis, die stets unter Handlungszwang steht, müssen unbeantwortet bleiben, wenn man mit Luhmann die prinzipielle Möglichkeit einer rationalen Planung und Steuerung sozialer Prozesse durch kompetente Akteure negiert und statt dessen der evolutionären Selektion zufällig anschlußfähiger Kommunikationen ein Primat einräumt.[515] Daß die Ausblendung des handelnden Akteurs mit erheblichen Problemen behaftet ist, haben wir bereits bei der kritischen Würdigung der PR-Theorien von Ronneberger/Rühl und Merten/Westerbarkey festgestellt.[516] Offenkundig hat sich das wissenschaftliche Sprachspiel in der systemtheoretischen Forschung soweit verselbständigt, daß es ihm an der notwendigen »Anschlußfähigkeit« zur Praxis mangelt. Wenn Kunczik dies unter anderem auf Inkonsistenzen des Luhmannschen Kommunikationsbegriffs zurückführt,[517] dann ist dies für uns ein weiterer Hinweis darauf, daß unsere eigenen Bemühungen auf ein tragfähigeres kommunikationstheoretisches Fundament gestellt werden müssen.

Wir schlagen vor, an dieser Stelle einen grundlegenden Neubeginn zu wagen und den Kommunikationsbegriff auf der Basis der bereits skizzierten sozialtheoretischen Überlegungen durch schrittweise nachvollziehbare *Unterscheidungen* einzuführen. Wir vermeiden damit fruchtlose terminologische Gleichsetzungen, setzen aber auch nicht auf die praktisch fragwürdige Ausblendung handlungsfähiger Akteure. Im Sinne einer fundamentalpragmatischen Vorgehensweise sind wir verpflichtet, unsere Unterscheidungen an konkreten Handlungen und nicht etwa an den dadurch erzeugten Zeichen und Beziehungen festzumachen. Damit grenzen wir uns zunächst von semiotischen und linguistischen Ansätzen der Kommunikationstheorie ab, in denen die Handlungsdimension nur eine nachgeordnete Rolle spielt.[518] Statt dessen gehen wir in Übereinstimmung mit den Problemstellungen der PR-Praxis von kompeten-

---

514 Esser 1994, S. 187 (im Original teilweise kursiv).

515 Vgl. zu dieser Kritiklinie ausführlicher Zerfaß/Scherer 1995, S. 498 ff.

516 Vgl. oben S. 49 ff.

517 Vgl. Kunczik 1993, S. 244, v.a. im Hinblick auf Ronneberger/Rühl 1992, S. 111 ff.

518 Im Gefolge der linguistischen Analysen von de Saussure (1967) und der Zeichenlogik von Peirce (1960) setzt die *Semiotik* bei den konkreten (sprachlichen) Zeichen an und thematisiert diese in dreifacher Hinsicht; vgl. Morris 1972, Bentele/Brystina 1978, Bentele 1984, Grewendorf et al. 1987. Der *semantische* Aspekt betrifft die Beziehung zwischen Zeichen und ihrer Bedeutung, d.h. den Personen, Ereignissen, Zuständen, auf die sie im Sinne einer naiven Abbildtheorie verweisen. Der *syntaktische* Aspekt beleuchtet die strukturellen Beziehung zwischen verschiedenen Zeichen; hier setzt vor allem die Grammatik an. Die systematisch gleichgeordnete *pragmatische* Dimension betrifft dann die Beziehung zwischen Zeichen und Benutzer. Lueken (1992, S. 224) kennzeichnet diese Sicht als *partialpragmatisch,* weil die Semiotik „von oben her nach unten" schaut, „d.h. von entwickelten Theorien über abstrakte Gegenstände (über sprachliche Strukturen und ihre Relation zu ‚Gegenständen') aus auf das konkrete Handeln, um die Verbindung in einer zusätzlich nebengeordneten Disziplin theoretisch zu erfassen."

ten Akteuren aus, die qua (sprachlicher und nichtsprachlicher) Kommunikation in die soziale Welt eingreifen. Unsere Leitthese lautet in Übereinstimmung mit dem späten Wittgenstein, daß *kommunikative Handlungen eine spezifische Form des sozialen Handelns* [519] und *Kommunikationen eine Spielart von symbolischen Interaktionen* sind.[520] Im Unterschied zur Sprechakttheorie und Universalpragmatik erheben wir jedoch nicht den Anspruch, die konstitutiven Grundformen der Kommunikation formal identifizieren zu können.[521] Bei den nachfolgenden Überlegungen lassen wir uns vielmehr von der Einsicht leiten, daß kommunikative Aktivitäten ebenso wie andere Handlungen dem Wechselspiel von Handeln und Struktur unterliegen.[522] Die Suche nach unverrückbaren, interkulturell gültigen Strukturen der Kommunikation muß deshalb in die Irre führen. Wir können jedoch versuchen, diejenigen Schemata und Ressourcen zu erläutern, die das kommunikative Handeln in *unseren* posttraditionalen Gesellschaften und Lebensformen prägen.

Dazu gilt es in einem ersten Schritt, die begrifflichen Merkmale kommunikativer Handlungen herauszuarbeiten; als Kontrastfolie dient uns hier die allgemeine Theorie des Handelns als eines willentlichen Eingreifens in den Lauf der Welt (4.1). Anschließend werden wir uns die sozialtheoretische Auszeichnung von Organisationsformen und Sphären des sozialen Handelns zu eigen machen, um Kommunikationsprozesse hinsichtlich ihrer Sinnstiftung und systemischen Konstitution zu untersuchen (4.2). Schließlich greifen wir die Diskussion um die vielfältigen Facetten gesellschaftlicher Integrationsprozesse auf, wenn wir der zentralen Frage nachgehen, wie unterschiedliche soziale Handlungen oder Elemente qua Kommunikation (und damit Öffentlichkeitsarbeit) zu einem gemeinsamen Handlungszusammenhang verknüpft werden können (4.3).

## 4.1 Kommunikatives Handeln

Eine begriffliche Präzisierung des Kommunikationsbegriffs muß mit Unterscheidungen beginnen, in denen die charakteristischen Merkmale des *kommu-*

---

519 Vgl. Wittgenstein 1993b und zusammenfassend Harras 1983, S. 96 ff., von Savigny 1993, S. 13 ff. Der Handlungscharakter der menschlichen Sprache wird auch von Bühler betont, der die Sprache als ein »Werkzeug« versteht, dessen sich kompetente Akteure bedienen können; vgl. Bühler 1934, S. 28 f. und S. 48 ff., sowie Schulz 1973, S. 36 f. diskutiert.

520 Vgl. bereits Lundberg 1939, S. 253; dezidiert auch Schulz 1971, S. 89, Kunczik 1977, S. 5, Bentele/Brystina 1978, S. 125, Kunczik 1984, S. 7 f., Burkart 1995c, S. 30 f., H. Scherer 1995.

521 Die verschiedenen Spielarten der *Sprechakttheorie* (Austin 1979, Searle 1992, 1990; vgl. auch unten S. 171) und die von Habermas (1971, 1976, 1987a, S. 369 ff.) ausgearbeitete *Universalpragmatik* abstrahieren von konkreten Handlungszusammenhängen, um die elementaren und in jeder Kultur vorkommenden Grundstrukturen der Sprache zu identifizieren. Diese regelorientierte Vorgehensweise vernachlässigt u.E. die wechselseitige Verschränkung von Handeln und Struktur; es „entsteht der Eindruck, daß die Formalpragmatik dem Handeln von theoretischen Vorgaben her Formen aufprägt, statt diese reflexiv und abstraktiv aus dem konkreten Handeln zu gewinnen“ (Lueken 1992, S. 228).

522 Vgl. bereits W. von Humboldt (zitiert bei Kledzik 1992) und de Saussure 1967; ferner Kamlah 1967, Kamlah/Lorenzen 1973, S. 45 ff., Kambartel 1978b und 1980, Trabant 1989, Gethmann/Siegwart 1991, Lueken 1992, S. 198 ff., Schneider 1992, Giddens 1984, S. 103 ff.

*nikativen Handelns* zum Ausdruck kommen (4.1.1). Kommunikationsprozesse verweisen auf *strukturelle Regeln und Ressourcen*, die in konkreten Handlungszusammenhängen einerseits in Anspruch genommen, andererseits reproduziert und modifiziert werden. Diese Strukturen umfassen kulturell tradierte Kommunikationsschemata (Zeichen und Zeichenkomplexe, z.B. Sprachen); sie erstrecken sich aber auch auf Ressourcenkomplexe materieller und immaterieller Art, die zuallererst zum kommunikativen Handeln befähigen (4.1.2).

### *4.1.1 Akteure und Prozesse des kommunikativen Handelns*

#### 4.1.1.1 Symbolisches und instrumentelles Handeln

Soziales Handeln ist dadurch gekennzeichnet, daß kompetente Akteure in die soziale Welt menschlicher Subjekte eingreifen, um deren Einstellungen, Absichten oder Handlungsweisen zu beeinflussen.[523] Wie alle konkreten Handlungen ist es auf gemeinsame, in Lehr- und Lernsituationen tradierte und konstruierte Schemata angewiesen, um überhaupt verständlich zu sein. Eine »bedeutungslose Handlung« wäre also eine contradictio in adjecto, weil sie erst gar nicht als solche erkennbar ist. Sie könnte weder thematisiert werden noch konkrete Wirkungen zeitigen. Für unsere weiteren Überlegungen ist es nun entscheidend, daß das *Verstehen von Bedeutungen* im täglichen Zusammenleben noch eine weitere, weitaus spezifischere Rolle spielen kann. Kamlah schreibt: „Es gibt Handlungen, bei denen nicht allein einer dem anderen verständnisvoll 'zuschauen' kann, sondern die darüber hinaus an das Verstehen des anderen appellieren. Dies geschieht in gewisser Weise, wenn einer malt ..., wenn einer musiziert. Und es geschieht in einzigartiger Weise, wenn einer spricht".[524] Wenn man jemandem etwas zu verstehen geben will, dann initiiert man einen sozialen Handlungszusammenhang, bei dem ausdrücklich auf Strukturen außerhalb von Raum und Zeit verwiesen wird.[525] Der Rekurs auf gemeinsame Regeln wird hier als ein Baustein komplexer Handlungen in Anspruch genommen.

Diese These muß in mehreren Schritten erläutert werden. *Komplexe Handlungen* sind zunächst dadurch gekennzeichnet, daß sie durch andere Handlungen vermittelt sind; die Gesamthandlung setzt in diesem Fall die Ausführung von prinzipiell selbständigen Teilaktivitäten voraus.[526] *Soziale Handlungen* sind stets vermittelt, weil sie immer auf poietische Eingriffe in die physische Welt angewiesen bleiben. Beispiele sind Arbeitszusammenhänge und Sportarten, bei denen die gegenseitige Orientierung der Beteiligten durch entsprechende Körperbewegungen zum Ausdruck kommt, oder Gespräche, die ohne Lautartikulationen nicht denkbar sind. Wie wir im folgenden sehen werden, können poietische Handlungen jedoch auf durchaus verschiedene Weise in Interak-

523 Vgl. oben S. 92 f.

524 Kamlah 1967, S. 428 f., gleichlautend auch Kamlah/Lorenzen 1973, S. 56 f.

525 Trabant (1989, S. 121) bezeichnet die Kommunikation als „ein Sich-verständigen-über-die-Welt zwischen einem Handelnden und einem Verstehenden mittels der Aktualisierung gesellschaftlich verbindlicher und bedeutungsvoller Zeichen (= Zeigehandlungsschemata)".

526 Vgl. oben S. 90 f.

tionszusammenhänge einbezogen werden. Über die diesbezügliche Unterscheidung von instrumentellen und symbolischen (u.a. kommunikativen) Handlungen belehrt uns ein konstrastierender Vergleich.

Im Fall des *instrumentellen Handelns* werden Interaktionszusammenhänge *direkt* durch poietische Handlungen konstituiert. Es liegt ein *einfacher Vermittlungszusammenhang* vor. Als *ergebnisorientierte* Handlungen führen solche sozialen Handlungen den angestrebten Zweck direkt herbei. Wenn man eine Person fesselt, ihr einen Blumenstrauß überreicht oder die Geldbörse entreißt, übt man ohne ihr Zutun und ohne Rekurs auf gemeinsame Orientierungen sozialen Einfluß aus. Die Situation des Gegenübers wird bereits durch die Basishandlung entscheidend verändert: der oder die Betroffene ist gefesselt, im Besitz des Blumenstraußes bzw. der Geldbörse verlustig. Er muß zwar über schemabezogenes Können verfügen, um instrumentelle Handlungen als solche zu erkennen und sie benennen zu können; der Erfolg der Interaktion hängt jedoch alleine vom poietischen Können des handelnden Akteurs und nicht von den Verstehensleistungen seines Gegenübers ab.

Beim *symbolischen Handeln* wird das primäre Ziel der Einflußnahme auf einem anderen, *indirekten* Weg erreicht. Man nimmt poietische Handlungen wie Lautäußerungen, Schreibakte, Gesten oder auch das Überreichen eines Geldscheins bzw. Eherings in Anspruch, denen im Rahmen einer konventionell geregelten oder kooperativ hergestellten Praxis eine bestimmte symbolische Bedeutung zukommt. Nur wenn die Bedeutungsvermittlung gelingt, können auch die unterschiedlichen Ziele der Einflußnahme erreicht, also die Einstellungen, Absichten oder Handlungsweisen der Interaktionspartner beeinflußt werden. Demnach liegt hier ein *mehrstufiger Vermittlungszusammenhang* vor: Durch die Ausführung poietischer Handlungen werden gemeinsame *Symbolkomplexe* in Anspruch genommen, die nur kognitiv präsent sind, aber kraft ihrer handlungsorientierenden Potenz eine Einflußnahme auf die Absichten oder die Situation des Gegenübers erlauben. Beispiele für solche symbolischen Strukturen wären einerseits die Sprache, andererseits die Repräsentation institutionell geregelter Lebenszusammenhänge in den politischen, rechtlichen und religiösen Schemata. Konkrete symbolische Handlungen sind zwangsläufig mit mindestens zwei Intentionen verbunden. Mit dem primären Ziel eines Eingreifens in die soziale Welt geht das sekundäre Ziel der Bedeutungsvermittlung im Sinne einer Aktivierung oder Generierung handlungsorientierender Symbole einher.[527] Umgekehrt ausgedrückt: Mit einer symbolischen Handlung (Kamlah/Lorenzen sprechen hier von „Verständigungshandlungen“ oder „Zeigehandlungen“) [528] gibt man jemandem etwas zu *verstehen*, um seine Absichten oder seine Situation zu *beeinflussen*. Die Folgen des symbolischen Handelns liegen dabei außerhalb der Verfügungsgewalt der jeweiligen Akteure, die auf die Mitwirkung der Interaktionspartner, insbesondere auf

527 Vgl. Bentele/Brystina 1976, S. 125, Kambartel 1978b, S. 101, Harras 1983, S. 159 und S. 166 ff., Burkart 1995c, S. 25 ff.

528 Vgl. Kamlah/Lorenzen 1973, S. 57 ff. und S. 97, Kamlah 1967, S. 429, im Anschluß daran v.a. Trabant 1976, S. 60, ders. 1989, S. 86 ff., Kambartel 1980, S. 99.

deren Verstehensleistungen und auf mögliche Anschlußhandlungen, angewiesen bleiben. Insofern kann man das symbolische Handeln auch als *konsequenzenorientiert* bezeichnen. Ein einfaches betriebswirtschaftliches Beispiel mag dies verdeutlichen. Strategische Vorgaben der Unternehmensleitung führen nur dann zum Erfolg, wenn diese im Kreis der Mitarbeiter überhaupt vernommen, verstanden und dann in konkrete Handlungsprogramme umgemünzt werden. Wenn die Unternehmensziele so als Folge des Handelns aller Beteiligten erreicht werden sollen, dann setzt dies zwangsläufig voraus, daß gemeinsame Symbolkomplexe (Organisationsstrukturen und -kulturen im Sinne von Rollen und Wertmustern) vorhanden sind oder aufgebaut werden.

Durch diesen Vergleich sollte nochmals deutlich geworden sein, warum die bereits angesprochene, insbesondere von Luhmann vertretene Vorordnung von strukturellen Kopplungen und deren Auszeichnung als »Kommunikation« in eine Sackgasse führt. Selbstverständlich kommt jedem (sozialen) Handeln eine Bedeutung zu, die sich auf kulturell vermittelte Schemata zurückführen läßt. Die alltägliche Rede von symbolischen bzw. kommunikativen Prozessen betrifft jedoch nur die spezifischen Fälle, in denen die Bedeutungsvermittlung bewußt angestrebt und als Element komplexer, zielgerichteter sozialer Handlungen in Anspruch genommen wird.[529] Eine *Theorie symbolischer Interaktionen* widmet sich dann in Fortführung der allgemeinen Handlungs- und Sozialtheorie den Problemlagen, die bei diesen mehrstufigen Vermittlungszusammenhängen auftreten können.[530] Eine weitere, vor allem aus forschungspragmatischer Perspektive zweckmäßige Abgrenzung des Themenfeldes ist möglich, wenn man verschiedene Spielarten symbolischer Handlungen voneinander abgrenzt. Dies soll im folgenden Abschnitt geschehen; damit rückt dann auch die Kommunikation i.e.S. in den Mittelpunkt unserer Betrachtung.

#### 4.1.1.2 Kommunikative und symbolsystemische Handlungen

Symbolisch vermittelte Handlungszusammenhänge können auf zweifache Weise dazu beitragen, daß das Problem der *sozialen Integration* gelöst wird. Symbolische Interaktionen, die auf die integrative Kraft handlungsprägender Systeme (Märkte, Organisationen, imaginierte Gemeinschaften) *verweisen*, sind von solchen Handlungszusammenhängen zu unterscheiden, in denen die Bewältigung von Mittel- und Zweckkonflikten und die Erarbeitung gemeinsamer Deutungsrahmen im Prinzip *direkt* geleistet werden kann. Wir wollen diese Unterscheidung im folgenden heranziehen, um das kommunikative Handeln begrifflich vom symbolsystemischen Handeln abzugrenzen.

*Symbolsystemische Handlungen* wie die Übergabe eines Geldscheins oder Eherings können die soziale Integration nur in systemischen Zusammenhängen, z.B. von Marktbeziehungen und Religionsgemeinschaften, befördern. Das

529 Vgl. Hunziker 1988, S. 1, ähnlich auch Bentele/Brystina 1978, S. 125.

530 Unsere Überlegungen stimmen im Prinzip mit dem *symbolischen Interaktionismus* (Mead 1993, Blumer 1973) überein, gehen jedoch über diesen hinaus, weil sie das integrative Potential verschiedener Symbolkomplexe (z.B. Sprache vs. Rollenmuster) genauer ausloten.

Verstehen der konkreten symbolischen Handlung führt in diesem Fall dazu, daß der – wiederum symbolisch konstituierte – Handlungskontext verändert wird. Wenn die Übergabe der Banknote oder des Rings nicht nur instrumentell gedeutet wird, sondern auf materielle Verfügungsrechte bzw. ein Eheversprechen verweist, dann beeinflußt dies die *Situation* der Beteiligten innerhalb des jeweiligen Bezugssystems. Der Erfolg der Interaktion hängt in diesem Fall vom *Verstehen* der symbolischen Handlungen und der *handlungsprägenden Potenz des in Anspruch genommenen Systems* ab, dem die Beteiligten aus durchaus verschiedenen Gründen verpflichtet sein können. Wenn auf diese Weise poietische Handlungen koordiniert werden, ist dies letztlich auf die empirischen Bindungswirkungen des jeweiligen Systems und nicht nur auf die symbolische Interaktion selbst zurückzuführen.

Demgegenüber sind *Kommunikationsprozesse* dadurch gekennzeichnet, daß sie nicht nur auf systemische Koordinationsformen verweisen, sondern zugleich auch eine eigenständige „Quelle der sozialen Integration“ [531] darstellen. Mündliche und schriftliche Sprechakte, Gesten und bildliche Symbole können erstens auf dem bereits beschriebenen Weg einen Beitrag zur situationsbezogenen Integration leisten. Ein Beispiel wären Führungsgrundsätze, mit denen die Handlungsspielräume von Mitarbeitern neu definiert werden. Die bindende Kraft solcher Leitlinien beruht vor allem auf ihrer Einbettung in arbeitsvertraglich und kulturell geregelte Organisationsbeziehungen. Darüber hinaus können die Akteure in Kommunikationsprozessen aber auch wechselseitig ihre *Intentionen* beeinflussen; man denke etwa an den Prototyp einer Argumentation zwischen zwei Diskussionspartnern. Damit wird ein direkter Beitrag zur Bewältigung der Konfliktpotentiale von Arbeitsteiligkeit und Ressourcenverteilung geleistet. Die soziale Integration bleibt in diesem Fall auf das *Verstehen* kommunikativer Handlungen und eine *gemeinsame Orientierungsleistung* der Akteure angewiesen; sie stützt sich einzig auf die freiwillige, kommunikativ vermittelte Bindung der Beteiligten. Solche Prozesse treten in der Praxis natürlich nur selten isoliert auf. Sie sind häufig Bestandteil *komplexer Interaktionszusammenhänge*, in die instrumentelle, kommunikative und symbolsystemische Handlungen eingehen und die auf verschiedenen Ebenen scheitern können. Um ein Beispiel zu nennen: Ein Bürger, der das Werbeschreiben eines Versandhändlers in seinem Briefkasten findet, kommt aufgrund der instrumentellen Handlung eines Postboten zunächst ohne sein Zutun in den Besitz der Angebotsbroschüre. Falls der Kaufappell gelesen und verstanden wird, findet ein Kommunikationsprozeß statt, durch den der Leser veranlaßt werden soll, eine bestimmte Nachfrage zu äußern. Wenn in einem weiteren Schritt tatsächlich eine Transaktion zwischen Anbieter und Konsument stattfindet, dann stützt sich diese auf den Marktmechanismus. Der Kunde mag dem Versandhaus z.B. einen Scheck zusenden und damit symbolisieren, daß er bereit ist, einen Kaufvertrag einzugehen und dafür den geforderten Preis zu zahlen. Der gesamte Handlungszusammenhang kann in jeder Phase scheitern bzw. sich in eine andere Richtung entwickeln: Der Adressat mag der deutschen Sprache

531 Habermas 1988, S. 69, dort mit Blick auf die natürliche Sprache.

nicht mächtig sein, er kann den Kaufappell mißverstehen, er muß keineswegs zum Vertragsschluß bereit sein, schließlich kann der Anbieter aufgrund negativer Erfahrungen mit anderen Kunden die Symbolkraft des Schecks in Frage ziehen und auf einer Nachnahmelieferung beharren. Dabei spielen jedoch durchaus verschiedenartige Aspekte eine Rolle, die man anhand unserer problemorientierten Unterscheidung verschiedener Handlungs- und Interaktionstypen einer näheren Analyse unterziehen könnte. Eine Gleichsetzung von Kommunikation und Interaktion, von symbolischem und kommunikativen Handeln würde hier zu kurz greifen und den Blick auf wichtige Problemstellungen und Lösungsansätze versperren.

Die *Trennlinie zwischen kommunikativen und (nur) symbolsystemischen Handlungen* verläuft im allgemeinen relativ unscharf. Das Gelingen einer symbolischen Interaktion setzt stets voraus, daß die Beteiligten über signifikante Symbolkomplexe verfügen oder diese in einer gemeinsamen Praxis aufbauen. In diesem Zusammenhang sind die Strukturen der *Kommunikation* dadurch gekennzeichnet, daß sie nur vage umrissen, damit aber zugleich offen für vielfältige Aktualisierungsmöglichkeiten sind.[532] Natürliche Sprachen, Körpergesten usw. sind kulturell verankert, umspannen aber verschiedene gesellschaftliche Lebensformen und Systeme. Sie sind in der Lage, die Absichten handelnder Akteure zu beeinflussen und damit eine aufwendige und riskante, aber breit anwendbare, systemübergreifende Integration qua Intention zu leisten. Handlungsprägende *Strukturmuster*, die in Form raumzeitlich verfestigter Systeme konkreten Einfluß auf unsere Handlungssituation gewinnen können, zeichnen sich durch eine größere Spezifität aus, die andererseits einer breiten lebenspraktischen Verankerung entgegensteht. Im Vergleich zu Sprechhandlungen zeitigen subkulturelle oder systemspezifische Symbole meist eindeutigere Konsequenzen; ihre Anwendung bleibt jedoch auf bestimmte Lebensformen bzw. Kontexte begrenzt. Natürlich sind sie damit einer theoretischen Analyse besser zugänglich als die Kommunikation, die aus der hier skizzierten Perspektive bereits begrifflich mit einer alltäglichen Relevanz verknüpft ist und deshalb unter den verschiedensten Vorzeichen untersucht werden kann. Wir sind uns dessen bewußt, wenn wir uns im folgenden näher mit kommunikativen Handlungen und Interaktionen in dem hier explizierten Sinn auseinandersetzen wollen.

#### 4.1.1.3 Kommunikationsprozesse und ihre Akteure

Auf der Basis unserer bisherigen Überlegungen können wir jetzt ein handlungstheoretisches *Grundmodell kommunikativ vermittelter Interaktionen* entwickeln. Wir nehmen dabei terminologische Anleihen bei verschiedenen klassischen Darstellungen, die auf die Elemente und den Ablauf idealtypischer Kommunikationsprozesse zwischen kompetenten Akteuren verweisen.[533]

532 Vgl. Schneider 1992.

533 Vgl. v.a. die Modelle von Lasswell 1949, Shannon/Weaver 1949 und Reimann 1968, im Überblick auch Bentele/Beck 1994, S. 21 ff., Krippendorf 1994, Schulz 1994b, S. 144 ff., Maletzke 1988, S. 56 ff., Merten 1977 sowie Graumann 1972, S. 1155 ff.

Diese Modelle dürfen nicht als naive Abbilder einer objektiven Welt verstanden werden. Sie repräsentieren vielmehr praktische Unterscheidungen und wissenschaftliche Reflektionsleistungen, dienen aber auch als Orientierung für weiterführende Handlungen und Theoriekonstruktionen.[534] Für unsere eigenen Überlegungen, die einen Beitrag zur Verbesserung praktischer Kommunikations*handlungen* leisten wollen, hat dies zwei Konsequenzen. Einerseits können wir die prozeßorientierten Modelle aufgreifen, weil sie die Akteure und die Dynamik kommunikativer Interaktionen konzeptionell erfassen. Diese Ansätze müssen jedoch fundamentalpragmatisch rekonstruiert und erweitert werden. Dabei gilt es vor allem, die Intentionen der Beteiligten und die strukturellen Voraussetzungen bzw. Folgen kommunikativer Handlungen adäquat zu modellieren.

Im folgenden wollen wir ein elementares Kommunikationsmodell skizzieren (1), das dann anhand weiterer Unterscheidungen des Prozeßablaufs (2) und der beteiligten Akteure (3) begrifflich erweitert werden soll. Ein besonderes Augenmerk gilt schließlich den Merkmalen der Massenkommunikation (4), die im Kontext der Öffentlichkeitsarbeit eine zentrale Rolle spielen.

### (1) Kommunikation als elementarer Handlungsprozeß

In einem ersten Schritt können wir unsere bisherigen Überlegungen rekapitulieren und festhalten, daß der *Kommunikationsbegriff* Handlungszusammenhänge kooperativer oder kompetitiver Art bezeichnet, bei denen die beteiligten Akteure Symbolkomplexe mit sozialintegrativer Kraft in Anspruch nehmen, um ihre Absichten oder Situationen zu verändern. Dabei wird das primäre Ziel eines Eingreifens in die soziale Welt nur erreicht, wenn das sekundäre Ziel der Bedeutungsvermittlung gelingt. Die *Verständigung* wird damit zur pragmatischen Voraussetzung der *Beeinflussung*;[535] ihre Sinnstiftung schöpft sie jedoch erst daraus, daß sie als Mittel zum Zweck in Anspruch genommen wird. Kommunikative Interaktionen setzen sich zwangsläufig aus einer ganzen Reihe einzelner *Kommunikationshandlungen* zusammen. Dies wird deutlich, wenn man den paradigmatischen Fall eines Gesprächs, d.h. einer sprachlich vermittelten Interaktion zwischen zwei kopräsenten Akteuren (»Ego« und »Alter«), im Sinne einer genetischen Erklärung rekonstruiert (vgl. Abb. 8). Dabei ist zu beachten, daß der skizzierte Prozeß in jeder Phase scheitern oder sich in eine

---

534 Vgl. bereits Schulz 1971, S. 94, dezidiert auch Krippendorf 1994, S. 79 f. und S. 96 ff.

535 Kamlah (1979, S. 21) bringt dies auf den Punkt, wenn er schreibt: „Wenn Menschen in wechselnden Lebenssituationen miteinander sprechen, dann tun sie dies stets mit dem Ziel, sich zu verständigen. ... Die Sprache dient ... auch dann der Verständigung, wenn Menschen miteinander streiten, einander beleidigen oder belügen"; vgl. auch Kamlah 1973, S. 98, Harras 1983, S. 162 f., Holly 1987, S. 140. Wir wenden uns damit gegen einen »starken« Begriff der Verständigung und des kommunikativen Handelns, der vor allem von Habermas vertreten wird und ob seiner Differenz zur alltäglichen Rede immer wieder zu Mißverständnissen führt. Habermas (1976, S. 176 f., 1987a, S. 150 f. und S. 385 ff.) setzt *Verständigung* mit der Herbeiführung eines *Einverständnisses* bezüglich verschiedener Geltungsansprüche gleich und stellt damit ein „unaufhebbares Junktim zwischen Bedeutung und Geltung" (Schnädelbach 1986, S. 25) her; vgl. kritisch Berger 1976, S. 265 ff., Wellmer 1979, Gebauer 1993, S. 155.

andere Richtung weiterentwickeln kann; die Unterscheidung von einzelnen Kommunikationshandlungen und (gelungener oder gescheiterter) Kommunikation bringt dies auf konzeptioneller Ebene zum Ausdruck.[536] Ferner ist daran zu erinnern, daß in jeder Interaktion gemeinsame Schemata und Ressourcen in Anspruch genommen, reproduziert und modifiziert werden. Strukturen prägen unser Verständnis von Rollen, Situationen, Ereignissen und Handlungen. In diesem Zusammenhang wollen wir die Symbolkomplexe, auf die in kommunikativen Interaktionen in spezieller Weise Bezug genommen wird, als *Kommunikationsschemata*, die diesbezüglichen Ressourcen als *kommunikative Kompetenz* bezeichnen. Diese strukturelle Dimension soll hier nur angedeutet werden; sie wird im nachfolgenden Abschnitt näher thematisiert.

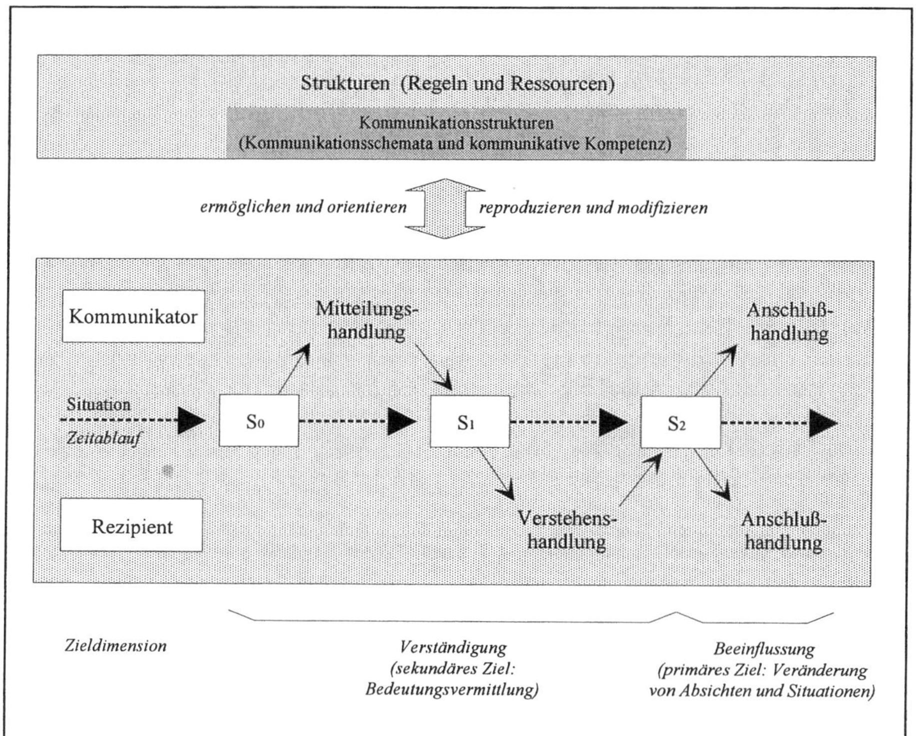


*Abb. 8: Kommunikation als elementarer Handlungsprozeß*

Ein elementarer Kommunikationsprozeß nimmt seinen Ausgang, wenn Ego in Verfolgung eines primären Handlungszwecks ein kommunikatives Handlungsschema, z.B. eine Aufforderung, Frage oder Behauptung, aktualisiert, um Alter etwas zu verstehen zu geben. Ego übernimmt damit die Rolle des *Kommunikators*. Seine situativ, d.h. in bestimmte lebensweltliche und systemische Kon-

536 Vgl. Reimann 1968, S. 75, Burgoon/Miller 1990, S. 230 ff., Burkart 1995c, S. 32 ff.

texte sowie vorgängige Wirklichkeitskonstruktionen eingebettete Aktivität soll als *Mitteilungshandlung* bezeichnet werden.[537] Bei einer Mitteilungshandlung aktualisiert der Kommunikator, durch verschiedene Medien vermittelt, konventionell geregelte oder kooperativ vereinbarte Zeichen. *Zeichen* nennen wir in Übereinstimmung mit dem alltäglichen Sprachgebrauch diejenigen kommunikativen Handlungsschemata, die uns für wiederholte Aktualisierungen zur Verfügung stehen, z.B. Buchstaben, Wörter, Körpergesten.[538]

Verschiedene Zeichen können untereinander austauschbar sein, d.h. sie können »dasselbe bedeuten«. Wenn man seine Zustimmung bekunden will, kann man dies durch ein Kopfnicken, aber auch durch explizites Jasagen tun. Die Bedeutung eines Zeichens ist nichts, was unabhängig von diesem existiert.[539] Erst in der praktischen Anwendung von Zeichen (kommunikativen Handlungsschemata) lernen wir ihren richtigen Gebrauch und damit ihre Bedeutung kennen, d.h. wir sind in der Lage, sie gegen andere, gleichbedeutende Zeichen auszutauschen und die zugrundeliegenden Mitteilungshandlungen zu verstehen.[540] Bei der Aktualisierung von Zeichen kann der Kommunikator verschiedene *Medien* (Kommunikationsmittel bzw. -kanäle) in Anspruch nehmen. Diese Medien dürfen nicht als Werkzeug oder Instrumentarium verstanden werden, das gleichsam unabhängig von den Beteiligten existiert. Der kommunikative Medienbegriff dient vielmehr zur Klassifikation verschiedener Basishandlungen der Kommunikation. Er bringt zum Ausdruck, daß eine Kommunikationshandlung auf verschiedene Art vermittelt werden kann.[541] Um bei unserem Beispiel zu bleiben: Ein zustimmendes Nicken beruht auf einer Körperbewegung, die wir im allgemeinen als Gestikulieren bezeichnen. Das verbale Jawort können wir dagegen mündlich artikulieren oder schriftlich festhalten, wobei dann unter Umständen technische Hilfsmittel (Telefon, Kugelschreiber, E-Mail, Faxgerät) und soziale Institutionen (*Medienorganisationen:* Presse, Rundfunk, Nachrichtendienste) in Anspruch genommen werden. Dabei

---

537 Vgl. Esser 1994, S. 174 ff., Burkart 1995c, S. 57 ff., ähnlich Kamlah/Lorenzen 1973, S. 59.

538 Vgl. Kamlah 1967, Kamlah/Lorenzen 1973, S. 58 ff. und S. 95 ff., Trabant 1989, S. 90 ff.

539 Damit wenden wir uns gegen verschiedene *klassische Bedeutungstheorien* von Aristoteles über Locke, Hegel, Frege, Peirce bis hin zu Ogden/Richards, dem frühen Wittgenstein (1993a) und Tarski, die ein Bedeutungsdreieck von subjektivem Akteur, aktualisiertem Zeichen und natürlicher Welt skizzieren; vgl. hierzu die knappen Rekonstruktionen von Schneider 1995, Lorenzen 1980, S. 89 ff., Bentele 1984, S. 80 ff., Trabant 1989, S. 21 ff. Die klassischen Konzepte vertreten die Auffassung, daß materielle Zeichen zunächst mit Bewußtseinsinhalten (Ideen, Interpretanten, Referenzen) verbunden sind und sich über diese auf bestimmte Gegenstände (Personen, Dinge) in der Realität beziehen. Demgegenüber verweist die *Gebrauchstheorie der Bedeutung* (Wittgenstein 1993b) darauf, daß die Bedeutungsverleihung stets intersubjektiv geschieht: „Zeichen haben eine Bedeutung, wenn für sie, durch Tradition oder Vereinbarung, ein der Welt- oder Handlungsorientierung dienlicher Umgang bestimmt ist" (Kambartel 1992a, S. 38).

540 Vgl. Wittgenstein 1993b, S. 262 (PU 43) und S. 310 f. (PU 141-142); ferner Kamlah/Lorenzen 1973, S. 99, Schneider 1995, S. 260, Kambartel/Stekelen-Weithofer 1988, S. 205 ff., Gethmann/ Siegwart 1991, S. 558 ff. und S. 598 ff., sowie Schneider 1993.

541 Dieser kommunikationstheoretische Medienbegriff ist von dem weiter gefaßten, soziologischen Medienbegriff – vgl. oben S. 124 f. – zu unterscheiden. Vgl. zum Vergleich verschiedener Kommunikationsmedien Klingenberg/Kränzle 1983, S. 38 ff., Faulstich 1991; im PR-Kontext z.B. Grunig/Hunt 1984, S. 373 ff., Crable/Vibbert 1986, S. 129 ff., Cutlip et al. 1994, S. 259 ff.

schaffen wir ggf. auch Gegenstände (Briefe, Plakate, Hinweisschilder), die in Form erstarrter Mitteilungshandlungen über Raum und Zeit Bestand haben, „die »stehen bleiben«, an der Tafel etwa oder als Wegzeichen“,[542] und die in Form von Filmen und Datenträgern sogar gespeichert und erst bei Bedarf wieder aktualisiert werden können. Wir wollen diese materiellen „Spuren“ [543] kommunikativer Handlungen in Anlehnung an Kamlah/Lorenzen als *Marken* bezeichnen.[544] Konkrete Zeitungen, Zeitschriften, Tonträger oder Videofilme, die wir im umgangssprachlichen Sinne häufig selbst als »Medien« bezeichnen, sind dann nichts anderes als abgrenzbare Gruppierungen von Marken, d.h. materielle Ergebnisse kommunikativer Tätigkeiten *(Medienprodukte)*.[545]

Der Kommunikationsprozeß erreicht seine nächste Phase, wenn die kommunikative Situation des Kommunikators, vor allem aber auch diejenige des *Rezipienten*, wie wir die Rolle von Alter in diesem Zusammenhang nennen wollen, durch die Mitteilungshandlung verändert wird. In einer face-to-face-Interaktion geht dies mit der Gesprächseröffnung einher. Abb. 8 modelliert einen solchen einfachen Fall, in dem sich der Handlungskontext der Beteiligten per definitionem überlappt. In anderen Zusammenhängen kann die beabsichtigte Situationsveränderung raumzeitlich versetzt erfolgen. Eine solche Aufspaltung der Kommunikation setzt voraus, daß der Kommunikator technische Medien (Telefon, Videokonferenz) in Anspruch nimmt oder Marken erzeugt, die den Handlungskontext des Rezipienten zu einem späteren Zeitpunkt verändern. Das klassische Beispiel wäre ein Brief, der erst nach einigen Tagen in die Verfügungsgewalt des Empfängers gerät. An dieser Stelle wird einsichtig, daß sich die Kopplung der Handlungskontexte häufig als eigenständiges Problem präsentiert.[546] Ein Brief mag auf dem Postweg verloren gehen, eine Zeitungsanzeige überblättert und der Ruf eines Vorarbeiters vom Maschinenlärm übertönt werden. Der technische Aspekt dieser Problematik wird von der mathematischen Informationstheorie thematisiert, wenn sie auf den Einfluß potentieller »Störquellen« bei der Übertragung codierter Signale hinweist.[547]

Eine zweite Kommunikationshandlung kommt ins Spiel, wenn der Rezipient die Mitteilungshandlung wahrnimmt und bestrebt ist, den symbolischen Gehalt der Basishandlung(en) zu erschließen. Wir schlagen vor, diese Aktivität als *Verstehenshandlung* zu bezeichnen.[548] Ihr Handlungscharakter kommt darin zum Ausdruck, daß sich der Rezipient stets in Verfolgung bestimmter Zwecke oder Interessen um die Wahrnehmung und Deutung bestimmter Mitteilungshandlungen bemüht. Dies geschieht häufig gewohnheitsmäßig, z.B. beim

542 Kamlah 1967, S. 430.

543 Kambartel 1980, S. 111.

544 Vgl. Kamlah/Lorenzen 1973, S. 59, Trabant 1989, S. 107 ff., Hartmann 1990, S. 22, Janich 1992b, S. 154, Hartmann 1993, S. 78.

545 Die Untersuchung dieser *konkreten Phänomene* steht im Mittelpunkt der Medientheorien von Schulz (1973, 1974) und Boeckmann 1994.

546 Vgl. Esser 1994, S. 176 f., Gethmann/Siegwart 1991, S. 565 f., Wellmer 1989, S. 320 f.

547 Vgl. Shannon/Weaver 1949.

548 Vgl. Kamlah/Lorenzen 1973, S. 59, Trabant 1989, S. 83 f., Kambartel 1991, Esser 1994, S. 175, Burkart 1995c, S. 58, H. Scherer 1995, S. 37 ff., sowie oben S. 95 ff.

Lesen eines Wegweisers am Straßenrand, kann aber auch Ausfluß bewußter Selektionen sein – man denke etwa an die tägliche Zeitungslektüre, bei der man sich gezielt bestimmten Publikationen und Artikeln zuwendet.[549] Weil die Zuwendung des Rezipienten auf Gründen beruht und keineswegs Ausfluß eines natürlichen Wirkungszusammenhangs ist, ist das Vorliegen einer Mitteilungshandlung eine notwendige, aber keine hinreichende Bedingung für das Zustandekommen einer Kommunikation.[550] Die publikumszentrierten Ansätze der Publizistikwissenschaft haben (in Abgrenzung zu kommunikatorzentrierten Stimulus-Response-Modellen) überzeugend nachgewiesen, daß und warum der Rezipient selbst aktiv wird.[551] Ihre Erklärungen gelten im Prinzip für alle Kommunikationsprozesse. Ein Akteur wendet sich bestimmten Mitteilungshandlungen oder Medienprodukten zu, weil er Problemlösungen oder »Informationen« sucht, kognitive Dissonanzen vermeiden will oder auch darauf aus ist, Wirklichkeitskonstruktionen und Situationsdefinitionen in kommunikativen Interaktionen zu generieren. In jedem Fall wird deutlich, daß die Verstehenshandlung im Ergebnis dazu führt, daß sich die Kognitionen von Rezipient und Kommunikator (und damit ihre kommunikative Situation bzw. Realitätskonstruktion) ändern. Eine mangelnde oder unvollständige Interpretation der Mitteilungshandlung hat zur Folge, daß das Scheitern der Kommunikation erkannt wird. Falls die symbolische Intention des Kommunikators jedoch korrekt gedeutet wird, dann kann man davon sprechen, daß der Rezipient die Mitteilungshandlung verstanden hat.[552] Durch die *Verständigung* wird eine Bedeutungsvermittlung vollzogen; ein elementarer, durch Reziprozität gekennzeichneter Kommunikationsprozeß ist zustandegekommen. Mit der Bedeutungsvermittlung wird zugleich das sekundäre Ziel des Kommunikators erreicht.

Welche Effekte die Kommunikation zeitigt und welche *Anschlußhandlungen* in der Folge aktualisiert werden, ist dann von den Situationsdeutungen und Absichten der Beteiligten abhängig. Wenn die Akteure überhaupt aktiv werden, dann können sie erstens mit poietischen Handlungen in die natürliche Welt der materiellen Gegenstände, Pflanzen und Tiere eingreifen. Alter mag sich beispielsweise entschließen, einer von Ego geäußerten Aufforderung nachzukommen und eine bestimmte poietische Handlung ausführen oder unterlassen. Die Beteiligten können das Verstehen oder Nichtverstehen einer Mitteilungshandlung auch zum Anlaß nehmen, um instrumentelle oder symbolische Handlungen zu aktualisieren. Von besonderem Interesse sind dabei diejenigen Fälle, in denen weitere Kommunikationshandlungen ausgeführt werden. Entsprechende Beispiele kennen wir aus der alltäglichen Gesprächspraxis: Wenn man eine Frage versteht, wird man in den meisten Fällen eine Antwort geben.

549 Vgl. z.B. Donsbach 1989.

550 Daraus folgt, daß eine Erklärung und Analyse kommunikativer Interaktionen und ihrer Wirkungen die Kommunikationshandlungen von Kommunikator *und* Rezipient gleichermaßen berücksichtigen muß; vgl. z.B. Früh/Schönbach 1982 und Schulz 1984, S. 211 ff.

551 Vgl. Schulz 1982, Schenk 1987, S. 369 ff., Renckstorf 1989, S. 320 ff., H. Scherer 1995, S. 76 ff., Charlton/Neumann-Braun 1992, S. 81 ff. und im Kontext der Marketingforschung Bednarczuk 1990, S. 59 ff., Kroeber-Riel 1993c, S. 98 ff. (Involvement von Werberezipienten).

552 Vgl. zu den dazu notwendigen Teilleistungen Kambartel 1991 und unten S. 173 ff.

Wenn die Frage dagegen nicht oder falsch interpretiert wurde, dann wird unser Gegenüber eine weitere Kommunikationshandlung anschließen; er kann seine ursprüngliche Frage z.B. wiederholen oder erläutern. Eine solche Aneinanderreihung verschiedener Kommunikationen wollen wir als *Kommunikationssequenz* bezeichnen.[553] Als kompetente Akteure verfügen wir über *schemabezogene* Vorstellungen über den Ablauf solcher Kommunikationssequenzen. Kulturell tradierte und gemeinsam erarbeitete Formen der Diskussion, der Verhandlung oder des Lehrgesprächs prägen die „»Einheit« und »Linie« von Sequenzen der Kommunikation – meist ohne daß die Akteure darüber lange nachdenken müßten".[554] Kommunikationssequenzen, deren Ablauf sehr stark vorgeprägt ist, kann man als *Rituale* bezeichnen. Der Gegensatz wären völlig *offene Sequenzen*, d.h. Kommunikationen, in denen die Beteiligten sich ausschließlich an den einzelfallspezifischen Handlungen bzw. Situationsdefinitionen orientieren und nicht auf typisierte Verläufe rekurrieren.[555]

Kommunikationssequenzen werden nicht isoliert vollzogen, sondern sie sind stets in lebensweltliche und systemische Kontexte eingebettet – darauf hatten wir bereits am Anfang unserer Skizze hingewiesen. Kommunikative Handlungen werden deshalb nicht nur von individuellen Intentionen und gemeinsamen Strukturen, sondern auch vom sozialen Umfeld und der unmittelbaren Handlungsumgebung der Beteiligten geprägt.[556] Der soziale Kontext, in dem sich die Kommunikation vollzieht, beeinflußt sowohl die Situationsdeutungen und Selektionen des Kommunikators als auch diejenigen des Rezipienten. Zwei konträre Beispiele machen dies deutlich: Ein Mitarbeiter, der seinem Vorgesetzten über einen betrieblichen Vorfall berichten soll, wird bei der Wahl seiner Worte auf das bestehende Autoritätsgefüge Rücksicht nehmen. Die Bereitschaft eines Bürgers, einen Wahlkampfspot im Fernsehen wahrzunehmen, zu verstehen und ggf. die beabsichtigte Anschlußhandlung (Wahl einer bestimmten Partei) auszuführen, hängt wesentlich von der diesbezüglichen Meinungsbildung in seinem sozialen Umfeld (Familie, Kollegen, Vereine) ab. Meinungsführer und soziale Netzwerke sind wichtige Themen der Medienwirkungsforschung, die seit der berühmten Wahlkampfstudie von Lazarsfeld et al. (1944) vor allem das soziale Umfeld der Rezipienten untersucht hat.[557] Diese Erkenntnisse können jedoch im Prinzip auf alle Beteiligten am Kommunikationsprozeß übertragen werden. Einige Kommunikationsmodelle weisen deshalb explizit darauf hin, daß alle Akteure in verschiedene Primärgruppen und soziokulturelle Schichten eingebunden sind.[558]

---

553 Vgl. Gethmann/Siegwart 1991, S. 565 und S. 592 ff., dort im Hinblick auf die Sprache.

554 Esser 1994, S. 180.

555 Vgl. Esser 1994, S. 180 ff. Dort finden sich auch graphische Darstellungen dieser Varianten.

556 Vgl. grundlegend Kambartel 1991 sowie Esser 1994, S. 201.

557 Vgl. als deutsche Übersetzung Lazarsfeld et al. 1969 und als Überblick zum heutigen Stand der Forschung Schenk 1987, S. 231 ff., ders. 1994, S. 181 ff., zum Konzept der sozialen Netzwerke Schenk 1984, S. 270 ff., zu den persönlichen Netzwerken von Meinungsbildnern Schenk 1993.

558 Dies gilt insbesondere für das soziologische Modell von Riley/Riley 1959, das Feldschema der Massenkommunikation von Maletzke (1963, insbes. S. 39, S. 46, S. 78 ff.) und das von Burkart/Vogt entwickelte Modell sprachlicher Kommunikation; vgl. Burkart 1995c, S. 116 ff.

## (2) Prozeßbezogene Varianten der Kommunikation

Das skizzierte Grundmodell einer dyadischen Kommunikation kann erweitert werden, wenn man verschiedene Ausprägungen des Kommunikations*prozesses* begrifflich unterscheidet. Dabei führt uns der Hinweis, daß die Akteure innerhalb verschiedener Kommunikationssequenzen prinzipiell *alternierende Rollen* wahrnehmen können,[559] zu einer ersten Unterscheidung. Eine kommunikative Interaktion kann nur gelingen, wenn zwei oder mehr Akteure symbolische Handlungen aktualisieren und damit aufeinander Bezug nehmen. Der Handlungserfolg des Kommunikators hängt von seinen eigenen Situationsdefinitionen und Aktivitäten, aber auch von denjenigen des Rezipienten ab. Aus der Bestimmung einer (kommunikativen) Interaktion als eines gegenseitigen, aneinander orientierten Handelns mehrerer Akteure [560] folgt bereits, daß erfolgreiche Kommunikationsprozesse im strengen Sinne stets zweiseitig sein müssen. Die alltägliche Erfahrung lehrt uns jedoch, daß hier weitere Differenzierungen angebracht sind, mit denen das Zusammenspiel der beteiligten Akteure näher analysiert werden kann. Zu unterscheiden sind Handlungszusammenhänge, die durch eine (nur) implizite Reziprozität, Feedbackprozesse oder einen Rollentausch der Beteiligten gekennzeichnet sind. In *implizit reziproken* Kommunikationsprozessen, z.B. beim Schreiben und Lesen eines Buches, sind Mitteilungs- und Verstehenshandlung weitgehend getrennt.[561] Hier liegt eine soziale Beziehung vor, weil sich der Autor an den potentiellen Lesern orientiert und der Leser wiederum den Darlegungen des Verfassers folgt. Im allgemeinen bleibt dem Autor jedoch verborgen, ob überhaupt eine Kommunikation zustandekommt, d.h. ob ein Rezipient den Text liest und versteht. Der Kommunikationserfolg kann hier nur indirekt, etwa durch eine Interpretation von Verkaufszahlen, Buchbesprechungen usw., gedeutet werden. In Situationen von Kopräsenz ist es dem Kommunikator dagegen möglich, die Art der Verstehenshandlung und ihre Begleiterscheinungen als *Feedback* wahrzunehmen.[562] Er wird damit in die Lage versetzt, die Deutungsleistung des Rezipienten selbst zu interpretieren und ggf. sein weiteres Handlungsprogramm an die neue Situation anzupassen. Als Feedback können alle Handlungen und Verhaltensweisen aufgefaßt werden, in denen die Reaktion des Rezipienten manifest wird. Beispiele wären das zustimmende Nicken, ein gelangweilter Gesichtsausdruck oder gar das Einschlafen eines Zuhörers, dem der Referent einer Vortragsveranstaltung sicherlich Bedeutung zuschreiben wird. Das »Feedback« läßt sich damit handlungstheoretisch als Verstehenshandlung des Redners rekonstruieren, die dieser neben seinen Mitteilungen vollzieht. Davon sind – drittens – jene Fälle zu unterscheiden, in denen der Rezipient nicht nur unwillkürlich, sondern handelnd in die Kommunikationssituation eingreift und damit einen *Rollenwechsel* initiiert.[563] Für sprachlich vermittelte Interaktionen

559 Vgl. z.B. Maletzke 1963, S. 21 ff., Schulz 1994b, S. 147.

560 Vgl. oben S. 92 f.

561 Diesen Terminus übernehmen wir von Burkart (1995c, S. 58 und S. 165 f., Anmerkung 119), der ihn allerdings nicht im Sinne der von uns vorgeschlagenen Abstufung verwendet.

562 Vgl. hierzu Burkart 1995c, S. 59 ff.

563 Vgl. Boeckmann 1994, S. 97 ff., und Schulz 1994b, S. 148, sowie Raabe 1993, S. 134.

ist es geradezu charakteristisch, daß der Kommunikator zum Rezipienten und der Rezipient zum Kommunikator wird. Wir schlagen vor, solche und andere Kommunikationssequenzen, in denen ein Rollentausch stattfindet bzw. grundsätzlich stattfinden kann, als *Dialoge* zu bezeichnen. Ihr Verlauf wird durch die Mitteilungs- und Verstehenshandlungen verschiedener Akteure bestimmt; sie sind deshalb durch eine prinzipielle Offenheit und Dynamik gekennzeichnet.[564] Der Gegensatz wären (besser planbare) *Monologe* mit fixierter Rollenverteilung. Beispiele sind einerseits Gespräche und Gruppendiskussionen, andererseits Vorträge, Pressemitteilungen, Werbeanzeigen. Maletzke spricht hier von einseitiger bzw. gegenseitiger Kommunikation.[565] Im Rahmen der PR-Theorie verwenden Grunig et al. das Begriffspaar Einweg- und Zweiwegkommunikation; sie orientieren sich dabei allerdings nicht an den Handlungen der beteiligten Akteure, sondern an dem diffusen Kriterium der vorherrschenden »Kommunikationsrichtung«.[566] Konkrete Kommunikationssequenzen können selbstverständlich eine mehr oder weniger dialogische bzw. monologische Ausprägung erfahren. Mit der hier eingeführten Unterscheidung ist ferner keine Wertung verbunden, etwa in dem Sinn, daß ein Dialog prinzipiell vorzugswürdig wäre. Wir spannen zunächst nur den prinzipiellen Möglichkeitsraum kommunikativer Interaktionen auf, über dessen Ausschöpfung im Kontext der Unternehmenskommunikation und Öffentlichkeitsarbeit erst noch zu diskutieren ist.

Ein weiterer Punkt betrifft die *raumzeitliche Dimension* des Kommunikationsprozesses. Die face-to-face-Kommunikation in Situationen von Kopräsenz ist von solchen Handlungszusammenhängen zu unterscheiden, in denen Mitteilungs- und Verstehenshandlungen räumlich und/oder zeitlich auseinanderfallen, so daß sich die strukturelle Kopplung von Kommunikator- und Rezipientensituation als eigenständiges Problem präsentiert. In Übereinstimmung mit dem alltäglichen Sprachgebrauch wollen wir im ersten Fall von *personaler Kommunikation*, im zweiten Fall dagegen von *(massen)medialer Kommunikation* sprechen.[567] Der Ausdruck »mediale« Kommunikation soll betonen, daß kommunikative Interaktionen im Fernbereich durch *technische* Medien vermittelt werden *müssen*. Der Medienbegriff wird an dieser Stelle also in einem sehr spezifischen Sinn verwendet. Im Prinzip stützt sich natürlich jede Kommunikationshandlung auf poietische Basishandlungen (Medien).[568] Dabei kann man primäre Medien, die eine Anwesenheit von Kommunikator und Rezipient erforderlich machen (mündliche Rede, Mimik, Gestik), von sekundären Medien unterscheiden, mit denen die Inanspruchnahme technischer Hilfsmittel einher-

564 Vgl. Lueken 1996, S. 64 ff.

565 Vgl. Maletzke 1963, S. 23.

566 Vgl. Grunig/Hunt 1984, S. 23, Grunig/Grunig 1992, S. 286 f., sowie oben S. 62 ff. Grunig et al. greifen damit eine – von ihnen nicht zitierte – Unterscheidung von Lasswell (1948, S. 42) auf.

567 Diese Terminologie entstammt der Marketingforschung, vgl. etwa Kotler/Bliemel 1995, S. 927 ff. Alternativ spricht man von persönlicher und unpersönlicher Kommunikation (Köhler 1976, S. 165 f., Meffert 1986, S. 444 f.) oder – im Anschluß an Maletzke 1963, S. 21 ff. – von direkter und indirekter Kommunikation; vgl. z.B. Reimann 1968, S. 129 ff., Boeckmann 1994, S. 94 ff.

568 Vgl. oben S. 152.

geht (fernmündliche Rede, Schreiben eines Briefes).[569] Die personale Kommunikation ist dann durch eine Nutzung primärer *und* sekundärer Medien gekennzeichnet; man kann mit seinem Gegenüber sprechen, ihm aber auch mit Hilfe einer Tafel oder eines Flipcharts etwas zu verstehen geben. Die mediale Kommunikation bleibt dagegen auf technische Medien angewiesen; eine massenmedial vermittelte Mitteilungshandlung kann zudem gleichzeitig von einer unbestimmten Vielzahl verschiedener Rezipienten wahrgenommen werden.[570] Beispiele aus dem Bereich der Unternehmenskommunikation wären einerseits das Verfassen von Briefen, Rundschreiben und E-Mail-Botschaften, andererseits das Schalten von Werbespots in Funk und Fernsehen. Wiederum gilt, daß die Grenzen zwischen den einzelnen Medienformen, die sich in der praktischen Anwendung ergänzen können, fließend sind.

Mit unserer dritten Unterscheidung wollen wir auf die potentielle *Mehrstufigkeit* von Kommunikationsprozessen aufmerksam machen, ein Aspekt, der ebenfalls mit der medialen Vermittlung kommunikativer Handlungen zusammenhängt. Ausgangspunkt unserer Überlegungen ist die alltägliche Erfahrung, daß wir bei der Artikulation einer Mitteilungshandlung nicht nur technische Hilfsmittel, sondern auch Personen und soziale Institutionen (Dolmetscher, Presse, Rundfunk) in Anspruch nehmen können. Dabei geht es uns nicht um Boten, Telefonnetzbetreiber u.ä., die lediglich mediale Techniken bereitstellen (Übermittler), sondern um solche *Kommunikationsmittler*, die den Prozeß der Verständigung und Beeinflussung handelnd mitgestalten können (Vermittler).[571] Diese Kommunikationsmittler erweitern unser Prozeßmodell um eine weitere Rolle, die in vielfältiger Art ausgestaltet werden kann. Typische Beispiele wären die Selektions-, Interpretations-, Übersetzungs- und Moderationsleistungen von Journalisten, Dolmetschern oder Telefonmarketing-Dienstleistern, die im Bereich der Unternehmenskommunikation tagtäglich in Anspruch genommen werden.[572] Als Kommunikatoren »bedienen« wir uns dieser Kommunikationsmittler, wohl wissend, daß ihre Situationsdeutungen, Zwecksetzungen und Eigenschaften dazu beitragen, daß unsere Mitteilungshandlungen nicht schlicht transferiert, sondern modifiziert und hinsichtlich ihrer Bedeutung verändert werden. Eine Pressemitteilung mag gekürzt abgedruckt, die Botschaft eines Werbespots durch ein kurzfristig geändertes Programmumfeld konterkariert, eine Ansprache vor fremdsprachigen Mitarbeitern durch die Rhetorik und Gestik des Dolmetschers angereichert werden. Selbstverständlich kann man sich diese potentiellen Einwirkungen auch zunutze machen, indem man z.B. auf die Überzeugungskraft von Meinungsführern und sozialen Bezugspersonen setzt und diese ganz bewußt in Kommunikations-

569 Vgl. Doob 1961, S. 56 ff. und S. 97 ff., sowie Pross 1972, S. 127 ff.

570 Vgl. Schulz 1971, S. 93, und Burkart 1995c, S. 164. Der vieldeutige Terminus »Masse« entspricht hierbei dem Fachbegriff »disperses Publikum«; vgl. unten S. 161.

571 Vgl. Lerg 1991, S. 138 f., und im Kontext der Marketingtheorie Köhler 1976, S. 165 f., Meffert 1986, S. 446 ff., Beba 1993, S. 77 ff.

572 Eine umfangreiche Typologie verschiedener Rollen im Kommunikationsprozeß diskutiert Reimann 1968, S. 142 ff.; vgl. ferner Anders 1983, S. 40 f., und Schenk 1987, S. 251 ff.

prozesse einbezieht.[573] Solche mehrstufigen Sequenzen, in denen der Einfluß von Kommunikationsmittlern zu berücksichtigen ist, wollen wir als *indirekte Kommunikation* bezeichnen. Sie ist von der *direkten Kommunikation* abzugrenzen, bei der die Prozeßgestaltung weitgehend vom Kommunikator kontrolliert wird. In der Praxis treten selbstverständlich Zwischenformen auf, deren Charakter nur aus der Perspektive der Teilnehmer beurteilt werden kann. Ein Beispiel wären die regelmäßige Einschaltung bestimmter Übersetzer bzw. Moderatoren, deren Einfluß auf den Kommunikationsprozeß mit der Zeit kalkulierbar wird und damit kaum mehr von einer »technischen« Konstante zu unterscheiden ist.

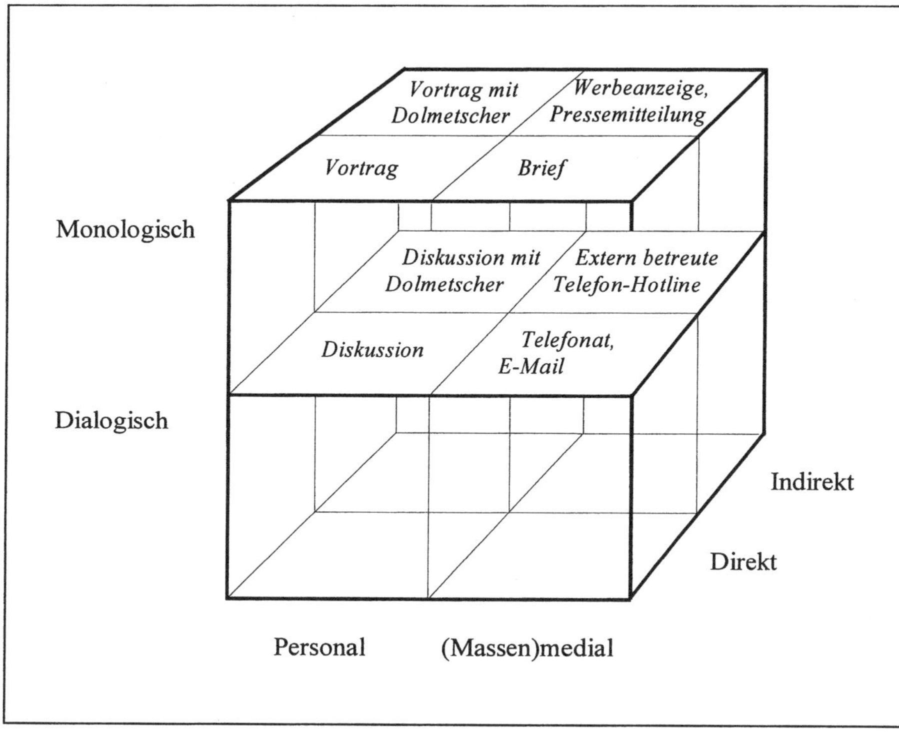


*Abb. 9: Beschreibungsdimensionen für Kommunikationssequenzen*

Wenn wir die skizzierten Unterscheidungskriterien für Kommunikationssequenzen zusammenfassen, können wir das oben skizzierte Raster aufspannen (Abb. 9). Die Beispiele aus dem Bereich der Unternehmenskommunikation verdeutlichen, daß konkrete Kommunikationssequenzen stets im Spannungsfeld von monologischer und dialogischer, personaler und (massen-) medialer, direkter und indirekter Prägung stehen. Unser Bezugsrahmen ist damit weiter gefaßt als einschlägige Unterscheidungen der Marketingforschung, die regel-

573 Vgl. Eisenstein 1994, im Überblick auch Noelle-Neumann 1994, S. 534 ff., Schenk 1989.

mäßig nur einige der hier angesprochenen Aspekte thematisieren und zudem auf eine pragmatische Fundierung verzichten.[574] Darüber hinaus bezieht sich der hier skizzierte Möglichkeitsraum, dies sei nochmals betont, auf einzelne *Kommunikationssequenzen*, die im praktischen Vollzug selbst in größere Handlungszusammenhänge (Veranstaltungen, Kampagnen) eingebunden werden können.

Damit wird dann z.B. auch deutlich, warum die »Direktkommunikation« in der Marketingtheorie auch das indirekte Schalten von Anzeigen und Werbespots mit Direct-Response-Möglichkeiten (Antwortkarte, Abdruck einer Hotline-Telefonnummer) umfaßt.[575] Hier geht es offenkundig nicht nur um *eine* Kommunikationssequenz, sondern um das systematische Zusammenspiel zweier *unterschiedlicher* Sequenzen: Zunächst wird eine monologische, indirekte, massenmediale Kommunikation initiiert. Deren primäres Ziel ist es, daß der Rezipient seinerseits eine zweite Sequenz eröffnet. Diese zweite Kommunikation kann dann als direkt und medial (Antwortkarte), vielleicht sogar als dialogisch (Konsumenten-Hotline) charakterisiert werden; sie verhilft dem gesamten Handlungszusammenhang zu seinem Namen. Das Beispiel zeigt, daß die immer wieder konstatierten Unzulänglichkeiten relativ willkürlicher und damit wenig trennscharfer Definitionen überwunden werden können, wenn man sich um eine handlungstheoretische Rekonstruktion praktischer Problemstellungen und Lösungsansätze bemüht. Auf dieser Grundlage kann man dann in weiteren Schritten eine zielführende Stützung der Unternehmenspraxis, z.B. im Bereich der Öffentlichkeitsarbeit, in Angriff nehmen.

(3) Akteurbezogene Varianten der Kommunikation

Unsere bisherigen Überlegungen können weiter präzisiert werden, wenn man sich vor Augen führt, daß die verschiedenen Rollen im Kommunikationsprozeß nicht nur von einzelnen Personen, sondern auch von Kollektiven wahrgenommen werden können. Damit gehen bestimmte praktische Probleme und Lösungsansätze einher, die wir durch eine Erweiterung unseres Begriffsrahmens konzeptionell erfassen wollen.

Eine erste Ausdifferenzierung betrifft die *Rezipientenrolle*. Die alltägliche Erfahrung lehrt uns, daß Mitteilungshandlungen in vielen Fällen nicht nur von einer Person, sondern von verschiedenen Akteuren wahrgenommen und verstanden werden können. Dies gilt für persönliche Kommunikationsprozesse, bei denen mehr als zwei Beteiligte anwesend sind (Vorträge, Gespräche im Zugabteil), insbesondere aber für massenmedial vermittelte Mitteilungshandlungen. Bücher, Plakate oder Rundfunksendungen sind ein Ergebnis medialer Techniken, mit denen unter anderem die Einschränkung des Rezipientenkreises bei Kommunikationsprozessen unter Anwesenden überwunden werden soll. Damit geht eine erste Unterscheidung von Adressaten und Rezipienten

574 Vgl. beispielsweise Köhler 1976, S. 165 f., Meffert 1986, S. 444 ff., Kotler/Bliemel 1995, S. 927 ff., Beba 1993, S. 77 ff., Hermanns/Püttmann 1993, S. 32 ff., Bruhn 1995, S. 38 f.

575 Vgl. zum Direktmarketing-Begriff Dallmer 1991, S. 6 f., kritisch Baerns/Fuhrberg 1994, S. 54.

einer Mitteilungshandlung einher.[576] Die *Adressaten* sind die Akteure, denen der Kommunikator etwas zu verstehen geben will, deren Situation oder Intentionen er mit seiner Mitteilungshandlung beeinflussen will. Dies können einzelne Personen und handlungsfähige Organisationen, aber auch untereinander unverbundene Akteure sein, die aus Sicht des Kommunikators zu *Zielgruppen* zusammengefaßt werden. Als *Rezipienten* haben wir diejenigen bezeichnet, die eine Mitteilungshandlung faktisch wahrnehmen und zu verstehen suchen. Wenn sich mehrere Akteure der gleichen Mitteilungshandlung zuwenden, bilden sie ein *Publikum*, ein mehr oder weniger verbundenes Kollektiv, daß sich von Fall zu Fall mit dem Vollzug der Kommunikation konstituiert.[577] Das Spektrum reicht von einem Präsenzpublikum, das am gleichen Ort versammelt ist und z.B. ein Gespräch im Eisenbahnabteil oder eine Podiumsdiskussion verfolgt, bis hin zum raumzeitlich verstreuten Publikum der Massenmedien.

Die Begriffspaare Adressat/Zielgruppe und Rezipient/Publikum beleuchten offenkundig zwei Seiten der gleichen Medaille. Beide Kategorien sind jedoch nicht deckungsgleich, weil die strukturelle Kopplung von Kommunikator- und Adressatensituation nicht immer gelingt und mancher Rezipient gar nicht als solcher angesprochen war. Daraus resultiert ein ganzes Bündel praktischer Probleme, die im Rahmen der Unternehmenskommunikation analysiert und bearbeitet werden müssen. Es erweist sich als sinnvoll, prinzipiell zwischen zwei Arten von Zielgruppen bzw. Publika zu unterscheiden, die auch in der Theoriebildung immer wieder konfundiert werden: Akteure, die nur aufgrund ihrer erhofften oder tatsächlichen Zuwendung zu bestimmten Mitteilungshandlungen und Medienprodukten zu Zielgruppen zusammengefaßt werden oder ein Publikum bilden, sind von Vergesellschaftungen abzugrenzen, die bereits vorgängig durch gemeinsame Interessenlagen, Betroffenheiten und Kulturen sozial verbunden sind.[578] Im ersten Fall wollen wir in Anlehnung an Maletzke von *dispersen Zielgruppen bzw. Publika* sprechen.[579] Sie spielen insbesondere bei massenmedial vermittelten Kommunikationshandlungen eine große Rolle. Zielgruppen von Werbespots und Geschäftsberichten zeichnen sich ebenso wie Zeitungsleser und Rundfunkhörer durch Inhomogenität und einen Mangel an empirisch relevanten Interaktionsmustern aus. In der Theoriebildung spiegelt sich dies darin wider, daß die soziodemographischen, psychographischen und emotionsorientierten Segmentierungsansätze der Marketingforschung individuelles, nicht aber korporatives Handeln klassifizieren.[580] Ebenso sind die Publika der Massenmedien keine dauerhaften sozialen Gebilde, sondern mehr oder minder zufällige Aggregate von Akteuren, die sich dem jeweiligen

576 Vgl. z.B. Gethmann/Siegwart 1991, S. 565.

577 Vgl. Nühlen 1953, S. 448 ff., Maletzke 1963, S. 28, Ronneberger/Rühl 1992, S. 198 f.

578 Mit dieser Unterscheidung greifen wir die sozialtheoretische Abgrenzung von klassifikatorischen Differenzierungen und konkreten Systemen auf; vgl. oben S. 107 ff.

579 Vgl. Maletzke 1963, S. 28 ff., der den Begriff allerdings auf raumzeitlich zerstreute Publika von massenmedialen Produkten (Zeitungen, Hörfunksendungen) münzt. Disperse Kollektive ohne soziale Bindung (»Massen«) finden sich aber auch im Präsenzbereich, z.B. in einem Stadion.

580 Vgl. zu solchen Segmentierungsansätzen Freter 1983, Scott/O'Hair 1989.

Medienprodukt aus durchaus unterschiedlichen Gründen zuwenden.[581] Die in dispersen Zielgruppen bzw. Publika zusammengefaßten Akteure sind im allgemeinen räumlich und zeitlich getrennt, sie kennen einander nicht und stehen nicht in direktem Kontakt. Daraus folgt, daß sie nicht korporativ handlungsfähig sind, so daß ein Feedback oder Dialog ungemein erschwert, wenn nicht gar verhindert wird. Letztlich definieren sich disperse Gruppen nur relativ zu bestimmten Kommunikationshandlungen; unabhängig davon kommt ihnen keine soziale Bedeutung zu. Dies unterscheidet sie von *konkreten Zielgruppen bzw. Publika*, die als handlungsprägende und ggf. auch handlungsfähige Systeme in Raum und Zeit lokalisierbar sind. Organisationen und imaginierte Gemeinschaften definieren sich nicht über gleichartige (Kommunikations-) Handlungen, sondern durch gemeinsame Identitätskerne, Strukturen oder Interessen.[582] Es handelt sich um konkrete Entitäten, die von einem Kommunikator als Zielgruppen anvisiert werden oder aber selbst die Publikumsrolle übernehmen können. Diese zweite Art von Zielgruppen bzw. Publika haben Grunig/ Hunt im Sinn, wenn sie Publikumsgruppen (publics) im Rahmen der PR-Theorie als lose strukturierte Systeme bezeichnen, „dessen Mitglieder das gleiche Problem oder das gleiche Thema entdecken, entweder persönlich oder durch mediatisierte Kanäle miteinander in Interaktion treten und dann wie eine Einheit handeln".[583] Das entscheidende Merkmal ist hierbei das korporative bzw. kollektive Handeln einzelner Akteure, die in Ansehung ihrer Rolle als Mitglied einer Organisation oder imaginierten Gemeinschaft in den Lauf der Welt eingreifen. Weil dieses Handeln auf *gemeinsame* Interessen und Betroffenheiten zurückzuführen ist, hat es einen anderen Stellenwert als das gleichartige Handeln einer disparaten Menschenmasse. Auf Kommunikationsprozesse bezogen heißt das: Konkrete Publika konstituieren sich nicht zufällig, sondern aufgrund bestimmter Beziehungen zum Kommunikator, z.B. als Folge von Geschäftsverbindungen, die eine erhöhte Aufmerksamkeit für einschlägige Mitteilungshandlungen (Pressemeldungen, Geschäftsberichte, Handelsregistereintragungen) mit sich bringen. Die Zielgruppendefinition präsentiert sich dem Kommunikator damit nicht mehr als ein Problem der Bündelung seiner Kommunikationsziele, sondern als Identifikationsaufgabe, bei der Beziehungsmuster, potentielle Problemsichten, Organisationsformen und Aktivitätsgrade von bereits bestehenden oder im Entstehen begriffenen Publikumsgruppen analysiert werden müssen.[584]

Den *Unterschied zwischen den skizzierten Rezipientenklassen* kann man am Beispiel der Kommunikationsprozesse zwischen einem Konsumgüterhersteller und verschiedenen Verbrauchern zusammenfassend verdeutlichen.[585] Der Pro-

581 Vgl. Maletzke 1963, S. 28.

582 Vgl. oben S. 107 ff. Diese Unterscheidung entspricht der Differenz von »markets« als dispersen Zielgruppen mit einem bekannten soziodemographischen Profil und konkreten, unabhängig von Mitteilungshandlungen und Medienprodukten existenten »publics« bei McQuail 1994, S. 286 ff. Vgl. ferner J.E. Grunig 1989a, S. 216 f., sowie Grunig/Repper 1992, S. 128 f.

583 Grunig/Hunt 1984, S. 144 (Übersetzung des Verfassers).

584 An dieser Stelle setzt die »situational theory of publics« von J.E. Grunig an; vgl. oben S. 65.

585 Wir rekonstruieren und erweitern damit ein Beispiel von J.E. Grunig 1989a, S. 216.

duzent kann verschiedene Verbraucher aufgrund soziodemographischer Kriterien zu einem Marktsegment und damit zu einer dispersen Zielgruppe seiner Werbeaktivitäten zusammenfassen. Die entsprechenden Plakate, Fernsehspots usw. werden im allgemeinen jedoch nicht nur von den anvisierten Akteuren, sondern gleichzeitig von einer Reihe anderer Rezipienten wahrgenommen. Die Gesamtheit der Rezipienten bildet ein disperses Publikum, das sich erst durch die Zuwendung zu der jeweiligen Mitteilungshandlung konstituiert. Andererseits kommt es immer wieder vor, daß einzelne Konsumenten bestimmte Produkteigenschaften (Funktionstüchtigkeit, Umweltverträglichkeit) als ein Problem definieren und sich deshalb in Verbraucherschutzgruppen organisieren bzw. in Ansehung handlungsprägender Identitätsmuster (Konsumkritik, Ökobewußtsein) gleichförmig aktiv werden. Hier stehen Probleme bzw. Themen am Anfang, die zur Bildung sozialer Systeme führen oder von bestehenden Vergesellschaftungen aufgegriffen werden. Diese sozialen Entitäten werden dann zwangsläufig zu konkreten Publika, weil sie sich den problembezogenen Mitteilungshandlungen verschiedener Kommunikatoren (Testinstitute, Ökogruppen, Industrieverbände) zuwenden. Aus der Sicht jedes Kommunikators – und damit auch des Herstellers der bemängelten Produkte – bedeutet dies, daß konkrete Zielgruppen durch eine möglichst genaue Analyse potentieller und aktueller Publika identifiziert werden müssen. In diesem Zusammenhang deuten soziodemographische Merkmale auf mögliche Interessenkonstellationen und Problemsichten hin; das eigentliche Unterscheidungskriterium bleiben jedoch die kollektiven und korporativen Handlungsweisen der beteiligten Akteure.

Das Beispiel zeigt, daß im Prinzip sowohl die Ziele des Kommunikators als auch die Aktivitäten der Rezipienten als Bezugspunkt der Zielgruppendefinition gewählt werden können. Die Interdependenz der beiden Aspekte ist unübersehbar: Wenn ein Unternehmen durch eine erfolgreiche Marktsegmentierung Käufer gewinnt, dann werden dadurch gleichförmige Beziehungsmuster mit bislang heterogenen Akteuren etabliert, die Ausgangspunkt für gemeinsame Problemsichten und ggf. Organisationsformen (Anwendergruppen, Selbsthilfeorganisationen) sein können. In der Praxis ist demnach eine situations- und problemspezifische Vorgehensweise notwendig – darauf wird im Kontext unserer Überlegungen zur PR-Theorie noch näher einzugehen sein.

Da Mitteilungshandlungen stets von *handlungsfähigen* Akteuren initiiert und vermittelt werden müssen, können disperse Gruppen, imaginierte Gemeinschaften und andere Kollektive i.e.S. nur als *Rezipienten* in den Kommunikationsprozeß eintreten. Für Organisationen und andere korporative Assoziationen gilt dies nicht. Verbände, Unternehmen, Abteilungen und Familien sind handlungsfähige Akteure; sie können daher im Prinzip sowohl die Rolle des *Kommunikators* als auch diejenigen des *Kommunikationsmittlers* und Rezipienten einnehmen. Ein alltägliches Beispiel aus dem Bereich der Öffentlichkeitsarbeit mag dies verdeutlichen: Wenn ein Energieversorgungsunternehmen mit einer Pressemeldung lokale Vereine und Initiativgruppen zu Dialoggesprächen einlädt,[586] dann beruht dieser Kommunikationsprozeß in allen Phasen auf korporativen Handlungsvollzügen. Ein Pressereferent entwirft die Meldung in Ansehung seiner Rolle als Mitarbeiter des Energieversorgers. Verschiedene Verlagsangestellte (Journalisten, Drucker, Zeitungsausträger) sorgen für die Verbreitung der Botschaft. Schließlich lesen und interpretieren die Mitglieder der Bürgergruppen (und darüber hinaus ein disperses Publikum) den veröffentlichten Text vor dem Hintergrund ihrer organisationsspezifischen Interessen und Kulturen. Im Gegensatz zu unserem Grundmodell eines Gesprächs sind die hier vollzogenen Mitteilungs-, Vermittlungs- und Verstehenshandlungen nicht mehr alleine auf die Situationsdeutungen und Selektionen (Zweck- und Mittelwahlen) der beteiligten Individuen zurückzuführen. Es gilt vielmehr, jenseits der bereits erwähnten Wechselwirkungen zwischen verschiedenen Akteuren und ihrem jeweiligen sozialen Umfeld auch *organisationsinterne* Einflußfaktoren zu berücksichtigen.[587] Man wird beispielsweise fragen müssen, wie die unternehmensinterne Willensbildung bezüglich der fraglichen PR-Kampagne abgelaufen ist und ob der Nachrichtenfluß durch bestimmte Interessenlagen und Arbeitsroutinen im Mediensystem beeinflußt wurde – darauf wird im folgenden Abschnitt näher einzugehen sein. Auf der Seite des Publikums wäre zu klären, wie die von verschiedenen Personen wahrgenommene Einladung in den formellen und informellen Entscheidungsprozeß der Vereine und Bürgerinitiativen eingespeist wird. Dies ist ja die Voraussetzung dafür, daß eine Kommunikation mit den Korporationen per se und nicht nur mit einzelnen Individuen zustandekommt. Bei entsprechenden Analysen kann man auf ein ganzes Spektrum kommunikationswissenschaftlicher und organisationstheoretischer Erklärungsansätze zurückgreifen, die hier nicht im einzelnen diskutiert werden können. Prominente Beispiele wären die Untersuchungen zum Einfluß dominanter Koalitionen auf Zielbildungsprozesse in Organisationen und zur Diffusion von Nachrichten innerhalb sozialer Gruppen und Institutionen.[588] Dabei ist davon auszugehen, daß rollenspezifische, d.h. auf Kommunikatoren, Journalisten oder Rezipienten gemünzte Theorien im Prinzip ebenso auf andere Akteure angewendet werden können. Dies zeigt sich z.B. am Netzwerkansatz, der gleichermaßen für die Analyse des organisationsspezifischen Einflusses auf Mitteilungs-, Vermittlungs- und Verstehenshandlungen fruchtbar gemacht werden kann.[589]

### (4) Merkmale der Massenkommunikation

Die Überlegungen zu den verschiedenen Varianten der Kommunikation versetzen uns jetzt in die Lage, den zentralen Begriff der *Massenkommunikation* handlungstheoretisch einzuführen. Damit ist eine bestimmte Klasse alltäglicher Kommunikationsprozesse gemeint, die sich anhand verschiedener Merkmale

586 Vgl. zum Hintergrund dieses authentischen Beispiels unten S. 370.

587 Vgl. zur sozialen Einbettung der Kommunikationspartner oben S. 155.

588 Vgl. zum Einfluß formeller und informeller Kerngruppen Kirsch 1971, S. 110 ff., Scott 1986, S. 351 ff., und zur Diffusionsforschung Schenk 1987, S. 280 ff., Braehmer 1983.

589 Vgl. Schenk 1984, S. 244 ff., Gibson/Hodgetts 1991, S. 209 ff., Anders 1986.

von der dyadischen Kommunikation zwischen konkreten Akteuren abgrenzen lassen (vgl. Tab. 2).[590]

| | *Dyadische Kommunikation* | *Massenkommunikation* |
|---|---|---|
| *Kommunikatoren* | Individuelle und korporative Akteure | Individuelle und korporative Akteure, Medienkommunikatoren (Nachrichtenagenturen, Journalisten) |
| *Kommunikations-mittler* | – | Medienkommunikatoren |
| *Rezipienten* | Konkrete Rezipienten oder Publika | Disperses Publikum |
| *Rollenverteilung* | potentiell dialogische Kommunikation | tendenziell monologische Kommunikation |
| *Raumzeitliche Dimension* | Personale Kommunikation im Nahbereich, übermittelt durch primäre oder sekundäre Medien | Kommunikation im Fernbereich, übermittelt durch sekundäre, technische Medien |
| *Stufigkeit der Kommunikation* | direkte, unvermittelte Kommunikation | indirekte, durch Medienkommunikatoren übermittelte oder vermittelte Kommunikation |

*Tab. 2: Massenkommunikation und dyadische Kommunikation*

*Akteure der Massenkommunikation* sind neben verschiedenen Kommunikatoren und Rezipienten vor allem Medienkommunikatoren (Nachrichtenagenturen, Journalisten, Verleger) denen eine dreifache Rolle zukommt.[591] Im einfachsten Fall fungieren sie als passive Übermittler, die die Mitteilungshandlungen anderer Akteure in Medienprodukten (Zeitungen, Filmen) festhalten und an ein disperses Publikum weiterleiten.[592] Diese Funktion wird z.B. von Unternehmen in Anspruch genommen, die in Anzeigen und Rundfunkspots für Produkte werben, Imagepolitik betreiben oder gesellschaftspolitische Stellungnahmen verbreiten. Ein zweiter Fall ist dadurch gekennzeichnet, daß die Medienkommunikatoren andere Akteure selektiv zu Wort kommen lassen. Bei-

590 Vgl. nachfolgend Maletzke 1963, S. 32 ff., McQuail 1973, S. 12 ff., Merten 1977, S. 144 ff., Ronneberger 1978, S. 23 ff., Schenk 1987, S. 17 ff., Hunziker 1988, S. 5 ff., Bentele 1989, S. 42 ff., Pürer 1993, S. 18 ff., Bentele/Beck 1994, S. 33 ff., Burkart 1995c, S. 159 ff.

591 Mit den folgenden Gedanken erweitern wir eine Systematisierung von Maletzke 1976, S. 41 ff.

592 Das disperse und zugleich raumzeitlich getrennte Publikum, das sich erst durch die Zuwendung zu konkreten Mitteilungshandlungen (Radiosendungen) und Medienprodukten (Zeitungen, Filmen) konstituiert, ist ein zentrales Merkmal der Massenkommunikation; vgl. oben S. 161.

spiele sind Leserbriefe, Interviews und Rundfunkübertragungen von Parlamentsdebatten. Der dritte und wichtigste Fall betrifft jene Handlungszusammenhänge, in denen Nachrichtenagenturen und Journalisten selbst die Kommunikatorrolle übernehmen. Massenmediale Mitteilungshandlungen beruhen dann darauf, daß natürliche Ereignisse und (kommunikative) Handlungen anderer Personen von Medienkommunikatoren wahrgenommen und zu publikumswirksamen Nachrichten verarbeitet werden. Dabei mangelt es natürlich nicht an Versuchen einzelner Akteure, diesen Zusammenhang durch systematische Pressearbeit, symbolträchtige Handlungen und die Inszenierung von Pseudo-Ereignissen für ihre eigenen Zwecke zu instrumentalisieren.[593] Auf diesen Tatbestand hatten wir bereits hingewiesen; aus der Sicht der beteiligten Personen bzw. Organisationen wird damit ein mehrstufiger und indirekter Kommunikationsprozeß in Gang gesetzt.

Der *Prozeß der Massenkommunikation* ist dadurch gekennzeichnet, daß er tendenziell monologisch bzw. einseitig verläuft und sich zwangsläufig auf sekundäre Medien im Sinne technischer Hilfsmittel stützt. Mitteilungshandlungen werden in Medienprodukte gepreßt (Zeitschriften, Filme, Software), vervielfältigt und an einem anderen Zeitpunkt oder Ort rezipiert. Diese Trennung erschwert bzw. verhindert Feedbackprozesse und Rollenwechsel. Im Gegensatz zur dyadischen Kommunikation unter Anwesenden ist es für Journalisten ungleich schwieriger, nachzuvollziehen, ob, von wem und in welchem Umfang ihre Mitteilungshandlungen wahrgenommen und verstanden werden, d.h. ob überhaupt eine kommunikative Interaktion zustandegekommen ist. Dies gilt erst recht für Pressereferenten und Mitarbeiter von Nachrichtenagenturen, die zusätzlich darauf angewiesen bleiben, daß ihre Aussagen von Journalisten aufgegriffen und weiterverarbeitet werden. In jedem Fall entfallen wichtige Ansatzpunkte für eine reflexive und flexible Steuerung des Kommunikationsprozesses. Dieses Manko soll zwar in Zukunft durch technische Innovationen, z.B. durch die Einführung eines Antwortkanals beim interaktiven Fernsehen, behoben werden.[594] Mittelfristig bleibt man jedoch auf empirische Erhebungen zur Mediennutzung (z.B. aktuelle Zuschauerquoten in der Fernsehforschung) angewiesen, die nur bedingte Rückschlüsse auf die Verstehensleistungen der Rezipienten zulassen.[595]

Die *Einflußfaktoren des Massenkommunikationsprozesses* entsprechen zum Teil denen der dyadischen Kommunikation. Die Interessenlagen, Situationsdeutungen und Prädispositionen verschiedener Kommunikatoren führen dazu, daß bestimmte Mitteilungshandlungen (Presseverlautbarungen, Agenturmeldungen, Kommentare) aktualisiert werden. Man kann ferner eine Reihe von Motiven benennen, die einen Rezipienten dazu bewegen können, einem Redner zuzuhören oder einen Blick in die Zeitung zu werfen.[596] Ein besonderes

593 Vgl. Burkart 1995c, S. 275 ff., Meyer 1992.

594 Vgl. o.V. 1995a.

595 Einen Überblick zu den Methoden der Mediaforschung gibt R. Schulz 1994, insbes. S. 208 ff.

596 Vgl. oben S. 150 ff. und S. 153 f. Vgl. zum massenmedialen Rezipientenhandelns ferner H. Scherer 1995.

Merkmal der Massenkommunikation sind freilich jene *Selektionsprozesse*, die durch die Mitwirkung professioneller Medienkommunikatoren zusätzlich ins Spiel kommen. Das Handeln der Medienkommunikatoren ist deshalb von entscheidener Bedeutung, weil sie ein breites Publikum mit bestimmten Situationsdeutungen bzw. Realitätskonstruktionen konfrontieren,[597] die von diesem als Grundlage weiterer Entscheidungen herangezogen werden. Neuere Studien zum Einfluß von persönlichen Erfahrungen und Kommunikationsnetzwerken zeigen zwar, daß die Wirkung massenmedial vermittelter Weltbilder häufig überschätzt wird.[598] Sie darf jedoch auch nicht vernachlässigt werden. Insofern macht es Sinn, kurz auf die Einflußfaktoren und Routinen der massenmedialen Berichterstattung einzugehen.[599]

Donsbach weist darauf hin, daß die Mitteilungshandlungen von Medienkommunikatoren durch *subjektive, berufsständische, arbeitsorganisatorische und gesellschaftspolitische Faktoren* beeinflußt werden.[600] Der erste Aspekt betrifft das berufliche Selbstverständnis, die politischen Einstellungen und Moralnormen sowie das Publikumsbild einzelner Journalisten, Verleger und Agenturmitarbeiter. Diese subjektiven Kriterien unterliegen vielfältigen Sozialisationsprozessen, in denen gemeinsame Einstellungen der jeweiligen Profession verfestigt und tradiert werden. Empirische Untersuchungen zeigen beispielsweise, daß die politischen Präferenzen bundesdeutscher Journalisten deutlich vom Bevölkerungdurchschnitt abweichen (»Linkslastigkeit«) und diese Berufsgruppe ihre Aufgabe vorwiegend darin sieht, auf gesellschaftliche Mißstände hinzuweisen.[601] Ein weiteres Bündel von Einflußfaktoren beruht auf ökonomischen und organisatorischen Imperativen. Die tägliche Redaktionsarbeit wird maßgeblich durch den publizistischen (Auflagen-) Wettbewerb und soziale Kontrollmechanismen innerhalb der Arbeitsgruppe geprägt.[602] Ein letzter Punkt betrifft die gesellschaftspolitischen Rahmenbedingungen. Sie wirken sich in Form einschlägiger Rechtsvorschriften (Pressefreiheit, Gegendarstellungsrecht) und durch eine Vielzahl wechselseitiger Abhängigkeitsverhältnisse zwischen Journalisten und ihren Informanten (Nachrichtenagenturen, Politikern, Pressereferenten) auf die massenmediale Berichterstattung aus.[603]

---

597 Vgl. zu dieser konstruktiven Sichtweise der Massenkommunikation v.a. Schulz 1989, S. 141 ff.

598 Vgl. hierzu z.B. Schenk/Rössler 1994. Der Vorwurf der Überschätzung trifft vor allem systemtheoretisch und radikalkonstruktivistisch orientierte Ansätze; vgl. etwa unsere kritischen Anmerkungen zur PR-Theorie von Merten/Westerbarkey (oben S. 49 ff.) sowie Bentele 1993.

599 Wir konzentrieren uns im folgenden auf diejenigen Konzepte der massenmedialen Wirkungsforschung, die das Handeln der Medienkommunikatoren und die Einflußfaktoren im Nachrichtenfluß thematisieren; vgl. im Überblick Kunczik 1988, Weischenberg 1992, Kepplinger 1992, S. 60 ff., Donsbach 1994, Schulz 1994c, S. 328 ff., McQuail 1994, S. 185 ff.

600 Vgl. Donsbach 1994, S. 80 ff.; anders z.B. McQuail 1994, S. 190 ff., Schulz 1994c, S. 328 ff.

601 Vgl. z.B. Schönbach et al. 1994 und Donsbach 1993.

602 Vgl. Weischenberg 1992, S. 237 ff.

603 Vgl. zum bundesdeutschen Medienrecht Schiwy/Schütz 1994 und zum symbiotischen Verhältnis von Medienkommunikatoren und Informanten z.B. McQuail 1994, S. 222 ff., Kunczik 1988, S. 219 ff. Empirische und konzeptionelle Studien zum Verhältnis von Journalismus und Pressearbeit wurden von Baerns 1979 und 1985, Hintermeier 1982, Grossenbacher 1986, Barth/Donsbach 1992, Fröhlich 1992, Rossmann 1993, Saffarina 1993 und Schweda/Opherden 1995 vorgelegt; vgl. auch den Überblick von Burkart 1995c, S. 280 ff.

Das dynamische Zusammenspiel der skizzierten Einflußfaktoren führt zur Etablierung verschiedener *Routinen,* in denen die Selektivität der Medienkommunikatoren besonders deutlich zum Ausdruck kommt.[604] Empirische Studien zeigen z.B., daß Journalisten in starkem Maß auf die Vorleistungen von Nachrichtenagenturen zurückgreifen. Das Agenturmaterial wird zwar in unterschiedlicher Weise kombiniert und verkürzt, aber kaum durch eigene Recherchen ergänzt.[605] Es ist außerdem üblich, daß nationale und internationale Leitmedien (Nachrichtenmagazine, Qualitätszeitungen) intensiv studiert und die dort lancierten Meldungen (ungeprüft) übernommen werden.[606] Der Stellenwert subjektiver und verlagsspezifischer Einstellungen äußert sich in der bevorzugten Berücksichtigung solcher Themen, die die redaktionelle Linie stützen. Dadurch wird die Trennung von Nachricht und Meinung bereits im Ansatz verwischt.[607] Zudem lassen Journalisten in Interviews und Zitaten bevorzugt Personen zu Wort kommen, mit deren Situationsdefinitionen und Wertungen sie selbst übereinstimmen.[608] Diese situationsspezifischen Selektionsleistungen werden durch eine Reihe von Aufmerksamkeitsregeln überlagert, die in allen Medienorganisationen anzutreffen sind. Schulz benennt insgesamt 18 Nachrichtenfaktoren, in denen zum Ausdruck kommt, „was Journalisten für wichtige und mithin bemerkenswerte Eigenschaften der Realität halten".[609] Diese Kriterien, z.B. Überraschung, Bedeutsamkeit, Nähe, Negativismus oder auch die Beteiligung von gesellschaftlichen Eliten und prominenten Institutionen, definieren den Nachrichtenwert einer Meldung. Sie sind maßgeblich dafür verantwortlich, daß bestimmte Ereignisse und Aussagen die Schleusen des Mediensystems überwinden und einem breiten Publikum präsentiert werden.[610]

Die vielschichtigen Selektionsleistungen der Medienkommunikatoren führen dazu, daß massenmedial vermittelte Kommunikationshandlungen ein spezifisches Weltbild vermitteln. Die Kommunikationsforschung verhandelt dieses Phänomen unter dem Stichwort des »Agenda-Setting«.[611] Dieses Konzept besagt, daß die Medienkommunikatoren eine Tagesordnung (Agenda) wichtiger Themen (Issues) aufstellen, die von einem breiten Publikum wahrgenommen wird. Dadurch wird zwar nicht festgelegt, was die Rezipienten denken oder wie sie handeln. Die Verarbeitungsroutinen des Mediensystems bestimmen jedoch, *worüber* nachgedacht wird, d.h. welchen Ereignissen, Personen und Fragestellungen man seine Aufmerksamkeit schenkt und welche Handlungs-

604 Aus sozialtheoretischer Sicht handelt es sich dabei um regulative Strukturen (Schemata), die im täglichen Handeln der Medienkommunikatoren reproduziert und modifiziert werden.

605 Vgl. hierzu den Überblick von Hagen 1995, S. 18 ff.

606 Vgl. Kepplinger 1992, S. 33 ff., Mathes/Czaplicki 1993.

607 Vgl. Schönbach 1977, Kepplinger et al. 1989.

608 Vgl. Hagen 1992.

609 Schulz 1990, S. 30 (im Original kursiv); vgl. zur Nachrichtenwertforschung ferner Staab 1990.

610 Diese Schleusenfunktion wird von einer Reihe verschiedener »Gatekeeper« (Nachrichtenreportern, Journalisten, Chefredakteure, Verleger) wahrgenommen, die sich gegenseitig beeinflussen; vgl. Kunczik 1988, S. 192 ff., McQuail 1994, S. 212 ff., Burkart 1995c, S. 264 ff.

611 Vgl. nachfolgend insbes. Schenk 1987, S. 194 ff., und Brosius 1994; dort finden sich auch weitere Nachweise zu den Ursprüngen und Weiterentwicklungen dieser Forschungsrichtung.

strategien zur Diskussion gestellt werden.[612] Auf diese Weise läßt sich erklären, warum bestimmte Problemstellungen (Chemieunfälle, Unternehmensbesteuerung, Lehrstellenmangel, Asylpolitik) zu einem gegebenen Zeitpunkt als besonders strittig und lösungsbedürftig angesehen werden. Die Bedeutung einzelner Fragen verschiebt sich natürlich im Lauf der Zeit. Eine solche Themenkarriere läßt sich z.B. für die einleitend skizzierte »Störfallserie« bei der Hoechst AG nachweisen.[613] Das Thema beherrschte zwei Wochen lang die Schlagzeilen, rückte kurzfristig in den Hintergrund, wurde durch einen Unfall mit Todesfolge wieder aufgewertet und verschwand schließlich langsam aus den Zeitungsspalten und Fernsehberichten. Die Agenda-Setting-Hypothese verdeutlicht, daß solche Verläufe nicht auf irgendwelchen Gesetzmäßigkeiten beruhen, sondern durch Selektionsleistungen der beteiligten Kommunikatoren hervorgerufen werden.[614] Dieser Einfluß äußert sich in zweifacher Weise. Bei der *Thematisierung* wird auf der Grundlage subjektiver Entscheidungen und eingespielter Arbeitsroutinen (Nachrichtenwerte) entschieden, welche Probleme überhaupt aufgegriffen bzw. zuallererst als solche definiert werden. Im Zuge der *Themenstrukturierung* wird dann eine Rangfolge der einzelnen Themen etabliert. Das äußert sich z.B. darin, daß verschiedene Probleme unterschiedlich häufig und detailliert behandelt werden. Zur Hervorhebung dient ferner die medienspezifische Plazierung (Titelseite, Nachrichtenschlagzeile) und Aufmachung (Überschriftengröße, Bebilderung, Filmeinspielung im Fernsehen) der betreffenden Beiträge.[615]

Diese kurze Skizze sollte verdeutlicht haben, daß sich die Massenkommunikation grundlegend von unserem ursprünglichen Modell einer sprachlich vermittelten Interaktion zwischen zwei anwesenden Akteuren unterscheidet. Dennoch kann sie von dem hier entfalteten Bezugsrahmen verortet werden. Unsere Begrifflichkeit erfaßt alle Spielarten der direkten und indirekten, monologischen und dialogischen, personalen und (massen)medialen Kommunikation, und zwar unabhängig davon, ob Kommunikationsmittler (Nachrichtenagenturen, Journalisten) und disperse Publika beteiligt sind oder nicht. Dieses integrative Kommunikationsverständnis ebnet den Weg für eine umfassende Diskussion der Unternehmenskommunikation und ihrer Problemfelder.

### *4.1.2 Strukturelle Regeln und Ressourcen des kommunikativen Handelns*

#### 4.1.2.1 Kommunikationsschemata

Bei der Erörterung des Kommunikationsbegriffs haben wir bereits mehrfach darauf hingewiesen, daß mit konkreten Kommunikationshandlungen, -prozessen und -sequenzen *Kommunikationsschemata* aktualisiert werden. Dieser Begriff kennzeichnet konventionelle oder gemeinsam erarbeitete Regeln außerhalb von Raum und Zeit, die in der variierenden Anwendung einerseits wie-

612 Vgl. Burkart 1995c, S. 240, Schönbach 1992, S. 327.

613 Vgl. Kepplinger/Hartung 1995, S. 14 ff.; zu der Fallstudie oben S. 30 ff.

614 Vgl. bzgl. des Hoechst-Falls Franke 1993 und Steinmann/Zerfaß 1995, S. 44, Anmerkung 8.

615 Vgl. Schulz 1984, S. 207.

dererkannt und reproduziert, zugleich aber auch verändert werden. Das beste Beispiel für einen solchen Regelkomplex wäre die Sprache (»langue«), die seit de Saussure von der konkreten Rede (»parole«) unterschieden wird.[616]

Im folgenden wollen wir diese strukturelle bzw. schemabezogene Dimension der Kommunikation in zweifacher Hinsicht rekonstruieren. Einerseits geht es uns um eine differenzierte Betrachtung der Kommunikationsregeln. Die Komplexität kommunikativer Prozesse, die sich aus verschiedenen, wiederum vermittelten Handlungen zusammensetzen, deutet bereits darauf hin, daß es mit einem einfachen Konzept der »Sprache« nicht getan ist. Offenkundig muß man auch auf der Ebene der Handlungsschemata verschiedene *Aspekte der Kommunikation* unterscheiden. Wir wollen diese Aspekte, die in vielen sprachtheoretischen Konzepten (z.B. von Bühler, Watzlawick und Schulz von Thun) [617] mehr oder minder schlüssig systematisiert werden, fundamentalpragmatisch rekonstruieren. Dabei werden wir zweitens skizzieren, *welche* Kommunikationsregeln für unsere posttraditionalen Gesellschaften kennzeichnend sind. Diese Skizze hat den Charakter einer exemplarischen Erläuterung alltäglicher Erfahrungen.[618] Sie erhebt weder den Anspruch, eine bestimmte Kommunikationspraxis und ihre Regeln (Symbolsysteme, Grammatiken, ...) *umfassend* darzustellen, noch will sie einen Beitrag zur Identifikation *universeller* Kommunikationsregeln leisten. Wir werden nur einige fundamentale Unterscheidungen diskutieren, die im Kontext der Unternehmenskommunikation von besonderer Bedeutung sind.

Unsere bisherigen Ausführungen zum Kommunikationsbegriff lassen sich dahingehend zusammenfassen, daß man mit *Mitteilungshandlungen* in den Lauf der Welt eingreift, um jemandem etwas zu verstehen zu geben (sekundäre Intention) und dadurch seine Absichten oder seine Situation zu beeinflussen (primäre Intention). Diese Mitteilungshandlungen werden durch verschiedene *poietische Handlungen* (Lautäußerungen, Schreibakte, Gesten) vermittelt, wobei man ggf. technische Hilfsmittel (Telefon) oder soziale Institutionen (Presseorgane) in Anspruch nehmen kann. Eine *Kommunikation* im Sinne einer sozialen Interaktion kommt dann zustande, wenn ein anderer Akteur die Mitteilungshandlung oder ihre materiellen Spuren (Marken, Medienprodukte) im Rahmen einer *Verstehenshandlung* wahrnimmt und ihren symbolischen Gehalt erschließt. Welche Effekte die Kommunikation zeitigt, hängt dann von

616 Vgl. de Saussure 1967, im Anschluß daran z.B. Kamlah/Lorenzen 1973, S. 53 ff., Giddens 1984, S. 125 f. und S. 144 ff.

617 *Bühler* (1934, S. 28 ff.) weist darauf hin, daß eine Sprechhandlung zugleich Sachverhalte darstellt, Intentionen oder Erlebnisse des Kommunikators zum Ausdruck bringt und in bestimmter Weise an den Adressaten appelliert, d.h. eine Beziehung mit ihm herstellt und ihn zu beeinflussen trachtet (vgl. auch Habermas 1988 und Trabant 1989, S. 121). *Watzlawick et al.* (1990, S. 53 ff.) bezeichnen diese drei Funktionen als Inhaltsaspekt der Kommunikation. Davon unterscheiden sie den Beziehungsaspekt, d.h. die Bezugnahme auf den Kommunikationsprozeß als solchen. *Schulz von Thun* (1981, S. 26 ff.) beschreibt die genannten Aspekte als »vier Seiten einer Nachricht«, d.h. als Sachinhalt, Selbstoffenbarung, Appell und Beziehung; vgl. auch Wahren 1987 und das ähnlich angelegte TALK-Modell von Neuberger 1991, S. 13 ff.

618 Vgl. zu dieser Sichtweise H.J. Schneider 1994, S. 30.

den sozial beeinflußten Situationsdeutungen und Absichten der Beteiligten ab. In vielen Fällen werden zunächst weitere Kommunikationshandlungen ausgeführt. Eine Frage provoziert im allgemeinen eine Antwort; sie mündet häufig sogar in eine Wechselrede oder Diskussion. Solche Aneinanderreihungen verschiedener Kommunikationen, die sich anhand verschiedener Kriterien (monologisch – dialogisch, direkt – indirekt, personal – medial) systematisieren lassen, hatten wir als *Kommunikationssequenzen* bezeichnet. Sie sind im allgemeinen kein Selbstzweck. Kommunikationssequenzen leisten vielmehr einen Beitrag zur *sozialen Integration*, d.h. zur Bewältigung von Mittel- und Zweckkonflikten und zur Klärung von Situationsdefinitionen und Handlungsinterpretationen. Dabei ist es ein besonderes Kennzeichen von Kommunikationsprozessen, daß sie nicht nur auf systemische Koordinationsformen verweisen, sondern eine eigenständige „Quelle der sozialen Integration“ [619] darstellen.

Mit diesem Zusammenhang von Kommunikation und sozialer Integration werden wir uns in Kapitel 4.3 auseinandersetzen. Vorerst geht es uns darum, die verschiedenen Teilaspekte kommunikativer Sequenzen in ihrer strukturellen Dimension zu untersuchen. Dazu ist eine weitere Präzision des skizzierten Bezugsrahmens notwendig. Sie betrifft die einzelnen Teilhandlungen, die bei der Aktualisierung einer Mitteilungs- und Verstehenshandlung vollzogen werden. In Erweiterung der von Austin geprägten Terminologie können wir hierbei von *Artikulationen*, *Lokutionen* und *Illokutionen* sprechen, die selbständig ausführbare, aber einander vermittelnde Bestandteile von Kommunikationshandlungen sind und als solche *perlokutionäre Effekte* hervorrufen können (vgl. Abb. 10 auf der folgenden Seite).[620] Den einzelnen Handlungen kommt ein symbolischer Gebrauch zu, der entweder auf Konventionen beruht oder aber in der jeweiligen Situation vereinbart werden muß.

Als *Artikulationen* bezeichnen wir *poietische* Basishandlungen, mit denen man Laute äußert oder Schriftzeichen und Bilder erzeugt. Ferner wäre an Körperbewegungen zu denken, die als Mimik und Gestik identifizierbar sind.[621] Bestimmte Abfolgen solcher Artikulationen nehmen wir in alltäglichen Handlungszusammenhängen als sprachliche, schriftliche oder bildliche Äußerungen *(Lokutionen)* wahr. Sofern wir über gemeinsame Schemata verfügen, wird es uns beispielsweise keine Mühe bereiten, die Äußerungen eines kompetenten Sprechers vom zusammenhanglosen Brabbeln eines Kleinkindes zu unterscheiden. Dies gilt selbst dann, wenn wir uns über den vollständigen »Sinn« einer Aussage (noch) im unklaren sind. Der Begriff der Lokution bezieht sich demnach auf den eigentlichen Vollzug einer Äußerung, d.h. auf die Handlung, *etwas* zu sagen, zu schreiben oder zu gestikulieren.[622]

619 Habermas 1988, S. 69; vgl. hierzu auch oben S. 147 ff.

620 Es geht uns im folgenden um eine fundamentalpragmatische Rekonstruktion der Sprechakttheorien von Austin (1979) und Searle (1992, 1990), die bereits von Kambartel 1978b und Hartmann 1993 angedeutet wird. Vgl. zur Sprechakttheorie auch Harras 1983, S. 103 ff. und S. 173 ff.

621 Vgl. Austin 1979, S. 110 ff., der hier von „phonetischen Akten“ spricht.

622 Vgl. Austin 1979, S. 112 ff., Kambartel 1978b, S. 17, sowie Hartmann 1993, S. 83.

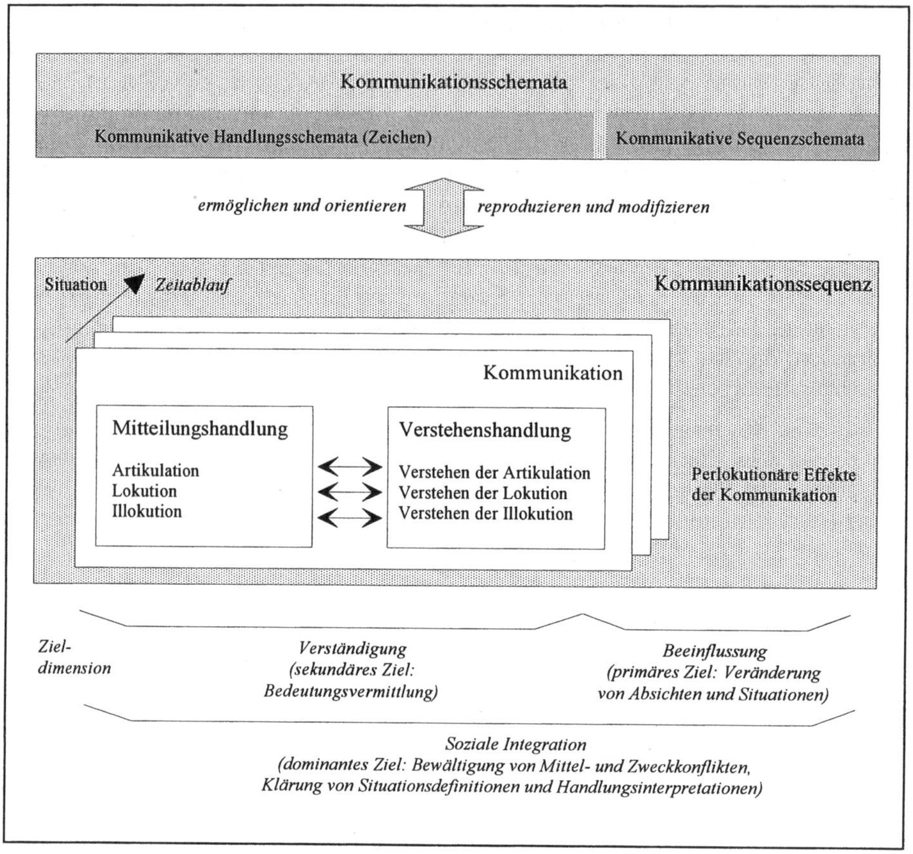


*Abb. 10: Kommunikative Handlungen, Interaktionen und Sequenzen*

Die *Illokution* kennzeichnet dann die soziale Handlung, die man ausführt, *indem* man etwas äußert.[623] Dies mag z.B. eine Aufforderung, Behauptung, Frage oder Antwort sein. Dabei sind es wiederum gemeinsame Schemata, die der situativ eingebetteten Lokution eine illokutive Funktion zuweisen und ihr letztlich den Charakter einer vollständigen Mitteilungshandlung geben. Wir können zusammenfassend festhalten, daß sich die Aktualisierung und das Verstehen einer Mitteilungshandlung auf drei Ebenen ausdifferenziert.[624] Damit die Bedeutungsvermittlung gelingt, müssen auf jeder Ebene gemeinsame Regeln im Sinne von Artikulations-, Lokutions- und Illokutionsschemata vorhanden sein bzw. aufgebaut werden.

Die skizzierten Teilhandlungen treten in der Regel nicht für sich auf, sondern als Vermittlung der jeweils übergeordneten Handlungen. Daraus leitet sich auch ihre Zweckbestimmung ab; die durch Artikulation, Lokution und Illoku-

623 Vgl. Austin 1979, S. 116 ff.

624 Vgl. (in expliziter Abgrenzung zu Searle) Schneider 1992, S. 530 f.

tion angestrebte Verständigung ist ein Mittel zum primären (perlokutionären) Zweck der Beeinflussung, und damit sollen letztlich Konflikte gelöst und Situationsdeutungen geklärt werden (vgl. Abb. 10). Trotz dieses Vermittlungszusammenhangs handelt es sich bei den genannten Teilhandlungen nicht nur um verschiedene Aspekte *einer* Mitteilungs- bzw. Verstehenshandlung, sondern um *eigenständig* ausführbare Akte.[625] Andererseits bauen die Teilhandlungen aufeinander auf, so daß eine Kommunikationshandlung auch nicht als schlichtes Aggregat *beliebig* kombinierbarer Elemente verstanden werden darf.[626] Unsere fundamentalpragmatische Sichtweise darf also nicht zu der irrigen Annahme verleiten, daß uns die einzelnen Teilhandlungen wie die Elemente eines Baukastens zur Verfügung stehen, die der Reihe nach erlernt werden und dann beliebig zusammengefügt werden können. Das Gegenteil ist der Fall: In alltäglichen Handlungszusammenhängen lernen wir die einzelnen Bestandteile von Sprechakten, Gesten usw. stets *zugleich* kennen; die Merkmale dieser gemeinsamen Praxis stecken dann auch einen Rahmen für ihren künftigen Gebrauch als symbolische Handlungen ab.[627] Der Handlungscharakter der Teilakte kommt aber darin zum Ausdruck, daß artikulative, lokutionäre und illokutive Akte *auch* isoliert eingeübt werden können, wobei dann selbstverständlich die jeweils vermittelnde (untergeordnete) Handlung mit ausgeführt wird. Dies geschieht beispielsweise in spezifischen Lehr- und Lernsituationen, in denen man Sprech- und Schreibübungen ausführen kann, ohne ein *kommunikatives* Ziel zu verfolgen.[628]

Vor dem Hintergrund dieser Überlegungen können wir jetzt einige Kommunikationsschemata skizzieren, die in unserer Kultur von Relevanz sind. Wir wenden uns dabei zunächst den kommunikativen Handlungsregeln zu, die bei Mitteilungs- und Verstehenshandlungen aktualisiert werden (1). Sie betreffen die Bedeutungsvermittlung als konstantes Ziel jedes Kommunikationsprozesses. Mit der Verständigung verfolgen die beteiligten Akteure perlokutionäre Ziele, die sich durchaus voneinander unterscheiden können, aber letztlich wiederum Konkretisierungen strukturell bestimmter Handlungszusammenhänge sind. Diese Sequenzregeln repräsentieren verschiedene Modi der kommunikativen Beeinflussung, die wir in einem zweiten Schritt diskutieren wollen (2).

### (1) Kommunikative Handlungsschemata

Kommunikative Handlungsschemata müssen nach dem bislang Gesagten in Artikulations-, Lokutions- und Illokutionsschemata unterschieden werden.

*Artikulationsschemata* umfassen verbale und nonverbale Trägerhandlungen der Kommunikation,[629] die in unterschiedlicher Weise systematisiert werden können. Wir schlagen vor, Lautschemata, generische Gesten und Mimiken,

625 Vgl. Kambartel 1978b, S. 9 ff. und S. 15 ff., in Anlehnung an den späten Wittgenstein.

626 Vgl. Kambartel 1978b, S. 16, Schneider 1980, S. 81 f.

627 Vgl. die Rekonstruktion von H.J. Schneider 1994, S. 22 ff.

628 Vgl. Röska-Hardy 1991, S. 74.

629 Die Bezeichnung „Trägerhandlung“ übernehmen wir von Kambartel 1978b, S. 9.

Schriftzeichenschemata sowie Bildschemata voneinander abzugrenzen. Selbstverständlich können auch Gerüche, Hautkontakte u.ä. symbolische Kraft entfalten;[630] sie sind jedoch im Kontext der Unternehmenskommunikation von nachrangiger Bedeutung. *Lautschemata* repräsentieren den symbolischen Gebrauch phonetischer Akte, sie identifizieren bestimmte Geräusche als »sinnvolle« Laute. *Gesten- und Mimikschemata* beziehen sich auf die Körper- bzw. Gesichtssprache. In beiden Fällen handelt es sich um direkte Artikulationen, die selbst keine materiellen Spuren (Marken) hinterlassen, aber mit Hilfe medialer Techniken (Telefon, Tonband, Videofilm) transferiert, gespeichert und reproduziert werden können. *Schriftzeichenschemata* beziehen sich auf figurative Handlungen, d.h. auf poietische Handlungen, mit denen wir Marken erzeugen, die als Buchstaben und Satzzeichen wiedererkannt werden. Andere Marken werden als Ausfluß piktoraler Handlungen wahrgenommen, weil uns gemeinsame *Bildschemata* zur Verfügung stehen.[631] Zusammenfassend kann man sagen, daß wir eine Artikulation verstehen, wenn wir bestimmte poietische Handlungen als Aktualisierungen von Trägerhandlungsschemata erkennen. Diese Schemata sind zum Teil untereinander austauschbar; sie haben in diesem Fall eine identische Bedeutung.[632] Beispiele wären die mündliche und schriftliche Artikulation eines Buchstabens oder alternative Schreibweisen eines bestimmten Zeichens (»ß« und »ss«). Die alltägliche Erfahrung lehrt uns, daß uns die verbalen Artikulationsschemata unserer Muttersprache selten vor Probleme stellen; auf dieser Ebene kann die Verständigung vor allem im interkulturellen Kontext (Identifikation fremdsprachiger Laute, Entzifferung kyrillischer Schriftzeichen) scheitern. Bei den nonverbalen Regeln treten dagegen sehr viel häufiger Mißverständnisse auf – man denke etwa an den häufig unterschätzten Stellenwert der Mimik und Körperhaltung im zwischenmenschlichen Gespräch. Eine Aktivierung dieser weitgehend unbewußten, selten problematisierten und daher fest verankerten Schemata bietet andererseits einen zentralen Ansatzpunkt für erfolgsträchtige Kommunikationshandlungen. Hier wäre z.B. an die Bildkommunikation zu erinnern, der aus sozialpsychologischer Sicht eine große Durchsetzungskraft bei werblichen Beeinflussungsversuchen zugesprochen wird.[633]

*Lokutionsschemata* definieren bestimmte Bedingungen, unter denen die *symbolische* Aktualisierung einer poietischen Trägerhandlung zulässig ist.[634] Sie zeigen an, *daß* man mit bestimmten Abfolgen von Lautäußerungen, Schriftzeichen und Gesten etwas meint (und nicht nur beliebige Stimmübungen ausführt), und sie signalisieren, *was* man meint. Wenn wir der deutschen Sprache mächtig sind, erkennen wir die Lautfolge »Feuer« auf Anhieb als Element einer Kommunikationshandlung. Der Ruf »Feuer« entfaltet eine symbolische Kraft, weil er auf das Vorliegen bestimmter Bedingungen verweist, unter denen er sinnvoll ist, d.h. auf einen Brand oder auf das Schießen mit Feuer-

630 Vgl. Trabant 1989, S. 111 f., und insbes. Weinberg 1986, S. 6.
631 Vgl. Taube 1992, Dieterle 1992, S. 67 ff.
632 Vgl. Kamlah/Lorenzen 1973, S. 97 f.
633 Vgl. hierzu die grundlegenden Untersuchungen von Kroeber-Riel 1993a und 1993c, S. 104 ff.
634 Vgl. Kambartel 1978b, S. 9 und S. 17, der von informativen symbolischen Handlungen spricht.

waffen. Diese Bedingungen bzw. Schemata beziehen sich stets auf den *kontextspezifischen* Gebrauch von Artikulationen; die Teilnehmer an einer Brandschutzübung und an einem Schützenfest werden den genannten Ausruf unterschiedlich deuten. Wir können also sagen, daß man eine lokutionäre Handlung versteht, wenn man eine situativ eingebettete Artikulation als Aktualisierung eines Ding- oder Ereignisschemas erkennt.[635] Die Sprachtheorie spricht hier von *propositionalen* Bezügen, mit denen in erster Linie die Ebene der Gegenstände und Sachverhalte thematisiert wird.[636] Manche lokutionären Schemata können durch alternative Trägerhandlungen (mündlich, schriftlich, durch das Auslösen einer Sirene) vermittelt werden. Viele sind auch untereinander austauschbar, d.h. bedeutungsgleich; man denke etwa an Synonyme und fremdsprachige Ausdrücke (»fire«). Dies deutet bereits darauf hin, daß Lokutionen eine eigenständige Quelle von Mißverständnissen sind, die von der Unternehmenskommunikation in besonderem Maß berücksichtigt werden müssen. Von praktischer Relevanz sind z.B. semantische Wortfelder, die auf einen unterschiedlichen Gebrauch der gleichen Artikulationen in verschiedenen (Sub-) Kulturen hinweisen. Mit empirischen Methoden dürfte sich beispielsweise zeigen lassen, daß der Ausdruck »Manager« in unserer Gesellschaft mit unterschiedlichen Denotationen (Geschäftsführungsmitglieder, Führungskräfte per se) und Konnotationen (hohes Einkommen, verantwortlich für Arbeitsplatzabbau, ...) verbunden wird.[637] Wenn die lokutionären Schemata von Kommunikator und Rezipienten in dieser Weise variieren, kommt es häufig zu propositionalen Mißverständnissen, die den Erfolg der Kommunikation in Frage stellen. Die Unternehmenskommunikation muß diese Gefahr erkennen und bei der Zielgruppenanalyse berücksichtigen. Doch auch bei übereinstimmenden Schemata kann es vorkommen, daß die Bedingungen der Artikulation in einer konkreten Situation gar nicht vorliegen. Wie ist dieser Fall zu beurteilen? Wenn jemand irrtümlich »Feuer« ruft (aber »Wasser« meint), dann liegt kein Mißverständnis, sondern eine inkorrekte Handlung vor – der Sprecher hat schlicht eine falsche Lautfolge aktualisiert.[638] Dies ist ein Hinweis darauf, daß sich das propositionale Können stets im praktischen Gebrauch bewähren muß. Beim Scheitern einer Lokution ist deshalb auch kein abstraktes semantisches Wissen gefordert. Die Beteiligten müssen vielmehr versuchen, ihre konventionellen Orientierungen *im praktischen Handlungsvollzug* zu hinterfragen und ggf. gemeinsame propositionale Regeln aufzubauen.

---

635 Die Dingschemata können dabei natürlich auch Personen und Institutionen, die Ereignisschemata Verhaltensweisen und Handlungen umfassen.

636 Vgl. zu den propositionalen (lokutionären) und performativen (illokutiven) Teilen von Sprachhandlungen z.B. Habermas 1971, S. 104 ff., Gethmann/Siegwart 1991, S. 562 ff.

637 Die Bandbreite von Lokutionsschemata kann z.B. mit Hilfe des *semantischen Differentials* (Osgood et al. 1957, S. 56 ff.) ermittelt werden, bei dem die Befragten einen Ausdruck auf einer polaren Skala mit mehreren Merkmalspaaren (»sozial verantwortlich« – »skrupellos«, »fachkompetent« – »besserwisserisch«, ...) verorten müssen.

638 Wir können den Ausruf »Feuer« nur zurückweisen, *weil* wir gemeinsame Lokutionsregeln kennen und die Bedingungen des Schemas »Wasser«, nicht aber die von »Feuer« erfüllt sind.

*Illokutionsschemata* umfassen Normen, durch die propositional sinnvolle Trägerhandlungen der Kommunikation *sozial* verbindlich werden. Sie zeigen an, *wie* man etwas meint, ob der Ausruf »Feuer« beispielsweise als Behauptung (daß es brennt), Aufforderung (zu schießen) oder Frage (an einen Raucher) zu verstehen ist.[639] Wir können hier auch vom *performativen* Sinn einer Mitteilungshandlung sprechen;[640] er legt fest, welche Handlung man ausführt, indem man etwas äußert. Der betreffende Handlungstyp kann durch Wendungen wie »Ich behaupte ...«, »Ich befehle ...«, usw. sprachlich verdeutlicht werden; in alltäglichen Handlungszusammenhängen wird er jedoch zumeist indirekt aus *kontextspezifischen* Schematas erschlossen.[641] Der symbolische Gebrauch einer Äußerung läßt sich demnach nicht an ihrer grammatischen Form ablesen. Er offenbart sich vielmehr in den sozialen Folgen, die eine Äußerung in konkreten Handlungszusammenhängen zeitigt.[642] Durch die Illokution werden nämlich zugleich Regeln für das weitere Handeln in Kraft gesetzt.[643] Eine Aufforderung kann akzeptiert oder verworfen, eine Aufforderung befolgt oder zurückgewiesen, eine Frage beantwortet oder ignoriert werden. Zusammengefaßt heißt das: Wir verstehen eine Illokution und damit eine Mitteilungshandlung, wenn wir eine situativ eingebettete Lokution als Aktualisierung eines Performationsschemas erkennen.[644] Dabei müssen wir wiederum mit variierenden Trägerhandlungen und übereinstimmenden Bedeutungen, aber auch mit Mißverständnissen rechnen. Performative Mißverständnisse treten in erster Linie dann auf, wenn die illokutionäre Rolle einer Mitteilungshandlung aus dem Handlungskontext erschlossen werden muß. Der Kommunikationserfolg hängt dann davon ab, daß die Beteiligten die gleiche Situationseinschätzung haben *und* über diesbezügliche Kommunikationsregeln verfügen. Diese Voraussetzungen sind in vielen Fällen gegeben. Sie werden jedoch zum Problem, wenn es den Kommunikationspartnern an einem gemeinsamen Erfahrungshorizont mangelt. Ein plastisches Beispiel wären die Mißverständnisse, von denen die Auseinandersetzungen zwischen Umweltgruppen und chemischer Industrie lange Zeit geprägt wurden. Zum Problem werden solche schemabezogenen Differenzen immer dann, wenn sie *unerkannt* bleiben, wenn z.B. eine Frage des Vorgesetzten (»Haben sie noch genügend Arbeit?«) irrtümlicherweise als Aufforderung (»Arbeiten Sie schneller!«) interpretiert wird. Die Unternehmenskommunikation muß solche Mißverständnisse vermeiden, indem sie unterschiedliche Situationsdeutungen ihrer Rezipienten in Rechnung stellt und ggf. eine gemeinsame Neuorientierung in Gang bringt. Dabei ist einmal mehr die praktische, situativ eingebettete Interaktion gefragt, in der fehlende Konventionen durch gemeinsame Lernprozesse ersetzt werden können.[645]

639 Vgl. Austin 1979, S. 116 ff., Roth 1978, S. 83 ff., Kambartel 1978b, S. 16 f., Hartmann 1993.
640 Vgl. Kambartel 1978b, S. 9, Habermas 1971, S. 104 ff., Gethmann/Siegwart 1991, S. 562 f.
641 Vgl. zur Kennzeichnung indirekter Sprechakte Austin 1979, S. 88 ff., Harras 1983, S. 188 ff.
642 Vgl. Kambartel 1991, S. 127, Schneider 1992, S. 548.
643 Vgl. Kambartel 1978b, S. 9 und ders. 1980, S. 101.
644 In Abgrenzung zur klassischen Sprechakttheorie gehen wir also davon aus, daß die illokutionäre Handlungskraft nichts ist, was einer Äußerung ontologisch innewohnt. Sie wird vielmehr erst in der Interaktion zwischen Kommunikator und Rezipient erzeugt; vgl. Burkhardt 1987, S. 196 ff.
645 Vgl. Harras 1983, S. 188 ff., Schneider 1992, S. 542.

Dieses kooperative Handeln kann dann nicht mehr theoretisch eingeholt, sondern allenfalls exemplarisch für bestimmte Kulturkreise erläutert werden. Grice hat dies in seinem bekannten Aufsatz »Logic and Conversation« versucht, indem er verschiedene Merkmale aufzählt, die das Verstehen einer impliziten Mitteilungshandlung erleichtern sollen. Seine These lautet, daß der Kommunikator kooperativ handelt, wenn seine Mitteilung hinreichend informativ, wahr, relevant und klar ist.[646] Für die Unternehmenskommunikation sind diese Hinweise auch dann relevant, wenn Mißverständnisse ad hoc *erkannt* werden, d.h. wenn die Beteiligten eine performative Differenz zum Anlaß nehmen, um Rückfragen zu stellen. Auch in diesem Fall bleibt das gemeinsame Handeln der Bezugspunkt, von dem aus situativ tragfähige Kommunikationsschemata aufgebaut werden können.

Zusammenfassend können wir festhalten, daß das *Verstehen von Mitteilungshandlungen* eine dreifache Übereinstimmung zwischen Kommunikator und Rezipient voraussetzt. Die Beteiligten müssen den artikulativen, propositionalen und performativen Sinn einer poietischen Basishandlung erkennen. Dies wird durch verschiedene Schemata ermöglicht, die in konkreten Kommunikationen einerseits reproduziert, andererseits variiert und modifiziert werden. Daraus folgt, daß Kommunikationsregeln nicht universell gültig sind, sondern auf bestimmte (Sub-) Kulturen beschränkt bleiben. Eine Verständigung ist also nur in dem Maß möglich, in dem verschiedene Lebensformen untereinander verschränkt sind bzw. situativ miteinander verknüpft werden. Dies gilt um so mehr, als mit der Bedeutungsvermittlung immer ein perlokutionäres Ziel verfolgt wird. Diese Ziele wollen wir im nächsten Abschnitt diskutieren.

#### (2) Kommunikative Sequenzschemata

In konkreten Handlungszusammenhängen orientieren wir uns nicht nur an artikulativen, lokutionären und illokutiven Kommunikationsregeln, sondern zugleich an Strukturen, die verschiedene *Modi der kommunikativen Beeinflussung* repräsentieren. Solche Sequenzregeln ermöglichen es uns, einzelne Kommunikationen in einen größeren Zusammenhang zu stellen. Fragen, Behauptungen, Versprechen usw. werden ja normalerweise nicht isoliert, sondern als Elemente einer Verhandlung, eines Lehrgesprächs oder anderer Sequenzen verwendet. Diese Kommunikationssequenzen unterscheiden sich in *pragmatischer* Hinsicht. Im Kern geht es dabei um die perlokutionären Effekte der Kommunikation, also darum, warum Alter den Versuch Egos, seine Absichten oder seine Situation zu verändern, akzeptiert.[647] Diese faktische *Akzeptanz* ist die Voraussetzung dafür, daß soziale Konflikte qua Kommunikation bewältigt werden können. Akzeptanz kann auf guten Gründen beruhen, aber ebenso durch geschickte Propaganda erzeugt werden. Selbstverständlich wird die an-

646 Vgl. Grice 1975.

647 Der kommunikative Beeinflussungsversuch Egos fordert Alter also in dreifacher Hinsicht heraus: er muß das Gemeinte *verstehen* (Bedeutungsvermittlung), die primäre Intention Egos *akzeptieren* und in der Folge die gewünschte *Reaktion zeigen*; vgl. Harras 1983, S. 168 f.

gestrebte Akzeptanz nicht immer erreicht. In diesem Fall sprechen wir von *gescheiterten* Verhandlungen, Beratungen usw., durch die kein Beitrag zur sozialen Integration geleistet wurde.

Wir wollen diesen Gedanken im folgenden vertiefen, indem wir einige Sequenzschemata erläutern, die für unsere Kultur typisch sind. In einem weiteren Schritt gilt es dann, das zentrale Unterscheidungskriterium aus Sicht des Kommunikators – den »Kommunikationsstil« – herauszuarbeiten. Vorab sind jedoch zwei Anmerkungen zum systematischen Stellenwert der Sequenzregeln notwendig.

Der erste Hinweis betrifft das *Verhältnis zwischen pragmatischen und formalen Klassifikationen* der Kommunikation. Bei der Entfaltung des Kommunikationsbegriffs haben wir gesehen, daß sich der formale Charakter einer Sequenz anhand der prinzipiellen Prozeßgestaltung, aber auch im Hinblick auf die beteiligten Akteure unterscheiden läßt. Seine konkrete Ausgestaltung hängt unter anderem von den Regeln der (wechselseitigen) Beeinflussung ab, die von den Beteiligten aktualisiert werden. Modus und Form der Kommunikation sind in gewissen Grenzen *interdependent*. Dies wird deutlich, wenn man sich vor Augen führt, daß bestimmte Arten der Akzeptanzgenerierung (z.B. eine argumentative Interessenklärung) einen Rollenwechsel voraussetzen. Dies schließt einen Monolog aus und wird immer dann erschwert, wenn die Interaktion – wie dies im massenmedialen Kontext der Fall ist – systematisch auf die Vermittlung durch Dritte angewiesen ist.

Eine zweite Anmerkung gilt der *Notwendigkeit übereinstimmender Sequenzschemata*. Ist es erforderlich, daß alle Beteiligten vor der gleichen Folie einer Verhandlung, Beratung usw. agieren, oder ist eine erfolgreiche Interaktion auch denkbar, wenn dies nicht der Fall ist? Der Testfall für die Beantwortung dieser Frage sind manipulative Muster, z.B. der Propaganda und Imagekonstruktion. Solche Täuschungsmanöver können nur gelingen, wenn Alter sie nicht durchschaut, sondern darauf vertraut, daß Ego ihm einen ehrlich gemeinten Rat gibt. Damit wird deutlich, daß sich die Kommunikationspartner zwar um die Vermittlung gemeinsamer Bedeutungen bemühen müssen (sonst kommt keine Kommunikation zustande), dabei aber durchaus *divergierende Perlokutionsziele* verfolgen können.[648] Für manche Sequenzen, namentlich Täuschungen, ist dies geradezu konstitutiv. Doch auch hier bleiben die Beteiligten darauf angewiesen, daß sie über generische Kommunikationsregeln verfügen. Der Täuschende orientiert sich am Schema einer gelungenen Manipulation, der Getäuschte kommuniziert nach den Regeln einer offenen Beratung. Die Diskrepanz kann jedoch nur dann erkannt und thematisiert werden, wenn beide Schemata kulturell verankert sind. In unserem Fall setzt dies beispielsweise voraus, daß die Beteiligten den manipulativen und beratenden Gebrauch der Sprache in alltäglichen Situationen kennengelernt und eingeübt haben. Kommunikationssequenzen sind insofern „apriorische Elemente unserer Le-

648 Vgl. auch Harras 1983, S. 160 ff., insbes. S. 162.

benswelt",[649] die sich nicht inhaltlich oder grammatikalisch, sondern nur durch Unterschiede im pragmatischen Gebrauch differenzieren lassen. Daraus folgt zugleich, daß sie immer wieder variierend aktualisiert werden können, daß z.B. ein Lehrgespräch einmal in monologischer Rede und im zweiten Fall im Gedankenaustausch zwischen Dozent und Auszubildendem konkretisiert wird. Die situative Umsetzung bleibt prinzipiell den Beteiligten vorbehalten; allerdings wird man schon aus Effizienzgründen nicht ständig neue Wege einschlagen, sondern bewährte Varianten routinisieren und im Extremfall sogar ritualisieren.[650] Ob dabei eine bestimmte Sequenz variiert, eine zweite aktualisiert oder gar eine neue ausgebildet wird, läßt sich nur aus der Perspektive der jeweiligen Kommunikationsteilnehmer beurteilen. Damit wird einmal mehr deutlich, daß die Verschränkung von Handeln und Struktur auch bei Kommunikationsprozessen eine zentrale Rolle spielt.

Auf welche *typischen Kommunikationssequenzen* greifen wir in unserer Kultur zurück, und wie kann man sie voneinander abgrenzen? Die Zieldimension kommunikativen Handelns wurde schon von Aristoteles herangezogen, um verschiedene Redegattungen zu differenzieren.[651] Seine Unterscheidung von Beratungsrede, Gerichtsrede und Festrede orientiert sich allerdings an der Art und Weise, wie der Kommunikator den *Inhalt* der Rede (z.B. eine Vorgehensweise, einen Gegenstand, eine Person) ausweisen will: In der Beratung geht es um seine Nützlichkeit, vor Gericht um seine Rechtschaffenheit, im feierlichen Rahmen um Ehrerbietung oder Tadel. Wenn wir dagegen auf den *Modus der wechselseitigen Beeinflussung und Akzeptanzgenerierung* abstellen, können wir exemplarisch folgende Kommunikationssequenzen benennen:[652]

- Die *Manipulation*, bei der Ego seine Absichten verschleiert und Alter bewußt täuscht. Ein Beispiel wären strategische Signalhandlungen: Ein Unternehmen kann Gerüchte über Forschungserfolge, Umsatzeinbrüche o.ä. in der Fachpresse lancieren, nur um damit den drohenden Markteintritt eines Konkurrenten zu verhindern. Akzeptanz kommt hier zustande, weil Alter seine Anschlußhandlungen auf falsche Voraussetzungen oder Gründe stützt.
- Die *Instruktion*, in der die Kommunikatorintention offen zutage tritt und vom Rezipienten Folgebereitschaft gefordert wird. Beispiele wären Arbeitsbesprechungen zwischen Vorgesetzten und Mitarbeitern, in denen es um routinemäßige Aufgabenzuweisungen geht. Akzeptanzquellen sind normative Beziehungsmuster (Rollen) oder außersprachliche Machtpotentiale (körperliche Überlegenheit). Im letztgenannten Fall kann man mit Peters auch von Formen der »symbolischen Aggression« sprechen.[653]

649 Gethmann 1992, S. 162.

650 Vgl. auch Gethmann 1992, S. 165.

651 In *Rhetorica I 3*; vgl. hierzu die Rekonstruktion von Ax 1992, S. 251 ff.

652 Die folgende Typologie ist als erste Annäherung zu verstehen, mit der die sprachphilosophische Fixierung auf argumentative Kommunikationssequenzen (vgl. Wohlrapp 1995d) überwunden werden soll; eine ähnliche Klassifikation wird von Kuhlmann 1994 angedeutet.

653 Vgl. Peters 1994, S. 66.

- Die *Werbung,* bei der Ego Alter zu einem bestimmten Denken oder Handeln veranlassen will, wobei diesem von vornherein Entscheidungsfreiheit eingeräumt wird. Dies ist immer dann der Fall, wenn eine offene Kommunikationskonkurrenz herrscht, wenn z.B. in der Konsumwerbung zum Kauf bestimmter Produkte und im Wahlkampf zur Unterstützung dieser oder jener Partei aufgefordert wird. Die Akzeptanz beruht hier auf der Bereitschaft von Alter, dem Werben von Ego nachzugeben und seine Anschlußhandlungen nicht von einer näheren Interessenklärung abhängig zu machen.
- Die *Verhandlung* als Form der wechselseitigen Werbung, bei der die Beteiligten sich gegenseitig zu subjektiv zielkonformem Handeln veranlassen wollen. Beispiele wären Verkaufsgespräche, in denen um Lieferkonditionen und Preise gefeilscht wird, oder Kooperationsverhandlungen, in denen die Form der künftigen Zusammenarbeit zur Debatte steht. Eine Variante ist die *Erörterung,* bei der Meinungen und Positionen ausgetauscht werden, ohne daß dies zum jetzigen Zeitpunkt konkrete Handlungsfolgen zeitigt. Faktische Akzeptanz kommt hier immer dann zustande, wenn die Beteiligten einen Kompromiß als subjektiv vorteilhaft oder tragfähig erachten.
- Die *Unterweisung*, in der Ego ebenfalls seine Meinungen und Absichten durchsetzen will, allerdings vor dem Hintergrund einer vorgängigen Übereinkunft, daß dies im primären Interesse von Alter geschieht, weil dessen Wissen vermehrt wird. Exemplarisch kann hier auf Lehrgespräche, aber auch auf Expertenvorträge und wissenschaftliche Gutachten verwiesen werden. Die Akzeptanz beruht hier auf der vorgängigen Rollenverteilung.
- Die *Beratung* zielt schließlich auf eine gemeinsame Definition der Situation und des weiteren Handelns ab. Ego und Alter bemühen sich hier, eine Handlungsorientierung zu finden, die im Interesse aller Beteiligten liegt. Zu denken wäre an Entscheidungsprozesse zwischen gleichberechtigten Partnern, z.B. in der Familie, aber auch im Freundeskreis oder in einer Aussprache zwischen Vorgesetzten und Mitarbeitern (partizipative Beurteilungsgespräche im Rahmen des Personalmanagements). In diesem Fall stützt sich die Akzeptanz auf einen Konsens darüber, daß eine allgemein tragfähige Lösung gefunden wurde.

Die skizzierten Sequenzen sind Beispiele für Kommunikationsprozesse, die in den alltäglichen Kontext nichtkommunikativen Handelns eingelassen sind. Wir verwenden sie, wenn wir uns mit Nachbarn unterhalten, wenn wir im Betrieb mit Kollegen umgehen und wenn wir als Verbraucher in den Marktprozeß eingreifen. Habermas hat hierfür den Begriff des »kommunikativen Handelns« i.e.S. geprägt.[654] Wohlrapp spricht vom »Meinungsaustausch«, mit dem mannigfaltige Ziele verbunden werden können, der aber jeweils durch subjektive Interessenlagen geprägt bleibt.[655] Wir schlagen vor, an dieser Stelle von *situationsverhafteten Kommunikationssequenzen* zu sprechen.[656] Es handelt sich

654 Vgl. Habermas 1971, 114 ff., dort in Abgrenzung zum »Diskurs«, sowie ders. 1987a, S. 25 ff.
655 Vgl. Wohlrapp 1995b, S. 398 f.
656 In Anlehnung an die konstruktive Argumentationstheorie von Berk 1979, S. 40 ff.

um primärpraktische Interaktionen auf der Ebene des selbstverständlichen und unproblematischen Könnens, die gewohnheitsmäßige Äußerungen (die Anweisung an einen Mitarbeiter), aber auch genau reflektierte Handlungen (in Vertragsverhandlungen mit Lieferanten) umfassen.[657]

Wenn primärpraktische Handlungsvollzüge in den meisten Fällen problemlos gelingen, dann bedeutet dies natürlich nicht, daß ein Scheitern prinzipiell ausgeschlossen ist. Die alltägliche Erfahrung lehrt uns vielmehr, daß Selbstverständliches immer wieder einmal in Frage gestellt wird, weil sich Präferenzen ändern oder bislang unbekannte Situationen eintreten. Das Scheitern primärpraktischen Könnens kommt in Kommunikationsprozessen dadurch zum Ausdruck, daß die Gültigkeit einer Äußerung bezweifelt wird. Man mag die Wahrheit einer Behauptung in Frage stellen, an der Richtigkeit einer Aufforderung zweifeln oder schlicht feststellen, daß eine bestimmte Lokution »unverständlich«, d.h. vor dem Hintergrund der üblichen Konventionen nicht zulässig ist. Im Kern wird damit eine *Geltungsfrage* gestellt.[658] Sie kann entweder beigelegt werden, z.B. indem man sie übergeht und für irrelevant erklärt, oder aber festgehalten und eigens thematisiert werden. Wenn wir uns in dieser Weise um die Beantwortung der Geltungsfrage bemühen und das bisherige Handeln zum Gegenstand der Kommunikation machen, dann bedeutet dies, daß die primärpraktische Ebene verlassen und eine theoretische Reflexion angestoßen wird. Wir *distanzieren* uns von den nichtkommunikativen Handlungsbezügen und konzentrieren uns in reflektierenden Handlungen, namentlich im Denken und im intersubjektiven Gespräch, auf die Klärung der Geltungsfrage.[659] Diese Aufgabenstellung ist konstitutiv für die Wissenschaften, denen es stets um die Beantwortung situationsübergreifender Probleme geht. Sie betrifft aber auch den Praktiker, der immer wieder bemüht sein muß, sich die (problematischen) Annahmen seines Handelns zu vergewissern.[660] In jedem Fall bleibt die Reflexion auf Kommunikation angewiesen;[661] instrumentelle und symbolsystemische Interaktionen greifen hier zu kurz. Wir schlagen vor, an dieser Stelle von *situationsdistanzierten Kommunikationssequenzen* zu sprechen,[662] in denen Wissen gebildet und geprüft werden soll. Dies setzt natürlich eine gemeinsame Basis kulturell tradierter und erarbeiteter Strukturen (z.B. der Alltagssprache, des galileischen Weltbildes) voraus, die selbst nicht mehr hinterfragt werden.[663] Wenn es (z.B. im interkulturellen Kontext oder bei inkommensurablen Ausgangspositionen) an einer solchen Grundlage mangelt, ist wiederum ein Rekurs auf das gemeinsame Handeln notwendig, in dem neue

657 Vgl. hierzu unsere handlungstheoretischen Überlegungen auf S. 90 ff.

658 Vgl. nachfolgend Wohlrapp 1995b, S. 399.

659 Vgl. Lueken 1996, S. 66 ff., grundlegend auch Schnädelbach 1977, S. 137 ff.

660 Vgl. oben S. 90 ff.

661 Vgl. Habermas 1971, S. 114 f., Lueken 1992, insbes. S. 285, und oben S. 95 ff.

662 Wohlrapp 1995b, S. 398 spricht hier vom „thetischen Reden", Habermas (1971, S. 115, 1976, 1987a) vom „Diskurs". Dieser Übergang wird verschiedentlich auch im organisationstheoretischen Kontext thematisiert; vgl. Isaac 1993, Schein 1993, Sandner/Meyer 1994, S. 193.

663 Vgl. Wohlrapp 1995b, S. 404.

Orientierungsmuster aufgebaut werden können – damit schließt sich der Kreis von (kommunikativem) Handeln und struktureller Prägung.[664]

In situationsdistanzierten Kommunikationssequenzen können die Beteiligten nicht nur kommunikativ geäußerte Geltungsansprüche, sondern auch die Gültigkeit der Kommunikation selbst thematisieren. Im ersten Fall wäre an bestimmte Forderungen Egos zu denken, deren Inhalte oder Legitimationsgrundlagen von Alter angezweifelt werden. Der zweite Fall betrifft dagegen Anfragen an den eigentlichen Kommunikationsprozeß, an die Verständlichkeit der Äußerungen oder die Art der angestrebten Zwecke. Die situationsdistanzierte Thematisierung solcher Aspekte wird auch als *Metakommunikation* bezeichnet, als Kommunikation über Kommunikation.[665] Weil es in situationsdistanzierten Kommunikationssequenzen stets um das perlokutionäre Ziel der Geltungsklärung geht, nehmen sie in unserer Kultur eine spezifische Form an, die in der Sprachphilosophie als »Diskurs« oder »Argumentation« bezeichnet wird.[666]

- Der *Diskurs* ist eine kommunikative Handlungssequenz, in der Ego und Alter gemeinsam versuchen, problematisierte Geltungsfragen zu klären. *Geltung* ist dabei keine Eigenschaft, die einer Äußerung quasi ontologisch anhaftet. Sie muß im Zweifelsfall vielmehr immer wieder hergestellt werden,[667] indem die Beteiligten Thesen aufstellen, Begründungen vorbringen und Einwände formulieren.[668] Geltung kann dann als *Einwandfreiheit* definiert werden:[669] Eine Aussage ist wahr, wenn kein kompetenter Akteur einen Einwand gegen sie erhebt, eine Aufforderung ist richtig, wenn kein Betroffener begründet interveniert und eine Äußerung ist verständlich, wenn die Beteiligten gegen die verwendeten Trägerhandlungen keinen Einspruch anmelden. Akzeptanz beruht hier auf der gemeinsamen Einsicht, daß der Geltungsanspruch (derzeit) durch keine weiteren Argumente entkräftet werden kann.[670]

Die praktische Verankerung situationsdistanzierter Kommunikationsprozesse weist darauf hin, daß ihre Inhalte und Verfahrensregeln nicht allgemeingültig beschrieben, sondern nur im konkreten Gebrauch bestimmt werden können. „Praktische Diskurse müssen sich ihre *Inhalte* geben lassen“ [671] (Habermas) – aber sie sind auch auf situativ geeignete *Spielregeln* angewiesen und können

---

664 Vgl. Lueken 1992, S. 279 ff.

665 Vgl. zu diesem Begriff Watzlawick et al. 1990, S. 41 ff. und 55 f., Schnädelbach 1977, S. 135 ff.

666 Vgl. zur Charakterisierung argumentativer Dialoge Lueken 1996, S. 66 ff.

667 Vgl. dezidiert Mittelstraß 1989, S. 308, sowie Kambartel 1995, S. 5.

668 Vgl. zu diesen Grundschritten des Diskurses Wohlrapp 1995a, S. 284 ff., und zu den Mindestanforderungen an den Argumentationsprozeß (ein unvoreingenommenes, zwangloses und von Täuschungen absehendes Vorgehen der Beteiligten) Kambartel 1995, S. 4 f.

669 Vgl. Wohlrapp 1995b, S. 399 f.

670 Es kann also Geltung ohne Akzeptanz geben, wenn ein strittiger Punkt als einwandfrei erkannt wird, aber einzelne Beteiligte (z.B. Fundamentalisten) ihn dennoch nicht akzeptieren. Umgekehrt ist auch Akzeptanz ohne Geltung möglich, wenn Geltungsansprüche beiseite geschoben oder Einwände ignoriert werden. Vgl. Wohlrapp 1995b, S. 400 f.

671 Habermas 1983, S. 113 (Hervorhebung des Verf.).

diese nicht etwa aus den Strukturen der Sprache ableiten, die ja wiederum kulturell (und nicht universell) bestimmt sind. Diskurse sind also keine regelgeleiteten Prozeduren zur Entscheidung zwischen mehr oder weniger festen Positionen, sondern *dynamische Prozesse* der Bildung, Veränderung und Umwandlung von Orientierungen, „in dem neben dem Regelbefolgen auch das Verletzen, Verändern und Erfinden von Regeln seinen Platz hat".[672] Wenn man trotz dieser situativen Bestimmung versuchen will, verschiedene Diskurstypen *exemplarisch* zu erläutern, dann kann man dies einerseits anhand der thematisierten Geltungsfrage und zum anderen hinsichtlich der prinzipiellen Vorgehensweise tun. Das Ergebnis der ersten Unterscheidung haben wir schon angedeutet; wir wollen an dieser Stelle nur noch die übliche Terminologie ergänzen: Die Wahrheit von Aussagen und die Wirksamkeit zweckrationalen Handelns wird in *theoretischen Diskursen,* die Richtigkeit von Aufforderungen und Normen in *praktischen Diskursen,* die Verständlichkeit symbolischer Äußerungen in *explikativen Diskursen* thematisiert.[673]

Die Frage nach der prinzipiellen Vorgehensweise bezieht sich auf verschiedene Wege, die zum Ziel der Geltungssicherung führen können. Gethmann hat dies am Beispiel praktischer Diskurse untersucht; er unterscheidet die Strategien der Finalisierung, Generalisierung und Universalisierung.[674] In *finalisierenden Diskursen* versuchen die Beteiligten, ihre Zwecke zu explizieren. Einwandfreiheit ist dann herstellbar, wenn man sich darüber im klaren wird, welchem Zweck die problematisierten (Kommunikations-) Handlungen dienen sollten und nach dieser Aufklärung kein Konflikt mehr besteht. In *generalisierenden Diskursen* vergegenwärtigt man sich die jeweiligen Handlungskontexte. Diese Strategie ist erfolgsversprechend, wenn die primärpraktischen Konflikte auf divergierende Situationsdefinitionen zurückzuführen sind. In *universalisierenden Diskursen* geht es schließlich darum, „was jedermann unter den gegebenen Umständen zumutbar wäre".[675] Eine Aufforderung ist also gerecht, wenn sie niemand begründet zurückweisen könnte. Auf die anderen genannten Geltungsansprüche bezogen heißt das: Die Wahrheit einer Aussage ist gegeben, wenn sie niemand begründet ablehnen könnte; eine Äußerung ist verständlich, wenn sie im jeweiligen Kontext von allen kompetenten Akteuren verwendet werden könnte. Diese Diskurstypen, darauf ist nochmals hinzuweisen, sind Elemente *unserer* posttraditionalen Lebenswelt, die zweifelsohne eine Tendenz zur universellen, transsubjektiven Geltungssicherung beinhaltet.[676] Sie haben sich im konkreten Gebrauch bewährt, müssen aber

672 Lueken 1995, S. 372 (im Original teilweise kursiv); der Terminus »Regel« bezieht sich in diesem Zusammenhang auf konkrete Argumentationsregeln und nicht auf generische Schemata. Wir wenden uns hier gegen ein formalpragmatisches Verständnis der Diskursidee, das auf die (kontrafaktische) Verfügbarkeit gemeinsamer Diskursregeln verweist und vom Aufbau neuer Verfahrensschritte absieht; vgl. Kambartel 1974c, S. 19, ders. 1991, Gethmann/Hegselmann 1977, Mittelstraß 1989, Lueken 1992, S. 223 ff., ders. 1995, Wohlrapp 1995a, S. 281, in Abgrenzung zu Apel 1973, Habermas 1976 und 1987a, S. 15 ff, Kopperschmidt 1973, 1989, 1995.

673 Vgl. Habermas 1987a, S. 25 ff, Berk 1979, S. 31 ff., Lorenzen 1987, S. 248 f.

674 Vgl. Gethmann 1982, S. 123 ff., und ders. 1992, S. 165 f.

675 Gethmann 1992, S. 166.

676 Vgl. Kambartel 1992b, insbes. S. 275 f.

angesichts neuer Problemlagen immer wieder abgewandelt, variiert und ergänzt werden.

Was folgt aus diesen Überlegungen für das Handeln eines *Kommunikators,* der die Absichten oder die Situation eines anderen Akteurs qua Kommunikation beeinflussen will? Die Beantwortung dieser Frage macht es erforderlich, daß wir den Blick nicht länger auf den gesamten Kommunikationsprozeß, sondern auf den einzelnen Akteur richten, der – z.B. als PR-Beauftragter eines Unternehmens – Verhandlungen, Beratungen und Diskurse initiiert oder auf Anregung anderer in sie eintritt. Aus Sicht des Kommunikators unterscheiden sich die skizzierten Kommunikationssequenzen primär durch die Art der Einflußnahme, die er durch seine Mitteilungshandlungen ausübt bzw. ausüben will. Wir schlagen vor, diesen Einflußmodus als *Kommunikationsstil* zu bezeichnen.[677] Der Kommunikationsstil orientiert sich an der jeweiligen Akzeptanzgrundlage; er bringt zum Ausdruck, *wie* Ego Alter beeinflussen will. Wie wir im folgenden sehen werden, lassen sich im Prinzip zwei idealtypische Einflußarten unterscheiden: *Persuasion* und *Argumentation.* Ein dritter, derivater Kommunikationsstil wäre die *Information*; er soll in einem nachfolgenden Schritt rekonstruiert werden. In methodischer Hinsicht handelt es sich hierbei um *regulative Leitideen*, die einander analytisch ausschließen, aber in der konkreten Interaktion durchaus vermischt werden können.[678] Mit der Unterscheidung von Persuasion und Argumentation präzisieren wir die lebenspraktisch schon immer erfahrbare Unterscheidung von appellierender und argumentativer Rede;[679] wir bringen zum Ausdruck, ob der Kommunikator mit machtinduzierter Rhetorik überreden oder in konsensorientierter Kommunikation überzeugen will.[680] Durch diesen Rekurs auf die Einstellungen des Kommunikators wird es möglich, verschiedene Kommunikationssequenzen nicht nur anhand des normativen Kontexts (insbesondere der Beziehung zwischen den Beteiligten), der bestimmte Akzeptanzgrundlagen begründet, sondern auch im Hinblick auf das spezifische Zusammenspiel und die jeweilige Ausprägung der beiden Stile voneinander abzugrenzen. In Beratungen und Diskursen orientieren sich die Beteiligten am Leitbild der Argumentation. In Verhandlungen setzt man übereinstimmend auf persuasive Muster. Manipulative Kommunikationssequenzen (z.B. Propaganda) können dagegen nur gelingen, wenn Ego seine persuasive Absicht verschleiert und Alter im Glauben gelassen wird, daß er überzeugt werden soll.

Ein *argumentativer Kommunikationsstil* verweist auf eine charakteristische Art der Einflußnahme, die man als »Ermöglichung begründeter Einsicht« bezeichnen kann. Die Beteiligten sollen in die Lage versetzt werden, die Wahrheit einer Behauptung oder die Berechtigung einer Forderung zu prüfen und einzu-

677 Vgl. nachfolgend bereits Zerfaß 1993, S. 134 ff., und Steinmann/Zerfaß 1995, S. 26 ff.
678 Vgl. Kuhlmann 1993, S. 49; grundlegend auch Gerum 1981, S. 132 ff.
679 Vgl. Zerfaß 1993, S. 135, Steinmann/Zerfaß 1995, S. 27 f.; zur lebenspraktischen Fundierung dieser Unterscheidung genauer Lorenzen 1978b, S. 50 ff., ders. 1985, S. 160 ff.
680 Vgl. zum Begriffspaar Überreden / Überzeugen Kambartel 1982, S. 44, Kuhlmann 1993, 1994; zur Abgrenzung von Rhetorik und Konsensorientierung Lorenzen 1980, S. 76, Weiser 1988.

sehen.[681] Weil strittige Punkte gemeinsam geklärt werden sollen, zählt aus der Perspektive des Kommunikators nur die völlig freie, auf eigene Einsicht zurückgehende Überzeugung des Rezipienten. Damit wird deutlich, daß das Argumentieren durch eine geradezu paradoxe perlokutionäre Struktur gekennzeichnet ist: Der Kommunikator will sein Gegenüber so *beeinflussen*, daß dieser in der Folge möglichst autonom und *unbeeinflußt* handeln und entscheiden kann.[682] Die primäre Intention des Kommunikators richtet sich also nicht auf ein subjektiv festgelegtes Ziel, sondern darauf, daß der Rezipient veranlaßt wird, in einen *gemeinsamen* Prozeß der Problemlösung einzutreten. Angestrebt wird letztlich ein Konsens im Sinne einer gemeinsamen, auf Gründen beruhenden Zustimmung, Ablehnung oder Feststellung, daß die thematisierte Frage (derzeit) nicht geklärt werden kann.[683] Die Möglichkeit des »non liquet«, d.h. der gemeinsam begründeten Enthaltung von einem Urteil, verweist darauf, daß eine übereinstimmende Problemlösung angestrebt, aber selbstverständlich nicht in jedem Fall erreicht werden kann. Ein argumentativer Kommunikationsstil kann jedenfalls dazu beitragen, strittige Punkte und fortbestehende Dissensfelder zu präzisieren.[684] Der Kommunikator kann – und muß – diese prinzipielle Konsensorientierung offenlegen;[685] sie manifestiert sich beispielsweise darin, daß er Gründe vorträgt, Situationsdeutungen erläutert, bestehende Orientierungen zur Disposition stellt und auf den Einsatz von Macht verzichtet. Mit einem solchen Kommunikationsstil sind mindestens drei zentrale Voraussetzungen verbunden: Der Rezipient muß als *Subjekt* betrachtet werden, auch wenn er konträre Wertvorstellungen und Interessen hat. Der Kommunikationsprozeß muß *dialogisch* ausgestaltet werden, um die gegenseitige Präsentation und Prüfung von Gründen zu ermöglichen. Schließlich darf die *emotionale* Dimension der Interaktion nicht ausgeblendet werden, damit ein argumentativer Kommunikationsstil über die Problemlösung hinaus einen Beitrag zur Persönlichkeitsentwicklung leisten kann. Hinter diesem Postulat verbirgt sich These von Giddens, daß die Teilnehmer an Argumentationsprozessen dazu befähigt werden, ihre „Emotionen in positiver Weise zu kanalisieren, um aus Überzeugung zu urteilen statt sich durch Polemik oder emotionale Hetzreden falsche Meinungen zu bilden".[686]

Bei einem *persuasiven Kommunikationsstil* nutzt der Kommunikator dagegen die emotionalen Bindungen und bestehenden Präferenzen des Rezipienten aus,

---

681 Vgl. gleichlautend bereits Zerfaß 1993, S. 135. Zur Struktur der argumentativen Einflußnahme vgl. Kuhlmann 1993, S. 40 ff., Johannesen 1974, S. 96, Kamlah/Lorenzen 1973, S. 117 ff., Kambartel 1974a, S. 66 ff., Lorenzen 1987, S. 249 ff., Habermas 1983, S. 96 ff.

682 Vgl. Johannesen 1974, S. 96, Kuhlmann 1993, S. 42.

683 Vgl. Lorenzen 1980, S. 76 sowie Lueken 1992, S. 219 f., ders. 1996, S. 75 f.

684 Dabei sind zwei Fälle zu unterscheiden. Akzeptanz kommt nicht zustande, wenn es – z.B. im wissenschaftlichen Kontext – prinzipiell an triftigen Argumenten mangelt; vgl. Lorenzen 1980, S. 76. Die fehlende Akzeptanz mag aber auch auf unüberwindbare Interessengegensätze der Beteiligten zurückzuführen sein. Miller (1992) spricht hier von einem *rationalen Dissens*.

685 Vgl. Lueken 1992, S. 233 f., in Abgrenzung zu Habermas (1987a, S. 385 ff.), der eine gemeinsame, begründete Problemlösung nicht als perlokutionäres Handlungsziel anerkennt.

686 Giddens 1992b, S. 186 f. (Übersetzung des Verf.); vgl. auch Myerson 1994, S. 32 f. und S. 65 ff.

um seine eigenen Interessen durchzusetzen.[687] Ein Dialog ist nicht zwingend notwendig, weil die Kommunikationspartner verobjektiviert und für die eigenen Handlungspläne instrumentalisiert werden. Daraus resultiert eine charakteristische Art der Einflußnahme, die man als »Durchsetzung fertiger Problemlösungen« kennzeichnen kann.[688] Der Kommunikator vermeidet das Risiko einer Ablehnung, indem er seine Situationsdeutungen, Behauptungen und Wertungen nicht als gemeinsam zu prüfende *Vorschläge,* sondern als selbstverständliche und gültige *Tatsachen* präsentiert. Der Witz des Überredens liegt darin, „daß suggeriert oder der Anschein erweckt wird, die Diskussion – die eigentlich zu führen wäre – sei schon erledigt, die Sache sei klar entschieden, und hier sei nun das schlagende, siegreiche Argument ..., das sich gegen alle anderen durchgesetzt habe".[689] Damit wird deutlich, daß der perlokutionäre Erfolg weiterhin von den Handlungen des Rezipienten abhängt. Auch eine noch so subtile Propaganda und Werbung bleibt darauf angewiesen, daß der Rezipient die angebotenen Situationsdeutungen und Problemlösungen versteht, sie (ohne weitere Thematisierung) akzeptiert und zur Grundlage seines weiteren Handelns macht. Der Manipulator darf seine primäre Intention, die sich auf die Realisierung bestimmter inhaltlicher Ziele (z.B. die Veränderung politischer Einstellungen) richtet, jedoch nicht zu erkennen geben.[690] Für den persuasiv Werbenden gilt dagegen, daß seine Absichten durch einen kulturell verankerten Rahmen definiert und legitimiert sind; in der konkreten Interaktion bleiben sie dennoch im Hintergrund.

Vor dem Hintergrund dieser pragmatischen Unterscheidung von Argumentation und Persuasion stellt sich in einem letzten Schritt die Frage, wie man einen *informativen Kommunikationsstil* rekonstruieren kann. Damit verbinden wir in alltäglichen Handlungszusammenhängen bekanntlich die Vorstellung, daß es dem Kommunikator ausschließlich um die Bedeutungsvermittlung geht. Die bislang als sekundär gekennzeichnete *Verständigung* wird damit zum alleinigen Kommunikationsziel. Durch den »Verzicht auf eine perlokutionäre Einflußnahme« wird die Mitteilung von Sachverhalten, Tatbeständen oder Meinungen quasi zum Selbstzweck.[691] Eine solche Deutung ist offenkundig erklärungsbedürftig. Bislang waren wir ja davon ausgegangen, daß „jeder Kommunikationsversuch wesentlich dadurch bestimmt ist, daß mit ihm auf den Adressaten Einfluß ausgeübt werden soll, sei es in seinen Gedanken, Gefühlen oder Handlungen".[692] Diese Auffassung ist selbstverständlich aufrechtzuerhalten, wenn wir kommunikative Äußerungen als Handlungen und Handlungen als absichtsgeleitetes Tun begreifen wollen. Eine solche handlungstheoretische Sichtweise ist sogar der entscheidende Schlüssel, der uns eine Präzisierung der alltäglichen Rede von einem »gelungenen Informationsaustausch« und einem

687 Vgl. Kuhlmann 1993, S. 47; zur Persuasion auch ders. 1994, Johannesen 1974, S. 96.
688 In Anlehnung an Kuhlmann 1993, S. 49.
689 Kuhlmann 1993, S. 51.
690 Vgl. Harras 1983, S. 160 ff., Holly 1987, S. 144.
691 Vgl. bereits Zerfaß 1993, S. 135 f., Steinmann/Zerfaß 1995, S. 28 f.
692 Harras 1983, S. 170.

»informativen Kommunikationsstil« ermöglicht. Dabei müssen wir grundsätzlich zwei Fälle unterscheiden.

Der erste Fall betrifft die *Kennzeichnung einer gelungenen Bedeutungsvermittlung.* Wenn man hier von einer »Informationsübermittlung« spricht, dann verweist man schlicht auf die *Voraussetzung* jeglicher argumentativen oder persuasiven Einflußnahme.[693] Daraus folgt, daß sich der Kommunikator stets *auch* eines informativen Stils i.w.S. befleißigen muß. Ferner mag sich *ex post* herausstellen, daß nur das Ziel der Bedeutungsvermittlung, nicht aber die angestrebte Einflußnahme erreicht wurde – der Rezipient kann eine Mitteilungshandlung ja verstehen, ohne sie zu akzeptieren bzw. zur Grundlage seines weiteren Handelns zu machen.[694] Man wird dann zu Recht sagen, daß ein Informationsaustausch ohne perlokutionäre Beeinflussung stattgefunden hat. Der zweite Fall betrifft die *Kennzeichnung einer Kommunikatoreinstellung,* die bereits *ex ante* durch die Beschränkung auf eine Bedeutungsvermittlung gekennzeichnet ist. Eine solche Einstellung schreibt man beispielsweise denjenigen PR-Praktikern zu, die ihre Aufgabe darin sehen, „relativ objektive Informationen durch die Massenmedien und kontrollierte Medien wie Rundschreiben, Broschüren und Briefe zu verbreiten".[695] Offenkundig verändert eine gelungene Bedeutungsvermittlung jedoch stets das kognitive Wissen des Rezipienten, so daß man im Prinzip immer mit perlokutionären Wirkungen rechnen muß. Es mag jedoch sein, daß sich der Kommunikator diese Folgen ex ante nicht vergegenwärtigt oder vergegenwärtigen kann. Dies betrifft zunächst *routinisierte Kommunikationshandlungen,* bei denen die beabsichtigte Einflußnahme prima facie im Verborgenen bleibt.[696] Ein Beispiel wäre ein Gespräch, in dem man einen Kollegen beiläufig über einen Kundenbesuch »informiert«, ohne damit konkrete Aufforderungen, Fragen o.ä. zu verbinden. Man könnte meinen, daß hier nichts weiter beabsichtigt wird, als daß der Adressat zuhört und versteht. Unsere eigentliche Intention wird uns aber immer dann klar, wenn sie *nicht* verwirklicht wurde, wenn der Kollege es beispielsweise bei künftigen Kontakten mit dem betreffenden Kunden versäumt, unsere Hinweise auf dessen Probleme und Präferenzen zu berücksichtigen. Dann wird deutlich, daß unsere persuasive Einflußnahme gescheitert ist, und wir müssen gegebenfalls einen weiteren (diskursiven) Kommunikationsprozeß initiieren, um den Kollegen von der Triftigkeit unserer Einschätzung zu überzeugen. Der informative Kommunikationsstil verweist aus dieser Perspektive auf ein Gewohnheitshandeln, bei dem die Einflußnahme weitgehend unbewußt angestrebt wird.[697]

---

693 Vgl. auch Zerfaß/Scherer 1995, S. 509, Anmerkung 80. Damit wird zugleich deutlich, daß »Information« kein *Naturgegenstand* ist, der unabhängig von den Akteuren existiert und wie ein Objekt transferiert werden kann. Die Grundlage des Informationsbegriffs sind vielmehr kommunikative *Handlungen* kompetenter Akteure; vgl. Janich 1992b.

694 Vgl. Kamlah 1973, S. 98.

695 J.E. Grunig 1992a, S. 18 (Übersetzung des Verf.) kennzeichnet mit diesen Worten ein empirisch relevantes Handlungsmuster in der PR-Praxis, die „Informationstätigkeit".

696 Vgl. hierzu Harras 1983, S. 170 f.

697 Vgl. auch die Unterscheidung von Gewohnheitshandeln und reflektiertem Handeln auf S. 90 ff.

Eine völlig eigenständige Bedeutung erlangt der informative Stil nur dann, wenn *adressateninvariante Kommunikationshandlungen* aktualisiert werden.[698] Solche Handlungen sind vor allem im Fernbereich relevant. Sie sind dadurch gekennzeichnet, daß sich der Kommunikator an eine Vielzahl verschiedener Akteure wendet, bei denen die Bedeutungsvermittlung aufgrund divergierender Interessen und Kontextbedingungen zu einer *unterschiedlichen* Art der Einflußnahme führt. Ein Beispiel wäre eine Pressemeldung über die Einführung eines umweltfreundlichen Waschmittels, die in Konsumentenkreisen zu Recht als persuasive Mitteilung (Kaufappell) verstanden wird, von Umweltschutzgruppen jedoch als Argument im anhaltenden Diskurs über die ökologische Verantwortung der chemischen Industrie aufgefaßt werden soll. Hier kann man von einem informativen Kommunikationsstil i.e.S. sprechen, weil die Bedeutungsvermittlung im Vordergrund steht und *verschiedene* perlokutionäre Ziele angestrebt werden. Dem Kommunikator geht es streng genommen zwar nicht nur um die Bedeutungsvermittlung; aufgrund der Heterogenität des Adressatenkreises kann er die beabsichtigten Folgen seines Handelns jedoch nicht auf einen Nenner bringen. Im Umkehrschluß bedeutet dies, das ein informativer Kommunikationsstil entweder auf eine unpräzise Adressaten- bzw. Zielgruppenbestimmung hinweist oder aber ein Indiz für eine Vorgehensweise ist, mit der situativ unterschiedliche Intentionen verwirklicht werden sollen. Der informative Kommunikationsstil kann insofern als *derivativ* bezeichnet werden; er ist einerseits Bestandteil und andererseits abgeleitete Variante einer argumentativen oder persuasiven Einflußnahme.

| | *Argumentation* | *Persuasion* | *Information* |
|---|---|---|---|
| *Art der Einflußnahme* | »Ermöglichung begründeter Einsicht« | »Durchsetzung fertiger Problemlösungen« | unbewußt oder ambivalent |
| *Primäres (perlokutionäres) Kommunikationsziel* | Initiierung eines gemeinsamen Problemlösungsprozesses | Realisierung subjektiv festgelegter, inhaltlicher Ziele | unbewußt oder ambivalent |
| *Sekundäres Kommunikationsziel* | Verständigung | Verständigung | Verständigung (erscheint als primäres Kommunikationsziel) |

*Tab. 3: Prinzipielle Kommunikationsstile*

Zusammenfassend zeigt sich, daß sich die Vielzahl kulturell bestimmter Kommunikationssequenzen auf *drei prinzipielle Kommunikationsstile* zurück-

698 Vgl. Janich 1992b, S. 151 ff.

führen läßt, an denen sich das konkrete Handeln des Kommunikators orientieren muß (vgl. Tab. 3). Mit der argumentativen, persuasiven und informativen Einstellung haben wir die Grundlagen eines *situativen Kommunikationsverständnisses* herausgearbeitet, das wir im Verlauf dieser Untersuchung Kapiteln auf betriebswirtschaftliche Fragestellungen anwenden wollen.

#### 4.1.2.2 Kommunikative Kompetenz

Als *kommunikative Kompetenz* bezeichnen wir die Fähigkeit, situativ geeignete Kommunikationsschemata zu aktualisieren.[699] Diese Fähigkeit verweist auf *kommunikative Ressourcen,* die zusammen mit den skizzierten Regeln des kommunikativen Handelns rekursiv organisierte *Kommunikationsstrukturen* bilden. Strukturen prägen und ermöglichen unser Zusammenleben; sie werden in der variierenden Anwendung zugleich reproduziert und verändert. Der Kompetenzaspekt bringt dabei zum Ausdruck, daß man ein Handlungsschema einerseits verstehen muß und andererseits in der Lage sein muß, es ganz konkret umzusetzen.[700]

*Allokative Kommunikationsressourcen* umfassen die materiellen Voraussetzungen von Mitteilungs- und Verstehenshandlungen. Bei personalen Kommunikationsprozessen wäre hier insbesondere an körperliche Fähigkeiten bzw. Gebrechen (Atemtechnik, Sprachfehler) zu denken. Durch diese physiologischen Aspekte wird die individuelle Artikulationskompetenz gefördert oder eingeschränkt; hier setzen verschiedene therapeutische Maßnahmen (z.B. logopädische Schulungen) an. In betriebswirtschaftlichen Zusammenhängen spielt die Auseinandersetzung mit diesen elementaren Fähigkeiten jedoch eine untergeordnete Rolle; dort kann man im allgemeinen davon ausgehen, daß alle beteiligten Akteure sprechen und zuhören können. Wenn es um mediale Kommunikationssequenzen geht, stellt sich die Sache allerdings anders dar. Hier kommt der Verteilung der allokativen Ressourcen eine weitaus größere Bedeutung zu, weil mediale und massenmediale Kommunikationshandlungen einen erheblichen technischen Aufwand erfordern. Die Frage, ob die notwendigen Mittel zur Produktion, zur Vermittlung und zum Empfang medialer Botschaften (Druckmaschinen, Sendeanlagen, Kommunikationsnetze, Empfangseinrichtungen für Rundfunk- und Fernsehsendungen) allgemein zugänglich sind oder bestimmten, politisch oder ökonomisch potenten Akteuren zur Verfügung stehen, muß relativ zu bestimmten historischen und kulturellen Kontexten beantwortet werden. In unseren okzidentalen Lebensformen zeichnet sich seit geraumer Zeit eine Entwicklung ab, die man mit den Schlagworten »Steigerung der Artikulations- und Rezeptionskompetenz« und »Konzentration der Vermittlungskompetenz« umschreiben kann. Einerseits verfügen immer mehr Akteure über die unmittelbaren materiellen Grundlagen der medialen Kommunikation; die sogenannten neuen Medien (Telefax, CD-ROM, E-Mail)

699 Im Gegensatz zu Habermas (1971) beschränken wir den Kompetenzbegriff weder auf sprachliche Handlungen noch auf universelle, kontrafaktische Unterstellungen der beteiligten Akteure.

700 Vgl. oben S. 100 ff.

wurden beispielsweise in sehr kurzer Zeit für breite Bevölkerungsschichten verfügbar. Zu knappen, weil tendenziell immer aufwendigeren Ressourcen sind dagegen diejenigen Güter geworden, die zur Vermittlung medialer Kommunikationsprozesse benötigt werden. Im Bereich der Medienorganisationen und Netzbetreiber ist trotz vielfältiger Dezentralisierungsbemühungen ein langfristiger Trend zur Globalisierung und Konzentration unverkennbar. Dies ist nicht zuletzt für Unternehmen relevant, die im Rahmen ihrer Kommunikationspolitik häufig auf entsprechende Dienstleistungen zurückgreifen müssen.

Man erkennt hier unschwer die Ansatzpunkte für eine Diskussion um die gesellschaftliche Verteilung allokativer Kommunikationsressourcen. Eine solche Debatte, die ihre Vorläufer in den medienkritischen Ansätzen der Massenkommunikationsforschung hat,[701] verweist nicht nur auf materielle Fragen, sondern auch auf gesellschaftliche Organisationsformen (z.B. Arbeitszeiten, Familienbeziehungen), durch die unsere Kommunikationsbedürfnisse und -formen maßgeblich beeinflußt werden. Damit wird bereits ein wichtiger Teilbereich der nichtmateriellen, *autoritativen Kommunikationsressourcen* im Sinne von Giddens angesprochen. Dieser Ressourcenkomplex umfaßt ferner die sozialen Fertigkeiten, durch die wir in die Lage versetzt werden, situativ geeignete Kommunikationsschemata zu aktualisieren. Wenn individuelle und organisationsbezogene Kommunikationskompetenzen analysiert und verbessert werden sollen, richtet sich das Augenmerk meistens auf diese Fertigkeiten. Zur Systematisierung bietet es sich an, die aktive Kommunikationskompetenz von der Wahrnehmungskompetenz und Kooperationskompetenz zu unterscheiden.[702] Es handelt sich dabei um Fähigkeitskomplexe, die auf verschiedene Anforderungen verweisen und durch spezifische Qualifikationsmaßnahmen gefördert werden können.

Die *aktive Kommunikationskompetenz* zielt in personalen Handlungszusammenhängen auf den praktischen Gebrauch artikulativer, lokutionärer und illokutionärer Schemata ab. Als kompetente Akteure müssen wir in der Lage sein, Laute, Gesten und propositionale Bezüge, aber auch Fragen und Antworten korrekt zu aktualisieren. Darüber hinaus gilt es, situationsgerechte Kommunikationssequenzen zu initiieren und eine angemessene Art der perlokutionären Einflußnahme anzustreben. Wir müssen beispielsweise erkennen, wann eine Verhandlung so »verfahren« ist, daß es notwendig wird, die aktuellen Fragen zurückzustellen und eine diskursive Metakommunikation in Gang zu bringen. Ein weiterer, vor allem im Fernbereich relevanter Aspekt betrifft den Umgang mit verschiedenen Kommunikationsmedien. Viele Mitteilungshandlungen können nur gelingen, wenn wir einerseits technische Fähigkeiten besitzen, also z.B. ein Faxgerät oder einen Satzcomputer bedienen können, und andererseits über medienspezifische Methodenkompetenzen verfügen. Im Bereich der Unternehmenskommunikation wäre hier beispielsweise an die Beherrschung journalistischer Sprachformen und Gestaltungstechniken zu denken.[703] Diese

701 Vgl. zu einer exemplarischen Skizze solcher Ansätze Burkart 1995c, S. 479 ff.
702 Vgl. zu der hier vorgeschlagenen Unterscheidung bereits Zerfaß 1994c, S. 303.
703 Vgl. hierzu die Beiträge in Pürer 1991.

Facetten der aktiven Kommunikationskompetenz können vor dem Hintergrund einer situationsspezifischen Anforderungsanalyse systematisch gefördert werden. Im Kern geht es dabei stets um die Vermittlung methodischer Fertigkeiten, bei der man z.B. auf sozialpsychologische, argumentationstheoretische, sprechwissenschaftliche und medienpädagogische Erkenntnisse zurückgreifen kann.[704] Im angloamerikanischen Raum wird diese Thematik vor allem unter dem Stichwort »Business Communication« verhandelt.[705] Hier setzen praktische Trainingsprogramme an, die Kenntnisse in Rhetorik, Schreibstil, Moderationsformen oder Softwarenutzung vermitteln sollen.[706] Vielerorts werden selbst argumentative Vorgehensweisen systematisch eingeübt, wenngleich sich solche offenen Kommunikationssequenzen nur beschränkt in Lernsituationen abbilden lassen.

Die Kehrseite der aktiven Kommunikationskompetenz ist die *Wahrnehmungskompetenz.* Sie betrifft die Fähigkeit, situativ geeignete Verstehenshandlungen zu aktualisieren. Im persönlichen Gespräch geht es beispielsweise darum, emotionale Äußerungen von Sachargumenten zu unterscheiden und bewußt zuzuhören.[707] In (massen)medial vermittelten Kommunikationsprozessen ist zudem technisches und methodisches Können gefragt. Der Rezipient muß einerseits in der Lage sein, Empfangs- und Wiedergabegeräte (Fernseher, CD-i-Spieler) zu bedienen. Zum anderen müssen die gesendeten bzw. gespeicherten Äußerungen – wir haben hier von »Marken« gesprochen – in vielen Fällen selektiert und aktiv erschlossen werden (Programmwahl, Datenbankrecherchen). Damit wird erneut deutlich, daß der Erfolg konkreter Kommunikationsprozesse stets von den Handlungen der Kommunikatoren *und* Rezipienten abhängt. Die Unternehmenskommunikation bleibt deshalb aufgefordert, die faktische Wahrnehmungskompetenz ihrer Adressaten und Zielgruppen zu analysieren und sie, soweit dies sinnvoll und möglich ist (z.B. im innerbetrieblichen Bereich), durch geeignete Trainingsmaßnahmen zu fördern. Da es hierbei um konventionell geregelte Fähigkeiten geht, nehmen entsprechende Qualifikationsbemühungen vorrangig die Gestalt einer Methodenvermittlung an.

Demgegenüber läßt sich der dritte Kernbereich, die *Kooperationskompetenz,* als die Fähigkeit rekonstruieren, eine gemeinsame Kommunikationspraxis *herzustellen.* Sie umfaßt im Nahbereich das Eingehen auf den Partner und dessen Sprachhorizont, im Fernbereich die bewußte Rückkopplung (massen)medialer Kommunikationsprozesse an persönliche Interaktionen. Erfahrungsgemäß scheitern Kommunikationsprozesse ja häufig deshalb, weil es es uns an gemeinsamen Regeln mangelt. Dies ist z.B. dann der Fall, wenn Unternehmen und Kritikergruppen »eine andere Sprache sprechen«, wenn rationaler Sprach-

---

704 Vgl. aus *sozialpsychologischer* Sicht Schulz von Thun 1981, Blickle 1994, zur *Argumentationstheorie* Kopperschmidt 1973 und 1989, van Eemeren/Grootendorst 1992, Wohlrapp 1995d, und zu den *sprechwissenschaftlichen* Ansätzen Geissner 1982, Roß 1994, Bartsch 1994, zur Medienerziehung als Teil der *Medienpädagogik* Hiegemann/Swoboda 1994.

705 Diese Forschungsrichtung beschäftigt sich mit der Gestaltung schriftlicher und mündlicher Kommunikationshandlungen in Unternehmen; vgl. die Abgrenzung von Shelby 1993.

706 Vgl. z.B. Fittkau et al. 1989, Merk 1993.

707 Vgl. zum effektiven Zuhören z.B. Gibson/Hodgetts 1991, S. 57 ff.

gebrauch und emotionale Kommunikationsformen aufeinandertreffen. Die Ambiguität von Mitteilungs- und Verstehenshandlungen läßt sich hier nicht mehr durch den Verweis auf konventionelle Schemata vermeiden. Kommunikator und Rezipient bleiben vielmehr darauf angewiesen, sich das entsprechende Können und Orientierungswissen im gemeinsamen Handlungsvollzug aufzubauen. Dazu ist es notwendig, daß die Beteiligten miteinander kooperieren. Sie müssen beispielsweise versuchen, symbolische Äußerungen durch die Einbettung in alltägliche Handlungskontexte mit propositionalen und illokutionären Bedeutungen zu versehen. Sie können sich ferner bemühen, situativ angemessene Kommunikationssequenzen einzuüben. Auf der Grundlage solcher Lernprozesse ist es möglich, ein gemeinsames Können zu erwerben, das sich im Sinne unserer sozialtheoretischen Überlegungen strukturell verfestigen und künftige Interaktionen anleiten kann. Selbstverständlich kann auch die Kooperationskompetenz trainiert werden. Dabei wäre einerseits an allgemeine Maßnahmen zur Förderung der Teamfähigkeit zu denken, die eine unabdingbare Voraussetzung für die Überwindung lebensformspezifischer Kommunikationshorizonte ist. Andererseits kann der kooperative Aufbau gemeinsamer Kommunikationsstrukturen in Ansätzen selbst eingeübt werden. Einen Ansatzpunkt bietet beispielsweise das Konzept der Situationsinszenierungen von Lueken,[708] über dessen Abbildung in konkreten Qualifikationsmaßnahmen noch nachzudenken wäre.

Zusammenfassend kann festgehalten werden, daß unser sozialtheoretischer Bezugsrahmen eine differenzierte Analyse kommunikativer Handlungszusammenhänge ermöglicht. Die Mehrdimensionalität der Kommunikation, die bereits in der klassischen Unterscheidung von »langue« und »parole« zum Ausdruck kommt, kann letztlich als Verschränkung von situativ eingebetteten Kommunikationshandlungen und strukturellen Schemata bzw. Kompetenzen rekonstruiert werden. Wir haben versucht, diese Strukturen in Ansätzen inhaltlich zu erläutern, wohl wissend, daß sich diese Skizze auf unseren okzidentalen Kulturkreis beschränken muß, weil andere Lebensformen durch andere Kommunikationsregeln gekennzeichnet sind.

## 4.2 Organisationsformen und Sphären des kommunikativen Handelns

Der Hinweis auf die strukturellen Grundlagen des kommunikativen Handelns hat deutlich gemacht, daß Kommunikationsprozesse stets in einen sozialen *Kontext* eingebettet sind. Dieser Terminus verweist nicht nur auf allgemeine Regeln und Ressourcen, sondern auch auf konkrete *Kommunikationssituationen*, auf bestimmte Konstellationen von Personen, Gegenständen, Beziehungen und Interessenlagen, die verschiedene Zustände der Welt charakterisie-

---

708 Vgl. Lueken 1992, S. 288 ff. Lueken stellt mit dem »Freien Austausch« und der »Redeeinführung« zwei primärpraktische Lernsituationen vor, durch deren Inszenierung die Beteiligten die gegenseitige Verständlichkeit ihrer Kommunikationshandlungen sichern können, selbst wenn sie zunächst miteinander unvereinbare (inkommensurable) Positionen vertreten. Vgl. zur Abfolge solcher Lernschritte ferner Wohlrapp 1995c, S. 159 ff.

ren.[709] Solche Situationen werden sowohl durch die Eigenschaften der jeweiligen Akteure (Motivationsstruktur, Sozialisation) als auch durch übergreifende Faktoren (Medienangebot, räumliche Gegebenheiten) beeinflußt.[710] Manche Situationen wecken den Wunsch, handelnd in den Lauf der Dinge einzugreifen. Sie sind insofern ein Anlaß für konkrete Kommunikationshandlungen. Andererseits werden diese Handlungen durch situativ gegebene Handlungsspielräume und Interpretationsmuster beeinflußt, so daß Kommunikationssituationen vor allem als konkrete Rahmenbedingungen der Verständigung und Einflußnahme zu interpretieren sind.

Zentrale Bestandteile dieses Rahmens sind die handlungsprägenden *Sphären und Systeme des sozialen Lebens,* mit denen wir uns bereits im sozialtheoretischen Zusammenhang auseinandergesetzt haben. Im folgenden wollen wir die kommunikationstheoretischen Implikationen dieser Kontextelemente herausarbeiten, indem wir zunächst das Verhältnis von Kommunikationskulturen und ausdifferenzierten Handlungsfeldern bzw. -foren skizzieren (4.2.1) und dann näher auf die prinzipiellen Merkmale von sinnstiftenden Arenen (4.2.2) und systemischen Manifestationen (4.2.3) der Kommunikation eingehen.

### *4.2.1 Zum Verhältnis von Kommunikationssphären und -systemen*

In einem ersten Schritt geht es uns darum, einige sozialtheoretische Grundbegriffe zu rekapitulieren und auf kommunikative Fragestellungen anzuwenden. Als *Kultur* oder Lebensform haben wir die Gesamtheit struktureller Regeln und Ressourcen bezeichnet, die eine bestimmte Praxis kennzeichnet.[711] Eine *Kommunikationskultur* ist dann ein Ensemble *symbolischer* Orientierungsmuster, das konkrete Lebensverhältnisse prägt und dort in der täglichen Anwendung reproduziert und modifiziert wird. Sie kann einerseits von anderen Strukturkomplexen (Wertvorstellungen, Umgangsformen) des gleichen Kulturkreises abgegrenzt werden, markiert in ihrer jeweiligen Konstellation aber zugleich die Trennlinie zu anderen Kulturen (Okzident vs. Orient) oder Subkulturen (Kleinbürgertum vs. neue Linke). Innerhalb einer konkreten *Gesellschaft,* die eine Gesamtheit raum-zeitlich verfestigter Interaktionsmuster mit territorialer und rechtlich-politischer Abgrenzung umfaßt, finden sich im allgemeinen mehrere Lebensformen und Kommunikationskulturen. Dennoch wird man häufig einen Kernbereich nationaler Kommunikationsformen identifizieren können, der sich sowohl an Sprachstrukturen (Hochdeutsch, Oxford English) als auch an typischen Interaktionsformen (europäische vs. japanische Verhandlungsweisen) festmachen läßt.

Innerhalb einer Gesellschaft können wir verschiedene, zueinander querliegende Strukturkomplexe unterscheiden, die das konkrete Handeln in sozialen Zusammenhängen prägen, teilweise aber auch selbst Handlungspotenz erlangen und verschiedene Gesellschaften umspannen: Systeme und Sphären.

---

709 Vgl. oben S. 86.

710 Vgl. zu diesem Verständnis der Kommunikationssituation Fritz 1991.

711 Vgl. oben S. 104 f.

Die soziologische Analyse moderner Gesellschaften verweist zunächst auf die Existenz verschiedener Handlungsfelder oder *Sphären*, die durch unterschiedliche Sinnbezüge und Rationalitätsvorstellungen gekennzeichnet und teilweise funktional spezialisiert sind.[712] Beispiele sind Wirtschaft, Kunst, Religion, die Wissenschaft und das Familienleben. Weil diese Sphären einen Orientierungsrahmen für konkrete Handlungen bereitstellen, werden sie zum zentralen Bezugspunkt der kommunikativen Verständigung und Einflußnahme. Mit dem Begriff der *Öffentlichkeit* oder *Kommunikationsarena* wollen wir diesen Aspekt gesellschaftlicher Handlungsfelder betonen. Sphären konstituieren nicht nur materielle Bereiche der wirtschaftlichen Bedürfnisbefriedigung oder des künstlerischen Ausdrucks, sondern auch soziale Räume der Kommunikation über ökonomische und expressiv-ästhetische Fragen. Öffentlichkeiten bilden zugleich einen Horizont und ein Reservoir für kommunikative Interaktionsprozesse.

Als *Systeme* haben wir raumzeitlich verfestigte Interaktionsmuster bezeichnet, die auf einer konkreteren Ebene handlungsprägend und teilweise sogar handlungsfähig werden.[713] Beispiele wären flüchtige, aber kulturell vorstrukturierte Interaktionen zwischen Anwesenden, dauerhafte Organisationen, imaginierte Gemeinschaften und soziale Netzwerke. Aus der Perspektive der Kommunikationstheorie sind Systeme in zweifacher Hinsicht relevant. In dem Ausmaß, in dem Systeme (z.B. Unternehmen) dauerhafte Rollenerwartungen und Wertorientierungen definieren, können sie sphärenspezifische Rationalitätsvorstellungen konkretisieren und somit selbst zu Arenen des kommunikativen Handelns werden. Dies ist beispielsweise dort der Fall, wo das ökonomische Leitbild der Nutzenmaximierung in unternehmens- oder abteilungsspezifische Orientierungen übersetzt wird. Insofern werden wir nicht nur von wissenschaftlichen und künstlerischen Öffentlichkeiten, sondern beispielsweise auch von einer Branchen- oder Betriebsöffentlichkeit sprechen.

Quer zu diesen Kommunikationsfeldern liegen dann kommunikative Systeme i.e.S., raumzeitlich verfestigte, durch unterschiedliche Reichweite und Verteilung der Kommunikationsrollen gekennzeichnete Kommunikationsstrukturen, die wir als *Teilöffentlichkeiten* bezeichnen wollen.[714] Beispiele für solche Organisationsformen des kommunikativen Handelns, die konkrete Plattformen bzw. *Foren* für individuelle Mitteilungs- und Verstehenshandlungen bereitstellen, sind das Massenmediensystem, mediale Plattformen, Veranstaltungen und dyadische Interaktionen. Diese Teilöffentlichkeiten können verschiedene Sphären überlagern. In einer Tageszeitung finden sich neben politischen und literarischen Mitteilungen und Kommentaren auch Werbeanzeigen, also ökonomische Appelle. Veranstaltungen werden nicht nur von Parteien (Wahlkampf-Kundgebungen), sondern auch von Unternehmen (Tage der offenen Tür) und Wissenschaftlern (Fachkongresse) durchgeführt. Umgekehrt spielen sich wissenschaftliche Kommunikationsprozesse nicht nur auf Tagungen, son-

712 Vgl. oben S. 110 ff.

713 Vgl. oben S. 107 ff.

714 Vgl. zu dieser begrifflichen Abgrenzung bereits Steinmann/Zerfaß 1995, S. 25 f.

dern ebenso in Fachzeitschriften und in Briefwechseln bzw. Telefonaten zwischen einzelnen Forschern ab. Im Zuge einer zunehmenden Herausbildung transnationaler Handlungsfelder (Märkte, scientific communities) und Kommunikationsarenen findet man zwischenzeitlich auch viele Plattformen, die einzelne Gesellschaften übergreifen. Beispiele sind internationale Publikationen und Datennetze, durch die territoriale und politische Kommunikationsschranken ein Stück weit eingeebnet werden. Diese Grundüberlegungen wollen wir im folgenden vertiefen, indem wir uns näher mit den Merkmalen von Öffentlichkeiten und Kommunikationsforen auseinandersetzen.

### *4.2.2 Öffentlichkeiten als Arenen der Kommunikation*

Als *Öffentlichkeiten* oder *Kommunikationsarenen* bezeichnen wir gesellschaftlich ausdifferenzierte Sphären des kommunikativen Handelns, deren Sinnbezüge und Rationalitätsvorstellungen einen Orientierungsrahmen für konkrete Mitteilungs- und Verstehenshandlungen bereitstellen. Diese Begriffsbestimmung verweist auf ein spezifisches Verständnis der »Öffentlichkeit«, eines vieldeutigen Ausdrucks, der gerade in der PR-Theorie immer wieder mißverständlich verwendet wird.[715] Wir wollen kurz auf diese terminologischen Aspekte eingehen, bevor die verschiedenen Merkmale von Kommunikationsarenen erörtert werden.

In den Sozialwissenschaften findet man unzählige Spielarten des *Öffentlichkeitsbegriffs*, der sich auf mindestens drei Kerne zurückführen läßt.[716] Öffentlich im ersten Sinn ist „ein Prädikat, das Angelegenheiten oder Aktivitäten beigelegt wird, die Gegenstand organisierter kollektiver Verantwortlichkeiten und Entscheidungen sind (oder sein sollten)".[717] Die Rede vom »öffentlichen Dienst« und »öffentlichen Unternehmen« verweist auf sozial abgegrenzte Handlungs- bzw. Verantwortungsbereiche, die in der liberalen Tradition dem Staat zugeordnet werden; ihnen stehen private Institutionen und Kompetenzen gegenüber. Das Kollektiv, das in diesem Zusammenhang als Öffentlichkeit bezeichnet wird, ist natürlich die *Gesellschaft* als rechtlich-politisch verfaßte Einheit.[718] Betriebswirtschaftliche Konzeptionen des Unternehmens als »quasi-öffentliche Institution« [719] und Vorschläge zu einer Versöhnung von »privatem Unternehmertum und öffentlichem Interesse« [720] münden deshalb keineswegs in Forderungen nach vermehrter staatlicher Einflußnahme. Sie sind vielmehr Ausfluß einer gesellschaftsorientierten Betriebswirtschaftslehre, in der die liberale Engführung des Öffentlichen auf staatliche Organe zugunsten

715 Vgl. zum Öffentlichkeitsbegriff in der PR-Forschung Schüller 1991, S. 151 ff., Szyszka 1993b.

716 Mit der nachfolgenden Systematisierung fassen wir unsere an anderer Stelle ausgeführten Überlegungen zur methodischen Einführung des Öffentlichkeitsbegriffs zusammen; vgl. Zerfaß 1993. Andere Systematisierungen finden sich z.B. bei Peters 1994, Schüller 1991, S. 153 ff., Noelle-Neumann 1989, S. 88 f., und Martens 1969, S. 43 ff.; vgl. ferner Faulstich 1993.

717 Peters 1994, S. 44. Vgl. zu dieser vornehmlich juristischen Begrifflichkeit auch Martens 1969, S. 81 ff., im betriebswirtschaftlichen Kontext z.B. Dyllick 1989, S. 66 f., Zerfaß 1993, S. 116 f.

718 Vgl. Peters 1994, S. 43.

719 Vgl. zu diesem Terminus P. Ulrich 1977, ähnlich bereits Steinmann 1969.

720 Vgl. den gleichnamigen Aufsatz von Steinmann/Zerfaß 1993b.

eines republikanischen Demokratieverständnisses aufgegeben wird, in dem öffentliche Angelegenheiten auch von einer Vielzahl privater Organisationen und freiwilliger Assoziationen wahrzunehmen sind.[721]

Eine zweite und für unsere Überlegungen zentrale Bedeutung des Attributs »öffentlich« kommt ins Spiel, wenn man Sachverhalte, Ereignisse oder Handlungen kennzeichnen will, die prinzipiell für jedermann zugänglich sind.[722] Der Übergang vom Geheimen und Vertraulichen zum offen Zugänglichen muß häufig explizit hergestellt werden. Dies begründet die normativen Forderungen nach öffentlichen Parlamentssitzungen und Gerichtsverhandlungen, aber auch die gesetzlich verankerte Publizitätspflicht für Großunternehmen, deren Kernaktivitäten für jedermann transparent sein sollen. Das Substantiv »Öffentlichkeit« bezeichnet in diesem Zusammenhang eine *„soziale Handlungssphäre“*,[723] ein „Netzwerk für die Kommunikation von ... Meinungen“,[724] innerhalb derer das Prinzip Öffentlichkeit realisiert werden kann.[725] Unterschiedliche Fassungen der Grundgesamtheit, auf die sich das Merkmal der Zugänglichkeit für »jedermann« bezieht, führen zur Abgrenzung verschiedener Kommunikationsräume.[726] Im Prinzip kann man bereits die Beziehung zwischen zwei Akteuren als dyadische Öffentlichkeit bezeichnen,[727] der Standardfall der gesellschaftspolitischen Öffentlichkeit betrifft alle Mitglieder einer Gesellschaft, und in vielen Fällen mag es sogar sinnvoll sein, sich auf eine Weltöffentlichkeit zu beziehen. Auf diese verschiedenen Sphären wird noch einzugehen sein, wenn wir den von uns vertretenen Begriff der Öffentlichkeit als Kommunikationsarena weiter entfalten.

Zunächst gilt unser Blick einem dritten Verständnis der Öffentlichkeit, das nicht nur im alltäglichen Sprachgebrauch, sondern auch in der PR-Forschung verbreitet ist und in beiden Fällen mehr zur Verwirrung denn zur Strukturierung praktischer Problemlagen beiträgt. Gemeint ist die Gleichsetzung von Öffentlichkeiten und konkreten *Akteuren* des kommunikativen Handelns, die sich beispielsweise in der Redensart widerspiegelt, daß Unternehmen sich mit Pressemeldungen und Anzeigen an »die« Öffentlichkeit wenden. Offenkundig

---

721 Vgl. zu diesem »republikanischen Programm« der Betriebswirtschaftslehre Steinmann/Zerfaß 1993b, Steinmann/Löhr 1995a, Steinmann/Zerfaß 1996.

722 Vgl. z.B. Habermas 1990a, S. 54, Zerfaß 1993, S. 119 f., Peters 1994, S. 44.

723 Peters 1994, S. 44.

724 Habermas 1992, S. 436.

725 Vgl. Gerhards/Neidhardt 1990, S. 15 ff., Rucht 1991, S. 7 f., Habermas 1992, S. 435 ff. und S. 451 ff., Rust 1992, S. 509 f., Zerfaß 1993, S. 121 f., Gerhards 1993, S. 21 ff., Neidhardt 1994a, S. 7 f., Peters 1994, S. 44. Vgl. zur Bestimmung der Öffentlichkeit als sozialer Raum oder Handlungssphäre auch Martens 1969, S. 48 f., und im Kontext der PR-Theorie Barthenheier 1982b, S. 21, Schüller 1991, S. 154.

726 Mit der terminologischen Gleichsetzung von »Raum« mit Öffentlichkeit, Sphäre und Arena nehmen wir eine spezifische Fassung des Raumbegriffs in Anspruch. Wir beziehen uns auf den sozialen Raum, der im Bewußtsein sozialer Akteure verankert ist, den Sinnbezug konkreter Kommunikationshandlungen prägt und als Ergänzung wie als Gegensatz zum physisch vorhandenen Raum zu sehen ist. Vgl. zu diesem Raumbegriff z.B. Rucht 1991, S. 7 f., Bourdieu 1992, S. 138, Ronneberger 1992, S. 348, Kleinsteuber/Rossmann 1994, S. 11 ff.

727 Vgl. Westerbarkey 1991a, S. 26 f.

sind damit keine abstrakten Kommunikationsarenen, sondern nicht näher identifizierte, aber zum Verstehen und Handeln fähige Akteure gemeint. Deswegen schlagen wir vor, hier präziser von den Adressaten bzw. Zielgruppen bestimmter Mitteilungshandlungen zu sprechen.[728] Eine andere Quelle von Mißverständnissen ist der amerikanische Terminus »publics«, der in der PR-Theorie häufig als »Teilöffentlichkeiten« übersetzt wird.[729] Dabei geht es jedoch weder um die anvisierten Zielgruppen der Kommunikation, noch um diejenigen Personen und Gruppen, die bestimmte Kommunikationshandlungen *unabhängig* voneinander rezipieren. Grunig thematisiert in seiner »situational theory of publics« vielmehr jene Rezipienten, die gemeinsame Identitätskerne, Strukturen und Interessen ausbilden.[730] Treffender wäre es also, von konkreten (im Unterschied zu dispersen) Publika bzw. Publikumsgruppen zu sprechen.[731] Diese Hinweise sollen genügen, um die begrifflichen Fallstricke einer Gleichsetzung von Öffentlichkeit mit ihren konkreten Trägern bzw. Akteuren anzudeuten. Im weiteren berufen wir uns deshalb auf den lebenspraktisch fundierten und sozialtheoretisch anschlußfähigen Begriff der Öffentlichkeit als Kommunikationsarena.

Diese Konzeption verweist auf die Existenz einer *Vielzahl verschiedener Öffentlichkeiten,* die ein unterschiedliches Potential an Themenfeldern und Kommunikationsformen aufweisen und unterschiedliche Funktionen erfüllen, aber auf vielfältige Weise miteinander verschränkt bleiben. Die häufig anzutreffende Rede von »der Öffentlichkeit«, mit der vornehmlich die gesamtgesellschaftliche Diskussionsarena gemeint ist, führt demnach in die Irre. Die gesellschaftspolitische Öffentlichkeit ist aus soziologischer Sicht nur eine – wenn auch die wichtigste – Sphäre neben anderen.[732] Andere Beispiele wären die Weltöffentlichkeit, die wissenschaftliche Öffentlichkeit, die Kunstöffentlichkeit, die Marktöffentlichkeit, aber auch verschiedene Branchen- oder Organisationsöffentlichkeiten.[733]

Gemeinsam ist ihnen, daß sie eine Arena für sphärenspezifische Kommunikationshandlungen bilden. Unterschiede ergeben sich hinsichtlich der jeweils beteiligten Akteure, der durchsetzbaren Themen, der vorherrschenden Kommunikationsstrukturen und funktionalen Leistungen.[734]

---

728 Vgl. oben S. 160 f. Diese Terminologie empfiehlt sich u.a., weil sie nahtlos an die betriebswirtschaftliche Rede von verschiedenen *Bezugsgruppen* oder *Anspruchsgruppen* (»Stakeholdern«) der Unternehmung anknüpft; vgl. unten S. 251, Schüller 1991, S. 164 ff., Lewald 1993, S. 172 f.

729 Vgl. z.B. Schüller 1991, S. 154 ff., Signitzer 1988, S. 101 ff., und 1989, S. 31 ff., Stuiber 1992, B. Schulz 1993, S. 17 ff.; unabhängig davon auch Martens 1969, S. 45 und Dahrendorf 1986.

730 Vgl. J.E. Grunig 1979, Grunig/Hunt 1984, S. 143 ff., J.E. Grunig 1989a, Grunig/Repper 1992.

731 Vgl. oben S. 160 ff., im Kontext der PR-Theorie auch Armbrecht 1992, S. 250 ff.

732 Vgl. (in expliziter Abgrenzung zu seinen früheren Überlegungen in Habermas 1990a) Habermas 1990b, S. 15 f., ferner Zerfaß 1993, S. 122 ff., Gerhards 1993, S. 22, Peters 1993, S. 348 f., Jarren 1994, S. 7, Steinmann/Zerfaß 1995, S. 23 ff.

733 Vgl. Zerfaß 1993, S. 122 ff., ferner Gerhards 1993, S. 24, Münch 1991, S. 95 ff. und S. 116 ff.

734 In früheren Publikationen haben wir die Abgrenzung verschiedener Öffentlichkeiten etwas anders dargestellt; vgl. Zerfaß 1993, S. 122 ff., und Steinmann/Zerfaß 1995, S. 23 ff.

Potentielle *Akteure* in einer Kommunikationsarena sind bestimmte Personen und Organisationen in ihren je spezifischen Rollen als Mitarbeiter, Wissenschaftler, Marktteilnehmer, Staatsbürger usw. Mit diesen Rollen gehen jeweils besondere Betroffenheiten und Interessen einher. Einzelne Akteure werden eine Kommunikationsarena immer dann aktiv nutzen, wenn sie einen Zustand oder eine beabsichtigte Handlung vor dem Hintergrund ihrer jeweiligen Interessenlagen als Problem erkennen. Dies gilt sowohl für Kommunikatoren, die ein solches Problem als Thema (»Issue«) definieren und sich dazu äußern, aber auch für potentielle Rezipienten, die sich diesem Thema zuwenden. In diesem Sinne steht die gesellschaftspolitische Öffentlichkeit allen Bürgern, Verbänden und Parteien offen, die der deutschen Sprache mächtig sind. Im Gegensatz dazu wird die medizinische Fachöffentlichkeit nur von einschlägig interessierten und hinreichend vorgebildeten Akteuren genutzt; gleiches gilt z.B. für religiöse, pädagogische und organisationsbezogene Arenen. Ein wichtiges Unterscheidungsmerkmal für einzelne Öffentlichkeiten ist dabei die Ausprägung und Verteilung der prinzipiellen Handlungsrollen von Kommunikator, Rezipient und Vermittler. Während diese Rollen im gesellschaftspolitischen Raum relativ klar und ungleichgewichtig auf einzelne Akteure verteilt sind,[735] mag dies in einer Abteilungsöffentlichkeit einer Unternehmung, in der jeder zum Redner, Hörer oder Moderator werden kann, anders sein.

Das Spektrum der zulässigen *Themen* wird durch die Rationalitätskriterien der jeweiligen Handlungsfelder beschränkt: In der Weltöffentlichkeit geht es um Fragen mit globaler Relevanz (Nord-Süd-Konflikte, Sustainable Development), im gesellschaftspolitischen Raum neben genuin staatsbezogenen Themen (Gesetzgebung, Außenpolitik) auch um die kollektiv interessierenden Aspekte ökonomischer, wissenschaftlicher und religiöser Handlungsweisen. In einer organisationsspezifischen Kommunikationssphäre operiert man dagegen vor dem Hintergrund bestimmter identitätsstiftender Interessenkonstellationen, die einige Themenkomplexe in den Vordergrund rücken und andere als nicht adäquat verwerfen. Dies gilt beispielsweise für betriebliche Arenen, aber auch für eine Familien- oder Verbandsöffentlichkeit.

Die Unterschiede zwischen verschiedenen Öffentlichkeiten lassen sich auch an den jeweils vorherrschenden *Kommunikationsstrukturen* festmachen. Hier wäre zunächst an die raumzeitliche Ausdehnung der jeweiligen Handlungssphären, die potentielle Teilnehmerzahl und die Verfügbarkeit bestimmter Medien zu denken. Entsprechende Konstellationen beeinflussen nicht nur die aktiven Partizipationschancen einzelner Kommunikatoren und Rezipienten, sondern auch die Erfolgsträchtigkeit persuasiver, informativer und argumentativer Vorgehensweisen. Ein weiterer Punkt betrifft spezifische symbolische Schemata wie Fachsprachen, ritualisierte Gesten u.ä., mit denen die Grenze zu anderen Kommunikationsarenen markiert wird. Der Vergleich der Weltöffentlichkeit mit einer Betriebsöffentlichkeit mag dies verdeutlichen. Die globale Arena steht für sehr viele, raumzeitlich ausdifferenzierte Akteure mit äußerst

735 Vgl. Gerhards/Neidhardt 1990, S. 26 ff., Neidhardt 1994a, S. 10 ff.

heterogenen Interessenlagen, aber einem vergleichsweise minimalen Vorrat an gemeinsamen Schemata offen. Sie wird vor allem durch internationale Kommunikationskanäle mit massenmedialem Charakter konstituiert. Daraus folgt, daß die Partizipationschance für einzelne Akteure sinkt; die wiederholte Lancierung von Mitteilungshandlungen mit universeller Resonanz erfordert große intellektuelle und materielle Anstrengungen, die im allgemeinen nur von Staaten und internationalen Verbänden bzw. Organisationen erbracht werden können. Umgekehrt steigt die Bedeutung der Publikumsorientierung: Die Weltöffentlichkeit wird zur globalen Bühne, auf der die Kommunikatoren nur vorgeblich miteinander sprechen, sich aber tatsächlich stark daran orientieren, wie ihre Aussagen von verschiedenen Rezipienten wahrgenommen werden. Eine Betriebsöffentlichkeit wird dagegen durch eine begrenzte Zahl von Rollenträgern gebildet, die sich durch vielfältige Medien (persönliche Gespräche, Schwarze Bretter, Betriebsversammlungen, Werkszeitschriften) verständigen und beeinflussen können. Dies eröffnet vermehrte Chancen für eine argumentative Kommunikation, die im globalen Kontext weniger häufig zum Zug kommen kann.

Die primäre *Funktion* einer Öffentlichkeit ergibt sich einerseits aus ihrer Definition als Kommunikationsarena, andererseits aus den sphärenspezifischen Rationalitäts- und Integrationsmustern.[736] Im Grundsatz sollen vernetzte Kommunikationsprozesse dazu führen, daß relevante Themen definiert (Transparenzfunktion), Meinungen miteinander verglichen (Validierungsfunktion) und ggf. sogar übereinstimmende Einstellungen ausgebildet werden (Orientierungsfunktion).[737] Damit wird ein Beitrag zur Lösung von Zweck- und Mittelproblemen geleistet, auf den wir im folgenden Kapitel (4.3) näher eingehen. An dieser Stelle soll ein exemplarischer Vergleich zwischen zwei Handlungsfeldern genügen. Im familiären Umfeld leisten Kommunikationshandlungen einen direkten Beitrag zur Handlungskoordination. Die öffentliche Diskussion zwischen den Familienmitgliedern dient zur Herstellung gemeinsamer Orientierungen. Im Gegensatz dazu geht es im Wirtschaftsleben um die Bereitstellung von Daten für individuelle Entscheidungsprozesse; eine funktionierende Marktöffentlichkeit ist nichts anderes als eine Arena für persuasive Kommunikationsprozesse (Werbung, Vertragsverhandlungen). In jedem Fall geht es also um die Schaffung eines sozialen Kommunikationsraums; die unterschiedliche Sinnstiftung einzelner Sphären führt jedoch dazu, daß dieser Raum auf verschiedene Weise genutzt wird.

Eine letzte Anmerkung gilt der *Interdependenz* der skizzierten Abgrenzungskriterien. Akteure, Themen, Strukturen und Funktionen der Kommunikationsarenen sind prinzipiell miteinander verschränkt. Zwei Beispiele mögen das belegen: Mit der Übernahme bestimmter Rollen gehen zwangsläufig unterschiedliche Kompetenzstrukturen (z.B. die Beherrschung von Laien- vs. Fachsprachen) einher, und die massenmediale Konstitution einiger Sphären verhin-

736 Vgl. auch Gerhards 1993, S. 21 ff., der allerdings strikt funktionalisitisch argumentiert.
737 Vgl. zu diesen normativen Ansprüchen Neidhardt 1994a, S. 8 f.

dert eine umfassende Thematisierung solcher Fragen, die sich nicht in einfache Begriffe und Schlagzeilen pressen lassen.

Die Interdependenz dieser Merkmale verweist auf die immanente *Dynamik und Verflechtung von Kommunikationarenen,* die ebenso wie die zugrundeliegenden Handlungsfelder durch lebensweltlich verankerte Schemata bestimmt sind und sich nicht eindeutig voneinander abgrenzen lassen. Wenn man dennoch versuchen will, den Zusammenhang und die Entwicklungslinien verschiedener Öffentlichkeiten in unserer Kultur zu umreißen, dann wird man vor allem auf drei Punkte hinweisen können. Die interne Ausdifferenzierung und transnationale Integration moderner Gesellschaften führt erstens zu einem *Geflecht verschiedener Öffentlichkeiten,* die nicht als funktional bestimmte Teile eines einheitlichen Raumes, sondern als überlappende Kommunikationsarenen mit unterschiedlichen Kristallisationspunkten zu verstehen sind. Aus diesem Grund verbietet sich auch hier die Rede von »Teilöffentlichkeiten«.[738] Es handelt sich nämlich um zugleich ein- und ausschließende Kommunikationsfelder, die das intern Öffentliche für nicht zugelassene Akteure zum Geheimnis erheben.[739] Um ein Beispiel zu nennen: die Herstellung einer verbandsweiten Öffentlichkeit macht es erforderlich, daß man auf bestimmte Medien (Mitgliederzeitschriften, Gespräche mit internen Multiplikatoren) zurückgreift und sich der vorherrschenden Kommunikationskultur (Sprachregelungen) befleißigt. Damit werden aber diejenigen ausgegrenzt, die weder auf diese Medien zugreifen noch die verwendeten Fachtermini verstehen können. Umgekehrt sorgt die bereits erwähnte Überschneidung und Interdependenz einzelner Strukturmerkmale dafür, daß sich verschiedene Öffentlichkeiten mehr oder minder überlappen. Dies liegt einerseits an der Rollenvielfalt und Interessenpluralität konkreter Akteure, die zugleich in verschiedenen Systemen und Sphären aktiv werden. Weitere Gründe sind die Nutzung gleicher Medien und Kommunikationsplattformen für verschiedene Öffentlichkeiten und die Eigendynamik bestimmter Themen, die – einmal aufgeworfen – in anderen Arenen aufgegriffen und behandelt werden.[740] Wir wollen deshalb in Analogie zu unserem Sphärenbegriff von verschiedenen Öffentlichkeiten sprechen, die nur partiell durchlässig und auch nur zum Teil auf bestimmte gesellschaftliche Leistungen spezialisiert sind.[741]

Abb. 11 zeichnet ein exemplarisches Bild dieser Kommunikationsarenen in modernen Gesellschaften. Die genannten Öffentlichkeiten sind selbstverständlich nur als Beispiele zu verstehen. Einerseits gibt es weitere gesellschaftliche Handlungs- und damit Kommunikationsfelder (Religion, Sport, Bildungswesen); andererseits treten viele Sphären im Plural auf – wir müssen z.B. von einem Nebeneinander verschiedener kommunaler, wissenschaftlicher und subkultureller Öffentlichkeiten ausgehen. Die Verflechtung der einzelnen Sphären kann in der zweidimensionalen Darstellung nur unvollständig angedeutet wer-

738 Vgl. zu einer solchen Terminologie jedoch Szyszka 1993b, S. 201 ff., Wiedmann 1993a.
739 Vgl. Westerbarkey 1991a, insbes. S. 26 f., mit Beispielen Neidhardt 1993, Zerfaß 1993, S. 121 f.
740 Vgl. ausführlicher Steinmann/Zerfaß 1995, S. 30 ff.
741 Vgl. oben S. 110 f.

den. Handlungsfähige Systeme (Familien, Unternehmen, Verbände) bilden eigene Kommunikationsräume aus, in denen sich ein spezifischer Querschnitt von Themen und Strukturen anderer Sphären widerspiegelt. Ausdifferenzierte Öffentlichkeiten sind nicht nur füreinander durchlässig (Wissenschaft und Bildung); sie überspannen vielfach auch die Grenzen einzelner Gesellschaften (transnationale Arenen der wissenschaftlichen, künstlerischen, religiösen Debatte).

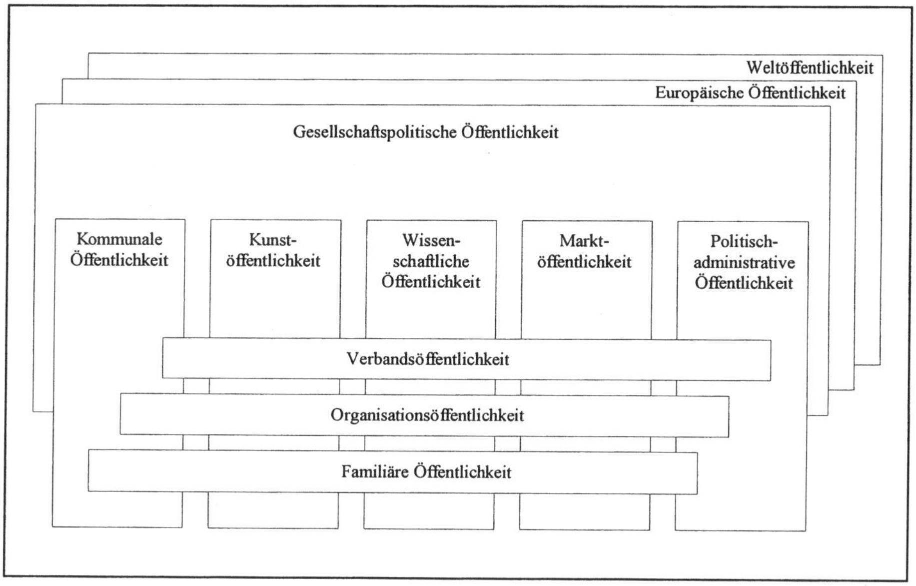


*Abb. 11: Die Formation von Kommunikationsarenen in modernen Gesellschaften*

Ein zweiter Hinweis gilt dem Stellenwert der *gesellschaftspolitischen Öffentlichkeit,* die als Knotenpunkt in dem skizzierten Geflecht gelten kann, weil sie einen Resonanzboden für gesellschaftsweite Probleme und Lösungsvorschläge bereitstellt. Die Strukturen und Funktionen dieser Kommunikationsarena haben Gerhards, Neidhardt, Peters und Habermas in ihren Untersuchungen zur Öffentlichkeitssoziologie offengelegt.[742] Die gesellschaftspolitische Öffentlichkeit steht grundsätzlich allen Mitgliedern eines Gemeinwesens offen. Im Gegensatz zu anderen Kommunikationsarenen definiert sie sich nicht durch spezifische Rollensysteme, sondern allein durch handlungsrelevante territoriale Grenzziehungen und rechtlich-politische Rahmenbedingungen, die für jeden Bürger einer Gesellschaft gelten.[743] Daraus folgt, daß die gesellschaftspolitische Öffentlichkeit laiensprachlich verfaßt ist, für allgemein interessierende

742 Vgl. Gerhards/Neidhardt 1990, Gerhards 1993, ders. 1994 sowie Habermas 1992, S. 435 ff., Peters 1994 und mit speziellem Blick auf Fragen der Unternehmenstätigkeit Cortina 1995, P. Ulrich 1995; im Hinblick auf die PR-Theorie auch Zerfaß 1995, S. 10 f.

743 Vgl. Gerhards/Neidhardt 1990, S. 15 ff., Peters 1994, S. 46.

Themen offensteht und wesentlich auf die Vermittlungsleistungen des Massenmediensystems angewiesen bleibt.[744] Sie bezieht Impulse aus anderen Kommunikationsarenen und verdichtet diese zu einer übergreifenden Agenda, die den aktuellen Problemhaushalt einer bestimmten Gesellschaft umreißt. Diese umfaßt dann z.B. zugleich ökonomische (Arbeitslosigkeit), außenpolitische (Balkankrieg) und künstlerische (Reichstagsverhüllung) Aspekte. Einzelne Sprecher versuchen immer wieder, ihre Meinungen zu diesen Themen darzustellen und durchzusetzen. Falls sich die gesellschaftspolitische Diskussion auf bestimmte Themen und Wertungen konzentriert, können sich *öffentliche Meinungen* ausbilden.[745] Darunter versteht man diejenigen Ansichten, die sich im Verlauf der Kommunikation durchgesetzt haben und insofern eine »herrschende« Meinung darstellen. Insofern umfaßt die öffentliche Meinung nur einen spezifischen Ausschnitt aus dem breiten Spektrum gesellschaftspolitischer Meinungsäußerungen. Sie ist zudem von den individuellen Einstellungen des Publikums zu unterscheiden – die Einflußchancen ökonomisch potenter und prominenter Akteure sorgen im Zusammenspiel mit massenmedialen Problematisierungsroutinen dafür, daß die wahrgenommene Mehrheitsmeinung von den tatsächlichen Ansichten der Bürger abweichen kann.[746] Konsonante Äußerungen entfalten jedoch Wirkungen, die für das gesellschaftliche Zusammenleben von unmittelbarer Relevanz sind. Sie üben zum einen eine soziale Kontrollfunktion aus, weil sie als Situationsparameter in weitere Kommunikationsprozesse eingehen. Wer die Isolation fürchtet oder mit dem Strom schwimmen will, wird bemüht sein, die Mehrheitsmeinung zu unterstützen.[747] Andere Akteure mögen entgegengesetzt reagieren und sich in ihren abweichenden Ansichten bestärkt fühlen. Doch auch das setzt letztlich voraus, daß eine Mehrheitsmeinung erkannt und als solche akzeptiert wird.

Diese Prozesse *im* gesellschaftspolitischen Raum sind deshalb so bedeutsam, weil die laiensprachlich verfaßte Meinungsbildung zugleich in allen *anderen* Kommunikationsarenen wahrgenommen wird. Der intermediäre Charakter der gesellschaftspolitischen Öffentlichkeit führt dazu, daß die dort geführte Diskussion einen erheblichen Einfluß auf andere Kommunikationsarenen ausübt. Auf diesem Weg wird ein Austausch von Themen und Meinungen zwischen ansonsten abgeschotteten Kommunikationsräumen (z.B. Kunst- und Marktöffentlichkeit) ermöglicht. Dabei fällt besonders ins Gewicht, daß sich politisch-administrative Entscheidungsprozesse im allgemeinen an der beobachtbaren Mehrheitsmeinung orientieren.[748] Gerhards hat diesen komplexen Zu-

744 Vgl. Gerhards/Neidhardt 1990, S. 17, Peters 1994, S. 45 ff., ferner Garnham 1992.

745 Vgl. nachfolgend Noelle-Neumann 1989, S. 84 ff., Gerhards/Neidhardt 1990, S. 12, Habermas 1992a, S. 438 ff., Neidhardt 1994a, S. 25 ff., Habermas 1992, S. 438 ff. Wir beziehen den Begriff der »öffentlichen Meinung« hier nur auf die gesellschaftspolitische Arena; in ähnlicher Weise gibt es aber z.B. auch wissenschaftliche oder kommunale Mehrheitsmeinungen.

746 Vgl. zu den Einflüssen und Verarbeitungsroutinen der Massenkommunikation oben S. 164 ff.

747 Vgl. hierzu die »Theorie der Schweigespirale« von Noelle-Neumann 1989, S. 89 ff., und die spiegelbildliche Auswirkung positiver Anreize im »Bandwagon-Effekt« (Mitläufereffekt).

748 Vgl. v.a. Gerhards/Neidhardt 1990, S. 10 ff., Habermas 1992, S. 445 ff., Peters 1993, S. 322 ff., Fuchs 1993, Gerhards 1993, S. 27 ff., ders. 1994, S. 97 ff.

sammenhang, auf den wir im nächsten Kapitel näher eingehen wollen,[749] in ein plastisches Bild gekleidet. Demnach bildet die gesellschaftspolitische Öffentlichkeit „den Marktplatz, der gleichsam das Rathaus als politisches Entscheidungszentrum umgibt. Sind die Stimmen auf dem Marktplatz laut genug und unisono gestimmt, wird man die definierten Themen innerhalb des Rathauses hören, vielleicht auf die Agenda bringen und eventuell einschlägige Beschlüsse fassen".[750] Damit werden Rahmenbedingungen gesetzt, die das (kommunikative) Handeln in verschiedenen Sphären vorstrukturieren. Von daher erklärt sich die zentrale Rolle, die der gesellschaftspolitischen Öffentlichkeit in modernen Gesellschaften zukommt.

Der dritte Aspekt betrifft die *dynamische Entwicklung* der verschiedenen Diskussionsarenen. Darin spiegelt sich die Veränderung gesellschaftlicher Interessenlagen und Problemstellungen, aber auch die fortschreitende Entfaltung der Kommunikationskultur wider. Die Kommunikationsräume in westlichen Gesellschaften werden derzeit von einigen zentralen Trends betroffen, die in der Forschung unter den Schlagworten »entfesselte Kommunikation« (Münch) und »Segmentierung der Öffentlichkeiten« (Schulz, Ludes) verhandelt werden.[751] Die Globalisierung von Markt und Politik und die zunehmende Ausdifferenzierung gesellschaftlicher Interessenlagen führen zu einer Vervielfältigung potentieller Problemfelder, die von den betroffenen Akteuren eine erhöhte Kommunikationsintensität erfordert. Dementsprechend findet ein kontinuierlicher Übergang von der Industriegesellschaft zur Informations- oder Kommunikationsgesellschaft statt, der sich u.a. in der Expansion aktualisierter Themenfelder und einem gestiegenen Informationsaufkommen widerspiegelt, das zugleich eine wachsende Bedeutung für die ökonomische und kulturelle Reproduktion der Gesellschaft erlangt.[752] Mit der generellen Ausweitung des Massenmediensektors gehen auch interne Wandlungen einher, von denen die westlichen Gesellschaften seit Beginn der achtziger Jahre in unterschiedlichem Ausmaß, aber mit tendenziell ähnlichen Konsequenzen erfaßt wurden.[753] Die entsprechenden Schlagworte lauten: Ausweitung des Nachrichtenangebots durch Vervielfältigung der Fernsehkanäle, Special-Interest-Titel im Zeitschriftenbereich und Verbreitung neuer Medien (CD-ROM, Datennetze); Ausdifferenzierung der massenmedialen Kommunikation durch neue Formate (Infotainment, Reality-TV, innovative Talkshows), Veränderung der raumzeitlichen Wahrnehmung durch mediale Konstruktionsleistungen;[754] schließlich Visualisierung der Kommunikation durch die Verdrängung des Wortes zugunsten akustischer und bildhafter Symbolisierungen.

---

749 Vgl. unten S. 221 ff.

750 Gerhards 1993, S. 29.

751 Vgl. Münch 1991, ders. 1995, Schulz 1993c, Ludes 1993, Löffelholz/Altmeppen 1994.

752 Vgl. hierzu vor allem die soziologischen Analysen der »Kommunikationsgesellschaft« von Münch (1991, 1995), im Überblick auch Bentele 1994c, S. 1 f.

753 Vgl. zu der nachfolgenden Skizze Schulz 1993a und 1993c, Ludes 1993, Bentele 1994c, S. 3 ff.

754 Vgl. zum Wandel der raumzeitlichen Wahrnehmung in der Moderne v.a. Großklaus 1995.

Für unsere Frage nach der Entwicklung moderner Öffentlichkeiten sind diese strukturellen Tendenzen von unmittelbarer Bedeutung. Schulz weist darauf hin, daß „die wachsende Diskrepanz zwischen dem immens gestiegenen Informationsaufkommen einerseits und der begrenzten Verarbeitungskapazität der Medien und Mediennutzer andererseits“ [755] zu großen Problemen führt. Die individuelle Nutzung der Massenmedien ist trotz des expansiv gestiegenen Angebotes nur begrenzt gestiegen.[756] Andererseits führt das erhöhte Angebot an Programmen, Zeitschriften und direkten Gesprächsformen (Stadtteilzentren, kulturelle Events) zu einer Herausbildung neuer Kommunikationsarenen mit speziellen Themen und Fachterminologien. Dies erklärt die zunehmende Ausdifferenzierung verschiedener Öffentlichkeiten, die nur prima facie allgemein zugänglich sind.[757] Die Dualität von Öffnung und Geheimhaltung führt vielmehr dazu, daß einzelne Arenen strukturell abgeschottet werden und die Rückbindung an die gesamtgesellschaftliche Diskussion immer schwieriger wird.[758] Wichtige Ansatzpunkte dafür bieten die einzelnen Foren, in denen konkrete Kommunikationsprozesse vollzogen werden.[759] Es handelt sich dabei um systemische Strukturen, in denen sich *verschiedene* Öffentlichkeiten zugleich verfestigen und reproduzieren können. Auf diese Foren wollen wir im nächsten Abschnitt eingehen.

### *4.2.3 Teilöffentlichkeiten als systemische Kommunikationsforen*

Als *Teilöffentlichkeiten* bzw. *Kommunikationsforen* bezeichnen wir raumzeitlich verfestigte Interaktionsmuster, die als konkrete Formen der kommunikativen Vergesellschaftung wahrgenommen werden.[760] Sie prägen die Initiierung und den Verlauf von Kommunikationsprozessen, weil uns ihre Merkmale als „träge, widerständige Faktizität“ [761] begegnen. Beispiele sind persönliche Gespräche, Vortragsveranstaltungen, Matinees, Gottesdienste, Podiumsdiskussionen sowie verschiedene Formen der medialen und massenmedialen Interaktion (Bücher, Zeitschriften, Livesendungen in Hörfunk und Fernsehen). Diese Foren sorgen dafür, daß einzelne Öffentlichkeiten auf verschiedenen Ebenen aktualisiert werden können; sie sind insofern strikt von der Abgrenzung bestimmter Kommunikationsarenen zu unterscheiden.[762]

Aus der alltäglichen Erfahrung kennen wir ein ganzes Spektrum von Teilöffentlichkeiten, die letztlich kulturell bestimmt sind und sich nicht vollständig analytisch erfassen lassen. In Analogie zu unserer Darstellung verschiedener Handlungssysteme wollen wir deshalb versuchen, einen komprimierten Überblick über die primären Typen von Kommunikationsforen in *unserem* Kultur-

755 Schulz 1993c, S. 24.
756 Vgl. Bentele 1994c, S. 4.
757 Vgl. zu diesem Differenzierungsprozeß Pöttker 1994; vgl. ferner Ludes 1993, Rust 1992.
758 Vgl. Westerbarkey 1991a, Schulz 1993c, S. 24.
759 Vgl. neuerdings auch Münch 1995, S. 104 ff.
760 Diese Begriffsbestimmung schließt sich an die Einführung des Systembegriffs auf S. 107 ff. an.
761 Peters 1993, S. 28.
762 Vgl. zu dieser Unterscheidung bereits Steinmann/Zerfaß 1995, S. 25 ff.

kreis zu bekommen. Wir orientieren uns dabei an einer Systematisierung, die Gerhards und Neidhardt im Hinblick auf die gesamtgesellschaftliche Diskussion entworfen haben.[763] Diese Typologie wird um die Ebene der kontrollierten Medienöffentlichkeiten ergänzt. Grundsätzlich gilt, daß verschiedene Teilöffentlichkeiten anhand der potentiellen Teilnehmerzahl, Kommunikationsdichte, Organisationskomplexität und Reichweite abgrenzbar sind.[764]

- *Episodische Teilöffentlichkeiten* oder „Encounters" [765] (Goffman) entsprechen einfachen Interaktionssystemen, die ein flüchtiges, aber dennoch kulturell vorstruktiertes Forum der Kommunikation zwischen Anwesenden bilden. Gespräche am Arbeitsplatz, auf der Straße, im Kaufhaus und in der Kneipe können ebenso spontan begonnen wie beendet werden. Zeit und Ort sind eindeutig bestimmt; ein Auseinanderfallen von Mitteilungs- und Verstehenshandlungen ist nicht möglich. Die Zahl der jeweiligen Teilnehmer ist ebenso begrenzt wie die interne Homogenität einzelner Episoden; Themen und Medien wechseln von Fall zu Fall. Die Kommunikationsdichte und die Möglichkeit der einzelnen Akteure, den Interaktionsverlauf aktiv zu beeinflussen, muß jedoch als relativ hoch bezeichnet werden. In Situationen von Kopräsenz ist es möglich, die Rollen von Kommunikator und Rezipient rasch zu wechseln. Die Beteiligten können leicht zwischen situationsverhafteten Sequenzen und verschiedenen Formen des Diskurses umschalten. Schließlich bietet die Einbettung in einen gemeinsamen Handlungs- und Erfahrungszusammenhang einen Ansatzpunkt für den schrittweisen Aufbau neuer Orientierungsmuster, durch den Mißverständnisse und fehlgeschlagene Beeinflussungsversuche überwunden werden können. Diese neuen Strukturen können zunächst nur lokale Geltung beanspruchen; eine gesellschaftsprägende Kraft erwächst ihnen erst aus der wiederholten Aktualisierung in verschiedenen Handlungskontexten.

- *Veranstaltete Präsenzöffentlichkeiten* konstituieren Kommunikationsforen, die sich innerhalb der gleichen Arenen deutlich von Encounters abgrenzen lassen. Veranstaltungen zeichnen sich durch eine thematische Zentrierung und örtliche Fixierung aus.[766] In Betriebsversammlungen, Vortragsabenden, Matinees und auf Fachkongressen geht es inhaltlich um Fragen, die vorab definiert werden und selektive Kraft entfalten. Die Teilnehmerstruktur ergibt sich nämlich nicht nur aus raumzeitlichen Beschränkungen, sondern vor allem aus der annoncierten Thematik. Damit steigt die Wahrscheinlichkeit, daß alle Beteiligten einen Kommunikationsbedarf empfinden. Ein konkreter Mitteilungsversuch wird weniger häufig am Desinteresse der Adressaten scheitern, als dies bei spontanen Gesprächen und disparat gestreuten Presseberichten der Fall ist. Andererseits ist die Lancierung einer Mitteilung an einige Voraussetzungen

---

763 Vgl. vor allem Gerhards/Neidhardt 1990, S. 19 ff., Gerhards 1993, S. 33 f. Die Ebene der *kontrollierten* Medienöffentlichkeit wird dort nicht thematisiert, weil sie in der gesellschaftspolitischen Öffentlichkeit, die auf die Zugänglichkeit für *alle* Bürger abzielt, per definitionem keine Rolle spielt.

764 Vgl. zu diesen Kriterien Gerhards/Neidhardt 1990, S. 19 f., Habermas 1992, S. 452.

765 Dieser Terminus von Goffman (1961) wird von Gerhards/Neidhardt (1990, S. 20) aufgegriffen, um episodische Kommunikationssysteme zu beschreiben; vgl. auch Peters 1993, S. 166.

766 Vgl. zu dieser Ebene insbes. Gerhards 1992b.

gebunden. Um auf einer Veranstaltung sprechen zu können, bedarf es normalerweise einer Autorisierung; Referenten, Moderatoren und Podiumsteilnehmer werden explizit ausgesucht. Überhaupt ist eine Ausbildung spezifischer Rollen zu beobachten: Es gibt Veranstalter, Redner und ein zahlenmäßig überlegenes Publikum. Die Partizipationschancen einzelner Publikumsakteure sind dabei eher beschränkt. Dialogische und argumentative Vorgehensweisen scheitern manchmal daran, daß ein Wechsel der Kommunikationsrollen nicht ohne weiteres möglich ist. Zusammenfassend kann man sagen, daß Präsenzöffentlichkeiten aufgrund ihrer begrenzten Reichweite und thematischen Zentrierung eine hohe Kommunikationsintensität ermöglichen, mit der allerdings eine gewisse organisatorische Komplexität einhergeht.

- *Kontrollierte Medienöffentlichkeiten* ermöglichen die Kommunikation zwischen einem räumlich und/oder zeitlich getrennten, aber prinzipiell abgegrenzten bzw. abgrenzbaren Teilnehmerkreis. Das Spektrum reicht von den klassischen Anwendungsformen sekundärer Medien (Telefonate, Serienbriefe) bis hin zu Videokonferenzen und geschlossenen Diskussionsforen in Datennetzen (Internet). Diese Plattformen sind durch eine große Teilnehmerzahl und Reichweite gekennzeichnet. Ihre interne Komplexität hängt wesentlich von den medialen Techniken ab, die im Einzelfall zur Anwendung kommen. Briefpost, Telefon und Telefax sind heute für die meisten Kommunikationspartner verfügbar. In naher Zukunft wird dies auch für Datennetze, Bildtelefone, Adreßdatenbanken und Publishing-on-demand-Systeme gelten.[767] Damit wird es einem größeren Benutzerkreis möglich, komplexere Interaktionsmuster wie Videodiskussionen und individualisierte Korrespondenzsysteme zu aktualisieren. Dies führt dazu, daß die Festschreibung von Kommunikator- und Rezipientenrollen im Bereich der medialen Kommunikation immer stärker aufweicht. Gleichzeitig steigt die Kommunikationsdichte und Themenvarianz. Die Kombination von multimedialen Darstellungsformen und schnellen Antwortzeiten ermöglicht facettenreiche Dialoge, die in mancher Hinsicht mit Präsenzveranstaltungen konkurrieren können. Ein plastisches Beispiel sind virtuelle Diskussionsforen im Internet, die von den Mitgliedern wissenschaftlicher Interessengruppen genutzt werden. Diese Plattformen bieten zwar nicht die gleichen Möglichkeiten wie persönliche Gespräche (Encounters). Sie zeichnen sich aber durch eine Flexibilität und Offenheit aus, die man bei vielen Fachtagungen und themenspezifischen Publikationen vergeblich suchen wird.
- *Abstrakte Teilöffentlichkeiten* werden durch technische Medien gebildet, die elektronische oder materielle Foren der Kommunikation zwischen Abwesenden bereitstellen und im Prinzip für alle Interessenten zugänglich sind.[768] Beispiele sind telefonische Informationsdienste und offene Datennetze, vor allem aber die strukturell verfestigten Massenmedien lokaler, nationaler und internationaler Provenienz. Aus sozialtheoretischer Perspektive handelt es sich hierbei um Netzwerke, deren systemischer Charakter in der Gleichartigkeit und

767 Vgl. im Überblick Hünerberg/Heise 1995.

768 Diese Terminologie folgt Habermas 1992, S. 452; Gerhards/Neidhardt (1990, S. 23 f.) stellen an dieser Stelle nur auf das publizistisch organisierte Massenmediensystem ab.

wechselseitigen Verschränkung bestimmter Interaktionen zum Ausdruck kommt.[769] In historischer Sicht ist davon auszugehen, daß sich solche Teilöffentlichkeiten erst in modernen Gesellschaften herausgebildet haben. Sie sind der paradigmatische Endpunkt einer kontinuierlichen Weiterentwicklung der Kommunikationskultur, die in elementaren Gesprächsformen wurzelt und über antike und mittelalterliche Versammlungsstrukturen zur Ausbildung transnationaler Medienformationen geführt hat.[770] Bei der strukturellen Beschreibung solcher abstrakten Foren muß man zunächst auf die große Reichweite hinweisen, die eine Überwindung der Grenzen von Ort und Zeit ermöglicht – das klassische Beispiel des Buchdrucks zeigt, wie Mitteilungshandlungen als Marken gespeichert und später (wiederholt) rezipiert werden können. Mit der Ausdehnung der Reichweite geht die Öffnung für eine sehr große Teilnehmerzahl einher, deren konkrete Beteiligung am Kommunikationsprozeß allerdings stark durch strukturelle Rahmenbedingungen vorgeprägt wird. Die Ausdifferenzierung verschiedener Rollen ist noch deutlicher als in Veranstaltungsforen und kontrollierten Medienöffentlichkeiten. Wenigen ökonomisch potenten Kommunikationsmittlern (Datennetzbetreibern, Verlegern) stehen einige Kommunikatoren (Politiker, Journalisten, Werbungstreibende und PR-Experten) und unzählige Rezipienten (Netzuser, Leser, Hörer) gegenüber. Der Mangel an Feedbackmöglichkeiten führt zu einem Minimum an Reziprozität, wodurch ein Trend zur monologischen Kommunikation begründet wird. Die Chance, drohende Kommunikationsabbrüche zu erkennen und auf die Metaebene eines Diskurses zu wechseln, sinkt. Man bleibt auf einen minimalen Vorrat gemeinsamer Bedeutungsmuster und Kommunikationsregeln angewiesen, der sich auf die sphärenspezifische Alltags- oder Fachsprache reduziert, aber nur begrenzt erweitert werden kann. Zusammen mit der geringen thematischen Spezifität führt dies zu einer geringen Kommunikationsdichte, die der hohen Reichweite und Teilnehmerzahl diametral gegenübersteht.

In der Zusammenschau zeigt sich, daß die skizzierten Teilöffentlichkeiten deutliche Unterschiede aufweisen und auf je verschiedene Weise dazu beitragen, daß sich einzelne Kommunikationsarenen ausbilden können. Dabei wird die analytische Trennung in der gesellschaftlichen Realität durch eine *dreifache Interdependenz* aufgehoben. *Erstens* muß man davon ausgehen, daß sich einzelne Teilöffentlichkeiten überlappen; konkrete Kommunikationszusammenhänge können nicht immer eindeutig als episodische, veranstaltete, mediale oder abstrakte Foren identifiziert werden. *Zweitens* wird eine Kommunikationsarena stets durch das Zusammenspiel verschiedener Foren errichtet; die wissenschaftliche Öffentlichkeit konstituiert sich beispielsweise in transnationalen Datennetzen, Fachzeitschriften, Tagungen und Diskussionen zwischen einzelnen Forschern. Damit wird deutlich, daß sich die strukturellen Vorzüge und Defizite der skizzierten Teilöffentlichkeiten ergänzen; die Leistungsfähigkeit einer Arena beruht letztlich auf einer situativ geeigneten Kombination verschiedener Ebenen. *Drittens* ist nochmals darauf hinzuweisen, daß sich in ein-

769 Vgl. oben S. 109.
770 Vgl. Starkulla 1993, S. 130 ff.

zelnen Foren *verschiedene* Öffentlichkeiten verfestigen und reproduzieren können. Im Pausengespräch zwischen Arbeitskollegen manifestiert sich nicht nur eine bestimmte Betriebsöffentlichkeit, sondern vielleicht auch ein Ausschnitt der kommunalen Diskussionsarena. Tageszeitungen bilden ein Forum der gesellschaftspolitischen Öffentlichkeit, aber zugleich ein wesentliches Element der ökonomischen Kommunikationssphäre (Anzeigenwerbung).

Damit wird deutlich, wie die Abschottung verschiedener Öffentlichkeiten überwunden werden kann. Im Prinzip muß versucht werden, *sphärenübergreifende Kommunikationsforen* zu etablieren und diese im Sinne »dialogischer Netze« (Kambartel) miteinander zu *verknüpfen.*[771] Welche Teilöffentlichkeiten sich hierfür am besten eignen, ist ein weiterführendes Problem, das nur im Hinblick auf die spezifischen Rationalitätsmuster einzelner Sphären gelöst werden kann. Es verweist auf die vorgängige Frage, welchen *prinzipiellen* Beitrag kommunikative Handlungen zur Überwindung sozialer Konfliktlagen leisten können. Das folgende Kapitel widmet sich dieser Thematik, die sich als wichtiger Baustein einer wissenschaftlich fundierten Theorie der Unternehmenskommunikation und PR erweisen wird.

## 4.3 Kommunikation und soziale Integration

Im Rahmen unserer kommunikationstheoretischen Überlegungen sind wir bisher den Fragen nachgegangen, *wie* kommunikative Handlungszusammenhänge konstituiert werden, und *wo* sie stattfinden, d.h. welche Arenen und Foren dabei von Bedeutung sind. In einem letzten Schritt gilt es nun, diese deskriptive Sichtweise normativ zu wenden. Aus handlungstheoretischer Sicht lautet die entscheidende Frage nämlich, *warum* Kommunikationsprozesse stattfinden (sollen). Auch eine Theorie der Unternehmenskommunikation und PR steht und fällt mit der Beantwortung dieser Frage. Dabei geht nicht mehr um die Sinnstiftung einzelner Mitteilungshandlungen, bei denen die Verständigung (sekundäres Ziel) der argumentativen oder persuasiven Beeinflussung anderer Akteure (primäres Ziel) untergeordnet bleibt, sondern um die prinzipiellen Funktionen der Kommunikation in ausdifferenzierten Gesellschaften.

Im folgenden werden wir zeigen, daß das dominante Ziel von Kommunikationshandlungen darin besteht, einen Beitrag zur *sozialen Integration* zu leisten (4.3.1). Ein erster Blick gilt dabei der Lösung von Zweck- und Mittelkonflikten bzw. der Klärung strittiger Situationsdefinitionen und Handlungsinterpretationen im *Nahbereich.* In Situationen von Kopräsenz kommen die bereits skizzierten Kommunikationsstile und -sequenzen zur Anwendung; sie tragen unmittelbar zur kommunikativen Integration bei (4.3.2). Demgegenüber führt die Entflechtung sozialer Beziehungen im *Fernbereich* dazu, daß kommunikative Handlungen ihre integrative Kraft nur vor dem Hintergrund abstrakter

771 Vgl. Kambartel 1991, S. 133. Der Begriff des »dialogischen Netzes« bringt zum Ausdruck, daß „ein in einem Dialog gewonnenes *Verständnis* in einem anderen Dialog »vermittelt« wird, weil Teilnehmer beider Dialoge ... die jeweils im einen Dialog gemeinsam gebildeten Verständnisse im anderen Dialog *erläutern* können" (ebenda, S. 132).

Interaktionsmechanismen entfalten können. In diesem Zusammenhang sind intentionale Formen der Integration, die auf normierten oder generalisierten Kommunikationsprozessen beruhen (Entscheidungsverfahren, Einfluß qua Reputation bzw. Wertbindung) von situationsbezogenen Koordinationsmechanismen zu unterscheiden, bei denen kommunikative Handlungen nur unterstützend herangezogen werden (Markt, Machtprozesse) (4.3.3).

### *4.3.1 Soziale Integration als dominantes Ziel von Kommunikationshandlungen*

Die Alltäglichkeit von Kommunikationsprozessen versperrt häufig den Blick auf die naheliegende Frage, *warum* wir überhaupt kommunizieren – genauer gesagt: welche Gründe uns dazu bewegen, mit Mitteilungs- und Verstehenshandlungen in den Lauf der Welt einzugreifen. Die Antwort liegt auf der Hand: Kommunikative Aktivitäten sind Handlungen, und als handelnde Akteure trachten wir stets danach, bestimmte *Interessen* zu realisieren, die sich entweder auf individuelle Bedürfnislagen oder soziale Erwartungshaltungen zurückführen lassen.[772] Kommunikationsprozesse können jedoch auf unterschiedliche Weise zur Interessenrealisierung beitragen. In Fortführung unserer sozialtheoretischen Abgrenzung von Selbstzweckhandlungen, ergebnisorientierten und konsequenzenorientierten Handlungen bietet sich eine *dreistufige Systematik* an,[773] mit der die verschiedentlich vorgetragenen Aufzählungen unterschiedlicher Kommunikationsbedürfnisse und -funktionen auf ein methodisch tragfähiges Fundament gestellt werden.[774] Einige Kommunikationshandlungen werden um ihrer selbst Willen ausgeführt. Andere dienen unmittelbar zur Interessenrealisierung. Schließlich gibt es eine dritte Kategorie, bei der die Bedürfnisbefriedigung indirekt herbeigeführt wird, indem die Kommunikation eine Handlungsabstimmung mit anderen Akteuren ermöglicht.

Kommunikation wird zum *Selbstzweck*, wenn man unabhängig von Inhalten oder situativ angestrebten Zielen um des Kommunizierens willen kommuniziert. Ein praktisches Beispiel sind Personen, die sich gerne selbst reden hören, und deshalb bei jeder passenden und unpassenden Gelegenheit das Wort ergreifen. Dieser Fall soll uns im folgenden nicht weiter beschäftigen, weil er im Kontext der Unternehmenskommunikation von untergeordneter Bedeutung ist. Die alltägliche Erfahrung lehrt uns, daß Mitteilungs- und Verstehenshandlungen zumeist in komplexe Zweck-Mittel-Ketten eingebunden sind; man kom-

772 Vgl. oben S. 87 ff. sowie Kanngießer 1976, S. 276 ff.

773 Damit erweitern wir die zweistufige Unterscheidung von inhaltsbezogenen (mittelbaren) und situationsbezogenen (unmittelbaren) Kommunikationsinteressen von Burkart 1995c, S. 27 f.

774 Vgl. zur inhaltlichen Systematisierung von Kommunikationsbedürfnissen Ronneberger 1978, S. 79 ff., McQuail 1994, S. 320, zu den Funktionen der Massenkommunikation Maletzke 1963, S. 132 ff., Hunziker 1988, S. 98 ff., Schulz 1993b, S. 24 ff., McQuail 1994, S. 78 ff., Eisenstein 1994, S. 28 ff., und Burkart 1995c, S. 350 ff.

muniziert im allgemeinen nicht als Selbstzweck, sondern „um Situationen in Situationen zu transformieren".[775]

Dabei wird man zunächst an ergebnisorientierte Kommunikationshandlungen denken, die *unmittelbar* in der Lage sind, Bedürfnisse zu befriedigen bzw. soziale Erwartungen zu erfüllen. Beispiele sind die Lektüre eines Romans, das Ansehen eines Fernsehfilms, der beiläufige Smalltalk auf einem Empfang. Kommunikationshandlungen werden hier ausgeführt, um sich zu unterhalten, soziale Kontakte zu pflegen und ähnliche elementare Bedürfnisse zu stillen. In pragmatischen Systematisierungen wird diese Kategorie vor allem unter dem Schlagwort »Unterhaltungsbedürfnis« verhandelt. Kommunikation soll von Problemen ablenken, entspannen, zur ästhetischen Erbauung beitragen, Zeit füllen oder emotional entlasten.[776] Es handelt sich dabei um Motive, die auf der persönlichen Ebene große Bedeutung erlangen können, aus gesellschaftlicher Sicht aber eher nachrangig sind.[777] Korporative Akteure kommunizieren im Unterschied zu Individuen nicht, um sich zu erbauen, zu unterhalten oder sich die Zeit zu vertreiben, sondern um bestimmte Aufgaben zu erfüllen, um beispielsweise Produkte zu verkaufen oder Handlungsspielräume zu sichern. Die ergebnisorientierte Kommunikation kann jedoch selbst zur Ware bzw. Dienstleistung werden. Presseprodukte, Videofilme und Rundfunkprogramme werden hergestellt und nachgefragt, weil ihr Konsum einen direkten Nutzen verspricht, weil schon ihre prinzipielle Verfügbarkeit Situationen schafft, die zur Bedürfnisbefriedigung geeignet sind.[778]

Von zentraler Bedeutung ist der dritte, *indirekte* Beitrag der Kommunikation zur Interessenrealisierung. In konsequenzenorientierten Kommunikationshandlungen geht es darum, weitere Ereignisse anzustoßen oder Handlungen zu ermöglichen, die der Bedürfnisbefriedigung dienlich sind. Man wird sich beispielsweise in einem Kochbuch informieren, wie eine Mahlzeit zuzubereiten ist, durch die dann das elementare Bedürfnis nach Ernährung gestillt werden kann. In diesem alltäglichen Beispiel spiegelt sich die Grunderfahrung wider, daß man bei der Interessenrealisierung in arbeitsteiligen Gesellschaften immer wieder auf die aktive Unterstützung anderer Akteure angewiesen bleibt. Die meisten Bedürfnisse lassen sich nur erfüllen, wenn andere mitwirken, wenn sie auf verschiedene Art und Weise dazu beitragen, daß die angestrebten Situationen realisiert werden. Die Spannbreite reicht hier vom Nachbarn, der uns im Garten zur Hand geht und so die nächste Ernte sicherstellt, über Familienmitglieder und Freunde, deren Zuneigung ein Zusammengehörigkeitsgefühl vermittelt, bis zum Vorgesetzten, dessen Vertrauensvorschuß unser Wertschätzungsbedürfnis befriedigt. Sobald wir aber auf die Handlungen anderer angewiesen sind, stellt sich das Problem der *sozialen Integration:* Wie gelingt es uns, unsere Zwecksetzungen und Mittelwahlen mit denjenigen anderer Akteure abzustimmen, und wie können wir laufend sicherstellen, daß unser Zusammen-

775 Kanngießer 1976, S. 277; vgl. zur Zwecksetzung von Sprechakten auch Bubner 1982, S. 168 ff.
776 Vgl. McQuail 1994, S. 320, grundlegend auch Maletzke 1963, S. 134 ff.
777 Vgl. zur Unterscheidung dieser beiden Perspektiven Kanngießer 1976, S. 289 ff.
778 Aus betriebswirtschaftlicher Sicht wird damit der Sonderfall der Medienbranche angesprochen.

leben nicht durch strittige Situationsdefinitionen und Handlungsinterpretationen gestört wird? Mit den grundsätzlichen Aspekten dieser Problemstellung haben wir uns bereits auseinandergesetzt.[779] An dieser Stelle geht es uns darum, daß die soziale Integration nicht nur durch instrumentelle und symbolsystemische Handlungen (z.B. körperliche Gewalt, Übergabe von Geldscheinen), sondern vor allem durch *Kommunikationsprozesse* ermöglicht bzw. unterstützt wird.[780] Dies wird deutlich, wenn man nochmals auf die üblichen Aufzählungen individueller oder gesellschaftlicher Kommunikationsfunktionen blickt. Die konkreten Ziele, die dort unter die Kategorien »Sozialisation«, »Information« und »Identitätsbildung« gefaßt werden,[781] sind letztlich nur inhaltliche Beschreibungen von Mitteln, die zur sozialen Orientierung und Bedürfnisbefriedigung dienen. Besonders deutlich wird dies bei der Kommunikationsfunktion »Information« bzw. »Wissensbildung«. Wir rezipieren eine Mitteilung im allgemeinen nicht um ihrer selbst willen, sondern weil wir dadurch in die Lage versetzt werden, das Scheitern unserer Handlungen (mit der wir im sozialen Kontext immer rechnen müssen) zu vermeiden. Ein Beispiel mag dies belegen: Gruppenspezifische Arbeitsanweisungen werden deshalb zur Kenntnis genommen, weil die Handlungen der Beteiligten dadurch zu einem gemeinsamen Wertschöpfungsprozeß verknüpft werden. Erst dadurch wird jeder einzelne Mitarbeiter in die Lage versetzt, seine individuellen Bedürfnisse nach Einkommen, sozialer Geltung usw. zu befriedigen. Kommunikationsprozesse sind hier ein Mittel zum Zweck. Sie dienen der Verknüpfung sozialer Handlungen oder Elemente zu einem gemeinsamen Handlungszusammenhang, in dem die Konfliktpotentiale von Arbeitsteiligkeit und Ressourcenverteilung bewältigt werden.

Wir vertreten die These, daß die soziale Integration aus sozialtheoretischer Sicht das zentrale, weil für das gesellschaftliche Zusammenleben existentiell wichtige Ziel der Kommunikation ist. Dies gilt insbesondere für die Unternehmenskommunikation, bei der wir es stets mit korporativen, multipersonalen Akteuren zu tun haben, die in einem mehrdimensionalen Geflecht sozialer Beziehungen agieren. Wir müssen deshalb genauer fragen, *wie* Kommunikationsprozesse in modernen Gesellschaften zur sozialen Integration beitragen können, d.h. welche Rolle die Kommunikation bei verschiedenen Mechanismen der sozialen Integration übernimmt.[782] Mit der Beantwortung dieser Frage präzisieren wir unsere grundlegenden Erwägungen, in denen wir verschiedene *Formen* (Integration i.e.S. vs. Koordination), *inhaltliche Aspekte* (Mittelkonflikte, Zweckkonflikte, Situationsdefinitionen und Handlungsinterpretationen), *raumzeitliche Dimensionen* (Nahbereich vs. Fernbereich) sowie *Ansatzpunkte* (Intentionen der Akteure vs. Merkmale der Situation) der sozialen Integration herausgearbeitet haben.[783] Die Zusammenführung unserer sozialtheoretischen und kommunikationstheoretischen Überlegungen ermöglicht eine differen-

---

779 Vgl. oben S. 114 ff.

780 Vgl. ausdrücklich Lorenz 1995a, S. 35, ferner Heath 1994, S. 32 ff.

781 Vgl. etwa Burkart 1995c, S. 355 ff.

782 Vgl. Kanngießer 1976, S. 283 f.

783 Vgl. oben S. 114 ff.

zierte Sichtweise der kommunikativen Sozialintegration, die für den weiteren Gang der Untersuchung von zentraler Bedeutung ist.

### *4.3.2 Kommunikative Sozialintegration im Nahbereich*

In Situationen von Kopräsenz präsentiert sich die Vernetzung disparater Handlungen und Interessen als ein Problem, das mit einer Fülle verschiedener Mechanismen gelöst werden kann. Dabei kommt im Prinzip das ganze Spektrum kulturell tradierter Kommunikationssequenzen zum Einsatz: Im direkten Gespräch können wir beispielsweise Anweisungen geben, Verhandlungen führen, uns beraten und in einen situationsdistanzierten Diskurs eintreten. Stets geht es darum, Bedeutungen zu vermitteln, um andere Akteure zu beeinflussen und damit die Konfliktpotentiale von Arbeitsteiligkeit und Ressourcenverteilung zu bewältigen. Kommunikationshandlungen zeitigen immer dann soziale Folgen, wenn sie auf vorgängig legitimierte Beziehungen wie Autoritätsverhältnisse (Instruktionen) oder Lehrsituationen (Unterweisungen) verweisen, oder wenn sie in Ermangelung einer solchen normativen »Deckung« eine unmittelbare Integrationskraft entfalten, die an den Intentionen der beteiligten Akteure ansetzt (Beratungen, Diskurse).

Die *intentionale* Vorgehensweise ist an dieser Stelle von besonderer Bedeutung, weil sie in der Lage ist, sämtliche inhaltliche Aspekte der Integration aufzugreifen. Im Gegensatz zu den *situationsbezogenen* Typen der Einflußnahme (Manipulation, Instruktion) können in gemeinsamen Beratungen nicht nur poietische Handlungen angepaßt, sondern auch (inter)subjektive Zwecksetzungen harmonisiert und strittige Situationsdeutungen bzw. Handlungsinterpretationen geklärt werden.[784] Problembezogene und situationsverhaftete Interaktionen können gegebenenfalls durch reflexive Diskurse (Metakommunikation) ergänzt werden. Die Kommunikation wird in diesem Fall zur zentralen – und einzig möglichen – „Quelle der sozialen Integration“,[785] weil die Absichten kompetenter Akteure grundsätzlich nur kommunikativ und nicht etwa durch instrumentelle Handlungen beeinflußt werden können. Eine solche *kommunikative Integration* bleibt jedoch auf ein Reservoir gemeinsamer Regeln und Ressourcen angewiesen, das gegebenenfalls erst in kooperativen Lehr- und Lernprozessen aufgefüllt werden muß. Diese Einsicht verweist auf die kulturelle Dynamik der kommunikativen Interessenabstimmung: Die Integrationskraft kommunikativer Handlungen entfaltet sich stets innerhalb bestimmter Lebensformen, und sie schwindet mit einer zunehmenden Distanz zwischen verschiedenen Kulturen und Subkulturen. Eine Überwindung dieser Distanz setzt wiederum voraus, daß man auf ausdifferenzierte Formen der vermittelten und (massen)medialen Kommunikation verzichtet und sich dem Idealtyp eines dialogischen, personalen und direkten Gesprächs annähert, das in *gemeinsame Handlungszusammenhänge* eingebettet bleibt. Dabei ist wiederum der Argumentation ein Primat vor der Persuasion einzuräumen: Die all-

784 Vgl. oben S. 133 f.
785 Habermas 1988, S. 69.

tägliche Erfahrung lehrt uns ja immer wieder, daß Situationsdeutungen und Handlungsorientierungen, die auf Überzeugung und guten Gründen beruhen, deutlich stabiler sind als solche, zu denen man überredet wurde. In jedem Fall ist der Ausgang solcher *primären Kommunikationsprozesse* von der *kommunikativen Kompetenz* der beteiligten Akteure abhängig. In persuasiven Sequenzen entscheiden vor allem rhetorische Fähigkeiten und andere körperliche Attribute über den Erfolg eines Beeinflussungsversuchs. In argumentativen Dialogen ist es dagegen der „eigentümlich zwanglose Zwang des besseren Argumentes“,[786] der den Ausschlag gibt.

Diese Überlegungen zeigen, daß das argumentative, in gemeinsame Handlungszusammenhänge eingebettete Gespräch zwischen anwesenden Akteuren zum Prototyp einer kommunikativen Integrationsform wird, die eine Ausbildung gemeinsamer Orientierungen *und* die Lösung mannigfaltiger Konfliktlagen auf der Basis konventioneller Kommunikationsstrukturen ermöglicht.[787] Alle anderen Formen der (kommunikativen) Integration müssen von dieser primären Basis her legitimiert werden.[788] Dies gilt nicht nur für handlungsprägende Moral- und Rechtsordnungen, sondern auch für die entsprachlichten Koordinationsmechanismen von Markt und administrativer Autorität. Der Vorteil solcher *abstrakter Integrationsformen* kann darin gesehen werden, daß sie von situationsspezifischen Bedingungen abstrahieren und deshalb in der Lage sind, Handlungsinterdependenzen zwischen räumlich bzw. zeitlich getrennten Akteuren zu regeln. Sie erlangen deshalb im Fernbereich, in dem der Idealfall eines direkten Gesprächs zur Ausnahme wird, besondere Relevanz.

### *4.3.3 Kommunikative Sozialintegration im Fernbereich*

Das konstitutive Merkmal moderner Gesellschaften, auf das wir bereits im Rahmen unserer sozialtheoretischen Überlegungen hingewiesen haben, ist die Entflechtung sozialer Handlungszusammenhänge. Beziehungen zwischen verschiedenen Akteuren werden nicht mehr alleine in Situationen von Kopräsenz gestaltet, sondern in zunehmendem Maße über unbestimmte Raum-Zeit-Distanzen hinweg verknüpft.[789] Dabei kommen spezifische Integrationsformen zur Anwendung, die den leistungsfähigen, aber an die Voraussetzung der Kopräsenz gebundenen Mechanismus der kommunikativen Integration für bestimmte Kontexte *spezifizieren* oder *ersetzen*. Beispiele sind die Rechtsordnung und der Markt, aber auch Prestige- und Moralordnungen, die einen normativen Rahmen für konkrete Interaktionsprozesse bereitstellen und insofern

786 Habermas 1971, S. 137.

787 Vgl. Jensen 1980, S. 169 f., sowie Habermas 1980, S. 74 ff., und Peters 1993, S. 229 ff.

788 Die rationale Beratung wird damit zur Folie, an der sich alle Überlegungen zur Vernetzung disparater Handlungszusammenhänge in ausdifferenzierten Gesellschaften messen lassen müssen. Vgl. hierzu vor allem Peters 1994, S. 230 ff., der das sozialphilosophische Plädoyer für einen Vorrang der intentionalen Sozialintegration – vgl. z.B. Habermas 1987b, Lorenzen 1987, S. 228 ff. – soziologisch übersetzt, und im betriebswirtschaftlichen Zusammenhang (»Politik vor Markt«) Steinmann/Gerum 1978, insbes. S. 60 ff., P. Ulrich 1986, Steinmann/Schreyögg 1993, S. 78 ff., Steinmann/Löhr 1994a, S. 76 ff.

789 Vgl. oben S. 122 ff.

kontingenzentlastend wirken. Diese Mechanismen nehmen zumeist symbolische Medien in Anspruch, die eine geringere Bedeutungsvarianz als sprachliche Kommunikationshandlungen aufweisen (Macht, Geld, Einfluß, Wertbindung) und dadurch in der Lage sind, den veränderten Integrationsbedarf in ausdifferenzierten Gesellschaften aufzugreifen.

Wir wollen im folgenden der Frage nachgehen, welche Rolle der *Kommunikation* in diesem Zusammenhang zukommt; genauer noch: wie kommunikative Handlungen die über Interaktionsmedien und ausdifferenzierte Mechanismen gesteuerte Integration im Fernbereich sicherstellen bzw. unterstützen können. Dabei orientieren wir uns wiederum an den klassischen Typologien von Parsons und Habermas, die allerdings um einige weiterführende Überlegungen zu ergänzen sind.[790] Wir werden zunächst zeigen, daß kommunikativ vermitteltes Vertrauen und ebenso erzeugte Images einen wesentlichen Beitrag zur prinzipiellen *Konstitution und Legitimation* abstrakter Integrationstypen leisten. In weiteren Schritten wird dann zu diskutieren sein, wie konkrete Handlungen und Interessen qua Kommunikation *verknüpft* werden können, wenn verschiedene Strukturkomplexe eine normative Deckung bereitstellen. Damit schlagen wir vor, zwischen den prinzipiellen und situativen Integrationsfunktionen kommunikativer Handlungen zu unterscheiden. Diese Abgrenzung ist selbstverständlich analytischer Natur; sie soll den Blick für die Mehrdimensionalität konkreter Kommunikationsprozesse schärfen.

#### 4.3.3.1 Kommunikationsprozesse als Voraussetzung abstrakter Integrationsmechanismen

Der Übergang von persönlichen zu abstrakten Interaktionen ist dadurch gekennzeichnet, daß die beteiligten Akteure den konkreten Vermittlungszusammenhang nicht mehr vollständig beurteilen und beherrschen können. Wir haben oben bereits darauf hingewiesen, daß dies sowohl für die Funktionsfähigkeit sozialer Integrationsmechanismen – man denke an die Komplexität realer Marktprozesse – als auch für die Eigenschaften unbekannter Interaktionspartner gilt. Die Beteiligten müssen in raumzeitlich ausdifferenzierten Handlungszusammenhängen darauf *vertrauen,* daß ihre Einschätzungen von Personen, Institutionen und Strukturen zuverlässig sind. Und diese Perzeptionen stützen sich vor allem auf facettenhafte *Images* und nicht etwa auf lebensweltlich eingebettetes Wissen und Können.[791] Vertrauen und Images beruhen zum Teil auf partiellen Erfahrungen, die an konkreten Zugangspunkten zu den abstrakten Elementen entflochtener Handlungszusammenhänge, also im Nahbereich, gemacht werden. Damit wird die prinzipielle Rückbindung aller abstrakten Integrationsformen an Kontexte der Kopräsenz deutlich. Vertrauensbeziehungen und handlungsprägende Vorstellungsbilder beruhen aber vor allem auf den *kommunikativ* geäußerten Behauptungen und Meinungen von

790 Parsons (1980a, 1980b) und Habermas (1980, 1987b, S. 269 ff. und S. 384 ff.) unterscheiden in ihren soziologischen Medientheorien Märkte, administrative Hierarchien, Prestige- und Wertordnungen als prinzipielle Integrationstypen; vgl. im Überblick auch Künzler 1989.

791 Vgl. zum Vertrauens- und Imagebegriff oben S. 125 ff.

verschiedenen Vertrauensmittlern, von Bezugspersonen und Massenmedien, die selbst glaubwürdig sind.

Damit wird deutlich, daß Kommunikationshandlungen eine unabdingbare *Voraussetzung* jeglicher Sozialintegration im Fernbereich sind. Mit *vertrauensbildenden Maßnahmen* und *imagepolitischen Strategien* sollen abstrakte Integrationsmechanismen generiert und legitimiert werden, die dann im Einzelfall eine handlungsprägende Kraft entfalten können. Beispiele für Kommunikationshandlungen, bei denen dieser prinzipielle Aspekt im Vordergrund steht, finden sich in allen Bereichen des gesellschaftlichen Lebens. Regierungen und Behörden lancieren unablässig Mitteilungen, um das Vertrauen in die Funktionsfähigkeit des Rentensystems, der Rechtsordnung und ähnlicher Mechanismen zu stärken. Politiker, Schauspieler und Sportler bemühen sich in persönlichen Gesprächen und Pressekonferenzen um den Aufbau eines spezifischen Imageprofils, in dem prestigefördernde Persönlichkeitsattribute (Fachkompetenz, Glaubwürdigkeit, Leistungsfähigkeit) verankert sind. Parteien und Interessenverbände diskutieren über die Weiterentwicklung und Legitimation der Wirtschaftsordnung, die einen normativen Rahmen für die Koordination ökonomischer Handlungen bereitstellt. In jedem Fall geht es nicht um die Bewältigung konkreter Zweck- und Mittelkonflikte oder um die Interpretation strittiger Handlungen, sondern um die Erarbeitung eines *normativen Rahmens,* der verschiedene Subkulturen und Lebensformen überspannt. Damit bleibt jedoch noch dahingestellt, welche Integrationsprobleme durch die verschiedenen Mechanismen gelöst werden können, und welche Rolle die Kommunikation dabei übernimmt – darauf wird noch einzugehen sein.

Die entscheidende Frage ist zunächst, wie eine *kommunikative Gestaltung von Vertrauens- und Imageprozessen* aussehen kann. Im Prinzip bieten sich hier wieder alle Formen der argumentativen und persuasiven Einflußnahme an. Zusätzlich wird die Informationsorientierung relevant, weil sich massenmedial vermittelte Botschaften häufig an verschiedene Adressaten und Zielgruppen richten und dort unterschiedliche Folgen zeitigen (sollen). Welche Vorgehensweise sich hier empfiehlt, kann letztlich nur vor dem Hintergrund konkreter sozialer Gegebenheiten beurteilt werden. Tendenziell kann man jedoch für einen Vorrang argumentativer Kommunikationsprozesse plädieren. Von entscheidender Bedeutung ist nämlich, ob die erzeugten Images und Vertrauensbeziehungen relativ stabil sind, oder ob die gesamtgesellschaftliche Integration durch ihre Labilität gefährdet wird. Und daß Images und Vertrauensbeziehungen, die auf Überzeugung und guten Gründen beruhen, tendenziell stabiler sind als sozialtechnologische Varianten, die durch persuasive Mitteilungen erzeugt werden, das können wir Tag für Tag aufs neue erfahren. Die Überredung ist ein unsicheres Fundament, das immer dann ins Wanken gerät, wenn bei der partiellen Wiedereinbettung ausdifferenzierter Handlungszusammenhänge in konkrete Kontexte Widersprüche auftreten. Dies wäre z.B. dann der Fall, wenn ein Politiker während einer Podiumsdiskussion nicht die gleiche Schlagfertigkeit ausstrahlt, wie es uns seine Fernsehspots vermitteln wollen, oder wenn die konkreten Eigenschaften und die beworbenen Merkmale eines Konsumgutes stark differieren. Das Postulat von Merten, daß die „Verpflichtung auf Wahrheit ... für ein Image nicht bindend, sondern überflüssig“ [792] ist, gilt also nur, wenn man aus methodologischen Gründen nicht nur die positivistische Fiktion einer objektiven Welt, sondern *jegliche* Möglichkeit einer intersubjektiven Bedeutungsgenese negiert.[793] Vor dem Hintergrund der von uns skizzierten Dualität indirekter und direkter Prozesse der Image- und Vertrauensbildung ist eine differenziertere Sichtweise angebracht. Die Stabilität kommunikativ vermittelter Vorstellungsbilder und Vertrauensbeziehungen sinkt in dem Ausmaß, in dem eine *potentielle* Kluft zwischen Images bzw. Vertrauen und konkreten Erfahrungen auftritt. Aus diesem Grund plädiert die amerikanische PR-Forschung zu Recht für eine Übereinstimmung von Reden und Handeln, für eine Vermeidung von Diskrepanzen zwischen kommunikativen Äußerungen und lebensweltlich eingebetteten Aktivitäten.[794] Dies bedeutet jedoch nicht, daß persuasiv konstruierte Images und unbegründete Appelle an unser Vertrauen gänzlich zu verwerfen wären. Sie erfüllen bei der Genese abstrakter Integrationsmechanismen eine (auch empirisch) wichtige Rolle, die auf die Interdependenz verschiedener Vertrauens- und Imageprozesse zurückzuführen ist. Um ein plastisches Beispiel zu nennen: wenn wir von der Glaubwürdigkeit unserer Bezugspersonen überzeugt sind, dann verschafft ihnen dies die Möglichkeit, uns durch persuasive Aussagen ein relativ stabiles Image anderer Akteure und Systeme zu vermitteln. Im Extremfall mag dies zum Aufbau manipulativer Scheinwelten führen, die erst dann zusammenbrechen, wenn ihre Widersprüchlichkeit im täglichen Handeln erfahren wird. Diese immanente Labilität persuasiver Muster läßt es sinnvoll erscheinen, auch in diesem Zusammenhang von einer systematischen Vorordnung argumentativer Prozesse auszugehen.

Als Zwischenergebnis können wir festhalten, daß Kommunikationsprozesse einen *prinzipiellen* Beitrag zur sozialen Integration im Fernbereich leisten, wenn sie Images vermitteln und das Vertrauen in abstrakte Integrationsmechanismen und Situationseinschätzungen stärken. Im Anschluß stellt sich dann die Frage nach den darüber hinausgehenden, *situativen* Integrationsleistungen. Grundsätzlich bietet es sich an, hier zwischen intentionalen und situationsbezogenen Formen der kommunikativen Einflußnahme zu unterscheiden. Dagegen ist eine gesamtgesellschaftliche Integration durch (massenmediale) Information vor dem Hintergrund unserer kommunikationstheoretischen Überlegungen nicht denkbar.[795] Die Informationsverbreitung ist nur eine Vorstufe bzw. Abstraktionsebene der persuasiven oder argumentativen Einstellung, auf deren situative Relevanz wir im folgenden eingehen wollen. Wir orientieren

---

792 Merten 1992, S. 43.

793 Auf die »Irrwege der Imagekonstrukteure«, die wie Merten auf den radikalen Konstruktivismus bauen und damit den intersubjektiven Wahrheitsanspruch zugunsten einer Anschlußfähigkeit subjektiver Handlungen fallen lassen, haben wir in Zerfaß/Scherer 1995 hingewiesen.

794 Vgl. L.A. Grunig 1993 und Dozier 1993, die beide zwischen asymmetrischen (persuasiv erzeugten) und symmetrischen (mit erfahrbaren Eigenschaften und Handlungsweisen übereinstimmenden) Imagekonzeptionen unterscheiden.

795 Vgl. oben S. 186 f.; zu dieser Integrationsvorstellung vgl. Ronneberger 1978 und ders. 1977a.

uns dabei an dem *Bezugsrahmen,* der in Abb. 12 aufgespannt wird. Er weist auf drei prinzipielle Ansatzpunkte der kommunikativen Sozialintegration hin. Neben der unmittelbaren Handlungsverknüpfung im Nahbereich sind dies die gerade diskutierten Vertrauens- und Imageprozesse sowie verschiedene Formen der Sozialintegration im Fernbereich. Wir schlagen vor, auf dieser dritten Ebene zwischen generalisierten, normierten und kommunikativ unterstützten Formen der Einflußnahme zu unterscheiden.

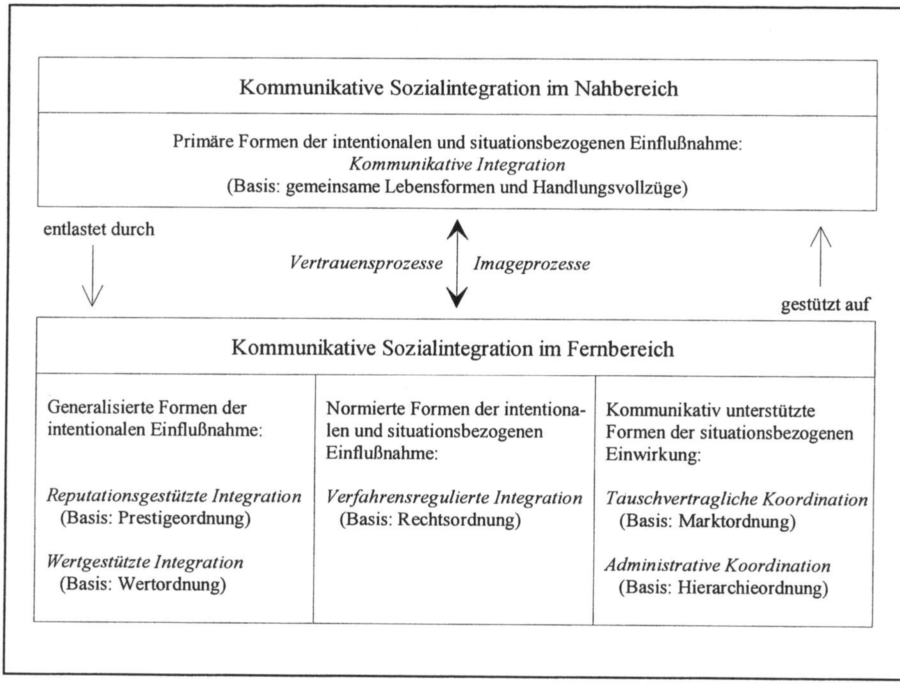


*Abb. 12: Kommunikation und soziale Integration*

Die Abgrenzung dieser drei Integrationstypen orientiert sich an den medientheoretischen Überlegungen von Habermas, der in seiner »Theorie des kommunikativen Handelns« zunächst einen Dualismus von intentionalen und situationsbezogenen Medien gezeichnet hat.[796] Während Einfluß und Wertbindung an den Absichten der Akteure ansetzen, rekurrieren Geld und administrative Macht auf empirisch motivierte Bindungen – ihre Koordinationsfunktion entfaltet sich nicht in den Köpfen, sondern hinter dem Rücken der Beteiligten. Den Brückenschlag zwischen diesen Formen, aber auch die Verankerung in lebensweltlichen Kontexten geschieht durch das zweideutige Medium des Rechts. Dieses Medium, dessen Bedeutung Habermas und Peters in ihren neueren Untersuchungen zur Rechtssoziologie und Demokratietheorie heraus-

796 Vgl. Habermas 1987b, S. 269 ff. und S. 413 ff.

gearbeitet haben, nimmt in der Rechtsetzung die Impulse intentionaler Kommunikationsprozesse auf. Zugleich manifestiert es sich in den kodifizierten Strukturen des positiven Rechts, mit denen Interaktionssituationen geprägt und beeinflußt werden.[797]

#### 4.3.3.2 Intentionale Integration durch generalisierte Kommunikation: Reputation und Wertsysteme

Der Standardfall der *intentionalen Integration* ist dadurch gekennzeichnet, daß die Beteiligten wechselseitig versuchen, ihre Absichten zu verändern, um so zu gemeinsamen Situationsdeutungen und Handlungsplänen zu gelangen. Im Prinzip setzt dies voraus, daß plausible Begründungen vorgebracht und gegebenenfalls diskursiv geklärt werden. Eine solche Vorgehensweise trifft immer dann auf Schranken, wenn der Handlungskontext eine differenzierte Argumentation verbietet. Von besonderer Bedeutung ist dies im Fernbereich, in dem sich direkte, personale und dialogische Kommunikationsprozesse nur schwer realisieren lassen. Die Erzeugung von Folgebereitschaft setzt hier voraus, daß *generalisierte Kommunikationsformen* wie Einfluß und Wertbindung zum Einsatz kommen.

Diese beiden Steuerungsmedien *entlasten* leistungsfähige, aber an die Anwesenheit der Akteure gebundene Kommunikationsprozesse, indem sie das prinzipiell offene Spektrum symbolischer Einflußstrategien einschränken. Durch die Spezialisierung und Hierarchisierung der Kommunikation wird zugleich die Komplexität sozialer Integrationsprozesse reduziert.[798] Die Abstimmung disparater Handlungen und Interessenlagen beruht dann nicht mehr *unmittelbar* auf argumentativen oder persuasiven Vorgehensweisen, sondern auf der einheitsstiftenden Kraft von *Prestige- und Wertordnungen,* die als Deckungsreserve dienen und in konkreten Kommunikationsprozessen »angezapft« werden. Diese normativen Hintergrundstrukturen sind das kondensierte Ergebnis vorangegangener Kommunikationsprozesse, in denen Ansehen erworben und moralische Geltung begründet wurde. Generalisierte Kommunikationsformen bleiben damit im Kern auf die gleichen kommunikativen Ressourcen angewiesen, die aus dem Nahbereich bekannt sind.[799] Fachliche Reputation und moralische Führerschaft können nicht instrumentell erzwungen, sondern nur vertrauensvoll erworben werden. Im Grundsatz geht es also weiterhin um eine *intentionale Einflußnahme,* die nur dann zur situationsgebundenen Einwirkung degeneriert, wenn man „von nichtmanipulierbaren Gütern einen manipulativen Gebrauch macht“,[800] d.h. Vertrauen und Images sozialtechnologisch erzeugt oder ausbeutet. Der intentionale Charakter und die praktische Verankerung generalisierter Kommunikationsformen führt dazu, daß sie nicht gesondert legitimiert werden müssen.[801] Prestige- und Wertordnungen sind vielmehr eine *notwendige* Konsequenz der Moderne, in der die Entflechtung und Ausdiffe-

797 Vgl. Peters 1991, S. 28 ff., Habermas 1992, S. 57 ff. und S. 150 ff. Habermas (1987b, S. 257 ff. und S. 522 ff.) hat die Rolle des Rechts in der »Theorie des kommunikativen Handelns« eher beiläufig diskutiert, dieses Thema aber später zusammen mit Maus, Peters, Wingert u.a. vertieft und zur Diskussion gestellt. Vgl. neuerdings auch Castendyk 1994, Münch 1995, S. 178 ff.

renzierung von Handlungszusammenhängen eine Rationalisierung primärer Einflußformen erzwingt. Diese rationalisierten Integrationstypen sollen im folgenden kurz skizziert werden.

(1) Reputationsgestützte Integration

Probleme der sozialen Integration können zunächst gelöst werden, wenn es einzelnen Personen und Organisationen aufgrund ihrer *Reputation* gelingt, andere Beteiligte zu *belehren* und so auf ihre Absichten einzuwirken. Die Reputation mag dabei auf technischen Fertigkeiten (handwerkliches Geschick), intellektuellen Fähigkeiten (Expertenwissen), individuellen Charakterzügen (Zuverlässigkeit, Glaubwürdigkeit, Dignität) oder anderen Eigenschaften bzw. Imagedimensionen beruhen. In jedem Fall werden die betreffenden Akteure in die Lage versetzt, „mit Erklärungen auf die Überzeugungen anderer, auch auf die kollektive Meinungsbildung Einfluß zu nehmen, ohne im einzelnen Gründe darzulegen oder Kompetenzen nachzuweisen".[802]

Die Ausübung von kommunikativem *Einfluß* durch Meinungsäußerungen, Interpretationen und Gutachten wirkt demnach nicht wie ein argumentativer Vorschlag, sondern wie eine autoritative bzw. persuasive Weisung.[803] Auf einer allgemeinen Ebene kann man Einfluß als die Fähigkeit bezeichnen, andere zu einem gewünschten Handeln zu motivieren, indem Kenntnisvorsprünge ausgenutzt werden.[804] Die Ausübung von Einfluß wird nicht durch die Verifikation einzelner Kommunikationshandlungen, sondern durch die Sicherstellung des prinzipiellen Rechts auf nicht zu überprüfende Äußerungen gerechtfertigt. Parsons schreibt: „Nicht was jemand sagt – der Inhalt – ist von Bedeutung, sondern es kommt darauf an, welches »Recht« jemand hat, ernst genommen zu werden, unabhängig von der inneren Triftigkeit dessen, was er sagt".[805] Solche Rechte werden deshalb eingeräumt, weil Kompetenz und Wissen in unseren Gesellschaften unterschiedlich verteilt sind. Es bietet sich deshalb an, die andauernde Nachprüfung von Behauptungen und Aufforderungen dadurch zu ersetzen, daß den Situationsdeutungen und Handlungsplänen der besser Informierten ein Vorrang eingeräumt wird. Dies gilt bereits für face-to-face-Interaktionen, bei denen vielfach die Meinung desjenigen zählt, um dessen Wissensvorsprung man aus persönlicher Erfahrung weiß.[806] Im Fernbereich stützt sich die Bereitschaft, die Selektionen anderer Akteure ungeprüft

798 Vgl. Habermas 1987b, S. 272.

799 Vgl. Habermas 1987b, S. 273.

800 Habermas 1987b, S. 410 (im Original kursiv); vgl. auch Jensen 1980b, S. 40.

801 Vgl. Habermas 1987b, S. 273 f.

802 Habermas 1980, S. 91.

803 Dieser Zusammenhang von Einfluß und Persuasion zeigt sich bereits in der Konvergenz der grundlegenden Ausführungen von Parsons (1980b, S. 146 ff.) zur sozialen Wirkung des Einflusses mit unseren Überlegungen zum persuasiven Kommunikationsstil (vgl. oben S. 185).

804 Vgl. grundlegend Parsons 1980b sowie die Interpretation von Jensen 1980b, insbes. S. 36 ff.

805 Parsons 1980b, S. 153. Vgl. in diesem Zusammenhang auch die Überlegungen von Peters (1991, S. 237 ff.) zur Abgrenzung argumentativer und autoritativer Entscheidungsverfahren.

806 Vgl. Jensen 1980b, S. 37 ff.

zu übernehmen, auf das Vertrauen in die prinzipielle Existenz zuverlässiger *Prestigeordnungen* und in die korrekte Einschätzung der Position, die bestimmten Personen oder Organisationen innerhalb dieser Ordnungen zukommt.[807] Ein alltägliches Beispiel ist die persönliche Meinungsbildung zu gesellschaftspolitischen Themen, bei der man den massenmedial verbreiteten Aussagen verschiedener Akteure ein unterschiedliches Gewicht einräumt. Dies geschieht erstens, weil wir vermuten, daß bestimmte Personen aufgrund ihrer Erfahrung oder beruflichen Spezialisierung in einzelnen Fragen besonders kompetent sind. Zudem vertrauen wir darauf, daß die von uns oder zwischengeschalteten Mittlern (z.B. Journalisten) vorgenommene Kompetenzzuweisung stimmig ist, d.h. daß beispielsweise ein volkswirtschaftliches Institut mehr einschlägiges Wissen über die Konjunkturentwicklung akkumuliert hat als ein beliebiger Wirtschaftspolitiker oder Unternehmer.

Status und Meinungsführerschaft sind dabei keine generellen Eigenschaften, die bestimmten Akteuren anhaften.[808] Sie repräsentieren vielmehr *relative* Positionen in *verschiedenen* gesellschaftlichen Prestigeordnungen, die eine normative Hintergrundstruktur für die Bearbeitung *bestimmter* Fragestellungen und Problemlagen bilden.[809] Dies erklärt, warum das Ansehen von Industrieunternehmen und Naturwissenschaftlern bei technologischen Fragen unverändert hoch ist, während sie bei anderen, z.B. ökologischen oder sozialpolitischen Themen, einen deutlich geringeren Status genießen. Gesellschaftliche Prestigeordnungen unterliegen ganz prinzipiell einer immanenten Dynamik und Verschiebung, weil sie verschiedene Kontexte überspannen, aber gleichwohl in konkreten Erfahrungszusammenhängen verankert bleiben. Ihre Ausbildung und Fortentwicklung ist letztlich die Voraussetzung dafür, daß in ausdifferenzierten Gesellschaften mit kommunikativen Handlungen Einfluß ausgeübt und soziale Integrationsleistungen erbracht werden können.[810]

(2) Wertgestützte Integration

Der Rekurs auf gemeinsame Wertkomplexe bietet einen weiteren Ansatzpunkt zur kommunikativen Bewältigung von Mittel- und Zweckkonflikten und zur Erarbeitung gemeinsamer Deutungsrahmen. In diesem Fall wird die Folgebereitschaft dadurch erzeugt, daß man an gemeinsame Vorstellungen des Guten, Gerechten oder Wahren *appelliert.* Bestimmte Akteure sind aufgrund ihrer moralischen Autorität und *Integrität* in der Lage, „mit Ermahnungen bei anderen die Bereitschaft hervorzurufen, konkrete Verpflichtungen zu übernehmen, ohne im einzelnen Gründe aufzuführen oder Legitimationen nachzuweisen".[811] Diese ungleich verteilte Fähigkeit, sich in konkreten Handlungszusammenhängen für die Verwirklichung *gemeinsamer* Werte einzusetzen, hat

807 Vgl. Jensen 1980b, S. 36 ff., Habermas 1987b, S. 272 und S. 417.
808 Vgl. Eisenstein 1994.
809 Dabei kann die relative Rangposition in einer Prestigeordnung (Beruf) natürlich auf diejenige in anderen Hierarchien (Familie, Kommune) übertragen werden; vgl. Parsons 1980b, S. 172 f.
810 Vgl. Habermas 1987a, S. 419.
811 Habermas 1987a, S. 408.

Parsons in seinen medientheoretischen Überlegungen als »commitments« (Wertbindungen) bezeichnet.[812]

Kritische oder ermutigende Äußerungen können einen Beitrag zur sozialen Integration leisten, weil sie von den Betroffenen mit bereits internalisierten Strukturen verknüpft werden. Sie werden akzeptiert, weil sie kraft ihrer Beziehung zu tieferen Gründen als alternativenlose »wahre Wahl« erscheinen.[813] Voraussetzung ist dabei wieder, daß die notwendige normative Deckung in Form einer gemeinsamen, auf die jeweilige Problemlage bezogenen *Wertordnung* existiert. Hier ist analog zu den Prestigehierarchien davon auszugehen, daß man in modernen Gesellschaften auf verschiedene, einander überlappende und mehr oder minder weitreichende Komplexe zurückgreifen kann. Ein Beispiel sind wissenschaftliche Kontroversen, bei denen man auf anerkannte Standards der prinzipiellen Nachprüfbarkeit und Begründbarkeit verweisen kann, oder moralische Dispute, bei denen die Erinnerung an grundlegende Menschenrechte oder gruppenspezifische Kodizes sinnvoll erscheint. Eine zweite Voraussetzung der wertgestützten Integration ist dann die persönliche bzw. korporative *Integrität* derjenigen, die eine entsprechende Kritik oder Mahnung äußern. Der Verweis auf gemeinsame Wertvorstellungen entfaltet nur dann eine einheitsstiftende Kraft, wenn der Kommunikator selbst als legitimer Advokat dieser Normen angesehen wird. Dieser Aspekt erlangt in alltäglichen Zusammenhängen immer wieder Relevanz, wenn die Appelle von Politikern oder Unternehmen an den Gemeinsinn anderer Akteure deswegen ungehört verhallen, weil sich die Redner bei früheren Gelegenheiten mit opportunistischen oder gar illegalen Handlungen (Begünstigung, Bestechung) moralisch diskreditiert hatten.

Die wertgebundene Integration beruht also letztlich auf Vertrauens- und Imageprozessen, die an vorgängige Kommunikationsprozesse und Erfahrungen gekoppelt bleiben. Sie wird deshalb zu Recht als spezialisierter Fall der intentionalen Integration im Fernbereich bezeichnet.[814]

#### 4.3.3.3 Integration durch verfahrensregulierte Kommunikation

Das selbstbezügliche Medium des *Rechts* trägt in zweifacher Weise zur Integration entflochtener Handlungszusammenhänge bei. Rechtskommunikation schafft im Zuge der *Rechtsetzung* formale und inhaltliche Strukturen, die als legale Bezugspunkte der sozialen Integration dienen. Dies ist der Fall, wenn situationsbezogene Koordinationsmechanismen (z.B. die marktwirtschaftliche Ordnung) und positive Regeln des Zusammenlebens gesetzlich verankert werden.[815] Eine zweite Bedeutung kommt der Rechtskommunikation zu, wenn sie im Zuge der *Rechtsanwendung* auf bestehende Verfassungen und Rechtsordnungen verweist, um einen direkten Beitrag zur zielführenden und ambigui-

812 Vgl. Parsons 1980c; im Überblick auch Jensen 1980a, S. 186 ff, ferner Münch 1995, S. 214 ff.
813 Vgl. Jensen 1980b, S. 41 ff.
814 Vgl. Habermas 1987b, S. 410 ff.
815 Vgl. Habermas 1992, S. 150; mit empirischen Nachweisen insbes. Castendyk 1994.

tätsentlasteten Klärung von Zweck- und Mittelkonflikten bzw. Situationsdeutungen zu leisten.[816]

Die Erzeugung von Folgebereitschaft beruht damit auf der eigentümlichen Verschränkung von legitimer Geltung und faktischem Zwang, die Habermas in seinen rechtssoziologischen Untersuchungen herausgearbeitet hat.[817] Die *intentionale Dimension* der Rechtskommunikation ergibt sich aus der Ablösung erfahrungsgestützter Orientierungen, die sich in modernen Gesellschaften gleichzeitig in relativ durchlässige Prestige- und Wertordnungen *und* in einen Komplex verbindlicher Rechtsregeln ausdifferenzieren.[818] Die Rechtsordnung gleicht dabei die systematischen Schwächen nichtkodifizierter Normen aus, die ausschließlich in den Strukturen der Persönlichkeit internalisiert werden. Sie entlastet von den kognitiven, motivationalen und organisatorischen Anforderungen, die generalisierte Kommunikationsformen wie Einfluß oder Wertbindung an den einzelnen stellen.[819] In diesem Sinn kann man Verfahrensprinzipien des demokratischen Mehrheitsentscheids, der formalen Beweisführung und der Fristsetzung als Formen verstehen, mit denen Mitglieder einer abstrakten Gemeinschaft eine argumentative Auseinandersetzung führen können. Diese Prinzipien entspringen einem selbstbezüglichen Kreisprozeß, der auf die „Gleichursprünglichkeit von privater und öffentlicher Autonomie“ [820] verweist und sich nicht mehr theoretisch begründen, sondern nur exemplarisch erläutern läßt. In der Dualität von »Freiheit und Einheit« kommt zum Ausdruck, daß die individuellen Grundrechte einer selbstbestimmten Teilnahme an der gesellschaftlichen Meinungs- und Willensbildung unabdingbare Voraussetzungen sind, die den Status von Rechtsträgern begründen und damit erst die Ausübung einer kontextüberspannenden Volkssouveränität ermöglichen. Weil diese Rechte jeder Staatsgewalt systematisch vorausgehen, dürfen sie nicht als liberale Abwehrregeln mißverstanden werden. Umgekehrt beruhen die Grundrechte aber darauf, daß die Volkssouveränität im Prinzip gemeinsam und übereinstimmend ausgeübt werden soll. Dies bedeutet, daß der alltäglich erfahrbare Unterschied von konsensorientierter Argumentation und instrumenteller Machtausübung auch auf gesamtgesellschaftlicher Ebene reflektiert werden muß. Und eben dies geschieht in modernen Gesellschaften durch die Institutionalisierung demokratischer Grundrechte und Verfahrensregeln.

Eine aufschlußreiche Erklärung dieses Prozesses findet sich in neueren Ansätzen der Demokratietheorie. Habermas und Peters verknüpfen die republikanische Idee einer legitimationsstiftenden Beratung freier Bürger mit einer sozio-

816 Vgl. zu diesen dynamischen und statischen Aspekten des Rechts Peters 1991, S. 273 ff.; zu den empirischen Paradoxien der Rechtskommunikation auch Münch 1995, S. 193 ff.

817 Vgl. Habermas 1992, ferner Peters 1991.

818 Vgl. Habermas 1992, S. 135 ff.

819 Vgl. Habermas 1992, S. 145 ff.

820 Habermas 1992, S. 135. Vgl. nachfolgend ebenda, S. 151 ff., sowie Gröschner 1992, S. 72, Schachtschneider 1994, und mit betriebswirtschaftlichem Bezug Steinmann/Zerfaß 1993b, 1996.

logischen Rekonstruktion moderner Gesellschaften.[821] Sie spannen einen *deskriptiven Bezugsrahmen* auf, der das Verhältnis verschiedener Handlungsfelder und Öffentlichkeiten als Zusammenspiel zentraler, peripherer und intermediärer Strukturen konzeptionalisiert.[822] Der institutionelle Kern des politisch-administrativen Feldes umfaßt das parlamentarische System, die Regierungen, das Gerichtswesen und die Verwaltung. Dieses Zentrum zeichnet sich durch formelle Entscheidungskompetenzen aus. Universitäten, Kammern, Wohlfahrtsverbände, Standesvertretungen und ähnliche Institutionen mit Selbstverwaltungsrechten oder delegierten Kontroll- und Hoheitsfunktionen bilden eine Peripherie, die den Kernbereich direkt mit anderen Handlungsarenen verbindet. Daneben tritt eine Vielzahl intermediärer Institutionen, die zwischen dem politischen Raum und anderen Sphären vermitteln, indem sie Probleme artikulieren oder politische Entscheidungen implementieren. Beispiele sind Parteien, Interessenverbände und soziale Bewegungen.[823] Die Verbindungslinien zum politisch-administrativen Feld verlaufen über personelle Verquickungen (Besetzung von Positionen und Ämtern) und direkte Kommunikationsbeziehungen (Lobbying), vor allem aber über die Beeinflussung der öffentlichen Meinungsbildung.[824] Der Grund hierfür liegt auf der Hand: Intermediäre Organisationen okkupieren die gesellschaftspolitische Öffentlichkeit, weil sie einen Resonanzboden für gesellschaftsweite Probleme und Lösungsansätze bereitstellt.[825] Sie bildet eine Arena für die Bildung von *Einfluß*, der nicht nur direkt aktiviert werden kann (reputationsgestützte Integration), sondern auch und vor allem auf den politischen Prozeß einwirkt.[826] Politische Entscheidungsträger lassen sich von unisono artikulierten Themen und Wertungen beeinflussen, weil es ihnen kaum möglich ist, die Bevölkerungsmeinung direkt zu erfragen. Sie orientieren sich deshalb an der öffentlichen Meinung, und das heißt vor allem: an der veröffentlichten Meinung.[827] Das Massenmediensystem, seine Verarbeitungsstrukturen und die Interessenlagen der dort agierenden Akteure (Journalisten, Verleger) kommen ins Spiel, weil die gesellschaftspolitische Öffentlichkeit vor allem durch indirekte, technisch vermittelte Kommunikationsprozesse zwischen Abwesenden konstituiert wird.[828]

In *prozessualer Hinsicht* präsentiert sich das politisch-administrative Feld als ein System von Schleusen, das in verschiedenen Prozessen passiert werden muß.[829] Die Legitimität politischer Entscheidungen ist immer dann gewährlei-

---

821 Vgl. insbes. Habermas 1992, S. 349 ff., Peters 1993, S. 322 ff., im Grundsatz auch schon Habermas 1989c. Zu ähnlichen Ergebnissen kommen Gerhards/Neidhardt 1990, S. 8 ff., Gerhards 1991, Rucht 1991 und Fuchs 1993 aus systemtheoretischer Sicht.

822 Vgl. nachfolgend Peters 1993, S. 327 ff., Habermas 1992, S. 429 ff.

823 Vgl. Rucht 1991.

824 Vgl. zu diesen drei Verbindungslinien Gerhards 1993, S. 36 ff.

825 Vgl. oben S. 201 ff.

826 Vgl. zur Kennzeichnung der gesellschaftsweiten Kommunikation als Einflußkommunikation (im Parsonsschen Sinne) v.a. Habermas 1992, S. 438 ff., Gerhards 1993, S. 29 ff.

827 Vgl. Gerhards 1991, S. 4 ff., Peters 1993, S. 344 ff., von Beyme 1994.

828 Vgl. oben S. 243 sowie Gerhards/Neidhardt 1990, S. 23 ff., Habermas 1992, S. 451 ff., Schulz 1993b, S. 32 ff., und zu den Strukturen der Massenkommunikation oben S. 164 ff.

829 Vgl. nachfolgend Peters 1993, S. 327 ff., im Anschluß daran auch Habermas 1992, S. 429 ff.

stet, wenn peripher initiierte Kommunikationsflüsse demokratische und rechtsstaatliche Verfahren durchlaufen können. Dadurch werden mehrheitsfähige Meinungen in machtbewehrte Entscheidungen transformiert, die im Zuge der Rechtsetzung gesellschaftsweite Wirkung entfalten können.[830] Das verschafft der Rechtsetzung die notwendige Bodenhaftung in gemeinsamen Lebenszusammenhängen und ausdifferenzierten Handlungsräumen. Mit diesem normativen Modell deliberativer Politik wird ein neues Licht auf das Zusammenspiel dezentraler Interessenträger, intermediärer Institutionen und rechtsstaatlich verankerter Autorisierungsprozesse geworfen.[831] Im politischen Alltag laufen die meisten Entscheidungsprozesse jedoch nach Routinen ab, in denen der skizzierte Zusammenhang kaum zur Geltung kommt. Der *Routinemodus* der Rechtsgenese ist durch etablierte Verarbeitungsmechanismen und vermachtete Prozeßabläufe gekennzeichnet.[832] Politischer Einfluß beruht in diesem Fall auf der Nutzung persönlicher Netzwerke, auf ökonomischer Potenz und auf einer Instrumentalisierung des massenmedialen Systems.[833] Die gesellschaftspolitische Öffentlichkeit und die in ihr agierenden intermediären Institutionen gewinnen immer dann an Bedeutung, wenn diese Vorgehensweise kurzfristig – aber folgenreich – außer Kraft gesetzt wird. Das ist möglich, weil „die zivilgesellschaftliche Peripherie gegenüber den Zentren der Politik den Vorzug größerer Sensibilität für die Wahrnehmung und Identifikation neuer Problemlagen besitzt".[834] Einzelne Akteure können deshalb neue Problemsichten, Konfliktlinien und Lösungswege artikulieren, die trotz ihrer grundlegenden Bedeutung stark von herkömmlichen Denkstrukturen abweichen und insofern allgemeine Aufmerksamkeit erregen.[835] Der Druck von Protestbewegungen und öffentlicher Meinung erzwingt dann einen *außerordentlichen Problemverarbeitungsmodus,* bei dem sich die Entscheidungen wieder an den dezentral geäußerten Bürgerinteressen orientieren. Damit wird sichergestellt, daß sich das Zentrum der politisch-administrativen Macht nicht verselbständigt, sondern mit den legitimitätsstiftenden Kommunikationsprozessen im Nahbereich und in den ausdifferenzierten Handlungssphären verbunden bleibt.[836]

830 Diese Interpretation wendet sich gegen die Auffassung der autopoietischen Systemtheorie, daß die politische Sphäre in funktional differenzierten Gesellschaften keine einheitsstiftende Sonderrolle mehr wahrnimmt; vgl. Luhmann 1986, S. 167 ff., ders. 1993, S. 407 ff., Willke 1992, Marcinkowski 1993; zur Kritik insbes. Habermas 1992, S. 405 ff., Münch 1995, S. 27 ff.

831 Vgl. zu diesem Ansatz insbes. Habermas 1989c und ders. 1992, S. 349 ff.

832 Vgl. zum Normalmodus der politisch-administrativen Entscheidungsfindung Peters 1993, S. 344 ff., mit weiteren Argumenten auch Habermas 1992, S. 432 ff. und S. 451 ff.

833 Vgl. zum Verhältnis von Massenmedien und politischem Prozeß insbes. Gerhards 1991, Schulz 1993b. Auf entsprechende Einflußstrategien gehen wir unten auf S. 360 ff. ein.

834 Habermas 1992, S. 460. Als Beispiele verweist Habermas auf die großen gesellschaftspolitischen Themen der letzten Jahrzehnte (Abrüstung, Atomkraft, Weltwirtschaftsordnung, Ökologie, Immigration), die zunächst nicht von etablierten Kräften, sondern von Betroffenen und sozialen Bewegungen auf die gesellschaftspolitische Agenda gebracht wurden.

835 Vgl. Peters 1993, S. 347 ff., Habermas 1992, S. 433 f. und S. 458 ff.; zur Etablierung von Konfliktlinien insbes. Gerhards 1993, S. 38 ff. und S. 201 ff.

836 Vgl. Habermas 1992, S. 434.

Die Rechtsetzung wird durch den skizzierten Legitimationszusammenhang in die Lage versetzt, legitime Geltung in legale Normen zu überführen. Dies gilt auf einer prinzipiellen Ebene für die Grundlegung von *Verfügungsordnungen,* mit denen der Modus der sozialen Integration in spezifischen Handlungsfeldern (bedingt) umgestellt wird.[837] Märkte und administrative Hierarchien sind keine urwüchsigen Gebilde, sondern situationsbezogene Koordinationsformen, die ihre Existenz bestimmten Gesetzen (Vertragsfreiheit, Gewerbefreiheit, Privateigentum an Produktionsmitteln u.a.) verdanken und erst dadurch in die Lage versetzt werden, die intentionale Beeinflussung zu ersetzen. Ein anderer Teil der Rechtsetzung betrifft *positive Regelungen* prozessualer und inhaltlicher Art, die konkrete Vorgaben für die Lösung bestimmter Problemlagen machen. Im Straf- und Familienrecht geht es nicht um die Einführung genereller Steuerungsmedien, sondern um die Verankerung von Schrittfolgen und Sanktionen, die im Konfliktfall zur Anwendung kommen. Diese kodifizierten Strukturen beeinflußen dann wiederum die *Situation* der betroffenen Akteure, weil sie als Handlungsrestriktionen wahrgenommen werden – bestimmte Handlungsweisen sind in unserer Gesellschaft schlicht verboten bzw. mit einer mehr oder minder hohen Strafandrohung belegt. Persuasive Rechtskommunikation, die auf diese Sanktionen verweist (Klagedrohung, Verbotsschilder), hat einen unterstützenden Charakter. Sie ist selbst keine Quelle der sozialen Integration, verweist aber auf die handlungsprägende Potenz des kodifizierten Rechts.

Damit wird der *intermediäre Charakter* der in Abb. 12 skizzierten *Rechtsordnung* deutlich: Sie nimmt die Impulse primärer Kommunikationsprozesse auf, weil sie in konkreten Handlungszusammenhängen und Erfahrungen verankert bleibt. Sie ergänzt nichtkodifizierte Wert- und Prestigeordnungen, indem sie wichtige Strukturen in verbindliche Regeln gießt. Sie legitimiert die situationsbezogenen Koordinationsformen von Markt und administrativer Macht, die damit an das Primat der intentionalen Verständigung gekoppelt werden. Schließlich stellt sie selbst positive Normen bereit, die bestimmte Zweck- und Mittelwahlen bzw. Situationsdeutungen als vorzugswürdig oder verwerflich auszeichnen und damit einen direkten Beitrag zur sozialen Integration leisten. Dabei darf jedoch nicht übersehen werden, daß die integrative Funktion des Rechts und der rechtlich legitimierten Koordinationsmechanismen dort auf eine systematische Grenze stößt, wo es nicht um strukturelle, d.h. immer wieder auftretende oder antizipierbare Konfliktlagen geht.[838] Der eingeschränkte Anwendungsbereich des Rechts ist eine zwangsläufige Folge der kontingenzentlastenden Spezialisierung, die generalisierte Integrationsformen gegenüber der direkten Kommunikation ausgezeichnet. Rechtliche Regelungen sind deshalb stets nur ein Ausschnitt des Gesamtkomplexes sozialer Strukturen, auf die wir bei strittigen Zweck- und Mittelwahlen bzw. Situationsdeutungen zurückgreifen können. Bei ad hoc auftretenden Fragen der sozialen Integration helfen rechtliche Normen im allgemeinen nicht weiter; dort entfalten

837 Vgl. Habermas 1992, S. 59 und S. 148 ff.

838 Vgl. zu den damit thematisierten Steuerungsgrenzen des Rechts insbes. Stone 1975.

vor allem nichtkodifizierte Prestige- und Wertordnungen (Moralvorstellungen) bzw. kulturell tradierte Regeln der direkten Kommunikation eine handlungsprägende und friedensstiftende Kraft.

#### 4.3.3.4 Situationsbezogene Koordination mit kommunikativen Mitteln: Tauschvertrag und Administration

Die *situationsbezogene Integration* beruht auf dem Gedanken, daß konkrete Handlungen nicht nur durch die Absichten der Akteure, sondern auch durch die Merkmale der Situation, insbesondere durch die Verteilung von allokativen und autoritativen Ressourcen, beeinflußt werden. Diese Situationsmerkmale können durch positive Anreize (Prämien) und negative Sanktionen (Einschüchterungsversuche) verändert werden.[839] Dabei ist es durchaus möglich, daß der Situationswandel die unbewußte Folge einer Handlung ist, mit der gänzlich andere Ziele angestrebt wurden. Ein Beispiel wäre der Kauf eines Gebrauchsgutes, z.B. eines Computers, der aus Sicht des Konsumenten nur der individuellen Bedürfnisbefriedigung dient, in einer marktwirtschaftlichen Ordnung aber zugleich die Absatzchancen für entsprechende Zubehörteile, Verbrauchsmaterialien etc. erhöht und insofern die Handlungsbedingungen der Produzenten verändert. Disparate Handlungen können also nicht nur durch intentionale Beeinflussung, sondern auch mit Hilfe ungeplanter Interaktionseffekte koordiniert werden. Eine solche Verknüpfung hinter dem Rücken der Akteure erfaßt allerdings nur poietische Handlungen; Zwecksetzungen und Deutungsrahmen können auf diesem Wege nicht geändert werden.[840] Sie bleibt zudem auf eine funktionierende Hintergrundstruktur angewiesen, die für eine kontextübergreifende, einheitliche Interpretation zentraler Situationsmerkmale sorgt – man muß beispielsweise wissen, daß Gewinne ein Indikator für wirtschaftlichen Erfolg und steigende Preise ein Signal für überhängende Nachfrage sind. Dieses einheitliche Situationsverständnis wird im Fernbereich vor allem durch die symbolischen Steuerungsmedien Geld und Macht sichergestellt.

Diese Medien *ersetzen* die leistungsfähigen, aber voraussetzungsvollen Prozesse der kommunikativen Integration für wohlumschriebene Kontexte; sie setzen auf empirische Bindungen statt auf intentionale Veränderungen.[841] Damit lösen sie die Koordination von den Prämissen des kommunikativen Handelns. Als Ressourcen dienen nicht mehr soziale Fähigkeiten, sondern die faktischen Quellen von Eigentum und Macht. Diese Abkopplung ist gerechtfertigt, sofern sie zu einer effizienteren Bewältigung sozialer Konflikte beiträgt und intentional legitimiert ist, d.h. auf Rahmenordnungen beruht, die im gemeinsamen Handlungsvollzug oder demokratischen Rechtsverfahren verankert sind.

---

839 Vgl. Parsons 1980a, S. 73, Habermas 1987b, S. 414.

840 Vgl. oben S. 132 ff.

841 Vgl. Habermas 1987b, S. 412 ff.

Fraglich ist dann allerdings, welcher Status der Kommunikation in diesem Zusammenhang eingeräumt werden muß. Spielt sie schlichtweg keine Rolle mehr, oder erfüllt sie bei der situationsbezogenen Koordination nur eine andere Funktion? Habermas beantwortet diese Frage dahingehend, daß kommunikative Prozesse hier nur *unterstützend,* d.h. als Mittel zum Zweck der situationsbezogenen Einwirkung, zum Tragen kommen. Am Beispiel der Sprache stellt er klar, daß „Sprechhandlungen ihrerseits der außersprachlichen Dynamik von Einflußnahmen zwecktätig aufeinander einwirkender Aktoren derart subordiniert werden, daß die spezifisch sprachlichen Bindungsenergien ungenutzt bleiben".[842] Dieser Punkt soll im folgenden erläutert werden.

(1) Tauschvertragliche Koordination

Ein erster Ansatzpunkt zur situationsbezogenen Lösung von Integrationsproblemen sind materielle *Anreize,* mit denen es einzelnen Personen und Organisationen auf der Basis von *Besitz* und Eigentum gelingt, Folgebereitschaft zu erzeugen. Solche Anreize verändern die Handlungssituation der betroffenen Akteure, weil bestimmte Zweck- und Mittelwahlen mit einem Nutzenversprechen gekoppelt und insofern als subjektiv vorzugswürdig dargestellt werden. Die Koordination erfolgt dann im Sinne einer parametrischen Anpassung, d.h. die Beteiligten interpretieren ihre Handlungen wechselseitig als unveränderliche Daten, die in die eigene Entscheidungssituation einbezogen werden.[843] Eine prototypische Erläuterung dieses Anpassungsprozesses, der in den handlungsprägenden Paragraphen des kapitalistischen Gesellschaftsrechts und Privatrechts empirisch verankert ist, findet sich im ökonomischen Modell der vollkommenen Konkurrenz.[844]

Das Medium des Nutzentransfers ist *Geld,* das letztlich keinen eigenständigen Wert hat, sondern eine symbolische Funktion erfüllt.[845] Im Vergleich zur Vielschichtigkeit der Kommunikation ist die Symbolkraft des Geldes jedoch stark eingeschränkt. Sie reduziert sich auf eine eindimensionale, in Preisrelationen ausgedrückte Bewertung von Handlungsalternativen unter dem Gesichtspunkt feststehender Zweckrelationen. Nicht monetär bewertbare Bedürfnisse und Interessenlagen werden prinzipiell ausgeblendet. Als symbolsystemisches Medium bleibt das Geld zudem auf bestimmte Standardsituationen beschränkt, die durch eine vorgängig legitimierte Rahmenordnung definiert werden. Dieser Standardfall ist der Gütertausch; seine Voraussetzungen und Konsequenzen manifestieren sich in der *marktwirtschaftlichen Ordnung,* die bestimmte Spielregeln des Wettbewerbs festlegt. Im Prinzip müssen Alternativen vorliegen, die sich monetär bewerten lassen, wobei die Akteure ihre Entscheidungen ausschließlich unter subjektiven Nutzenkalkülen treffen, aber durch wechselsei-

842 Habermas 1988, S. 68 (im Original teilweise kursiv).

843 Vgl. Peters 1993, S. 292 f.

844 Vgl. im Überblick Neumann 1995, S. 23 ff.

845 Vgl. Habermas 1987b, S. 397. Vgl. zur medientheoretischen Rekonstruktion des Geldes als Steuerungsinstrument insbes. Parsons 1980a, S. 68 ff., ders. 1980b, S. 139 ff., und die daran anknüpfenden Erläuterungen von Habermas 1980, S. 80 ff., und Jensen 1980b, S. 35 f.

tige Offerten auf die Handlungssituation anderer einwirken können. Habermas schreibt: „Der Geld-Code schematisiert mögliche Stellungnahmen von Alter in der Weise, daß dieser Egos Tauschangebot entweder annimmt oder ablehnt und damit einen Besitz erwirbt oder auf dessen Erwerb verzichtet. Unter diesen Bedingungen können Tauschpartner durch ihre Angebote ihre Stellungnahmen wechselseitig konditionieren, ohne sich auf die Kooperationsbereitschaft verlassen zu müssen, die im kommunikativen Handeln vorausgesetzt wird“.[846] Die Beteiligten müssen vielmehr eine objektivierende Einstellung zur Handlungssituation einnehmen und sich ausschließlich an den subjektiven Konsequenzen ihrer Entscheidung orientieren.

Der Witz der tauschvertraglichen Koordination besteht also gerade darin, daß die *Kommunikation* hinsichtlich *aller* Zieldimensionen ersetzt wird.[847] Das Geldmedium soll nicht nur Bedeutung vermitteln, sondern auch Situationen beeinflussen und damit Koordinationsleistungen erbringen. Dennoch sind Kommunikationsprozesse auch in diesem Zusammenhang unverzichtbar. Sie erfüllen eine nachgeordnete Rolle, indem sie den prinzipiell sprachfreien Marktmechanismus unterstützend *flankieren.* Kommunikation ist insbesondere notwendig, um Verträge anzubahnen, auszuhandeln, zu erfüllen und zu kontrollieren.[848] Dabei läßt die eben skizzierte Konstruktionslogik keinen Platz für argumentative Äußerungen; gefragt sind vielmehr persuasive und informative Vorgehensweisen. Um nur einige Beispiele zu nennen: Verträge werden durch Werbung angebahnt und in Verhandlungen (Verkaufs- und Einstellungsgesprächen) fixiert. Sie können jedoch auch qua Kommunikation verhindert werden, wenn von dritter Seite strategische Marktsignale lanciert werden, die zu einer Öffnung der Entscheidungssituation führen.[849] Ein Beispiel wäre die Ankündigung eines neuen Industriestandards, die dazu führen mag, daß der Anreiz, herkömmliche Produkte zu kaufen, rapide sinkt. Bei der Vertragserfüllung kommt die Kommunikation immer dann ins Spiel, wenn der Gütertransfer durch Instruktionen sichergestellt werden muß. Dies gilt unabhängig von der Art der getauschten Werte, also nicht nur bei der Übereignung von Gebrauchsgütern und Banknoten, sondern beispielsweise auch bei der Bereitstellung von menschlicher Arbeitskraft. Schließlich sind Informations- und Kommunikationsprozesse notwendig, um die Umsetzung von Verträgen zu kontrollieren. Die sprachfreie, situationsbezogene Koordination wird hier einmal mehr durch kommunikatives Handeln unterstützt.

### (2) Administrative Koordination

Ein letzter Mechanismus der sozialen Integration, der auch und gerade zwischen Abwesenden zur Anwendung gelangt, ist die administrative Koordination. Sie beruht darauf, daß die *Instruktionen* einzelner Akteure befolgt werden, weil sie im Kreis der Beteiligten einen bestimmten *hierarchischen Status*

846 Habermas 1987b, S. 396 (im Original teilweise kursiv).
847 Vgl. Habermas 1987b, S. 397.
848 Vgl. Heinen 1985, S. 80 ff., sowie Zerfaß 1993, S. 130.
849 Vgl. hierzu die betriebswirtschaftliche Untersuchung von Heß 1991.

genießen. Ihre Mittelwahlen setzen sich gegenüber konkurrierenden Vorschlägen durch, weil sie mit einem negativen Sanktionspotential verbunden sind. Dadurch wird die Handlungssituation anderer Akteure verändert; bestimmte Optionen erscheinen unabhängig von den zugrundeliegenden Absichten als weniger vorzugswürdig. Die Handlungsabstimmung geschieht also durch Administration und Subordination; und dies setzt wiederum voraus, daß geeignete Medien und Hintergrundstrukturen für die notwendige normative Deckung sorgen.

Als symbolisches Steuerungsmedium kommt hier *Macht* zum Einsatz, die sich in vielfältiger Weise, z.B. in Titeln, Uniformen und Zeichnungsvollmachten, manifestiert.[850] Macht ist ein symbolischer Wert, der in engen Grenzen übertragbar ist und durch die Fähigkeit definiert wird, Entscheidungen innerhalb einer geltenden Verfügungsordnung allgemeinverbindlich durchzusetzen.[851] Dabei wird vorausgesetzt, „daß die Verpflichtungen durch ihren Bezug auf kollektive Ziele und Zwecke legitimiert sind, und daß bei Widerstand mit dem Einsatz negativer Sanktionen zu rechnen ist".[852] Im Unterschied zu den bislang vorgestellten Integrationsformen geht es hier also ausschließlich um den Spezialfall einer gemeinsamen Zielverfolgung, die durch Delegationsprozesse vereinfacht wird.[853] Als Bezugspunkt dient nicht der individuelle Nutzen, sondern die effiziente Erreichung gemeinsamer Zwecke. Das Medium »Macht« repräsentiert nicht beliebigen Zwang, sondern legitime *Herrschaft*. Die Handlungsoptionen von Alter werden dabei so schematisiert, „daß sich dieser Egos Aufforderung unterwerfen oder widersetzen kann; mit der von Ego für den Fall der Nichtausführung in Aussicht gestellten Sanktion für Alter ist in den Code eine Gehorsamspräferenz eingebaut. Unter diesen Bedingungen kann der Machthaber die Stellungnahme des Machtunterworfenen konditionieren, ohne auf dessen Kooperationsbereitschaft angewiesen zu sein".[854] Der Steuerungsmechanismus setzt sogar voraus, daß sich die Beteiligten ausschließlich an den zielkonformen Konsequenzen ihrer Handlungen orientieren, weil dies zur Ambiguitätsentlastung und Effizienzsteigerung beiträgt.

Als normative Hintergrundstruktur der Machtausübung fungieren *Hierarchieordnungen,* mit denen die Verfügungsrechte in verschiedenen sozialen Institutionen verteilt werden.[855] Solche Hierarchien finden sich z.B. in Unternehmen und Behörden, die Weisungsgewalten festschreiben, indem sie Rollen und Leitbilder definieren und diese Machtpotentiale durch die Einrichtung formalisierter Entscheidungsprozesse miteinander verknüpfen. Dieses Grundprinzip gilt nicht nur für den Idealtypus der bürokratischen Ordnung, sondern selbst-

---

850 Vgl. zum Steuerungsmedium »Macht« grundlegend Parsons 1980a, ferner Jensen 1980b, S. 34 f., Habermas 1987, S. 400 ff., sowie Münch 1995, S. 159 ff.

851 Vgl. Parsons 1980a, S. 70, im Anschluß daran auch Zündorf 1986, S. 35.

852 Parsons 1980a, S. 70.

853 Insofern fokussiert der hier verwendete Machtbegriff nicht auf beliebige Formen der Zwangsausübung, sondern auf vorgängig legitimierte Herrschaftsbeziehungen im Sinne von Max Weber 1964, S. 38 und S. 157 ff.; vgl. auch oben S. 100, Anmerkung 369, und Braun/Schreyögg 1980.

854 Habermas 1987b, S. 401.

855 Vgl. Parsons 1980a, S. 80 ff., und Habermas 1980, S. 88.

verständlich für jedes Organisationsmodell, das die Verwirklichung gemeinsamer Ziele noch nicht aus den Augen verloren hat. Der Terminus »Hierarchie« darf also nicht den Blick dafür verstellen, daß auch dezentrale Entscheidungsprozesse durch Machtstrukturen und Weisungsbefugnisse gekennzeichnet sind.[856] In jedem Fall verlangen hierarchische Rahmenordnungen eine äußerst anspruchsvolle normative Legitimation.[857] Sie sind im Gegensatz zu Prestige-, Rechts- und Wertordnungen, die an den Absichten der Akteure ansetzen, und im Unterschied zu Vertragsbeziehungen, bei denen die situationsgebundene Einwirkung im gegenseitigen Interesse liegt, durch eine grundlegende Benachteiligung des Weisungsgebundenen gekennzeichnet, der dem Machthaber strukturell unterlegen bleibt.[858] Diese Benachteiligung kann allerdings dadurch kompensiert werden, daß ein Bezug auf gemeinsame Zielvorstellungen hergestellt wird. Das geschieht immer dann, wenn Hierarchieordnungen intentional legitimiert werden, d.h. auf vorgängigen Einigungsprozessen zwischen den Beteiligten beruhen. Nur in diesem Fall kann Macht eine situationsgebundende Handlungsabstimmung gewährleisten, ohne zum instabilen, auf physische Gewalt rekurrierenden Zwang zu degenerieren.[859] Insofern verweist auch der administrative Koordinationsmechanismus auf das Primat der intentionalen Integration.

Damit stellt sich abschließend die Frage nach dem Stellenwert von *Kommunikationsprozessen* innerhalb legitimierter Machtbeziehungen. Im Prinzip ist wiederum von einer *unterstützenden* Funktion auszugehen. Hierarchien sollen die integrative Kraft der Kommunikation nicht befördern, sondern strukturell ersetzen. Dabei spiegelt sich die asymmetrische Beziehung von Machthabern und Weisungsgebundenen in der persuasiven Grundorientierung wider, die alle flankierenden Kommunikationshandlungen prägt. Kommunikation ist notwendig, um Machtpotentiale konkret auszuschöpfen, d.h. um kollektiv verbindliche Entscheidungen mit Mitteln der Sprache oder Gestik direkt bekanntzugeben (Aufforderungen, Verbote) oder um Handlungssituationen durch Rollenerwartungen, Leitbilder und Prozeßabläufe vorzustrukturieren.[860] Bei der Verankerung dieser allgemeinverbindlichen Vorgaben bleibt man auf Mitteilungs- und Verstehenshandlungen angewiesen; ein instrumentelles Eingreifen in die natürliche Welt greift hier offenkundig zu kurz. In jedem Fall dient die Kommunikation nur als Mittel zum Zweck; ihr integratives Potential wird nicht ausgeschöpft, sondern der bindenden Kraft des symbolsystemischen Mediums »Macht« untergeordnet.

Als *Ergebnis unserer Analyse* können wir zusammenfassend festhalten, daß Kommunikationsprozesse auf verschiedene Weise zur Integration moderner Gesellschaften beitragen können.[861] Dies gilt zunächst im Nahbereich, in dem

856 Vgl. Kieser 1994.
857 Vgl. nachfolgend Habermas 1987b, S. 405 f.
858 Vgl. Braun/Schreyögg 1980, S. 25.
859 Vgl. in diesem Zusammenhang auch Braun/Schreyögg 1980, S. 28.
860 Vgl. Zündorf 1986, S. 35.
861 Vgl. nochmals Abb. 12 auf S. 217.

eine Fülle kulturell tradierter Kommunikationssequenzen zur Anwendung kommt. Bei der sozialen Integration zwischen Abwesenden können dann zwei Ansatzpunkte identifiziert werden. Kommunikationsprozesse leisten einen prinzipiellen Beitrag zur Konfliktlösung, wenn sie Images vermitteln und das Vertrauen in abstrakte Integrationsmechanismen und Situationseinschätzungen stärken. Darüber hinaus erbringen sie situative Leistungen, weil allgemeine Einflußmechanismen in unterschiedlicher Weise auf konkrete Kommunikationshandlungen angewiesen bleiben. In diesem Zusammenhang gilt es vor allem, generalisierte und normierte Kommunikationsformen, die letztlich an den Absichten der Beteiligten ansetzen, von situationsgebundenen Koordinationstypen abzugrenzen, bei denen die Kommunikation nur noch eine unterstützende Funktion wahrnimmt. Der leistungsfähige, aber an die Voraussetzung der Kopräsenz gebundenen Mechanismus der kommunikativen Integration wird hier für bestimmte Kontexte *spezifiziert* oder *ersetzt* und durch symbolische Steuerungsmedien (Einfluß, Wertbindung, Recht, Geld, Macht) entlastet bzw. abgelöst.

## 4.4 Zusammenfassung des kommunikationstheoretischen Bezugsrahmens

Im vorliegenden Kapitel haben wir uns der Aufgabe gewidmet, den Kommunikationsbegriff methodisch stringent einzuführen und zu explizieren. Dabei sind wir davon ausgegangen, daß kommunikative Handlungen eine spezifische Form des sozialen Handelns und Kommunikationsprozesse eine Spielart von symbolischen Interaktionen sind. Diese handlungstheoretische Vororientierung führte uns in drei Etappen zu einem umfassenden Kommunikationsverständnis, in dem partielle Erklärungsmuster der Sprachphilosophie, Argumentationstheorie, Öffentlichkeitssoziologie und Massenkommunikationsforschung zusammengeführt werden. Dieses Kommunikationsverständnis ist Ausfluß unserer sozialtheoretischen Überlegungen; zugleich dient es auch als zentraler Baustein der PR-Theorie.

Ein erster Punkt betraf die charakteristischen Merkmale des *kommunikativen Handelns,* das sich aufgrund seiner spezifisch sozialintegrativen Kraft von instrumentellen Einwirkungen und symbolsystemischen Einflußversuchen abgrenzen läßt. Es steht wie alle Handlungen im Spannungsfeld von generischer Struktur und variierender Anwendung. Auf der Handlungsebene lassen sich *Kommunikationsprozesse* dahingehend kennzeichnen, daß man mit Mitteilungshandlungen in den Lauf der Welt eingreift, um jemandem etwas zu verstehen zu geben (sekundäre Absicht), wodurch wiederum die Intention oder Situation des Gegenübers beeinflußt werden soll (primäre Absicht). Eine Kommunikation im Sinne einer wechselseitigen Interaktion kommt zustande, wenn ein anderer Akteur die Mitteilungshandlung oder ihre materiellen Spuren (Marken, Medienprodukte) durch eine Verstehenshandlung wahrnimmt und ihren symbolischen Gehalt erschließt. Mitteilungs- und Verstehenshandlungen sind komplexe Aktivitäten, die durch verschiedene poietische Handlungen (Lautäußerungen, Schreibakte, Bedienen eines Empfangsgeräts) vermittelt werden. Auf der strukturellen Ebene spiegelt sich diese Komplexität in der internen Ausdifferenzierung von *kommunikativen Schemata* wider. Diese umfassen erstens Handlungen (Artikulationen, Lokutionen, Illokutionen), deren konventionelle Verbreitung und praktische Einbettung das Gelingen der Bedeutungsvermittlung sicherstellen. Der dadurch angestrebte Modus der (perlokutionären) Einflußnahme läßt sich ebenfalls durch Schemata repräsentieren. Im Kern geht es dabei um kommunikative Sequenzregeln, d.h. um typische Aneinanderreihungen verschiedener Kommunikationen (Verhandlungen, Beratungen, Diskurse), die immer wieder aktualisiert werden und letztlich unterschiedliche Formen der persuasiven, argumentativen oder informativen Einflußnahme zum Ausdruck bringen. Diese drei pragmatischen Vorgehensweisen skizzieren zugleich die Eckpfeiler eines situativen Kommunikationsverständnisses, das in den folgenden Kapiteln mehrfach aufzugreifen ist.

In einem zweiten Schritt haben wir diese grundsätzlichen Gedanken aufgegriffen, um die Einbettung der Kommunikation in soziale Kontexte zu rekonstruieren. Eine konkrete Gesellschaft umfaßt normalerweise mehrere Lebensformen und *Kommunikationskulturen,* d.h. symbolische Orientierungskomplexe (z.B. Sprachen), die konkrete Lebensverhältnisse prägen und dort tagtäglich reproduziert und verändert werden. Innerhalb einer Gesellschaft können wir ferner verschiedene, zueinander querliegende und intern mehrfach ausdifferenzierte Strukturkomplexe unterscheiden, die situative Spielräume und Restriktionen für Kommunikationshandlungen eröffnen. Dies sind erstens *Öffentlichkeiten* (Sphären), die durch unterschiedliche Sinnbezüge und Rationalitätsvorstellungen soziale Kommunikationsräume bilden. Die gesamtgesellschaftliche Arena der politischen Öffentlichkeit, aber auch spezialisierte Fach- und Betriebsöffentlichkeiten bilden zugleich Horizonte und Reservoire der kommunikativen Interaktion. Quer zu diesen Handlungsfeldern liegen kommunikative Systeme, d.h. raumzeitlich verfestigte, durch unterschiedliche Reichweite, Kommunikationsdichte und Organisationskomplexität gekennzeichnete Strukturen, die wir als *Teilöffentlichkeiten* bzw. *Kommunikationsforen* bezeichnet haben. Empirisch relevante Beispiele sind episodische Teilöffentlichkeiten (Encounters), veranstaltete Präsenzöffentlichkeiten (Versammlungen, Kundgebungen), kontrollierte Medienöffentlichkeiten (Videokonferenzen) und systemische Komplexe wie die Massenmedien, in denen Kommunikationsprozesse zwischen Abwesenden manifest werden. Diese Plattformen sind der zentrale Punkt, an dem alle Versuche zur Vernetzung ausdifferenzierter Öffentlichkeiten ansetzen müssen. Diese Versuche sind notwendig, um die immer wieder konstatierte Abschottung verschiedener gesellschaftspolitischer Öffentlichkeiten zu überwinden. Ihre Kompensationsfunktion verweist auf das integrative Potential sozialer Kommunikationsprozesse.

Mit solchen Fragen der *Integration durch Kommunikation* haben wir uns im letzten Teil des vorliegenden Kapitels auseinandergesetzt. Ausgangspunkt war dabei die These, daß die Abstimmung von Zweck- und Mittelwahlen und die Erarbeitung gemeinsamer Deutungsrahmen als jenes Ziel ausgezeichnet werden kann, dem die soziale Einflußnahme qua Kommunikation in letzter Konsequenz verpflichtet bleiben muß. Eine Fortführung und Vertiefung unserer sozialtheoretischen Unterscheidungen hat dann gezeigt, daß Kommunikationsprozesse in mehrfacher Weise zur sozialen Integration beitragen können. Bei der Handlungsabstimmung und Interessenklärung im *Nahbereich* kommt im Prinzip das ganze Spektrum kulturell tradierter Kommunikationssequenzen zum Einsatz. Der Prototyp und Bezugspunkt aller weiteren Integrationsformen ist dabei das argumentative, in gemeinsame Handlungszusammenhänge eingebettete Gespräch zwischen anwesenden Akteuren. Eine solche intentionale Einflußnahme eröffnet nämlich die Möglichkeit, auf konventionelle Symbolstrukturen zurückzugreifen *und* im Bedarfsfall neue Orientierungen auszubilden. Die anspruchsvollen Voraussetzungen direkter Beratungsprozesse führen jedoch dazu, daß in modernen Gesellschaften eine Vielzahl spezialisierter Integrationsmechanismen ausgebildet wird, die vor allem im *Fernbereich* zur Anwendung kommen. Die Verknüpfung entflochtener Handlungszusammenhänge geschieht dort durch abstrakte Formen der Einflußnahme, die verschiedene Lebensformen überspannen, aber dennoch in unterschiedlicher Weise praktisch verankert bleiben. Kommunikationsprozesse kommen dabei in mehrfacher Weise zur Geltung. Sie leisten einen prinzipiellen Beitrag zur sozialen Integration, wenn das Vertrauen in abstrakte Integrationsmechanismen gestärkt wird. In ähnlicher Weise ist die kommunikative Vermittlung von Images zu beurteilen, mit denen unbekannte Interaktionspartner und Handlungsweisen Kontur erlangen. Damit wird ein Reservoir legitimierter Rahmenordnungen und kollektiver Einschätzungen aufgefüllt, das im Einzelfall »angezapft« werden kann, um konkrete Probleme der Handlungsabstimmung anzugehen. Bei diesen eigentlichen Integrationsprozessen dient die Kommunikation entweder als generalisierte Quelle der intentionalen Einflußnahme (Einfluß, Wertbindung, Rechtsetzung), mit denen die Absichten der Beteiligten verändert werden sollen, oder aber als Mittel zum Zweck der situationsbezogenen Einwirkung, in der die empirische Bindungskraft struktureller Kodierungen (Geld, Macht, positives Recht) ausgenutzt wird.

Mit diesen Überlegungen haben wir einen umfassenden Bezugsrahmen entwickelt, der die Fruchtbarkeit unserer sozialtheoretischen Analysen aufzeigt und zugleich wichtige Weichenstellungen für eine Theorie der Unternehmenskommunikation und Public Relations beinhaltet. Dies betrifft nicht nur die prinzipiellen Regeln und Ressourcen des kommunikativen Handelns, sondern insbesondere auch die Arenen und Foren, in denen sich Kommunikationsprozesse abspielen und einen differenzierten Beitrag zur sozialen Integration erbringen.

# 5. Betriebswirtschaftliche Grundlagen

Public Relations werden in unseren Gesellschaften von einer Vielzahl verschiedener Akteure betrieben. Unser Augenmerk richtet sich in dieser Untersuchung jedoch insbesondere auf die Öffentlichkeitsarbeit *erwerbswirtschaftlicher Organisationen.* Damit orientieren wir uns an der praktischen Dominanz unternehmerischer PR-Aktivitäten, aber auch an den Leitmotiven der bisherigen Forschung, in der die Öffentlichkeitsarbeit überwiegend als Element der Unternehmenskommunikation konzeptionalisiert wird. Diese Sichtweise wurde in unserer ersten Annäherung an das Themenfeld erläutert.[862] Sie mündet zwangsläufig in die Frage nach den betriebswirtschaftlichen Grundlagen der Unternehmenskommunikation und Öffentlichkeitsarbeit. Im Kern geht es hierbei um die Rekonstruktion wirtschaftlichen Handelns und um die Rolle der Unternehmung in der Marktwirtschaft.

Damit sind die Themen benannt, denen wir uns im vorliegenden Kapitel zuwenden wollen. Im Gegensatz zu den kommunikationswissenschaftlichen Überlegungen, bei denen wir einen handlungstheoretischen Neuanfang wagen mußten, können wir uns an dieser Stelle auf einschlägige Vorarbeiten stützen. Wir berufen uns insbesondere auf das Programm der *konstruktiven Betriebswirtschaftslehre*, das von Steinmann und Mitarbeitern seit nunmehr zwanzig Jahren vorangetrieben wird.[863] Im folgenden geht es uns um eine systematische Zusammenschau und Weiterentwicklung dieses Konzeptes, das vor dem Hintergrund unserer sozialtheoretischen Überlegungen nicht nur eine erweiterte Fundierung erfährt, sondern auch um einige Gedanken zur (institutionellen) Theorie der Organisation ergänzt werden soll. Diese Punkte können hier allerdings nur insoweit diskutiert werden, als sie wichtige Meilensteine auf dem Weg zu einer Auseinandersetzung mit den praktischen Problemen der Unternehmenskommunikation darstellen.

Wir orientieren uns im folgenden wiederum an den bereits eingeführten sozialtheoretischen Unterscheidungen, die eine Analyse betriebswirtschaftlicher Handlungen, ihrer Organisationsformen und Sphären sowie der damit verbundenen Integrationsprobleme nahelegen. In einem ersten Schritt plädieren wir für ein Verständnis des betriebswirtschaftlichen Handelns, das auf das Wirtschaften in und von erwerbswirtschaftlichen Organisationen (Unternehmungen) fokussiert. Hierzu sind protoökonomische und managementwissen-

---

862 Vgl. oben S. 46 ff.

863 Vgl. insbes. Steinmann/Schreyögg 1993, Steinmann/Löhr 1994a und Steinmann/Gerum 1978 und zur wissenschaftstheoretischen Programmatik, die oben auf S. 23 ff. bereits umrissen wurde, Steinmann/Böhm et al. 1976, Steinmann 1978b, Braun 1985, Löhr 1991, S. 20 ff., Steinmann/Zerfaß 1993b, Steinmann/Hennemann 1995, S. 7 ff., A.G. Scherer 1995, S. 181 ff. Stellungnahmen zum konstruktiven Programm finden sich vor allem in den Sammelbänden von Steinmann 1978a und Raffée/Abel 1979 sowie in dem Überblickstext von Lattmann 1993.

schaftliche Überlegungen anzustellen. Ferner gilt es, die bisherige Rede von Unternehmungen als korporativen Akteuren zu explizieren und die spezifische Rolle des Unternehmens in modernen Gesellschaften zu diskutieren (5.1). Anschließend wenden wir uns einer kurzen Skizze typischer Organisationsformen und prinzipieller Handlungsfelder der Unternehmenstätigkeit zu (5.2). Diese Überlegungen werden später aufgegriffen, um den permanenten Integrationsbedarf des betriebswirtschaftlichen Handelns näher zu untersuchen und den diesbezüglichen Beitrag kommunikativer Integrationsmechanismen auszuloten. Demnach legen wir hier die Grundsteine für eine Theorie der Unternehmenskommunikation, die im folgenden Kapitel ausgearbeitet werden soll.

## 5.1 Betriebswirtschaftliches Handeln

Der Begriff des *betriebswirtschaftlichen Handelns* kann entfaltet werden, wenn man ihn vom allgemeinen Handlungsbegriff abgrenzt und seine prozessualen Merkmale näher analysiert. Ein besonderes Augenmerk gilt dabei den handelnden Akteuren, d.h. dem sozialen Gebilde »Unternehmung« und seiner Konstitution (5.1.1). Konkrete Unternehmen und die von ihnen aktualisierten Handlungsweisen bleiben auf *strukturelle Regeln und Ressourcen* angewiesen, die das betriebswirtschaftliche Handeln zuallererst ermöglichen, aber auch in seiner Zweckdimension prägen. Diese Strukturen umfassen Rechtsvorschriften und Wertkomplexe (Gesellschaftsrecht, ökologische Erwartungen, Führungsstile), aber auch diejenigen materiellen und immateriellen Ressourcen, die unabdingbare Voraussetzungen des dezentralen Wirtschaftens sind. Sie werden im strategischen Handeln zugleich reproduziert und modifiziert (5.1.2). Diese kulturelle Bestimmung ist der Grund dafür, daß die nachfolgenden Erläuterungen auf das betriebswirtschaftliche Handeln in modernen Marktgesellschaften abzielen und keine ahistorische Geltung beanspruchen können.

### *5.1.1 Akteure und Prozesse des betriebswirtschaftlichen Handelns*

#### 5.1.1.1 Wirtschaftliches, betriebliches und betriebswirtschaftliches Handeln

Ausgangspunkt unserer Überlegungen ist die allgemeine Theorie des Handelns, in der thematisiert wird, wie, warum, und zu welchem Zweck kompetente Akteure absichtlich in den Lauf der Welt eingreifen. Diese weite Begrifflichkeit kann in unterschiedlicher Weise ausdifferenziert werden. Bei unserer Abgrenzung von instrumentellen, symbolischen und kommunikativen Handlungen haben wir uns an konstitutiven Kriterien, d.h. an dem »wie« des Handelns, orientiert. Im folgenden geht es uns um die davon unabhängige Zweckdimension, also um eine Systematisierung anhand übereinstimmender Handlungsziele, die konkrete Aktivitäten leiten und zur Entwicklung ausdifferenzierter Handlungsräume (Sphären) beitragen.[864] Als *wirtschaftliches Handeln* bezeichnen wir dann jenes praktische Handeln, das der Begründung und Befriedigung materieller oder immaterieller Bedürfnisse in Knappheitssituationen

864 Vgl. Braun 1985, S. 57 ff., sowie Stüdemann 1993, S. 119 ff.

dient. Es geht um die Rechtfertigung und Realisierung von Produktion, Distribution und Konsumtion, nicht aber um andere Ziele wie körperliche Ertüchtigung (Sport), expressive Entäußerung (Kunst) oder transzendentale Sinnfindung (Religion). Wirtschaftliches Handeln konstituiert einen spezifischen „Raum sozialen Handelns“ [865] (Biesecker), den wir als *Ökonomie* bzw. *Wirtschaft* bezeichnen. Diese Sphäre ist mehrdimensional bestimmt. Sie vereint verschiedene Akteure, die sich zum Teil über wirtschaftliche Zielsetzungen definieren *(Betriebe, Haushalte),* teilweise aber auch in anderen Feldern verhaftet sind (Familien, Religionsgemeinschaften). Der ökonomische Raum umfaßt zudem verschiedene Rationalitätstypen, unter denen der kalkulatorischen Zweckrationalität (dem »ökonomischen Prinzip«) eine dominante, aber nicht ausschließliche Bedeutung zukommt. Als *betriebswirtschaftliches Handeln* wollen wir dann die Handlungen in und von erwerbswirtschaftlichen Organisationen *(Unternehmen)* bezeichnen. Unternehmerisches Handeln bleibt zuvorderst dem Wirtschaften, d.h. dem Nutzenkalkül und seiner situativen Rechtfertigung, verpflichtet. Es betrifft freilich auch politische, rechtliche und pädagogische Aktivitäten, die ökonomische Akteure tagtäglich vor dem strukturellen Hintergrund anderer Sphären aktualisieren. Damit wird zugleich unterstrichen, daß der Gegenstandsbereich der Betriebswirtschaftslehre infradisziplinäre Züge tragen muß und keineswegs auf den Bereich der Mikroökonomik eingeschränkt werden darf.[866] Dieser Gedankengang soll im folgenden näher begründet werden.

Das alltäglich erfahrbare *Grundproblem der Ökonomie* ist die Knappheit vieler Güter, die für die Realisierung individueller oder kollektiver Interessen bzw. Bedürfnisse erforderlich sind.[867] Diese Güter mögen Ressourcen, Produkte, Dienstleistungen, Rechtstitel o.ä. sein, über die man im Prinzip verfügen kann, die also nicht auf schlichte Widerfahrnisse wie Regen oder Sonnenschein zurückzuführen bzw. der Unverfügbarkeit menschlichen Wollens (Zuneigung, Wertschätzung) anheimgestellt sind.[868] Sie stiften einen potentiellen *Nutzen,* weil ihre Verfügbarkeit Situationen der Bedürfnisbefriedigung schafft, dem jedoch die *Kosten* eines Verzichts auf alternative Handlungsweisen und Interessenrealisierungen gegenüberstehen.[869] Die Güterbeschaffung und -verwendung ist zudem stets mit Mühen, d.h. mit *Arbeit,* verbunden.[870] Arbeit kommt in verschiedenen Handlungszusammenhängen zum Einsatz. Während die *Produktion* der Herstellung oder Gewinnung von Gütern dient, kann die *Distribu-*

865 Biesecker 1994b, S. 7.

866 Vgl. zu einem solchen Verständnis der Betriebswirtschaftslehre, die eine Vermittlerrolle zwischen der a-disziplinären Unternehmenspraxis und verschiedenen Grundlagenwissenschaften (Mikroökonomie, Austauschtheorie, Sozialpsychologie, Kommunikationstheorie, ...) wahrnehmen sollte, v.a. Steinmann/Hennemann 1995, S. 7 ff., und Zerfaß/Emmendörfer 1994, S. 42 ff.

867 Vgl. Kötter 1980, S. 97 ff.

868 (Wirtschaftliche) Güter, die dem gesellschaftlichen Leistungsaustausch unterliegen, sind also von anderen Mitteln der Bedürfnisbefriedigung (Naturzuständen, menschlicher Zuneigung) zu unterscheiden; vgl. Höffe 1981, S. 117, Kambartel 1993a, S. 243.

869 Vgl. Kambartel 1975, S. 111 f., Steinmann/Böhm et al. 1976, S. 80, Kötter 1980, S. 101 ff.

870 Vgl. Höffe 1981, S. 116 f., Lorenzen 1987, S. 283 f.; zum Arbeitsbegriff aus methodisch-konstruktiver Sicht ferner Kambartel 1993a und Kötter 1980, S. 103 ff.

*tion* als Praxis der Güterverteilung und die *Konsumtion* als Vorgang der Güteraneignung zum Zweck der unmittelbaren Verwendung beschrieben werden.[871] Das gemeinsame Merkmal dieser wirtschaftlichen Handlungen ist die beschränkte Verfügbarkeit der notwendigen Güter, ein Zustand, der auf natürliche Ursachen (begrenzte Rohstoffvorräte) oder gesellschaftliche Konventionen (Arbeitszeiten und -bedingungen, Patentschutz) zurückzuführen ist. Damit wird bereits deutlich, daß die ökonomische Grundfrage und damit auch das wirtschaftliche Handeln prinzipiell als „praktisch-politisches Problem" [872] formuliert werden muß. Die zentrale Frage lautet: „Welche Bedürfnisse sollen in welcher Reihenfolge mit den vorhandenen Ressourcen (unersetzlichen Gütern und Arbeitsreservoir) befriedigt werden?" (Kötter).[873] Demnach geht es beim Wirtschaften nicht nur um die zweckrationale Überwindung faktischer Mangelsituationen, sondern auch um die Auseinandersetzung mit der normativen Frage, welche Interessen als legitim anzusehen und welche Güter einer beschränkten Verwendung zuzuführen sind.[874] Mit dieser Sichtweise wird der Einsicht Rechnung getragen, daß *Knappheit* keine Eigenschaft ist, die bestimmten Gütern ontologisch anhaftet.[875] Knappheit wird vielmehr entscheidend durch soziale Fähigkeiten und Konventionen definiert: Der technologische Fortschritt ist Ausdruck menschlicher Bemühungen, die zum Wegfall von Knappheitssituationen führen, und viele wirtschaftspolitische Maßnahmen führen zu einer »künstlichen« Verknappung bestimmter Güter (z.B. durch Flächennutzungsverordnungen, Arbeitszeitgesetze, Energiesteuern). Wirtschaftliches Handeln ist, um einige grundlegende sozialtheoretische Unterscheidungen aufzugreifen, zugleich durch seine Konsequenzenorientierung und Komplexität gekennzeichnet.[876] Der erste Punkt ruft in Erinnerung, daß ökonomische Handlungen nicht unmittelbar dem Zweck der Bedürfnisbefriedigung, sondern der Bereitstellung dafür geeigneter Güter dienen.[877] Das zweite Merkmal verweist auf die alltägliche Erfahrung, daß wirtschaftliche Ziele im allgemeinen nur durch eine systematische Abfolge verschiedenartiger Handlungen erreicht werden können, die z.B. planender, organisatorischer oder ausführender Art sind. Von daher erklärt sich letztlich die Sinnstiftung einer (prozessualen) Wirtschafts- und Managementlehre, in der die Komplexität derartiger Vermittlungszusammenhänge analytisch durchdrungen und damit handhabbar gemacht wird.

Wirtschaftliches Handeln vollzieht sich, wenn man von der Kontrastfolie des einsamen Robinson auf einer fernen Insel absieht, stets im sozialen Kontext,

871 Vgl. auch Kambartel 1975, S. 112, dessen Begrifflichkeit hier modifiziert und erweitert wird.

872 Kötter 1980, S. 106.

873 Kötter 1980, S. 106. Vgl. zum betriebswirtschaftlichen Ressourcenbegriff unten S. 269 ff.

874 Vgl. zu dieser *dualen Problemstellung der Ökonomie* grundlegend Steinmann/Böhm et al. 1976, S. 79 ff., Braun/Schreyögg 1977, S. 195 ff., Steinmann 1978, S. 83 ff., Kötter 1980, S. 97 ff., Lorenzen 1987, S. 281 ff.; später auch P. Ulrich 1986, S. 173 ff. Die Ökonomie umfaßt damit auch die Frage der rationalen Güterdefinition, d.h. der Normierung von Verfügungsrechten.

875 Vgl. zu der These, daß Nutzen und Kosten normative Kategorien sind, Kambartel 1975, S. 118 ff., Kambartel 1978a, S. 63 ff., Gerum/Steinmann 1984, S. 96 f., Kambartel 1993b, S. 11 ff.

876 Vgl. oben S. 90 ff.

877 Vgl. Kambartel 1975, S. 109 ff., und im Anschluß daran Steinmann/Böhm et al. 1976, S. 79 ff.

d.h. als arbeitsteiliges Handeln in Familien, Stammesgemeinschaften und ausdifferenzierten Gesellschaften. Dabei wurden verschiedene Handlungsmuster und Institutionen ausgebildet, die kulturell bestimmt sind und zusammengenommen die *soziale Sphäre »Wirtschaft«* bilden.[878] Zentrale Elemente dieses Handlungsfeldes sind ordnungsstiftende Interaktionssysteme (Märkte, planwirtschaftliche Zuteilungsverfahren) und die konkreten Vergesellschaftungen, in denen arbeitsteiliges ökonomisches Handeln aktualisiert wird.[879] Wir schlagen vor, diese primär wirtschaftlich bestimmten Organisationen als dezentrale *Wirtschaftseinheiten* zu bezeichnen.[880] Sie sind „Knotenpunkte im Netz der Wirtschaftsbeziehungen",[881] die anhand ihrer Produktions- oder Konsumorientierung näher differenziert werden können (vgl. Tab. 4).

| *Wirtschaftliche Orientierung* | Betriebe (Fremdbedarfsdeckung) | | Haushalte (Eigenbedarfsdeckung) | |
|---|---|---|---|---|
| *Eigentums-struktur* | Private Betriebe | Öffentliche Betriebe | Private Haushalte | Öffentliche Haushalte |
| *Bedarfswirt-schaftliche Zwecksetzung* | Gemeinnützige Einrichtungen | Verwaltungen | Familien- und Verbands-haushalte | Staatliche und kommunale Haushalte |
| *Erwerbswirt-schaftliche Zwecksetzung* | Private Unternehmen | Öffentliche Unternehmen | — | — |

*Tab. 4: Begriffliche Systematisierung dezentraler Wirtschaftseinheiten*

Das zentrale Merkmal privater und öffentlicher *Haushalte* ist ihre konsumtive Ausrichtung, d.h. sie wirtschaften ebenso wie individuelle Akteure in erster Linie, um die inhaltlichen Bedürfnisse ihrer eigenen Mitglieder zu befriedigen.[882] *Betriebe* nennen wir dagegen jene sozialen Einheiten, deren vorrangige Aufgabe es ist, Güter zu gewinnen, herzustellen und zu verteilen, die der Bedürfnisbefriedigung anderer Akteure dienlich sind. Solche Institutionen der Fremdbedarfsdeckung finden sich in allen arbeitsteiligen Gesellschaften; das *betriebliche Handeln* in und von dezentralen Produktions- und Distributions-

878 Vgl. zu einem solchen Verständnis der Ökonomie als sozialem Handlungsraum Höffe 1981, S. 113 ff., Biervert/Wieland 1990, und vor allem Biesecker 1992, 1994a, 1995.

879 Vgl. Biesecker 1994a, S. 11 f.

880 Vgl. zu den nachfolgenden Unterscheidungen Gutenberg 1970, S. 445 ff., Recktenwald 1987, S. 70 und S. 248 f., und v.a. die systematische Diskussion bei Grochla 1993.

881 Kosiol 1968, S. 23.

882 Private (Familien-) Haushalte und korporative Verbands- bzw. Anstaltshaushalte sind Konsumtionswirtschaften, die der gezielten Eigenbedarfsdeckung ihrer jeweiligen Mitglieder dienen; öffentliche Haushalte haben dagegen die kollektive Erfüllung bestimmter Bedürfnisse aller Gesellschaftsmitglieder zum Ziel.

einheiten kann also ebenso wie alle bislang eingeführten, protoökonomischen Begriffe noch unabhängig von der Wirtschafts- und Eigentumsordnung definiert werden.

Mit den weiteren Abgrenzungen verlassen wir diese allgemeine Ebene; die folgenden Unterscheidungen beziehen sich ausdrücklich auf die spezifisch marktwirtschaftliche Organisation des Wirtschaftens in modernen Industriegesellschaften. In diesem Kontext kann der Betriebsbegriff weiter ausdifferenziert werden, wenn man die potentiellen Konstellationen von Eigentumsverhältnissen und Zielfunktionen näher analysiert.[883] Als *öffentliche Betriebe* bezeichnen wir dann alle Produktions- und Distributionseinheiten, die sich (mehrheitlich) im staatlichen und körperschaftlichen Besitz befinden. Die Eigner *privater Betriebe* sind demgegenüber Privatpersonen oder außerwirtschaftliche Organisationen; neben Eigentümerunternehmern und Aktionären wäre hier beispielsweise an die privaten Träger von Kindergärten und Behindertenwerkstätten (Religionsgemeinschaften, Fördervereine) zu denken. In einer anderen Dimension kann man bedarfswirtschaftliche von erwerbswirtschaftlichen Betrieben abgrenzen. Unter die erste Kategorie fallen öffentliche Verwaltungen (Behörden, Polizeidienststellen, Hochschulen) und gemeinnützige Einrichtungen privater Träger, z.B. kirchliche Krankenhäuser, deren Ziel darin besteht, bestimmte inhaltlich definierte Bedarfslagen zu decken (Non-Profit-Organisationen). Als erwerbswirtschaftliche Betriebe oder *Unternehmungen* bezeichnet man schließlich jene Wirtschaftseinheiten, die Güter der Fremdbedarfsdeckung produzieren und verteilen, um *Gewinne* zu erzielen.[884] Dieses Formalziel ist Ausfluß der marktwirtschaftlichen Ordnung; es muß im aktuellen Handlungsvollzug immer wieder situationsspezifisch konkretisiert werden.

Als *betriebswirtschaftliches Handeln* können wir nun in Übereinstimmung mit dem allgemeinen Sprachgebrauch die Handlungsvollzüge in und von *Unternehmen* bezeichnen. Es umfaßt neben wirtschaftlichen Aktivitäten, die selbstverständlich den Kern der Unternehmenstätigkeit darstellen, auch jene Handlungen, die von solchen ökonomisch fundierten Einheiten in anderen gesellschaftlichen Handlungssphären aktualisiert werden. Damit wird die alltägliche Erfahrung eingeholt, daß Unternehmen nicht nur wirtschaften, sondern beispielsweise auch politisch aktiv werden, im Rahmen der Aus- und Weiterbildung pädagogischen Einfluß nehmen und durch symbolische Handlungen Sinn vermitteln können (Unternehmenskultur). Umgekehrt gilt, daß Personen und Vergesellschaftungen, die in erster Linie religiöse oder ästhetische Ziele verfolgen und deshalb weder Betriebe noch Haushalte sind, immer *auch* wirtschaften müssen. Hier spiegelt sich letztlich die sozialtheoretische Verschränkung von handlungsprägenden Sphären und handlungsfähigen Personen bzw. Systemen wider. Sie begründet eine Wissenschaftsprogrammatik, die *praktisch* fundiert ist und deshalb den theoretischen Segmentierungsversuchen neoklassi-

883 Vgl. nachfolgend auch den Überblick von Eichhorn 1993. Der Übergang zwischen den genannten Betriebstypen ist – z.B. bei Mischformen und Stiftungen – natürlich fließend.

884 Unser Unternehmensbegriff umfaßt damit private und öffentliche Unternehmungen, nicht jedoch durch inhaltliche Ziele der Bedarfsdeckung bestimmte Privatbetriebe und Verwaltungen.

scher und strukturfunktionalistischer Provenienz entgegensteht. Konkret bedeutet das, daß sich die *Ökonomik* mit dem wirtschaftlichen Handeln in der ausdifferenzierten Sphäre »Ökonomie« auseinandersetzen muß, während das Augenmerk der *Betriebswirtschaftslehre* den vielschichtigen Problemlagen und Lösungsansätzen von Unternehmen gilt, die zwar im ökonomischen Raum verankert sind, aber zugleich gesellschaftliche Akteure bleiben, die in allen Teilbereichen des sozialen Zusammenlebens aktiv werden können.[885] Dabei bleibt noch völlig offen, an welchen Rationalitätskriterien sich das wirtschaftliche bzw. betriebswirtschaftliche Handeln orientiert. Aus der Bestimmung des ökonomischen Grundproblems und der Mehrdimensionalität der Unternehmenstätigkeit folgt freilich, daß das »ökonomische Prinzip« der subjektiven Nutzenoptimierung in einer solchen praxisorientierten Sichtweise nicht als alleiniger Maßstab herangezogen werden darf. Die inhaltlichen Facetten dieser strukturellen Zweckbestimmung wollen wir im nächsten Kapitel (5.1.2) näher diskutieren; in den folgenden Abschnitten wenden wir uns zunächst der prozessualen Gestaltung und korporativen Ausprägung des betriebswirtschaftlichen Handelns zu.

#### 5.1.1.2 Betriebswirtschaftliches Handeln und strategischer Managementprozeß

Unsere erste Annäherung an den Problembereich der Unternehmenstätigkeit läßt sich konkretisieren, wenn man den Gesamtkomplex betriebswirtschaftlicher Handlungen näher ausdifferenziert. Dabei bietet es sich an, das allgemeine Ziel der dezentralen Fremdbedarfsdeckung in inhaltlicher und prozessualer Hinsicht zu beleuchten.

Jede erwerbswirtschaftliche (d.h. gewinnorientierte) Betätigung, die auf die Produktion und Distribution von Gütern abzielt, konkretisiert sich in inhaltlichen *Unternehmensstrategien*. Darunter versteht man die „Entscheidung(en) darüber ..., in welcher oder welchen Domänen (Branchen, Märkte) eine Unternehmung tätig sein soll, und welche Handlungsweisen und Ressourcenverwendungen zu wählen sind, um eine vorteilhafte Wettbewerbsposition zu erreichen".[886] Damit wird definiert, *welche* Waren oder Dienstleistungen *für wen* produziert bzw. angeboten werden sollen (Produkt-Markt-Konzept), und *wie* die Leistungserstellung im Prinzip vonstatten gehen soll. Strategien müssen im Markt und in anderen gesellschaftlichen Handlungsfeldern durchgesetzt werden; sie entscheiden letztlich über den Erfolg oder Mißerfolg der Unternehmenstätigkeit. Damit wird zugleich deutlich, was unter *strategischen Erfolgspotentialen* zu verstehen ist. Dieser Begriff kennzeichnet alle Handlun-

---

885 Vgl. zu dieser Definition der Ökonomik Biesecker 1994b, Granovetter 1991, zum skizzierten Gegenstand der Betriebswirtschaftslehre Steinmann/Hennemann 1995, S. 7 ff., Zerfaß/Emmendörfer 1994, S. 42 ff., und aus soziologischer Sicht Münch 1995, S. 29 ff.

886 Schreyögg 1984, S. 5; vgl. auch Steinmann/Schreyögg 1993, S. 149 ff. Der Strategiebegriff umfaßt damit sowohl den *Strategieprozeß* als Inbegriff aller Handlungen zur Strategieformulierung und -revision als auch das *strategische Konzept* als Ausfluß dieses Prozesses; vgl. Hax/Majluf 1991, S. 1 ff., sowie Chakravarthy/Doz 1992, S. 5 ff.

gen, materiellen Ressourcen und Kompetenzen, die für die Realisierung der (gewählten) Strategie ausschlaggebend sind. Letztlich sind es diese Faktoren, die den operativen Erfolg *(Rentabilität)* und die jederzeitige finanzielle *Liquidität* begründen und zusammen mit diesen den betriebswirtschaftlichen Zielhorizont bilden.[887] Die gängige Unterscheidung von strategischen und operativen Aufgaben läßt sich dann dahingehend rekonstruieren, daß es in *strategischen* Zusammenhängen um die Schaffung und Erhaltung von Erfolgspotentialen, also um die *Effektivität* bestimmter Handlungsweisen (»Are we doing the right things?«), in *operativer* Hinsicht dagegen um die *effiziente* Ausschöpfung dieser Potentiale geht (»Are we doing things right?«).[888] Diese Grenzziehung läßt sich natürlich nur im Einzelfall konkretisieren. Prinzipiell gilt aber, daß sich beide Aspekte ergänzen müssen: Ein Unternehmen kann nur dann rentabel und liquide bleiben, wenn die notwendigen strategischen Voraussetzungen sowohl ausgenutzt als auch laufend weiterentwickelt werden. Dies gilt für das Gesamtunternehmen, aber auch für einzelne Geschäftsfelder (Produktlinien) und Funktionalbereiche (Finanzierung, Absatz). Strategische und operative Aspekte lassen sich grundsätzlich auf allen Ebenen festmachen; sie betreffen z.B. auch die Gestaltung und Durchführung konkreter Kommunikationsprogramme.[889]

Die Unternehmensstrategie ist der zentrale Parameter, der die spezifische Positionierung einer Unternehmung im arbeitsteiligen Prozeß der Gesamtwirtschaft zum Ausdruck bringt und zugleich als Bezugspunkt aller betriebswirtschaftlichen Handlungsvollzüge dient, an denen ja im allgemeinen mehrere Akteure beteiligt sind.[890] Diese »interne« Arbeitsteiligkeit manifestiert sich im Übergang von der wirtschaftlichen Betätigung einzelner Personen (Handwerker, Jäger, Händler) zur betrieblichen Leistungserstellung in sozialen Organisationen.[891] Sie ist ein konstituierendes Merkmal marktwirtschaftlicher Unternehmungen, das in zweifacher Hinsicht von Bedeutung ist.[892] Der arbeitsteilige Vollzug betriebswirtschaftlicher Handlungen betrifft zunächst den *Realgüterprozeß,* d.h. diejenigen Aktivitäten, die der unmittelbaren Leistungserstellung dienen. Damit sind alle Handlungen gemeint, mit denen materielle und immaterielle Produktionsfaktoren (Arbeit, Boden, Kapital, Know-How) im Sinne der strategischen Zielsetzung verknüpft werden.[893] Konkret geht es auf dieser Ebene darum, daß verschiedene Ressourcen bereitgestellt, transformiert und auf Märkten abgesetzt werden (Input – Transformation – Output). Diese Be-

887 Vgl. Gälweiler 1990, S. 26 ff.; zum Konzept der Erfolgsfaktoren ausführlicher Wolfrum 1993.

888 Vgl. zum Zusammenhang von strategischen und operativen Aspekten Steinmann/Schreyögg 1993, S. 235 ff. Die Unterscheidung von Effizienz und Effektivität geht auf Drucker (1967) zurück; vgl. dazu z.B. Hofer/Schendel 1978, S. 2 f., und Stoner/Freeman 1992, S. 6.

889 Vgl. unten S. 344 ff.

890 Strategische Erfolgspotentiale können deshalb durch eine spezifische Positionierung im Markt (market-based view) als auch durch den Aufbau unternehmensspezifischer Ressourcenpotentiale (resource-based view) generiert werden. Damit verbinden sich unterschiedliche Forschungsprogramme und Bezugsrahmen der Strategielehre; vgl. im Überblick Rühli 1994.

891 Vgl. im Überblick Staehle 1994, S. 4 ff.

892 Vgl. nachfolgend Steinmann 1981, Ansoff 1981, S. 60 ff., Staehle 1992, S. 49 ff.

893 Vgl. zu diesen Produktionsfaktoren bzw. Ressourcen unten S. 269 ff.

trachtungsweise führt zu einer Aufgliederung des Leistungsprozesses in Sachfunktionen, die man üblicherweise als Einkauf, Produktion, Lagerhaltung, Verkauf usw. bezeichnet.[894] Hinzu kommen jene Tätigkeiten, die den *Wertumlaufprozeß* als Pendant des physischen Güterumlaufes betreffen, also Rechnungswesen und Finanzierung. Diese Sachfunktionen werden im Gefolge der betrieblichen Arbeitsteiligkeit nicht mehr von einer Person, sondern von verschiedenen Akteuren bzw. organisatorischen Einheiten wahrgenommen. Ein Beleg dafür ist die Herausbildung spezialisierter Abteilungen, Professionen und Wissenschaftsfelder (Marketing, Logistik), die sich der Bearbeitung und Reflektion sachspezifischer Problemstellungen widmen.

Mit dieser sachlichen Ausdifferenzierung wird aber zugleich die Einheit von Zwecksetzung und Ausführung, die das wirtschaftliche Handeln einzelner Personen kennzeichnet, aufgesprengt. Der einheitliche Handlungszusammenhang wird zwangsläufig in ausführende und steuernde (dispositive) Aktivitäten zerlegt. Die Steuerungshandlungen sollen dabei sicherstellen, daß der arbeitsteilige Ressourceneinsatz zur gemeinsamen Zielerreichung beiträgt. Sie bilden den Kern dessen, was man als *Unternehmensführung* und in idealtypischer Abfolge als *Managementprozeß* bezeichnet. Die Begriffe »Management« und »Unternehmensführung« zielen demnach nicht auf bestimmte Personen(gruppen) ab, die überwiegend dispositive Tätigkeiten ausüben (z.B. den Vorstand als »Organ der Unternehmensführung«), sondern auf eine Kategorie von *Handlungen,* die in arbeitsteiligen Organisationen unabdingbar sind.[895] Diese Steuerungshandlungen können in überschaubaren Kleinbetrieben von einer Person alleine ausgeführt werden; man denke etwa an einen Handwerksbetrieb, in dem die dispositiven Aufgaben dem Meister vorbehalten bleiben. Mit zunehmender Unternehmensgröße erweist es sich jedoch als notwendig, auch die Managementaufgabe funktional und personell auszudifferenzieren.[896] Die funktionale Differenzierung führt zur Abgrenzung verschiedener Managementfunktionen, die als Planung, Organisation, Personalführung, Leitung und Kontrolle bezeichnet werden; darauf wird noch einzugehen sein. Aus der personellen Aufteilung der Dispositionsaufgabe folgt, daß die Managementfunktionen im Prinzip von *allen* Personen wahrzunehmen sind, die Entscheidungsspielräume haben und mit Leitungsaufgaben betraut sind. Wie diese Leitungsaufgaben auf bestimmte Personen oder Gruppen verteilt werden, ist dann eine empirische Frage, die in der Praxis unterschiedlich beantwortet wird. Unstrittig ist jedoch, daß die institutionelle Trennung von ausführender und dispositiver Tätigkeit, die im Zeitalter der Massenproduktion favorisiert wurde, mit der Hinwendung zu flexibleren Leistungsprozessen mehr und mehr hinfällig wird. Populäre Konzepte wie die »teilautonomen Arbeitsgruppen« der 70er Jahre oder das »Lean Management« der 90er Jahre zeigen, daß steuernde und ausführende Tätigkeiten heute in einem dezentralen, aber ganzheitlichen Auf-

894 Vgl. zum Leistungsprozeß Heinen 1985, S. 62 ff. und S. 125 ff., Heinen 1991; zur klassischen mikroökonomischen Analyse der Faktorkombination auch Gutenberg 1970, insbes. S. 286 ff.

895 Vgl. zu dieser Unterscheidung des institutionellen und prozessualen Managementbegriffs Steinmann 1981, S. 1 ff., Staehle 1994, S. 69 ff., Steinmann/Schreyögg 1993, S. 5 ff.

896 Vgl. zur Entfaltung des Managementprozesses Steinmann 1981, S. 4 ff.

gabenvollzug verschmelzen.[897] Dies bedeutet, daß es selbstverständlich weiterhin Mitarbeiter gibt, die vorrangig oder ausschließlich Führungsaufgaben wahrnehmen (das »Top-Management«), daß aber im Grundsatz alle Mitarbeiter aufgefordert sind, (selbst)steuernd tätig zu werden.[898]

Diese Überlegungen zeigen, daß es beim betriebswirtschaftlichen Handeln im Kern um die Lösung vielfältiger Probleme der Steuerung, d.h. der Koordination und Integration potentiell divergierender Handlungen und Interessen, geht.[899] Auf einer allgemeinen Ebene kommt das im *strategischen Managementprozeß* zum Ausdruck. Dieser Bezugsrahmen verdeutlicht, daß die zentrale Aufgabe der Unternehmensführung darin besteht, erfolgsträchtige Strategien zu entwickeln und durchzusetzen, und daß dazu eine Reihe von Steuerungsaktivitäten notwendig sind, die sich begrifflich unterscheiden und in ihrem Zusammenspiel beschreiben lassen.

Die Grundaussage des prozessualen Managementverständnisses manifestiert sich in der Unterscheidung verschiedener *Managementfunktionen,* mit denen unterschiedliche Teilaspekte der Steuerungsproblematik beleuchtet werden: Planung, Organisation, Personalführung, Leitung und Kontrolle.[900] Die *Planung* dient der geistigen Vorwegnahme künftigen Tuns; sie formuliert, welche Ziele anzustreben und welche Mittel dabei zu wählen sind. Mit Hilfe der *Organisation* soll ein Handlungsgefüge hergestellt werden, das die arbeitsteilige Umsetzung der Planziele ermöglicht. Hierzu muß die Gesamtaufgabe zerlegt und gedachten Aufgabenträgern zugewiesen werden (Differenzierung); gleichzeitig ist Vorsorge zu treffen, daß die Teilaufgaben laufend miteinander abgestimmt werden können (Integration). Als Ansatzpunkte eignen sich explizite Regelungen der Aufbau- und Ablauforganisation (Stellenbildung, Prozeßgestaltung), aber auch allgemeine Orientierungsmuster, die sich in weniger formalisierten Mythen, Ritualen und Werten niederschlagen (Unternehmenskultur). Dem *Personalmanagement* obliegt es dann, die notwendigen Humanressourcen bereitzustellen und weiterzuentwickeln. In diesem Zusammenhang kommt der Auswahl, Beurteilung, Entlohnung und Qualifizierung von Mitarbeitern besondere Bedeutung zu. Die Managementfunktion *Leitung (Führung)* bezieht sich auf die situationsgerechte Ausnutzung der Regeln und Ressourcen, die durch organisatorische und personalpolitische Aktivitäten aufgebaut wurden. Der Vorgesetzte bleibt aufgefordert, seine Untergebenen im Sinne der unternehmensstrategischen Zielsetzung zu beeinflussen (Lokomotionsaufgabe) und zugleich den Zusammenhalt der Arbeitsgruppe sicherzustellen (Kohäsionsaufgabe). Die *Kontrolle* soll schließlich überprüfen, ob die formulierten (Zwischen-) Ziele erreicht wurden; mit Hilfe der dabei generier-

897 Vgl. zum Konzept der selbststeuernden Arbeitsgruppen Steinmann/Heinrich/Schreyögg 1976; zum Lean Management die systematische Darstellung von Pfeiffer/Weiss 1994.

898 Diese Selbststeuerung ist jedoch nicht als beliebige Evolution, sondern als *gesteuerte Selbststeuerung,* d.h. als Handlungsstrukturierung und -koordination innerhalb eines einheitsstiftenden Orientierungsrahmens, zu verstehen. Vgl. hierzu Kieser 1994 sowie unsere Ausführungen zur (kommunikativen) Integration arbeitsteiliger betriebswirtschaftlicher Handlungen auf S. 293 ff.

899 Vgl. dezidiert Mullins 1993, S. 363 ff., sowie Bleicher 1994, S. 33 f.

900 Vgl. zu den Inhalten dieser Funktionen Steinmann/Schreyögg 1993, Weihrich/Koontz 1993.

ten Vergleichsdaten wird zugleich ein Bogen zur Planrevision und Neuplanung geschlagen.

Für die Zuordnung und Gewichtung der einzelnen Managementfunktionen ist es von entscheidender Bedeutung, wie der arbeitsteilige Charakter der Steuerungsaufgabe konzeptionalisiert wird. Die *synoptische Steuerungskonzeption,* deren Grundgedanken auch unter dem Stichwort »klassischer Managementprozeß« verhandelt werden, geht in diesem Zusammenhang von einem Primat der Planung aus.[901] Man nimmt an, daß ein einheitliches Willensbildungszentrum (die oberste Unternehmensleitung) problemlos in der Lage ist, die notwendigen Situationseinschätzungen vorzunehmen, um potentielle Handlungsoptionen zu identifizieren und zu bewerten sowie (bei gegebenem Zielsystem) rationale Entscheidungen zu treffen. Damit wird ein Rationalitätsbegriff unterstellt, der sich im Zweck-Mittel-Denken erschöpft. Die übrigen Managementfunktionen haben dann zwangsläufig einen dienenden Charakter; sie sollen die Umsetzung der in Kraft gesetzten Pläne sicherstellen und eventuelle Abweichungen im Sinne eines Soll-Ist-Vergleichs zurückmelden. Ein eigenständiges Steuerungspotential kommt nur der Planung zu; Organisation, Personalmanagement und Führungsmaximen werden nur unter dem (operativen) Gesichtspunkt der Strategierealisierung betrachtet (»structure follows strategy«).[902]

Im Unterschied dazu wird die Planung in der *strategischen Managementkonzeption* als notwendige, aber nicht hinreichende Quelle der Unternehmenssteuerung angesehen.[903] Der Grund hierfür ist die prinzipielle Selektivität der Planung, die in dynamischen und hochkomplexen Handlungszusammenhängen besonders deutlich zu Tage tritt. Die Annahme, daß der formulierte Gesamtplan eine größtenteils richtige Orientierung bereitstellen kann, führt dann in die Irre, wenn fehlerhafte Situationseinschätzungen vorliegen oder eine nicht vorhersehbare Veränderung der Rahmenbedingungen dafür sorgt, daß die ursprünglichen Prämissen und Planungen obsolet werden. Diese systematischen Grenzen der Planung können überwunden werden, wenn man die übrigen Managementfunktionen aufwertet und ihnen ein eigenständiges (Um-) Steuerungspotential zuspricht. Dies gilt in erster Linie für die Kontrolle, die als Zwillingsfunktion und Pendant zur Planung auszugestalten ist.[904] Sie muß über eine reine Feedback-Kontrolle hinausgehen und als mitlaufender Bestandteil des strategischen Prozesses dafür Sorge tragen, daß Prämissenänderungen und Abweichungen von der vorgesehenen Durchführung zeitnah registriert werden. Ferner gilt es, ungerichtete Kontrollaktivitäten vorzunehmen, um im Sinne einer strategischen Überwachung nochmals die grundsätzliche Frage zu beantworten, ob bislang ausgeblendete Parameter die strategische Positionierung

901 Vgl. zur Rekonstruktion und Kritik des synoptischen Managementkonzeptes Steinmann/Hasselberg 1988, S. 1308 f., Steinmann/Schreyögg 1993, S. 119 ff., A.G. Scherer 1995, S. 26 ff.

902 Vgl. zur Rekonstruktion der Strategie-Struktur-Debatte Guthunz 1994, S. 113 ff.

903 Vgl. zum strategischen Managementprozeß insbes. Steinmann/Hasselberg 1988, Hasselberg 1989, Steinmann/Walter 1990, Steinmann/Schreyögg 1993, S. 132 ff., und zu den Konsequenzen für die (integrierte) Unternehmenskommunikation Steinmann/Zerfaß 1995, S. 38 ff.

904 Vgl. zum Konzept der strategischen Kontrolle Schreyögg/Steinmann 1985, Steinmann/Schreyögg 1986, Hasselberg 1989, Steinmann/Schreyögg 1993, S. 219 ff., sowie unten S. 378 ff.

gefährden oder verbessern können. Die Planformulierung und -kontrolle wird damit zu einer *dezentralen, multipersonalen Aktivität,* an der im Prinzip alle Aufgabenträger auf jeder Entscheidungsebene zu beteiligen sind. Begründet wird dies einerseits dadurch, daß die Selektion und Interpretation relevanter Situationsveränderungen überall im Unternehmen ihren Ausgang nehmen kann, und zum anderen mit der praktischen Einsicht, daß die Annahme eines zentralen Akteurs unhaltbar ist, weil auf jeder Entscheidungsebene systematische Handlungsspielräume verbleiben. Diese Überlegungen korrespondieren mit empirischen Untersuchungen, in denen deutlich wird, daß viele strategische Initiativen nicht an der Unternehmensspitze, sondern gleichsam an der Basis ergriffen werden und in einem von unten nach oben die Hierarchie durchlaufenden Prozeß Zustimmung und Unterstützung (oder aber Ablehnung) erfahren.[905] In der Konsequenz bedeutet dies, daß Planungs- und Kontrollprozesse in starkem Maß von der Ausgestaltung der übrigen Managementfunktionen beeinflußt werden (»strategy follows structure«). Organisation und Personalführung werden damit strategisch »aufgeladen«; sie müssen nicht nur die Voraussetzungen für eine effiziente Planumsetzung, sondern auch die Grundlagen für eine beständige Infragestellung und Revision der Strategie schaffen.[906] Der Managementfunktion Leitung obliegt es dann, diese Potentiale situationsgerecht zu aktivieren und die Anstrengungen der Mitarbeiter fallweise in Richtung Strategierevision oder -umsetzung zu lenken.[907] Die Aufwertung der Managementfunktionen Organisation, Personalmanagement und Leitung bedeutet freilich, daß man ihrer Gestaltung besondere Aufmerksamkeit widmen muß. Dies geschieht durch eine reflexive Ausdifferenzierung der Managementaufgabe, der sich nicht mehr auf die Festlegung bzw. Revision inhaltlicher Pläne und deren Umsetzung beschränkt, sondern im Rahmen des Controlling auch die Vorsteuerung des Steuerungsprozesses umfaßt (Metaplanung, strategisches Audit).[908]

Aus dieser Perspektive präsentiert sich das betriebswirtschaftliche Handeln als ein multipersonaler und dezentraler Prozeß, in dem alle Managementfunktionen strategische und operative Bedeutung erlangen (vgl. Abb. 13).[909] Sie stehen damit in einem systematischen Spannungsfeld von Innovation und Routine, das nur im konkreten Handlungsvollzug überwunden werden kann. Der Grund hierfür liegt auf der Hand: Das Wechselspiel von Öffnung und Schließung des betriebswirtschaftlichen Problemhaushalts entspricht der sozialtheoretischen Komplementarität von struktureller Prägung und situativer Modifizierung, und diese verweist letztlich auf die lebenspraktische Fundie-

905 Dies spiegelt sich in verschiedenen Diskussionen um die Organisation des Planungsprozesses und die Bedeutung »emergenter Strategien« (Mintzberg) wider; vgl. A.G. Scherer 1995, S. 39 ff.

906 Vgl. zu den organisatorischen Konsequenzen Steinmann/Schreyögg 1986, A.G. Scherer 1995, S. 253 ff.; zum Personalmanagement Steinmann et al. 1989, Steinmann/Hennemann 1993, 1995.

907 Vgl. zur Managementfunktion Leitung im strategischen Managementprozeß Löhr/Bischof 1993.

908 Vgl. zu dieser Fassung des Controllingbegriffs Steinmann/Scherer 1996a, 1996b; zur Notwendigkeit der Metaplanung und des strategischen Audits bereits Steinmann/Walter 1990, S. 345.

909 Vgl. zu anderen Darstellungsformen des strategischen Managementprozesses Steinmann/Hasselberg 1988, S. 1313, Steinmann/Walter 1990, S. 341, sowie Steinmann/Hennemann 1995, S. 33.

rung gemeinsamer Orientierungsmuster. Von daher erfährt die dezentrale Verankerung der Steuerungsaufgabe eine methodische Begründung, die über die Kritik am Versagen der synoptischen Managementkonzeption hinausgeht.[910] In problemnahen Beratungs- und Lernprozessen, die durch geeignete Denkmodelle, inhaltliche Bezugsrahmen und abstrakte »Redeinstrumente« der Managementforschung befördert werden,[911] können nicht nur Mittelwahlen, sondern auch Situationsbeschreibungen und Zwecksetzungen thematisiert werden. Damit wird das eingeschränkte Rationalitätsverständnis der klassischen Entscheidungslogik überwunden; einem strategischen Plan ist umso mehr Rationalität zuzusprechen, je mehr gute Gründe und praktische Erfahrungen für die zugrundeliegenden Situationsdeutungen, Ziele und Mittelselektionen sprechen.[912]

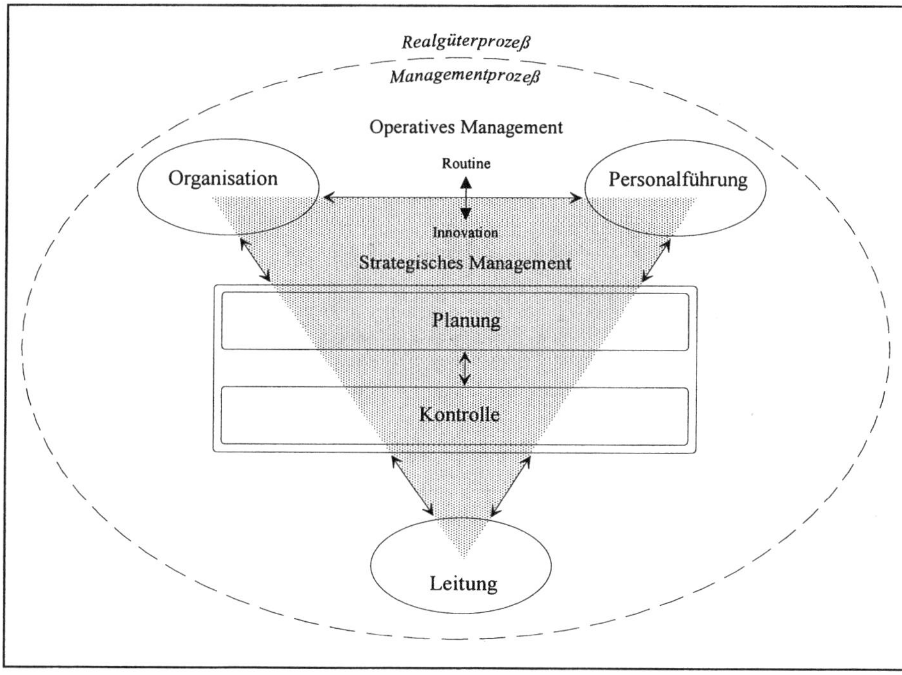


*Abb. 13: Der Managementprozeß im strategischen und operativen Feld*

Mit der Verabschiedung der zentralen Akteursperspektive stellt sich die Frage, wer die Teilnehmer an Managementprozessen sind, d.h. welche *Akteure* in welcher Weise auf die Steuerungsentscheidungen eines Unternehmens Einfluß nehmen können. Für den Fortgang unserer Untersuchung ist es deshalb notwendig, die bisherige Rede von »Unternehmen« als korporativen und »Mit-

910 Vgl. A.G. Scherer 1995, S. 246 ff.
911 Vgl. zur Abgrenzung und Darstellung solcher Redeinstrumente A.G. Scherer 1995, S. 287 ff.
912 Vgl. A.G. Scherer 1993, zu diesem Rationalitätsbegriff auch Braun 1985, S. 61 ff.

arbeitern« als individuellen Trägern des betriebswirtschaftlichen Handelns zu konkretisieren. Gefragt ist eine Theorie der Unternehmung als soziale Organisation, in der deutlich wird, wer am Managementprozeß beteiligt ist und wer von seinen Ergebnissen betroffen ist. Darauf wollen wir im folgenden eingehen.

#### 5.1.1.3 Unternehmen als Akteure des betriebswirtschaftlichen Handelns

Unsere bisherigen Überlegungen haben gezeigt, daß *Unternehmen* als handlungsfähige und handlungsprägende, gewinnorientierte Systeme verstanden werden können, die Güter der Fremdbedarfsdeckung produzieren und verteilen. Wie alle korporativen Akteure können sie nur vermittelt durch ihre Mitglieder handeln.[913] Dieses Handeln konkretisiert sich in einem arbeitsteiligen Managementprozeß, der die Formulierung, Revision und Durchsetzung inhaltlicher Unternehmensstrategien zum Ziel hat.

Dieses Vorverständnis läßt sich in zweifacher Hinsicht schärfen. Einerseits gilt es, das Verhältnis von Unternehmen und Mitarbeitern, d.h. von Organisation und Individuum, näher zu beleuchten. Andererseits stellt sich die Frage nach der Beziehung zwischen Unternehmen und Umwelt, nach dem »Innen« und »Außen« von Organisationen und den dort anzusiedelnden Einflußprozessen. Wir wollen diese Punkte im folgenden aufgreifen, wohl wissend, daß wir damit nur ganz wenige Aspekte einer (noch ausstehenden) konstruktiven Organisationstheorie anreißen können.[914]

*Organisationen* präsentieren sich aus sozialtheoretischer Sicht als „auf Dauer angelegte, abgrenzbare, zielgerichtete soziale Gebilde mit einer auf das Ziel hin gestalteten inneren Ordnung".[915] Diese Vergesellschaftungen sind aber keineswegs naturwüchsige Entitäten, sondern raumzeitlich verfestigte Muster der Interaktion zwischen Individuen, die im konkreten Handlungsvollzug zugleich reproduziert und modifiziert werden.[916] Die Gesamtheit dieser Muster bezeichnen wir als *Organisationsstruktur*. Mit dieser Sichtweise wenden wir uns gegen die klassische Organisationstheorie, die den Begriff der Organisa-

---

913 Vgl. oben S. 93 ff. und S. 239 f., sowie die organisationstheoretischen Bestimmungen des Unternehmensbegriffs bei Frese 1995, S. 5 f., Franken 1982, S. 253, und Grochla 1993, Sp. 383.

914 Die Überlegungen der konstruktiven Wissenschaftstheorie und Betriebswirtschaftslehre wurden bislang nur in Ansätzen für die Organisationstheorie fruchtbar gemacht. Obwohl Schreyögg (1978, S. 301 ff.) sich bereits früh mit der handlungstheoretischen Neuorientierung der Organisationsforschung auseinandergesetzt hatte, wurden diese Gedanken nicht zu einer umfassenden Institutionentheorie ausgebaut, sondern nur in Teilaspekten vertieft; vgl. Löhr 1991, S. 305 ff., und A.G. Scherer 1995, S. 253 ff. Wichtige Ansatzpunkte bietet jedoch die bislang kaum beachtete Arbeit von Franken (1982), die sich um eine handlungsorientierte Grundlegung der Organisationstheorie bemüht und dabei auf konstruktives Gedankengut zurückgreift.

915 Schreyögg 1978, S. 13. Damit wird deutlich, daß wir an dieser Stelle ein institutionelles Organisationsverständnis (das Unternehmen *ist* eine Organisation) vertreten, das die im Managementprozeß übliche instrumentelle Sichtweise (das Unternehmen *hat* eine Organisation, und diese ist ein Ergebnis koordinierender und integrierender Aktivitäten) ergänzen muß.

916 Vgl. oben S. 107 sowie Löhr 1991, S. 311; ähnlich auch Granovetter 1991, Theis 1994, S. 165 ff., und Heath 1994, insbes. S. 45 ff., der Organisationen als »zones of meaning« beschreibt.

tionsstruktur für formelle Regelungen wie Stellenbeschreibungen, Führungsgrundsätze, Verfahrensrichtlinien u.ä. reserviert.[917] Solche Richtlinien sind nach Giddens „eher kodifizierte Interpretationsregeln denn Regeln als solche“,[918] d.h. sie *verweisen* auf den Gesamtkomplex jener „rekursiv organisierte(n) Menge von Regeln und Ressourcen ... außerhalb von Raum und Zeit“,[919] der das betriebswirtschaftliche Handeln prägt und ermöglicht. Dieser Strukturkomplex umfaßt *alle* Handlungsprinzipien, die sich um eine bestimmte Vision oder Strategie gruppieren, d.h. neben kodifizierbaren Rollengefügen und Leitlinien vor allem geteilte Wertvorstellungen (die Theoriebildung spricht hier von »Organisationskulturen«),[920] die den Beteiligten häufig selbst unbewußt sind und nur in einem teilnehmenden Interpretationsprozeß erschlossen werden können.[921] Diese Orientierungsmuster konstituieren eine »Organisationsidentität«, durch die eine Unternehmung abgrenzbar und für andere identifizierbar wird.[922] Zugleich stellen sie das zentrale Bindeglied zwischen Person und Organisation dar; Organisationsstrukturen werden im betrieblichen Alltag sowohl übernommen als auch mitgestaltet. Franken bringt dies in seinem Entwurf einer handlungsorientierten Organisationstheorie treffend auf den Punkt: „Organisationen sind ... Produkte menschlicher Interaktionsprozesse und beeinflussen durch ihre Existenz die Möglichkeiten menschlicher Handlungen. Sie werden durch Interaktionsprozesse der Organisationsmitglieder konstituiert, indem diese ihre Handlungen zur Erreichung eines gemeinsamen Zweckes koordinieren. Dabei schaffen die Organisationsmitglieder sich einerseits Handlungsmöglichkeiten, definieren aber zugleich Beschränkungen für ihr weiteres individuelles Handeln. Organisationen werden somit zu selbständigen Handlungseinheiten, die als »kollektive Persönlichkeiten« in einem Interaktionsprozeß mit den Organisationsmitgliedern einerseits und der außerorganisatorischen, gesellschaftlichen und natürlichen Umwelt andererseits stehen. Sie stellen bestimmte Anforderungen an ihre Mitglieder und werden von diesen Mitgliedern laufend entsprechend deren Macht und Interessen verändert“.[923]

Das Verhältnis zwischen Unternehmen und Mitarbeitern läßt sich demnach als ein dialektischer Prozeß beschreiben, in dem die Individuen in Ansehung ihrer organisatorischen Rollen und anderer gemeinsamer Normengefüge handeln, dadurch aber zugleich zur Reproduktion und – mehr oder weniger explizit – zur Weiterentwicklung des strukturellen Gefüges »Organisation« beitragen. Diese Neustrukturierung geschieht einerseits durch formale Akte der Autorisierung, z.B. durch die Verabschiedung neuer Leitbilder, Rollenvorgaben oder

---

917 Vgl. Gutenberg 1970, S. 232 ff., Frese 1995, Steinmann/Schreyögg 1993, S. 378 ff.

918 Giddens 1988, S. 73; vgl. auch Kieser 1994, S. 221 f.

919 Giddens 1988, S. 77.

920 Vgl. Dülfer 1991. »Unternehmenskulturen« umfassen die tatsächlich gelebten Werte, die sich in Ritualen, Umgangsformen, Mythen, Kleidung usw. niederschlagen. Dies zeichnet sie gegenüber kodifizierten Regelungen aus, die mitunter nur auf dem Papier stehen.

921 Vgl. grundlegend Schein 1986, in methodologischer Hinsicht auch Osterloh 1993.

922 Vgl. Franken 1982, S. 258 ff.

923 Franken 1982, S. 257. Vgl. neuerdings auch Ortmann 1995, S. 29 ff., der sich in seinem organisationstheoretischern Bezugsrahmen explizit auf Giddens bezieht.

Entscheidungsbefugnisse, und zum anderen durch Umorientierungen im konkreten Handeln, die sich zu emergenten Aktivitätsmustern (informellen Routinen) verfestigen können. Dabei liegt es auf der Hand, daß verschiedene Personen und Rollenträger über unterschiedliche Einflußpotentiale verfügen, die nicht zuletzt auf die Geltungsansprüche des bestehenden Strukturgefüges zurückzuführen sind. Insofern ist ein Unternehmen stets auch ein *Herrschaftsverband*, der bestimmte Beziehungsmuster und Abhängigkeiten zwischen den Beteiligten festschreibt.[924]

Diese Überlegungen münden in die Frage, wer die Mitglieder einer Organisation sind, wie die Grenze zu anderen Akteuren bzw. zum Umfeld der Unternehmung markiert werden kann, und welche Einflußprozesse in diesem Zusammenhang relevant werden.[925] Eine angemessene Behandlung dieser Thematik setzt voraus, daß man das Unternehmen in Übereinstimmung mit unseren bisherigen Ausführungen nicht als einheitlich orientiertes Handlungsgefüge, sondern als „Verbund potentiell widerstreitender Interessen" [926] konzipiert. Diese Perspektive wurde vor allem durch die Anreiz-Beitrags-Theorie von Barnard und die verhaltenswissenschaftliche Entscheidungstheorie der »Pittsburgher Schule« (Cyert, March, Simon) bekannt.[927] Das Unternehmen wird hier als *Koalition* verschiedener Interessenträger (Stakeholder) betrachtet, die einen positiven oder negativen Beitrag zum betriebswirtschaftlichen Handlungsprozeß leisten, weil sie ihn im Lichte ihrer eigenen Bedürfnisse als Anreiz oder Belastung bewerten.[928] In dieser breiten, undifferenzierten Sichtweise verschwimmt die Grenze zwischen Organisation und Umfeld: Stakeholder können sowohl Kapitaleigner, Geschäftsführer, Arbeitnehmer, Lieferanten, Kunden und Anwohner sein. Damit wird der Blick dafür geöffnet, daß strategische Aktivitäten ein breites Spektrum potentieller Bezugsgruppen betreffen können; eine für das praktische Managementhandeln notwendige Gewichtung der einzelnen Interessenträger steht aber noch aus.[929] Dieser Schritt erfordert einen Rekurs auf die Strukturen der Wirtschafts- und Unternehmensordnung, d.h. auf die kulturell verankerten Mechanismen der Handlungs- und Interessenkoordination, die einen Rahmen für organisationsbezogene Prozesse bilden. Auf diese inhaltlichen Fragen wollen wir in den folgenden Kapiteln eingehen. An dieser Stelle gilt es zunächst, das prinzipielle Verhältnis zwi-

924 Vgl. zu diesem Begriff Max Weber 1964, S. 38, und im Kontext der Management- und Organisationsforschung Staehle 1992, S. 24 f. und S. 57 ff., sowie Ortmann 1995, S. 29 ff.

925 Vgl. hierzu die aufschlußreichen Überlegungen von Badaracco 1991.

926 Schreyögg 1978, S. 332 (im Original teilweise unterstrichen).

927 Vgl. das erstmals 1938 veröffentlichte, klassische Werk von Barnard 1970, Cyert/March 1995, March/Simon 1976, Simon 1981, sowie den Überblick von Berger/Bernhard-Mehlich 1993.

928 Vgl. zur Darstellung und kritischen Würdigung der *Koalitionstheorie*, die im Kontext der Organisations- und Mitbestimmungsforschung anzusiedeln ist, z.B. Staehle 1969, Steinmann 1976, sowie Paul 1977, S. 332 ff. Die *Stakeholdertheorie* richtet ihr Augenmerk dagegen auf wettbewerbsstrategische und unternehmensethische Beziehungsmuster; vgl. grundlegend Freeman 1984, Carroll 1993, im Überblick Donaldson/Preston 1995, sowie Langtry 1994.

929 Diese Kritik trifft insbesondere die amerikanische Stakeholdertheorie, in der häufig die Befriedigung aller (faktischen) Stakeholderansprüche durch die Unternehmensführung postuliert wird, ohne daß der Stellenwert und die Legitimation der einzelnen Interessen rekonstruiert wird.

schen Organisationsmitgliedern und anderen Kategorien von Interessenträgern zu klären. Konkret geht es um eine Bestimmung des »internen« und »externen« Unternehmensfeldes, die von der Vorstellung einer ontologischen Grenzziehung abstrahiert und dennoch die praktische Einsicht aufgreift, daß wir bestimmte Handlungsweisen zweifelsfrei einer Gesamtorganisation und nicht den ausführenden Personen zurechnen können.[930]

Ausgangspunkt unserer Betrachtung sind (geplante) Produkt-Markt-Konzepte und die Handlungen, die zu deren Umsetzung vollzogen werden müssen. Dabei mag es sich um Visionen handeln, durch die verschiedene Personen erst zur Gründung eines Unternehmens veranlaßt werden, oder aber um konkrete Strategien, die von einer bestehenden Organisation verfolgt werden. Diese Strategien und Handlungen können von einzelnen Akteuren im Licht ihrer jeweiligen Interessen als Anreize oder Belastungen aufgefaßt werden. Ein plastisches Beispiel wäre ein mittelständischer Industriebetrieb, der in einem Mischgebiet angesiedelt ist und chemische Vorprodukte herstellt. Während die Nachfrage nach Arbeitskräften und Kapital potentielle Mitarbeiter und Investoren anzieht, dürfte die Lärmbelastung durch die laufende Produktion von einigen Anwohnern negativ bewertet werden. Die örtliche Kommune wird die Steuerkraft des Arbeitgebers schätzen, und die Abnehmer der Produkte betrachten die aktuelle Unternehmensstrategie als wichtigen Baustein ihres eigenen Erfolgs. Es mag auch Bürgerinitiativen geben, deren Mitglieder weder in Werksnähe leben noch Anwender der dort erzeugten Produkte sind, aber aus ökologischer Sicht Vorbehalte gegen die Geschäftstätigkeit haben. Potentielle Anreize und Belastungen können also nicht ontologisch, z.B. anhand der physischen Interaktionsprozesse, identifiziert, sondern nur von ihren Trägern artikuliert werden.[931] Wir schlagen vor, diese verschiedenen Akteure als *Betroffene* bzw. *Bezugsgruppen* der Unternehmenstätigkeit zu bezeichnen. Wenn Betroffene die Anreize und Belastungen nicht einfach hinnehmen, sondern mit aktivem Handeln darauf reagieren, dann werden sie zu *Beteiligten (Anspruchsgruppen)* bzw. Koalitionsteilnehmern der Organisation. Die amerikanische Forschung spricht hier von *Stakeholdern,* d.h. jenen Gruppen oder Personen, die die Ziele einer Organisation konkret beeinflussen können oder von deren Erreichung beeinflußt werden.[932] Für unser Fallbeispiel bedeutet dies, daß die Vielzahl potentieller Investoren, Arbeitskräfte und Chemiegegner von den faktischen Eignern, Fremdkapitalgebern, Arbeitnehmern und Kritikern des Unternehmens zu unterscheiden sind. Der *Übergang von Betroffenen auf Beteiligte* geht häu-

930 Die folgenden Überlegungen stimmen im Grundsatz mit dem organisationstheoretischen Bezugsrahmen von Kirsch überein, setzen jedoch auf eine andere Begrifflichkeit. Vgl. dazu Kirsch 1990, S. 19 ff., S. 78 ff., und S. 114 ff., sowie Schüller 1991, S. 165 ff.

931 Dies spricht gegen weitergehende terminologische Unterscheidungen, wie sie z.B. Schüller im Kontext der PR-Theorie vorschlägt. Schüller (1991, S. 169) unterscheidet Betroffene von »Interessierten«, die „unabhängig von einer Betroffenheit" an strategiespezifischen Themen und Sachverhalten interessiert sind. Dies würde voraussetzen, daß die Betroffenheit unabhängig von den Interessen der Akteure, d.h. aus der Beobachterperspektive, definiert werden kann.

932 Vgl. Freeman 1984, insbes. S. 46 und S. 52; zum Stakeholdermanagement ferner Göbel 1992, S. 140 ff., Janisch 1993 und Böhi 1995; zur Terminologie auch Bleicher 1994, S. 159 ff.

fig mit einem organisatorischen Zusammenschluß der einzelnen Akteure (z.B. der Bildung von Gewerkschaften und Kritikergruppen) einher. Er präsentiert sich als ein dynamischer Prozeß, der aktiv beeinflußt werden kann – man denke etwa an betriebswirtschaftliche Maßnahmen der Personalgewinnung und Absatzförderung oder auch an die Mitgliederwerbung von Bürgerinitiativen. Im Ergebnis lassen sich verschiedene Kategorien von Bezugs- und Anspruchsgruppen identifizieren, die man als latent – passiv – aktiv (Dahrendorf) oder potentiell – latent – manifest – aktiviert (Buchholz) abstufen kann.[933]

Wir können diese Überlegungen weiter präzisieren, wenn wir die praktische Erfahrung aufgreifen, daß die Beteiligten die Unternehmenstätigkeit verschiedenartig beeinflussen und auch in ganz unterschiedlicher Weise von ihr betroffen sind. Von daher macht es Sinn, Mitglieder, Transaktionspartner und Interessenten einer Organisation voneinander abzugrenzen (vgl. Abb. 14).

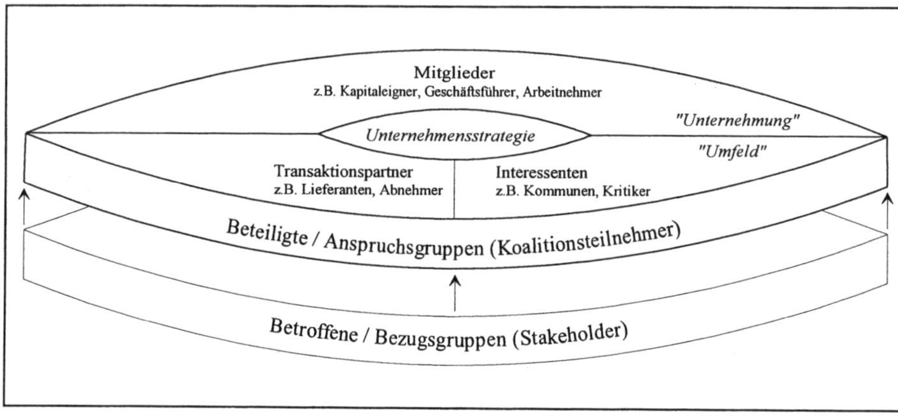


*Abb. 14: Organisationstheoretischer Bezugsrahmen der Unternehmensführung*

Als *Mitglieder* bezeichnen wir jene Akteure, die zur arbeitsteiligen Strategierealisierung beitragen, indem sie ein darauf bezogenes Rollen- und Wertgefüge schaffen oder eine formale Rolle innerhalb der so verfaßten Institution »Unternehmung« übernehmen. Dabei sind zwei Gruppen zu unterscheiden. Als *verfassungskonstituierende Organisationsmitglieder* bezeichnen wir alle Interessenträger, die aufgrund vorgängiger gesellschaftlicher Vereinbarungen (Gesellschaftsrecht, Mitbestimmungsgesetze) prinzipiell berechtigt sind, auf konstitutive und unternehmensstrategische Entscheidungen Einfluß zu nehmen. Dies sind in der sozialen Marktwirtschaft vor allem die Kapitaleigner, in mitbestimmten Unternehmen auch Vertreter der Mitarbeiter und leitenden Angestellten. Die verfassungskonstituierenden Organisationsmitglieder schaffen, z.B. durch Gründung einer Kapitalgesellschaft mit einem bestimmten Unternehmenszweck, eine strategiespezifische Organisationsverfassung. Die Verfassung ist eine zentrale Voraussetzung dafür, daß eine Unternehmung korporativ hand-

933 Vgl. Dahrendorf 1986, S. 59, Buchholz 1970, S. 90 ff., ähnlich auch Achleitner 1985, S. 76 ff.

lungsfähig (und justitiabel) wird. Sie markiert zugleich die Grenze zwischen dem »Innen« und »Außen« einer Organisation.[934] Unter einer *Organisationsverfassung* verstehen wir auf einer allgemeinen Ebene jene konstitutiven (politischen) Regelungen, die prinzipielle Einflußpotentiale und spezifische Zielsetzungen der Unternehmenstätigkeit festschreiben und so einen generellen Rahmen für das betriebswirtschaftliche Handeln bilden. Sie sind größenteils bereits durch die Wirtschafts- und Unternehmensordnung vorgegeben (Organe der Aktiengesellschaft, Umwelthaftung usw.),[935] umfassen aber auch die unternehmensspezifische Konkretisierung dieser Vorgaben in verbindlichen Satzungen, Geschäftsverteilungsplänen, Leitbildern u.ä. (Selbstverfassung).[936] Die Verfassung spezifiziert insbesondere den »modus operandi« der Strategieformulierung und -umsetzung, d.h. die Autorisierungsrechte und Koordinationsmechanismen, mit deren Hilfe arbeitsteilige Aktivitäten zu einem korporativen Handlungsvollzug verknüpft werden. Damit wird deutlich, daß die Organisationsverfassung auf die Organisationsstruktur als Summe aller strategiebezogenen Regeln und Ressourcen verweist, ohne mit ihr identisch zu sein.

Die Verfassung bündelt eine Reihe von Richtlinien, die im konkreten Handlungsvollzug mehr oder weniger buchstabengetreu umgesetzt, vor allem aber durch weitere, auch informelle Gebräuche erweitert wird. Die Gesamtheit dieser gelebten Handlungsmuster bildet dann die Organisationsstruktur.[937] Sie kann – im Gegensatz zum Verfassungskern – auch vom Kreis der *weiteren Organisationsmitglieder* beeinflußt werden. Diese Gruppe umfaßt in erster Linie Mitarbeiter und Kleinaktionäre, ferner langfristige Lieferanten und Joint-Venture-Partner, die einer bestimmten Konzernphilosophie verpflichtet bleiben.[938] Gemeinsam ist ihnen, daß sie sich den Spielregeln einer konkreten Verfassung unterwerfen, ohne diese weitreichend beeinflussen zu können. Sie gehen im Licht ihrer jeweiligen Bedürfnisse und Interessenlagen die (vertragliche) Verpflichtung ein, an der Realisierung, Durchsetzung und Weiterentwicklung einer Unternehmensstrategie mitzuwirken. Diese allgemeine Verpflichtung muß in arbeitsteiligen Management- und Realgüterprozessen, die sich an einem gemeinsamen strategischen Ziel orientieren, inhaltlich ausgefüllt werden. Gegenstand dieser Prozesse ist die Produktion und Distribution von Gütern, die zum Zweck der Fremdbedarfsdeckung auf Märkten angeboten werden. Alle Beteiligten und Bezugsgruppen, die diesbezügliche Austauschbeziehungen aufrecht erhalten, kann man als *Transaktionspartner* bezeichnen. Dazu gehören natürlich die Kapitalgeber oder Arbeitnehmer, die laufend Lei-

934 Vgl. Kirsch 1990, S. 19 und S. 27 ff; grundlegend auch Vanberg 1992.

935 Als *Unternehmensordnung* bezeichnen wir die rechtlichen Rahmenbedingungen der Unternehmenstätigkeit, von denen die Führungsorganisation und Strategiewahl beeinflußt wird; vgl. Steinmann/Gerum 1992 und im europäischen Kontext Zerfaß 1994b.

936 Vgl. Bleicher 1991, S. 15 ff., ders. 1994, S. 289 ff., und Frese 1995, S. 508 ff.

937 Vgl. oben S. 248. Badaracco 1991, S. 300 ff., bezeichnet diese Verknüpfungen als „*central domain* of the firm" (S. 314).

938 Diese verschiedenen Konstellationen münden in unterschiedliche Organisationsformen, d.h. Typen von systemischen Vergesellschaftungen, die wir auf S. 274 ff. exemplarisch skizzieren.

stungen einbringen und dafür Dividenden, Gewinne oder Gehälter erhalten, aber auch Lieferanten, Fremdkapitalgeber, Lizenznehmer, Konsumenten, usw.

Die große Gruppe der übrigen Koalitionsteilnehmer, die weder eine formale Rolle übernehmen noch durch Transaktionen an der Leistungserstellung und -verwertung beteiligt sind, wollen wir *Interessenten* nennen. Sie umfaßt Anwohner, Sozialverbände, Organe der Legislative und Exekutive, Bürgerinitiativen, und nicht zuletzt Wissenschaftler und Journalisten. Für alle »externen« Beteiligten gilt, daß ihre Beziehung zum Unternehmen einen ähnlich dialektischen Charakter hat wie jenes zwischen der Organisation und ihren Mitgliedern.[939] Während die (korporative) Unternehmenstätigkeit auf die Mitwirkung verschiedener Akteure angewiesen bleibt, beeinflußt sie im Zuge der Strategierealisierung zugleich die Handlungsbedingungen vieler Bezugs- bzw. Anspruchsgruppen. Diese wechselseitige Beeinflussung führt zu einer interaktionistischen Sichtweise des *Verhältnisses von Unternehmen und Umwelt.* In der Organisationsforschung liegen zwischenzeitlich einige Ansätze vor, die diesem Gedanken Rechnung tragen und die deterministische Forderung einer Anpassung der Unternehmensziele an die Markt- oder Umfeldbedingungen fallen lassen.[940] Wir werden diesen Punkt vertiefen, wenn wir die Handlungsfelder und Integrationsformen des betriebswirtschaftlichen Handelns diskutieren. Vorerst gilt es, den methodischen Stellenwert der hier vorgenommenen Unterscheidungen zu erläutern.

Die in Abb. 14 zusammengefaßten Abgrenzungen beziehen sich selbstverständlich nicht auf konkrete Akteure, sondern auf deren situationsspezifische *Rollen.* Eine Person oder Gruppe kann nebeneinander oder im Zeitablauf in verschiedener Weise mit dem Strukturkomplex »Organisation« und dessen Zwecksetzungen verbunden sein. Besonders deutlich wird dies bei den Mitarbeitern. In ihrer Rolle als Aufgabenträger sind sie Unternehmensmitglieder, die dem gemeinsamen Ziel einer effektiven und effizienten Leistungserstellung verpflichtet bleiben. Gleichzeitig sind sie Arbeitnehmer und damit Transaktionspartner, die ihre arbeitsvertraglich festgeschriebenen Verpflichtungen und Ansprüche immer wieder im Lichte sich wandelnder individueller Bedürfnisse reflektieren und die weitere Aufgabenerfüllung ggf. von einer Neufassung der Arbeitsbedingungen (Lohnerhöhung, Beförderung) abhängig machen. Diese Verflechtung von »internen« und »externen« Rollen ist ein prinzipielles Merkmal unspezifischer Verträge, die längst nicht mehr nur den Arbeitsmarkt, sondern mit dem Aufbau von Konzernstrukturen und Unternehmensnetzwerken auch die Beziehungen zwischen korporativen Akteuren betreffen.[941] Die Grenzziehung zwischen dem »Innen« und »Außen« einer Organisation bleibt deshalb diffus. Sie bezieht sich keineswegs auf eine faktische Demarkationslinie, die man gleichsam durch Inaugenscheinnahme identifizieren könnte. Sie orientiert sich vielmehr an unterschiedlichen Problemlagen und Rollenanforderungen, die für wirtschaftliche Handlungsvollzüge entstehen, je nachdem ob

939 Vgl. Franken 1982, S. 256 ff.

940 Vgl. Schreyögg 1993, insbes. S. 4243 ff., Marr 1993.

941 Vgl. auch unten S. 274 ff.

man die arbeitsteilige Realisierung der Unternehmensstrategie betrachtet, oder die Anreize und Belastungen, die das strategische Handeln hervorruft.[942]

Weil sich diese beiden Aspekte nur analytisch trennen lassen, sind die *politischen* Prozesse der Einflußnahme auf die Verfassung und die (künftigen) Beziehungsmuster zwischen den Organisationsmitgliedern im alltäglichen Handlungsvollzug eng mit der *strategischen* Gestaltung und *operativen* Realisierung der Unternehmensziele verwoben.[943] Strukturierungs- und Koordinationsleistungen sind zwei Seiten einer Medaille, die untrennbar miteinander verbunden bleiben.[944] Verfassungen und Produkt-Markt-Konzepte werden nämlich wie alle Orientierungsmuster im *konkreten,* nur analytisch trennbaren Handeln reproduziert, realisiert und modifiziert. Als Nadelöhr fungiert dabei immer die *Kerngruppe* der Organisation, d.h. die verfassungskonstituierenden Organe (Aufsichtsrat, Gesellschafterversammlung) oder deren Beauftragte (Vorstand, Geschäftsführung), die durch Gesetz oder Vertrag legitimiert sind, die unternehmensstrategischen Ziele festzulegen.[945] Neue Handlungsmuster und -ziele können sich nur verfestigen, wenn sie diese Autorisierungsschleuse passieren oder – bei informellen Routinisierungsprozessen – dauerhaft umgehen. Die Kerngruppe, z.B. der Vorstand einer Aktiengesellschaft, operiert dabei vor dem Hintergrund der gesellschaftspolitischen Rechts- und Werteordnung. Sie definiert unter anderem, welche Satellitengruppen (z.B. Betriebsrat, Konsumentenorganisationen, Anwohnerinitiativen) in die betriebswirtschaftlichen Entscheidungsprozesse einzubinden sind, und welchen inhaltlichen Ansprüchen die Unternehmenstätigkeit genügen muß (ökologische Grenzwerte, Qualitätsvorgaben, Werberichtlinien). Mit diesem strukturellen Rahmen der Unternehmensführung wollen wir uns im folgenden auseinandersetzen.

### *5.1.2 Strukturelle Regeln und Ressourcen des betriebswirtschaftlichen Handelns*

#### 5.1.2.1 Regulative Strukturen des betriebswirtschaftlichen Handelns

Die organisatorisch und personell ausdifferenzierte Tätigkeit von (Groß-) Unternehmen ist keine urwüchsige Aktivität, die in *beliebiger* Weise ausgefüllt werden kann. Sie orientiert sich vielmehr an einem ganzen Bündel verschiedenartiger Imperative, die vom Wirtschaftlichkeitsprinzip über gesetzliche Anforderungen und branchenspezifische »Spielregeln« bis hin zu den inhaltlichen Erwartungen bestimmter Bezugsgruppen (z.B. der Fremdkapitalgeber) reichen.

---

942 Vgl. Steinmann/Zerfaß 1995, S. 19 f. und S. 22 f.; ähnlich auch Bleicher 1994, S. 177 ff.

943 Politische Handlungen (»politics«) orientieren sich demnach an den Interessenlagen der einzelnen Beteiligten, strategische und operative Aktivitäten an den gemeinsamen Zielen (»policies«) der Organisation. Vgl. hierzu Dlugos 1989 sowie die stärker interessenpluralistisch angelegten Überlegungen von Kirsch 1971, S. 121 ff., ders. 1990, S. 71 ff., und Bleicher 1994, S. 191 ff.

944 Vgl. Kieser 1994, S. 220.

945 Vgl. Kirsch 1971, S. 121 ff., Staehle 1994, S. 499 f. Die formell legitimierte *Kerngruppe* unterscheidet sich häufig von der *dominanten Koalition,* die politische und strategischen Entscheidungsprozesse faktisch beeinflußt; vgl. Scott 1986, S. 351 ff., Kirsch 1990, S. 104 ff.

Diese strukturellen Vorgaben prägen und ermöglichen betriebswirtschaftliches Handeln. Das bedeutet aber keineswegs, daß die Unternehmenstätigkeit durch sozioökonomische Handlungsmuster *determiniert* wird. Unsere sozialtheoretischen Überlegungen haben ja gezeigt, daß tradierte Schemata im konkreten Handlungsvollzug stets *variierend* aktualisiert werden können. Unternehmen orientieren sich nicht nur an den Regeln des Wettbewerbs, sie wirken auch aktiv an ihrer Umgestaltung mit. Diese Neustrukturierung mag explizit oder implizit geschehen, und sie betrifft selbstverständlich nicht nur den ökonomischen Raum, sondern alle Arenen des betriebswirtschaftlichen Handelns.

Wir müssen uns deshalb fragen, *welche* regulativen Strukturen bei der Formulierung, Realisierung und Durchsetzung von Unternehmensstrategien reproduziert und verändert werden. Dazu ist eine Analyse notwendig, die sich auf die kulturelle und historische Situation moderner Marktgesellschaften konzentriert, sich aber nicht in der detaillierten Diskussion betriebswirtschaftlich relevanter Gesetze, Rationalitätskriterien, Wertvorstellungen usw. verliert. Wir lenken unseren Blick deshalb auf die prinzipiellen Bestandteile und Inhalte des normativen Regelwerks, das den Management- und Realgüterprozeß rahmenartig überlagert.

### (1) Strukturelle Orientierungsmuster der Unternehmenstätigkeit

Am Anfang unserer Betrachtung steht das *Verhältnis von Unternehmen und Gesellschaft.* Diese fundamentale Beziehung wird immer wieder mißverstanden, und zwar vor allem dann, wenn man die gesellschaftliche Bedingtheit erwerbswirtschaftlicher Organisationen vernachlässigt. Im Gegensatz zu natürlichen Personen existieren Unternehmungen nämlich nicht per se, sondern nur aufgrund und im Rahmen vorgängiger *gesellschaftlicher* Vereinbarungen. Ein besonders plastisches Beispiel ist das Gesellschaftsrecht (Aktiengesetz, GmbH-Gesetz), ohne das es keine korporativ handlungsfähigen Kapitalgesellschaften geben würde. Auf einer allgemeineren Ebene kann man sagen, daß jegliche Unternehmenstätigkeit erst durch die soziale Praxis einer spezifisch erwerbswirtschaftlichen, dezentralen Organisation des Wirtschaftens möglich und notwendig wird. Daraus folgt insbesondere, daß das anthropologische Spannungsfeld von Individualität und Sozialität nicht unvermittelt in betriebswirtschaftliche Zusammenhänge übertragen werden darf.[946] Die Rede von originären »Unternehmensinteressen« (im Sinne ökonomischer Gewinnziele), die den Ansprüchen »der Gesellschaft« bzw. anderer Akteure gegenüberstellt werden, greift zu kurz. Die Unternehmung ist vielmehr eine *gesellschaftliche Institution,* deren privatwirtschaftlicher Charakter und Auftrag durch ein kulturell verankertes Normengefüge begründet und begrenzt wird.[947]

Aus der sozialtheoretischen Bestimmung des Strukturbegriffs folgt freilich, daß dieses Normengefüge nicht nur kodifizierte Gesetze, sondern in einem erweiterten Sinne alle lebensweltlich verankerten, wenn auch nicht immer

946 Vgl. zur Begründung dieses anthropologischen Spannungsfeldes Kamlah 1973, S. 93 ff.
947 Vgl. zu dieser Sichtweise Steinmann 1969, P. Ulrich 1977 und ders. 1986.

abstrakt beschreibbaren Gepflogenheiten umfaßt.[948] Damit ist zugleich die Frage nach den *Bestandteilen betriebswirtschaftlicher Regelkomplexe* beantwortet: Die Legitimationsgrundlagen der Unternehmensführung erstrecken sich nicht nur auf Markt und Recht, sondern auch und vor allem auf die moralischen Imperative einer Gesellschaft.[949] Diese Erfahrung machen Unternehmen immer dann, wenn sie aufgrund fragwürdiger Strategien und Vorgehensweisen in das Kreuzfeuer der öffentlichen Kritik geraten. Zweifel an der Legitimität bestimmter Produkte (Rüstungsgüter, Tabakwaren), Managementmethoden (Beförderungs- und Entlohnungspraktiken) oder Realgüterprozesse (Kinderarbeit in Auslandsniederlassungen, Vermarktungsfragen) deuten darauf hin, daß ein Verstoß gegen die Regeln des guten und gerechten Zusammenlebens vorliegen könnte. Bei der Klärung solcher Vorwürfe hilft ein schlichter Verweis auf ökonomische oder juristische Zwänge nicht weiter. Man wird vielmehr bemüht sein, die betreffenden Wertvorstellungen hinsichtlich ihrer Geltung und betriebswirtschaftlichen Relevanz zu hinterfragen. Damit werden unternehmensethische Überlegungen in Gang gesetzt, mit denen die klassische Engführung der Argumentation auf ordnungspolitisch verankerte Spielregeln und Interessenkonstellationen überwunden wird.[950] Eine solche praxisorientierte Sichtweise mündet jedoch leicht in die Vorstellung, daß die regulativen Strukturen der Unternehmenstätigkeit relativ unvermittelt und ungewichtet nebeneinander stehen. Die handlungsprägende Kraft von marktlichen, rechtlichen und wertorientierten Schemata würde sich dann in gleicher Weise entfalten, aber auch unterschiedslos beeinflußbar sein. Der Managementprozeß wäre ein beständiges Ringen um die Identifikation und Abwägung struktureller Imperative, die von verschiedenen Bezugsgruppen aktualisiert und vorgebracht werden. Evan und Freeman bringen diese Sichtweise, die vor allem von der amerikanischen Stakeholdertheorie vertreten wird, auf den Punkt. Sie schreiben: „Der eigentliche Zweck des Unternehmens ist es, ... ein Mittel zur Koordination der Interessen von Bezugsgruppen bereitzustellen".[951] In ähnlicher Weise fordert P. Ulrich eine unternehmenspolitische Verständigung unter allen Beteiligten und Betroffenen zur „periodischen Bestimmung einer kollektiven Präferenzordnung der multifunktionalen Institution »Unternehmung«".[952] In beiden Fällen verbleibt die Last der Abwägung zwischen divergierenden Ansprüchen alleine bei der Unternehmensführung. Sie muß geeignete Methoden der Interessenklärung entwickeln und vor allem immer wieder neu begründen. Diese Sichtweise führt – konsequent zu Ende gedacht – nicht nur zu einer Paralysierung der Unternehmenspraxis; sie greift auch konzeptionell zu kurz.

Dies läßt sich zeigen, wenn man die typischen Orientierungsmuster der Managementpraxis einer vergleichenden Betrachtung unterzieht. Rechtlich sanktio-

---

948 Vgl. oben S. 95 ff.

949 Vgl. Dyllick 1989, Steinmann/Löhr 1994a, S. 114 ff.

950 Vgl. zur Unternehmensethik Löhr 1991, Steinmann/Löhr 1994a, Steinmann/Zerfaß 1993c.

951 Evan/Freeman 1988, S. 93 (Übersetzung des Verf.); im Kontext der PR-Theorie auch Vercic/Grunig 1995 und zu den Problemen einer solchen Sichtweise Langtry 1994.

952 P. Ulrich 1991, S. 207; kritisch dazu Steinmann/Löhr 1994b, S. 155 ff. Vgl. aber auch das neuere und weitgehend mit unserer Position übereinstimmende Konzept von P. Ulrich 1994.

nierte, gemeinsam vereinbarte, moralisch begründete und im Brauchtum verankerte Handlungsschemata unterscheiden sich in zwei Dimensionen, die sich unmittelbar aus unserer Bestimmung des Regelbegriffs ergeben.[953] Wir hatten zunächst darauf hingewiesen, daß konkrete Handlungsvollzüge stets als Aktualisierung generischer Schemata zu verstehen sind. Orientierungsmuster entfalten also eine *strukturierende Wirkung*. Diese mag jedoch unterschiedlich groß sein, weil einzelne Regeln mehr oder weniger gut präzisierbar und sanktionierbar sind – den handelnden Akteuren bleiben bei der Aktualisierung verschieden große Freiräume. Ein Beispiel wären Moralnormen (»Du sollst nicht lügen«), die im allgemeinen mehr Interpretationsspielräume lassen und damit weniger klar strukturieren als gesetzliche Vorgaben ähnlichen Inhalts (»arglistige Täuschung« als Straftatbestand).[954] Ein zweites systematisches Abgrenzungskriterium ergibt sich aus der Einsicht, daß Schemata immer auch bewußt verändert werden können. Dabei müssen gegebenenfalls Autorisierungsprozesse (z.B. Gesetzgebungsverfahren) durchlaufen werden, mit denen die Kontinuität und Stabilität sozialer Regeln gesichert werden soll. In der Konsequenz führt dies dazu, daß man verschiedenen Regelkomplexen eine unterschiedliche *Änderungsresistenz* zusprechen wird: Gesetze sind aus Sicht des einzelnen Unternehmens weniger leicht zu beeinflussen als freiwillige Branchenkodizes oder gar Geschäftssitten, die relativ einfach unterlaufen und verändert werden können.

Anhand dieser beiden Dimensionen können wir das in Abb. 15 skizzierte Raster aufspannen. Die Einordnung der Orientierungsmuster beantwortet die Frage, von welchen Regeln das betriebswirtschaftliche Handeln typischerweise besonders stark vorstrukturiert wird, und inwiefern die aufgeführten Schemata von einem einzelnen Unternehmen beeinflußbar sind. Als moderierende Variable dient der *Kontextbezug*. Für alle Regelkategorien gilt nämlich, daß Orientierungsmuster am besten im gemeinsamen Handlungsvollzug aufgebaut und verändert werden können, und daß so fundierte Schemata eine besonders starke Bindungswirkung entfalten.

Dies wird bereits deutlich, wenn man die verschiedenen Spielarten von *Gebräuchen* betrachtet, an denen sich das betriebswirtschaftliche Handeln tagtäglich orientiert. Regionale oder branchenspezifische Usancen erweisen sich hier im allgemeinen als relativ resistent. Sie werden deshalb so selten in Frage gestellt, weil sie laufend in Anspruch genommen und dabei immer wieder reproduziert und verfestigt werden. Umgekehrt lassen sich Umgangsformen, Verhandlungsstile und ähnliche Sitten nur dann ändern, wenn sie tatsächlich eingeübt werden und sich im gemeinsamen Handlungsvollzug bewähren. Dies mag z.B. erklären, warum deutsche Kreditinstitute erst im Zuge der eigenen

953 Vgl. oben S. 95 ff.

954 Die Unterschiede in der strukturierenden Wirkung beziehen sich selbstverständlich nur auf die Fälle, in denen ein bestimmtes Handlungsschema willentlich aktualisiert wird. Selbstverständlich können moralische oder rechtliche Aufforderungen jederzeit ignoriert werden *Wenn* man ihnen aber entsprechen will, dann bleiben bei der Aktualisierung einer Moralnorm tendenziell mehr Freiräume als bei der Aktualisierung einer Rechtsnorm.

Internationalisierung und den damit verbundenen Erfahrungen zu einer Abkehr vom »Bankbeamtentum« gefunden haben. Insgesamt gilt jedoch, daß Gebräuche im Vergleich zu anderen Regelkomplexen eine relativ geringe Strukturierungskraft entfalten und zugleich leicht veränderbar sind. Sie sind im allgemeinen schwach sanktioniert und offen für vieldeutige Interpretationen. Änderungen lassen sich – wenn sie einmal in Angriff genommen werden – auch von einzelnen Unternehmen durchsetzen, weil keine formalen Autorisierungsschleusen zu überwinden sind. Die Infragestellung bisher gültiger »Spielregeln« stellt sogar die zentrale Quelle strategischer Wettbewerbsvorteile dar. Veränderte Branchendefinitionen oder innovative Vorgehensweisen auf bestehenden Märkten können als Versuch interpretiert werden, bei den beteiligten Koalitionspartnern (Händlern, Konsumenten usw.) neue Orientierungsmuster zu etablieren, die mit dem eigenen Ressourcenpotential besonders gut aktualisierbar sind.

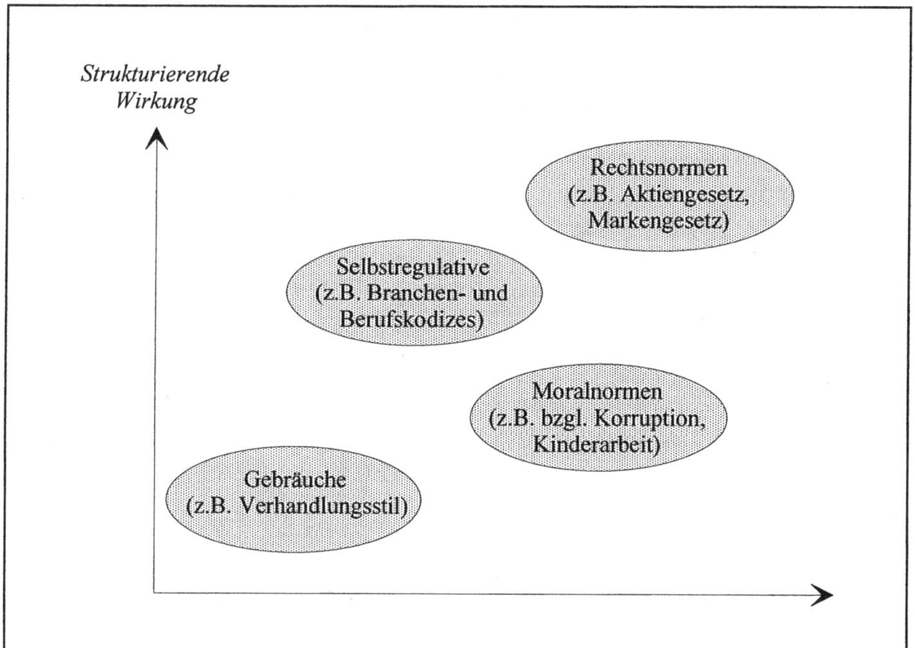


*Abb. 15: Strukturelle Orientierungsmuster der Managementpraxis*

*Rechtsnormen* sind am entgegengesetzten Eckpunkt unseres Rasters einzuordnen. Richtlinien und Gesetze sind nach Giddens keine Regeln im eigentlichen Sinn, sondern Manifestationen einer bestimmten, sozial verbindlichen Lesart von Handlungsschemata.[955] Gerade deshalb ist ihre strukturierende Wirkung als hoch einzuschätzen. Der Buchstabe des Gesetzes formuliert in

955 Vgl. Giddens 1988, S. 73.

Verbindung mit einer lebensweltlich verankerten Rechtskultur relativ präzise Handlungsorientierungen; er läßt wenig Spielräume für subjektive Interpretationen.[956] Rechtsnormen sind zudem mit sozialen Sanktionen (Strafandrohungen) verbunden, aber aus Sicht eines einzelnen Unternehmens relativ schlecht modifizierbar. Der Grund für diese Änderungsresistenz sind die ausdifferenzierten Verfahren der politischen Willensbildung in modernen Gesellschaften. Im Prozeß der Gesetzgebung treffen vielfältige, oft widersprüchliche Erfahrungen und Interessenlagen aufeinander, die nur in zentralen Punkten verdichtet und verfestigt werden können. Dabei gilt wiederum, daß kontextspezifischere Regeln (z.B. branchen- oder produktbezogene Vorschriften) leichter beeinflußbar sind als allgemeingültige Eckdaten der Wirtschafts- und Unternehmensordnung (Gesellschaftsrecht, Kartellrecht, Mitbestimmungsgesetze). Eine weitere Differenzierung betrifft den Charakter betriebswirtschaftlich relevanter Rechtsnormen, die sowohl formelle als auch inhaltliche Anforderungen definieren können. Bei der Aktualisierung *formeller* Regelungen bleiben dem Unternehmen tendenziell größere Freiräume. Ein extremes Beispiel wäre die Liquiditätsforderung der Konkursordnung, die bei einer GmbH nicht nur die Rentabilität des laufenden Geschäftsbetriebs, sondern ggf. auch dadurch sichergestellt werden kann, daß die Gesellschafter Kapital nachschießen. Ein weiteres Beispiel betrifft die Mitwirkung von Arbeitnehmervertretern bei betrieblichen Entscheidungen, wie sie vom Betriebsverfassungsgesetz gefordert wird.[957] Empirische Untersuchungen belegen, daß diese prozessualen Grundmuster auf durchaus unterschiedliche Weise aktualisiert werden können. Das Spektrum der Betriebsratsarbeit reicht von einer prinzipiellen Gegenmachtorientierung über die partnerschaftliche Zusammenarbeit bis hin zur weitgehenden Unterordnung, mit der sich das Mitwirkungsorgan zum verlängerten Arm der Unternehmensleitung degradiert.[958] Die präziseren Handlungsvorgaben des *materiellen* Rechts führen dagegen zu einer stärkeren Überformung des betriebswirtschaftlichen Alltags. Dies gilt z.B. bei der Planung des Leistungsprozesses, die durch »harte« Eckdaten der Umweltschutzgesetzgebung (Grenzwerte für Materialien, Produktionsprozesse, Abfälle) und des Markenrechts (Schutz von Namen, Verpackungen, Werbeslogans) vorstrukturiert wird.[959]

Diese Abstufung von eher rahmenartig angelegten, formellen Handlungsmustern und inhaltlich präzisierten Regeln findet sich auch im Bereich der *Selbstregulative.* Darunter verstehen wir kollektive Normenbestände, die von verschiedenen Akteuren, z.B. den Mitgliedern eines Branchen- oder Berufsverbandes, im Zuge der Selbstbindung in Kraft gesetzt werden.[960] Sie bilden eine Form des »soft law«, das im Zwischenraum von Recht und Moral anzu-

956 Vgl. im Überblick Kirchner/Schwartze 1993, zum Verhältnis von Recht und (Unternehmens-) Ethik ferner Gröschner 1991, Gerum 1991.

957 Vgl. zum BetrVG 1972 im Überblick Steinmann/Gerum 1992, S. 275 ff.

958 Vgl. Osterloh 1993, Kotthoff 1994.

959 Vgl. zum Einfluß von Rechtsnormen auf Planungsinhalte und -prozesse Mag 1995, S. 180 ff.

960 Vgl. im Überblick Enderle 1993, S. 68 ff., ausführlicher v.a. Frieling 1992.

siedeln ist.[961] Bekannte Beispiele sind die freiwilligen Werbebeschränkungen, denen sich die deutsche Zigarettenindustrie Ende der 60er Jahre unterwarf, oder »Responsible Care«, das internationale Umweltprogramm der Chemischen Industrie.[962] Insgesamt reicht das Spektrum von relativ präzisen Handlungsaufforderungen (Selbstbeschränkungsabkommen) bis hin zu Verhaltenskodizes, die allgemeine Leitbilder der Unternehmenstätigkeit formulieren (»Sustainable Development«).[963] Im Kern geht es jedoch stets um Handlungsmaßstäbe, die von den Akteuren selbst kodifiziert und kontrolliert werden. Sie sind im Prinzip auch jederzeit modifizierbar; ihre Änderungsresistenz ist also vergleichsweise gering. Die Einhaltung von Selbstregulativen wird aber im allgemeinen nicht oder nur ansatzweise sanktioniert. Dies führt dazu, daß ihre handlungsprägende Kraft ambivalent beurteilt werden muß: Fehlende Sanktionen und die damit verbundenen Freiräume bei der Schemaaktualisierung konterkarieren die Bindungswirkung, die im allgemeinen von selbst gesetzten, problem- und erfahrungsgestützten Orientierungsmustern ausgeht.

*Moralnormen* repräsentieren kollektive Vorstellungen des guten und gerechten Lebens. Sie werden ebenso wie die anderen genannten Regelkomplexe tagtäglich von unzähligen Unternehmen aktualisiert, reproduziert und modifiziert. Dies geschieht ganz selbstverständlich, wenn man sich im Umgang mit Konsumenten und Lieferanten an die Grundsätze von Treu und Glauben hält, und wenn Werbeaktivitäten einem Leitbild folgen, das die kulturell tradierten Vorstellungen von Anstand und Sitte respektiert. Daneben treten unternehmensethische Initiativen, in denen sich Unternehmen explizit darum bemühen, gesellschaftliche Wertvorstellungen zu berücksichtigen oder weiterzuentwikkeln.[964] Dies ist immer dann der Fall, wenn die korrekte Anwendung von Moralnormen strittig ist. Ein plastisches Beispiel wäre die Frage, ob Korruption und Kinderarbeit in Entwicklungsländern tolerierbar sind oder ob auch dort die Maßstäbe westlicher Wertordnungen gelten. Jenseits solcher Klärungsversuche können moralische Orientierungsmuster natürlich auch ganz plakativ in Frage gestellt werden; man denke etwa an die Anzeigenkampagne des Textilherstellers Benetton, in denen die Dokumentation menschlichen Leidens für Werbezwecke instrumentalisiert wurde.[965] Der Mißerfolg dieser Kampagne zeigt, daß Moralnormen nur schwer und vor allem nur langfristig beeinflußbar sind. Der vielzitierte Wertewandel ist dennoch kein externes Datum der Unternehmenstätigkeit. Er wird nämlich maßgeblich durch betriebswirtschaftliche Entscheidungen und Leistungen mitgestaltet, allerdings weniger im Sinne einer gezielten Einflußnahme einzelner Unternehmen denn durch die akkumulierten Folgen strategischen Handelns, die neue Formen der Lebensgestaltung erfordern und ermöglichen. Zu verweisen ist hier auf veränderte Verantwortungsstrukturen, die durch moderne Risikotechnologien indu-

---

961 Vgl. Ehricke 1989 und zum Vergleich entsprechender Lenkungsformen Zezschwitz 1978.

962 Vgl. die Skizze und Diskussion bei Steinmann/Olbrich 1994, S. 138 ff.

963 Vgl. Frieling 1992, S. 115 ff.

964 Vgl. Steinmann/Löhr 1994.

965 Vgl. hierzu die Fallstudie von Pasquier 1994.

ziert werden, aber auch auf die klassische Interdependenz von Arbeitsgestaltung und Vergesellschaftungsformen (Urbanisierung, Individualisierung).

Die in Abb. 15 skizzierte Zuordnung ist, dies sei ausdrücklich betont, nur eine sehr grobe, tentative Annäherung. Uns geht es an dieser Stelle lediglich um die Einsicht, daß die regulativen Strukturen der Unternehmenstätigkeit keine homogene Menge, sondern ein Geflecht systematisch abgrenzbarer Normenkomplexe bilden. Die Unternehmensführung wird den strukturellen Imperativen, die tagtäglich von verschiedenen Bezugsgruppen aktualisiert werden, also zwangsläufig ein unterschiedliches Gewicht einräumen müssen. Die »harten« Vorgaben von Markt und Recht prägen das betriebswirtschaftliche Handeln unmittelbarer als die relativ abstrakten Vorstellungen des guten und gerechten Lebens. Andererseits sind es gerade diese Orientierungen, die im Zweifelsfall heranzuziehen sind, wenn die Geltung tradierter Konventionen von Kritikern in Frage gestellt wird. Ethisch-politische Normen schlagen nämlich eine Brücke zwischen den vielen partikularen Erfahrungszusammenhängen, in denen Problemlösungen gemeinsam eingeübt und beurteilt werden. Sie verdeutlichen, wie Interessenkonflikte im Prinzip gelöst werden sollten, und auf welchen Grundbestand übereinstimmender Basiswerte (z.B. der Menschenrechte) man dabei zurückgreifen kann.

(2) Strukturelle Imperative der Unternehmenstätigkeit

Auf der Grundlage dieser Überlegungen wollen wir in einem zweiten Schritt versuchen, die Frage nach den *Inhalten betriebswirtschaftlicher Regelkomplexe* zu beantworten. Wir greifen dabei einen Bezugsrahmen auf, der die gesellschaftlichen Anforderungen an die Unternehmenstätigkeit auf einer sehr grundsätzlichen Ebene skizziert. Dieses republikanische Leitbild der »partizipativen sozialen Marktwirtschaft« rekonstruiert das Zusammenspiel verschiedener Imperative des betriebswirtschaftlichen Handelns, bezogen auf die posttraditionalen Gesellschaften der westlichen Hemisphäre.[966] Es verdeutlicht, wie Rechtsnormen, Selbstregulative, Gebräuche und moralische Werte zur Einbettung der Unternehmenstätigkeit in den gesamtgesellschaftlichen Handlungsprozeß beitragen.

Als praktischer Orientierungspunkt dient dabei die Zielvorstellung des gesellschaftlichen *Friedens* als allgemeiner freier Konsens.[967] Frieden ist ein Zustand intersubjektiver Beziehungen, wie er sich aus prinzipiell argumentationsgeleiteten Versuchen der Konfliktbewältigung und Interessenabstimmung ergibt. Er wird zum Ausdruck und obersten Wert des »öffentlichen Interesses« (res publica), weil die Vorzugswürdigkeit solcher Orientierungsversuche eine zentrale Erfahrung des Zusammenlebens in modernen Gesellschaften ist. Wir wissen aus der täglichen Erfahrung, daß gemeinsame Überzeugungen tragfähi-

966 Vgl. zur systematischen Grundlegung dieses Bezugsrahmens Steinmann/Zerfaß 1993b, Zerfaß 1994b, S. 10 ff., Steinmann/Löhr 1994b, dies. 1995a, Steinmann/Zerfaß 1996.

967 Vgl. Lorenzen 1987, S. 228 ff. Vgl. zur nachfolgenden Argumentation insbes. Steinmann/Zerfaß 1993b, S. 11 ff., sowie Steinmann/Zerfaß 1996, S. 85 ff.

ger sind als machtinduzierte Lösungsansätze, und deshalb erheben wir die gemeinsame Beratung und Verantwortung zum Leitbild einer demokratischen Ordnung, in der alle kompetenten Akteure einen Beitrag zur Formulierung und Verwirklichung des Gemeinwohls leisten sollen. Das Ideal des Friedens wird dabei als eine »regulative Idee« verstanden, die der Beurteilung und schrittweisen Verbesserung der gegebenen historischen Verhältnisse dient.[968] Die republikanische Leitidee beinhaltet also keine utopische Forderung, etwa nach der Beratung freier Bürger auf den Marktplätzen der Antike, sondern eine Zielvorstellung, die in posttraditionalen Gesellschaften immer wieder neu institutionalisiert und realisiert werden muß. Dieser Prozeß beruht auf einem vielschichtigen Zusammenspiel von gesellschaftspolitischer Öffentlichkeit und politisch-administrativem Entscheidungssystem, das wir im Rahmen unserer demokratietheoretischen Überlegungen skizziert haben.[969] Letztlich geht es darum, daß die Freiheit des einzelnen Akteurs von vornherein mit der Einheit (Ordnung) des Ganzen verträglich gemacht werden soll. Die republikanische Konzeption steht damit im Gegensatz zur liberalen Lehre, die von einem prinzipiellen Gegensatz von individueller Freiheit und gesellschaftlicher Einheit ausgeht (»Freiheit *oder* Einheit«).[970] Die Versöhnung von »Freiheit *und* Einheit« manifestiert sich im vernunftbestimmten Friedensauftrag, der für den öffentlichen Prozeß der Gesetzgebung verbindlich ist, wenn in Ausübung der (transzendentalen) »Freiheit zum Gesetz« die Rahmenordnungen von Wirtschaft, Verwaltung, Bildungswesen und anderen Sphären entworfen werden. Er wirkt aber auch innerhalb dieser Ordnungen, fordert also einen friedensstiftenden (verantwortlichen) Gebrauch der empirischen »Freiheiten unter dem Gesetz«, zu denen unter anderem die unternehmerische Freiheit gehört.[971]

Die *Rolle der Unternehmensführung* ist demnach – ebenso wie diejenige aller anderen Akteure – von vornherein dual angelegt (vgl. Abb. 16 auf der folgenden Seite).[972] Die Unternehmensführung bleibt aufgefordert, die konstitutiven Freiräume verschiedener Handlungsfelder zu nutzen, um partikulare Ziele und Strategien durchzusetzen. Dies betrifft in erster Linie den Markt, aber beispielsweise auch die gesellschaftspolitische Arena, in der Unterstützungspotentiale für die künftige Unternehmenstätigkeit mobilisiert werden müssen. Auf der strukturellen Ebene spiegelt sich dies in einem ganzen Bündel zweckrationaler Handlungsorientierungen wider, die mit dem Begriff der *ökonomischen Rationalität* auf einen Nenner gebracht werden. Die Nutzung von Handlungsspielräumen steht jedoch unter dem systematischen Vorbehalt der gesellschaftlichen Akzeptanz und Friedensstiftung. Das heißt: zur Verantwortung der Unternehmensführung gehört es auch, sicherzustellen, daß die ergriffenen

---

968 Vgl. zum methodischen Status des Friedensbegriffs genauer Steinmann/Zerfaß 1993b, S. 12 f.

969 Vgl. oben S. 222 ff.

970 Vgl. Steinmann/Zerfaß 1996; grundlegend zur Rehabilitierung des republikanischen Ideals gegenüber liberalen Vorstellungen auch Schachtschneider 1994, dessen kantische Perspektive sich in zentralen Punkten mit der diskursethischen Rechtssoziologie von Habermas 1992 trifft.

971 Vgl. zur Unterscheidung von (transzendentaler) »Freiheit *zum* Gesetz« und (empirischen) »Freiheiten *unter* dem Gesetz« Gröschner 1992, S. 72; zum Freiheitsbegriff Schachtschneider 1995.

972 Vgl. Steinmann/Zerfaß 1993b, S. 21 ff., und dies. 1996, S. 85 ff.

Handlungsweisen dem öffentlichen Interesse dienlich und damit »sozialverträglich« sind. Dazu reicht es häufig nicht aus, sich auf vorgängig legitimierte Spielregeln zu berufen. Gefordert sind auch unmittelbare Bemühungen um die Verwirklichung intersubjektiver Beziehungsmuster, die den kulturspezifischen Vorstellungen des Guten und Gerechten entsprechen. Damit wird deutlich, daß die *soziale Rationalität* ein integrativer Bestandteil des betriebswirtschaftliches Handelns und nicht etwa eine von außen herangetragene, beliebig zur Disposition stehende Zieldimension ist.

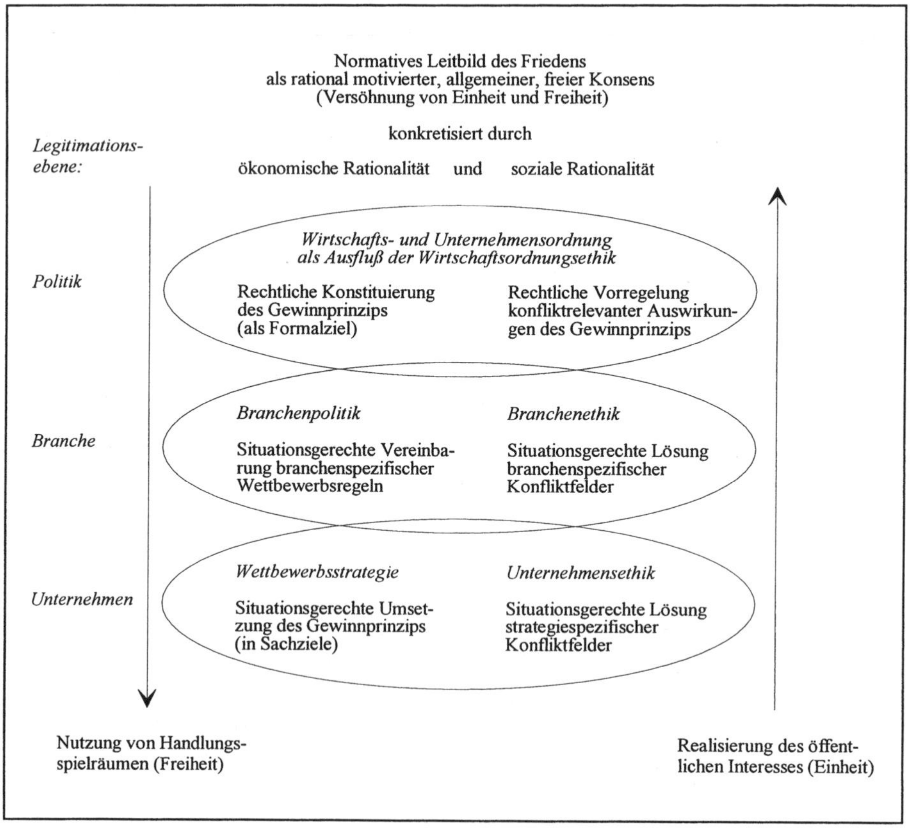


*Abb. 16: Republikanischer Orientierungsrahmen der Unternehmenstätigkeit*

Dieser *doppelte Imperativ* der Unternehmenstätigkeit manifestiert sich im Zusammenspiel von Rechtsnormen, Selbstregulativen und moralischen Orientierungen. Gebräuche spielen aufgrund ihrer vergleichsweise geringen Strukturierungswirkung und Änderungresistenz nur eine untergeordnete Rolle. Man kann sich diese regulativen Strukturen als ein überlappendes Geflecht vorstellen, das die Unternehmenstätigkeit zugleich (selektiv) freistellt und – auch im Hinblick auf ihre gesellschaftliche Akzeptanz – vorstrukturiert. Von besonderer Bedeutung sind dabei die verschiedenen Handlungsebenen, auf denen betriebswirtschaftliche Orientierungsmuster legitimiert und modifiziert werden. Moralnormen bilden eine relativ vieldeutige Hintergrundstruktur, die auf gesamtgesellschaftlichen Erfahrungszusammenhängen basiert und in politischen, branchenspezifischen und strategiebezogenen Kontexten konkretisiert werden muß. Kollektive Vereinbarungen und Selbstbindungen werden vor allem von Staaten (intergouvernementale Kodizes, z.B. im Rahmen der Vereinten Nationen), Standesorganisationen und Branchenverbänden eingegangen. Für das einzelne Unternehmen bilden sie zunächst Eckdaten, mit denen die allgemeine Aufforderung zur Realisierung des Friedensziels präzisiert wird. Das gleiche gilt für rechtliche Regeln, deren Legitimation der politischen Ebene vorbehalten bleibt.

Im Zuge der *Gesetzgebung* wird der Impetus einer effizienten und sozialverträglichen Güterversorgung durch die Konstitution der *Wirtschafts- und Unternehmensordnung* konkretisiert.[973] Die Entscheidung für eine Wettbewerbswirtschaft beruht dabei auf der praktischen Erfahrung, daß der Marktmechanismus allen anderen (bekannten) Formen der Koordination wirtschaftlicher Handlungen überlegen ist.[974] Die ökonomische Rationalität manifestiert sich auf dieser Ebene im Gesellschaftsrecht, Eigentumsrecht, Kapitalmarktrecht und anderen Regeln, durch die einerseits der Status der Unternehmung als handlungsfähige Institution der Fremdbedarfsdeckung, andererseits das Gewinnprinzip als formales Ziel der Unternehmenstätigkeit festgeschrieben wird. Mit der effizienten Organisation der Güterversorgung wird ein zentraler Beitrag zur Sicherung des gesellschaftlichen Friedens geleistet; das Gewinnprinzip ist insofern wirtschaftsethisch legitimiert. Darüber hinaus verschafft sich die soziale Rationalität Geltung, wenn strukturelle, antizipierbare Konfliktlagen des dezentralen Wirtschaftens gesetzlich vorgeregelt werden. Dies geschieht im Rahmen der Wirtschafts- und Sozialgesetzgebung, die in modernen Gesellschaften mehr oder weniger ausgebaute Systeme der solidarischen Sicherung (Arbeitslosenversicherung), des Konsumentenschutzes (Produkthaftungsgesetz) und des Umweltschutzes (Bundes-Immissionsschutzgesetz, Abfallbeseitigungsgesetz) umfaßt. Hinzu kommen Regelungen, mit denen die praktische Bearbeitung der systematischen Konfliktpotentiale zwischen Kapitaleigner- und Arbeitnehmerinteressen vorstrukturiert wird. Zu nennen wäre hier das Tarifvertragsrecht, die Mitbestimmungsgesetzgebung, ferner das breite Spektrum des Individualarbeitsrechts, das in Deutschland vom Kündigungsschutzgesetz über Mutterschutz- und Berufsbildungsgesetze bis hin zur Arbeitszeitordnung reicht. In der Summe konstituieren diese Regelungen eine Rahmenordnung, die wir als »Soziale Marktwirtschaft« bezeichnen.[975] Die Gesetzgebung schreibt die Rahmenordnung freilich nur als allgemeines Orientierungsmuster fest. Wie mit diesen Regeln umgegangen wird, wie sie inter-

973 Vgl. im Überblick Steinmann/Gerum 1992 und im europäischen Kontext Zerfaß 1994b.

974 Vgl. van Suntum 1991, S. 17 f.; zur Legitimationsfrage auch Frey/Kirchgässner 1994, S. 85 ff.

975 Vgl. van Suntum 1991, der explizit zwischen den indirekt friedensstiftenden Wirkungen einer marktwirtschaftlichen Ordnung und den ergänzenden Komponenten der »Sozialen Marktwirtschaft« unterscheidet, mit denen sich die soziale Rationalität direkt Geltung verschafft.

pretiert, ergänzt und fortentwickelt werden, das muß als ein in die Zukunft hinein offener, dynamischer Prozeß der Interaktion zwischen den Organen der politischen Ebene und allen gesellschaftlichen Akteuren verstanden werden.

Ein weiterer Komplex von Orientierungsmustern ist auf der Ebene spezifischer *Branchen* verankert; er prägt also nur jene Unternehmen, die sich innerhalb eines solchen mehrdimensional bestimmten Handlungsfeldes bewegen.[976] Die ökonomische Rationalität manifestiert sich in branchenspezifischen Wettbewerbsregeln, die durch das Zusammenspiel mehrerer Akteure langfristig beeinflußbar sind. Dazu dienen legale und illegale Kartelle, aber auch strategische Maßnahmen der Konkurrentenbeeinflussung und Branchenentwicklung *(Branchenpolitik)*.[977] Kollektive Regelungen, in denen branchenspezifische Konfliktfelder aufgegriffen und einer Lösung zugeführt werden, können dagegen als Manifestationen der sozialen Rationalität interpretiert werden *(Branchenethik)*. Bei der Formulierung konkreter Branchenkodizes und Selbstbeschränkungsabkommen wird besonders deutlich, daß die beiden Aspekte des Friedensziels im praktischen Handeln häufig zusammenfließen. Ein Beispiel wären ökologische Verbandsinitiativen, bei denen die Selbstverpflichtung auf bestimmte Qualitätsstandards mit einem Gütesiegel dokumentiert wird. Damit werden zugleich Wettbewerbsvorteile (gegenüber Substitutionsprodukten) abgesichert und Maßstäbe für die Sozialverträglichkeit betriebswirtschaftlichen Handelns gesetzt. Ein anderes Beispiel, bei dem die Verschränkung von ökonomischer und sozialer Rationalität zum Ausdruck kommt, sind neuere Leitlinien des Total Quality Management, in denen neben zweckrationalen Kriterien auch die unmittelbaren Auswirkungen auf die Gesellschaft zur (quantitativ bewertbaren) Richtschnur der Unternehmenstätigkeit erhoben wird.[978] Es handelt sich dabei um Orientierungsmuster der Managementpraxis, die im täglichen Handeln sowohl reproduziert als auch – durch bewußte Normsetzung und implizite Veränderungen der Anwendungspraxis – modifiziert werden.

Rechtsnormen und Selbstregulative bilden somit die zentralen Regelkomplexe, von denen die Aufgaben und Handlungsspielräume des betriebswirtschaftlichen Handelns definiert werden. Der *Unternehmung* obliegt es dann, diese Freiräume erfolgreich zu nutzen und auszubauen. Dazu dienen strategiespezifische Leitbilder (Unternehmensphilosophie) und Interaktionsmuster (Organisationsverfassung), aber auch konkrete Entscheidungen, Steuerungshandlungen und Realgüterprozesse. Die doppelte Rationalität betriebswirtschaftlichen Handelns zeigt sich hier in der Verschränkung von zweckrationalen Orientierungen, in denen die Imperative von Markt (Preissignale), Recht und kollektiven Vereinbarungen zur Geltung kommen, mit moralischen Erwägungen, in denen die allgemeinen Vorstellungen eines guten und gerechten Lebens direkt auf die jeweilige Handlungssituation umgebrochen werden. Dem Unternehmen kommt in der sozialen Marktwirtschaft zunächst die Aufgabe zu, das Formalziel der

976 Vgl. zu den prinzipiellen Strukturdimensionen einer Branche insbes. Porter 1984, S. 25 ff.

977 Vgl. zu den letztgenannten Aspekten Porter 1986, S. 264 ff.

978 Hier ist insbesondere auf die Leitlinien und Bewertungsraster des »European Quality Award« der European Foundation for Quality Management (EFQM) hinzuweisen; vgl. Ellis 1994.

Gewinnerzielung in Sachziele (Produkt-Markt-Konzepte) umzusetzen, um so einen Beitrag zur gesamtgesellschaftlichen Bedürfnisbefriedigung zu leisten. Die ökonomische Rationalität fordert dazu auf, einen optimalen »Fit« zwischen der spezifischen Ressourcenstruktur (Know-How, Mitarbeiterpotential, Image) und langfristig profitablen Marktsegmenten herzustellen. Ein Automobilkonzern wird beispielsweise versuchen, zukunftsträchtige Kleinfahrzeuge für den westeuropäischen Stadtverkehr, aber auch robuste Kraftwagen für den rapide wachsenden Massenmarkt im Fernen Osten zu entwickeln. Mit diesen Bemühungen, die man unter dem Begriff der *Wettbewerbsstrategie* zusammenfassen kann, wird ein Beitrag zur gesamtgesellschaftlichen Güterversorgung geleistet. Ein ökonomisch erfolgreiches Unternehmen nimmt insofern indirekt an der gesellschaftlichen Friedensstiftung teil. Man muß jedoch stets bedenken, daß die unternehmensspezifische Sachzielwahl ethische Konflikte hervorrufen kann, die aus systematischen Gründen nicht durch Gesetze und Branchenabkommen geregelt werden können. Die Freistellung der Unternehmenstätigkeit impliziert nämlich, daß die Vielzahl potentieller Strategien niemals vorgängig erfaßt werden kann. Deshalb treten immer wieder Konfliktlagen auf, die nicht allgemein vorhersehbar waren, sondern erst in der konkreten Situation entstehen.[979] Solche strategiebezogenen Interessenkonflikte müssen subsidiär, d.h. am Ort ihrer (potentiellen) Entstehung, mitbedacht und vermieden bzw. bewältigt werden. Dies ist Aufgabe einer verständigungsorientierten Unternehmenspolitik oder *Unternehmensethik*, in der die soziale Rationalität unmittelbar zur Geltung kommt.[980] Sie manifestiert sich in der kulturell tradierten (und von Kritikergruppen immer wieder angemahnten) Aufforderung, die unternehmerische Freiheit *verantwortungsvoll* zu nutzen. Dies betrifft zunächst solche Problemlagen, die auf langfristige Entscheidungen für bestimmte Wettbewerbsfelder, Organisationsformen und Managementprozesse zurückzuführen sind. Der Automobilhersteller wird sich beispielsweise mit prinzipiellen Anfragen auseinandersetzen müssen, die die gesellschaftliche Tragfähigkeit des Individualverkehrs, die Konsequenzen transnationaler Produktionsstrukturen für nationale Arbeitsbeziehungen sowie das Zusammenspiel von dezentraler Kompetenz (Gruppenarbeit) und zurechenbarer

---

979 Kodifizierte Rechtsnormen und Selbstregulative stoßen selbst dann an systematische Grenzen, wenn alle Problemlagen antizipierbar wären. Der Grund hierfür sind die unvermeidbaren Time-Lag- und Abstraktionsprobleme der Rechtsetzung, die Adressatenunklarheit in arbeitsteiligen Organisationen sowie die strukturell bedingten Vollzugsdefizite vieler Gesetze. Vgl. hierzu die empirischen Befunde von Stone 1975, im Überblick auch Steinmann/Löhr 1994a, S. 114 ff.

980 Unter *Unternehmensethik* verstehen wir „eine Verfahrenslehre für Dialogprozesse, die in solchen Situationen zur Geltung kommen sollen, in denen die Steuerung der konkreten Unternehmensaktivitäten nach den Regeln des Gewinnprinzips und im Rahmen des geltenden Rechts zu konfliktträchtigen Auswirkungen mit den internen und externen Bezugsgruppen der Unternehmung führt. Ergebnis dieser lebenspraktischen Verständigungsprozesse sollen begründete materiale und prozessuale Normen sein, die das Unternehmen zum Zwecke der friedlichen Konfliktregelung im Sinne einer freiwilligen Selbstverpflichtung in Kraft setzt. In Kurzform: *Die Unternehmensethik zielt auf die Entwicklung konsensfähiger (sozialverträglicher) Wettbewerbsstrategien des Unternehmens ab*“ (Steinmann/Löhr 1995b, S. 232). Vgl. grundlegend Löhr 1991, Steinmann/Löhr 1994, Steinmann/Zerfaß 1993c, und zu alternativen Konzeptionen die Beiträge in Forum für Philosophie Bad Homburg 1994.

Verantwortung betreffen. Von daher erfahren verkehrspolitische Dialogprogramme, transnationale Konsultationsprozesse zwischen Unternehmensleitung und Mitarbeitern, Partizipationsmodelle und ähnliche praktische Initiativen ihre Sinnstiftung. Sie zielen im Kern auf den Aufbau von Verständigungspotentialen mit verschiedenen Bezugsgruppen ab.[981] Daneben wird es auf einer konkreteren Ebene immer wieder notwendig sein, für die Sozialverträglichkeit bestimmter Produkte (z.B. Luxusfahrzeuge mit hohem Benzinverbrauch), Produktionsprozesse (z.B. umweltbelastende Lackieranlagen, Bau von Teststrecken) und Vermarktungsmethoden (z.B. Korruption in Auslandsniederlassungen) zu argumentieren. Das tun Unternehmen immer dann, wenn sie auf öffentliche Angriffe reagieren und einen Diskurs mit den betroffenen Bezugsgruppen beginnen; darüber hinaus gibt es auch schon Beispiele für eine proaktive Handhabung solcher »Unternehmensdialoge«.[982]

Im Kern geht es dabei stets um die Frage, wie die Forderung nach ökonomisch sinnvollen *und* sozialverträglichen Strategien auf der Ebene funktionaler Handlungsprogramme umgesetzt werden kann. Weil dabei stets das Unternehmen als korporativer Akteur (und nicht nur die Leistungsfähigkeit und moralische Integrität einzelner Mitarbeiter) gefordert ist, können hier alle Management- und Sachfunktionen einen Beitrag leisten. Es mag sich allerdings herausstellen, daß ein Unternehmen, z.B. aufgrund der gegebenen Wettbewerbssituation in einer Branche, nicht in der Lage ist, die strukturellen Anforderungen an die Unternehmensstrategie von sich aus zu gewährleisten, weil entweder die Gewinnsituation oder die Sozialverträglichkeit über Gebühr beeinträchtigt würde. In diesem Fall liegt ein Konflikt zwischen den beiden zentralen Rollenanforderungen vor, der nur durch eine Problemverlagerung auf eine übergeordnete Ebene aufgelöst werden kann. Ein solches »displacement« liegt vor, wenn Unternehmen aus wettbewerbsstrategischen Gründen Kartelle bilden oder staatliche Subventionen einfordern, oder wenn sie der sozialen Rationalität zur Geltung verhelfen, indem sie branchenweite (wettbewerbsneutrale) Ethikkodizes vereinbaren und Verschärfungen des Umweltrechts anmahnen.[983] Das republikanische Verständnis der Unternehmensführung präsentiert sich damit als ein *dynamisches Mehrebenenkonzept*, in dem die friedensstiftende Organisation des Wirtschaftens durch ein Geflecht von Orientierungsmustern sichergestellt wird, das gesetzliche Regeln, kollektive Vereinbarungen und situationsspezifisch anzuwendende Moralnormen umfaßt. Darin kommt zum Ausdruck, daß die Aufgabe der Friedensstiftung in hochentwickelten Industriegesellschaften nicht als alleinige Aufgabe des Gesetzgebers und der Ordnungspolitik verstanden werden kann, sondern in allen Phasen der Strategieentwicklung und -durchsetzung auch durch lebenspraktisch verankerte Wertmuster und gemeinsame Konsensbemühungen sichergestellt werden muß. Das ist der Grund dafür, warum unternehmerische Freiheit in der Republik – entgegen den liberalen Denkrastern der neoklassischen Nationalökonomie – nicht im Sinne

981 Vgl. auch P. Ulrich 1994, S. 95 ff.

982 Auf diese Unternehmensdialoge gehen wir unten auf S. 367 ff. genauer ein.

983 Vgl. DeGeorge 1990, insbes. S. 27 f., Steinmann/Löhr 1994a, S. 108, Zerfaß 1994b, S. 11.

einer un-bedingten Freistellung ökonomischen Handelns verstanden werden kann.[984] Das Gewinnprinzip wird vielmehr – wie oben erläutert – schon bei der Konstituierung der Wirtschaftsordnung unter den Friedensvorbehalt gestellt.

Zusammenfassend kann man sagen, daß die Unternehmenstätigkeit in unserer Kultur durch Orientierungsmuster geprägt wird, die in erster Linie gewinnorientierte Zwecksetzungen und Mittelwahlen, daneben aber auch den sozialverträglichen Gebrauch der unternehmerischen Handlungsfreiheit einfordern. Dieses Verständnis bildet den inhaltlichen Kern des normativen Regelwerks, das im betriebswirtschaftlichen Handlungsvollzug aktualisiert, reproduziert und modifiziert wird.

#### 5.1.2.2 Betriebswirtschaftliche Ressourcen und unternehmerische Kompetenz

Im Rahmen unserer sozialtheoretischen Überlegungen hatten wir darauf hingewiesen, daß die strukturelle Dimension des Zusammenlebens nicht nur Orientierungsmuster (Regeln), sondern auch eine rekursiv organisierte Menge von *Ressourcen* umfaßt, die in der variierenden Anwendung zugleich reproduziert und verändert werden.[985] Dies gilt auch für die Unternehmenstätigkeit. Ressourcen stehen bestimmten Personen und Organisation von Natur aus (Begabungen), qua gesellschaftlicher Konvention (Privateigentum) oder als Resultat vorhergehender Handlungen (angespartes Kapital, erlernte Qualifikationen) zur Verfügung. Sie spielen in der Managementpraxis eine große Rolle, weil sie den einzelnen Akteur in die Lage versetzen, betriebswirtschaftliche Handlungsweisen und Schemata nicht nur zu verstehen, sondern auch situationsgerecht zu aktualisieren. Diese doppelte Fähigkeit können wir als *unternehmerische Kompetenz* bezeichnen;[986] sie entscheidet letztlich über den Erfolg oder Mißerfolg der Unternehmenstätigkeit. Der zielgerichtete Einsatz und die Transformation wirtschaftlicher Ressourcen bilden den Kernbestandteil des betrieblichen Leistungsprozesses. Ökonomische Ressourcen werden deshalb auch als *Produktionsfaktoren* bezeichnet. Ihre inhaltliche Beschreibung und Kategorisierung ist ein klassisches Anliegen der Wirtschaftswissenschaften.

---

984 Damit befindet sich das republikanische Konzept im Einklang mit der betriebswirtschaftlichen Strategielehre (vgl. Schreyögg 1984, Porter 1984 und 1986), der evolutionären Wirtschaftstheorie (vgl. etwa Arndt 1994, insbes. S. 91 ff.) und den neueren Diskussionen um eine sozioökonomische Wende der Wirtschaftswissenschaften (Etzioni/Lawrence 1991, Etzioni 1994, Biesecker 1994b und 1995, Seifert/Priddat 1995). Unsere Sichtweise steht im Widerspruch zu liberalen Vorstellungen (vgl. v.a. Homann/Blome-Drees 1992), deren Fokussierung auf rechtliche Normen (und nationalökonomische Denkraster) zu einem sozialtheoretisch verkürzten Unternehmensverständnis führt, das dem *praktischen* Impetus einer effektiven und sozialverträglichen Ausrichtung des betriebswirtschaftlichen Handelns widerspricht. Vgl. dazu Steinmann/ Löhr 1994b, dies. 1995a, sowie Steinmann/Zerfaß 1996.

985 Vgl. oben S. 100 ff.

986 In Analogie zu den bereits eingeführten Begriffen des prinzipiellen Handlungsvermögens (vgl. oben S. 100 ff.) und der kommunikativen Kompetenz (vgl. oben S. 189 ff.).

Dabei lassen sich mindestens drei Ansätze unterscheiden, die das Thema von unterschiedlichen Seiten angehen und sich insofern gegenseitig ergänzen.

Aus *volkswirtschaftlicher Sicht* lautet die Fragestellung, wie der gesamtwirtschaftliche Prozeß der Faktorkombination konzeptionell erfaßt werden kann. In diesem Zusammenhang unterscheidet man auf einer hochaggregierten Ebene zwischen Arbeit und Boden als originären Einsatzgütern und dem Kapital als derivativer, abgeleiteter Ressource.[987] Unter *Arbeit* wird jegliche manuelle und geistige Beschäftigung verstanden, die der Realisierung ökonomischer Zile dient. Als *Boden* bezeichnet man alle natürlichen Ressourcen, z.B. Rohstoffe, Land, Gewässer. *Kapitalgüter* sind das geronnene Ergebnis früherer Anstrengungen; sie bündeln Arbeitsleistungen und verwertete Bodenschätze in Werkzeugen, Maschinen, Anlagen oder Geldmitteln, die wieder in den ökonomischen Leistungsprozeß einfließen können.

Diese Sichtweise wird von der Betriebswirtschaftslehre in unterschiedlicher Weise präzisiert. Die klassische *mikroökonomische Fragestellung* lautet, wie eine optimale Kombination verschiedener Produktionsfaktoren auf einzelwirtschaftlicher Ebene erreichbar ist. Die einsetzbaren Ressourcen müssen in diesem Zusammenhang genauer benannt und abgegrenzt werden, als es in der Nationalökonomie üblich ist. Gutenberg unterscheidet deshalb zwischen *Elementarfaktoren*, die unmittelbar zur Herstellung oder Verwertung von Gütern eingesetzt werden (objektbezogene Arbeit, Betriebsmittel, Werkstoffe), und *dispositiven Faktoren*, mit denen der Leistungsprozeß gesteuert wird (planende, leitende und organisierende Arbeit).[988] Daneben kommen regelmäßig eine Reihe von Gütern zum Einsatz, die in einem mittelbaren und häufig nicht eindeutig abzugrenzenden Verhältnis zum Management- und Realgüterprozeß stehen. Beispiele sind Steuern, Gebühren und Versicherungsprämien. In einem erweiterten Sinne wäre auch an die gesellschaftliche Reputation (Unternehmens- und Markenimages) und ähnliche, kaum bewertbare Ressourcen zu denken, die alle unter die Kategorie der *Zusatzfaktoren* fallen.[989] Diese mikroökonomische Klassifikation kann in unterschiedlicher Weise verfeinert werden; sie umfaßt letztlich das ganze Spektrum tangibler und intangibler Güter, das von Gebäuden, Maschinen und Software über arbeitende Menschen bis hin zu Betriebsstoffen, Bauteilen, Fremdkapital, Patenten und fremdbezogenen Dienstleistungen (Service, Beratungen) reicht.

Aus einer anderen, *strategischen Perspektive* fragt die Betriebswirtschaftslehre, *welche* Ressourcen von einem einzelnen Unternehmen eingesetzt werden können, um langfristige Wettbewerbsvorteile zu erzielen.[990] Der Blick richtet sich hier nicht auf die prinzipielle Gestaltung der Ressourcenkombination, sondern auf die konkrete Auswahl jener Produktionsfaktoren, deren Einsatz in einer bestimmten Situation erfolgversprechend ist. Dies führt dazu, daß der Ressourcenbegriff von vornherein sehr viel enger gefaßt wird. Im »Re-

---

987 Vgl. nachfolgend Woll 1990, S. 54 f.

988 Vgl. Gutenberg 1970.

989 Vgl. zur Kategorie der Zusatzfaktoren Busse von Colbe/Laßmann 1991, S. 81 ff.

990 Vgl. grundlegend Prahalad/Hamel 1990.

source-Based-View« der Strategielehre umfaßt er nur diejenigen materiellen und immateriellen Faktoren, die eine unternehmensspezifische Komponente aufweisen.[991] Diese Güter sind eine wichtige Quelle von komparativen Konkurrenzvorteilen, wenn sie zum Erfolg des Produkt-Markt-Konzepts beitragen, schwer imitierbar, nicht substituierbar und selten sind.[992] Ihre langfristige Bereitstellung und Sicherung ist aus strategischen Gründen ungleich wichtiger als die nachgelagerte, mikroökonomische Allokation der vorhandenen Ressourcen im Leistungsprozeß.

Mit dieser strategischen Sichtweise, die auf die *Voraussetzungen* betriebswirtschaftlicher Handlungsvollzüge abzielt,[993] wird eine Brücke zum sozialtheoretischen Ressourcenbegriff von Giddens geschlagen. Dessen Augenmerk richtet sich bekanntlich auf die strukturellen Bedingungen, die es einem Akteur ermöglichen, bestimmte Handlungsmuster zu aktualisieren.[994] Der Rückgriff auf *allokative Ressourcen* ist notwendig, um in die natürliche Welt der Gegenstände einzugreifen. Hier geht es um die Verfügbarkeit von physischer Arbeitskraft, maschineller Leistungsbereitschaft, Rohstoffen und anderen strategiebezogenen Elementarfaktoren. *Autoritative Ressourcen* ermöglichen einen Eingriff in die soziale Welt intersubjektiver Handlungszusammenhänge. Sie umfassen das ganze Spektrum immaterieller Erfolgsvoraussetzungen, das von den sozialen Fertigkeiten einzelner Mitarbeiter (Fachkompetenz, Überzeugungskraft, Branchenerfahrung) über unternehmensspezifische Konfigurationen (Organisationskultur, Image, Know-How) bis hin zu gesellschaftlichen Organisationsformen (Wirtschafts- und Unternehmensordnung, Industrielle Beziehungen, Bildungssystem) reicht.[995] Diese Ressourcen werden im konkreten Handlungsvollzug nicht nur in Anspruch genommen, sondern zugleich reproduziert und verändert. Das gilt für Elementarfaktoren, deren historische Verteilung durch politische Prozesse immer wieder hinterfragt werden kann, ebenso wie für soziale Strukturen, die stets ein Ausfluß kulturell verankerter Interaktionen sind. Die heutige Unternehmenstätigkeit entscheidet deshalb nicht nur über den sozioökonomischen Erfolg, sondern auch über die künftige Verfügbarkeit und Verteilung wirtschaftlicher Ressourcen.[996] Diese Handlungsspielräume oder »Entscheidungskorridore«"[997] (Ortmann) lassen sich von einzelnen Unternehmen natürlich nicht umfassend, aber doch zu einem mehr oder minder großen Teil beeinflussen.

In Analogie zu unseren sozialtheoretischen und kommunikationstheoretischen Überlegungen können wir deshalb festhalten, daß unternehmerische Kompetenz letztlich in gemeinsamen Erfahrungszusammenhängen wurzelt. Erfolgsträchtige Regeln und Ressourcen können systematisch aufgebaut werden,

---

991 Vgl. Rasche 1994, S. 38 ff.; als Überblick zum »Resource-Based-View« auch Rühli 1994.
992 Vgl. Barney 1991, S. 105 ff.
993 Vgl. hierzu die Gleichsetzung von Ressourcen und Kernkompetenzen bei Prahalad/Hamel 1990.
994 Vgl. Giddens 1988, S. 315 f., oben S. 100 ff., sowie Ortmann 1995, S. 299 ff.
995 Vgl. zur Bedeutung gesellschaftsweiter Ressourcenkonfigurationen Porter 1991.
996 Vgl. auch Franken 1982, S. 261 f.
997 Vgl. Ortmann 1995, S. 61 ff.

wenn sich die Beteiligten auf *gemeinsame* Orientierungsversuche einlassen. Dies gilt z.B. für organisationsinterne Planungs- und Kontrollprozesse, bei denen die lebensweltlichen Erfahrungen aller Mitarbeiter – vom Geschäftsführer bis zum Kundenbetreuer – gefragt sind.[998] Die Managementforschung verweist hier auf ein Bündel geeigneter Verfahren, mit deren Hilfe es den Beteiligten möglich wird, ihre Problemsichten und Lösungsvorschläge darzulegen und miteinander abzustimmen. Beispiele für solche abstrakten »Redeinstrumente« sind das Cognitive Mapping, Mind Mapping, Argumentation Mapping und Consensus Mapping.[999] Strittige Mittelwahlen, Zwecksetzungen und Situationsdeutungen sollen hier in gemeinsamen Kommunikationsprozessen geklärt werden. Dies mag in einigen Fällen jedoch nicht ausreichend sein. Wenn eine kommunikative Verständigung mißlingt, weil verschiedene Beteiligte und Betroffene der Unternehmenstätigkeit völlig konträre Weltsichten vertreten (man denke an Genforscher und Öko-Landwirte), dann darf nicht mehr alleine *über* Handlungen geredet werden. Die Beteiligten müssen sich vielmehr bemühen, im Handlungs*vollzug* gemeinsame Erfahrungen zu gewinnen und neue Orientierungsmuster aufzubauen.[1000] Dies wird in der Managementpraxis z.B. dann versucht, wenn Konsumenten in die Produktentwicklung oder Anwohner in die Planungsphase einer Industrieansiedlung einbezogen werden.[1001] Diese Beispiele weisen einmal mehr auf die empirische Faßkraft unseres sozialtheoretischen Bezugsrahmens hin. Von einer detaillierteren Diskussion der Rekursivität betriebswirtschaftlichen Handelns wollen wir an dieser Stelle jedoch absehen.[1002]

## 5.2 Organisationsformen und Sphären des betriebswirtschaftlichen Handelns

Die prozessuale Betrachtung des betriebswirtschaftlichen Handelns soll im folgenden durch eine Analyse der konkreten *Elemente* der Unternehmenstätigkeit ergänzt werden. Wir greifen in diesem Zusammenhang wieder auf die sozialtheoretische Unterscheidung von handlungsprägenden Systemen und Sphären zurück. Diese Begrifflichkeit wird zunächst in Erinnerung gerufen und hinsichtlich ihrer betriebswirtschaftlichen Implikationen hinterfragt (5.2.1). In einem zweiten Schritt werden wir die zentralen Organisationsmuster der Unternehmenstätigkeit skizzieren. Es geht uns dabei um Grundformen der betriebswirtschaftlichen Vergesellschaftung (Einheitsunternehmen, Konzerne, Holdings, Netzwerke), die als wiederholte Aktualisierungen bestimmter Strukturkomplexe in Raum und Zeit lokalisierbar sind (5.2.2). Diese Systeme operieren in verschiedenen Handlungsfeldern, denen wir uns abschließend zuwenden wollen. Wir werden zeigen, daß eine Kategorisierung bei der unternehmensstrategischen Bedeutung einzelner Sphären ansetzen muß, so daß man

998 Vgl. Steinmann/Schreyögg 1986.
999 Vgl. hierzu A.G. Scherer 1995, S. 293 ff. und vertiefend Eggers 1994.
1000 Vgl. A.G. Scherer 1995, S. 298 f.
1001 Vgl. zur konzeptionellen Einordnung dieser Beispiele Raabe 1993 bzw. Schweizer 1990.
1002 Vgl. dazu vor allem die äußerst instruktive Untersuchung von Ortmann 1995.

das Organisationsfeld auf einer hochaggregierten Ebene vom Marktumfeld und dem gesellschaftspolitischem Umfeld abgrenzen kann (5.2.3).

### *5.2.1 Zum Verhältnis von Organisationsformen und Umwelten der Unternehmenstätigkeit*

Die strukturellen Regeln und Ressourcen des ökonomischen Handelns konstituieren in ihrer Gesamtheit eine *Kultur des Wirtschaftens,* die eine historische Praxis auszeichnet. Der Strukturbegriff wird damit zum Schlüssel, mit dessen Hilfe sich verschiedene Ausprägungen und Entwicklungslinien der Marktwirtschaft empirisch rekonstruieren lassen. Ein Beispiel wäre der Vergleich westeuropäischer, amerikanischer und japanischer Arbeitsformen, bei dem das komplexe Zusammenspiel von Rechtsnormen, Wertvorstellungen, kollektiven Verpflichtungen und Gebräuchen analysiert werden muß.[1003] In gleicher Weise wird man versucht sein, den Übergang von prähistorischen Tauschgesellschaften über merkantilistische Ständeordnungen bis hin zu modernen Marktformen nicht nur durch veränderte Ressourcenkonstellationen, sondern auch und vor allem durch den Wandel der sozialen Orientierungsmuster zu erklären.[1004]

Von der Kultur des Wirtschaftens als Verbindungslinie einer gemeinsamen Praxis sind die ausdifferenzierten Systeme und Sphären der Unternehmenstätigkeit zu unterscheiden.[1005] Mit diesen Begriffen bezeichnen wir verschiedene Arten von zueinander querliegenden, handlungsprägenden Strukturkomplexen. Von *Systemen* sprechen wir, wenn sich die wiederholte Aktualisierung bestimmter Handlungszusammenhänge in konkreten Formen der Vergesellschaftung manifestiert. Es entstehen in Raum und Zeit lokalisierbare Einheiten, die uns im täglichen Lebensvollzug als „träge, widerständige Faktizität“ [1006] begegnen. Beispiele sind das Marktsystem auf gesamtwirtschaftlicher Ebene, vor allem aber verschiedene Ausprägungen betriebswirtschaftlicher Organisationen, die als handlungsfähige Akteure in den Wirtschaftsprozeß eingreifen können. Multinationale Konzerne und Joint Ventures umspannen dabei sogar mehrere Gesellschaften. Mit ihren Aktivitäten bündeln sie kulturspezifische Regeln und Ressourcen zu neuen, selektiven Formen der organisatorischen Interaktion. Eine ähnliches Geflecht kommt zum Vorschein, wenn man das Verhältnis von Systemen und Sphären beleuchtet. *Handlungsfelder* wie Wirtschaft, Bildung oder das Gesundheitswesen sind durch spezifische Sinnbezüge gekennzeichnet, umfassen aber gleichzeitig eine Vielzahl konkreter Organisationen und Institutionen. Umgekehrt gilt, daß sich die meisten handlungsfähigen Systeme zwar über primäre (z.B. wirtschaftliche, politische oder karitative) Zielsetzungen definieren, aber zugleich in anderen gesellschaftlichen Sphären aktiv werden. Auf entsprechende Beispiele haben wir im Verlauf dieser Untersuchung bereits hingewiesen: Universitätskliniken sind Stätten der

1003 Vgl. bereits Hartmann 1983.

1004 Ein solcher Zugriff kennzeichnet die Untersuchung von Ortmann 1995.

1005 Vgl. nachfolgend oben S. 104 ff.

1006 Peters 1993, S. 62.

Lehre und Forschung, aber auch Elemente des Gesundheitswesens und Wettbewerber in einem Dienstleistungsmarkt. Großunternehmen bewegen sich zunehmend nicht mehr nur im ökonomischen Raum, sondern auch auf dem Parkett von Politik, Bildung und gesellschaftlicher Wertvermittlung. Wir wollen diese Überlegungen im folgenden vertiefen, indem wir uns einerseits mit den prinzipiellen Ausprägungen betriebswirtschaftlicher Systeme und zum anderen mit den grundlegenden Handlungsfeldern der Unternehmenstätigkeit in modernen Gesellschaften auseinandersetzen.

### *5.2.2 Unternehmen und Unternehmensgruppen als soziale Systeme*

Aus sozialtheoretischer Sicht kann man Unternehmen als *Systeme,* d.h. als raumzeitlich verfestigte Muster der Interaktion zwischen Individuen, verstehen. Organisationsstrukturen und -verfassungen entfalten eine handlungsprägende Kraft »nach innen«, durch die das Handeln der Unternehmensmitglieder ermöglicht und beeinflußt wird. Gleichzeitig konstituieren diese Muster in ihrer Gesamtheit ein zielgerichtetes soziales Gebilde, das für andere identifizierbar und vor allem korporativ handlungsfähig ist. Diese »Außensicht« des Systems Unternehmung steht bei den folgenden Überlegungen im Vordergrund. Wir werden versuchen, eine Typologie derjenigen Organisationsformen zu zeichnen, die für das betriebswirtschaftliche Handeln (und Kommunizieren) in modernen Marktgesellschaften empirisch von Bedeutung sind.

Ausgangspunkt unserer Überlegungen ist die klassische Unterscheidung von Markt und Organisation, d.h. von tauschvertraglicher und administrativer Koordination.[1007] Im Markt werden arbeitsteilige Handlungsvollzüge über das Preissystem abgestimmt. An konkreten Transaktionen sind verschiedene Akteure beteiligt, die unterschiedliche Ziele verfolgen, sich aber auf der Mittelebene durch Verträge zum koordinierten Handeln verpflichten. In organisationalen Beziehungen wird dieser Zusammenhang durch einen konstitutiven Verfassungsentscheid aufgelöst, der gemeinsame Zwecksetzungen (Unternehmensziele) definiert und die prinzipiellen Rechte und Pflichten der beteiligten Akteure festschreibt. Durch diese Vorstrukturierung disparater Handlungen entfällt die Notwendigkeit, in jedem Einzelfall neue Regelungen (Verträge) herbeizuführen, zu formulieren, durchzusetzen und ihre Einhaltung zu überprüfen.[1008] Es wird vielmehr versucht, durch die einheitliche Steuerung des arbeitsteiligen Wirtschaftens eine größere Koordinationseffizienz zu erreichen. Dieses Vorteilskalkül ist ein notwendiges, aber nicht hinreichendes Argument für die Entstehung von Organisationen. Ebenso wichtig ist die Einsicht, daß einheitliche Orientierungsmuster (Unternehmenskulturen) und langfristige Anreize (Karrierechancen) dem individuellen Bedürfnis nach Kontingenzbewältigung und sozialer Identifikation entgegenkommen.[1009] Die Kehrseite jeder organisatorischen Lösung ist dann die Tatsache, daß etablierte

1007 Vgl. oben S. 226 ff.

1008 Vgl. zur transaktionskostentheoretischen Unterscheidung von Markt, Organisation und hybriden Arrangements Williamson 1991; zu den Grenzen dieser Sichtweise Simon 1991, Gerum 1988.

1009 Vgl. Simon 1991.

Strukturkomplexe die Anpassung an veränderte Problemstellungen erschweren und im Extremfall sogar verhindern.[1010] Deshalb wird die schlichte Dichotomie von Markt und Organisation in modernen Gesellschaften zunehmend in Frage gestellt. In der Unternehmenspraxis finden wir verschiedene Ausprägungen organisationaler Beziehungen, die von Einheitsunternehmen über Konzerne und Holdings bis hin zu strategischen Netzwerken reichen.

- *Einheitsunternehmen* sind Vergesellschaftungen, bei denen die strukturellen Grenzen der Unternehmenstätigkeit weitgehend mit rechtlich definierten Einfluß- und Verantwortungsbereichen zusammenfallen.[1011] Das Privatrecht kennt verschiedene Rechtsformen, bei denen organisationale Beziehungen, korporative Handlungsfähigkeit und juristische Zurechenbarkeit aus gesamtgesellschaftlicher Sicht im Einklang stehen.[1012] Personengesellschaften (OHG, KG u.a.) besitzen keine eigene Rechtspersönlichkeit. Sie sind stark auf die Person der jeweiligen Gesellschafter bezogen, denen die Befugnis zur Geschäftsführung, aber auch die Verpflichtung zur unbeschränkten Haftung übertragen wird. Kapitalgesellschaften (z.B. AG, GmbH) und Genossenschaften sind dagegen juristische Personen, deren Grundverfassungen einer vergleichsweise starken Normierung unterliegen. Im Prinzip gilt, daß die Gesellschafter bzw. Aktionäre eine Kapitaleinlage leisten und die Geschäftsführung an gesetzliche Vertreter (Vorstand, Geschäftsführer) delegieren können. Die Höhe der Kapitalbeteiligung bestimmt die Haftungsrisiken, aber auch die Einflußnahme auf den Verlauf der Geschäftstätigkeit (Stimmrechte) und die Ansprüche auf ihre Erträge (Gewinnverteilung). Die verschiedenen Formen der Einheitsunternehmung konkretisieren sich in einer Fülle unterschiedlicher Interaktionsmuster (z.B. Objekt-, Regional- und Matrixorganisationen), die sich jedoch in ihrer Gesamtheit auf ein statuatorisch abgegrenztes Beziehungsgefüge beschränken.[1013]

- *Konzerne* sind ein Ergebnis der Bemühungen, den Einflußbereich organisatorischer Beziehungsmuster über den engen Rahmen einheitlicher Rechtsformen hinaus auszuweiten. Im Kern handelt es sich hierbei um Unternehmensgruppen, bei denen mehrere rechtlich selbständige Organisationen unter einheitlicher Leitung zusammengefaßt werden.[1014] Mit der rechtlichen Verselbständigung geht im allgemeinen eine größere Flexibilität einher, weil die Etablierung unterschiedlicher Orientierungsmuster (Entscheidungsstrukturen, Rollengefüge, Unternehmenskulturen) in den einzelnen Einheiten erleichtert wird. Der Grundgedanke der gemeinsamen Zielerreichung innerhalb eines konstitutiv abgesicherten Beziehungsgeflechts bleibt jedoch bestehen. Dies ändert sich erst, wenn die Unterscheidung von vertraglichen und organisationalen Beziehungsformen *innerhalb* der Verfassungen von Markt und Organisation noch-

1010 Dies gilt nicht nur für Rollengefüge, sondern auch für unternehmensspezifische Wertmuster (Unternehmenskulturen); vgl. Steinmann/Schreyögg 1993, S. 599 ff.

1011 Vgl. zu dieser Terminologie Bleicher 1991, S. 628.

1012 Vgl. nachfolgend Bea 1992, S. 366 ff.

1013 Vgl. im Überblick Frese 1995, S. 337 ff., Bleicher 1991, S. 388 ff.

1014 Diese Definition folgt § 18 AktG. Vgl. zur Konzernorganisation Bleicher 1991, S. 629 ff.

mals wiederholt wird. Teubner hat darauf hingewiesen, daß eine solche Ausdifferenzierung, bei der Organisationen mit marktlichen Elementen durchsetzt und Vertragsbeziehungen um organisatorische Muster angereichert werden, zu zwei distinkten Systemtypen führt.[1015] Wir schlagen vor, diese beiden Kategorien als Holdings bzw. Netzwerke zu bezeichnen.

- *Holdings* sind Vergesellschaftungen, bei denen organisatorische Beziehungsmuster systematisch durch marktliche Elemente angereichert werden. Beim Prototyp der Management-Holding handelt es sich um eine Reihe rechtlich selbständiger Unternehmen, die kapitalmäßig eng verflochten sind und durch einen relativ »schlanken« Zentralbereich gesteuert werden.[1016] Ein Beispiel ist die Hoechst-Gruppe, deren Kommunikationspolitik wir in unserer einleitenden Fallstudie kennengelernt haben.[1017] Die Steuerung durch den Zentralbereich (bei Hoechst: das Corporate Center) bleibt jedoch weitgehend formal. Die Entscheidungsstrukturen und Wertsysteme unterstützen einen Wettbewerb zwischen den einzelnen Einheiten, die um knappe Ressourcen konkurrieren und ihren Leistungsaustausch zu Marktpreisen (statt internen Verrechnungspreisen) verrechnen. Eine Sinnstiftung erfährt diese Vorgehensweise aus der Einsicht, daß das systematische Spannungsfeld von Innovation und Routine nur im konkreten Handlungsvollzug überwunden werden kann.[1018] Holdingstrukturen unterstützen diesen Prozeß, weil sie in den einzelnen Einheiten stark divergierende, problemadäquate Beziehungsmuster zulassen. Übergreifende Regeln und Ressourcenkomplexe betreffen nur diejenigen Aspekte, die über alle Wettbewerbsfelder hinweg relevant sind. Beispiele wären bestimmte Investitionsprämissen oder Kompetenzansprüche, aber auch normative Leitbilder wie die Verpflichtung auf ein nachhaltiges Wirtschaften (»Sustainable Development«).
- Der Anspruch einer einheitlichen Steuerung wird bei *Netzwerken* nicht mehr aufgrund einer kapitalmäßigen oder personellen Verflechtung, sondern allein aus strategischen Gründen aufrechterhalten. Unter einem (strategischen) Netzwerk versteht man eine Organisationsform, „die sich durch komplex-reziproke, eher kooperative denn kompetitive und relativ stabile Beziehungen zwischen rechtlich selbständigen, wirtschaftlich jedoch zumeist abhängigen Unternehmungen auszeichnet".[1019] Beispiele sind Franchising-Systeme in der Gastronomie und Zuliefernetzwerke in der Automobilindustrie, die häufig von einer fokalen Organisation gesteuert werden. Ihr systemischer Charakter beruht auf der engen Verschränkung und wiederholten Aktualisierung bestimmter Handlungsvollzüge. Dabei spielen nicht nur vertragliche Regeln, sondern auch weitergehende Orientierungsmuster (z.B. Leitbilder der Serviceorientierung oder fehlerfreien Produktion) eine große Rolle. Im Kern geht es also um eine Aufladung von Marktprozessen durch organisationale Strukturen.[1020] Netz-

1015 Vgl. aus autopoietischer Sicht Teubner 1992, insbes. S. 197 ff.
1016 Vgl. Bühner 1992, im Überblick auch Staehle 1994, S. 712 f.
1017 Vgl. oben S. 28.
1018 Vgl. oben S. 246.
1019 Sydow 1992, S. 79. Vgl. aus sozialtheoretischer Sicht auch Peters 1993, S. 169 f., Klein 1995.
1020 Vgl. Teubner 1992, S. 202 f.

werke werden zu eigenständigen Entitäten des sozialen Lebens, weil die aktualisierten Handlungen *zugleich* einem autonomen Vertragspartner (z.B. einem lokalen Franchisenehmer) und der Gesamtorganisation (dem Franchiseverbund) zugerechnet werden.[1021] Diese duale Orientierung eignet sich besonders gut, um ausdifferenzierte Bedürfnislagen zugleich flexibel und schnell, d.h. ohne eine langwierige Suche nach neuen Koalitionspartnern, erfüllen zu können. Netzwerkstrukturen setzen sich deshalb in der Managementpraxis mehr und mehr durch. Idealtypisch ist sogar an solche Ausprägungen zu denken, bei denen sich die Steuerung auf die Etablierung eines prinzipiellen Wertkonsenses beschränkt (Clans) oder die von vornherein nur auf eine befristete Zeit angelegt sind (virtuelle Organisationen).[1022]

Offenkundig gibt es Kombinationen und Übergänge zwischen diesen Grundformen, die sich im täglichen Handlungsvollzug bewähren müssen und deshalb einem ständigen Wandel unterliegen. Unsere Skizze sollte deutlich gemacht haben, daß die schlichte Rede vom »Unternehmen« als monolithischem Akteur, wie sie in der bisherigen PR-Forschung allenthalben anzutreffen ist, zu kurz greift. Das gleiche gilt für die undifferenzierte Unterstellung einer problemlosen Grenzziehung zwischen dem »Innen« und »Außen« einer Organisation.[1023] Diese Grenze verschwimmt vor allem bei Netzwerken und Holdings, die zugleich als soziale Systeme (»die« Hoechst AG) und als komplexes Zusammenspiel autonomer Einheiten auftreten. Ob »interne« oder »externe« Problemlösungen bzw. Kommunikationsprozesse vorliegen, läßt sich deshalb nicht mehr alleine aus Rechtskategorien ableiten, etwa dergestalt, daß die vertraglichen Bindungen der Beteiligten betrachtet werden. Organisatorische Beziehungsmuster erstrecken sich eben nicht alleine auf die Gesellschafter und Arbeitnehmer, sondern in zunehmendem Maße auch auf Lieferanten und Abnehmer. Umgekehrt ist es fraglich, ob die Interaktionen zwischen einzelnen Holdinggesellschaften von den klassischen Konzepten der internen Koordination (Hierarchie, Teamstrukturen) und Kommunikation hinreichend erfaßt werden. Eine betriebswirtschaftlich aufgeklärte Theoriebildung wird deshalb bemüht sein, die angesprochene Grenzziehung *problemspezifisch* vorzunehmen: Interne Abstimmungsprobleme liegen vor, wenn es um die arbeitsteilige Umsetzung gemeinsamer Ziele geht; externe Integrationsformen sind gefragt, wenn eine Abstimmung divergierender Interessen ansteht. Welcher dieser beiden Fälle in einer konkreten Situation vorliegt, kann nicht mehr aus der Perspektive des externen Beobachters (und damit der Wissenschaft) bestimmt werden. Die handlungsprägende Abgrenzung von Innen- und Außenbereichen der Unternehmenstätigkeit muß von den Betroffenen selbst vorgenommen werden.[1024] Dabei ist es von entscheidender Bedeutung, daß die subjektiven

---

1021 Vgl. Teubner 1992, S. 198 ff., zum Charakter von Netzwerken auch Sydow 1992, S. 83 ff.

1022 Vgl. zum Typus des »Clans« Ouchi 1980 und zur »virtuellen Organisation« Klein 1994.

1023 Vgl. auch Marr 1993, S. 69 ff. sowie oben S. 254, wo wir den Blick auf den Organisationsbezug einzelner Rollenträger und nicht – wie hier – auf den systemischen Charakter gerichtet haben, den die gemeinsamen Bemühungen um erfolgreiche Unternehmensstrategien annehmen.

1024 Eine solche *intersubjektive* Perspektive weist den Weg aus dem fruchtlosen Streit, ob die Demarkationslinie zwischen Unternehmen und Umwelt subjektiv durch die beteiligten Akteure

Situationsdeutungen durch gemeinsame Interpretationsschemata und geteilte Erfahrungszusammenhänge harmonisiert werden. Dieser Gedanke ist wichtig, wenn wir uns im folgenden den prinzipiellen Handlungsfeldern der Unternehmenstätigkeit zuwenden.

### *5.2.3 Unternehmensumfelder als betriebswirtschaftliche Handlungssphären*

Ein zentrales Merkmal moderner Gesellschaften ist ihre Ausdifferenzierung in eine Vielzahl strukturell abgegrenzter *Sphären* (Handlungsfelder), die sich durch einen gemeinsamen Sinnbezug und die Dominanz bestimmter Rationalitätskriterien auszeichnen.[1025] Einschlägige Beispiele, die wir im Verlauf dieser Untersuchung schon mehrfach genannt haben, sind Wirtschaft, Kunst, Religion, Politik und Wissenschaft, ferner das Gesundheitswesen und Familienleben. Diese Bereiche konstituieren soziale Räume der Interaktion und Kommunikation (Öffentlichkeiten), von denen das konkrete Handeln unmittelbar geprägt wird. Als kompetente Akteure wissen wir, ob wir uns gerade auf der gesellschaftspolitischen Bühne oder im familiären Beziehungsfeld bewegen, und wir werden die jeweiligen Orientierungsmuster als strukturelles Reservoir unserer Handlungen und Erwartungen heranziehen. Personen und handlungsfähige Systeme mögen sich zwar vorrangig mit einer Sphäre identifizieren; im Grundsatz agieren sie aber stets auch in anderen Handlungsfeldern und damit letztlich im gesamtgesellschaftlichen Kontext. Dies gilt insbesondere für die Unternehmenstätigkeit, die im ökonomischen Feld verankert ist und gleichzeitig eine Vielzahl anderer Bereiche erfaßt. Ein Beleg dafür ist die alltägliche Erfahrung, daß sich Großunternehmen und in zunehmendem Maße auch Klein- und Mittelbetriebe im Bereich der Weiterbildung, Kunstförderung, Gesellschaftspolitik oder Sinnvermittlung engagieren.

Auf einer konzeptionellen Ebene stellt sich deshalb die Frage, ob und wie man die verschiedenen Sphären aus betriebswirtschaftlicher Sicht kategorisieren kann. Offenkundig ist es ja gerade für eine Theorie der Public Relations von entscheidender Bedeutung, daß die Vielzahl gesellschaftlicher Handlungsfelder und Öffentlichkeiten nicht nur im allgemeinen, sondern in ihrer speziellen Bedeutung für die Unternehmenstätigkeit analysiert wird. Die *herkömmlichen Ansätze der Umweltanalyse* führen an dieser Stelle allerdings nicht weiter. Die Betriebswirtschaftslehre unterteilt das Umfeld der Unternehmung üblicherweise in ein Aufgabenumfeld, das anhand der branchenspezifischen Einflußkräfte näher zu bestimmen ist, und das globale Umfeld.[1026] Das globale Umfeld wird dann in inhaltliche Teilgebiete, namentlich das ökologische, tech-

---

(vgl. Weick 1985) oder objektiv von einem externen Beobachter (vgl. Jehle 1980, S. 87 ff.) konstruiert werden muß. Vgl. als Überblick zu diesen Umweltkonzepten Heß 1991, S. 16 ff.

1025 Vgl. oben S. 110 ff., zur kommunikativen Dimension von Handlungsfeldern, die sich im Begriff der Öffentlichkeit oder Kommunikationsarena niederschlägt, auch oben S. 195 ff.

1026 Vgl. grundlegend Dill 1958, ferner Marr 1993, S. 70, Raffée 1979, S. 3 ff. Diese systematische Abgrenzung muß durch eine *institutionelle* Umfeldbetrachtung ergänzt werden, in der es um die Identifikation konkreter Bezugs- und Anspruchsgruppen geht (Stakeholderanalyse); vgl. zur Unterscheidung H. Ulrich 1987, S. 64 ff., und näher zur institutionellen Analyse unten S. 328 ff.

nologische, makroökonomische, soziokulturelle und politisch-rechtliche Feld, zerlegt.[1027] Bei dieser pragmatischen Vorgehensweise werden einige zentrale Kategorien vermischt, die deutlich voneinander abgegrenzt werden müssen. Soziokulturelle und politische Arenen kann man ebenso wie das einzel- und gesamtwirtschaftliche Umfeld als handlungsprägende *Sphären* mit dominanten Rationalitätskriterien und Integrationsmustern verstehen. Mit der »technologischen Sphäre« ist dagegen ganz offenkundig kein gesellschaftliches Handlungsfeld, sondern ein Bündel bestimmter *inhaltlicher* Einflüsse auf die Unternehmensstrategie gemeint, die zumeist der Sphäre von Wissenschaft und Forschung entstammen.[1028] Die ökologische Umwelt als Inbegriff aller natürlichen Ressourcen und Kompetenzen ist ebenfalls keine soziale Handlungssphäre, sondern ein Reservoir für *poietische* Handlungen. Das »Ökosystem« ermöglicht soziales Handeln, das stets auf poietische Basishandlungen angewiesen bleibt. Umgekehrt unterliegt die natürliche Welt immer auch einer Vielzahl kultureller Einflüsse, z.B. der Verteilung von Eigentumsrechten, der moralischen Verankerung ökologischer Werte und nicht zuletzt dem Stand der Forschung, die für die Ausbeutung und den Schutz der Natur gleichermaßen relevant ist. Sie muß also auf einer anderen, grundlegenderen Ebene als die ausdifferenzierten Arenen der Gesellschaft thematisiert werden.[1029]

Unsere sozialtheoretische Bestimmung des Sphärenbegriffs erlaubt uns an dieser Stelle einen neuen Zugriff, mit dem die zentrale *Unterscheidung von (internem) Organisationsfeld, Marktumfeld und gesellschaftspolitischem Umfeld,* wie sie in der Betriebswirtschaftslehre und Marketingforschung wiederholt vorgeschlagen wurde, methodisch eingeholt und präzisiert wird.[1030] Als Bezugspunkt bietet sich die *Unternehmensstrategie* an, deren dauernde Gestaltung und Durchsetzung wir als Kernaufgabe der Unternehmensführung identifiziert haben.[1031] Die verschiedenen gesellschaftlichen Handlungsfelder lassen sich dann anhand ihrer systematischen Verbindung zur Unternehmensstrategie ordnen.[1032] Eine solche Betrachtung erlaubt es, strukturelle Entwicklungstendenzen in *soziologisch relevanten* und im Hinblick auf ihre Sinnstiftung *differenten* Handlungsbereichen zu erfassen.

Dabei wird zunächst deutlich, daß sich die gängige Rede von einem *Organisationsfeld* nicht auf bestimmte gesellschaftliche Sphären bezieht, sondern auf die Unternehmung als *System,* d.h. auf den Bereich dauerhafter Orientierungsmuster (Rollenerwartungen, Wertgefüge), die im betriebswirtschaftlichen

---

1027 Vgl. im Überblick Schreyögg 1993, Sp. 4237 ff., Steinmann/Schreyögg 1993, S. 155 ff., Kotler/Bliemel 1995, S. 233 ff., und vergleichend Marr 1993, S. 69 ff., Sauter-Sachs 1992.

1028 Vgl. H. Ulrich 1987, S. 74, der dieses Problem erkennt, aber dennoch an einer Abgrenzung von ökologischer, technologischer, ökonomischer und sozialer Sphäre festhält.

1029 Vgl. Stahlmann 1994.

1030 Vgl. zu entsprechenden Vorschlägen z.B. Marr 1993, S. 70, Zerfaß 1993, S. 129 ff., sowie P. Ulrich 1977, S. 51 ff., der die Unternehmung im Spannungsfeld von ökonomischem, soziokulturellem und politisch-administrativem Umsystem verortet. Die skizzierte Abgrenzung findet sich auch im gesellschaftsorientierten Marketingansatz (Raffée, Haedrich); vgl. oben S. 73 ff.

1031 Vgl. oben S. 241 ff.

1032 Vgl. auch Zerfaß 1993, S. 129 ff., sowie Zerfaß 1996a, S. 38 ff.

Handeln reproduziert und modifiziert werden.[1033] Dieser »interne« Bereich erstreckt sich auf alle Rollenträger, die an der *arbeitsteiligen Formulierung und Realisierung strategischer Konzepte* mitwirken. Damit ist bereits die sinnstiftende Komponente des Organisationsfeldes und der Organisationsöffentlichkeit benannt: Bei den disparaten Handlungen der Mitglieder von Einheitsunternehmen, Konzernen und Netzwerken handelt es sich um strukturell ähnliche Aktivitäten, die sich an gemeinsamen Visionen und Aufgaben orientieren. In diesen strategischen Zielen fließen die Rationalitätskriterien verschiedenster gesellschaftlicher Sphären zusammen. Der Leistungsprozeß muß sich primär am ökonomischen Zweckkalkül bzw. den Imperativen des Marktes orientieren. Weil sich das Unternehmen aber nicht nur auf ökonomischem Parkett bewegt, müssen ggf. auch religiöse Wertvorstellungen, wissenschaftliche Standards, politische Erwartungen und ähnliche Normen berücksichtigt werden. Diese Multidimensionalität soll hier nur in Erinnerung gerufen werden; wir haben sie bei der prozessualen Erläuterung des betriebswirtschaftlichen Handelns ausführlich thematisiert.[1034] Für unsere weiteren Überlegungen ist es wichtig, die *Binnendifferenzierung* des Organisationsfeldes im Auge zu behalten. Das strategiebezogene Handeln der Organisationsmitglieder bildet insgesamt einen Strukturkomplex, den wir als »Unternehmung« bezeichnen. Zusätzlich verdichtet es sich auf einer spezifischeren Ebene zu organisationalen *Subsystemen,* die wir als Arbeitsgruppen, Abteilungen, Geschäftseinheiten und Unternehmensbereiche bezeichnen. In ähnlicher Weise lassen sich Kapitaleigner, Geschäftsleitung und Mitarbeiter als Subsysteme begreifen, die durch das strukturell gleichartige Handeln bestimmter Rollenträger konstituiert werden. Ob sich organisationspezifische Interaktionsmuster noch in anderer Hinsicht ausdifferenzieren lassen, und wo die Grenzen zwischen den einzelnen Subsystemen verlaufen, läßt sich nicht mehr theoretisch bestimmen. Hier ist das praktische Urteil der Organisationsmitglieder gefragt, denen diese Einheiten als „konkrete, identifizierbare, in Raum und Zeit zu lokalisierende Entitäten“ [1035] begegnen.

Das *Marktumfeld* der Unternehmung umfaßt die ökonomische Sphäre als zentralen Bezugspunkt und Anker der Unternehmenstätigkeit. Ihr Leitmotiv, an dem sich alle wirtschaftlichen Handlungsvollzüge orientieren müssen, ist die Befriedigung von Bedürfnissen durch die Produktion, Distribution und Konsumtion knapper Güter. Diese Sinnstiftung mündet in ein Rationalitätsgefüge, das maßgeblich (aber nicht ausschließlich) vom Zweckkalkül geprägt ist.[1036] Die Universalität des ökonomischen Grundproblems führt dazu, daß der Wirtschaftsbereich in den meisten Gesellschaften ähnlich konturiert ist. Dies erklärt die Herausbildung transnationaler Wirtschaftsarenen, die – wie alle Sphären – eher durch einen spezifischen Typus sozialer Aktivitäten denn durch genau strukturierte Regeln definiert sind.[1037] Nationale und internationale Wirt-

1033 Vgl. oben S. 194 und S. 254 f.

1034 Vgl. oben S. 255 ff.

1035 Peters 1993, S. 62.

1036 Vgl. Höffe 1981, S. 113 ff., und Biesecker 1992, 1994a, 1995, sowie oben S. 236 ff.

1037 Vgl. zu diesem Sphärenbegriff Peters 1993, S. 172.

schaftsräume umfassen verschiedene Systeme, so z.B. Rohstoff-, Personal-, Investionsgüter- und Konsumgütermärkte, ferner Organisationen wie Unternehmen, Arbeitgeberverbände und Gewerkschaften, vor allem aber eine Vielzahl von Personen, die als Produzenten, Konsumenten und Investoren wirtschaftlich tätig werden. Ihr Zusammenspiel präsentiert sich als ein ständiges Ringen um die Lösung des Problems, welche konkreten Produkt-Markt-Konzepte angesichts knapper Ressourcen und divergierender Interessenlagen in welchem Ausmaß realisiert werden sollen. Der Bezug zur Unternehmensstrategie liegt auf der Hand: Betriebswirtschaftliche Handlungen im ökonomischen Umfeld orientieren sich an der *Durchsetzung strategischer Konzepte in Transaktions- und Wettbewerbsbeziehungen* mit anderen Akteuren. Dies betrifft die Beteiligten am Leistungsprozeß, die wir aus organisationstheoretischer Sicht als Transaktionspartner bezeichnet hatten, sowie die Konkurrenten. Aus dem erweiterten Blickwinkel der Gesellschaftstheorie zeigt sich, daß diese Akteure zusammen mit dem fokalen Unternehmen und seinen Wettbewerbern die Gesamtmenge aller (potentiellen) Marktteilnehmer bilden. Das Marktumfeld fällt insofern ebenso wie die Marktöffentlichkeit mit einer gesamtgesellschaftlichen Sphäre, nämlich der Ökonomie, zusammen. Die *Binnendifferenzierung* dieses globalen Handlungsfeldes führt dann zur Unterscheidung einzelner Branchen bzw. Branchenöffentlichkeiten als strategiespezifische Arenen der Interaktion und Kommunikation. Hier fügt sich auch die Rede vom »Aufgabenumfeld« als demjenigem Ausschnitt der Wirtschaftssphäre ein, der für die Durchsetzung *bestimmter* Produkt-Markt-Konzepte relevant wird.

Das *gesellschaftspolitische Umfeld* erfaßt alle sozialen Sphären, die von der Unternehmenstätigkeit tangiert werden, ohne daß die dort aktualisierten Handlungen eine Produktion, Verteilung oder Konsumtion von Gütern zum Ziel haben. Dies gilt letztlich für alle nichtökonomischen Handlungsfelder, z.B. für Wissenschaft, Kunst, Bildung, Religion und das Familienleben, aber auch für kommunale Arenen und Milieus (Subkulturen). In diesen Sphären folgt das Handeln und Kommunizieren unterschiedlichen Zielen und Rationalitätsvorstellungen, die von der Unternehmensführung zu berücksichtigen sind. Ein Beispiel sind die normativen Rahmenbedingungen des Wissenschaftsbetriebs, die den Erfolg der Forschungstätigkeit davon abhängig machen, daß die inhaltlichen Aussagen intersubjektiv nachvollziehbar sind. Noch deutlicher wird die Orientierungsleistung im politisch-rechtlichen Feld, dessen Einfluß sich nicht allein in kulturell verankerten Schemata, sondern auch in kodifizierten und sanktionierten Gesetzen bzw. Verfahrensregeln manifestiert. Die *Binnendifferenzierung* des gesellschaftspolitischen Umfeldes folgt unmittelbar aus der Heterogenität der einzelnen Sphären. In dieser Hinsicht können die soziologischen Bereichsdefinitionen problemlos übernommen werden. Sie verweisen z.B. auf die Relevanz unterschiedlicher Kommunikationsarenen, die von wissenschaftlichen und kommunalen Bereichen bis hin zur gesellschaftspolitischen Öffentlichkeit i.e.S., d.h. der gesellschaftsweiten Diskussionsarena, reicht. Entscheidend ist jedoch die Einsicht, daß der Bezug zur Unternehmensstrategie in allen Fällen gleich bleibt. Die Bündelung verschiedener sozialer Sphären zum gesellschaftspolitischen Handlungsfeld der Unternehmung macht Sinn, weil es stets um die *Durchsetzung strategischer Konzepte in regulativen Beziehungen* geht.[1038] Die Unternehmenstätigkeit erstreckt sich nur deshalb auf nicht-ökonomische Bereiche, weil es immer wieder von neuem notwendig ist, prinzipielle Handlungsspielräume sicherzustellen und konkrete Produkte bzw. Leistungsprozesse zu legitimieren. Dies gilt im politischen Feld, wenn es z.B. um die Weiterentwicklung der sozialen Marktwirtschaft (Ökogesetze) und die rechtlichen Konturen des Wettbewerbs in einzelnen Branchen (Subventionen) geht. In den Bereichen von Wissenschaft und Bildung werden wichtige Weichen für die künftige Innovationskraft und Kompetenzstruktur der Unternehmen gestellt. Familiäre Beziehungen entscheiden über Bedürfnisstrukturen (Haushaltsgrößen und -typen) sowie das zur Verfügung stehende Potential an menschlicher Arbeitskraft (Alterspyramide der Gesellschaft). Ein letztes Beispiel wäre der gesamte Bereich der ethisch-religiösen Sinnfindung, dessen Auswirkungen auf die Unternehmenstätigkeit tagtäglich erfahrbar sind, wenn sich der Wertewandel in einer rechtlichen oder moralischen Einschränkung von wirtschaftlichen Handlungsfreiräumen (Verbot von Waffenexporten, Verurteilung des Walfangs) Gehör verschafft. Die Unternehmensführung bleibt stets aufgefordert, diese gesellschaftlichen Anforderungen und Entwicklungen wahrzunehmen. Sie muß vor allem die lebenspraktische Erfahrung aufgreifen, daß im politischen, wissenschaftlichen und pädagogischen Feld andere »Spielregeln« als im Organisationsfeld und im Markt gelten. Dies hat unmittelbare Auswirkungen für das betriebswirtschaftliche Handeln, in dem ggf. das Zweckkalkül zugunsten gemeinsamer Orientierungsbemühungen hintangestellt werden muß. Die Unternehmensführung muß deshalb versuchen, *bereichsspezifische* Formen der Interaktion und Kommunikation zu entwickeln. Nur so können die Beziehungen mit den Rollenträgern im gesellschaftspolitischen Umfeld, die wir aus organisationstheoretischer Sicht als Interessenten bezeichnet hatten, erfolgversprechend gestaltet werden.

Zusammenfassend kann man festhalten, daß die Unternehmensstrategie drei zentrale Bezüge aufweist. Sie muß im internen *Organisationsfeld*, d.h. im raumzeitlich verfestigten System »Unternehmung«, von den Unternehmensmitgliedern formuliert und realisiert werden. Im externen Umfeld geht es dagegen um die Durchsetzung strategischer Konzepte. Dies betrifft einerseits das *Marktumfeld*, in dem die ökonomischen Beziehungen mit Transaktionspartnern und Wettbewerbern gestaltet werden müssen, und das *gesellschaftspolitische Umfeld*, das die Summe aller regulativen Beziehungen in den übrigen Sphären umfaßt. Bei alledem muß im Auge behalten werden, daß das betriebswirtschaftliche Handeln in unserer Kultur stets dem doppelten Imperativ von ökonomischer und sozialer Rationalität verpflichtet bleibt. Dies gilt im Bereich der Organisationsbeziehungen ebenso wie im Markt und in den gesellschaftspolitischen Arenen, in denen das Unternehmen immer als Promotor der eigenen

---

1038 Der Terminus »regulativ« bezieht sich auf den in dieser Untersuchung eingeführten Regelbegriff. Er umfaßt damit nicht nur gesetzliche Normen (so hatten wir den Terminus in Steinmann/Zerfaß 1995, S. 22 verwendet), sondern auch moralische Wertvorstellungen, wissenschaftliche Normen u.ä. tradierte bzw. gemeinsam hergestellte Orientierungsmuster einer Kultur. Vgl. dazu auch Kreilkamp 1987, S. 75, der von „regulativen Gruppen" spricht.

Visionen *und* als Sachwalter des öffentlichen Interesses auftreten muß. Dazu ist es notwendig, sich näher mit den spezifischen Formen der sozialen Integration in den drei strategischen Handlungsfeldern auseinanderzusetzen. Der Erfolg der Unternehmensführung hängt maßgeblich davon ab, daß man die *unterschiedlichen* Maßstäbe der Interaktion und Kommunikation im Organisationsfeld, im Marktumfeld und im gesellschaftspolitischen Umfeld erfaßt und entsprechende Kompetenzen aufbaut. Auf diese Thematik werden wir im folgenden Kapitel eingehen. Zuvor gilt es, die soeben entwickelten Gedanken in einer Zusammenschau festzuhalten.

## 5.3 Zusammenfassung des betriebswirtschaftlichen Bezugsrahmens

Im vorliegenden Kapitel sind wir der Frage nach den betriebswirtschaftlichen Grundlagen der Unternehmenskommunikation und Öffentlichkeitsarbeit nachgegangen. Wir haben zunächst einige zentrale Einsichten der Managementforschung rekonstruiert, die für das Verständnis und die Gestaltung der Kommunikationsaufgabe von unmittelbarer Bedeutung sind. Dies betraf vor allem die Merkmale des betriebswirtschaftlichen Handelns, den Charakter der Unternehmung als soziale Organisation, ihre Rolle in der Marktgesellschaft und nicht zuletzt die strategische Bedeutung verschiedener Arenen der Unternehmenstätigkeit.

In einem ersten Schritt haben wir gezeigt, daß sich *betriebswirtschaftliches Handeln* nicht auf die Produktion und Allokation von Gütern in Knappheitssituationen, also auf rein ökonomische Aktivitäten, reduzieren läßt. Der Begriff bezieht sich vielmehr auf die Gesamtheit aller Handlungsvollzüge in und von *Unternehmen.* Darunter verstehen wir dezentrale Wirtschaftseinheiten, die Güter der Fremdbedarfsdeckung produzieren oder verteilen, um Gewinne zu erzielen. Ihr Handeln bleibt zuvorderst dem Wirtschaften verpflichtet, umfaßt aber auch politische, rechtliche und pädagogische Aktivitäten, die sich in der Praxis immer wieder mit mikroökonomisch erfaßbaren Aspekten vermischen. Der zentrale Bezugspunkt dieser Handlungen ist die *Unternehmensstrategie.* In der Strategie kommt zum Ausdruck, welche Waren oder Dienstleistungen für wen produziert bzw. angeboten werden sollen und wie die Leistungserstellung im Prinzip vonstatten gehen soll. Mit ihrem strategischen Konzept positioniert sich eine Unternehmung im arbeitsteiligen Prozeß der Gesamtwirtschaft; seine Durchsetzbarkeit entscheidet letztlich über Erfolg und Mißerfolg der Unternehmenstätigkeit. Dies ist jedoch nur eine Seite der Medaille. In multipersonalen Organisationen sind nämlich stets mehrere Personen an der Formulierung und Realisierung des Produkt-Markt-Konzeptes beteiligt. Dies betrifft die unmittelbare Leistungserstellung ebenso wie die dazu notwendigen Steuerungsaktivitäten, die in ihrer Gesamtheit als Unternehmensführung bzw. Management bezeichnet werden. Diese *Managementaufgabe* definiert den Kern des betriebswirtschaftlichen Problemhaushalts. Offenkundig präsentiert sich die Formulierung, Realisierung und Durchsetzung konkreter Strategien letztlich als ein vielschichtiges Problem der Koordination und Integration potentiell divergierender Handlungen bzw. Interessen. Seine Lösung erfordert

Aktivitäten der Planung, Kontrolle, Organisation, Personalführung und Leitung, die von allen Organisationsmitgliedern zu erbringen sind.

Betriebswirtschaftliche Handlungsvollzüge stehen dabei wie jegliche Handlungen in einem Spannungsfeld von struktureller Prägung und voluntaristischer Aktualisierung. Unternehmen orientieren sich tagtäglich an rechtlichen und moralischen Normen, selbstbindenden Imperativen und kontextspezifischen Gebräuchen. Sie wirken aber auch aktiv mit, wenn es um die explizite oder implizite Umgestaltung dieser *strukturellen Rahmenbedingungen* geht. Eine problemorientierte Theorie der Unternehmensführung und Unternehmenskommunikation bleibt deshalb aufgefordert, sich mit den inhaltlichen Orientierungen auseinanderzusetzen, denen die Unternehmenstätigkeit in unserer Kultur verpflichtet bleibt. Wir haben in diesem Zusammenhang einen Bezugsrahmen skizziert, der die *duale Rolle der Unternehmung* in der Republik hervorhebt. Die Unternehmensführung muß die konstitutiven Freiräume verschiedener Handlungsfelder nutzen, um partikulare Ziele und Strategien durchzusetzen. Dies betrifft in erster Linie den Markt, aber beispielsweise auch die politische Arena, in der Unterstützungspotentiale für die künftige Unternehmenstätigkeit mobilisiert werden müssen. Die Nutzung von Handlungsspielräumen steht jedoch unter dem systematischen Vorbehalt der gesellschaftlichen Akzeptanz. Weil die Legitimität nicht alleine durch vorgängig verabschiedete Spielregeln (Gesetze, Branchenkodizes) sichergestellt werden kann, muß die Unternehmung hier immer wieder selbst aktiv werden. Dies betrifft einerseits die Entwicklung konsensfähiger (sozialverträglicher) Unternehmensstrategien unter Ausnutzung der vorhandenen ökonomischen Spielräume. Zum anderen mögen Initiativen angebracht sein, mit denen wettbewerbsneutrale Lösungen auf den übergeordneten Ebenen von Branchenverbänden und Gesetzgebung angestoßen werden.

Ein zweiter Themenkreis, mit dem wir uns im vorliegenden Kapitel auseinandergesetzt haben, betraf die konkreten Elemente der Unternehmenstätigkeit, d.h. die Organisationsformen und Sphären des betriebswirtschaftlichen Handelns. Die strukturellen Regeln und Ressourcen des ökonomischen Handelns konstituieren in ihrer Gesamtheit eine *Kultur des Wirtschaftens,* die eine historische Praxis auszeichnet. Davon zu unterscheiden sind erstens Unternehmen als in Raum und Zeit lokalisierbare Formen der Vergesellschaftung und zweitens verschiedene gesellschaftliche Sphären, die man aus strategischer Sicht zu verschiedenen Umwelten der Unternehmenstätigkeit bündeln kann. *Unternehmen* präsentieren sich als Systeme, d.h. als raumzeitlich verfestigte Muster der Interaktion zwischen Individuen. Die Gesamtheit dieser Orientierungsmuster (Rollengefüge, Verfahrensrichtlinien, geteilte Wertvorstellungen usw.) haben wir als Organisationsstruktur bezeichnet. Strukturen werden im betrieblichen Alltag sowohl übernommen als auch mitgestaltet. Ihr Kern ist durch die Organisationsverfassung definiert, d.h. durch ein Bündel konstitutiver politischer Regelungen, die prinzipielle Einflußpotentiale und Ziele der Unternehmenstätigkeit festlegen. Die Verfassung markiert die Grenzen zwischen dem »Innen« und »Außen« einer Unternehmung. Sie ermöglicht eine differenzierte

Betrachtung der verschiedenen Interessenträger, die mit ihren Aktivitäten einen positiven oder negativen Beitrag zum betriebswirtschaftlichen Handlungsprozeß leisten.

Als Organisationsmitglieder haben wir jene Akteure bezeichnet, die im systemisch bestimmten *Organisationsfeld* an der arbeitsteiligen Formulierung und Realisierung strategischer Konzepte mitwirken. Dies mögen im einfachsten Fall Kapitaleigner, Geschäftsführer und Mitarbeiter sein; bei Konzernen und Netzwerken wäre aber auch an Tochterfirmen und Satellitenunternehmen zu denken. Das *Marktumfeld* der Unternehmung ist mit der soziologisch bestimmten Sphäre »Ökonomie« gleichzusetzen. Aus betriebswirtschaftlicher Sicht geht es dort um die Durchsetzung strategischer Konzepte in tauschvertraglich geregelten Beziehungen mit Transaktionspartnern (Lieferanten, Abnehmern) und Wettbewerbern. Das *gesellschaftspolitische Umfeld* der Unternehmenstätigkeit umfaßt schließlich alle übrigen sozialen Handlungs- und Kommunikationsräume, d.h. die politisch-administrative Sphäre, die Summe der soziokulturellen Bereiche (Wissenschaft, Gesundheitswesen, Religion, ...) und – als Bindeglied – die gesellschaftspolitische Öffentlichkeit. Es geht dort um die Gestaltung der regulativen Beziehungen mit jenen Anspruchsgruppen, die wir aus organisationstheoretischer Sicht als Interessenten bezeichnet haben. Sie beeinflussen die Unternehmenstätigkeit durch die Definition rechtlicher und normativer Rahmenbedingungen (Gesetze, gesellschaftliches Wertsystem).

Im nächsten Kapitel werden wir zeigen, wie die bereits diskutierten Grundmuster der sozialen und kommunikativen Integration in diesen drei strategischen Handlungsfeldern zur Geltung kommen, und wie sich daraus eine pragmatisch fundierte Theorie der Unternehmenskommunikation ableiten läßt.

# 6. Grundlegung einer Theorie der Unternehmenskommunikation

Die Verknüpfung von Unternehmensführung, Kommunikation und sozialer Integration mündet in den Begriff der Unternehmenskommunikation, den wir jetzt systematisch einführen können. Zu diesem Zweck wollen wir uns näher mit den Prozessen der Interessenabstimmung und Handlungskoordination auseinandersetzen, die bei der arbeitsteiligen Strategierealisierung und -durchsetzung zu beachten sind. Es geht uns um die Formen und Ansatzpunkte der *sozialen Integration,* die im Organisationsfeld, im Markt und im gesellschaftspolitischen Umfeld zur Geltung kommen, und um den jeweiligen Beitrag der Kommunikation zur sozialen Integration.

Die Aufgabe der Unternehmensführung besteht darin, erfolgsträchtige Unternehmensstrategien zu formulieren, zu realisieren und durchzusetzen. Dazu ist es notwendig, eine Vielzahl divergierender Handlungen und Interessen aufeinander abzustimmen. Und eben dabei spielen Kommunikationsprozesse wie Plandiskussionen, Arbeitsanweisungen, Verkaufsgespräche, Werbemaßnahmen, Pressekonferenzen, Konsumentendialoge und Imagekampagnen eine zentrale Rolle. Wir schlagen deshalb vor, alle kommunikativen Handlungen von Organisationsmitgliedern, mit denen ein Beitrag zur Aufgabendefinition und -erfüllung in gewinnorientierten Wirtschaftseinheiten geleistet wird, als *Unternehmenskommunikation* zu bezeichnen.[1039] Dies betrifft zum einen die Steuerung des Realgüterprozesses im Organisationsfeld (interne Unternehmenskommunikation) und zum anderen die Gestaltung marktlicher und gesellschaftspolitischer Beziehungen (externe Unternehmenskommunikation).[1040] Ausgeblendet werden dagegen jene Kommunikationsprozesse, bei denen Akteure nicht in Ansehung ihrer Rolle als Organisationsmitglieder handeln, und die deshalb auch nicht den strukturellen Merkmalen der Unternehmenstätigkeit unterliegen. Die Grenzen sind natürlich fließend: während der private Plausch am Arbeitsplatz allseits üblich ist, mag es im informellen Gespräch nach Feierabend durchaus noch um das Pro und Contra einer neuen Absatzstrategie gehen. Ob mit einer Kommunikationshandlung ein Beitrag zum korporativen Handlungsvollzug geleistet wird oder nicht, läßt sich letztlich nur aus Sicht der Beteiligten beurteilen. Kommunikationsprozesse, an denen Organisationsmitglieder in anderen Rollen teilnehmen, sind dennoch nicht ohne Bedeutung für die Unternehmensstrategie. Sie bestimmen ebenso wie weitere gesellschaftliche Entwicklungen, z.B. die Energiesteuerdiskussion in politischen Kreisen, den sozialen Kontext der Leistungserstellung. Insofern erlangt der Klatsch

---

1039 Vgl. Steinmann/Zerfaß 1995, S. 18, und mit ähnlichem Tenor Reichwald 1993, S. 450.

1040 Vgl. Picot/Reichwald 1991, S. 260 f., Weihrich/Koontz 1993, S. 538, Zerfaß 1993, S. 126 f., Steinmann/Zerfaß 1995, S. 18 ff.

unter den Mitarbeitern einen ähnlichen Stellenwert wie die wirtschaftspolitische Agenda der Massenmedien: In beiden Fällen gilt es, systematische Themenanalysen vorzunehmen, um die Anforderungen an die Unternehmenskommunikation rechtzeitig zu identifizieren und potentielle Handlungsoptionen vorzubereiten.[1041]

Aus dieser Perspektive wird deutlich, daß die *integrative Kraft kommunikativer Handlungen* der zentrale Grund ist, der dazu führt, daß die Kommunikationspolitik immer deutlicher zum strategiekritischen Bestandteil (Erfolgsfaktor) der Unternehmensführung wird.[1042] Die Ausdifferenzierung von Interessenlagen, Handlungsfeldern und Öffentlichkeiten in modernen Gesellschaften stellt immer neue Anforderungen an die Integrationsfähigkeit des betriebswirtschaftlichen Handelns, und dies ist nicht nur eine Frage von Produkteigenschaften und Leistungsmerkmalen, sondern vor allem von vorbereitenden und begleitenden Kommunikationsprozessen. Die Integrationskraft kommunikativer Handlungen entfaltet sich allerdings in durchaus unterschiedlicher Weise, je nachdem, ob die Kommunikation zwischen Anwesenden oder zwischen raumzeitlich getrennten Akteuren stattfindet.[1043] Unsere kommunikationstheoretischen Überlegungen haben gezeigt, daß sich die kommunikative Integration im ersten Fall auf gemeinsame Lebensformen und Handlungsvollzüge stützen kann. Die Beteiligten können deshalb versuchen, ihre Absichten oder Situationen qua Kommunikation zu beeinflussen, und sie können ggf. im Diskurs oder praktischen Handeln neue Orientierungsmuster aufbauen. Damit wird es möglich, strittige Mittelwahlen, Zweckbestimmungen und Situationsdefinitionen aufeinander abzustimmen. Im Fernbereich müssen wir dagegen zwei Verknüpfungen zwischen Kommunikation und sozialer Integration unterscheiden. Jegliche Form der Sozialintegration im Fernbereich bleibt zunächst auf Prozesse der Vertrauensvermittlung und Imagebildung angewiesen. Dabei spielen kommunikative Beziehungen, z.B. zwischen Politikern, Journalisten und Bürgern, eine herausragende Rolle. Auf diese Weise werden normative Ordnungen legitimiert, die dann im Einzelfall »angezapft« werden können, um konkrete Probleme der Handlungsabstimmung zu lösen. Dies gilt einerseits für generalisierte bzw. verfahrensregulierte Kommunikationsformen, mit denen die Absichten der Beteiligten verändert werden sollen (Einfluß, Wertbindung, Rechtsetzung). Kommunikationsprozesse können ferner als Mittel zum Zweck der situationsbezogenen Einwirkung herangezogen werden. Dies ist immer dann der Fall, wenn die empirische Bindungskraft von strukturellen Kodierungen ausgenutzt wird, d.h. wenn Geld, Macht, und positives Recht als Deckungsreserven herangezogen werden.

Die zentrale Frage lautet nun, wie diese Grundmuster der kommunikativen Integration im Organisationsfeld und im marktlichen bzw. gesellschaftspolitischen Umfeld der Unternehmung zum Tragen kommen. Selbstverständlich kann die Handlungsabstimmung in allen drei Bereichen an den Absichten oder

1041 Vgl. Steinmann/Zerfaß 1995, S. 32 f., und Piwinger/Niehüser 1995.

1042 Vgl. im Grundsatz bereits Weihrich/Koontz 1993, S. 538, ferner Heath 1994, S. 32 ff.

1043 Vgl. oben S. 212 ff.

Situationen der Beteiligten ansetzen. Von entscheidender Bedeutung ist freilich, daß sich die Gewichtung der einzelnen Integrationsmechanismen systematisch unterscheidet. Die kulturell verankerten Strukturen der Wirtschafts- und Gesellschaftsordnung sorgen dafür, daß die Interaktion zwischen Organisationsmitgliedern, Transaktionspartnern bzw. Wettbewerbern und sonstigen Koalitionsteilnehmern verschiedenen Leitmotiven folgt. Theorie und Praxis der Unternehmenskommunikation kommen nicht umhin, diese Referenzpunkte zu identifizieren. Erst von daher wird es nämlich möglich, die empirischen Ausdifferenzierungen der Kommunikationspolitik zu erklären, zu begründen und kritisch zu hinterfragen.

Im folgenden wollen wir deshalb die Fäden unserer kommunikationstheoretischen und betriebswirtschaftlichen Überlegungen zusammenziehen, um die systematischen Ansatzpunkte der internen und externen Unternehmenskommunikation zu erörtern. Dabei wird sich zeigen, daß im Organisationsfeld zwei unterschiedliche Referenzpunkte zu beachten sind: die direkte Kommunikation zwischen den verfassungskonstituierenden Organisationsmitgliedern und die administrative Koordination der übrigen Rollenträger (6.1). Im Markt muß man von einer prinzipiell tauschvertraglichen Abstimmung ausgehen. Die Integration im gesellschaftspolitischen Bereich stützt sich schließlich zugleich auf Reputation, geteilte Wertmuster und normierte Verfahren (6.2). Damit wird deutlich, daß die Unternehmenskommunikation durchaus unterschiedliche Aufgaben erfüllen muß, die sich in der begrifflichen Abgrenzung von Organisationskommunikation, Marktkommunikation und Public Relations widerspiegelt (vgl. Abb. 17).

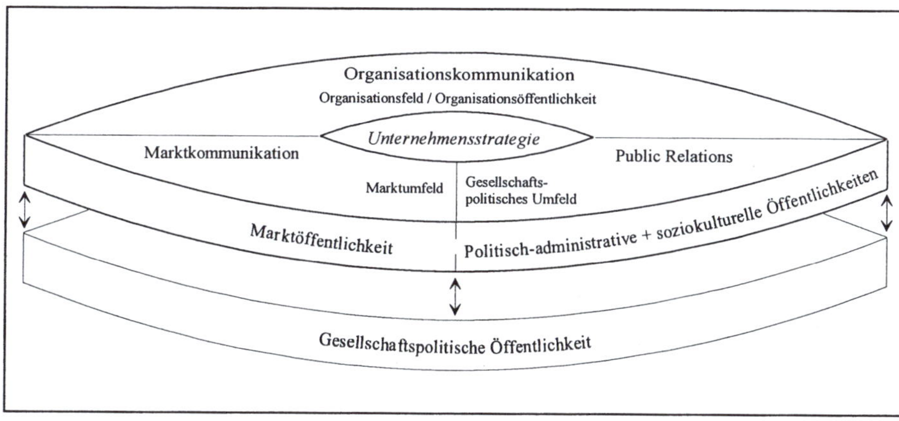


*Abb. 17: Handlungsfelder und Teilbereiche der Unternehmenskommunikation*

Diese Abgrenzung kann als fundamentalpragmatisch gekennzeichnet werden, weil sie an praktischen Problemlagen der Unternehmenspraxis ansetzt. Sie bestimmt die Rolle der Öffentlichkeitsarbeit im Konzert der Kommunikationsfunktionen und eröffnet zudem – was für eine elaborierte Theoriebildung unerläßlich ist – systematische Anschlußstellen zur gesellschaftstheoretischen, kommunikationswissenschaftlichen und betriebswirtschaftlichen Diskussion. Damit wird ein Fundament für weitere Überlegungen gelegt, das die offenkundigen Aporien der bisherigen Theoriebildung, z.B. die undifferenzierte Gleichsetzung von Unternehmenskommunikation und PR oder die diffuse Rede von »externer« und »interner« Öffentlichkeitsarbeit, überwindet. Bei alledem darf natürlich nicht aus den Augen verloren werden, daß die verschiedenen Teilbereiche der Unternehmenskommunikation letztlich immer einem gemeinsamen Ziel, nämlich der Formulierung, Realisierung und Durchsetzung konkreter Unternehmensstrategien, verpflichtet bleiben. Unsere Überlegungen münden deshalb in ein Plädoyer für eine integrierte Kommunikationspolitik, die zum unverzichtbaren Bestandteil der strategischen und operativen Unternehmensführung wird (6.3).

## 6.1 Ansatzpunkte der internen Unternehmenskommunikation

Unsere organisationstheoretischen Überlegungen haben gezeigt, daß das Organisationsfeld alle Rollenträger umfaßt, die zur arbeitsteiligen Formulierung und Realisierung konkreter Produkt-Markt-Konzepte beitragen. Dabei sind zwei Gruppen zu unterscheiden.[1044] Die *verfassungskonstituierenden Organisationsmitglieder* sind aufgrund vorgängiger gesellschaftlicher Vereinbarungen (Gesellschaftsrecht, Mitbestimmungsgesetze) prinzipiell berechtigt, die Zielsetzung und Politik des Unternehmens zu bestimmen. Mit der Verfassung wird ein kodifizierter Orientierungsrahmen geschaffen, dem *weitere Organisationsmitglieder* (Arbeitnehmer, Satellitenunternehmen in strategischen Netzwerken) verpflichtet bleiben, ohne ihn direkt beeinflussen zu können. Die weitergehende Strukturierung und Koordination arbeitsteiliger Handlungen im Management- und Realgüterprozeß unterliegt also immer den systematisch vorgeordneten Eckdaten der Organisationsverfassung.

Von daher wird deutlich, warum die kommunikative Sozialintegration im Organisationsfeld und damit in der Organisationsöffentlichkeit zwei *unterschiedlichen Leitprinzipien* folgt. Die interne Unternehmenskommunikation *(Organisationskommunikation)* betrifft einerseits die verfassungskonstituierenden Beziehungen, bei denen man vom Grundsatz der direkten Kommunikation zwischen den Beteiligten ausgehen kann (6.1.1), und zweitens die laufende Strukturierung und Steuerung des Leistungsprozesses innerhalb des Verfassungsrahmens, die auf verfassungsmäßig abgesicherten Delegationsbeziehungen (administrativer Macht, Einfluß, gemeinsamen Wertmustern) aufbaut (6.1.2).

### *6.1.1 Verfassungskonstituierende Beziehungen und Organisationskommunikation*

Der grundlegende Charakter der Organisationsverfassung, die einen sozial verbindlichen Rahmen für die Unternehmenstätigkeit definiert, erfordert eine

1044 Vgl. oben S. 252 f.

leistungsfähige und flexible Form der Interessenabstimmung zwischen den verfassungskonstituierenden Rollenträgern.

Dies wird deutlich, wenn man sich den Prozeß der Organisationsgenese vor Augen führt. Ein Unternehmen entsteht, wenn sich verschiedene Akteure zusammenfinden und eine gemeinsame Vision oder Strategie verfolgen.[1045] Dieses Ziel muß in grundlegenden Richtlinien konkretisiert werden, die den Unternehmenszweck explizieren (Produkt-Markt-Konzept), Mittelwahlen vorstrukturieren (Verfahrensrichtlinien) sowie die prinzipiellen Rechte und Pflichten einzelner Organisationsmitglieder definieren (Rollengefüge). Es geht letztlich um eine legitime Rahmenordnung für den arbeitsteiligen Aufgabenvollzug, und eine solche Basis läßt sich nur in gemeinsamen Handlungs- und Kommunikationszusammenhängen herstellen,[1046] in denen divergierende Zielvorstellungen und Situationsdeutungen miteinander abgestimmt werden können. Unsere kommunikationstheoretischen Überlegungen haben gezeigt, daß die Kommunikation in diesem Fall zur zentralen Quelle der sozialen Integration werden muß.[1047]

Eine erste Aufgabe der Organisationskommunikation ist demnach die Herstellung eines »generellen Orientierungskonsenses« [1048] (Schimank) zwischen den verfassungskonstituierenden Organisationsmitgliedern. Als Leitmotiv einer solchen *kommunikativen Integration* fungiert das Prinzip des direkten, jederzeit durch diskursive Elemente ergänzbaren Gesprächs zwischen Anwesenden. Dies spiegelt sich unter anderem in der Konstruktionslogik des Gesellschaftsrechts wider. Bei Personengesellschaften obliegt die Konstitution und Veränderung der Organisationsverfassung den Gesellschaftern, wobei die Beschlußfassung grundsätzlich einstimmig erfolgen muß (§ 119 HGB).[1049] Dies erfordert einen Verständigungsprozeß, der nur dann stabile Ergebnisse zeitigen wird, wenn er auf wechselseitigen Überzeugungsversuchen oder allseits akzeptierten Verhandlungsformen beruht. Bei Kapitalgesellschaften werden die Beschlüsse der Gesellschafter ausdrücklich in Versammlungen, d.h. in Anwesenheit der verfassungskonstituierenden Akteure oder ihrer Vertreter, gefaßt (§ 48 GmbHG, § 118 ff. AktG). Empirische Untersuchungen zeigen allerdings, daß das Interessenclearing in Publikumsaktiengesellschaften nicht von der faktisch überforderten Hauptversammlung, sondern vom Aufsichtsrat geleistet werden

1045 Dies geschieht natürlich im Licht der *individuellen* Interessenlagen und ist damit zunächst kein Problem der Unternehmenskommunikation, sondern der marktinduzierten, über Verträge und Rechtsnormen abgesicherten Interessenkoordination zwischen Gesellschaftern, Aktionären usw. Man kann hier von *unternehmensbezogener Kommunikation* sprechen. Die (interne) Perspektive der Organisationskommunikation kommt ins Spiel, wenn es nicht mehr über das Zusammenwirken zwischen den Interessenträgern, sondern um die *gemeinsame* Leistungserstellung geht.

1046 Vgl. hierzu bereits die klassischen Überlegungen von Barnard 1970, S. 78 und S. 84.

1047 Vgl. oben S. 212 ff.

1048 Vgl. Schimank 1992b und im Kontext der Organisationskommunikation Theis 1994, S. 273 ff.

1049 Dies gilt für die OHG. Bei der KG ist zusätzlich auf das Widerspruchsrecht der Kommanditisten bei solchen Handlungen hinzuweisen, die über den gewöhnlichen Gewerbebetrieb hinausgehen (§ 164 HGB). Dies betrifft alle verfassungskonstituierenden Entscheidungen, die damit explizit von einer vorgängigen Kommunikation zwischen den Gesellschaftern abhängig werden.

muß. Dies gilt vor allem für mitbestimmte Unternehmen (z.B. die Hoechst AG), in denen der Kreis der verfassungskonstituierenden Organisationsmitglieder um die Mitarbeitervertreter erweitert wird.[1050] Im Aufsichtsrat gelten aber wiederum die Prinzipien von Beratung und Verhandlung, d.h. der intentionalen Einflußnahme mit der Möglichkeit zur metakommunikativen Verständnisklärung.

Diese gesetzlichen Vorgaben sind natürlich nur schwache Indikatoren einer Interaktionskultur, die letztlich nur im Einzelfall und aus der Perspektive der Beteiligten erfaßt werden kann. Sie unterstreichen freilich die sozialtheoretische Einsicht, daß verläßliche Orientierungsmuster, wie sie in der Verfassung manifest werden, nur in gemeinsamen Handlungs- und Kommunikationszusammenhängen gebildet werden können. Wir können deshalb festhalten, daß die verfassungskonstituierenden Beziehungen auf Kommunikationsprozesse angewiesen bleiben, deren systematischer Referenzpunkt das direkte Gespräch zwischen Anwesenden ist.

Dementsprechend konkretisiert sich die *verfassungskonstituierende Öffentlichkeit* vor allem in veranstalteten Präsenzforen, z.B. in Gesellschafterversammlungen und Aufsichtsratssitzungen. Diese systemischen *Teilöffentlichkeiten* müssen bereits qua Gesetz geschaffen werden. Darüber hinaus können jederzeit weitere, problemspezifische Diskussionsforen (z.B. Aufsichtsratsausschüsse) etabliert werden. Das Grundprinzip der direkten Kommunikation kann dort durchaus unterschiedlich aktualisiert werden. Entsprechende Erhebungen stehen zwar noch aus; die soziale Realität dürfte aber wohl von offenen Argumentationsprozessen bis hin zu Diskussionen reichen, die von einzelnen Akteuren so dominiert werden, daß man letztlich nur noch von Scheindebatten sprechen kann.[1051] In Publikumsaktiengesellschaften werden diese Foren systematisch um weitere Interaktionsformen ergänzt. Damit wird der gesamte Bereich der »Stockholder Relations« angesprochen, in dem es um die Gestaltung der Kommunikationsbeziehungen zwischen den Kapitaleignern geht.[1052] Hierzu dienen neben Aktionärstreffen insbesondere kontrollierte und abstrakte Medienöffentlichkeiten, die durch Geschäftsberichte, themenbezogene Zeitschriften, Informationsdienste u.ä. gebildet werden. Sie umfassen dann auch massenmediale und monologische Kommunikationssequenzen als derivative Formen der verfassungskonstituierenden Kommunikation.

---

1050 Vgl. hierzu die empirische Studie zur Aufsichtsratspraxis von Gerum et al. 1988.

1051 Diese These wird durch empirische Untersuchungen anderer Beratungsgremien gestützt; vgl. vor allem die Studien zur Betriebsratsarbeit von Osterloh 1993 und Kotthoff 1994.

1052 Die »Stockholder Relations« sind damit nur ein – wenn auch zentraler – Aspekt der »Investor Relations«. Unter Investor Relations versteht man nicht nur die Kommunikationsbeziehungen zwischen den Kapitaleignern, sondern auch die Werbung um (neue) Koalitionsteilnehmer im Finanzmarkt; vgl. Dürr 1994, Baskin/Aronoff 1988, S. 304 ff., Grunig/Hunt 1984, S. 348 ff..

### 6.1.2 Organisationsbeziehungen und Organisationskommunikation

Die Organisationsverfassung begründet eine Rahmenordnung, die im konkreten Aufgabenvollzug von allen Mitarbeitern zu einem umfangreichen Komplex gelebter Handlungsmuster erweitert wird. Diese Strukturen definieren das Organisationsfeld, das sich in mehrere Arenen (Abteilungen, Arbeitsgruppen) ausdifferenziert und insgesamt weit über die verfassungskonstituierenden Beziehungen hinausreicht. Es erfährt seine Sinnstiftung in gemeinsamen Visionen und Aufgaben (Strategien), die in arbeitsteiligen Prozessen formuliert und realisiert werden. Den Kern der Unternehmenstätigkeit bildet damit ein Bündel von Steuerungsaktivitäten, mit denen die disparaten Handlungen verschiedener Organisationsmitglieder im Hinblick auf das gemeinsame strategische Ziel abgestimmt werden.[1053] Im Managementprozeß wird eine Integrationsleistung erbracht, die unverzichtbare Voraussetzung des korporativen Handelns ist. Von entscheidender Bedeutung ist nun, daß dieses Managementhandeln weitgehend kommunikativer Art ist:[1054] Im Rahmen der Planung und Kontrolle werden Informationen gesammelt und aufbereitet. Die Organisationsgestaltung schafft durch die Kommunikation von Rollenerwartungen, Verfahrensrichtlinien und Leitbildern integrationsfördernde Strukturen. Das Personalmanagement bemüht sich um den Aufbau und Erhalt der Humanressourcen; dazu dienen beispielsweise Beurteilungsgespräche und Schulungen. Der Leitung kommt schließlich die Aufgabe zu, diese strukturellen und personellen Potentiale situationsgerecht zu aktivieren; dazu muß der Vorgesetzte seine Mitarbeiter qua Kommunikation zum täglichen Arbeitsvollzug oder auch zur Infragestellung der bisherigen Routinen veranlassen.

Die entscheidende Frage ist nun, welche prinzipiellen Formen der Kommunikation und sozialen Integration im Organisationsfeld relevant werden. Zunächst müssen wir uns in Erinnerung rufen, daß die Beziehungen zwischen den einzelnen Aufgabenträgern durch die Verfassung vorstrukturiert werden, so daß sich das Problem der internen Handlungsabstimmung immer vor dem Hintergrund einer *legitimierten Herrschaftsordnung* stellt.[1055] Aus unserem organisationstheoretischen Bezugsrahmen folgt nämlich, daß alle Mitglieder mit dem Eintritt in eine Unternehmung, d.h. mit dem Abschluß des Arbeits- oder Gesellschaftsvertrags, pauschal die in ihr vorherrschenden Strukturen akzeptieren.[1056] Diese Strukturen wirken kontingenzentlastend, indem sie auf der Basis eines grundlegenden Orientierungskonsenses verschiedene Steuerungs-

---

1053 Vgl. oben S. 241 ff.

1054 Vgl. O'Reilly/Pondy 1979, S. 120, Weihrich/Koontz 1993, S. 538, Zerfaß 1993, S. 128 f., sowie Steinmann/Zerfaß 1995, S. 19. Die Steuerungsfunktion der Kommunikation wird auch von Thayer 1968, S. 103, Simon 1981, S. 178, und Theis 1994, S. 207, betont.

1055 Vgl. zur Sichtweise der Organisation als Herrschaftsverband Max Weber 1964, S. 38. Aus heutiger Sicht der Grundlage unserer sozialtheoretischen Überlegungen beruht die Legitimität der Herrschaft jedoch nicht (wie bei Weber) primär auf ihrer Legalität, sondern auf der begründeten, transsubjektiven Einsicht in die Sinnfälligkeit konkreter Autoritäts- und Delegationsbeziehungen. Vgl. Peters 1993, S. 286 ff., und grundlegend Habermas 1973a, S. 131 ff.

1056 Vgl. Kieser 1994, S. 217. Dieser Gedanke geht auf die »Akzeptanztheorie der Autorität« von Barnard (1970, S. 139 ff.) zurück; vgl. alternativ auch Kehrer 1992, Peters 1993, S. 284 ff.

mechanismen und -medien einführen. In vielen Fällen erübrigt sich dadurch der leistungsfähige, aber aufwendige und an die Kopräsenz der Beteiligten gebundene Grundmodus der direkten Kommunikation: Organisationsmitglieder „sind nicht genötigt, mit kommunikativen Mitteln Konsens zu erzielen" (Habermas);[1057] ihr Handeln steht – unabhängig von allen bürokratischen oder partizipativen Ausprägungen der Unternehmensstruktur – stets „unter den Prämissen eines formell geregelten Interaktionsbereichs".[1058] Diesen Punkt muß man im Auge behalten, wenn man über den systematischen Referenzpunkt der internen Unternehmenskommunikation nachdenkt. Populäre Konzepte der Selbstorganisation und des evolutionären Managements täuschen vielfach darüber hinweg, daß die Leistungsfähigkeit von Unternehmen letztlich auf legitimierten Beziehungsmustern beruht, die alle weiterführenden Prozesse der (Selbst-) Steuerung vorprägen.[1059] Das Zusammenspiel von Autorität und weiterführender Strukturierung mündet in ein Geflecht von formalen Hierarchieordnungen, Verfahrensvorschriften, unternehmensspezifischen Prestigeordnungen und gemeinsamen Wertkomplexen (Organisationskulturen).[1060] Diese Strukturen ermöglichen eine Integration, die – was gerade in Konzernen, Holdings und Netzwerken wichtig ist – räumliche und zeitliche Grenzen überwindet. Sie dienen gleichsam als Deckungsreserven, die im täglichen Handeln angezapft werden, um eine koordinierte Aufgabenerfüllung sicherzustellen. Die konzeptionellen Überlegungen zum strategischen Managementverständnis weisen freilich darauf hin, daß bestehende Strukturen immer wieder aufgebrochen werden müssen.[1061] Daher geht es im Organisationsfeld nicht nur um unmittelbare Probleme der Handlungssteuerung und Koordination, sondern stets auch um die Möglichkeit sinnvoller (Neu-) Strukturierungen, d.h. um die Ermöglichung organisationalen Lernens.[1062]

Damit wird deutlich, daß Kommunikationshandlungen in Organisationsöffentlichkeiten in zweifacher Weise zur sozialen Integration beitragen. *Strukturierende Kommunikation* schafft die Voraussetzungen für die Formulierung und Realisierung strategischer Konzepte. Dies ist dann der Fall, wenn über die Verfassungsnormen hinaus einheitsstiftende Wertmuster, Weltbilder, innerbetriebliche Prestigeordnungen usw. etabliert werden. Bei diesem Prozeß wirken zwangsläufig alle Organisationsmitglieder mit; neue Regeln entstehen im konkreten Aufgabenvollzug (informelle Routinen) oder aber in gesonderten Diskussionsprozessen (Planung und Organisationsgestaltung).[1063] In Anlehnung an unseren kommunikationstheoretischen Bezugsrahmen können wir hier von

1057 Habermas 1987b, S. 460 (im Original teilweise kursiv).

1058 Habermas 1987b, S. 460 (im Original teilweise kursiv).

1059 Vgl. zu dieser Kritik, die sich vor allem am St. Galler (Probst, Gomez, Malik) und Münchener (Kirsch, zu Knyphausen) Managementansatz entzündet, v.a. Kieser 1994.

1060 Eine Typologie solcher machtgestützten Steuerungsstrategien entfaltet Sandner 1992, S. 157 ff.

1061 Vgl. oben S. 245 ff.

1062 Vgl. Hennemann 1996 und im Hinblick auf die Unternehmenskultur insbes. Hein 1990, S. 48.

1063 Vgl. ausführlicher Kaiser 1996. Mit dem Hinweis auf den Stellenwert einer partizipativen Identitätsfindung widersprechen wir Kieser (1994, S. 219), der eine spontane Strukturierung aus dem Arbeitshandeln hinaus für unmöglich hält; vgl. jedoch Giddens 1988 und oben S. 95 ff.

einem prinzipiellen Beitrag zur Strategierealisierung sprechen.[1064] Mit vertrauensbildenden Maßnahmen und imagepolitischen Aktivitäten sollen unternehmensspezifische Integrationsmechanismen generiert und legitimiert werden, die dann im Einzelfall in Anspruch genommen werden können.[1065] Dabei mag es um das Imageprofil eines neuen Vorstandsvorsitzenden gehen, das diesem organisationsweit Einfluß verleihen soll, oder um die Sinnfälligkeit tradierter Zuständigkeitsbereiche und die dadurch definierten Machtpotentiale. In diesem Zusammenhang kommt das ganze Spektrum der argumentativen, informativen und persuasiven Einflußnahme zum Einsatz. Es kann im täglichen Gespräch zwischen Kollegen (informelle Vereinbarungen), in veranstalteten Diskussionsforen (Mitarbeiterversammlungen) und mit Hilfe organisationsweiter Medienprodukte (Werkszeitschriften) aktualisiert werden. Weitere Beispiele haben wir in unserer einleitenden Fallskizze kennengelernt. Freilich ist zu beachten, daß sich Images und Vertrauensbeziehungen, die auf Überzeugung und guten Gründen beruhen, durch eine tendenziell höhere Stabilität auszeichnen. Die *argumentative,* in gemeinsame Erfahrungszusammenhänge eingebettete *Kommunikation* bietet sich deshalb als systematischer Fluchtpunkt an, wenn andere Vorgehensweisen versagen und der Aufbau gemeinsamer Orientierungsmuster ab ovo angegangen werden muß. Von daher erklärt sich die Sinnstiftung argumentativer Führungsgespräche, Ethikzirkel und ähnlicher personaler Diskussionsarenen, in denen die Legitimationsfrage direkt angegangen werden kann. Solche reflexiven Teilöffentlichkeiten müssen nicht unbedingt gesondert geschaffen werden. Gerade im Organisationsfeld bietet es sich an, aufgabenbezogene Interaktionsforen wie Ausschußsitzungen zu nutzen, um den grundsätzlichen Orientierungskonsens zu vertiefen oder zu erneuern. Die Grenze zu den verfassungskonstituierenden Beziehungen verläuft an dieser Stelle natürlich fließend; strukturelle Änderungen mögen eine formelle Modifikation der Organisationsverfassung anstoßen und vice versa.

Der umfassende Komplex strategiespezifischer Strukturmuster (Hierarchie-, Prestige- und Wertordnungen, Verfahrensregeln) wird dann in Anspruch genommen, um die disparaten Handlungen der Organisationsmitglieder miteinander abzustimmen. Die *koordinierende Kommunikation* orientiert sich an den Grundtypen der intentionalen und situationsbezogenen Einflußnahme im Fernbereich, die wir bereits ausführlich diskutiert haben.[1066] Der prinzipielle Rekurspunkt für solche »spezifischen Interessenkonsense« (Schimank) innerhalb legitimierter Ordnungen ist die verfassungsmäßig abgesicherte, *administrative Koordination.*[1067] Sie beruht auf formaler Autorität und mündet in die Ausübung von Macht.[1068] Kommunikationshandlungen kommen dabei zum

1064 Vgl. oben S. 214 ff.

1065 Vgl. zum Zusammenhang von Legitimität und Vertrauen auch Peters 1993, S. 286 f.

1066 Vgl. oben S. 217 ff.

1067 Vgl. zu diesem Begriff Schimank 1992b und Theis 1994, S. 271 ff. Im Unterschied zu beiden Autoren setzen wir jedoch voraus, daß ein vorgängiger Orientierungskonsens unverzichtbar ist, wenn die kommunikative Handlungsabstimmung gelingen soll.

1068 Vgl. zur Strukturierung von sozialer Macht in Organisationen v.a. Crozier/Friedberg 1979, Sandner 1992, Sofsky/Paris 1994, sowie Ortmann 1995, S. 29 ff.

Einsatz, um kollektiv verbindliche Entscheidungen mit Mitteln der Sprache oder Gestik direkt bekanntzugeben (Führungskommunikation zwischen Vorgesetzten und Untergebenen) oder um Handlungssituationen durch die Vorgabe von Prämissen und Richtlinien vorzuprägen.[1069] Dieser Koordinationsmechanismus wird vor allem durch generalisierte Formen der intentionalen Einflußnahme ergänzt. Die Abkehr von bürokratischen Strukturen führt in modernen, »schlanken« Unternehmen zu einer verstärkten Inanspruchnahme von Prestige- und Wertordnungen. Kommunikative Handlungen nehmen dabei eine persuasive Gestalt an. Dies betrifft zunächst die *reputationsgestützte Integration,* bei der anerkannte Experten kommunikativen Einfluß ausüben, indem sie andere Organisationsmitglieder belehren und so auf ihre Absichten einwirken. Empirische Erscheinungsformen sind das professionelle Expertentum, das sich in Gremien und Ausschüssen aktualisiert, sowie informelle Kommunikationsnetze zwischen Managern, die in ein Kollegienmanagement münden.[1070] Schließlich besteht selbst bei weitgehendem Verzicht auf formelle Richtlinien die Möglichkeit, divergierende Handlungen durch den Appell an gemeinsame Wertbindungen auf ein gemeinsames Ziel hin einzusteuern. Eine solche *wertgestützte Integration* liegt vor, wenn Vorgesetzte in Betriebsversammlungen und persönlichen Gesprächen (»Management by walking around«) den Zusammenhalt, die Mythen und die Visionen des Unternehmens beschwören.[1071] Eine Kernvoraussetzung ist dabei neben einer hinreichend stabilen Wertordnung (Unternehmenskultur) die persönliche Integrität des Kommunikators, der diese Deckungsreserve »anzapfen« will.

Die *weitere Organisationsöffentlichkeit* bleibt also im Prinzip dem Leitbild der administrativen, nichtintentionalen Koordination verhaftet. Die notwendige Bodenhaftung erhält das fragile Beziehungsgeflecht zwischen den Organisationsmitgliedern durch die vorgängig legitimierte Verfassung und ein Bündel von generalisierten Kommunikationsformen, Vertrauensprozessen und argumentativen Sequenzen. Wenn nämlich „alle genuinen Verständigungsprozesse aus dem Inneren der Organisation verbannt würden“, so Habermas, „ließen sich weder die formell geregelten Sozialbeziehungen aufrechterhalten noch die Organisationsziele verwirklichen“.[1072] Die interne Unternehmenskommunikation realisiert sich in einem breiten Spektrum höchst unterschiedlicher *Teilöffentlichkeiten,* die eine persuasive, argumentative und informative Einflußnahme ermöglichen. Ein Teil dieser Arenen ist sicherlich mit herkömmlichen Ansätzen des (technokratischen) Informationsmanagements und der Vorgesetzten- bzw. Gruppenkommunikation gestaltbar. Ein weiterer, vorwiegend medial und massenmedial konstituierter Teilbereich betrifft die Beziehungen zwischen der Kerngruppe (Unternehmensleitung, verfassungskonstituierenden Mitgliedern) und den übrigen Aufgabenträgern. Er entspricht dem, was ge-

1069 Vgl. Zündorf 1986, S. 35, ders. 1987, S. 20.

1070 Vgl. Zündorf 1986, S. 37 ff.

1071 Vgl. zu diesen Beispielen Krug 1995; zum Zusammenhang von Unternehmenskultur und -kommunikation ferner Hein 1990, Bromann/Piwinger 1992 und Wever/Besig 1995.

1072 Habermas 1987b, S. 459 f.; vgl. zur Dualität von intentionaler und situationsbezogener Koordination im Organisationsfeld v.a. Kirsch 1992, S. 88 ff., Kirsch/zu Knyphausen 1993.

meinhin unter »interner PR« verstanden wird. Insgesamt präsentiert sich die interne Unternehmenskommunikation jedoch als ein viel weiteres und komplexeres Feld, das sämtliche Prozesse der kommunikativen Integration zwischen Organisationsmitgliedern beinhaltet. Damit wird deutlich, daß eine umfassende *Theorie der Organisationskommunikation* in mehrere Richtungen ausgearbeitet werden müßte. Ein solches Projekt setzt jedenfalls voraus, daß Anschlußstellen zu allen bislang vorliegenden Partialbetrachtungen – von der interpretativen Organisationsforschung über die Betriebspublizistik bis hin zur Bürokommunikation – aufgezeigt werden. Die hier skizzierten Überlegungen weisen einen ersten Weg, indem die Unternehmensstrategie als gemeinsamer Bezugspunkt aller Kommunikationshandlungen im Organisationsfeld ausgewiesen wird.

## 6.2 Ansatzpunkte der externen Unternehmenskommunikation

Das externe Umfeld der Unternehmung umfaßt die Handlungsfelder von Ökonomie und Gesellschaft, in denen arbeitsteilig realisierte Strategien durchgesetzt werden sollen. Im Kern geht es dort um eine „Werbung um Koalitionsteilnehmer“ (Staehle),[1073] um die Sicherung der notwendigen Beiträge von Transaktionspartnern (Bereitstellung und Abnahme von Gütern) und Interessenten (Gewährung von Handlungsspielräumen, Akzeptanz von Produkten und Produktionsprozessen). Die externe Unternehmenskommunikation leistet dabei einen entscheidenden Beitrag.[1074] Sie fördert die notwendigen Prozesse der Interessenabstimmung und Handlungskoordination im *Marktumfeld,* in dem die wirtschaftlichen Beziehungen mit Lieferanten, Abnehmern und Wettbewerbern gestaltet werden, sowie im *gesellschaftspolitischen Umfeld,* das die Gesamtheit aller regulativen Beziehungen in nicht-ökonomischen Sphären umfaßt.

Die externe Unternehmenskommunikation wird damit zum elementaren Bestandteil der Unternehmenstätigkeit. Sie beinhaltet ein Bündel von Aktivitäten, die im Prinzip von allen Aufgabenträgern erbracht werden müssen, in modernen Großunternehmen aber zum Teil an spezialisierte Koalitionsmitglieder (Kommunikationsabteilungen, PR-Agenturen) delegiert werden. Die arbeitsteilige Erstellung der Kommunikationsleistung macht ein gezieltes Management der externen Kommunikation erforderlich, d.h. die Entwicklung und Realisierung von effektiven und effizienten Kommunikationsprogrammen.[1075] Dabei muß man sich vergegenwärtigen, daß soziale Beziehungen im Markt und im gesellschaftspolitischen Umfeld auf prinzipiell unterschiedliche Weise integriert werden.

Dies hat unmittelbare Konsequenzen für die externe Unternehmenskommunikation, die sich in zwei Teilbereiche ausdifferenziert. Die *Marktkommunika-*

---

1073 Vgl. Staehle 1969, S. 385 ff.

1074 Vgl. Picot/Reichwald 1991, S. 260 f., Zerfaß 1993, S. 129 f., Steinmann/Zerfaß 1995, S. 20.

1075 Dabei spielen dann wiederum interne Kommunikationsprozesse eine große Rolle. Insofern wird auch das Kommunikationsmanagement kommunikativ gesteuert.

*tion* unterstützt die tauschvertragliche Handlungskoordination in der ökonomischen Sphäre.[1076] Sie umfaßt alle kommunikativen Handlungen von Organisationsmitgliedern, mit denen Transaktions- und Wettbewerbsbeziehungen gestaltet werden (6.2.1). Von *Public Relations* kann man dagegen sprechen, wenn die kommunikativen Beziehungen im gesellschaftspolitischen Umfeld zur Debatte stehen.[1077] Der Öffentlichkeitsarbeit obliegt es, die Unternehmensstrategie in den Handlungsfeldern von Politik, Bildung, Wissenschaft usw. durchzusetzen bzw. entsprechende Widerspruchspotentiale und gesellschaftliche Anforderungen in das organisatorische Entscheidungssystem einzuspeisen. Weil es in diesen Arenen an vorgängig legitimierten Verfügungsordnungen wie Märkten und Hierarchien mangelt, dienen verschiedene Spielarten der intentionalen Einflußnahme (direkte Kommunikation, Reputation, geteilte Wertmuster) und normierte Verfahren (Rechtsetzung und Rechtsvollzug) als Leitbilder der Öffentlichkeitsarbeit (6.2.2). Diese Abgrenzung von Marktkommunikation und Public Relations ist ein Ausfluß unterschiedlicher Bezüge zur Unternehmensstrategie; sie stimmt mit den Grundaussagen der angloamerikanischen PR-Forschung (Grunig et al.) und den Vorstellungen der gesellschaftsorientierten Marketinglehre (Raffée/Wiedmann, Haedrich) überein.[1078]

### *6.2.1 Marktbeziehungen und Marktkommunikation*

Die Ökonomie als sozialer Handlungsraum umfaßt alle Handlungsvollzüge, die der Befriedigung von Bedürfnissen durch die Produktion, Distribution und Konsumtion von Gütern dienen. Unternehmen treffen hier auf eine Fülle anderer Organisationen, insbesondere auf (potentielle) Wettbewerber und Transaktionspartner, Wirtschaftsverbände (Gewerkschaften, Einkaufsgenossenschaften) sowie auf Personen in ihrer Eigenschaft als Konsumenten und Arbeitnehmer. Die externe Durchsetzung strategischer Konzepte mündet deshalb in ein Problem der Handlungskoordination, d.h. der Allokation von Ressourcen, Produkten und Dienstleistungen. Dieses Problem wird in modernen Gesellschaften im Grundsatz durch Marktmechanismen gelöst.

Märkte sind systemische Komplexe, die eine indirekte, situationsbezogene Koordination divergierender Handlungen ermöglichen. Sie kombinieren Formen der parametrischen Anpassung, bei denen sich die Akteure an Preisen und Mengen orientieren und damit die Aktivitäten anderer als Daten in ihre eigenen Entscheidungsprozesse einbeziehen, mit erfolgsstrategischen Konkurrenzbeziehungen, in denen die Beteiligten sich gegenseitig auszumanövrieren suchen.[1079] Das Medium der Marktkoordination, die auch und vor allem zwi-

---

1076 Vgl. zu dieser Begrifflichkeit Löber 1973, S. 36 ff., Köhler 1976, S. 164, Schweigert/Schwarz 1987, S. 365, Bednarczuk 1990, S. 8 ff.; zur grundsätzlichen Einordnung des Marketing in ein Gesamtkonzept der Unternehmensführung insbes. Zerfaß/Emmendörfer 1994, S. 47 ff.

1077 Vgl. Zerfaß 1993, S. 130, Steinmann/Zerfaß 1995, S. 20, Zerfaß/Scherer 1995, S. 501.

1078 Vgl. zum Verhältnis von Marketing(kommunikation) und PR zuerst Kotler/Mindak 1978, ferner die Ansätze von Haedrich und Raffée/Wiedmann (vgl. oben S. 73 ff.) sowie Grunig/Grunig 1991, J.E. Grunig 1995, Broom et al. 1991, Ehling et al. 1992, Cutlip et al. 1994, S. 3 ff.

1079 Vgl. Peters 1993, S. 291 ff.

schen raumzeitlich getrennten Akteuren vermittelt, ist das Geld. Der Geldcode dient zugleich als Ressource und als Bewertungsmaßstab. Er schematisiert die Interaktion zwischen den Marktpartnern dahingehend, daß alternative Handlungsweisen entweder akzeptiert (und vertraglich abgesichert) oder aber zurückgewiesen werden. Diese *tauschvertragliche Koordination* ermöglicht eine Handlungsabstimmung, die im wesentlichen hinter dem Rücken der Akteure erfolgt. Unsere kommunikationstheoretischen Überlegungen haben gezeigt, daß Kommunikationsprozesse hier nur unterstützend zum Einsatz kommen.[1080] Sie dienen als Mittel zum Zweck der situationsbezogenen Einwirkung, wenn Verträge qua Kommunikation angebahnt, ausgehandelt, erfüllt und kontrolliert werden.[1081] Darüber hinaus kann das Transaktionspotential von Wettbewerbern durch eine geeignete Kommunikationspolitik (Marktsignale, Werbedruck für eigene Produkte) erfolgsstrategisch beeinflußt werden. Die Marktkommunikation muß deshalb im Prinzip *persuasiv* angelegt sein. In der Marketingforschung wird zu Recht darauf hingewiesen, daß kommunikative Handlungen im ökonomischen Kontext die Adressaten letztlich „zu einem bestimmten Verhalten veranlassen sollen“:[1082] das Ziel sind nicht gemeinsame Orientierungen, sondern schlicht anschlußfähige Handlungen.

Dabei kommen grundsätzlich zwei Vorgehensweisen in Betracht. Unternehmen setzen ihre Strategien im Markt primär dadurch durch, daß sie einen unmittelbaren Einfluß auf transaktionsrelevante Situationsmerkmale ausüben. Dies wäre der Fall, wenn Werbebotschaften (Anzeigen, Rundfunkspots, Direct-Mail) positive Kaufanreize wecken, die durch Maßnahmen der Verkaufsförderung (Warenproben, Produktvorführungen) und des persönlichen Verkaufs (direkte Vertragsanbahnung) verstärkt und spezifiziert werden.[1083] Ein eher indirekter Weg wird dagegen eingeschlagen, wenn man sich mit kommunikativen Mitteln um den Aufbau eines positiven Produkt- bzw. Unternehmensimages bemüht. Ein Beispiel ist das Kompetenzmagazin »Future«, mit dem sich Hoechst an Kunden und potentielle Abnehmer wendet, um seine Fachkompetenz und Innovationskraft herauszustellen. Diese Vorgehensweise, die von der klassischen Marketingforschung häufig als »Public Relations« bezeichnet wird, wollen wir als Imagewerbung bezeichnen.[1084] Damit wird deutlich, daß es hier um eine sozialtechnologische Vorgehensweise geht, die ihre handlungsprägende Kraft vor dem Hintergrund einer legitimen Tauschordnung entfaltet. Die *reputationsgestützte Handlungsabstimmung* wird an dieser Stelle zu einer derivativen Form der Marktkoordination. Unternehmens- und Markenimages bilden letztlich wieder Deckungsreserven, mit denen die Grenzen der qualitativen Produktdifferenzierung langfristig überwunden werden sollen. Sie können im konkreten Handlungsvollzug angezapft werden, um

---

1080 Vgl. oben S. 227 f.

1081 Vgl. Heinen 1985, S. 80 ff., Picot/Reichwald 1991, S. 260 f., Zerfaß 1993, S. 130.

1082 Meffert 1986, S. 443. Vgl. ferner Anderson/Rubin 1986, S. 5., sowie die Arbeiten von Kroeber-Riel 1993b, und ausführlicher ders. 1992, S. 610 ff., und ders. 1993c.

1083 Vgl. zu diesem Kommunikationsmix v.a. Anderson/Rubin 1986, Kotler/Bliemel 1995, S. 907 ff.

1084 Vgl. zur Imagepolitik als Element der Marktkommunikation Trommsdorff 1987, Barich/Kotler 1991, Huber 1993, in integrierter Sicht auch Haedrich/Jeschke 1994.

auf die Meinungsbildung anderer Einfluß zu nehmen, ohne im einzelnen Kompetenzen nachzuweisen, d.h. ohne z.B. die konkreten Eigenschaften eines Produktes hervorstellen zu müssen. Von entscheidender Bedeutung bleibt jedoch die Rückbindung an den nicht-intentionalen Marktmechanismus, durch die persuasiv erzeugte Images einem latenten Begründungsdruck entzogen werden. Auf diese Weise wird es möglich, mit Wissen des Konsumenten emotionale Erlebniswelten zu schaffen, die – z.B. in der Zigarettenwerbung – von den nachprüfbaren Qualitätsmerkmalen des Produktes abstrahieren und dennoch handlungsprägend wirken.[1085] Ein ähnliches Beispiel sind Sponsoringaktivitäten, mit denen erfolgsträchtige Produkt- und Firmenimages aufgebaut werden können, obwohl kein unmittelbarer Bezug zum jeweiligen Leistungsprofil besteht (Sportsponsoring durch die Getränke- und Automobilindustrie).[1086] Bei der direkten und indirekten Vorgehensweise ist allein unter Effizienzgesichtspunkten zu entscheiden, ob monologische oder dialogische, personale oder massenmediale Sequenzen zum Einsatz kommen.[1087] Der unübersehbare Trend zu interaktiven Formen der Marktkommunikation, der durch vielfältige technologische Entwicklungen (Datennetze, Multimedia) befördert wird,[1088] spiegelt deshalb vor allem die sinkende Kosten-Nutzen-Relation der klassischen Einwegkommunikation wider. Davon zu unterscheiden sind *argumentative Vorgehensweisen,* die in der ökonomischen Sphäre immer dann notwendig werden, wenn die Spielregeln des Marktes oder deren Umsetzung im Einzelfall in Frage gestellt werden, so daß ein neuer, problemspezifischer Orientierungskonsens hergestellt werden muß. Beispiele für solche marketingethischen Initiativen sind Konsumentendialoge über strittige Aspekte der Produkt- und Vertriebspolitik (Nebenwirkungen von Kosmetika, Abrechnungspraxis von Telefongesellschaften), die mangels hinreichender Transparenz und Bewertbarkeit nicht vom Preissystem erfaßt werden. Diese Dialogprozesse können fallbezogen angestoßen oder durch institutionalisierte Kommunikationsforen vorstrukturiert werden. Beispiele wären einerseits Kundenforen, in denen antizipierte oder bereits manifeste Problemlagen erörtert werden, andererseits Verbraucherabteilungen, Kundenbeiräte, Ombudsleute und Konsumenten-Hotlines.[1089]

Insgesamt ergibt sich ein facettenreiches Bild der *Marktöffentlichkeit,* in der es letztlich immer um die Unterstützung tauschvertraglicher Koordinationsmechanismen geht. Bei der Gestaltung konkreter Kommunikationsaktivitäten spielt die grundsätzliche Ausdifferenzierung der Ökonomie in vielschichtige, voneinander zum Teil stark isolierte Branchen und Branchenöffentlichkeiten eine zentrale Rolle. Die Unternehmenspraxis folgt dieser Segmentierung, wenn sie themenspezifische Plattformen wie Messen und Special-Interest-Publikationen in Anspruch nimmt. Sie bemüht sich zugleich immer wieder um eine

1085 Vgl. Boltz 1994.

1086 Vgl. zu solchen Vorgehensweisen Bruhn 1991.

1087 Vgl. Zerfaß 1996, S. 47.

1088 Ein Überblick zu diesen Ansätzen findet sich bei Oenicke 1996.

1089 Vgl. Raabe 1993, insbes. S. 148 ff., zum Dialogmarketing ferner Hansen/Schoenheit 1985, Hansen et al. 1988, Hansen 1996; zur Marketingethik im Überblick Hansen 1995.

Überwindung dieser Grenzen, wenn gesamtwirtschaftliche Aspekte (Arbeitsmarkt, Konsumklima) zur Diskussion stehen. Das Spektrum potentieller *Teilöffentlichkeiten* der Marktkommunikation reicht demnach von episodischen Interaktionen (Verkaufsgesprächen, Sales Promotion) über Präsenzveranstaltungen (Events, Konsumentenforen) bis hin zu (massen-) medialen Formen der klassischen Werbung und des Direktmarketings. Diese Foren werden zum Teil eigens für marktstrategische Zwecke geschaffen. Beispiele sind Verbrauchermessen, Anzeigenblätter und Fernsehkanäle für Home Shopping. Teilweise bietet es sich auch an, arenenübergreifende Teilöffentlichkeiten für die Marktkommunikation zu nutzen. Das wäre der Fall, wenn Markenartikelhersteller auf Bürgerfesten Warenproben verteilen und wenn Versandhäuser ihre Bestellvorgänge mit Hilfe öffentlicher Datennetze (Datex-J) abwickeln. Das nach wie vor wichtigste Forum ist natürlich das Massenmediensystem, in dem durch die Schaltung von Anzeigen und Rundfunkspots offenkundig (Image-) Werbung betrieben wird. In diesem Zusammenhang bietet es sich auch an, durch Pressemeldungen, Product Placement und ähnliche Aktivitäten eine redaktionell vermittelte Produkt-Publizität zu erzeugen.[1090] Grundsätzlich gilt, daß alle genannten Foren für die persuasiven Grundformen der Marktkommunikation geeignet sind. Dialogansätze, wie sie nicht nur im Rahmen der Marketingethik gefordert werden, lassen sich dagegen eher in personalen denn in massenmedialen Settings verwirklichen. In jedem Fall stellen sich auf einer nachgelagerten Ebene vielfältige Probleme der effizienten Mittelwahl, bei denen man auf eine Fülle differenzierter Gestaltungsempfehlungen der Marketingforschung zurückgreifen kann.[1091] Umfassende Konzepte, die neben sozialtechnologischen auch argumentative Kommunikationsprozesse berücksichtigen und die dabei relevanten Interdependenzen thematisieren, liegen bislang freilich noch nicht vor.[1092] Diese Lücke müßte von einer konsequent unternehmensstrategisch angelegten *Theorie der Marktkommunikation* gefüllt werden, deren Grundlegung den Rahmen dieser Untersuchung allerdings bei weitem sprengen würde.

### 6.2.2 Gesellschaftspolitische Beziehungen und Public Relations

Das gesellschaftspolitische Umfeld der Unternehmenstätigkeit umfaßt alle nichtökonomischen Handlungsfelder und Öffentlichkeiten. Diese Arenen von Politik, Wissenschaft, Kunst usw. definieren sich ebenso wie milieuspezifische und regionale Räume durch verschiedene Sinnbezüge und Rationalitätsvorstellungen, die sich deutlich von denjenigen des Organisationsfeldes und des Marktes unterscheiden. Unternehmen treffen dort auf eine Reihe höchst unter-

---

1090 Vgl. Labonté 1988. Neben der Imagepolitik ist diese marktstrategische Vorgehensweise eine zweite Vorgehensweise, die aus praxeologischer Sicht immer wieder als »Öffentlichkeitsarbeit« bezeichnet wird. Vgl. hierzu Labonté 1988, S. 23 ff., Cutlip et al. 1994, S. 7.

1091 Vgl. v.a. Bednarczuk 1990 und Bruhn 1995, ferner Meffert 1986, S. 443 ff., Kotler/Bliemel 1995, S. 955 ff., und im Hinblick auf die Werbung z.B. Kroeber-Riel 1992, S. 610 ff.

1092 Dies gilt auch für den elaborierten Ansatz von Bruhn 1995, der den fundamentalen Unterschied zwischen sozialtechnologischer Kommunikation im Rahmen akzeptierter Marktordnungen und argumentativer Kommunikation zur (Re-) Etablierung einer solchen Ordnung nicht aufgreift.

schiedlicher Bezugsgruppen, z.B. Behörden, Parteien, Anwohner und Initiativgruppen (Greenpeace, Tierschutzvereine), deren Handlungsweisen die Unternehmensstrategie beeinflussen oder die umgekehrt von der Unternehmenstätigkeit betroffen werden. Daraus resultieren Probleme der sozialen Integration, die nicht durch den Verweis auf vorgängig legitimierte Autoritätsbeziehungen oder Marktsysteme gelöst werden können.

Im gesellschaftspolitischen Umfeld geht es um die Sicherung prinzipieller Handlungsspielräume und die Legitimation konkreter Strategien. Die Unternehmensführung muß versuchen, ihr Handeln und dessen Ergebnisse mit den strukturellen Imperativen der verschiedenen Lebensbereiche verträglich zu machen. Dies bedeutet keineswegs, daß bestimmte Produkt-Markt-Konzepte von allen Bezugsgruppen als gut und richtig anerkannt werden müssen. Es muß aber sichergestellt werden, daß problemadäquate Rahmenbedingungen für das betriebswirtschaftliche Handeln definiert werden, daß gesellschaftspolitische Unterstützungspotentiale für die Unternehmenstätigkeit aktiviert werden und daß die Strategie im Einzelfall legitimiert wird, wenn nichtökonomische Handlungsvollzüge durch betriebswirtschaftliche Aktivitäten beeinträchtigt werden. An dieser Stelle offenbart sich die duale Rolle der Unternehmensführung und damit der Öffentlichkeitsarbeit in aller Deutlichkeit.[1093] Unternehmen kommunizieren mit gesellschaftlichen Bezugsgruppen in erster Linie, um ihre partikularen Gewinnziele zu erreichen. Dies wäre der Fall, wenn man im politischen Feld Subventionen oder investitionsbegünstigende Steuergesetze einfordert und in der Wissenschaft technologisches Know-How akquiriert. Regulative Beziehungen können aber auch genutzt werden, um einen originären Beitrag zum Gemeinwohl zu leisten, um beispielsweise gesamtgesellschaftliche Lösungsprozesse anzustoßen oder strategiespezifische Konflikte im Dialog mit den jeweiligen Anspruchsgruppen beizulegen.

Die prinzipiellen Ziele der Öffentlichkeitsarbeit lassen sich genauer bestimmen, wenn man sich mit dem Verhältnis von PR und sozialer Integration auseinandersetzt. Dazu muß der Gesamtkomplex der regulativen Beziehungen weiter ausdifferenziert werden. Ein großer Teil dieser Beziehungen wird durch Gesetze und Verordnungen vorstrukturiert. Das beste Beispiel sind die vielfältigen Interaktionen zwischen Unternehmen und Verwaltung. In unserer Fallstudie haben wir ferner auf Genehmigungsverfahren für Industrieanlagen hingewiesen, bei denen die Abstimmungsprozesse zwischen Unternehmen, Anwohnern und Aufsichtsbehörden bestimmten Formen der Öffentlichkeitsbeteiligung unterliegen.[1094] Positive Regelungen ermöglichen eine *verfahrensregulierte Integration,* die den betroffenen Akteuren situationsbezogene Handlungsrestriktionen auferlegt.[1095] Kommunikationsprozesse nehmen dabei persuasive und informative Formen an. In Verhandlungen, Verwaltungsverfahren und anderen Formen der Rechtsanwendung geht es im Grundsatz darum, tragfähige Kompromisse zu finden. Die unmittelbar *koordinierende Rechts-*

1093 Vgl. Zerfaß 1995, S. 9; vgl. zu dieser dualen Rolle oben S. 262 ff.
1094 Vgl. oben S. 41.
1095 Vgl. oben S. 221 ff.

*kommunikation* konstituiert ein Stück Öffentlichkeitsarbeit, das in der Unternehmenspraxis nur selten thematisiert wird, weil es zumeist routinisiert und dezentralisiert vollzogen wird.[1096] Wir wollen auf diesen Punkt hinweisen, ihn aber nicht vertiefen, weil diese Kommunikationsaktivitäten etablierten Regeln folgen und deshalb vorwiegend unter operativen Gesichtspunkten (effizientes Verfahrenshandling) interessant sind. Besonders deutlich wird dies im Bereich der Publizitätsgesetzgebung, die das Unternehmen zu bestimmten Mitteilungshandlungen, z.B. zur Veröffentlichung von Bilanzen und Lageberichten, verpflichtet.[1097] Damit entfällt die Frage, ob und über was kommuniziert werden soll. Auf einer nachgelagerten Ebene bestehen jedoch durchaus Profilierungschancen, z.B. durch die sachkundige Durchführung von Bilanzpressekonferenzen und die ansprechende Gestaltung von Geschäftsberichten.

Aus strategischer Perspektive ist der zweite Teilbereich der regulativen Beziehungen von größerer Bedeutung. Er betrifft diejenigen Interaktionen mit nichtökonomischen Anspruchsgruppen, die nicht explizit durch Rechtsnormen vorstrukturiert werden, aber dennoch ein latentes Konfliktpotential beinhalten. Beispiele finden sich in den Beziehungen zwischen Unternehmen und Standortkommunen, Anwohnern, Kritikergruppen, Kirchen und Wissenschaftlern. In Ermangelung anderer Koordinationsmechanismen wird die Kommunikation hier zur zentralen Quelle der sozialen Integration. Die *kommunikative Integration* im direkten Gespräch zwischen Anwesenden bietet sich immer dann an, wenn sich (potentielle) Abstimmungsprobleme – wie dies etwa bei Nachbarschaftskonflikten der Fall ist – in Zeit und Raum lokalisieren lassen. Von daher erklärt sich die Sinnstiftung des Gesprächskreises Hoechster Nachbarn, den wir in unserer einleitenden Fallstudie kennengelernt haben.[1098] Die argumentative Erarbeitung gemeinsamer Orientierungsmuster bleibt zugleich der systematische Bezugspunkt für alle generalisierten Entlastungsmechanismen im Fernbereich. Dies erklärt die Sinnfälligkeit direkter Konsultationen zwischen Unternehmern und Kirchenvertretern, aber auch die Notwendigkeit von Roundtable-Gesprächen zwischen Chemiekonzernen und Ökogruppen (z.B. Greenpeace). Solchen lebensweltlich eingebetteten Aktivitäten kommt unter unternehmensethischen Gesichtspunkten eine zentrale Rolle zu, weil sie eine unmittelbare Thematisierung von Interessen- und Wertkonflikten ermöglichen. Sie sind aber auch aus erfolgsstrategischen Gründen unverzichtbar, weil es in den hier angesprochenen Fällen an vorgängig legitimierten Hierarchie- und Marktordnungen mangelt.

Der latente Druck zur direkten Kommunikation läßt sich allerdings abschwächen, wenn generalisierte Integrationsmechanismen aufgebaut und eingesetzt

1096 Diese Aktivitäten werden im allgemeinen auch von der Theoriebildung völlig ausgeblendet, obwohl ein nicht unerheblicher Teil der Kommunikation mit Behörden, Anwohnern, Standortkommunen, Kritikergruppen – also der Öffentlichkeitsarbeit – in normierten Verfahren aktualisiert wird. Diese Prozesse kommen erst in den Blick, wenn man eine konsequent strategiebezogene Betrachtungsweise verfolgt und Kommunikationsaufgaben unabhängig von ihrer Verteilung auf bestimmte Abteilungen (PR, Finanzwesen, Rechtsabteilung) thematisiert.

1097 Vgl. als Überblick zur Unternehmenspublizität z.B. Steinmann/Gerum 1992, S. 244 ff.

1098 Vgl. oben S. 41.

werden. Die Öffentlichkeitsarbeit leistet dabei einen zweifachen Beitrag. Kommunikationsprozesse sind notwendig, um strukturelle Deckungsreserven wie Prestige-, Wert- und Rechtsordnungen aufzubauen (prinzipieller Beitrag), und sie spielen eine Rolle, wenn auf dieser Grundlage strittige Situationsdeutungen, Mittelwahlen und Zwecksetzungen miteinander abgestimmt werden (situationsspezifischer Beitrag). Die zugrundeliegenden Modi haben wir bereits dargestellt:[1099] Bei der *reputationsgestützten Integration* werden Images und Prestigeordnungen aufgebaut, die dann in Anspruch genommen werden können, um sozialen Einfluß auszuüben. Hier setzen verschiedene Formen der Unternehmenswerbung an, mit denen sich Organisationen wie der Hoechst-Konzern selbst darstellen oder zu Themen der Zeit Stellung beziehen. Eine konkrete Rechtfertigung erübrigt sich ferner, wenn ein Unternehmen bei gesellschaftspolitischen Konflikten auf einheitsstiftende Wertordnungen verweisen kann. Diese Form der intentionalen Beeinflussung haben wir als *wertgestützte Integration* bezeichnet. Beide Vorgehensweisen ermöglichen eine Integration zwischen raumzeitlich getrennten Akteuren durch persuasive und informative Öffentlichkeitsarbeit. Sie bleiben jedoch letztlich auf die gleichen kommunikativen Ressourcen angewiesen, die aus dem Nahbereich bekannt sind. Gesellschaftsweite Reputation und moralische Integrität können nicht instrumentell erzwungen, sondern nur vertrauensvoll erworben werden. Diese argumentative Basis ist der entscheidende Unterschied zur Imagepolitik im Organisationsfeld und Marktumfeld, bei der es von vornherein darum geht, persuasive Kommunikationsformen zu entlasten. Begründungsabbrüche, die dort unter Verweis auf den Gesellschafts- bzw. Arbeitsvertrag oder die faktische Selektionskraft des Marktes möglich sind, verbieten sich im Bereich der regulativen Beziehungen.

Das ist der tiefere Grund für die strategische Bedeutung der Öffentlichkeitsarbeit: Public Relations bewegen sich in einem nur schwach geregelten Raum, in dem die vorhandenen Orientierungsmuster selbst aufgebaut werden müssen. Dies läßt einerseits Gestaltungsfreiräume für proaktives Handeln, z.B. für innovative Formen der Dialogkommunikation und die soziale Positionierung ganzer Unternehmungen. Andererseits ist es sehr schwierig, langfristig handlungsprägende Strukturen zu etablieren. Die Pluralisierung von Lebensformen führt dazu, daß es die Öffentlichkeitsarbeit mit immer neuen Ansprüchen und Interessenträgern zu tun hat. Soziale Integration wird hier nur gelingen, wenn ein breites Spektrum situationsadäquater PR-Strategien zur Anwendung kommt. Die *verfahrensregulierte Integration* kommt in diesem Zusammenhang erneut ins Spiel, weil die Öffentlichkeitsarbeit nicht nur zur Etablierung von Prestige- und Wertordnungen, sondern auch zur Weiterentwicklung der Rechtsordnung beitragen kann. Die *strukturierende Rechtskommunikation* zielt auf die Grundlegung und Modifikation von Verfügungsordnungen, z.B. auf die Weiterentwicklung der sozialen Marktwirtschaft und Unternehmensordnung ab. Es mag aber auch um die Durchsetzung bzw. Verhinderung bestimmter Verfahrensregeln und Vorschriften gehen, wenn etwa der Entstehungsprozeß

1099 Vgl. oben S. 217 ff.

branchenspezifischer Gesetze durch systematisches Lobbying beeinflußt wird. Auf diese Weise können weitere Teilbereiche der regulativen Beziehungen gesetzlich normiert (Verrechtlichung) oder auch von bisherigen Vorgaben befreit werden (Deregulierung). Hier offenbart sich das grundlegende Wechselspiel von Handeln und Struktur nochmals in aller Deutlichkeit: Die Öffentlichkeitsarbeit trägt zur Veränderung des gesellschaftspolitischen Beziehungsgeflechts bei, modifiziert damit aber zugleich die Rahmenbedingungen ihres eigenen Handelns, das maßgeblich durch die Existenz gemeinsamer Spielregeln beeinflußt wird. Zudem verändern sich die Voraussetzungen der Markt- und Organisationskommunikation, wenn die gesetzlichen Grundlagen tauschvertraglicher und arbeitsrechtlich normierter Beziehungen qua PR beeinflußt werden. Dies ist ein erster Hinweis auf die Notwendigkeit einer integrierten Kommunikationspolitik, auf die wir im folgenden Kapitel eingehen wollen.

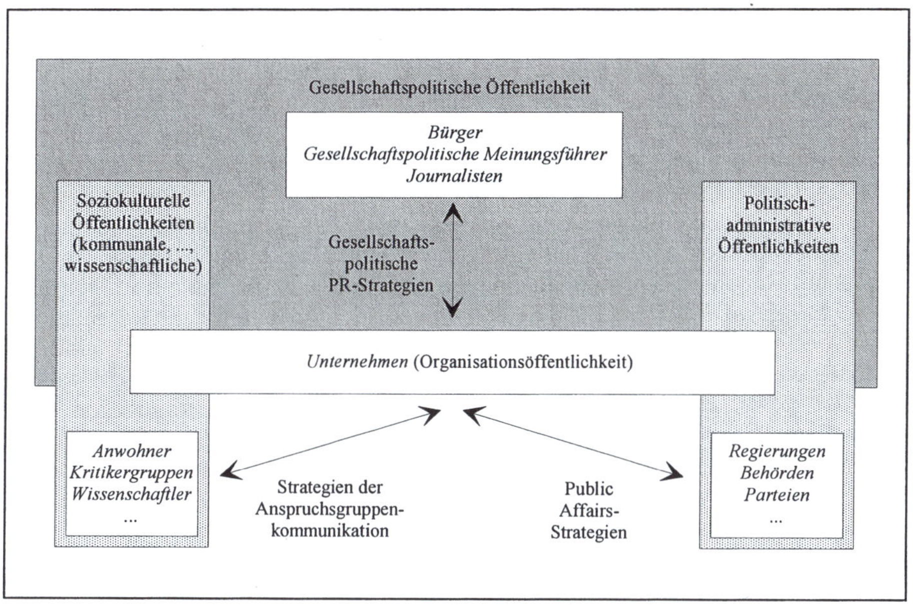


*Abb. 18: Handlungsfelder und Ansatzpunkte der Public Relations*

Bei der Umsetzung der skizzierten PR-Ziele bieten sich im Prinzip drei Stoßrichtungen an. Die Öffentlichkeitsarbeit agiert nämlich – das ist ein weiterer Unterschied zur Organisations- und Marktkommunikation – in durchaus unterschiedlichen Kommunikationsarenen. Auf der Grundlage unserer demokratietheoretischen Überlegungen können wir das gesellschaftspolitische Umfeld der Unternehmung in drei Kernbereiche unterteilen.[1100] Diese Abgrenzung soll zugleich herangezogen werden, um die Vielzahl strategischer PR-Programme zu systematisieren (vgl. Abb. 18). *Public Affairs-Strategien* wenden sich un-

1100 Vgl. oben S. 222 ff.

mittelbar an die Akteure des politischen Entscheidungssystems (Regierungen, Parlamente, Behörden). Sie operieren in politisch-administrativen Öffentlichkeiten, d.h. in den tendenziell abgeschotteten Räumen von Parteipolitik, Recht, Verwaltung und Gesetzgebung. Die Öffentlichkeitsarbeit versucht in diesem Fall, unmittelbar auf den Autorisierungsprozeß für Rechtsnormen einzuwirken. Darüber hinaus können auf diesem Weg Prestige- und Wertordnungen beeinflußt werden, weil die Worte und Taten von Politikern, Regierungen und Behörden im allgemeinen auf die öffentliche Meinungsbildung bzw. die Orientierungsmuster bestimmter Interessengruppen abfärben. Ein anderes Bild ergibt sich in den soziokulturellen Öffentlichkeiten, d.h. in den sphärenspezifischen Diskussionsarenen von Wissenschaft, Kunst, Religion, Kommunen, Milieus usw. *Strategien der Anspruchsgruppenkommunikation* wenden sich an soziale Akteure in ihren Rollen als Pädagogen, Anwohner, Forscher oder Landschaftsschützer, um ihre Einstellungen und Handlungsweisen direkt zu beeinflussen. Dabei mag es um den Versuch einer zweiseitigen Interessenklärung, aber auch um den Aufbau und die Aktivierung allgemeiner Images und Vertrauenspotentiale gehen. Es ist natürlich durchaus denkbar, daß die Kommunikationspartner in der Folge selbst aktiv werden und die Rechtsetzung indirekt beeinflussen. Das wäre z.B. der Fall, wenn ausgewiesene Experten (Wissenschaftler) oder Interessengruppen über die Grenzen ihrer originären Handlungsfelder hinaus wirken und den Kontakt mit Akteuren des rechtlich-politischen Entscheidungsystems suchen bzw. die öffentliche Meinungsbildung beeinflußen. Diese Überlegungen verdeutlichen bereits, daß der gesellschaftspolitischen Öffentlichkeit eine eigenständige Rolle zukommt. *Gesellschaftspolitische PR-Strategien* i.e.S. wenden sich an externe Stakeholder in ihrer Rolle als Bürger eines demokratischen Gemeinwesens, vor allem aber an Journalisten und andere Akteure (z.B. Meinungsführer), die das intermediäre Feld der gesellschaftspolitischen Öffentlichkeit verwalten, dominieren und kontrollieren. Dies macht deshalb Sinn, weil die Vielzahl sphärenspezifischer Probleme und Lösungsvorschläge dort zu einer übergreifenden Agenda verdichtet wird, die in allen anderen Öffentlichkeiten Beachtung findet. Damit werden sämtliche Strukturierungsprozesse, seien sie rechtlicher, moralischer oder prestigebezogener Art, beeinflußt.[1101] Gesellschaftspolitische PR-Strategien bilden deshalb den Kern der praktischen Öffentlichkeitsarbeit.

Diese Skizze zeigt bereits, daß die Öffentlichkeitsarbeit bei der Verfolgung der genannten Ziele und Strategien auf ein breites Spektrum unterschiedlicher Vorgehensweisen zurückgreifen muß.[1102] Durch die einschlägigen Kommunikationsaktivitäten werden verschiedene Kommunikationsforen *(Teilöffentlichkeiten)* aktualisiert bzw. reproduziert, die durch divergierende Reichweiten, Rollenverteilungen, Zutrittsschranken und Verarbeitungsmodi gekennzeichnet sind: episodische Interaktionen, Präsenzveranstaltungen und (massen-) mediale Komplexe.[1103] Public Relations schaffen solche Foren, wenn sie das Gespräch

1101 Vgl. oben S. 201 ff. und S. 222 ff., im Überblick auch Neidhardt 1994a, Zerfaß 1995.
1102 Auf diese Kommunikationskonzepte werden wir auf S. 358 ff. näher eingehen.
1103 Vgl. oben S. 204 ff.

mit Kritikergruppen suchen, Meinungsführerdialoge, Kamingespräche mit Politikern und Journalisten und Tage der offenen Tür initiieren, elektronische Informationsdienste installieren und Nachbarschaftszeitungen publizieren. In vielen Fällen erweist es sich auch als sinnvoll, vorhandene, zum Teil sphärenübergreifende Plattformen für Zwecke der Öffentlichkeitsarbeit zu nutzen. Beispiele sind wissenschaftliche Kongresse und parteipolitische Veranstaltungen, bei denen Unternehmensvertreter mit Rollenträgern aus den soziokulturellen und politisch-administrativen Arenen zusammentreffen. Die wichtigste Teilöffentlichkeit ist freilich das Massenmediensystem, das mit einer Fülle verschiedener PR-Aktivitäten beschickt wird. Das Spektrum reicht hier von klassischen Pressekonferenzen über die Inszenierung von publicityträchtigen Pseudo-Events bis hin zur Schaltung bezahlter Imageanzeigen, die sich an nicht-ökonomische Bezugsgruppen richten. Welche dieser Foren in welcher Weise genutzt werden, hängt von den situationsspezifischen Zielen der Öffentlichkeitsarbeit ab. Die argumentative Basis der Public Relations verweist jedenfalls darauf, daß neben massenmedialem Know-How auch eine hinreichende Kompetenz in Fragen der personalen Kommunikation vorgehalten werden muß. Bei der Erarbeitung gemeinsamer Orientierungsmuster, an denen es gerade im gesellschaftspolitischen Umfeld immer wieder mangelt, stoßen massenmediale Prozesse nämlich rasch an ihre Grenzen. Hier sind direkte, in konkrete Handlungszusammenhänge eingebettete Kommunikationsprozesse gefragt, deren Ergebnisse dann systematisch in die arenenweite Diskussion eingespeist werden müssen. Die Verzahnung dieser vielfältigen und verschiedenartigen Sequenzen ist nur ein Problemfeld, das von einer sozialtheoretisch und betriebswirtschaftlich fundierten *Theorie der Public Relations* aufzugreifen wäre. Die Grundzüge einer solchen Theoriebildung haben wir mit den vorstehenden Überlegungen skizziert. Sie wird in den folgenden Kapiteln vertieft, wenn wir uns im nächsten Abschnitt mit dem Management der (integrierten) Unternehmenskommunikation und im letzten Teil dieser Untersuchung mit der Gestaltung und Durchführung konkreter PR-Programme auseinandersetzen. Hier soll die Anmerkung genügen, daß eine konsequent unternehmensstrategisch ausgerichtete Öffentlichkeitsarbeit (potentiell) personale und massenmediale, einseitige und zweiseitige, argumentative und persuasive, in lokalen Erfahrungsbereichen und abstrakten Kulturräumen stattfindende Kommunikationshandlungen umfaßt – diese praktische Erfahrung wird an dieser Stelle auch theoretisch eingeholt.

## 6.3 Zur Notwendigkeit einer integrierten Unternehmenskommunikation

Unsere bisherigen Überlegungen haben gezeigt, daß Organisationskommunikation, Marktkommunikation und Public Relations in unterschiedlicher Weise zur Realisierung und Durchsetzung strategischer Konzepte beitragen. Von daher liegt es nahe, spezifische Teilstrategien und Vorgehensweisen für die drei Teilbereiche der Unternehmenskommunikation zu entwickeln und dafür ggf. bestimmte Aufgabenträger (Marketingabteilung, Lobbyisten) zu benennen.

Diese problemorientierte Aufspaltung der Kommunikationsaufgabe spiegelt sich im Nebeneinander einschlägiger Ausbildungsgänge, Berufsstände und nicht zuletzt im Wissenschaftsbetrieb wider. Mit der notwendigen Spezialisierung geht jedoch immer wieder die Gefahr einher, daß der Bezug zur Gesamtstrategie aus den Augen verloren wird. Diese Problematik wird offenkundig, wenn PR-Fachleute eine generelle Führungsrolle in Kommunikationsfragen reklamieren oder umgekehrt die Betriebswirtschaftslehre bis heute dazu neigt, die Öffentlichkeitsarbeit im Instrumentenkasten der Marketinglehre zu plazieren.[1104] Sie liegt aber auch dann vor, wenn elaborierte Ansätze der PR-Forschung den Anspruch erheben, das Gesamtfeld der Unternehmenskommunikation zu thematisieren, ohne überhaupt auf Fragen der Markt- und Organisationskommunikation einzugehen.[1105]

Aus diesem Grund plädieren wir im folgenden für eine wohlverstandene *Integration aller kommunikationspolitischen Aktivitäten* in und von Unternehmungen. Unsere These lautet, daß die Unternehmenskommunikation immer dann einen optimalen Beitrag zur sozialen Integration leisten kann, wenn ihre Teilaspekte selbst miteinander abgestimmt sind.[1106] Integration meint dabei keinesfalls Einförmigkeit. Unterschiedliche Probleme erfordern selbstverständlich verschiedene Lösungen. Es muß jedoch immer wieder geprüft werden, ob durch die Koordination einzelner Kommunikationsaktivitäten ein *eigenständiger* Beitrag zum Unternehmenserfolg erbracht werden kann. Unsere betriebswirtschaftlichen Überlegungen haben gezeigt, daß sich solche positiven Wirkungen grundsätzlich in einer erhöhten Effizienz und/oder einer Effektivitätssteigerung niederschlagen können.[1107] Dies gilt auch für die Kommunikationspolitik. Die *Effizienzfrage* bezieht sich hier auf die zweckmäßige Umsetzung gegebener Kommunikationsstrategien, also auf die Wahl geeigneter Mittel zur Planrealisierung (»Are we doing things right?«). Integrationsbemühungen erscheinen zunächst sinnvoll, wenn die Abstimmung verschiedener Aktivitäten im Bereich der internen und externen Kommunikation positive Verstärkereffekte hervorruft. Im Prinzip geht es um eine Aufmerksamkeitssteigerung, die im Zeitalter der massenmedialen Reizüberflutung immer wichtiger wird. Die Effizienz läßt sich natürlich nicht nur über eine Nutzenmehrung, sondern auch durch Kostensenkungen verbessern. Ein weiteres Motiv für eine integrierte Kommunikationspolitik sind demnach Einsparungspotentiale, die z.B. durch die gemeinsame Nutzung von technischen und kreativen Ressourcen ausgeschöpft werden können. Zu denken wäre hier an gemeinsame Methoden- und Datenbanken für die Zielgruppenanalyse, an die

1104 Vgl. einerseits z.B. das »Berufsbild Öffentlichkeitsarbeit« der deutschen Standesorganisationen (Deutsche Public Relations Gesellschaft e.V./Gesellschaft Public Relations Agenturen 1990) und die Kritik von Szyszka 1994; vgl. andererseits oben S. 16, Anmerkung 17.

1105 Dies gilt vor allem für die Theoriebildung von Grunig et al., die ausdrücklich nicht zwischen Öffentlichkeitsarbeit und Unternehmenskommunikation unterscheidet; vgl. oben S. 62 ff.

1106 Vgl. nachfolgend bereits Steinmann/Zerfaß 1995, im Grundsatz auch schon Zerfaß 1993, S. 136 ff.), zur integrierten Kommunikation ferner Bruhn 1995, Wiedmann 1992a, S. 98 ff., Wimmer 1994, sowie die Beiträge in Ahrens et al. 1995 und Bruhn/Dahlhoff 1993.

1107 Vgl. oben S. 241 f.

Bündelung von Aufträgen an Meinungsforschungsinstitute usw. Unabhängig davon stellt sich die *Effektivitätsfrage,* ob man also überhaupt eine geeignete Kommunikationspolitik verfolgt oder ob diese verändert werden sollte (»Are we doing the right things?«). Diese Frage betrifft die Eignung der Unternehmenskommunikation zur Beförderung der Unternehmensstrategie. Diese Eignung leidet Not, wenn einzelne Aktivitäten – z.B. Werbekampagnen, PR-Events und Führungsgespräche – mißlingen. In besonders subtiler Weise ist sie freilich gefährdet, wenn grundsätzlich sinnvolle Handlungen widersprüchliche Wirkungen entfalten, d.h. wenn sich verschiedene Maßnahmen der internen und externen Kommunikation gegenseitig konterkarieren. Dies wäre etwa der Fall, wenn im Organisationsfeld Mythen und Symbole vorherrschen, die auf tradierte Normen oder Machtpositionen verweisen, während die Öffentlichkeitsarbeit darauf abzielt, Wertkonflikte mit externen Bezugsgruppen argumentativ zu lösen. In ähnlicher Weise paßt ein aggressives Auftreten im Markt kaum zu einem gesellschaftspolitischen Image, das den Gedanken einer umfassenden (und sicherlich nicht ohne ökonomischen Verzicht zu verwirklichenden) Fürsorge für Natur und Gesellschaft in den Vordergrund rückt. Eine integrierte Unternehmenskommunikation kann solche Widersprüche vermeiden, indem sie die aufgabenspezifischen Kommunikationsaktivitäten systematisch aufeinander abstimmt.

Man wird sich allerdings zu Recht fragen, ob und warum überhaupt mit den skizzierten Strategiegefährdungen zu rechnen ist. Die *Notwendigkeit einer integrierten Kommunikationspolitik* wird deutlich, wenn wir uns die Rollenvielfalt potentieller Kommunikationspartner, die Interdependenz verschiedener Kommunikationsarenen und den sphärenübergreifenden Charakter systemischer Teilöffentlichkeiten in Erinnerung rufen. Menschen nehmen in verschiedenen Lebenskontexten unterschiedliche *Rollen* wahr. Die Trennung von Handlungssphären und organisationalen Beziehungsmustern wird in der Biographie konkreter Personen aufgehoben.[1108] In einem übertragenen Sinn gilt dies auch für handlungsfähige Korporationen, die zugleich in verschiedenen Sphären tätig werden. Sie können ebenso wie konkrete Personen zugleich Transaktionspartner (Lieferanten, Arbeitnehmer), Mitglieder (Aktionäre, Mitarbeiter, Subunternehmer) und Interessenten (Anrainer) einer anderen Organisation sein. Das Ausmaß und die Bedeutung solcher Rollenverflechtungen läßt sich natürlich nur im Einzelfall bestimmen. Man muß jedoch grundsätzlich damit rechnen, daß sich umfeldspezifische Kommunikationsaktivitäten an Rollenträger richten, hinter denen die gleichen Menschen oder Organisationen stehen.[1109] Dies führt dazu, daß widersprüchliche Aussagen der Marktkommunikation, Organisationskommunikation und Öffentlichkeitsarbeit jederzeit wahrgenommen werden können. Dadurch wird der Beitrag der Kommunikationspolitik zum Unternehmenserfolg in Frage gestellt. Dies gilt sogar dann, wenn die Widersprüche letztlich auf ungelöste Rollenkonflikte der Bezugsgruppen zurückzuführen sind, d.h. wenn die Kommunikationspartner selbst in-

1108 Vgl. zum Rollenkonzept oben S. 112 f., S. 198 f. und S. 254 f.

1109 Vgl. bereits Tondeur/Wälchli 1972.

konsistente Interessenlagen vertreten. Mit diesem Phänomen haben z.B. die Stromversorger schon seit langem zu kämpfen: Die gleichen Bürger, die als Konsumenten ganz selbstverständlich erwarten, daß der Strom jederzeit und an jedem Ort aus der Steckdose kommt, protestieren andererseits gegen die Auswirkungen der Stromerzeugung in ihrer Nachbarschaft (Kohlendioxidbelastung, Hochleitungsbau usw.).[1110] Die Unternehmensführung muß in diesen Fällen zumindest bemüht sein, die skizzierten Zusammenhänge aufzudecken. Dabei kann eine koordinierte Vorgehensweise, die zudem die Überzeugungskraft einzelner Aktivitäten bündelt und damit Effizienzvorteile erzielt, wesentliche Dienste leisten. Die *Verflechtung gesellschaftlicher Kommunikationsarenen* ist ein zweiter Grund für Strategiegefährdungen durch per se sinnvolle, aber nicht hinreichend aufeinander abgestimmte Kommunikationsaktivitäten.[1111] Das Spektrum der zulässigen Kommunikationsthemen wird zwar im Prinzip durch die Sinnstiftung der jeweiligen Handlungsfelder definiert. Dennoch kristallisieren sich immer wieder Fragen heraus, die in verschiedenen Arenen zur Debatte stehen. Dies liegt vor allem an der laiensprachlich und primär massenmedial verfaßten, gesellschaftspolitischen Öffentlichkeit.[1112] Äußerungen zu einem Thema, das auf der gesellschaftspolitischen Agenda einen prominenten Rang einnimmt (Gentechnologie, Arbeitslosigkeit) werden im allgemeinen auch in solchen Sphären wahrgenommen, die aus strukturellen Gründen (z.B. wegen dominanter Fachsprachen und -medien) weitgehend voneinander abgeschottet sind. Insofern kann man davon sprechen, daß die gesellschaftspolitische Arena eine wichtige Brückenfunktion wahrnimmt. Viele Probleme, die zunächst in lokalen und kontextspezifischen Öffentlichkeiten verhandelt werden, erreichen in kondensierter Form die gesellschaftspolitische Arena, und dadurch wird wiederum eine Diskussion in anderen Sphären angestoßen. Mit dieser Themendynamik geht die Gefahr einher, daß widersprüchliche Aussagen der internen und externen Kommunikation ungeplante Dissonanzen hervorrufen. Deshalb ist eine koordinierte Vorgehensweise angebracht, die auf systematischen Themenanalysen und Stimmungsrecherchen beruht.[1113] Ein dritter Punkt, der für die Notwendigkeit einer integrierten Kommunikationspolitik spricht, ist der *sphärenübergreifende Charakter konkreter Teilöffentlichkeiten.*[1114] Kommunikative Plattformen wie episodische Interaktionen, Veranstaltungen, Datennetze und Massenmediensysteme überspannen häufig mehrere Öffentlichkeiten. Das offenkundigste Beispiel ist die Regionalpresse, in der neben kommunalen und gesellschaftspolitischen auch ökonomische Themen (Anzeigenwerbung) verhandelt werden. Die Massenmedien verfügen zudem über eigene »Spielregeln«, insbesondere über journalistische Selektionskriterien und Darstellungsformen,[1115] die von der Unternehmenskommunikation zu beachten sind. Man muß damit rechnen, daß

1110 Vgl. hierzu das Fallbeispiel bei Steinmann et al. 1993.
1111 Vgl. oben S. 197.
1112 Vgl. oben S. 201 ff.
1113 Vgl. Heath 1990, Piwinger/Niehüser 1995, S. 223 ff., sowie unten S. 333 ff.
1114 Vgl. oben S. 194 f. und S. 204 ff.
1115 Vgl. oben S. 164 ff.

situativ geplante Kommunikationsaktivitäten von Nachrichtenagenturen und Journalisten aufgegriffen und in vereinfachter Form miteinander verknüpft werden. Investigative Formen der Berichterstattung, die im Zeitalter des massenmedialen Quotenwettbewerbs allerorts praktiziert werden, sorgen dafür, daß Inkonsistenzen mit großer Wahrscheinlichkeit erkannt und publik gemacht werden. Journalistische Verknüpfungsleistungen eröffnen freilich auch große Chancen für eine integrierte Kommunikationspolitik. Durch eine konzertierte Vorgehensweise dürfte es nämlich leichter werden, Aufmerksamkeit zu wekken und Themen auf der massenmedialen Agenda zu etablieren. In ähnlicher Weise kann die Etablierung sphärenübergreifender Kommunikationsforen (Meinungsführerdialoge, interdisziplinäre Symposien) dazu beitragen, daß verfestigte Sichtweisen aufgebrochen und gemeinsame Orientierungsmuster aufgebaut werden. Diese Plattformen können dann im Lauf der Zeit zu »dialogischen Netzen« (Kambartel) verknüpft werden,[1116] in denen das Integrationsproblem durch eine bewußte Verschränkung rollenspezifischer Sichtweisen überwunden wird.

Diese Strategie einer Neustrukturierung konkreter Kommunikationsbeziehungen muß durch Vorgehensweisen ergänzt werden, die sich um eine Abstimmung derjenigen Aktivitäten bemühen, die weiterhin in unterschiedlichen Handlungsfeldern operieren. Im Prinzip können zwei *Ansatzpunkte für Integrationsbemühungen* unterschieden werden: die Ebene der eigentlichen Kommunikationshandlungen und der gesamte Bereich des Kommunikationsmanagements, d.h. der Steuerung von Kommunikationsprozessen in arbeitsteiligen Organisationen. *Kommunikationshandlungen* lassen sich nach Bruhn in dreifacher Hinsicht harmonisieren.[1117] Die *inhaltliche Integration* bezieht sich auf die Abstimmung verschiedener Mitteilungshandlungen durch thematische Verbindungslinien, z.B. durch die Verwendung einheitlicher Leitmotive, Slogans, Kernbotschaften und Schlüsselbilder.[1118] Ein bereits erwähntes Beispiel ist der Schlüsselbegriff »Hoechst High Chem«, an dem sich die Unternehmenskommunikation der Hoechst AG seit mehreren Jahren ausrichtet.[1119] Dieses Motiv steht für eine facettenreiche Unternehmensphilosophie, die neben dem Versprechen zu technologischen Spitzenleistungen z.B. auch die Verpflichtung zum verantwortlichen Handeln im Sinne eines »Sustainable Development« umfaßt. Naturgemäß werden diese Aspekte im Rahmen der Marktkommunikation, Öffentlichkeitsarbeit und Organisationskommunikation in unterschiedlicher Weise betont; das gemeinsame Leitbild hebt aber stets den Bezug zur Gesamtstrategie hervor. Die *formale Integration* greift dabei unterstützend ein, indem sie einheitliche Gestaltungsprinzipien für alle Kommunikationsaktivitäten vorgibt. Hier geht es vor allem um Farben, Schrifttypen und Logos, mit denen sich die schriftlich verfaßte Unternehmenskommunikation (z.B. die

1116 Vgl. Kambartel 1991, S. 133, und oben S. 208.
1117 Vgl. Bruhn 1995, S. 40 ff.
1118 Vgl. hierzu auch Kroeber-Riel 1991 und ders. 1993a, S. 300 ff.
1119 Vgl. Bingel 1993, S. 72 ff.

Schriftenreihe »Hoechst im Dialog«) präsentiert,[1120] oder um einheitliche Begrüßungsformeln bei Telefonaten mit externen Koalitionsteilnehmern. Durch den angestrebten Wiedererkennungseffekt soll sichergestellt werden, daß die Kommunikationspartner positive Erfahrungen bzw. Images aus verschiedenen Handlungsfeldern (z.B. Wissenschaft und Ökonomie) miteinander verknüpfen. Diese Form der Integration wurde bereits in den 80er Jahren im Rahmen der Corporate Identity- und Corporate Design-Debatte intensiv propagiert.[1121] Dementsprechend ist es heute auch schon überwiegend Brauch, daß man im Rahmen der Marktkommunikation und PR, seltener auch im Bereich der Organisationskommunikation, auf einheitliche Gestaltungsmerkmale achtet. Schwieriger realisierbar ist der dritte Aspekt, die *zeitliche Integration* verschiedener Kommunikationsaktivitäten. Zentrale Aussagen sind nur dann glaubwürdig, wenn eine gewisse Kontinuität im Zeitablauf sichergestellt wird. Bekenntnisse zur sozialen Verantwortung oder technologischen Führerschaft dürfen also keine Eintagsfliegen im Rahmen befristeter Kampagnen bleiben; sie müssen vielmehr langfristig und in möglichst vielen Arenen kommuniziert werden.

Diese Integrationsziele können nur erreicht werden, wenn das *Kommunikationsmanagement* die Bedingungen für eine Harmonisierung disparater Kommunikationshandlungen schafft.[1122] Dabei muß man sich von der Vorstellung lösen, daß man die Komplexität der Kommunikationsaufgabe dadurch bewältigen kann, daß man immer präzisere inhaltliche Pläne aufstellt und diese dann möglichst schnell und reibungslos umsetzt. Eine solche Vorgehensweise mag, auf die Unternehmenskommunikation bezogen, allenfalls in der Lage sein, selbst initiierte oder vorhersehbare Kommunikationsaktivitäten aufeinander abzustimmen. Insofern macht es dann auch durchaus Sinn, eine kommunikative Leitidee zu formulieren und sie in allen Umfeldern der Unternehmenstätigkeit situationsgerecht umzusetzen. Die Marketingforschung hat bereits einige elaborierte Konzeptionen vorgelegt, auf die man an dieser Stelle zurückgreifen kann.[1123] Darüber hinaus wird es aber immer wieder notwendig sein, spontane Anfragen von Konsumenten, Journalisten, Bürgerinitiativen und Mitarbeitern schlüssig und konsistent zu beantworten. Hier helfen auch noch so ausgetüftelte Pläne aus den Schubladen der besten Kommunikationsabteilungen nicht mehr weiter. Man muß also nach Steuerungskonzeptionen Ausschau halten, die den Forderungen nach einer integrierten Kommunikationspolitik auch dann gerecht werden, wenn es um extern angestoßene Ad-hoc-Kommunikationsaktivitäten geht. Wir schlagen vor, an dieser Stelle auf unsere Überlegungen zur strategischen Managementkonzeption zurückzugreifen.[1124] In diesem Ansatz wird die Planung als notwendige, aber nicht hinreichende Quelle der Unternehmenssteuerung betrachtet. Die Integrations- und Kommu-

1120 Vgl. die von Schönefeld (1995b) skizzierten Gestaltungsstandards für diese Schriftenreihe, mit denen sich die Hoechst AG seit 1994 an interne und externe Anspruchsgruppen wendet.

1121 Vgl. zur Corporate Design-Gestaltung v.a. Olins 1990.

1122 Vgl. Steinmann/Zerfaß 1995, S. 38 ff., sowie Bruhn 1995 S. 115 ff.

1123 Vgl. vor allem Bruhn 1995 sowie Kroeber-Riel 1991, 1993a und 1993c.

1124 Vgl. oben S. 241 ff.

nikationsaufgabe darf also nicht mehr bloß als Aufgabe eines zentralen Planers, etwa des Kommunikationsdirektors, oder einer entsprechenden Fachabteilung gedacht werden. Es müssen vielmehr Steuerungspotentiale in allen Managementfunktionen angelegt werden: Planung und Kontrolle sind ebenso betroffen wie Organisation, Personalmanagement und Menschenführung (Leitung).[1125] Diese Überlegungen beziehen sich zunächst auf die prinzipielle Gestaltung der Kommunikationsaufgabe. Die Planung und Durchführung konkreter Programme und Kampagnen wäre auf einer nachgelagerten Ebene zu thematisieren. In diesem Zusammenhang verweisen wir auf den letzten Strang dieser Untersuchung, in dem wir exemplarisch auf das Management der Öffentlichkeitsarbeit eingehen.[1126]

Im Rahmen der *Planung* geht es darum, eine grundsätzliche Kommunikationsphilosophie zu entwickeln, die im Einklang mit der Unternehmensstrategie steht. In einem weiteren Schritt müssen integrativ wirkende Kernbotschaften und Gestaltungsprinzipien definiert werden, von denen man sich eine strategische Profilierung erhofft. Dazu ist es notwendig, immer wieder in einen iterativen Planungsprozeß einzutreten, der die integrationsfördernde Stringenz der von der Unternehmensleitung angestoßenen Top-down-Planung mit den Vorteilen einer eher dezentral aufgehängten Bottom-up-Planung verbindet. Die Bottom-up-Planung ist hier unverzichtbar, weil sich konkrete Kommunikationsprobleme häufig nicht mit hinreichender Sicherheit und schon gar nicht zentral antizipieren lassen. Die integrierte Unternehmenskommunikation ist insofern schon in der Planungsphase auf die Mitwirkung aller Mitarbeiter angewiesen, die schlußendlich mit Kunden, Politikern und Anwohnern kommunizieren. In einer komplexen und turbulenten Umwelt ist es dennoch nicht möglich, alle relevanten Situationsdeutungen zu sammeln und zu verarbeiten. Der Entwurf von Integrationsleitlinien ist folglich ohne die Filterung von Informationen und die Setzung von Annahmen über die künftige Entwicklung nicht denkbar. Damit wird deutlich, daß die Planung letztlich ein selektiver Akt ist, der die künftigen Anforderungen an die Unternehmenskommunikation notwendigerweise nicht abschließend erfassen kann. Die *Kontrolle* kann aus diesem Grunde nicht mehr nur – im Sinne eines Soll-Ist-Vergleichs – über die Erreichung des Integrationsziels und die Beseitigung eventueller Schwachstellen nachdenken.[1127] Sie muß vielmehr auch in der Lage sein, die hohe Selektivität der Planung zu kompensieren, indem sie bislang gültige Kommunikationsleitlinien in Frage stellt und notwendige Neuorientierungen anmahnt.[1128] Diese teilweise ungerichtete Kontrollaufgabe läßt sich natürlich nur noch schwer organisatorisch vorregeln. Eine erfolgreiche Kommunikationskontrolle setzt insofern voraus, daß alle Organisationsmitglieder motiviert und befähigt werden, die Selektivität der Planung durch eine begleitende strategische Überwachung auszugleichen. Die strategische Planung und Kontrolle er-

1125 Die nachfolgende Darstellung folgt Steinmann/Zerfaß 1995, S. 38 ff.

1126 Vgl. unten S. 319 ff.

1127 Vgl. zu solchen klassischen Ansätzen der Kommunikationskontrolle Bruhn 1995, S. 239 ff., und im Hinblick auf die Öffentlichkeitsarbeit die Beiträge in Baerns 1995b.

1128 Vgl. zu den Grundlagen der Kommunikationskontrolle Steinmann/Zerfaß 1995, S. 39 f.

streckt sich dabei nicht nur auf die konkreten Kommunikationsaktivitäten und ihre Leitlinien. Sie erfaßt auch das Kommunikationsmanagement selbst, dessen prozessuale Gestaltung im Sinne einer reflexiven Metaplanung und eines strategischen Audits (Kommunikationscontrolling) immer wieder hinterfragt und ggf. modifiziert werden muß.[1129]

Der Managementfunktion *Organisation* obliegt es in diesem Zusammenhang, geeignete Strukturen zur Formulierung und Umsetzung einer integrierten Kommunikationspolitik zu schaffen. Diese Strukturen müssen so gearbeitet sein, daß die »an der Basis« und »an den Grenzen« des Organisationsfeldes anfallenden Informationen rechtzeitig registriert und für eine allfällige Revision der Kommunikationspolitik verarbeitet werden können. Dabei muß man auf die kontextspezifischen Situationsdeutungen und Erfahrungen derjenigen zurückgreifen, die an den fraglichen Kommunikationsprozessen beteiligt sind. Leitlinie für die Organisation der integrierten Unternehmenskommunikation sind deshalb dezentral und multipersonal orientierte Strukturen, die sich in entsprechenden Rollengefügen, Verfahrensrichtlinien und Wertmustern manifestieren.[1130] Denkbar wären etwa Planungsteams, in denen Außendienstmitarbeiter, Werbefachleute, Pressereferenten und Lobbyisten gemeinsam die Grundzüge einer kommunikativen Profilierung diskutieren und kontrollieren. Die Arbeit solcher Projektgruppen läßt sich sinnvollerweise durch eine Koordinationsstelle oder -abteilung ergänzen, etwa durch einen Direktor oder einen Zentralstab »Unternehmenskommunikation«. Diese Spezialisten würden dann notwendigerweise eher eine »Katalysator-« oder »Coaching«-Funktion wahrnehmen. Sie müssen für den reibungslosen Ablauf der Planungs- und Kontrollprozesse sorgen, ohne jedoch alleine für die Inhalte der Kommunikationsstrategie oder gar deren Umsetzung verantwortlich zu zeichnen. Darüber hinaus bleibt es selbstverständlich Aufgabe der Kommunikationsabteilung, Spezialwissen (z.B. im Bereich der Medienanalyse und Anspruchsgruppensegmentierung) vorzuhalten und Routineaufgaben (z.B. Werbeträgerauswahl, Presseaussendungen) auszuführen. Ferner wird es unabdingbar sein, eine gewisse Richtlinienkompetenz in kommunikativen Kernfragen auszuüben und beispielsweise darauf zu achten, daß die Eckdaten der integrierten Kommunikationspolitik (Corporate Design, Leitaussagen) von allen Mitarbeitern beachtet werden. Ein Beispiel für die praktische Umsetzung dieses Organisationsmodells haben wir in unserer einleitenden Fallstudie kennengelernt.[1131] Die weltweite Kommunikationspolitik des Hoechst-Konzerns wird von einem kleinen Team im Corporate Center gesteuert, dessen Leiter an den Vorstandsvorsitzenden berichtet. Der Kommunikationsdirektor ist zugleich für weitere Fachabteilungen zuständig, die Bestandteil der Corporate Services sind und als solche interne Dienstleistungen wie Wirtschafts- und Marktanalysen, Medienberatung usw. anbieten.

---

1129 Vgl. Steinmann/Walter 1990, S. 345, sowie oben S. 246, im Unterschied zu der engeren Begrifflichkeit von Bruhn 1995, S. 256 ff. Der hier angedachte Ansatz des Kommunikationscontrollings wird auf S. 380 ff. am Beispiel des PR-Controllings entfaltet.

1130 Vgl. in anderem Kontext Steinmann/Schreyögg 1986.

1131 Vgl. oben S. 28, zu einem vergleichbaren Fallbeispiel (ABB) auch Nusch 1995b.

Dem *Personalmanagement* kommt in dem hier skizzierten Konzept die Aufgabe zu, die integrative Unternehmenskommunikation durch den Aufbau und die Pflege entsprechender Humanressourcen zu unterstützen. Dabei bietet es sich an, auf unsere grundlegenden Überlegungen zur Förderung der Kommunikationskompetenz zurückzugreifen.[1132] Die aktive und passive Kommunikationsfähigkeit kann durch die Einübung kulturell tradierter Handlungsmuster (Rhetorik, Gestik, bewußtes Zuhören) verbessert werden. Dieses Methodenwissen reicht jedoch nicht aus, wenn verschiedene Akteure (Mitarbeiter, Abteilungen, Kunden, Kritikergruppen) »eine andere Sprache sprechen«, d.h. wenn es ihnen an gemeinsamen Regeln mangelt. In diesem Fall muß zunächst eine gemeinsame Kommunikationspraxis hergestellt werden. Das Personalmanagement kann dazu beitragen, indem es sich frühzeitig um die Förderung der notwendigen Kooperationskompetenz bemüht. Wichtig ist ferner, daß über diese formalen Kriterien hinaus das Bewußtsein für die Notwendigkeit einer integrierten Unternehmenskommunikation gestärkt wird. Dazu gilt es, die inhaltliche Orientierung an Abteilungsroutinen oder berufsständischen Idealen durch eine ganzheitliche Problemsicht zu ersetzen. Ein letztes Augenmerk gilt schließlich der ethischen Sensibilisierung der Mitarbeiter, die vornehmlich mit Kommunikationsaufgaben betraut sind.[1133] Dies ist deshalb von entscheidender Bedeutung, weil Kommunikationsprozesse zugleich ein Ausdruck moralischer Mißstände (Täuschungen) und ein Mittel zu ihrer Überwindung (unternehmensethische Diskurse) sein können. Unabhängig von den grundsätzlichen Potentialen, die Organisation und Personalmanagement anlegen, muß eine integrierte Unternehmenskommunikation letztlich in vielen konkreten Einzelfällen realisiert und aktiviert werden. Die Führungskräfte sind deshalb verpflichtet, von ihren Mitarbeitern im Rahmen der Managementfunktion *Leitung* solche Kommunikationshandlungen einzufordern, die potentielle Widersprüche vermeiden und die Wirksamkeit von Äußerungen anderer Unternehmensmitglieder verstärken.

Diese grobe Skizze deutet an, in welche Richtung weiterführende Überlegungen zur Sinnstiftung und zum Management der integrierten Unternehmenskommunikation gehen müßten. Aus der Gesamtsicht wird zugleich deutlich, daß die optimale Ausgestaltung des Kommunikationsmanagements nur im Hinblick auf konkrete Unternehmensstrategien beurteilt werden kann. Die Kommunikationsaufgabe muß grundsätzlich von allen Organisationsmitgliedern wahrgenommen werden. Ob einzelne Aufgabenträger bzw. Abteilungen sinnvollerweise mit der Wahrnehmung bestimmter Teilaspekte dieser Gesamtaufgabe oder mit der Sicherstellung des Integrationsgedankens beauftragt werden, hängt einzig und allein vom organisationsspezifischen Handlungskontext ab. Dies gilt auch für die Frage, welchem Teilbereich der Unternehmenskommunikation unter strategischen Gesichtspunkten die meiste Aufmerksamkeit geschenkt werden sollte. In Kleinbetrieben ist es denkbar, daß die (geplante) Unternehmenskommunikation weitgehend von einem Mitarbeiter verantwortet

---

1132 Vgl. oben S. 190 ff.

1133 Vgl. zur ethischen Entwicklung der Mitarbeiter Steinmann/Löhr 1994, S. 144 ff., Blickle 1994.

wird, so daß sich ein eigenständiges Integrationsmanagement erübrigt. In einem Weltkonzern wird die Organisationskommunikation zum zentralen Problem, weil Verfahrensrichtlinien und Wertmuster im Spannungsfeld von Einheit und Vielfalt verankert werden müssen.[1134] In der Konsumgüterindustrie nimmt die Marktkommunikation fast zwangsläufig eine dominante Rolle ein, weil eine große Zahl von Transaktions- und Wettbewerbsbeziehungen gesteuert werden muß. Dies spiegelt sich auch in der hierarchischen Stellung der entsprechenden Abteilungen wider. Demgegenüber wird ein Unternehmen, das primär Vorprodukte oder Investitionsgüter herstellt, aber in einem gesellschaftspolitisch sensiblen Feld agiert (Chemie, Rüstungsindustrie), ein besonderes Augenmerk auf die Öffentlichkeitsarbeit richten. Diese Hinweise zeigen, daß pauschale Plädoyers für eine Aufwertung einzelner Kommunikationsberufe und -funktionen am Kern der Sache, nämlich an der Frage nach der strategischen Notwendigkeit und Bedeutung solcher Entwicklungen, vorbeigehen. Situationsgerechte Lösungen können weder am Schreibtisch des Wissenschaftlers entworfen noch aus den (empirisch erhebbaren) Vorgehensweisen anderer Unternehmen erschlossen werden. Es gilt vielmehr, die systematischen Zusammenhänge, um deren Klärung wir uns in diesem Kapitel bemüht haben, und die jeweilige Handlungssituation verstehend zu deuten und auf dieser Grundlage eine konsequent unternehmensstrategisch ausgerichtete Kommunikationspolitik zu entwerfen.

## 6.4 Zusammenfassung

Im vorliegenden Kapitel haben wir versucht, die Grundlagen einer Theorie der Unternehmenskommunikation zu umreißen. Organisationskommunikation, Marktkommunikation und Öffentlichkeitsarbeit präsentieren sich als Teilbereiche dieses Gesamtkonzepts, die in unterschiedlicher Weise zum Erfolg der Unternehmenstätigkeit beitragen, im Sinne einer gemeinsamen Zielerreichung aber immer wieder miteinander abgestimmt werden müssen.

Das Organisationsfeld bezieht seine Sinnstiftung aus der arbeitsteiligen Formulierung und Realisierung strategischer Konzepte. Kommunikationsprozesse leisten hier in zweifacher Weise einen Beitrag zur sozialen Integration. Die *Organisationskommunikation* betrifft einerseits die verfassungskonstituierenden Beziehungen, bei denen man vom Grundsatz der direkten Kommunikation zwischen den Beteiligten ausgehen kann, und zweitens die laufende Strukturierung und Steuerung des Leistungsprozesses innerhalb des Verfassungsrahmens, die sich immer vor dem Hintergrund einer legitimierten Herrschaftsordnung vollzieht. In diesem Fall dient die administrative Integration als Bezugspunkt der internen Unternehmenskommunikation; generalisierte Formen der intentionalen Einflußnahme (Ausübung von Einfluß, Appelle an gemeinsame Visionen und Werte) kommen nur unterstützend zum Einsatz. Im Marktumfeld der Unternehmung geht es um die Durchsetzung strategischer Konzepte in den Beziehungen mit Lieferanten, Abnehmern und Wettbewerbern. Die *Markt-*

1134 Vgl. hierzu das von Conradi (1995) geschilderte Beispiel der Siemens AG.

*kommunikation* unterstützt die prinzipiell sprachfreie Koordination über das Preissystem, wenn Verträge qua Kommunikation angebahnt, ausgehandelt, erfüllt und kontrolliert werden. Sie muß deshalb im Prinzip persuasiv angelegt sein; eine Koordination qua Reputation (Markenimages) und Argumentation (Marketingethik) wird nur notwendig, wenn die primäre Vorgehensweise mit Effizienzverlusten verbunden ist oder gar im Einzelfall normativ hinterfragt wird.

Im gesellschaftspolitischen Umfeld der Unternehmenstätigkeit geht es um die Gestaltung der regulativen Beziehungen mit jenen Anspruchsgruppen und Betroffenen, die weder den Spielregeln der Organisationsverfassung noch denjenigen des Marktes unterliegen. Diese Akteure beeinflussen die Unternehmenstätigkeit durch die Definition rechtlicher und normativer Rahmenbedingungen (Gesetze, gesellschaftliches Wertsystem). Damit ergibt sich ein latenter Integrationsbedarf, der ein breites Spektrum unterschiedlicher Kommunikationsprozesse nach sich zieht. *Public Relations* zielen vor allem darauf ab, prinzipielle Handlungsspielräume zu sichern und konkrete Strategien zu legitimieren. Dies betrifft einerseits den Bereich der rechtlich vorstrukturierten Beziehungen, bei denen man aufgefordert bleibt, im Rahmen der geltenden Rechtsordnung kommunikativ tätig zu werden (Publizitätsgesetzgebung etc.). Ein großer Teil der regulativen Beziehungen ist jedoch nicht explizit durch Rechtsnormen vorstrukturiert; man denke etwa an (potentielle) Interessenkonflikte mit Anwohnern, Kritikergruppen und Wissenschaftlern. In Ermangelung anderer Koordinationsmechanismen wird die Kommunikation hier zur zentralen Quelle der sozialen Integration. Damit avanciert die direkte, argumentative Kommunikation zwischen Anwesenden zum systematischen Leitbild der Öffentlichkeitsarbeit. Solche Prozesse sind unabdingbar, um gemeinsame Orientierungsmuster auf der Grundlage kontextspezifischer Erfahrungen aufzubauen. Zur Entlastung wird man jedoch immer wieder bemüht sein, »Deckungsreserven« wie Prestige- und Wertordnungen aufzubauen (Imagepolitik), die dann im konkreten Handeln angezapft werden können. In ähnlicher Weise können politische Entscheidungen und damit die rechtlichen Voraussetzungen der Unternehmenstätigkeit qua Kommunikation beeinflußt werden. Bei der Wahl entsprechender Vorgehensweisen darf nicht übersehen werden, daß gesellschaftsweite Reputation und moralische Integrität nicht instrumentell erzwungen, sondern nur vertrauensvoll erworben werden kann. Die Legitimität demokratischer Entscheidungen beruht ebenfalls darauf, daß die Schleusen des politisch-administrativen Systems zumindest im Konfliktfall von lebensweltlich fundierten Argumenten überwunden werden. Organisationskommunikation, Marktkommunikation und Public Relations bleiben demnach unterschiedlichen Leitmotiven verpflichtet. Auf der Handlungsebene zeigen sich aber durchaus Parallelen. Dies gilt für konkrete Vorgehensweisen, z.B. Pressemeldungen und Anzeigenkampagnen, aber auch für die Inanspruchnahme verschiedener Kommunikationsforen (Veranstaltungen, Massenmedien), die gleichzeitig in unterschiedlichen Sphären genutzt werden. Unser abschliessendes Plädoyer galt deshalb einer *integrierten Kommunikationspolitik,* die aus

Vereine

systematischen Gründen notwendig ist, im Einzelfall aber durchaus unterschiedlich umgesetzt werden muß.

Aus theoriestrategischer Sicht ist es von entscheidender Bedeutung, daß der skizzierte Ansatz systematische Anschlußstellen zur gesellschaftstheoretischen, kommunikationswissenschaftlichen und betriebswirtschaftlichen Diskussion aufweist. Damit werden einige zentrale Verkürzungen der bislang vorliegenden Konzepte überwunden. Ferner eröffnen sich klare Perspektiven für die *weitere Forschung.* Es bietet sich an, den vorliegenden Bezugsrahmen für eine nähere Auseinandersetzung mit der Integrationsaufgabe oder mit den einzelnen Teilbereichen der Unternehmenskommunikation heranzuziehen. In diesem Zusammenhang wird man genauer auf konkrete Kommunikationskonzepte (PR- und Marketingprogramme) und operative Vorgehensweisen (Gestaltung, Ausführung und Kontrolle von Kommunikationsprozessen) eingehen können. Unsere begriffliche Grundlegung eröffnet zudem neue Chancen für die empirische Forschung. Aus strategischer Sicht wird deutlich, daß sich Erhebungen zur Kommunikationspolitik nicht an berufsständisch tradierten oder forschungsparadigmatisch verkürzten Aufgabendefinitionen orientieren dürfen (z.B. »PR = Pressearbeit« oder »Unternehmenskommunikation = PR«). Es muß vielmehr immer um eine Analyse kommunikativer Beziehungsmuster gehen, und diese verlaufen gerade bei neueren Organisationsformen der Unternehmenstätigkeit (strategischen Holdings und Netzwerken) oft weit abseits aller überlieferten common sense-Vorstellungen. Dies führt zu mannigfaltigen Anfragen an die Methodik der Kommunikationsforschung, die sich in Kenntnis der dargelegten Zusammenhänge wohl stärker mit interpretativen Vorgehensweisen auseinandersetzen müßte. Die Inflation schriftlicher Befragungen sollte durch exemplarische Fallstudien ergänzt werden, die sich auf teilnehmende Beobachtung und Interviews mit den Betroffenen stützen. Wir können diese Thematik hier nicht vertiefen, ohne das Ziel unserer Untersuchung aus den Augen zu verlieren. Das folgende Kapitel konzentriert sich deshalb ganz auf den Problemkreis der Öffentlichkeitsarbeit, mit dem wir uns vertiefend auseinandersetzen wollen.

# 7. Perspektiven eines kommunikationswissenschaftlich *und* betriebswirtschaftlich aufgeklärten PR-Managements

In den vorangegangenen Kapiteln haben wir tief geschürft, um die Eckpfeiler der Unternehmenskommunikation darzulegen und die Rolle der Öffentlichkeitsarbeit im Konzert der Kommunikationsfunktionen zu bestimmen. Wir haben ferner über die prinzipielle Gestaltung der Kommunikationsaufgabe nachgedacht und in diesem Zusammenhang für eine integrierte Vorgehensweise plädiert. Diese theoretische Grundlagenarbeit war notwendig, damit weiterführende Analysen der PR-Praxis und Untersuchungen einzelner Aspekte der PR-Theorie (Imagebildung, Dialogkonzepte, Wirkungsforschung usw.) auf ein methodisch abgesichertes Fundament bauen können. Im folgenden wollen wir diese Überlegungen auf einer konkreteren Ebene fortführen. Die systematische Verknüpfung kommunikationswissenschaftlicher und betriebswirtschaftlicher Erkenntnisse erlaubt es uns, einige präskriptive Leitideen des PR-Managements zu formulieren. Dabei wird deutlich, daß die Gestaltung und Durchführung konkreter PR-Programme stets vor dem Hintergrund und in enger Abstimmung mit dem Gesamtkomplex der strategischen Unternehmensführung und Unternehmenskommunikation verlaufen muß. Der Prozeß des PR-Managements präsentiert sich dann als eine Abfolge verschiedener Teilaufgaben, die wir als Analyse, Programmplanung, Kommunikation und Kontrolle bezeichnen wollen (7.1).

Mit diesen Phasen werden wir uns in den nachfolgenden Abschnitten näher auseinandersetzen (7.2 bis 7.5). Das Instrumentarium der praktischen Öffentlichkeitsarbeit kann dort natürlich nicht im Detail behandelt werden. Dies würde den Rahmen der vorliegenden Studie bei weitem sprengen. Zudem liegen im angloamerikanischen Sprachraum bereits einige instruktive Einführungswerke vor, in denen die wichtigsten Vorgehensweisen der Öffentlichkeitsarbeit kenntnisreich diskutiert werden.[1135] Wir beschränken uns deshalb auf die Entwicklung eines handlungsleitenden Bezugsrahmens, der die wichtigsten Methoden des PR-Managements skizziert und ihr systematisches Zusammenspiel aufzeigt. Dabei erscheint es sinnvoll, die vielfältigen Aspekte der Thematik unterschiedlich zu gewichten: Vorgehensweisen und Zusammen-

1135 Vgl. zum PR-Management Grunig/Hunt 1984, Baskin/Aronoff 1988, Crable/Vibbert 1986, Cutlip et al. 1994, zu den dabei eingesetzten Methoden der empirischen Sozialforschung Broom/Dozier 1990, Brody/Stone 1989, und zu den wichtigsten Kommunikationstechniken Hunt/Grunig 1994. Im deutschsprachigen Raum mangelt es bislang an ähnlich fundierten Publikationen. Einige Anregungen zur Steuerung der PR-Aufgabe finden sich bei Neske 1977, Schüller 1991 und Hahn 1992. Die Gestaltung konkreter Kommunikationsprozesse wird v.a. in der Praktikerliteratur diskutiert; vgl. z.B. Avenarius 1995, Brauer 1993, Bogner 1990, Beger et al. 1989.

hänge, die durch unsere theoretischen Überlegungen in einem neuen Licht erscheinen (z.B. die Durchführung von »Unternehmensdialogen« und der Kanon potentieller PR-Ziele), werden ausführlicher behandelt als jene Methoden, die in allen Bereichen der Unternehmensführung zur Anwendung kommen (Planungstools) oder in der Theoriebildung bereits seit längerem thematisiert werden (Meinungsforschung). Diese Zielsetzung sollte bei dem folgenden Überblick im Auge behalten werden.

## 7.1 Grundkonzept und Leitideen des PR-Managements

Unsere Überlegungen zum Verhältnis von Unternehmensführung, Kommunikation und sozialer Integration haben verdeutlicht, warum die Öffentlichkeitsarbeit in modernen Gesellschaften zum strategischen Erfolgsfaktor geworden ist. Diese Einsicht mündet in die Aufforderung an die Unternehmenspraxis, die notwendigen Voraussetzungen für eine effektive und effiziente PR zu schaffen. Entsprechende Bemühungen müssen auf den Ebenen der strategischen Unternehmensführung, des (integrierten) Kommunikationsmanagements und der Steuerung konkreter PR-Programme ansetzen (vgl. Abb. 19).

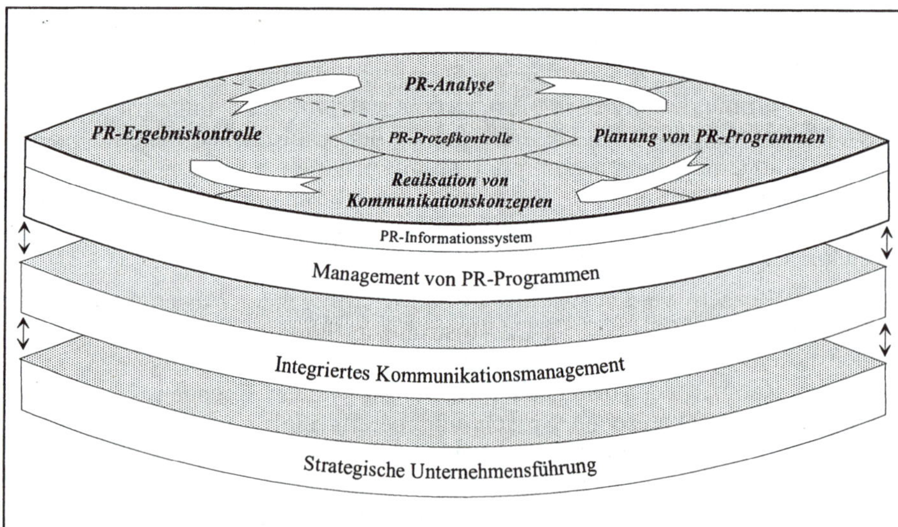


*Abb. 19: Phasen und Einbettung des PR-Managements*

Eine erfolgreiche Öffentlichkeitsarbeit wird nur möglich sein, wenn die Kerngruppe (Vorstand, Geschäftsführung, informelle Entscheidungsträger) des Unternehmens die Relevanz der Kommunikationspolitik erkennt und dies im Rahmen der *strategischen Unternehmensführung* berücksichtigt. Dies betrifft zunächst die Gestaltung der Organisationsverfassung und -struktur.[1136] Dort müssen die personellen und organisatorischen Voraussetzungen für eine (integrierte) Unternehmenskommunikation geschaffen werden. Es ist beispielsweise sicherzustellen, daß kompetente Aufgabenträger (Kommunikationsexperten) verfügbar sind und daß sie in den strategischen Managementprozeß auf Unternehmens- und Geschäftsfeldebene eingebunden werden. Die Kommunikationsaufgabe kann freilich nicht vollständig an Fachleute delegiert werden. Deshalb müssen im Prinzip alle strategiekritischen Entscheidungsprozesse so gestaltet werden, daß die kommunikative und öffentlichkeitswirksame Dimension der dort beschlossenen Maßnahmen systematisch mitbedacht wird. Hier bietet es sich an, auf die verpflichtende Kraft übergreifender Visionen und Richtlinien (z.B. einer tragfähigen Kommunikationsphilosophie und Corporate Identity) zu setzen. Zudem wird es notwendig sein, die Spielräume der Unternehmenskommunikation durch die Bereitstellung finanzieller Mittel so zu öffnen, wie es ihrer strategischen Bedeutung entspricht. Im Kern geht es um eine Verzahnung von Unternehmens- und Kommunikationsstrategie, die den Gesamtkomplex des *integrierten Kommunikationsmanagements* betrifft. Mit diesem Thema haben wir uns bereits im letzten Kapitel auseinandergesetzt. Auf der nachgelagerten Ebene der Öffentlichkeitsarbeit geht es dann um die alltägliche Gestaltung und Durchführung von Kommunikationsprozessen im gesellschaftspolitischen Umfeld. Die Gesamtheit der hierzu notwendigen Handlungen wollen wir als *PR-Management* i.e.S. bezeichnen.

Das Management der Öffentlichkeitsarbeit umfaßt verschiedene Schritte, deren Zusammenhang und Abfolge dem klassischen Zyklus der Unternehmenssteuerung entspricht:[1137] In einer *Analysephase* muß die Ausgangssituation erfaßt werden. Es geht zum einen um die systematische Erfassung des (kommunikativen) Beziehungsgeflechts zwischen der Unternehmung und externen Interessenträgern im gesellschaftspolitischen Umfeld und zum anderen um die Themen und Meinungen, die in diesem Zusammenhang relevant sind. Ferner muß das derzeitige PR-Potential der Unternehmung einer eingehenden Prüfung unterzogen werden. Diese Aspekte müssen vor dem Hintergrund der übergreifenden Unternehmens- und Kommunikationsstrategie interpretiert werden.

Die *Planung von PR-Programmen* beinhaltet die Formulierung, Bewertung und Auswahl alternativer Kommunikationskonzepte. Dabei lassen sich mehrere Konkretisierungsstufen unterscheiden. Das PR-Rahmenkonzept formuliert die prinzipiellen Aufgaben und die Leitlinien der Öffentlichkeitsarbeit. Damit wird das Selbstverständnis der PR und ihre Einbettung in die übergreifende Unternehmens- und Kommunikationsstrategie verdeutlicht. Strategische und

---

1136 Vgl. zur Kerngruppe oben S. 255. Diese These wird durch die »Excellence«-Studie von Grunig et al. nachhaltig unterstrichen; vgl. Dozier et al. 1995, S. 75 ff., White/Mazur 1995, S. 21 ff.

1137 Vgl. Schreyögg 1984, S. 80 ff., Welge/Al-Laham 1992, S. 35 ff. Der Prozeßcharakter des PR-Managements wird v.a. von Cutlip et al. 1994, S. 316 ff., Center/Jackson 1995, S. 14 ff., Broom/Dozier 1990, S. 23 ff., Oxley 1989 und Baskin/Aronoff 1988, S. 100 ff., betont. Diese Autoren beziehen sich jedoch noch auf ein synoptisches Managementverständnis (vgl. oben S. 245) und nicht auf die tragfähigere strategische Managementkonzeption (vgl. oben S. 245 ff.).

operative PR-Programme formulieren Ziele und Maßnahmen für konkrete Kommunikationsaktivitäten. Dabei fokussiert die strategische Planung auf den Effektivitätsaspekt.[1138] Sie entscheidet über die generellen Ziele situationsspezifischer Vorgehensweisen und ihre strategiekritischen Bausteine, d.h. über diejenigen Elemente, die in unmittelbarem Bezug zur Realisierung oder Neuorientierung der Unternehmens- und Kommunikationsstrategie stehen. Diese Maßnahmen müssen dann in operativen PR-Konzepten konkretisiert werden, indem die nicht-strategiekritischen Aspekte der Öffentlichkeitsarbeit unter Effizienzgesichtspunkten optimiert werden (Ablaufplanung, Medienmix, Budgetierung).

Die *Realisierung von Kommunikationskonzepten* betrifft die Umsetzung geplanter PR-Aktivitäten, z.B. die Veranstaltung einer Pressekonferenz oder eines Round-Tables mit Kritikergruppen, sowie die Beteiligung an extern angestoßenen und deshalb weniger gut vorstrukturierbaren Kommunikationsprozessen (z.B. Anfragen von Journalisten).

Mit der *PR-Kontrolle* werden zwei Problemstellungen aufgegriffen.[1139] Die (operative) *Ergebniskontrolle* soll prüfen, inwiefern die formulierten Zielsetzungen durch die realisierten Kommunikationsaktivitäten erreicht wurden. Die *Prozeßkontrolle* trägt dem Gedanken Rechnung, daß in den einzelnen Phasen des PR-Managements immer wieder alternative Sichtweisen und Handlungsoptionen ausgeblendet werden müssen. Diese Selektivität ist mit großen Risiken behaftet, weil sich die Rahmenbedingungen der Öffentlichkeitsarbeit im Verlauf des Steuerungsprozesses dynamisch weiterentwickeln. Die mitlaufende Prozeßkontrolle nimmt hier eine kompensatorische Funktion wahr. In operativer Hinsicht ist kontinuierlich zu prüfen, ob die Zielerreichung eine Umsteuerung auf der Handlungsebene (Mittelebene) erforderlich macht (operative Prozeßkontrolle). Darüber hinaus muß die PR-Kontrolle aber auch immer wieder die Triftigkeit der formulierten Ziele (strategische Prozeßkontrolle) und letztlich sogar die Sinnfälligkeit des gesamten Steuerungsprozesses (PR-Controlling) in Frage stellen.

Vor dem Hintergrund unserer Überlegungen zum strategischen Management ist natürlich davon auszugehen, daß nicht nur die PR-Kontrolle, sondern auch alle übrigen Bausteine des PR-Managements über ein eigenständiges (Um-) Steuerungspotential verfügen. Die zyklische Darstellung in Abb. 19 abstrahiert also von der Einsicht, daß sich die einzelnen Phasen in der Praxis überlappen und gegenseitig beeinflussen. Sie unterscheiden sich jedoch im Hinblick auf ihre prinzipiellen Zielsetzungen und Vorgehensweisen (Planungsmethoden, Kommunikationshandlungen). Eine Ausnahme bilden die Kontroll- und Analysephase, bei der man häufig auf die gleichen Erhebungsmethoden zurück-

---

1138 Vgl. zu den Begriffspaaren strategisch/operativ und Effektivität/Effizienz oben S. 242.

1139 Vgl. zu diesem Kontrollverständnis oben S. 245 f. In ähnlicher Weise unterscheiden Grunig/ Hunt (1984, S. 183) und Fuhrberg (1995, S. 54 ff.) zwischen summativer (abschließend bewertender) und formativer (prozeßbegleitender) PR-Evaluation, ohne allerdings schon den unterschiedlichen Zielhorizont operativer und strategischer Kontrollaktivitäten und die Notwendigkeit einer Infragestellung des gesamten PR-Prozesses herauszuarbeiten.

greifen wird.[1140] Dieser Sachverhalt wird in der Grafik durch eine unterbrochene Linie angedeutet. Es bietet sich deshalb an, die Basisdaten des PR-Managements in ein umfassendes *PR-Informationssystem* einzuspeisen.[1141] Wichtige Agenturmeldungen, Veröffentlichungen von Bezugsgruppen, Umfrageergebnisse und interne Hintergrundberichte können mit Hilfe von Scannern, Texterkennungssystemen und Volltextdatenbanken elektronisch archiviert werden.[1142] Dadurch wird sichergestellt, daß die wichtigsten Entscheidungsgrundlagen jederzeit verfügbar sind, so daß bei Bedarf tagesaktuelle Stakeholderprofile und Themenübersichten generiert werden können. Der Einsatz moderner Datenverarbeitungssysteme ist auch in den anderen Phasen des PR-Managements unverzichtbar.[1143] Die Planung wird durch die Verfügbarkeit verschiedener Standardwerkzeuge (Software für die Alternativenbewertung, Netzplanerstellung, Budgetberechnung) erleichtert.[1144] Das Spektrum operativer Kommunikationskonzepte erweitert sich durch innovative Formen der Datenkommunikation (interaktive Datennetze), Multimedia-Applikationen (CD-ROM, CD-i) und computergesteuerte Telekommunikationsdienste (interaktive Telefonansage, Fax-Abrufdienste).[1145] Schließlich bieten verschiedene Datenbanksysteme bereits heute die Möglichkeit, wichtige PR-Mitteilungen (Pressemitteilungen, Interviews, Umweltberichte) in Wort, Bild und Ton zu dokumentieren und langfristig verfügbar zu halten. Diese Informationen können dann von allen PR-Beauftragten und ggf. von zugangsberechtigten Interessenten (Journalisten) online abgerufen werden. Die Verknüpfung mit einem Publishing-on-demand-System bietet sogar die Möglichkeit, gedrucktes Informationsmaterial, Datenträger und Videofilme (z.B. Unternehmenspräsentationen) tagesaktuell und nachfragebezogen herzustellen. Diese wenigen Hinweise verweisen darauf, daß die bislang kaum thematisierte informationstechnische Unterstützung der Öffentlichkeitsarbeit in Zukunft immer mehr an Gewicht gewinnen wird. Eine zentrale Anforderung ist dabei zweifelsohne die Einbettung in vorhandene Unterstützungssysteme der Unternehmens- und Kommunikationspolitik. Deshalb bietet sich für die Theoriebildung in diesem Zusammenhang eine spezifisch technologieorientierte Sichtweise an, die wir im folgenden nicht vertiefen können.

Wir versuchen statt dessen, das Grundkonzept des PR-Managements auf einer methodischen Ebene weiter zu entfalten, indem wir uns in den folgenden Kapiteln näher mit den Vorgehensweisen der PR-Analyse, -Programmplanung, -Realisation und -Kontrolle auseinandersetzen. Wir spannen damit einen Bezugsrahmen auf, der das Spektrum der Öffentlichkeitsarbeit in differenzierter Weise erfaßt, aber keine Aussagen über inhaltliche Problemlagen und Ent-

1140 Vgl. Baskin/Aronoff 1988, S. 169, sowie unten S. 375 ff.

1141 Vgl. zum Konzept eines Management-Informationssystems für die PR-Steuerung Krippendorff/Eleey 1986, S. 32 ff., und zum grundsätzlichen Beitrag von Informationssystemen für das strategische Management z.B. Guthunz 1994, im Überblick auch Bea/Haas 1995, S. 326 ff.

1142 Vgl. Schöhl 1996.

1143 Vgl. Hunt/Grunig 1994, S. 179 ff.; zur interaktiven PR ausführlicher Marlow 1996.

1144 Vgl. die Beispiele in Mertens/Griese 1993.

1145 Vgl. z.B. Duffy/Palmer 1994.

scheidungen vorwegnehmen kann. Die Öffentlichkeitsarbeit bewegt sich nämlich in einem sozialen Raum, der durch kulturell tradierte Strukturen und das interessengeleitete Handeln einzelner Akteure konstituiert und verändert wird. Welche strategischen und operativen Vorgehensweisen im Einzelfall einzuschlagen sind, kann deshalb nur in praktischen Handlungszusammenhängen bestimmt werden. Eine kommunikationswissenschaftlich und betriebswirtschaftlich aufgeklärte Öffentlichkeitsarbeit kommt freilich nicht umhin, einige Grundsätze zu beachten, die sich unmittelbar aus den Überlegungen zur strategischen Einbettung des PR-Managements ergeben. Es handelt sich dabei um die Leitideen einer strategischen, integrativen und situationsadäquaten Public Relations.

- Das *Postulat der strategischen Öffentlichkeitsarbeit* fordert eine Ausrichtung aller PR-Aktivitäten an den gesellschaftlich definierten Aufgaben der Unternehmensführung. PR-Konzepte müssen einen Beitrag zur Positionierung im Wettbewerb leisten, indem sie Handlungsspielräume sichern und eröffnen. Daneben gilt es aber auch, die subsidiäre Verantwortung für das Gemeinwohl im Auge zu behalten und den anhaltenden Dialog über die moralischen Imperative der Unternehmenstätigkeit mitzugestalten.[1146] Die Verzahnung von Unternehmensstrategie und Öffentlichkeitsarbeit wird manifest, wenn sich das PR-Management nicht nur auf etablierten Pfaden bewegt, sondern immer wieder neue Impulse aus der spezifischen Positionierung der Gesamtunternehmung und den Problemlagen einzelner Geschäftsfelder bezieht. Darüber hinaus müssen Kommunikationsprozesse im gesellschaftspolitischen Umfeld ständig dazu führen, daß die dort artikulierten Anforderungen und Widersprüche in das organisatorische Entscheidungssystem eingespeist werden. Das Verhältnis von Unternehmensstrategie und Öffentlichkeitsarbeit darf also nicht als Einbahnstraße mißverstanden werden. Die Forderung nach einer schlichten Ableitung von PR-Programmen aus übergreifenden Zielen greift zu kurz, weil damit die betriebswirtschaftliche Kritik am synoptischen Managementverständnis vernachlässigt wird.[1147] Umgekehrt ist es mehr als fragwürdig, wenn Öffentlichkeitsarbeiter immer wieder den Anspruch erheben, in vorausschauender Weitsicht die Fahrrinne abzustecken, in der sich eine Unternehmung wie ein Supertanker auf neue Ziele zubewegen kann.[1148] Eine erfolgreiche Öffentlichkeitsarbeit muß vielmehr darauf bedacht sein, Strategien zugleich umzusetzen *und* an ihrer Revision mitzuwirken.[1149] Dies setzt natürlich

---

1146 Vgl. zu diesen prinzipiellen Aufgabenkomplexen oben S. 263 ff. Die Verantwortung für unternehmensethische Initiativen fällt jedoch nicht – wie dies Grunig/Hunt 1996, Kap. 4, andeuten – ausschließlich in den Zuständigkeitsbereich der Öffentlichkeitsarbeit. Public Relations beschränken sich auf gesellschaftspolitische Beziehungen; im Kontext der Forschung, Finanzierung, Mitarbeiterführung etc. sind die dort zuständigen Aufgabenträger (und damit letztlich alle Mitarbeiter der Unternehmung) gefordert; vgl. Steinmann/Löhr 1994, S. 144 ff.

1147 Vgl. zu einer solchen (naiven) Sichtweise z.B. Börner 1994, S. 240 ff. und S. 256 ff. Die Kritik am synoptischen Managementmodell haben wir oben auf S. 245 ff. erläutert.

1148 Dieses Bild findet sich bei Brauer 1996, S. 274 ff.

1149 Vgl. Hahn 1992, S. 144 ff.

voraus, daß das PR-Management *selbst* strategisch angelegt und auf adäquate Weise in das unternehmensspezifische Netz dezentraler und zentraler Entscheidungsprozesse eingebunden ist.

- Das *Postulat der integrierten Öffentlichkeitsarbeit* fordert die Einbindung der PR in ein Gesamtkonzept der Unternehmenskommunikation, das die Abstimmung von Marktkommunikation, Public Relations und interner Kommunikation im Auge behält.[1150] Die Öffentlichkeitsarbeit wird sich in Zukunft immer weniger in selbstgewählter Isolation von der Werbung, Verkaufsförderung, Mitarbeiterinformation und Führungskommunikation betreiben lassen. Diese Abgrenzung, die in der Praktikerliteratur und von berufsständischer Seite immer wieder betont wird, ist das Ergebnis einer langanhaltenden Identitätssuche der PR-Profession. Sie widerspricht der praktisch erfahrbaren und auf der Grundlage der vorliegenden Studie auch theoretisch begründbaren Verflechtung der Kommunikationsarbeit. Als professionell kann deshalb jene PR gekennzeichnet werden, die nicht mit unrealistischen Führungsansprüchen glänzen will,[1151] sondern ihren systematischen Stellenwert durch die Bereitstellung eines fundierten Methodenwissens und die Entwicklung innovativer Kommunikationsformen demonstriert. Nur auf diese Weise kann es gelingen, sich gegenüber den bereits weitaus elaborierteren, aber ebenso auf bestimmte Anwendungsgebiete beschränkten Vorgehensweisen der sozialtechnologischen Marktkommunikation oder der identitätsorientierten Mitarbeiterführung zu behaupten. Dabei gilt wiederum, daß die Öffentlichkeitsarbeit nicht schlicht aus übergreifenden Kommunikationsstrategien abgeleitet werden kann, sondern in einem symbiotischen Verhältnis zu deren Weiterentwicklung beitragen muß. Die Integrationsmaxime wird zudem relevant, wenn die interne Stimmigkeit der PR-Politik zur Diskussion steht. Es muß immer wieder sichergestellt werden, daß die Öffentlichkeitsarbeit *selbst* integrativ angelegt ist. Das heißt: die situations- und zielgruppenspezifischen Kommunikationskonzepte müssen auf der Handlungsebene soweit miteinander abgestimmt werden, daß sie sich nicht gegenseitig konterkarieren, sondern sich ergänzen und möglicherweise sogar gegenseitig befördern.
- Das *Postulat der situativen Öffentlichkeitsarbeit* fordert schließlich eine Ausrichtung der PR an den situationsspezifischen Problemen in verschiedenen Handlungsfeldern der Unternehmenspraxis. Unsere Überlegungen haben gezeigt, daß es niemals einen »one best way« der exzellenten Kommunikationspolitik geben kann. Die Öffentlichkeitsarbeit trägt in unterschiedlicher Weise dazu bei, daß die Ziele und Mittelwahlen des Unternehmens mit denjenigen gesellschaftspolitischer Bezugsgruppen abgestimmt werden. Sie bewegt sich dabei in einem Entscheidungskorridor, der teilweise durch soziale Spielregeln definiert wird und zum Teil selbst mitgestaltet werden kann. Dementsprechend wird es unabdingbar sein, die Dynamik und das Zusammenspiel verschiedener Öffentlichkeiten und

1150 Vgl. ausführlicher oben S. 307 ff. sowie Steinmann/Zerfaß 1995.
1151 Vgl. oben S. 308, Anmerkung 1104.

Kommunikationsforen im Auge zu behalten, um geeignete Kommunikationsmaßnahmen anzustoßen. Dabei mag es sich dann um klassische Vorgehensweisen wie Pressemeldungen, Event-Inszenierungen oder Mailings handeln, bei denen massenmediale Arbeitsroutinen, Thematisierungszyklen und alltägliche Rezeptionsmuster zu beachten sind.

Unter Effektivitäts- und Effizienzgesichtspunkten bietet es sich aber auch an, neue Kommunikationsplattformen zu schaffen und damit auch neue Spielregeln durchzusetzen. Solche innovativen Formen finden sich heute vor allem im Bereich der Dialogkommunikation. Dort ergänzen sich mediale Ansätze der Datenkommunikation (Internet, T-Online), bei denen die operative Intelligenz der PR-Fachleute gefragt ist, mit personalen Gesprächssettings (Bürgergespräche, Meinungsführerdialoge), die eine argumentative Interessenklärung zwischen Unternehmen und Bezugsgruppen ermöglichen sollen.[1152] Diese personalen, in gemeinsame Handlungszusammenhänge eingebetteten Kommunikationsprozesse sind sogar unabdingbar, wenn neue Orientierungsmuster jenseits bestehender Weltsichten und Spielregeln aufgebaut werden müssen.[1153] Diese Zielsetzung wird heute immer wichtiger; sie sind eine unabdingbare Konsequenz der fortschreitenden Ausdifferenzierung moderner Gesellschaften in eine Vielzahl unterschiedlicher Subkulturen und Lebensformen.

Der Erfolg der Öffentlichkeitsarbeit hängt letztlich von verschiedenen Voraussetzungen ab, die auf der Ebene der Unternehmensstrategie, des integrierten Kommunikationsmanagements und des PR-Managements geschaffen werden müssen. Die drei genannten Postulate fordern dazu auf, diesen Zusammenhang auf der Handlungsebene zu reflektieren und bei der Formulierung konkreter PR-Programme zu berücksichtigen.

## 7.2 Methoden der PR-Analyse

Der Managementzyklus der Öffentlichkeitsarbeit beginnt mit einer systematischen Analyse der Ausgangssituation, d.h. des (kommunikativen) Beziehungsgeflechts im gesellschaftspolitischen Umfeld der Unternehmung und der dort relevanten Themen, Images und Meinungen. Ferner muß das derzeitige PR-Potential der Unternehmung einer eingehenden Prüfung unterzogen werden. Damit soll eine Grundlage für die Planung, Durchführung und Revision konkreter PR-Programme geschaffen werden. Zum einen müssen potentielle Kommunikationspartner identifiziert werden, an die man sich proaktiv wenden kann bzw. mit deren Anfragen man rechnen muß. Dazu dienen verschiedene Ansätze der *Stakeholderexploration und Kommunikationsfeldanalyse*. Zum anderen muß die Frage beantwortet werden, welche strategiekritischen Problemfelder von bestimmten Akteuren, d.h. von Unternehmen und ihren Bezugsgruppen, oder auch von der Mehrheit aller Interessenträger in verschiedenen Öffentlichkeiten als wichtig erachtet werden. Hier setzt die *Themenanalyse* an.

---

1152 Vgl. die Beiträge in Bentele et al. 1996b.
1153 Vgl. oben S. 212 ff. sowie Zerfaß 1996a.

Drittens ist zu klären, welche Vorstellungen und welches Wissen einzelne Akteure (oder deren Mehrheit) voneinander und von verschiedenen Themen haben, und in welchen Einstellungen dies zum Ausdruck kommt. In diesem Zusammenhang ist die *Image- und Meinungsforschung* gefragt. Die Unternehmens- und Umweltanalyse wird in diesen Ansätzen verschränkt, weil das PR-Management stets bemüht sein muß, die soziopolitischen Problemsichten und Einstellungen von Interessenten *und* Organisationsmitgliedern zu erheben – nur auf diese Weise läßt sich ein potentieller Handlungsbedarf erkennen. Die *Potentialanalyse* fokussiert schließlich auf die spezifischen Kompetenzen und Ressourcen, die der Öffentlichkeitsarbeit in der jeweiligen Situation zur Verfügung stehen. Dadurch wird sichergestellt, daß die Programmplanung unternehmensspezifische Stärken und Schwächen berücksichtigen kann.

Die drei ersten Untersuchungsbereiche sind wechselseitig miteinander verschränkt. Es ist deshalb im Einzelfall zu entscheiden, ob man sich zunächst den Bezugsgruppen zuwendet und dann deren Themenagenda und Meinungen analysiert, oder ob man die Ergebnisse der Image- und Meinungsforschung bzw. der Themenanalyse zum Anlaß nimmt, um die dahinter stehenden Akteure zu identifizieren. Letztlich geht es immer um die Beantwortung der Frage, *wer* sich *wie zu welchen* Problemen äußert, die in einem mittelbaren oder unmittelbaren Bezug zur Unternehmensstrategie stehen (könnten). Dabei ist darauf zu achten, daß der *Strategiebegriff* hinreichend weit gefaßt wird. Er muß wettbewerbsstrategische und unternehmensethische Aspekte umfassen, damit die Öffentlichkeitsarbeit konsequent an den gesellschaftlich definierten Aufgaben der Unternehmensführung ausgerichtet werden kann.[1154] Die bislang vorliegenden Ansätze der Stakeholder- und Themenanalyse greifen an dieser Stelle meist zu kurz, weil sie einseitig auf das faktische Machtgeflecht zwischen Unternehmen und ihren Bezugsgruppen abstellen oder die Abwägung zwischen ökonomischen und ethischen Imperativen alleine der Unternehmensleitung (und nicht dem gesellschaftspolitischen Dialog) anheimstellen.[1155] In methologischer Hinsicht zielt die PR-Analyse auf eine *interpretative Erschliessung* sozialer Handlungszusammenhänge ab. Die Ausgangssituation kann nicht ontologisch beschrieben, sondern nur verstehend gedeutet werden. Dies wird am besten gelingen, wenn man die Situation nicht nur aus der Sicht des Unternehmens und seiner Mitarbeiter, sondern auch aus der Perspektive aller anderen Beteiligten beurteilt.[1156] Dennoch muß man immer wieder damit rechnen, daß handlungsfähige Personen und Organisationen ihre Motive, Einstellungen und Vorgehensweisen ändern. Die PR-Analyse kann also keine naturgesetzlichen Zusammenhänge aufdecken, sondern allenfalls begründete Prognosen über künftige Handlungsweisen abgeben.[1157]

1154 Vgl. zur dualen Rolle der Unternehmensführung oben S. 263 ff.
1155 Vgl. etwa Jeschke 1993, 82 ff.; zur Kritik an der Stakeholdertheorie auch oben S. 257.
1156 Vgl. Göbel 1992, S. 146.
1157 Vgl. oben S. 25 f.

### *7.2.1 Stakeholder- und Kommunikationsfeldanalyse*

Für die Analyse des (kommunikativen) Beziehungsgeflechts im gesellschaftspolitischen Umfeld werden in der Strategielehre und in der PR-Forschung unterschiedliche Vorgehensweisen vorgeschlagen. Diese Ansätze können vor dem Hintergrund unserer bisherigen Überlegungen zu einem handlungsleitenden Bezugsrahmen verdichtet werden. Wir orientieren uns dabei an dem Phasenschema der Umweltanalyse von Fahey/Narayanan, das eine idealtypische Abfolge von Wahrnehmung (scanning), Beobachtung (monitoring), Prognose (forecasting) und Bewertung (assessment) der Stakeholderaktivitäten nahelegt.[1158] Diese Schritte lassen sich natürlich nur analytisch trennen. Sie sind in der Praxis miteinander und mit den anderen Elementen des PR-Managements verwoben. Die Bewertungsphase wird im folgenden nicht gesondert thematisiert.[1159] Im Grundsatz sind nämlich alle Analyseschritte mit Auswahlentscheidungen und Fokussierungen verbunden. Eine umfassende Beurteilung möglicher PR-Aufgaben ist dagegen erst möglich, wenn alle Bereiche der Situationsanalyse berücksichtigt werden können; sie fällt deshalb bereits in den Aufgabenbereich der Programmplanung.[1160]

In einem ersten Schritt muß geprüft werden, welche Akteure aktuelle oder geplante Unternehmensstrategien im Licht ihrer jeweiligen Interessen als Anreize oder Belastungen auffassen und somit zu Betroffenen bzw. Bezugsgruppen der Unternehmenstätigkeit werden.[1161] Für die *Identifikation von Bezugsgruppen (scanning)* bieten sich verschiedene Vorgehensweisen an. Ein erster Anhaltspunkt sind Checklisten, in denen die wichtigsten Akteure im gesellschaftspolitischen Umfeld einschließlich ihrer typischen Zielsetzungen aufgelistet werden.[1162] Solche inhaltlichen Hilfsmittel werden zwischenzeitlich auch in der Praktikerliteratur zur Öffentlichkeitsarbeit vorgestellt.[1163] Sie sind im allgemeinen jedoch so unspezifisch, daß sich ein Rückgriff auf formale Suchstrategien empfiehlt. Ein erster Ansatzpunkt, auf den wir bereits einführend hingewiesen haben, sind vorgängig durchgeführte Themenanalysen. In diesem Fall wird man prüfen müssen, welche Akteure von den identifizierten Problemfeldern betroffen sind.[1164] Eine andere Methode wäre die gezielte Suche nach denjenigen Bezugsgruppen, die in den verschiedenen Phasen der Entwicklung, Erstellung, Vermarktung, Verwendung und Entsorgung von Produkten durch mögliche externe Effekte beeinflußt werden.[1165] Mason/Mitroff

---

1158 Vgl. Fahey/Narayanan 1986, S. 46 ff., und im Anschluß daran Göbel 1992, S. 146 ff. Andere Systematisierungen der Stakeholderanalyse finden sich bei Rowe et al. 1982, S. 62 ff., Freeman 1984, S. 100 ff., Scholz 1987, S. 26 ff., Carroll 1993, S. 66 ff., Böhi 1994, S. 139 ff., und Liebl 1996, S. 103 ff.

1159 Damit folgen wir Göbel 1992, S. 170 und S. 216.

1160 Vgl. unten S. 344 ff.

1161 Diese organisationstheoretischen Begriffe haben wir auf S. 251 f. eingeführt.

1162 Vgl. z.B. Ulrich /Fluri 1992, S. 79, sowie Freeman 1984, S. 11 ff. und insbes. S. 24 ff.

1163 Vgl. z.B. Bogner 1990, S. 108 ff., und v.a. Bürger 1989, Loseblattausgabe, Abschnitte »Beziehungsgruppen (Zielgruppen)« 1 und 2.

1164 Vgl. hierzu auch Göbel 1992, S. 147 f., Behnam/Muthreich 1995, S. 13 ff.

1165 Vgl. Göbel 1992, S. 149.

schlagen eine Reihe weiterer Suchstrategien vor, die unterschiedliche Schwerpunkte setzen und deshalb situationsspezifisch kombiniert werden müssen:[1166] Beim imperativen und sozial-partizipativen Vorgehen wird gefragt, welche Akteure sich bereits aktiv zu strategiekritischen Fragen geäußert haben bzw. durch einschlägige Handlungen (Protestaktionen, Forschungsaktivitäten, Mitgliedschaft in Interessenverbänden) aufgefallen sind. Die positionale Methode identifiziert alle externen Akteure (z.B. Aufsichtsbehörden, Konsumentenbeiräte), die in formelle Entscheidungsprozesse der fokalen Organisation eingebunden sind. Der reputationale Ansatz setzt auf die Auskunft von Experten und fragt diese, wer nach deren Meinung von der Unternehmenstätigkeit betroffen sein könnte. Die meinungsführerorientierte Methode identifiziert jene Personen bzw. Organisationen, die einen wichtigen Einfluß auf das Weltbild und die Einstellungen anderer Akteure ausüben und deshalb besondere Bedeutung erlangen.[1167] Beim demographischen Vorgehen werden verschiedene Alters-, Ausbildungs- oder Gesellschaftsschichten als Suchraster herangezogen.[1168] Die interaktionsbezogene Methode fokussiert auf die verschiedenen Beziehungstypen zwischen sozialen Akteuren. Hier bietet es sich beispielsweise an, mit Esman zwischen normativen (Berufsverbände, Politiker), konstitutiven (Aktionäre, Gesetzgeber, Behörden), funktional notwendigen (Arbeitnehmer, Lieferanten, Abnehmer) und diffusen Verkettungen (linkages) zu unterscheiden.[1169] Die Ergebnisse der Bezugsgruppenidentifikation können abschließend aggregiert und in einer enumerativen *Karte der unternehmensspezifischen Bezugsgruppen* dokumentiert werden.

Bei der *Untersuchung von Anspruchsgruppen (stakeholder monitoring)* geht es dann um die gezielte und strukturierte Analyse derjenigen Bezugsgruppen, die nach einer ersten Vorauswahl besonders wichtig erscheinen. Dies werden in erster Linie alle Anspruchsgruppen (Stakeholder) sein, d.h. diejenigen Betroffenen, die strategieinduzierte Anreize und Belastungen nicht einfach hinnehmen, sondern mit aktivem Handeln darauf reagieren.[1170] Darüber hinaus mag es aber auch sinnvoll sein, jene Personen und Organisationen im Auge zu behalten, die noch nicht in diese Kategorie fallen, aber in Zukunft in den Vordergrund rücken könnten. In jedem Fall geht es darum, von den einzelnen Akteuren möglichst aussagekräftige und differenzierte Profile zu erstellen, die einen Rückschluß auf strategische Chancen und Risiken zulassen. Dabei bieten sich wieder verschiedene Prüfkriterien an.[1171] Auf der Handlungsebene wird man typische Aktivitätsmuster und bereits artikulierte Forderungen erfassen kön-

1166 Vgl. Mason/Mitroff 1981, S. 95 ff., Mitroff 1983, S. 33 ff.; ähnlich Broom/Dozier 1990, S. 32 ff.

1167 Vgl. zu den operativen Ansätzen der Meinungsführeranalyse insbes. Weimann 1994, S. 29 ff. Meinungsführerstudien werden in der Praxis häufig als Bestandteil der weiter unten thematisierten Netzwerkanalysen durchgeführt.

1168 In ähnlicher Weise können geographische oder psychographische Kriterien verwendet werden (vgl. Broom/Dozier 1990, S. 32 ff.); sie sind allerdings nur ein Indikator für übereinstimmende Interessenlagen und gleichförmige Handlungsweisen, um die es letztlich geht; vgl. oben S. 110.

1169 Vgl. Esman 1972 und im Anschluß daran Grunig/Hunt 1984, S. 140 ff.

1170 Vgl. zum Stakeholderbegriff oben S. 251, Freeman 1984, S. 46, Grunig/Repper 1992, S. 125 f.

1171 Vgl. Mendelow 1987, S. 180 ff., Scholz 1987, S. 27 f., und v.a. Göbel 1992, S. 152 ff.

nen. Bei der Analyse der dahinter stehenden Erfahrungen, Einstellungen und Weltbilder ergibt sich eine Querverbindung zur Image- und Meinungsforschung. Die dabei relevanten Vorgehensweisen werden wir weiter unten skizzieren.[1172] Ein weiterer Aspekt sind die grundlegenden Interessenlagen und Ziele einzelner Stakeholder. An dieser Stelle muß unter anderem geklärt werden, ob einzelne Positionen und Forderungen im Prinzip zur Disposition gestellt werden können oder ob sie gleichsam identitätsstiftenden Charakter haben (wie dies bei Initiativgruppen häufig der Fall ist). Unabhängig von diesen inhaltlichen Ausprägungen kann man sich fragen, wie die jeweiligen Forderungen legitimiert werden. Hier wäre nicht nur an verschiedene Machtgrundlagen (Bindungsmacht, Vergeltungsmacht, Substitutionsmacht, Koalitionsmacht),[1173] sondern auch an den Verweis auf gemeinsame Vorstellungen des Guten und des Gerechten (ethisch-politische bzw. ethisch-moralische Imperative) zu denken.[1174]

Schließlich wird man auf einer nachgelagerten Ebene prüfen müssen, welches Kommunikationsverhalten einzelne Anspruchsgruppen an den Tag legen. Eine entsprechende Vorgehensweise hat Grunig in seiner bereits mehrfach erwähnten »situational theory of publics« skizziert.[1175] Er weist darauf hin, daß der Übergang von Bezugsgruppen zu aktiv kommunizierenden bzw. nach Informationen suchenden Anspruchsgruppen (die er als »Publikumsgruppen« bezeichnet) von drei zentralen Faktoren beeinflußt wird. Das Problembewußtsein bringt zum Ausdruck, in welchem Ausmaß die Unternehmenstätigkeit als Anreiz oder Belastung interpretiert wird. Das Restriktionsempfinden charakterisiert die perzipierten Einflußmöglichkeiten – wer sich keine Chance ausrechnet, Anreize wahrzunehmen oder Belastungen abzuwehren, wird weniger häufig aktiv werden. Der Betroffenheitsgrad weist darauf hin, daß verschiedene Problemstellungen von einzelnen Interessenträgern unterschiedlich gewichtet werden. Diese drei Kriterien können mit Mitteln der empirischen Sozialforschung erhoben werden.[1176] Dadurch lassen sich die einzelnen Stakeholder bzw. Publikumsgruppen im Hinblick auf ihre Kommunikationsaktivität als latent, aufmerksam, aktiv oder aktivistisch kennzeichnen.[1177] In einer anderen Dimension kann man Akteure, die allen strategiekritischen Themen mit Aktivität oder Passivität begegnen, von jenen Anspruchsgruppen unterscheiden, die

---

1172 Vgl. unten S. 337 ff.

1173 Vgl. Scholz 1987, S. 28. Von *Bindungsmacht* spricht man, wenn Unternehmensaktivitäten von vorgängige Entscheidungen eines Stakeholders (z.B. behördliche Genehmigungen) abhängen. Über *Vergeltungs- bzw. Retaliationsmacht* verfügen Gruppen (z.B. Gewerkschaften), die eine Nichtberücksichtigung ihrer Forderungen bestrafen können (Streiks). *Substitutionsmacht* besteht, wenn ein Stakeholder (z.B. ein Fremdkapitalgeber) die Beziehungen zur fokalen Organisation abbrechen und ihr dadurch schaden kann. *Koalitionsmacht* liegt vor, wenn sich eine Anspruchsgruppe (z.B. eine Bürgerinitiative) der Unterstützung anderer Akteure (politischer Entscheidungsträger, Medienkommunikatoren) sicher sein kann.

1174 Vgl. zu diesen Begriffen oben S. 117 ff.

1175 Vgl. oben S. 65 sowie J.E. Grunig 1979, Grunig/Hunt 1984, S. 143 ff., J.E. Grunig 1989a, Grunig/Repper 1992, S. 127 ff., und die Darstellung bei Signitzer 1992, S. 142 ff.

1176 Vgl. hierzu J.E. Grunig 1979 und Grunig/Hunt 1984, S. 150 ff.

1177 Vgl. insbes. J.E. Grunig 1989a und ders. 1989b.

sich nur zu ganz bestimmten Fragen (mit mehr oder minder allgemeiner Bedeutung) äußern.[1178] Ein letzter Aspekt betrifft dann die Mediennutzung,[1179] d.h. die Frage, welche zentralen Informationsquellen (Massenmedien, Meinungsführer) von einzelnen Stakeholdern bevorzugt in Anspruch genommen werden, und auf welchem Weg sie sich selbst äußern (z.B. durch direkte Kontaktaufnahme mit dem Unternehmen, durch Leserbriefe oder durch die Inszenierung von Pseudoereignissen). Am Ende des Monitoring steht ein differenzierteres Verständnis der wichtigsten Anspruchsgruppen einer Unternehmung. Es bietet sich an, die gewonnenen Einsichten in einer *problemorientierten Stakeholdermatrix* zusammenzufassen, aus der sich die situative Bedeutung bestimmter Anspruchsgruppen ablesen läßt. Dies setzt voraus, daß man die untersuchten Kriterien auflistet und zu den einzelnen Stakeholdern in Beziehung setzt. Daraus ergeben sich verschiedene Felder, in die man die jeweiligen Merkmalsausprägungen (Positionen, Beweggründe, Kommunikationsaktivitäten etc.) eintragen und hinsichtlich ihrer Relevanz bewerten kann. Diese Systematisierung kann dann im Rahmen der Programmplanung aufgegriffen werden, um eine Verknüpfung zwischen strategiekritischen Einflußfaktoren, zugrundeliegenden Stakeholdermerkmalen und konkreten Akteuren bzw. Publikumsgruppen herzustellen.

In einem dritten Schritt ist es notwendig, die Verflechtungen zwischen den Bezugsgruppen im gesellschaftspolitischen Umfeld aufzudecken. Bei der *Untersuchung des Kommunikations- und Beziehungsfeldes (relationship monitoring)* kann man auf verschiedene Konzepte der Netzwerkanalyse zurückgreifen.[1180] Die methodische Vorgehensweise besteht im Prinzip darin, daß man verschiedene Personen bzw. Repräsentanten von Organisationen nach ihren sozialen Kontakten befragt. Hierzu wurden verschiedene Netzwerkgeneratoren entwickelt, d.h. Fragekomplexe, mit denen die Akteure eines ego-zentrierten Netzwerks identifiziert werden können. Man wird beispielsweise erheben, mit wem die Befragten in einem bestimmten Zeitraum welchen Kontakt hatten, mit wem sie in regelmäßigen Kommunikationsbeziehungen stehen und wessen Meinungen ihnen wichtig erscheinen. Eine solche Untersuchung ist natürlich mit erheblichem zeitlichen und finanziellen Aufwand verbunden. Deshalb wird man sich in vielen Fällen damit begnügen müssen, die formellen und personellen Verflechtungen zwischen einzelnen Anspruchsgruppen (z.B. zwischen Parteien und Gewerkschaften, Ökogruppen, Kirchen) zu identifizieren. Es darf auch nicht übersehen werden, daß man im Zuge des Stakeholderscanning und -monitoring bereits einen ersten Einblick in das Beziehungsgeflecht wichtiger Bezugsgruppen erhält, weil dort immer wieder Relationskriterien (Teilnahme an Entscheidungsprozessen, Meinungsführerschaft, Koalitionsmacht, Mediennutzung) erhoben werden. Die stakeholderbezogenen Netzwerke müssen abschließend miteinander verglichen und zu einem *unternehmenspezifischen*

1178 Vgl. mit weiteren Nachweisen Grunig/Repper 1992, S. 139; die amerikanische Forschung spricht hier von all-issue, apathetic, single-issue und hot-issue publics.

1179 Dieser Hinweis findet sich bei Broom/Dozier 1990, S. 36; vgl. ferner Hamilton 1992.

1180 Vgl. im Überblick Scheuch 1993, im Kontext der Organisationskommunikation Monge/Eisenberg 1987, ferner das grundlegende Werk von Schenk 1984 sowie Pappi 1987.

*Kommunikationsnetzwerk* aggregiert werden. Es bietet sich an, dieses Netzwerk in einer Karte zu visualisieren.[1181] Darüber hinaus kann man eine *Interaktionsmatrix* aufstellen, indem man die wichtigsten Stakeholder kreuztabelliert und die jeweiligen Knotenpunkte heranzieht, um die Art und den Grad des wechselseitigen Einflusses festzuhalten.[1182] Auf dieser Grundlage lassen sich dann verschiedene Fragen beantworten, die für das PR-Management von unmittelbarer Bedeutung sind, z.B. diejenigen nach der Meinungsführerschaft und der Nachrichtendiffusion im gesellschaftspolitischen Umfeld.[1183]

Die bislang gewonnenen Analyseergebnisse müssen in einem letzten Schritt in die Zukunft projiziert werden. Die *Prognose der Stakeholderentwicklung (forecasting)* ist notwendig, um sich eine Vorstellung von potentiellen Entwicklungspfaden des strategischen Kommunikationsnetzwerks zu verschaffen. Hierbei kann man auf verschiedene Prognosetechniken zurückgreifen, die sich in anderen Bereichen der Unternehmenspraxis bewährt haben, aber von der PR-Forschung bislang kaum thematisiert werden.[1184] Das unternehmensspezifische Kommunikationsnetzwerk läßt sich allerdings nur in den seltensten Fällen vollständig in einem mathematischen Modell abbilden. Deshalb erscheinen qualitative Vorgehensweisen besonders geeignet. Beispiele sind die Szenariotechnik, bei der alternative Zukunftsentwürfe ausgearbeitet werden, oder die Delphi-Methode, bei der die Projektionen verschiedener Entscheidungsträger systematisch miteinander verknüpft und rückgekoppelt werden.[1185] Am Ende der Prognosephase stehen begründete *Varianten der* ursprünglich entwickelten *Stakeholdermatrizen und Netzwerkdiagramme,* die man bei langfristigen Planungen im Auge behalten muß.

Bei der *operativen Durchführung* der Stakeholderanalyse kommen verschiedene empirische Vorgehensweisen in Betracht. Sie werden hier gemeinsam vorgestellt, weil sie im allgemeinen für mehrere der genannten Teilaufgaben geeignet sind. Ein erster Ansatzpunkt ist die systematische Auswertung vorliegender bzw. allgemein zugänglicher Daten.[1186] Dies betrifft soziodemographische Bevölkerungsstudien, Verzeichnisse von Interessenverbänden oder auch die Grundsatzpapiere und (internen) Publikationen wichtiger Bezugsgruppen. Ein wichtiges Mittel zur Identifikation potentiell Betroffener sind Anfragen, die von externen Akteuren an das Unternehmen gerichtet werden. Solche Anfragen können provoziert bzw. gefördert werden, indem man in Imageanzeigen auf Responsemöglichkeiten hinweist (Antwortcoupon, Hotline) oder spezifische Aktionen (Ideenwettbewerbe) veranstaltet. In ähnlicher Weise wird man fragen müssen, wer die bisherigen PR-Aktivitäten (z.B. Infobroschüren, Tage der offenen Tür, interaktive Informationsdienste) genutzt hat. Dabei mag sich

1181 Vgl. Böhi 1995, S. 144 ff.

1182 Ein entsprechendes Beispiel findet sich bei Böhi 1995, S. 150 f.

1183 Vgl. zum Meinungsführerkonzept Weimann 1994 und Eisenstein 1994; ein Überblick zur empirischen Diffusionsforschung findet sich bei Schenk 1987, S. 280 ff.

1184 Eine Ausnahme sind die Hinweise von Neske 1977, S. 215 ff., und Brody/Stone 1989, S. 60 f.

1185 Vgl. zu diesen Methoden Harting 1992, insbes. S. 103 ff.

1186 Vgl. mit weiteren Hinweisen Cutlip et al. 1994, S. 334 ff., und Brody/Stone 1989, S. 84 ff.

herausstellen, daß die ursprünglichen Zielgruppendefinitionen erweitert bzw. modifiziert werden müssen. Eine zweiter Methodenkomplex setzt auf die Befragung interner und externer Stakeholderexperten, d.h. auf die Meinung solcher Akteure, die Kontakte zu vielen gesellschaftspolitischen Bezugsgruppen pflegen (Parteifunktionäre, in der Standortkommune verwurzelte Mitarbeiter).[1187] Schließlich bietet es sich an, die Betroffenen selbst nach ihren Handlungsweisen, Kommunikationsbedürfnissen, Zielen und sozialen Kontakten zu befragen.[1188] Dazu dienen Breitenerhebungen (schriftliche und telefonische Umfragen) und verschiedene Formen des direkten Dialogs mit potentiellen Bezugs- und Anspruchsgruppen.[1189] In diesem Zusammenhang kann man persönliche Kontakte von Organisationsmitgliedern nutzen, (repräsentative) Fokusgruppen befragen,[1190] und nicht zuletzt auf die vielfältigen Diskussionsplattformen zurückgreifen, die durch laufende PR-Maßnahmen geschaffen werden (Informationszentren, Tage der offenen Tür, Gesprächskreise mit Bürgern und Kritikern). Dialogorientierte Analysemethoden sind vor dem Hintergrund unserer theoretischen Überlegungen aus zwei Gründen zu favorisieren: Einerseits reduziert sich die Gefahr von Verständigungsproblemen, weil strittige Kommunikationsschemata gemeinsam hinterfragt und ggf. neu aufgebaut werden können. Zum anderen besteht in Dialogen die Möglichkeit zur Begründung (und nicht nur zur Artikulation) von Selbstbildern, Interessenlagen und Forderungen. Dadurch wird die Stakeholderanalyse aus dem Kontext der Zweckrationalität befreit und um die Berücksichtigung ethisch-politischer und ethisch-moralischer Imperative erweitert.[1191]

### *7.2.2 Thementracking*

Im Mittelpunkt der Themenanalyse steht die Frage, welche strategiekritischen Fragestellungen zu einem bestimmten Zeitpunkt in verschiedenen Kommunikationsarenen als wichtig erachtet werden. Der Ansatzpunkt sind also nicht die einzelnen Akteure (Unternehmen und ihre Bezugsgruppen), sondern die Themen, über die sie sich in der gesellschaftspolitischen Öffentlichkeit oder in anderen (z.B. wissenschaftlichen, kommunalen) Diskussionsräumen äußern. Der nachfolgend skizzierte Prozeß wird in der Literatur unter dem Stichwort »Issues Management« verhandelt. Dabei sind zwei Forschungsrichtungen zu unterscheiden,[1192] die vor dem Hintergrund unserer infradisziplinären Theoriebildung systematisch miteinander verknüpft werden können. Die Managementlehre plädiert im Anschluß an Ansoff seit langem für eine systematische

1187 Vgl. Freeman 1984, S. 95.

1188 Vgl. Göbel 1992, S. 170 ff.

1189 Vgl. zu entsprechenden Vorgehensweisen Friedrichs 1990, Kepper 1994, S. 32 ff., und im Kontext der PR-Forschung Cutlip et al. 1994, S. 330 ff., Broom/Dozier 1990, S. 145 ff.

1190 In Fokusgruppen werden einem bestimmten Teilnehmerkreis ausgewählte Themen vorgestellt, auf die die Diskussion fokussieren soll; vgl. Krueger 1994 und mit PR-Anwendungsbeispielen Cutlip et al. 1994, S. 330 ff., Broom/Dozier 1990, S. 147 ff., L.A. Grunig 1990.

1191 Vgl. dazu bereits Payne 1991 und Göbel 1992, S. 171 f., ferner Bentele et al. 1996a, S. 457 f.

1192 Vgl. Liebl 1994, S. 362 ff., ders. 1996, S. 3 ff.

Berücksichtigung *strategiekritischer* Umweltentwicklungen.[1193] Als »Issue« werden alle Zustände oder Bedrohungen bezeichnet, die – falls sie anhalten – einen signifikanten Einfluß auf die Unternehmenstätigkeit oder ihre künftige Zielstruktur ausüben können.[1194] Eine andere Forschungstradition rückt die allgemeine *Diskussionswürdigkeit* bestimmter Fragen in den Vordergrund. Dies gilt für die soziologische Analyse gesellschaftlicher Anliegen und ihrer Lebenszyklen,[1195] für die kommunikationswissenschaftliche Agenda-Setting-Metapher, die auf die Themenstruktur der Massenmedien abstellt,[1196] und nicht zuletzt für die vielschichtigen Forderungen nach einem expliziten Themenmanagement im Rahmen der Öffentlichkeitsarbeit.[1197] Als Issue gelten hier jene Problemstellungen, die „zu einem bestimmten Zeitpunkt als besonders strittig, drängend und lösungsbedürftig anzusehen sind".[1198] Ein betriebswirtschaftlich aufgeklärtes PR-Management wird beide Sichtweisen aufgreifen und sein Augenmerk auf alle strategiekritischen Themen der öffentlichen Diskussion richten.[1199] Dabei kann sich der Terminus »öffentlich« auf verschiedene Kommunikationsarenen beziehen. Ferner ist daran zu erinnern, daß der Strategiebegriff eine ökonomische *und* eine unternehmensethische Dimension umfassen muß – dieser Punkt wird in der vorliegenden Literatur zumeist übersehen.[1200]

Die einzelnen Schritte des Thementrackings entsprechen im Prinzip denen der Stakeholderanalyse: Relevante Issues müssen identifiziert, inhaltlich ausgewertet, hinsichtlich ihrer Zusammenhänge untersucht und im Hinblick auf ihre zukünftige Entwicklung beurteilt werden.[1201] Dabei gilt es stets, den Gesamtblick auf bestimmte Öffentlichkeiten durch die Betrachtung einzelner Akteure zu ergänzen. Man wird also nicht nur nach der übergreifenden Themenagenda, sondern auch nach denjenigen Issues fragen müssen, die von der fokalen Organisation (Geschäftsleitung, Mitarbeiter) und von einzelnen Anspruchsgruppen als besonders wichtig erachtet werden.

Die *Themenidentifikation (issue scanning)* kann vorstrukturiert werden, wenn man sich fragt, in welchen Kommunikationsarenen sich die Unternehmung und ihre exponiertesten Vertreter in der Vergangenheit geäußert bzw. woher sie handlungsrelevante Informationen bezogen haben. Bei der Erfassung der jeweiligen Themenagenda kommen dann eine Reihe von Vorgehensweisen in Betracht, auf die wir weiter unten eingehen werden. In jedem Fall muß die gerichtete Frühaufklärung um eine ungerichtete Überwachung ergänzt werden,

---

1193 Vgl. grundlegend Ansoff 1980, neuerdings v.a. Stoffels 1994 und sehr instruktiv Liebl 1996.

1194 Vgl. die einschlägige Definition von Brown 1979, S. 1.

1195 Vgl. zuerst Luhmann 1971 und den Überblick von Dyllick 1989, S. 231 ff.

1196 Vgl. Brosius 1994 und oben S. 168.

1197 Vgl. grundlegend Jones/Chase 1979 und Heath/Nelson 1986; im Überblick auch Crable/Vibbert 1986, S. 61 ff., Heath 1990, sowie Grunig/Repper 1992, S. 146 ff.

1198 Schulz 1984, S. 207; vgl. auch Heath/Nelson 1986, S. 37.

1199 Vgl. zu einer ähnlichen Sichtweise des »Issues Management« bereits Buchholz et al. 1989.

1200 Vgl. oben S. 263 sowie die entsprechenden Hinweise von Logsdon/Palmer 1988.

1201 Instruktive Phasenmodelle des Issues-Management-Prozesses finden sich bei Jones/Chase 1979, King 1987, S. 256 ff., Buchholz et al. 1989, S. 57 ff., und v.a. bei Stoffels 1994.

die »schwache Signale« aus allen Bereichen der gesellschaftspolitischen Umwelt auffängt und in das PR-Informationssystem einspeist.[1202]

Die *Themenuntersuchung (issue monitoring)* zielt dann auf eine kontinuierliche Beobachtung und Bewertung der als wichtig erachteten Problemstellungen ab. Bei der Beobachtung kommt es vor allem darauf an, den Lebenszyklus eines Themas im Auge zu behalten. Soziale Anliegen durchlaufen nämlich üblicherweise eine »Karriere«, die von der ersten Definition in Fachöffentlichkeiten über die Nennung und Etablierung auf der gesellschaftspolitischen (und damit massenmedialen) Agenda bis hin zum erneuten Rückzug in spezialisierte Diskussionsarenen reicht.[1203] Durch die Bewertung sollen die einzelnen Issues anhand ihrer strategischen Relevanz geordnet werden. Dabei bietet es sich an, die Themen hinsichtlich ihrer Reifephase, ihres Konkretisierungsgrades, ihrer Dringlichkeit und ihrer Dominanz zu beurteilen und diese qualitativen und quantitativen Einschätzungen in einer Matrix zu dokumentieren.[1204]

In einem dritten Schritt gilt es dann, systematische Verbindungslinien zwischen einzelnen Problemstellungen aufzudecken. Die *Themendekomposition und -aggregation (issue decomposition and aggregation)* analysiert typische Argumentationsmuster, die im Zusammenhang mit einem Issue immer wieder vorgebracht werden, und sucht auf diesem Weg nach Verknüpfungen mit anderen Themen.[1205] Das Ergebnis dieser Analyse kann in einer Karte zusammengefaßt werden, die das Netz gesellschaftspolitischer Issues einschließlich der wichtigsten Querverbindungen visualisiert.

Mit der *Themenprognose und -bewertung (issue forecasting)* werden diese Erkenntnisse in die Zukunft projiziert. Als methodischer Anhaltspunkt bietet sich hier ein Rekurs auf die bereits erwähnten Lebenszyklusmodelle gesellschaftspolitischer Anliegen an. Diese allgemeine Einschätzung kann präzisiert werden, wenn man die Agenda-Setting-Funktion der Massenmedien und die damit verbundenen Selektionsroutinen (Nachrichtenfaktoren, Meinungsführerschaft und Diffusion im Mediensystem) berücksichtigt.[1206] Vor diesem Hintergrund können Szenarien entwickelt werden, aus denen sich ein potentieller Kommunikationsbedarf für die Öffentlichkeitsarbeit oder auch Ansatzpunkte für eine proaktive Weiterentwicklung und Forcierung strategiekritischer Themen ablesen lassen.

Bei der *operativen Durchführung* des Thementrackings kommen zunächst die gleichen Vorgehensweisen in Betracht, die wir bereits bei der Stakeholderana-

---

1202 Vgl. zu verschiedenen Ansätzen der Frühaufklärung Welge/Al-Laham 1992, S. 148 ff., Krystek/Müller-Stewens 1993, Stoffels 1994, S. 56 ff., Liebel 1996; zum Stellenwert der strategischen Überwachung als mitlaufendes Pendant des Planungsprozesses Schreyögg/Steinmann 1985 und oben S. 245.

1203 Vgl. Crable/Vibbert 1986, S. 64 ff. und insbes. Dyllick 1989, S. 232 ff.

1204 Vgl. Stauss 1985, S. 74 f., und Krystek/Müller-Stewens 1993, S. 195.

1205 Vgl. zur Dekomposition von Issues z.B. King 1987, S. 259 f.

1206 Vgl. oben S. 168 f.

lyse skizziert haben:[1207] Man kann z.B. externe Anfragen auswerten und die Repräsentanten von (potentiellen) Bezugsgruppen unter Ausnutzung persönlicher Kontakte, etablierter Dialogforen (Informationszentren, Gesprächskreise) oder klassischer Methoden der Meinungsforschung (Umfragen, Gruppendiskussionen) befragen. In jedem Fall richtet sich der Fokus nicht auf die Akteure, sondern auf die von ihnen als wichtig erachteten Problemstellungen. Die spezifische Erklärungskraft der Themenanalyse kommt aber erst dann zur Geltung, wenn sie von den einzelnen Stakeholdern abstrahiert und sich stattdessen der öffentlichen Agenda in bestimmten Kommunikationsarenen zuwendet. In diesem Fall bezieht sich das Scanning und Monitoring auf strategiekritische Themen, die in konkreten Diskussionsforen und (Massen-) Medien erwähnt werden. Die Themenidentifikation wird durch eine systematische Auswertung von Trenddiensten (Issue-Reporte, Zukunftsforschung) und Tagungsprogrammen meinungsbildender Institutionen (Akademien, sozialpolitische Forschungseinrichtungen) erleichtert. Darüber hinaus können spezielle Issues-Netzwerke zum persönlichen Gedankenaustausch mit anderen PR-Beauftragten auf der Ebene eines Konzerns, einer Branche oder eines Berufsverbandes initiiert bzw. in Anspruch genommen werden.[1208] Schließlich sollten die Organisationsmitglieder dafür sensibilisiert werden, im Rahmen der strategischen Überwachung nicht nur auf marktinduzierte, sondern auch auf neue gesellschaftspolitische Herausforderungen zu achten und entsprechende Eindrücke an die zuständigen PR-Beauftragten weiterzuleiten.

Für das Monitoring strategiekritischer Themen bieten sich zwei weitere Vorgehensweisen an. Bei einfachen Formen der Medienanalyse wird eine Reihe ausgewählter Medienprodukte (wichtige Zeitungen, Zeitschriften, Rundfunksendungen) nach Berichten durchsucht, in denen vorab definierte Issues (Energiesteuer, Technikakzeptanz usw.) erwähnt werden. Auf diesem Prinzip beruht z.B. der klassische Pressespiegel, den wir in unserem einleitenden Fallbeispiel kennengelernt haben.[1209] Ein systematisches Thementracking baut diesen Gedanken aus, indem es ein breites Suchraster anlegt, die Analyseergebnisse in einem PR-Informationssystem dokumentiert und vor allem eine regelmäßige Auswertung und Diskussion der erkennbaren Trends anstößt. Dabei bietet es sich häufig an, aus Effizienzgründen auf die Angebote externer Dienstleister (Ausschnittdienste) zurückzugreifen oder statt in den Originalquellen in online verfügbaren Pressedatenbanken zu recherchieren.[1210] Als besonders geeignet erweist sich auch die laufende Einspeisung von Agenturmeldungen (dpa, Reuters) in unternehmensinterne E-Mail-Systeme. Der Einsatz von Textfiltern ermöglicht hier eine weitgehend automatisierte Weiterleitung und Archivierung relevanter Nachrichten. Elaboriertere Formen des Issue-Monitoring setzen auf inhaltsanalytische Vorgehensweisen, mit denen nicht nur die Themensuche, sondern auch die nachfolgende Bewertung der Themendarstellung formalisiert

1207 Vgl. oben S. 332 f. sowie die Übersichten von Pavlik 1987, S. 31 ff., Broom/Dozier 1990, S. 89 ff., und Stoffels 1994, S. 106 ff.

1208 Dieser Hinweis und entsprechende Praxisbeispiele finden sich bei Stoffels 1994, S. 109.

1209 Vgl. oben S. 34.

1210 Vgl. Hagen/Oberle 1994b, S. 32 f., Schöhl 1994 und ders. 1996.

wird. Die Inhaltsanalyse ist eine „wissenschaftliche Forschungsmethode mit weitgehend standardisierten Anwendungsregeln für die Untersuchung von Mitteilungen im Kommunikationsprozeß".[1211] Dabei werden zunächst vergleichbare Mitteilungseinheiten (Zeitungsartikel, Rundfunksendungen) definiert, die dann anhand verschiedener Kategorien analysiert werden. Diese Kategorien legen fest, welche inhaltlichen (Wertungen, Begründungen, Themenverknüpfungen) und formalen (Umfang, Plazierung, Reichweite der Publikation) Merkmale bei der Untersuchung berücksichtigt werden. Sie bestimmen ferner, wie die einzelnen Merkmalsausprägungen erfaßt und zum Zweck der computergestützten Weiterverarbeitung dokumentiert werden. Fortschrittliche Verfahren wie die Semantische Struktur- und Inhaltsanalyse (SSI) von Früh greifen zusätzlich auf textlinguistische Erkenntnisse zurück, um neben den manifesten Artikulationen auch außersprachliche Bedeutungen zu erfassen.[1212] Mit der Durchführung von Inhaltsanalysen wird man schon aufgrund des erheblichen Personalaufwandes einschlägig ausgewiesene Forschungsinstitute bzw. PR-Dienstleister beauftragen müssen.[1213] Eine Alternative sind kostengünstigere, aber noch nicht unternehmensspezifische und deshalb um eigene Auswertungen zu ergänzende Medienanalysen, die von gemeinnützigen Vereinen in regelmäßigen Abständen durchgeführt werden.[1214] Unabhängig von dieser konkreten Ausgestaltung gilt, daß Inhaltsanalysen im allgemeinen einen Rückschluß auf die Interessenlagen und Einstellungen von (Medien-) Kommunikatoren zulassen.[1215] Sie schlagen deshalb eine Brücke zu den anderen Teilbereichen der PR-Analyse, namentlich zur Stakeholderanalyse und zur Meinungsforschung.

### *7.2.3 Image- und Meinungsforschung*

Die Imageanalyse und Meinungsforschung fragt nach den dominanten oder von wichtigen Akteuren vertretenen Vorstellungen und Einstellungen im gesellschaftspolitischen Umfeld. Sie ist eng mit den bisher genannten Elementen der Situationsanalyse verwoben, setzt aber im allgemeinen voraus, daß die relevanten Stakeholder und Themen bereits benannt sind. Die einschlägigen Methoden der Datenerhebung, Auswertung und Prognose werden in der Publizistikwissenschaft, Demoskopie und Marktforschung seit langem diskutiert. Sie sind in der Literatur gut dokumentiert, daß wir uns im folgenden auf eine Erörterung der prinzipiellen Vorgehensweisen beschränken können.[1216]

---

1211 Schulz 1994a, S. 41; vgl. zur Inhaltsanalyse auch Friedrichs 1990, S. 314 ff., Früh 1991.

1212 Vgl. Früh 1991, S. 230 ff.

1213 Vgl. die Hinweise bei Dozier/Repper 1992 und Hagen/Oberle 1994b, S. 34 ff.

1214 Zu verweisen ist hier insbesondere auf die im Abonnement erhältlichen Dienste *Media Monitor*, Washington D.C. 1987 ff., und *Medien Tenor* (bis Mitte 1995 *Medien Monitor)*, Bonn 1994 ff.

1215 Vgl. Schulz 1994a, S. 59 ff.

1216 Vgl. zur empirischen Sozialforschung Friedrichs 1990, zu entsprechenden Anwendungen im Marketing Böhler 1992, und zur Imageforschung Trommsdorff 1975, Barich/Kotler 1991, Huber 1993. Die Grundlagen der Umfrageforschung (Demoskopie) werden von Noelle-Neumann/Petersen 1996 skizziert; zur Analyse der Massenmedien (Mediaforschung) vgl. R. Schulz 1994.

Image- und Meinungsforschung unterscheiden sich vor allem hinsichtlich ihres Erkenntnisziels: Während es einerseits um die (perzipierten) *Merkmale* von Personen, Organisationen, sozialen Institutionen und Gegenständen geht, stehen im zweiten Fall die *Einstellungen* zu bestimmten Sachverhalten (Themen, Unternehmensstrategien) im Vordergrund.[1217] Diese beiden Aspekte sind insofern miteinander verknüpft, als Imageprofile stets mit Wertungen behaftet sind und Meinungen in vielen Fällen nicht auf persönlichen Erfahrungen, sondern auf vorgängig vermittelten Images beruhen. Images und Einstellungen sind für die Öffentlichkeitsarbeit deshalb von entscheidender Bedeutung, weil sie „einen steuernden Einfluß auf die Reaktion des Individuums gegenüber [sozialen] Objekten und Situationen haben".[1218] Das heißt: Vorstellungen und Einstellungen können konkrete Kommunikationsaktivitäten, die auf eine intentionale Beeinflussung der Situationsdeutungen, Interessenlagen oder Handlungsweisen anderer Akteure abzielen, zwar nicht determinieren.[1219] Sie beeinflussen aber ihren Anlaß, ihren Kontext und ihren Zielhorizont. Insofern handelt es sich hier um zentrale Elemente der Ausgangssituation, die im Rahmen der PR-Analyse näher untersucht werden müssen.

Mit dem Imagebegriff haben wir einen Gesamtkomplex von Strukturen gekennzeichnet, die in ihrer Summe ein vereinfachtes, aber handlungsprägendes Vorstellungsbild von bestimmten Akteuren oder Systemen (Imageobjekten) vermitteln.[1220] Images spielen vor allem dann eine Rolle, wenn Situationsdeutungen und Handlungen (z.B. im Fernbereich) nicht auf erfahrungsgestütztem Wissen beruhen, sondern auf diffuse und zumeist (massen-) medial vermittelte Eindrücke angewiesen bleiben. Die *Imageanalyse* fragt deshalb, welche Vorstellungen die fokale Organisation und die wichtigsten Anspruchsgruppen von sich selbst, voneinander, von anderen Stakeholdern im gesellschaftspolitischen Umfeld und von strategiekritischen sozialen Institutionen (z.B. dem Preissystem, bestimmten Genehmigungsverfahren usw.) haben. Damit werden verschiedene Eigen- und Fremdbilder erhoben. Zusätzlich kann man prüfen, welche Annahmen die Befragten über die Eigen- und Fremdbilder anderer Akteure treffen, d.h. welche Vorstellungen sie von den Vorstellungen ihrer Interaktionspartner haben.

Die *Meinungsforschung* fragt demgegenüber nach den Einstellungen gegenüber bestimmten Personen, Institutionen, Gegenständen oder Problemstellungen (Meinungsobjekten). Der Einstellungsbegriff beschreibt die „Disposition oder Bereitschaft, ein Objekt in bestimmter (positiver oder negativer) Weise zu bewerten".[1221] Einstellungen stützen sich auf ein Bündel miteinander ver-

1217 Vgl. Crable/Vibbert 1986, S. 53 ff., und zur Gleichsetzung von Meinungen und Einstellungen z.B. Burkart 1995c, S. 180 f.

1218 Wiswede 1991, S. 147, dort im Hinblick auf Einstellungen.

1219 Eine solche Stimulus-Response-Vorstellung widerspricht nicht nur dem in dieser Studie entwickelten *handlungs*theoretischen Kommunikationsbegriff, sondern auch den vorliegenden Ergebnissen der PR-Wirkungsforschung; vgl. Dozier/Ehling 1992, S. 164 ff.

1220 Vgl. zum Imagebegriff und zum Prozeß der Imagegenese oben S. 127 ff.

1221 Slesina 1994, S. 160; vgl. zu ähnlichen Definitionen im Bereich der Marktforschung Böhler 1992, S. 106, und im kommunikationswissenschaftlichen Kontext Burkart 1995c, S. 181.

schränkter Einflußfaktoren, die wir als affektiv, motivational und kognitiv bezeichnen können.[1222] Die affektive Dimension umfaßt gefühlsmäßige und damit vorwiegend verhaltensinduzierte Zuneigungen und Abneigungen. Die motivationale Komponente ist ein Ausfluß subjektiver Zielsetzungen und Interessenlagen, die sich zu stabilen Handlungsdispositionen verfestigen. Der kognitive Einfluß beruht auf dem kumulierten Erfahrungswissen und den darüber hinausgehenden Vorstellungen von einem Meinungsobjekt; er verweist auf die bereits erwähnte Verschränkung von Image- und Meinungsbildungsprozessen.

Die *operativen Vorgehensweisen* von Meinungsforschung und Imageanalyse stimmen in weiten Teilen überein. In beiden Fällen muß zunächst ein aussagekräftiger Kriterienkatalog entwickelt werden, der die Image- bzw. Meinungsobjekte in mehreren Dimensionen beschreibt. Die seit 1986 durchgeführten Studien der Zeitschrift »Manager Magazin« erheben das Unternehmensimage z.B. anhand der Dimensionen Managementqualität, Innovation, Kommunikation, Preis-Leistungs-Verhältnis und Solidität.[1223] In ähnlicher Weise kann man strategiekritische Issues (z.B. Partizipationsforderungen im lokalen Umfeld) in einzelne Bestandteile und Teilfragen aufgliedern. Die Befragten werden dann gebeten, sich zu diesen verschiedenen Aspekten zu äußern. Bei qualitativen Vorgehensweisen (z.B. Tiefeninterviews und Fokusgruppen) erwartet man begründete Stellungnahmen, die relativ differenzierte Rückschlüsse auf die zugrundeliegenden Einflußfaktoren zulassen. Im allgemeinen wird man jedoch auf statistisch auswertbare Image- bzw. Einstellungsskalen zurückgreifen. In diesem Fall müssen die potentiellen Ausprägungen bzw. Bewertungen für jede relevante Dimension vorab benannt werden. Diese Attribute können dann in Thesen (»Das Unternehmen zeigt soziale Verantwortung«) gekleidet werden, die von den Befragten mit Hilfe einer intensitätsmäßig abgestuften und damit in numerische Werte umsetzbaren Skala zu beurteilen sind (»stimme stark zu« bis »lehne stark ab«). Bei einer solchen Likert-Skala wird die positive Ladung des Vorstellungsbildes bzw. der Einstellung dann durch eine Summierung der einzelnen Attributwerte errechnet.[1224] Eine größere Aussagekraft läßt sich mit mehrdimensionalen Verfahren erzielen, die jeder Dimension mehrere Attributpaare zuordnen. Ein Beispiel ist das semantische Differential, das ursprünglich für die Messung lokutionärer Wortbedeutungen entwickelt wurde und in abgewandelter Form für die Imageforschung genutzt werden

---

1222 Mit dieser Dreiteilung variieren wir die klassische Rede von affektiven, kognitiven und konativen Einstellungskomponenten. Die auch in der Literatur umstrittene konative Dimension wird außer acht gelassen, weil sie sich auf typische Verhaltenstendenzen gegenüber einem Objekt und damit eher auf Auswirkungen denn auf Einflußfaktoren von Einstellungen bezieht. Demgegenüber werden die emotionalen (verhaltensinduzierten) und motivationalen (zweckorientierten) Einflußfaktoren getrennt thematisiert, um den kategorialen Unterschied zwischen Handeln und Verhalten – vgl. oben S. 86 ff. – aufzugreifen.

1223 Vgl. Demuth 1994, S. 83.

1224 Vgl. Friedrichs 1990, S. 175 ff., Böhler 1992, S. 111 ff.

kann.[1225] Dabei müssen die Befragten die jeweilige Imagedimension (z.B. die Mitarbeiterqualität einer Bank) auf einer polaren Skala mit mehreren Attributpaaren (»kompetent« – »inkompetent«, »bürokratisch« – »unbürokratisch«) verorten.[1226] Wenn man die (durchschnittlich) angekreuzten Beurteilungen durch eine Linie miteinander verbindet, erhält man auf sehr einfache Weise ein grafisches Imageprofil, das mit den Einschätzungen anderer Akteure bzw. einem angestrebten Idealbild verglichen werden kann.[1227]

Der Profilvergleich ist ein erster Baustein für den Vergleich empirisch erhobener Images und Meinungen. Diese *Differenzbetrachtung* ist der Dreh- und Angelpunkt der gesamten PR-Analyse. Das Wissen über wichtige Stakeholder, strategiekritische Themen und die in diesem Zusammenhang relevanten Vorstellungen und Einstellungen muß letztlich zur Bestimmung potentieller Mißverständnisse und Interessenkonflikte im gesellschaftspolitischen Umfeld herangezogen werden. Dadurch wird deutlich, an welcher Stelle Kommunikationsaktivitäten angestoßen werden müssen bzw. in welcher Hinsicht man mit extern angestoßenen Kommunikationsprozessen rechnen muß.

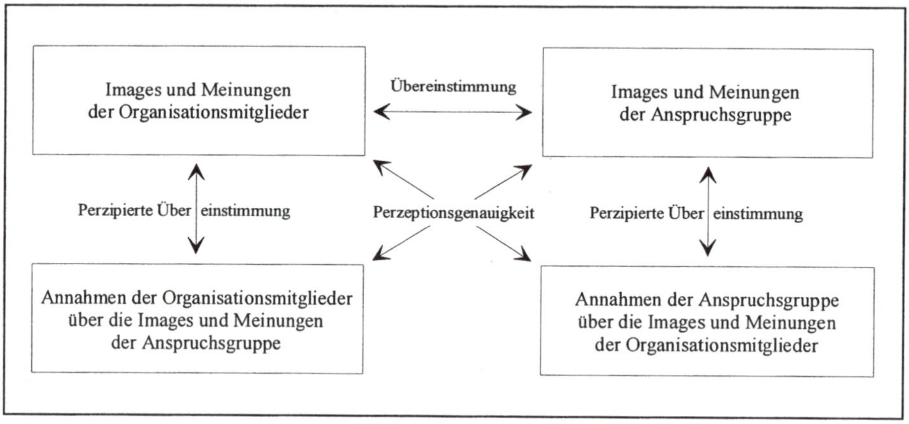


*Abb. 20: Das Koorientationsmodell als Bezugsrahmen der PR-Analyse* [1228]

Abb. 20 skizziert einen Bezugsrahmen, der die wichtigsten Dimensionen dieses Analyseschritts erfaßt. Das *Koorientationsmodell* kann herangezogen werden, um die Beziehungen zwischen der fokalen Organisation und bestimmten Anspruchsgruppen zu untersuchen.[1229] Es ist aber auch in der Lage, potentielle

1225 Vgl. grundlegend Osgood et al. 1957, S. 56 ff., im Überblick Friedrichs 1990, S. 184 ff., und im Kontext der Imageforschung v.a. Trommsdorff 1975, S. 86 ff., sowie B. Schulz 1992, S. 41 ff. Vgl. zur Imagemessung ferner Bromley 1993, S. 230 ff., Huber 1993, S. 44 ff., Landsch 1995.

1226 Ein entsprechendes Beispiel findet sich bei B. Schulz 1992, S. 351.

1227 Vgl. Barich/Kotler 1991, S. 99 ff., sowie die Beispiele bei B. Schulz 1992, S. 202 ff.

1228 Quelle: Leicht modifizierte Übersetzung von Abb. 2-2 in Broom/Dozier 1990, S. 38.

1229 Vgl. zum Koorientationsmodell grundlegend McLeod/Chaffee 1973 und im Kontext der PR-Theorie Broom 1977, Grunig/Hunt 1984, S. 127 ff., Broom/Dozier 1990, S. 37 ff., Dozier/Ehling 1992, S. 179 ff., sowie Cutlip et al. 1994, S. 249 ff.

Konflikte und Übereinstimmungen zwischen wichtigen Stakeholdern oder Meinungsunterschiede in verschiedenen Öffentlichkeiten aufzudecken.[1230]

Zur Erläuterung des Koorientationsmodells greifen wir auf ein alltägliches Beispiel zurück: die Beziehungen zwischen einer Unternehmung und einer lokalen Anspruchsgruppe, z.B. einem Bürgerverein. Unser Bezugsrahmen verdeutlicht zunächst, daß soziale Handlungszusammenhänge maßgeblich durch die Situationsdeutungen der Beteiligten geprägt werden. Die Unternehmung stützt ihre Handlungspläne auf ihre eigenen Zwecksetzungen und Vorstellungen, aber auch auf die Annahmen, die man über den Bürgerverein und dessen Images bzw. Meinungen trifft. Das heißt: Man agiert stets vor dem Hintergrund einer *perzipierten Übereinstimmung* mit der fraglichen Anspruchsgruppe, die natürlich mehr oder minder groß sein kann und im Extremfall die Form eines perzipierten Konfliktes annehmen wird. Dies hat unmittelbare Auswirkungen für die konkreten Handlungspläne und damit für den tatsächlich erreichbaren Grad der *Übereinstimmung* zwischen den beiden Akteuren. Dieser Übereinstimmungsgrad kann näher analysiert werden, wenn man einzelne Imagedimensionen miteinander vergleicht oder im Fall der Einstellungen genauer nachfragt, ob die erkennbaren Differenzen auf kognitive, motivationale oder emotionale Gründe zurückzuführen ist.[1231] Daraus ergeben sich wichtige Anhaltspunkte, die in den strategischen Managementprozeß eingespeist werden können, um Änderungen auf der Handlungsebene (z.B. in Bereichen, in denen das Unternehmen nicht den Vorstellungen des Bürgervereins entspricht) anzustoßen oder zumindest eine aktive Kommunikation über diese Aspekte in Gang zu bringen. Weitere Ansatzpunkte für konkrete PR-Programme werden deutlich, wenn man die Ergebnisse der empirischen Sozialforschung heranzieht, um die *Perzeptionsgenauigkeit* zu untersuchen. Dieser Indikator kennzeichnet das Ausmaß der Entsprechung zwischen den Annahmen des Unternehmens über die Einstellungen bzw. Vorstellungen der Anspruchsgruppe und deren tatsächlichen Images bzw. Einstellungen (und vice versa). Eine niedrige Perzeptionsgenauigkeit deutet auf Mißverständnisse hin, die durch geeignete PR-Maßnahmen vermieden werden können.[1232] Es bietet sich beispielsweise an, dialogorientierte Plattformen (Konsultationskreise, Informationstage) zu schaffen, damit Vertreter des Unternehmens und des Bürgervereins zusammenkommen und ihre gegenseitigen Fehleinschätzungen durch gemeinsame Orientierungsversuche und Erfahrungen überwinden können. Eine mangelnde Perzeptionsgenauigkeit führt immer dann zu strategischen Bedrohungen, wenn die Entscheidungsträger im Unternehmen annehmen, daß die Position eines wichtigen Stakeholders weitgehend mit ihrer eige-

1230 Für die Erhebung der Felddynamik zwischen verschiedenen Akteuren in komplexen Kommunikationsfeldern haben Springston et al. (1992) ein weiterführendes Modell vorgestellt, auf das wir an dieser Stelle nicht näher eingehen können.

1231 Ein anderer Ansatzpunkt wäre die von Burkart vorgeschlagene Methode, bei der die Übereinstimmung in Fragen der Wahrheit (von Behauptungen), Authentizität (von Selbstbildern) und Legitimität (von Ansprüchen bzw. Forderungen) geprüft werden soll; vgl. oben S. 57 ff.

1232 Vgl. Dozier/Ehling 1992, S. 180.

nen übereinstimmt, obwohl dies nicht der Fall ist.[1233] Solche Mißverständnisse können dazu führen, daß man auch bei sorgfältig geplanten Maßnahmen (z.B. einer Werkserweiterung) von Protesten und Gegenreaktionen überrascht wird. Die Folge ist häufig eine Kommunikationskrise, die eine ungeahnte Dynamik entfalten kann. Ein strategisches PR-Management kann zur Vermeidung solcher Situationen beitragen, indem es sich nicht auf die Stakeholderbeobachtung beschränkt, sondern einen kontinuierlichen Dialog mit den wichtigsten Anspruchsgruppen anstößt und so einen Beitrag zur Realisierung *und* (Um-) Orientierung der Unternehmensstrategie leistet.[1234]

### *7.2.4 Potentialanalyse*

Die Planung und Durchführung von PR-Programmen erfordert nicht nur eine genaue Untersuchung der gesellschaftspolitischen Situation, sondern auch eine fundierte Einschätzung der unternehmensspezifischen Rahmenbedingungen. Deshalb sind auf der Ebene des strategischen Managements laufend allgemeine Unternehmensanalysen durchzuführen, in denen die relativen Stärken und Schwächen in *allen* Organisationsbereichen analysiert werden.[1235] Diese Einsichten werden durch die Differenzanalysen der Image- und Meinungsforschung ergänzt und stellen insofern wichtige Eckdaten für die Öffentlichkeitsarbeit dar. Darüber hinaus ist es jedoch notwendig, sich einen genauen Eindruck von dem derzeitigen PR-Potential, d.h. von den spezifischen Kompetenzen und Ressourcen der *Öffentlichkeitsarbeit,* zu verschaffen.[1236] Eine solche Vorgehensweise empfiehlt sich schon deshalb, weil langfristig aufgebaute und schwer imitierbare Kommunikationsfähigkeiten aus der Perspektive der ressourcenorientierten Strategielehre wichtige Ansatzpunkte zur Profilierung in Markt und Gesellschaft sind.[1237]

Für die Evaluation des PR-Potentials empfiehlt sich eine dreistufige Vorgehensweise.[1238] In einem ersten Schritt muß ein *Ressourcenprofil* erstellt werden, das die typischen Leistungspotentiale der Öffentlichkeitsarbeit aufzählt und systematisiert. Eine entsprechende Klassifikation läßt sich aus unseren Überlegungen zur Kommunikationskompetenz ableiten:[1239] Allokative PR-Ressourcen umfassen die materiellen Voraussetzungen der Öffentlichkeitsarbeit, z.B. die verfügbare Hard- und Software für individualisierte Mailings, Videokonferenzen, interaktive Telefonansagedienste usw. Die autoritativen

---

1233 In diesem Fall liegt eine »falsche Übereinstimmung« vor; vgl. Broom/Dozier 1990, S. 38 f. Der umgekehrte Fall des »falschen Konflikts« ist weniger kritisch: Er führt nicht unmittelbar zu strategischen Bedrohungen, sondern eher zu einem ineffizienten Einsatz der PR-Ressourcen, weil die Kommunikationsaktivitäten auf scheinbare Konfliktfelder ausgerichtet werden.

1234 Vgl. Dozier/Ehling 1992, S. 181.

1235 Vgl. zur Unternehmensanalyse Steinmann/Schreyögg 1993, S. 172 ff., Bea/Haas 1995, S. 94 ff.

1236 Vgl. ähnlich Crable/Vibbert 1986, S. 318 ff. Dieser Punkt wird in der PR-Forschung bislang weitgehend vernachlässigt; in der Literatur finden sich vorwiegend nur Hinweise auf die allgemeine Unternehmensanalyse; vgl. etwa Cutlip et al. 1994, S. 316 ff., Avenarius 1995, S. 197 f.

1237 Vgl. zum »Resource-Based-View« oben S. 242, Anmerkung 890, sowie S. 270.

1238 Vgl. Hofer/Schendel 1978, S. 144 f., dort im Hinblick auf die unternehmensweite Analyse.

1239 Vgl. oben S. 189 ff.

Ressourcen kommen in der aktiven Kommunikationskompetenz, der Wahrnehmungskompetenz und der Kooperationskompetenz derjenigen Mitarbeiter (Pressesprecher, Geschäftsführer, Werksleiter) zum Ausdruck, die mit wichtigen Stakeholdern kommunizieren (sollen). Wichtige Kriterien wären hier z.B. die rhetorischen Fähigkeiten, das persönliche Charisma und die Erfahrung mit Auftritten im Fernsehen.[1240]

In einem zweiten Schritt müssen die *unternehmensspezifischen Stärken und Schwächen* ermittelt werden. Dazu bietet es sich zunächst an, den Charakter und die Schwerpunkte der zurückliegenden Kommunikationsaktivitäten festzuhalten. Man wird dann beispielsweise feststellen, daß die Pressearbeit leicht von der Hand geht, während es im Bereich der Dialogkommunikation oder der interaktiven Medien noch weitgehend an Erfahrungen mangelt. Darüber hinaus ist zu fragen, ob einzelne Mitarbeiter durch Weiterbildungsmaßnahmen oder durch die Erfahrung aus früheren Tätigkeiten über bislang ungenutzte Fähigkeiten verfügen. Schließlich darf nicht übersehen werden, daß das Leistungspotential auch durch etablierte Beziehungen mit externen Dienstleistern und persönliche Netzwerke von PR-Beauftragten beeinflußt wird. Hinter dieser Überlegung steht der einfache Gedanke, daß man nicht alles selbst beherrschen kann, aber wissen muß, wer spezielle Fähigkeiten (z.B. im Bereich der Dialogkommunikation, Eventorganisation, Multimediaproduktion) vorhält.[1241] Das Kompetenzspektrum wird bereits dann erweitert, wenn sich die Kommunikationsbeauftragten um ein regelmäßiges Studium der internationalen Fachpresse (auch in verwandten Gebieten, z.B. der Marketingkommunikation) bemühen und die Diskussion mit Fachkollegen und Wissenschaftlern suchen. Hierzu bieten sich neben berufsständischen Erfahrungsgruppen und Fachtagungen vor allem auch elektronische Diskussionsforen an, in denen immer wieder innovative Vorgehensweisen erörtert werden.[1242]

In einem dritten Schritt gilt es schließlich, die *relativen Stärken und Schwächen* im Vergleich zu anderen Akteuren im gesellschaftspolitischen Umfeld zu bestimmen.[1243] Dabei mag sich beispielsweise herausstellen, daß die Pressearbeit im lokalen Umfeld aufgrund langjähriger Erfahrungen und Kontakte mit den wichtigsten Journalisten überdurchschnittlich gut beherrscht wird, während man bei der Inszenierung von öffentlichkeitswirksamen Events hinter den Kompetenzen einer wichtigen Kritikergruppe (z.B. Greenpeace) zurückbleibt.

1240 Vgl. zur systematischen Vorbereitung von Fernsehauftritten z.B. Beger et al. 1989, S. 277 ff.

1241 Dabei darf jedoch nicht übersehen werden, daß strategiekritische (d.h. für zentrale Aspekte der Profilierung in Markt und Gesellschaft unabdingbare) Kompetenzen nicht »outgesourct« werden dürfen, sondern im Organisationsfeld vorgehalten werden müssen.

1242 Ein erstes Beispiel ist das praxisorientierte PRFORUM, ein automatischer E-Mail-Listserver (Nachrichtenverteiler) im Internet, der von J. Springston an der Indiana University – Purdue University, Indianapolis (IUPUI) betrieben wird.

1243 Dieser zentrale Schritt unterscheidet die PR-Analyse von den Bemühungen um eine qualitative Zertifizierung der Arbeitsweise von PR-Agenturen und -Abteilungen, die seit einiger Zeit in der Praxis festzustellen sind (ISO 9000-Serie); vgl. International Public Relations Association 1994, S. 42 ff. Solche Zertifizierungen belegen die Einhaltung von (Mindest-) Standards, sind aber kein Indiz für die relative Leistungsfähigkeit.

Auf der Grundlage der so gewonnenen Einsichten kann die Potentialanalyse organisatorische und personelle Lernprozesse anstoßen, die allerdings auf der Ebene des PR-Controllings bzw. des (integrierten) Kommunikationsmanagements anzusiedeln wären. Bei der Gestaltung konkreter PR-Programme wird man die jeweiligen Stärken und Schwächen dagegen zunächst als Randbedingungen berücksichtigen und in den Planungsprozeß einbeziehen müssen.

## 7.3 Planung von PR-Programmen

Die Analysephase verschafft dem PR-Management einen fundierten Einblick in das Beziehungs-, Themen- und Meinungsgeflecht im gesellschaftspolitischen Umfeld der Unternehmung. Auf dieser Grundlage kann dann in einem nächsten Schritt die Planung von PR-Programmen in Angriff genommen werden.

### *7.3.1 Grundlagen der PR-Planung*

Der *Planungsprozeß* entspricht der prinzipiellen Vorgehensweise, die bei jeder Zweck- und Mittelwahl anzuwenden ist: Zunächst müssen verschiedene Ziele bzw. Handlungsoptionen benannt werden (Alternativenformulierung), aus denen diejenigen auszuwählen sind, die im Licht der jeweiligen Aufgabenstellung am sinnvollsten erscheinen (Bewertung und Entscheidung). Die favorisierten Leitideen bzw. Handlungsprogramme müssen dann allen anderen, nicht an der Planung beteiligten Aufgabenträgern erläutert (Führungskommunikation) und sukzessive umgesetzt werden (Feinplanung und Implementation). Dabei darf nicht übersehen werden, daß die Planung ein hochselektiver Prozeß ist, der eines fortwährenden Korrektivs bedarf, um potentielle Irrwege und damit verbundene Bedrohungen frühzeitig aufzudecken.[1244] Aus diesem Grund kommt der strategischen PR-Kontrolle, dem laufenden Prozeßaudit (Controlling) und – auf einer übergeordneten Ebene – dem Personalmanagement und der Organisationsgestaltung eine eigenständige (Um-) Steuerungsfunktion zu.[1245] Die Programmplanung wird also fundamental mißverstanden, wenn man annimmt, daß sie in Kenntnis der Ausgangssituation und der strategischen Zielsetzungen konkrete Aktivitäten formulieren kann, deren Umsetzung dann nur noch ein operatives Problem darstellt.[1246] Man sollte

---

1244 Vgl. Steinmann/Schreyögg 1993, S. 154.

1245 Vgl. zur Begründung oben S. 245 ff., zum (integrierten) Kommunikationsmanagement S. 312 ff., zur strategischen PR-Kontrolle unten S. 378 ff. und zum PR-Controllings unten S. 380 ff.

1246 Diese Auffassung ist allerdings in der PR-Literatur bis heute verbreitet; vgl. z.B. Reineke/Sachs 1975, S. 77 ff., Neske 1977, S. 176 ff., Schulze-Fürstenow 1988 und in jüngster Zeit B. Schulz 1992, S. 79 ff., sowie Börner 1994, S. 217 ff. B. Schulz (1992, S. 87 ff.) erkennt das Selektivitätsproblem, bemüht sich aber nicht um eine konzeptionelle Auflösung. Börner beruft sich auf das synoptische Planungsmodell von Wild (1974) und bleibt damit weit hinter dem Stand der Managementforschung zurück. Eine vergleichbare Kritik trifft den deutlich differenzierter argumentierenden Ansatz von Bruhn (1995), der eine strikt analytische Feinplanung der Unternehmenskommunikation propagiert (S. 115 ff.) und im Rahmen der Kontrollfunktion nicht auf die strategische Überwachung und das Prozeßcontrolling eingeht (S. 256 ff.).

vielmehr davon ausgehen, daß die Planung wichtige Leitplanken und Meilensteine setzt, die in den anderen Phasen des PR-Managements immer wieder neu befestigt (oder auch verrückt) werden müssen.

Zur Unterstützung des Planungsprozesses stehen eine Reihe unterschiedlicher *Methoden und Techniken* bereit.[1247] Bei der *Alternativenformulierung* empfiehlt sich der Einsatz von Kreativitätstechniken und Szenarien. Das breite Spektrum bewährter Kreativitätstechniken reicht von verschiedenen Varianten des Brainstorming und Brainwriting bis hin zu morphologischen Ansätzen, mit denen das Lösungsfeld systematisch vorstrukturiert und erkundet wird.[1248] Szenarien bündeln und veranschaulichen die potentiellen Ziele und Vorgehensweisen zu konsistenten Zukunftsbildern, die z.B. mit Hilfe von Cross-Impact-Analysen generiert und bewertet werden können.[1249] Wenn die *Bewertung und Entscheidung* von mehreren Aufgabenträgern vorgenommen wird, tragen Diskussions- und Moderationstechniken dazu bei, daß die Qualität des Argumentationsprozesses verbessert wird.[1250] Im operativen Bereich kann das Entscheidungsproblem durch ausgewählte Planungsmodelle weiter vorstrukturiert werden. Beispiele sind die Nutzwertanalyse und der von Bruhn für die integrierte Kommunikationspolitik vorgeschlagene »Analytical Hierarchy Process« (AHP).[1251] In beiden Fällen müssen die Entscheider situationsspezifische Kriterien bzw. Zielhierarchien aufstellen und die einzelnen Alternativen in verschiedenen Dimensionen beurteilen. Auf dieser Grundlage kann die relative Vorzugswürdigkeit einzelner Strategien und Maßnahmen berechnet werden. Zur Unterstützung der Maßnahmenplanung wird man in den meisten Fällen Budgets aufstellen. Die Feinsteuerung erfolgt in diesem Fall durch die Beeinflussung des Wertumlaufprozesses.[1252] Ein anderes Beispiel für eine bewährte und inzwischen durch leistungsfähige Computerprogramme unterstützte Methode ist die Netzplantechnik, die vor allem bei der Ablaufplanung zum Einsatz kommt.[1253] In jedem Fall gilt, daß die genannten Planungstools in allen Bereichen der Unternehmensführung in ähnlicher Form zur Anwendung kommen. Wir können deshalb auf eine ausführlichere Diskussion verzichten; stattdessen sei auf die einschlägige Literatur aus dem Bereich der Managementlehre und Unternehmensforschung verwiesen.[1254]

Von ungleich größerer Bedeutung sind die prinzipiellen Merkmale der verschiedenen *Kommunikationskonzepte,* die im Zuge der Programmplanung entwickelt werden sollen. Bei der einleitenden Skizze des PR-Managementprozesses haben wir bereits darauf hingewiesen, daß man hier drei verschie-

---

1247 Die Bereitstellung dieser Tools ist Aufgabe des PR-Controlling; vgl. unten S. 380 ff.

1248 Vgl. Harting 1992, S. 103 ff.

1249 Vgl. Harting 1992, S. 149 ff. und S. 167 ff.

1250 Vgl. die instruktiven Ausführungen von Böning 1994 und Eggers 1994.

1251 Vgl. Bruhn 1995, S. 105 ff. und zu den Grundlagen des AHP Haedrich/Tomczak 1990, S. 177 ff.

1252 Vgl. zur Budgetierung Steinmann/Schreyögg 1993, S. 332 ff., Grunig/Hunt 1984, S. 164 ff.

1253 Vgl. Zimmermann 1992, S. 6 ff., Neske 1977, S. 226 ff., Grunig/Hunt 1984, S. 166 ff.

1254 Vgl. insbes. Harting 1992, S. 73 ff., Welge/Al-Laham 1992, S. 165 ff., Hentze et al. 1993, S. 90 ff., und Zimmermann 1992; im Kontext der PR-Forschung auch Neske 1977, S. 205 ff., Grunig/Hunt 1984, S. 163 ff., und Baskin/Aronoff 1988, S. 130 ff.

dene Konkretisierungsstufen unterscheiden kann: das (strategische) PR-Rahmenkonzept, strategische PR-Programme und operative PR-Programme.[1255] Dabei gilt wiederum, daß sich die einzelnen Bausteine nicht schlicht voneinander ableiten lassen. Es handelt sich vielmehr um interdependente Elemente, die es mit je unterschiedlichen Entscheidungskorridoren zu tun haben. Irreführend ist auch die weit verbreitete Vorstellung, daß strategische (Rahmen-) Konzepte langfristige Ziele definieren und operative Programme kurzfristig angelegt sind.[1256] Unsere betriebswirtschaftlichen Überlegungen haben verdeutlicht, daß sich die begriffliche Abgrenzung grundsätzlich auf die Unternehmensstrategie beziehen muß, d.h. auf die (angestrebte) Positionierung einer Organisation in Markt und Gesellschaft.[1257] Demzufolge kann man unabhängig vom Zeithorizont immer dann von *strategischen* PR-Konzepten sprechen, wenn die Effektivität bestimmter Ziele oder Vorgehensweisen im Sinne ihres Beitrags zur Realisierung oder Umorientierung der Unternehmensstrategie zur Debatte steht.[1258]

### *7.3.2 PR-Rahmenkonzept*

Dies betrifft zunächst das PR-Rahmenkonzept, in dem die prinzipiellen Aufgaben und Leitlinien der Öffentlichkeitsarbeit formuliert werden.[1259] Die *Aufgaben* der Public Relations ergeben sich aus ihrer Einbettung in die strategische Unternehmensführung und das integrierte Kommunikationsmanagement. Der Öffentlichkeitsarbeit obliegt es, Kommunikationsprozesse im gesellschaftspolitischen Umfeld zu gestalten, um die Unternehmensstrategie in diesen Handlungsarenen durchzusetzen bzw. entsprechende Widerspruchspotentiale und gesellschaftliche Anforderungen in das organisatorische Entscheidungssystem einzuspeisen.[1260] Die *Leitlinien* der Öffentlichkeitsarbeit müssen im Hinblick auf die jeweilige Unternehmensstrategie festgelegt werden. Sie reflektieren die generelle Orientierung einer Organisation, die sich z.B. in der Vision widerspiegelt, ein überdurchschnittlich flexibles, dezentral organisiertes und sozial verantwortliches High-Tech-Unternehmen zu werden. In Übereinstimmung mit dieser Positionierung kann die übergreifende Kommunikationsphilosophie die unterschiedlichen Stoßrichtungen der internen und externen Unternehmenskommunikation betonen. Während die Marktkommunika-

---

1255 Vgl. oben S. 321. Diese drei Ebenen werden auch von Hahn 1992, S. 141 ff., angedeutet.

1256 Vgl. zu einer solchen Fehleinschätzung wiederum Börner 1994, S. 255 ff.

1257 Vgl. oben S. 241 f.

1258 In den Termini der Managementforschung sind das strategische PR-Rahmenkonzept und die strategischen PR-Konzepte als strategische Programme zu bezeichnen. Solche Programme sind für alle Aufgaben und Teilfunktionen (d.h. auch für Marktkommunikation, Organisationskommunikation, Finanzierung etc.) zu erstellen und systematisch in den Managementprozeß einzubetten; vgl. Steinmann/Schreyögg 1993, S. 212 f., Hax/Majluf 1991, S. 286 ff.

1259 Vgl. zum PR-Rahmenkonzept Schüller 1991, S. 194 ff., und Hahn 1992, S. 141 f. Mit der Unterscheidung von strategischem Rahmenkonzept und (strategischen) PR-Programmen wird die gängige Unterscheidung von allgemeinen *Goals* und konkreten *Objectives* der Öffentlichkeitsarbeit, die in der angloamerikanischen PR-Forschung propagiert wird (vgl. etwa Grunig/Hunt 1984, S. 116, Broom/Dozier 1990, S. 40 ff.), konzeptionell eingeholt.

1260 Vgl. oben S. 298 und S. 324 ff.

tion und Öffentlichkeitsarbeit stark auf die einzelnen Geschäftseinheiten auszurichten wäre, müßte die Organisationskommunikation einheitsstiftende Wertmuster vermitteln, um die Identität der Gesamtunternehmung hervorzuheben. Der so abgesteckte Entscheidungskorridor kann dann vom PR-Management genutzt werden, um vor dem Hintergrund der Situationsanalyse eine prinzipielle Grundorientierung für die gesellschaftsorientierte Kommunikation zu formulieren. Dies mag beispielsweise die Vision einer strikt kontextgebundenen, die Anspruchsgruppen in ihren eigenen Lebenswelten und Handlungssphären »abholenden« Kommunikation sein, mit der die Flexibilität und Dezentralität der Unternehmenstätigkeit in optimaler Weise aufgegriffen wird.

### *7.3.3 PR-Programme*

PR-Programme formulieren Ziele, Stoßrichtungen und Maßnahmen für konkrete Kommunikationsaktivitäten. Sie lassen sich im Hinblick auf den Programmtyp und den Konkretisierungsgrad voneinander abgrenzen. Die wichtigsten *Programmtypen* sind Basiskonzepte, Routinekampagnen, Aktionsprogramme (Kampagnen) und Krisenkonzepte.[1261] Basisprogramme definieren kontinuierlich durchzuführende PR-Aktivitäten, z.B. die Pressearbeit im lokalen Umfeld und die Durchführung von Besuchsprogrammen für interessierte Bürger und Meinungsbildner. Routinekampagnen betreffen turnusmäßig wiederkehrende Aufgaben, z.B. die jährliche Umweltberichterstattung. Sie sind dadurch gekennzeichnet, daß man bei ihrer Gestaltung im allgemeinen auf frühere Erfahrungen und etablierte Kommunikationsbeziehungen zurückgreifen kann. Kampagnen beziehen sich dagegen auf singuläre Zielsetzungen, z.B. auf die kommunikative Begleitung einer Werkserweiterung. Schließlich ist an Krisenkonzepte zu denken, die sich mit potentiellen Problemstellungen (z.B. der Öffentlichkeitsarbeit nach einem Störfall) beschäftigen und dafür geeignete Maßnahmen, Verantwortungsstrukturen und Ablaufpläne definieren.[1262] Der unterschiedliche *Konkretisierungsgrad* von PR-Programmen verdeutlicht, daß alle Kommunikationskonzepte unabhängig von ihrem Typ auf einer strategischen und einer operativen Ebene ausformuliert werden müssen. Mit diesem Punkt wollen wir uns im folgenden näher auseinandersetzen.

#### 7.3.3.1 Strategische PR-Programme

Strategische PR-Programme formulieren Ziele, Stoßrichtungen und Kernelemente für situationsspezifische Kommunikationsprozesse mit gesellschaftspolitischen Bezugsgruppen.[1263] Dabei richtet sich das Augenmerk auf die strategiekritischen Bestandteile bzw. die *Effektivität* des Konzepts. Dieser

1261 Mit der nachfolgenden Systematisierung erweitern wir die Unterscheidung von »Campaigns« und »Standing Plans« bei Baskin/Aronoff 1988, S. 138 f.

1262 Wie ein solches Krisenkonzept aussehen kann, zeigt Schönefeld (1994a, S. 313 ff.) am Beispiel der Hoechst-Unternehmenskommunikation. Vgl. zur Krisen-PR ferner Wiedemann 1991 und die Ergebnisse der empirischen Studie von Kunczik et al. 1995, insbes. S. 172 ff.

1263 Vgl. zu einer ähnlichen Definition Schüller 1991, S. 206.

Aspekt betrifft nicht nur langfristige Kampagnen, sondern auch viele ad hoc angestoßene Kommunikationsaktivitäten. Ein Beispiel ist die Anfrage eines Journalisten nach einem Störfall, bei der eine falsche Reaktion leicht zu einem nachhaltigen Imageverlust und damit zu einer strategischen Bedrohung führen kann. Deshalb fällt die Vorbereitung entsprechender Krisenpläne in den Bereich der strategischen Programmplanung. Die Kernbereiche dieser Managementphase, d.h. die Zielbestimmung sowie die Festlegung grundlegender Stoßrichtungen und Kommunikationsmaßnahmen, stehen im Mittelpunkt der nachfolgenden Erörterung.

Die *Zielformulierung* präsentiert sich als ein vielschichtiger Prozeß, der mehreren Anforderungen genügen muß. PR-Ziele müssen konkrete Konsequenzen definieren, die ein Kommunikationskonzept im Hinblick auf die Beziehungen mit bestimmten Bezugsgruppen zeitigen soll.[1264] Das heißt: es muß angegeben werden, *was* bei *wem* in *welchem Ausmaß* bis *wann* erreicht werden soll.[1265] Dies setzt nicht nur eine fundierte Situationsanalyse, sondern auch eine intensive Auseinandersetzung mit den strategischen Zielen des Gesamtunternehmens voraus. Die Nennung der relevanten Stakeholder verhindert, daß Kommunikationsaktivitäten (z.B. Pressegespräche, Informationsbroschüren, Tage der offenen Tür) angestoßen werden, die sich an eine diffuse (und strategisch irrelevante) »allgemeine Öffentlichkeit« richten.[1266] Die Festlegung eines Zeitraums ermöglicht die Feinplanung, Budgetierung und Kontrolle von Kommunikationsaktivitäten. Von entscheidender Bedeutung ist schließlich die inhaltliche Zieldimension, d.h. die Frage, was ein PR-Programm in welchem Ausmaß bewirken soll. Diese Ziele können natürlich nur im Einzelfall benannt werden. Auf konzeptioneller Ebene läßt sich jedoch eine allgemeine *Klassifikation potentieller PR-Ziele* erstellen. Dieses Denkraster kann dann herangezogen werden, um die Entwicklung situationsspezifischer Kommunikationsprogramme zu unterstützen. Die PR-Forschung unterscheidet in diesem Zusammenhang zwischen Bestrebungen, die auf eine Beeinflussung des Wissens (knowledge), der Einstellungen (attitudes) bzw. der Handlungsweisen (behavior) einer Zielgruppe abzielen.[1267] Dabei wird häufig die Meinung vertreten, daß die drei Zielsetzungen in der genannten Abfolge aufeinander aufbauen, zwangsläufig immer anspruchsvoller werden und schlußendlich sogar eine zeitliche Dimension beinhalten, weil sich Handlungsweisen nur langfristig ändern lassen. Diese Sichtweise beruht offenkundig auf einem Wirkungsmodell der Öffentlichkeitsarbeit, das dem klassischen Stimulus-Response-Denken verhaftet bleibt und aus handlungstheoretischer Sicht zurückzuweisen

1264 Vgl. Cutlip et al. 1994, S. 362, Broom/Dozier 1990, S. 40. Dies gilt natürlich auch für operative PR-Programme; hier geht es jedoch zunächst um die strategiekritischen Zieldimensionen.

1265 Vgl. Grunig/Hunt 1984, S. 132 ff., Broom/Dozier 1990, S. 42 ff., Cutlip et al. 1994, S. 362 ff.

1266 Vgl. zur Kritik an einer solchen Sichtweise J.E. Grunig 1995b, S. 10, und oben S. 196.

1267 Vgl. Grunig/Hunt 1984, S. 132 ff., Dozier/Ehling 1992, S. 163 ff., Cutlip et al. 1994, S. 362 ff., Hunt/Grunig 1995, S. 17 f., Beger et al. 1989, S. 64 ff., Avenarius 1995, S. 201 f. Baerns (1995a, S. 21) ergänzt das vorgelagerte Ziel der Herstellung von Kommunikationsbeziehungen.

ist.[1268] Wir schlagen deshalb eine neue Klassifikation vor, die auf einer differenzierteren Sichtweise des Verhältnisses von Kommunikation und sozialer Integration beruht und in Tab. 5 zusammengefaßt ist.

<table>
<tr><td></td><td colspan="4">Ausprägungen</td></tr>
<tr><td>Dominantes PR-Ziel</td><td>Kommunikative Integration im Nahbereich</td><td colspan="2">Kommunikative Strukturierung von sozialen Beziehungen</td><td>Kommunikative Integration im Fernbereich</td></tr>
<tr><td rowspan="2">PR-Stil</td><td colspan="2">Argumentation</td><td colspan="2">Persuasion</td></tr>
<tr><td colspan="4">Information</td></tr>
<tr><td>Primäres PR-Ziel</td><td colspan="2">Intentionale Einflußnahme</td><td colspan="2">Situationsbezogene Einflußnahme</td></tr>
<tr><td>Sekundäres PR-Ziel</td><td colspan="4">Verständigung</td></tr>
</table>

*Tab. 5: Klassifikation von PR-Zielen*

Die Systematisierung ruft in Erinnerung, daß das *dominante Ziel* der Öffentlichkeitsarbeit darin besteht, einen Beitrag zur sozialen Integration im gesellschaftspolitischen Umfeld der Unternehmung zu leisten. Kommunikationsprozesse werden nicht um ihrer selbst willen geführt, sondern weil damit Mittel- und Zweckkonflikte gelöst bzw. strittige Situations- und Handlungsinterpretationen geklärt werden sollen.[1269] Dabei sind drei Vorgehensweisen zu unterscheiden: In Situationen von Kopräsenz können die beteiligten Akteure auf ein ganzes Spektrum kulturell tradierter Kommunikationssequenzen (Verhandlungen, Beratungen, Diskurse usw.) zurückgreifen, um ihre Handlungen, Situationsdeutungen und Interessenlagen miteinander abzustimmen. Wir sprechen in diesem Fall von *kommunikativer Integration im Nahbereich*.[1270] In ausdifferenzierten Gegenwartsgesellschaften haben wir es jedoch häufig mit Beziehungen zwischen räumlich und/oder zeitlich getrennten Akteuren zu tun. Dabei kommen spezifische Integrationsformen zur Anwendung, die den leistungsfähigen, aber an anspruchsvolle Voraussetzungen geknüpften Modus der kommunikativen Integration für bestimmte Kontexte spezifizieren oder ersetzen. Im gesellschaftspolitischen Umfeld ist hier vor allem an Rechts-, Prestige- und Moralordnungen und die damit verbundenen Mechanismen der verfah-

1268 Vgl. zu entsprechenden Wirkungsmodellen Schenk 1987, S. 22 ff. und S. 33 ff. Die angloamerikanische PR-Forschung hat die mangelnde Aussagekraft dieser Sichtweise inzwischen erkannt (vgl. Dozier/Ehling 1992, S. 163 ff.), aber noch keine tragfähigen Alternativen vorgelegt.

1269 Vgl. zum Verhältnis von Kommunikation und sozialer Integration oben S. 209 ff.

1270 Vgl. oben S. 212 ff.

rensgestützten, reputationsgestützten und wertgestützten Integration zu denken.[1271]

Die Öffentlichkeitsarbeit kann in diesem Zusammenhang zwei Ziele verfolgen.[1272] Mit der *kommunikativen Strukturierung von sozialen Beziehungen* werden Deckungsreserven wie fachlicher Einfluß, moralische Integritität oder auch gesetzlich verankerte Interaktionsroutinen aufgebaut, die bei Bedarf eine handlungsprägende Kraft entfalten sollen. Dieses Ziel wird von vertrauensbildenden Maßnahmen, imagepolitischen Strategien und strukturierenden Ansätzen der Rechtskommunikation verfolgt.[1273] Eine *kommunikative Integration im Fernbereich* findet demzufolge immer dann statt, wenn die genannten Deckungsreserven »angezapft« werden, d.h. wenn man sich in (potentiellen) Konfliktsituationen auf die einheitsstiftende Wirkung von Prestige-, Wert- und Rechtsordnungen beruft. Die Öffentlichkeitsarbeit wird in diesem Fall versuchen, Einfluß zu aktivieren, an gemeinsame Wertvorstellungen zu appellieren oder gesetzlich normierte Verfahrensschritte zu aktualisieren (koordinierende Rechtskommunikation).[1274]

Diese prinzipiellen Zielsetzungen der PR stecken einen Korridor ab, in dem konkrete Kommunikationssequenzen (als lebensweltlich verankerte Abfolge mehrerer Mitteilungs- und Verstehenshandlungen) gestaltet und durchgeführt werden. Dabei lassen sich drei verschiedene Vorgehensweisen unterscheiden, die wir als *PR-Stil* bezeichnen wollen.[1275] Damit wird die Art der Einflußnahme gekennzeichnet, die der Kommunikator durch die Aktualisierung einer bestimmten Kommunikationssequenz ausübt bzw. ausüben will. Ein *argumentativer PR-Stil* ist dadurch gekennzeichnet, daß die Beteiligten in die Lage versetzt werden sollen, die Wahrheit von Behauptungen und die Berechtigung der vorgebrachten Forderungen selbst zu prüfen und einzusehen. Es geht um die Initiierung gemeinsamer Problemlösungsprozesse, bei denen die Einflußnahme auf die Ermöglichung einer begründeten Einsicht abzielt. Diese Vorgehensweise kommt in persönlichen Diskussionen im Nahbereich (z.B. bei Round-Table-Gesprächen zwischen Unternehmen und Kritikergruppen) zur Anwendung, bleibt aber zugleich die Basis für alle ausdifferenzierten Modi der kommunikativen Sozialintegration im Fernbereich. Wir haben im Verlauf dieser Untersuchung z.B. mehrfach darauf hingewiesen, daß ein tragfähiges Image nicht sozialtechnologisch konstruiert, sondern stets vertrauensvoll erworben werden muß.[1276] Das bedeutet unter anderem, daß die perzipierten Merkmale

---

1271 Vgl. oben S. 217 ff. und S. 301 ff.

1272 Vgl. hierzu auch die (allerdings noch nicht sozialtheoretisch fundierte) Unterscheidung von Akzeptanz- und Beeinflussungsstrategien bei Derieth 1995, S. 192 ff. und S. 202 ff.

1273 Vgl. zur Gestaltung von Image- und Vertrauensprozessen oben S. 214 ff., und zur strukturierenden Rechtskommunikation oben S. 221 ff. und S. 304. Die Eckpfeiler einer Glaubwürdigkeitsstrategie werden ferner von Thommen 1990, S. 131 ff., diskutiert.

1274 Vgl. oben S. 217 ff. und S. 301 ff.

1275 Vgl. hierzu unsere grundsätzlichen Überlegungen zum Kommunikationsstil auf S. 184 ff.

1276 Vgl. auch Dozier 1993, S. 230 ff. In diesem Sinne ist es dann entgegen der Meinung von Röglin (1996, S. 235) durchaus möglich, daß die Öffentlichkeitsarbeit auf gesellschaftliche Akzeptanz

des Unternehmens gegebenenfalls in Argumentationsprozessen überprüfbar sein müssen. Der *persuasive PR-Stil* bezweckt dagegen eine Durchsetzung fertiger Problemlösungen. Die Öffentlichkeitsarbeit nutzt in diesem Fall die emotionalen Bindungen und derzeitigen Einstellungen der Zielgruppe aus, um die Interessen des Unternehmens durchzusetzen. Im Vordergrund steht nicht die gemeinsame Situationsdeutung und Problemlösung, sondern die Realisierung subjektiv festgelegter, inhaltlich definierter Organisationsziele. Die tabellarische Darstellung zeigt bereits, daß persuasive Vorgehensweisen vornehmlich dann aktualisiert werden, wenn abstrakte Beziehungen durch den Appell an zuvor aufgebaute Deckungsreserven integriert werden sollen. Persuasionsversuche spielen aber auch im Nahbereich eine Rolle – dort kommt bekanntlich das ganze Spektrum lebensweltlich verankerter Kommunikationssequenzen zum Einsatz. Von einem *informativen PR-Stil* kann man schließlich immer dann sprechen, wenn sich die Öffentlichkeitsarbeit an *verschiedene* Adressaten richtet, bei denen die Kommunikation aufgrund divergierender Interessenlagen und Kontextbedingungen zu einer *unterschiedlichen* Art der Einflußnahme führt. Ein entsprechendes Beispiel wäre ein Umweltbericht, der von den Lesern in erster Linie als Argument im anhaltenden Diskurs über die ökologische Leistungsfähigkeit des betreffenden Unternehmens aufgefaßt werden soll. Die Übersendung einer solchen Broschüre kann jedoch auch einen persuasiven Appell darstellen, mit dem ein kritischer Bürger schlicht auf die ökologische Kompetenz des Unternehmens verwiesen wird – sozialtheoretisch würde man dies als Aktivierung von Einfluß bezeichnen.

Die beiden letzten Zielkategorien in Tab. 5 betreffen die Ebene einzelner Kommunikationsprozesse, d.h. die Gestaltung und Durchführung konkreter Mitteilungs- und Verstehenshandlungen. Kommunikationsprozesse sind dadurch gekennzeichnet, daß die beteiligten Akteure Symbolkomplexe mit sozialintegrativer Kraft (z.B. Sprache, Bildschemata) in Anspruch nehmen, um sich gegenseitig zu beeinflussen. In diesem Sinne können wir das Eingreifen in die soziale Welt der gesellschaftspolitischen Beziehungen als *primäres Ziel der Öffentlichkeitsarbeit* bezeichnen. Die Beeinflussung zielt dabei entweder auf eine Veränderung der Handlungsabsichten *(intentionale Einflußnahme)* oder aber auf eine Modifikation der (perzipierten) Handlungsituation *(situationsbezogene Einflußnahme)* der Zielgruppe ab.[1277] Es ist also durchaus möglich, eine Koordination auf der Ebene poietischer Handlungen herbeizuführen, *ohne* daß die Einstellungen des Rezipienten verändert werden. Die perlokutionären Einflußziele können jedoch nur verwirklicht werden, wenn das *sekundäre PR-Ziel* der Bedeutungsvermittlung erreicht wird. Die gelungene *Verständigung* wird damit zur unabdingbaren Voraussetzung für den Erfolg der strategischen Öffentlichkeitsarbeit.[1278] Die Verständigung ist in etwa mit dem in der bisherigen PR-Forschung genannten Ziel der »Wissensbildung« gleichzusetzen.

abzielt. Wer Akzeptanz will, darf sie durchaus wollen – er muß sie jedoch mit stabilen Argumenten anstreben und darf nicht nur auf labile sozialtechnologische Vorgehensweisen setzen.

1277 Vgl. oben S. 147 ff.

1278 Vgl. oben S. 149 f.

Unsere kommunikationstheoretischen Überlegungen haben gezeigt, daß sich das Verstehen einer Mitteilungshandlung auf die drei Ebenen der Artikulation (poietischen Basishandlung), Lokution (sinnhaften Äußerung) und Illokution (sozial verbindlichen Handlung) erstrecken muß.[1279] Diese Teilaspekte sind von der Öffentlichkeitsarbeit zu berücksichtigen. Gerade in ausdifferenzierten Gesellschaften kommt es nämlich immer wieder vor, daß es auf einer dieser drei Ebenen an gemeinsamen Orientierungsmustern mangelt. Darauf weist z.B. die umgangssprachliche Redensart hin, daß die Organisationsmitglieder und die Vertreter einer Kritikergruppe »zwei verschiedene Sprachen sprechen« oder gar »in verschiedenen Welten leben«. In diesem Fall treten Mißverständnisse auf, die mit Hilfe des Koorientationsmodells bereits in der Analysephase aufgedeckt werden können.[1280] Die Öffentlichkeitsarbeit bleibt dann aufgefordert, Diskursprozesse anzustoßen bzw. die lebensweltlichen Erfahrungen der beteiligten Akteure zu vernetzen, um so eine Möglichkeit für den Aufbau neuer Interaktionsstrukturen (Regeln und Ressourcen) zu schaffen.[1281]

Das situationsspezifische Zielbündel bildet die Grundlage für eine Definition der strategischen *Stoßrichtungen und Kernaktivitäten der Öffentlichkeitsarbeit,* d.h. für die Vorbereitung der konkreten Kommunikationsprozesse im gesellschaftspolitischen Umfeld der Unternehmung. Abb. 21 veranschaulicht die wichtigsten Einflußfaktoren und Elemente, die in diesem Zusammenhang von Bedeutung sind. Der Bezugsrahmen kann insofern als handlungsleitendes Denkraster für die praktische Programmplanung herangezogen werden.

Die in Raum und Zeit lokalisierbaren *Kommunikationsprozesse*, um die es in diesem Bereich der PR-Planung geht, werden in der Abbildung durch Pfeile veranschaulicht. Die weißen Ellipsen verdeutlichen, daß durch die Aktualisierung von Mitteilungs- und Verstehenshandlungen systemische *Kommunikationsforen* geschaffen bzw. reproduziert werden. Diese Plattformen (Teilöffentlichkeiten) sind durch unterschiedliche Reichweiten, Rollenverteilungen, Zutrittsschranken und Verarbeitungsmodi gekennzeichnet: episodische Begegnungen, Präsenzveranstaltungen, kontrollierte Medienforen und massenmediale Komplexe.[1282] Auf die praktische Ausgestaltung dieser Plattformen wird im nächsten Kapitel einzugehen sein.[1283] Bei der Programmplanung ist vor allem zu berücksichtigen, daß die Kommunikationsforen verschiedene *Kommunikationsarenen* (Öffentlichkeiten) überlagern, die das gesellschaftspolitische Umfeld der Unternehmung bilden.[1284] Das heißt: Raumzeitlich verfestigte Kommunikationsmuster wie persönliche Gespräche, Telefonate und schriftliche Informationskampagnen kommen im Prinzip sowohl in der gesamtgesellschaftlichen Diskussionsarena als auch in den ausdifferenzierten Bereichen sozio-

---

1279 Vgl. oben S. 171 ff.

1280 Vgl. oben S. 340 ff.

1281 Vgl. oben S. 176 und S. 181.

1282 Vgl. oben S. 204 ff. und S. 306 f.

1283 Vgl. unten S. 358 ff.

1284 Vgl. zur systematischen Verschränkung von Kommunikationssphären und -foren oben S. 193 ff.

kultureller und politisch-administrativer Öffentlichkeiten zur Geltung.[1285] Eine Ausnahme sind massenmediale Kommunikationsprozesse, die sich im allgemeinen in der gesellschaftspolitischen Öffentlichkeit, seltener auch in bestimmten Fachöffentlichkeiten abspielen.

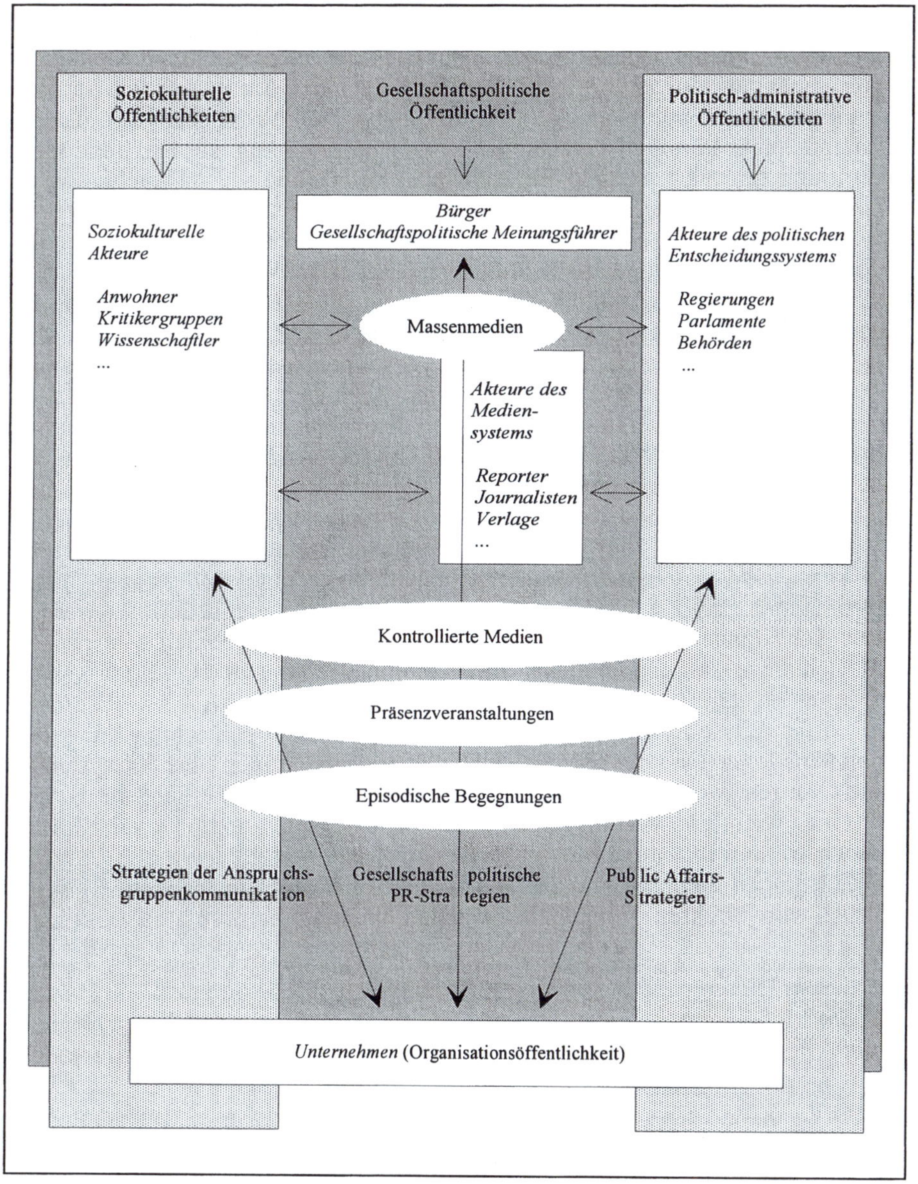


*Abb. 21: Handlungsfelder, Adressaten und Foren der Öffentlichkeitsarbeit*

1285 Vgl. zur Abgrenzung dieser drei Kernbereiche oben S. 305 f.

Die Öffentlichkeitsarbeit agiert also in einem mehrdimensionalen Raum, dessen wichtigstes Merkmal das vielschichtige *Beziehungsgeflecht zwischen den relevanten Rollenträgern* ist.[1286] Bei der Kommunikation mit gesellschaftspolitischen Bezugsgruppen muß stets berücksichtigt werden, daß die einzelnen Akteure nicht nur mit dem Unternehmen, sondern auch untereinander kommunizieren und interagieren: Die Regierenden sind von den Stimmen der Wahlbürger und der Unterstützung ausgewiesener Experten bzw. Meinungsführer abhängig. Umgekehrt versuchen Interessengruppen immer wieder, ihre Meinungen in den politischen Willensbildungsprozeß einzuspeisen. In diesem Zusammenhang kommen verschiedene Systeme der organisierten Interessenvermittlung (Parteien, soziale Bewegungen) zur Geltung.[1287] Daneben treten zahlreiche Formen der direkten Kommunikation, in der strategiekritische Issues thematisiert werden können. Die meisten Interaktionsprozesse verlaufen freilich über das intermediäre Feld der gesellschaftspolitischen Öffentlichkeit, bei dem die Massenkommunikation und damit die Vermittlungsfunktion der Medienkommunikatoren eine zentrale Rolle spielt.[1288] Die Massenmedien sind an politischen Prozessen beteiligt, indem sie sphärenspezifische Probleme und Lösungsvorschläge zu einer übergreifenden Agenda verdichten, die in allen anderen Öffentlichkeiten und damit auch in den relativ abgeschotteten Räumen von Politik und Verwaltung Beachtung findet. Andererseits nehmen die Akteure des politischen Entscheidungssystems durch verschiedene Formen politischen Handelns und Kommunizierens (»reale« und »symbolische« Politik) selbst Einfluß auf die öffentliche Meinungsbildung.[1289] Die *Interdependenz verschiedener Diskussionsarenen* spielt ferner eine Rolle, wenn handlungsprägende Prestige- und Wertordnungen etabliert oder beeinflußt werden sollen. Das Image eines Akteurs und das ihm entgegengebrachte Vertrauen wird sich zwar im allgemeinen von Handlungssphäre zu Handlungssphäre unterscheiden. Die hohe Reputation eines forschenden High-Tech-Unternehmens in der Wissenschaft mag also durchaus mit einem schlechten Image im regionalen Raum einhergehen. Solche Diskrepanzen stoßen aber an systematische Grenzen, weil die gesellschaftspolitische Öffentlichkeit auch in diesem Fall eine wichtige Vermittlungs- und Orientierungsfunktion wahrnimmt. Dadurch werden inkompatible Weltbilder in Frage gestellt und neue Begründungsleistungen eingefordert. Ein ähnlicher Einfluß geht in unserem Beispiel natürlich von direkten Kontakten zwischen Wissenschaftlern und Politikern aus.

Vor diesem Hintergrund bieten sich für strategische PR-Programme im Prinzip drei *Stoßrichtungen* an, die wir als gesellschaftspolitische PR-Strategien, Public Affairs-Strategien und Strategien der Anspruchsgruppenkommunikation

1286 Das Beziehungsgeflecht wird im Rahmen der Stakeholderanalyse für den jeweiligen Einzelfall erhoben; vgl. oben S. 331 f.

1287 Vgl. Rucht 1991.

1288 Vgl. Schulz 1993b, S. 43 ff.

1289 Vgl. zum Begriff der symbolischen Politik, der die Steuerung und den Ersatz politischer Problemlösungen durch Kommunikationsstrategien kennzeichnet, und zu den wichtigsten Ausprägungen solcher Vorgehensweisen v.a. Edelman 1990 und Sarcinelli 1987.

bezeichnet haben.[1290] Darin spiegelt sich die Überlegung wider, daß man sich entweder *unmittelbar* an die jeweiligen Zielgruppen wenden kann bzw. von ihnen befragt wird oder aber den Umweg über die *öffentliche Meinungsbildung* wählen kann bzw. von bestimmten Stakeholdern (z.B. durch die Lancierung strategiekritischer Themen) in der gesellschaftspolitischen Arena angesprochen wird.[1291] Den ersten Weg beschreitet die Anspruchsgruppenkommunikation, die sich an soziale Akteure in ihren sphärenspezifischen Rollen als Pädagogen, Anwohner, Wissenschaftler etc. richtet. In vergleichbarer Weise wenden sich Public Affairs-Strategien unmittelbar an die Akteure des politischen Entscheidungssystems, d.h. an die Vertreter von Regierungen, Parlamenten und Behörden. Die zweite Vorgehensweise findet sich bei gesellschaftspolitischen PR-Strategien. Sie gestalten die Kommunikation mit externen Stakeholdern in ihrer Rolle als Bürger eines demokratischen Gemeinwesens und mit jenen Akteuren, die das intermediäre Feld der gesellschaftspolitischen Öffentlichkeit verwalten, dominieren und kontrollieren. Dabei wäre in erster Linie an Medienkommunikatoren (Reporter, Journalisten) zu denken. Von großer Bedeutung sind ferner die Kommunikationsprozesse mit Meinungsführern und Multiplikatoren, d.h. mit solchen Personen und Organisationen, die ihre Erfahrungen und Meinungen in verschiedenen Kommunikationsnetzwerken weitergeben und auf diese Weise die Effektivität der direkten Zielgruppenansprache steigern.[1292] Damit wird bereits deutlich, daß Journalisten und Multiplikatoren im allgemeinen nicht (nur) angesprochen werden, weil sie selbst von der Unternehmenstätigkeit betroffen sind. Die skizzierte Stoßrichtung wird vielmehr gewählt, weil sich die Unternehmung auf diesem Weg mit anderen Zielgruppen verständigen bzw. das rollenspezifische Handeln der Bürger in anderen Handlungsarenen beeinflußen will.

Die zentrale Aufgabe der strategischen Programmplanung besteht nun darin, das *Verhältnis und Zusammenspiel dieser drei Stoßrichtungen* zu bestimmen. Dies wird nicht möglich sein, ohne die zentralen Kommunikationsmaßnahmen bzw. die dabei in Anspruch genommenen Kommunikationsplattformen zu definieren. An dieser Stelle sind wiederum situationsspezifische Lösungen gefragt, die nur in der Unternehmenspraxis entwickelt werden können. Wir können deshalb nur auf drei grundsätzliche Aspekte hinweisen, die bei der Formulierung konkreter PR-Programme auf jeden Fall zu berücksichtigen sind. Es handelt sich dabei um die Spezifität, die Bündelung und die Zielaffinität der zur Diskussion stehenden Kommunikationsaktivitäten. Die skizzierten Stoßrichtungen sind durch eine gewisse *Spezifität* gekennzeichnet, weil sie den aktuellen Status der Beziehungen zwischen einer Unternehmung und den jeweiligen Adressaten widerspiegeln. Grunig weist zu Recht darauf hin, daß

---

1290 Vgl. oben S. 305 f.

1291 »Unmittelbar« heißt in diesem Fall nur, daß die Dynamik der öffentlichen Meinungsbildung umgangen wird – wie wir noch sehen werden, können entsprechende Kommunikationsprozesse durchaus einen indirekten Charakter haben, also z.B. unter Einschaltung von Moderatoren, Dolmetschern usw. aktualisiert werden. Vgl. zu den beiden hier skizzierten Grundstrategien insbes. Münch 1995, S. 104 f., sowie Gerhards 1993, S. 36 f.

1292 Vgl. zur Funktionalisierung von Meinungsführern durch die PR v.a. Derieth 1995, S. 209 ff.

eine erfolgreiche Öffentlichkeitsarbeit die strategiekritischen Bezugsgruppen und Problemstellungen bereits so frühzeitig identifizieren muß, daß die notwendige Handlungsabstimmung und Interessenklärung in bilateralen Prozessen vollzogen werden kann.[1293] Massenmediale Vorgehensweisen sind im Prinzip nur dann notwendig, wenn ein Thema bereits auf der gesellschaftspolitischen Agenda steht oder wenn es dort etabliert werden soll, weil die so erreichbaren Unterstützungspotentiale für die Problemlösung unentbehrlich sind. Insofern ist die klassische Fokussierung der PR auf die Pressearbeit Ausdruck einer verkürzten und aus unternehmensstrategischer Sicht sogar geradezu paradoxen Sichtweise.[1294]

Das prinzipielle Bemühen um frühzeitige und damit von massenmedialen Einflußfaktoren unabhängige Kommunikationsprozesse darf jedoch nicht darüber hinwegtäuschen, daß sich ein strategisches PR-Programm im allgemeinen aus mehreren Teilkonzepten zusammensetzt. Das ermöglicht eine *Bündelung* verschiedener Stoßrichtungen und eine synergetische Nutzung unterschiedlicher Kommunikationsprozesse und Plattformen. Hinter einer solchen Vorgehensweise verbirgt sich der Gedanke, daß die Öffentlichkeitsarbeit an mehreren Stellen des gesellschaftspolitischen Beziehungsgeflechts ansetzen sollte. Auf diese Weise werden die Interdependenzen zwischen einzelnen Rollenträgern und Kommunikationsarenen systematisch berücksichtigt. Ein plastisches Beispiel wäre eine PR-Kampagne, die eine Handlungsabstimmung mit mehreren lokalen Interessengruppen zum Ziel hat. In diesem Fall bietet es sich an, einen »Runden Tisch« zu initiieren, also eine klassische Strategie der Anspruchsgruppenkommunikation zu verfolgen. Die anderen beiden Stoßrichtungen kommen aber dennoch ins Spiel. Einerseits müssen die Diskussionsergebnisse (massen-) medial verbreitet werden, um sie für Nichtbeteiligte nachvollziehbar zu machen. Andererseits kann ein evtl. erarbeitetes Handlungsprogramm in vielen Fällen nur realisiert werden, wenn weitere Gespräche mit Lokalpolitikern geführt werden, um auf diesem Weg die Autorisierungsschleusen des politisch-administrativen Systems zu überwinden. Ein anderes Beispiel für die systematische Verknüpfung kommunikativer Teilkonzepte sind Imagekampagnen, bei denen die massenmedial (z.B. mit Mitteln der Unternehmenswerbung) verbreiteten Aussagen kein sozialtechnologisch konstruiertes Wunschbild widerspiegeln, sondern auf vorgeschalteten Argumentationsprozessen mit wichtigen Stakeholdern beruhen.[1295] Damit wird sichergestellt, daß sich die mediale Realität entflochtener Handlungszusammenhänge im Zweifelsfall nicht als Illusion entpuppt, sondern mit den praktischen Erfahrungen der Akteure übereinstimmt.[1296]

Das Plädoyer für eine Bündelung verschiedener Stoßrichtungen und Kommunikationsaktivitäten wirft die Frage auf, wie man die *Zielaffinität* einzelner

1293 Vgl. Grunig/Repper 1992, S. 124 ff., Hunt/Grunig 1994, S. 11 ff., sowie oben S. 64 ff.

1294 Vgl. J.E. Grunig 1990, S. 23.

1295 Eine ähnlichen Vorschlag unterbreitet Dozier 1993, S. 248.

1296 Vgl. zur praktischen Bewährung abstrakter Images oben S. 130 und zum Spannungsfeld von medialen und real erfahrbaren Realitätskonstruktionen in der PR insbes. Bentele 1994b.

Vorgehensweisen, d.h. ihre Eignung zur Erreichung des situationsspezifisch definierten Zielbündels der Öffentlichkeitsarbeit, bewerten kann. Im Prinzip sind hier zwei Dimensionen zu beachten. Ein erster Anhaltspunkt sind die prinzipiellen Merkmale der anvisierten Kommunikationssequenzen und Plattformen. Auf die entsprechenden Zusammenhänge sind wir im Rahmen unserer kommunikationstheoretischen Überlegungen ausführlich eingegangen:[1297] Während eine argumentative Interessenklärung im allgemeinen auf direkte, personale Kommunikationsprozesse angewiesen bleibt, bieten massenmedial konstituierte Foren gute Voraussetzungen für eine persuasive Einflußnahme. Zwischen diesen Extremen bewegt sich ein ganzes Spektrum bewährter und innovativer Vorgehensweisen, auf die wir im folgenden Kapitel näher eingehen wollen.[1298] Der zweite Punkt, der bei der strategischen Programmplanung eine Rolle spielt, sind die intervenierenden Einflüsse im Kommunikationsfluß. Ein einfaches Beispiel für solche positiven oder negativen Einflüsse ist das Image technischer Hilfsmittel. Bürgertelefone und Diskussionsangebote im Internet unterstreichen den Anspruch einer offenen Kommunikationspolitik, während wahllos gestreute Hochglanzbroschüren die ökologische Glaubwürdigkeit eines Unternehmens gefährden können.[1299] Ein anderes Beispiel sind massenmediale Kommunikationsprozesse, bei denen man die Selektivität der Medienkommunikatoren, die Glaubwürdigkeit der in Anspruch genommenen Zeitungen und Fernsehprogramme sowie die potentielle Eigendynamik publizistischer Konflikte im Auge behalten muß.[1300] Diese wenigen Hinweise verdeutlichen bereits, daß die Zusammenstellung eines strategiegerechten Maßnahmenbündels eine zentrale Herausforderung darstellt, mit der sich die Unternehmenspraxis besonders intensiv auseinandersetzen muß.

#### 7.3.3.2 Operative PR-Programme

Operative PR-Programme konkretisieren das skizzierte Ziel- und Maßnahmenbündel der Öffentlichkeitsarbeit, indem sie die nicht-strategiekritischen Aspekte der angedachten Konzepte unter *Effizienzgesichtspunkten* optimieren. Dabei stellt sich natürlich sofort die Frage, wie die Schnittstelle zwischen strategischen und operativen PR-Programmen (bzw. den diesbezüglichen Aspekten eines Gesamtplans) zu definieren ist.[1301] Wieweit sollen strategische PR-Maßnahmen durchgeplant werden und wieviel Handlungsspielraum soll dem operativen PR-Management bei der Gestaltung der Kommunikationsaktivitäten gelassen werden? Diese Frage kann natürlich nur im Einzelfall beantwortet werden. Aus der prinzipiellen Sinnstiftung der Programmplanung als Steuerungskomponente des PR-Managements ergeben sich jedoch zwei formale Bedingungen, die in jedem Fall zu berücksichtigen sind. Das *Prinzip der strategi-*

1297 Vgl. oben S. 156 ff., S. 179 ff. und S. 204 ff.

1298 Vgl. unten S. 358 ff.

1299 Vgl. zur damit angesprochenen Auswahl medialer Kommunikationstechniken unten S. 364.

1300 Vgl. zu den Selektionsprozessen der Massenkommunikation oben S. 167, zur Glaubwürdigkeit von Medienprodukten Bentele 1988 und 1992, zu publizistischen Konflikten Kepplinger 1994.

1301 Vgl. auf einer allgemeinen Ebene Steinmann/Schreyögg 1993, S. 236 f.

*schen Vorsteuerung* besagt, daß die strategische Maßnahmenplanung soweit konkretisiert werden muß, daß die strategiekritischen Orientierungspunkte der Öffentlichkeitsarbeit im alltäglichen Handlungsvollzug nicht verfehlt werden. Demgegenüber weist das *Prinzip der operativen Flexibilität* darauf hin, daß jede weitere Durchplanung der PR-Strategie zu Effizienzverlusten führt, weil dadurch die Spielräume eingeengt werden, die notwendig sind, um die Öffentlichkeitsarbeit so auszugestalten, wie es die unmittelbare (und nie vollständig vorhersehbare) Handlungssituation schließlich erfordert.

Die operative PR-Planung bleibt deshalb aufgefordert, die strategischen Zielsetzungen verschiedener PR-Programme zu verdichten und in einen realisierbaren *PR-Mix* umzusetzen. Dieser Begriff kennzeichnet die Summe aller konkreten, miteinander abgestimmten Kommunikationsaktivitäten im gesellschaftspolitischen Umfeld der Unternehmung.[1302] Die Optimierungsaufgabe erstreckt sich dabei auf fünf Bereiche: Die *Maßnahmenplanung* definiert den Charakter der auszuführenden Kommunikationskonzepte. Die *Prozeßorganisation* setzt sich mit dem Zusammenspiel zwischen den beteiligten Organisationsmitgliedern und externen Dienstleistern (Agenturen, Druckereien usw.) auseinander. Sie ist darüber hinaus für die technische Dimension der skizzierten Aufgabenstellung – z.B. für die Bereitstellung und Optimierung der EDV-Unterstützung – zuständig. Der *Personalplanung* obliegt es dagegen, den Einsatz der Humanressourcen zu steuern. Die *Zeitplanung* muß die einzelnen Teilschritte in ein Termingerüst überführen, um eine fristgerechte Ausführung der Vorleistungen und des Gesamtprogramms sicherzustellen.[1303] Die *Budgetierung* bildet die Steuerung und Gestaltung der Öffentlichkeitsarbeit im Wertumlaufprozeß ab, indem sie die anvisierten Maßnahmen in Kostengrößen umsetzt.[1304] Damit wird abschließend deutlich, daß das PR-Management nicht nur eine strategische Dimension aufweist, sondern immer auch mit der betriebswirtschaftlichen Vorsteuerungsgröße »Liquidität« und damit mit dem operativen Erfolg der Unternehmung verbunden bleibt.[1305]

## 7.4 Realisierung von Kommunikationskonzepten

Die Realisations- bzw. Kommunikationsphase ist der zentrale Kristallisationspunkt des PR-Managements. Sie betrifft die Durchführung konkreter Kommunikationsaktivitäten, die durch eine fundierte Situationsanalyse und Programmplanung in die Wege geleitet wurden. Sie umfaßt aber auch die Beteiligung an Kommunikationsprozessen, die nicht oder nur in einem begrenzten Ausmaß vorstrukturiert werden können, weil sie nicht vom Unternehmen selbst, sondern von einzelnen Bezugsgruppen im gesellschaftspolitischen Umfeld angestoßen werden. Ein Beispiel ist die telefonische Anfrage eines Jour-

1302 Dieser Terminus wird in Analogie zum eingeführten Begriff des Kommunikationsmix im Marketing gewählt; vgl. z.B. Bruhn 1995, S. 84 ff., und in der PR bereits Neske 1977, S. 204 f.

1303 Vgl. z.B. Neske 1977, S. 225 ff., Grunig/Hunt 1984, S. 166 ff.

1304 Vgl. zur Budgetierung von Kommunikationsprogrammen Neske 1977, S. 268 ff., Grunig/Hunt 1984, S. 166 ff., Hahn 1992, S. 150 ff., Cutlip et al. 1994, S. 371 ff., Bruhn 1995, S. 140 ff.

1305 Vgl. zum Verhältnis von Erfolgspotentialen, Rentabilität und Liquidität oben S. 241 f.

nalisten, bei der ad hoc entschieden werden muß, ob die begonnene Kommunikationssequenz durch die Übersendung einer Imagebroschüre oder die Einladung zu einem Hintergrundgespräch fortgesetzt werden soll. Doch auch in diesem Fall gilt, daß die betreffenden Organisationsmitglieder vor dem Hintergrund der strategischen und operativen PR-Ziele agieren bzw. agieren sollen. Sie verständigen sich mit verschiedenen Stakeholdern, um deren Intentionen oder Situationen zu beeinflussen und auf diesem Weg potentiell konfliktträchtige Handlungen, Situationsdeutungen oder Interessenlagen miteinander abzustimmen.

Durch die Aktualisierung solcher Mitteilungs- und Verstehenshandlungen werden systemische Kommunikationsforen geschaffen bzw. reproduziert: episodische Begegnungen, Präsenzveranstaltungen, kontrollierte Medienforen und massenmediale Komplexe.[1306] Die Strukturmerkmale dieser Interaktionsmuster begegnen uns als träge Faktizitäten, die den Handlungsspielraum für konkrete Kommunikationsprozesse abstecken und deshalb im alltäglichen Handlungsvollzug zu berücksichtigen sind. Eine erfolgreiche Pressearbeit setzt beispielsweise voraus, daß die etablierten Arbeitsroutinen des Mediensystems einkalkuliert werden. Andererseits kann die Öffentlichkeitsarbeit immer wieder versuchen, neue Kommunikationsplattformen zu schaffen, um auf diesem Weg neue Spielregeln durchzusetzen.[1307] Diese Dualität von struktureller Prägung und innovativer Gestaltung der PR haben wir bereits in unserer einleitenden Fallstudie kennengelernt:[1308] Im Anschluß an den Griesheimer Störfall wurde die Unternehmenskommunikation der Hoechst AG vollständig von der publizistischen und gesellschaftspolitischen Konfliktdynamik überformt. Zu anderen Zeitpunkten ist es dem Unternehmen dagegen gelungen, durch proaktives Handeln neue Kommunikationsstrukturen zu etablieren – Beispiele sind der Gesprächskreis Hoechster Nachbarn und die gleichermaßen an Mitarbeiter und Nachbarn gerichtete Zeitung »Hoechst Persönlich«.

In jedem Fall können die Strukturmerkmale der einzelnen Kommunikationsforen herangezogen werden, um das breite Spektrum alltäglicher PR-Kommunikationen zu systematisieren und zu beschreiben. Eine umfassende Diskussion dieser operativen Vorgehensweisen ist aus theoretischer Sicht allerdings wenig ergiebig. Überdies werden die »handwerklichen« Aspekte klassischer PR-Konzepte in der vorliegenden Literatur bereits relativ ausführlich behandelt.[1309] Innovative Formen der Dialogkommunikation, die vor dem Hintergrund unserer theoretischen Überlegungen als zentraler Baustein einer strategischen Öffentlichkeitsarbeit anzusehen sind, finden dort kaum Beachtung. In diesem Zusammenhang kann jedoch auf einen weiterführenden Sammelband

1306 Darauf haben wir bereits im letzten Kapitel hingewiesen; vgl. ferner Abb. 21 auf S. 353.

1307 Vgl. oben S. 326.

1308 Vgl. oben S. 26 und insbes. S. 42 ff.

1309 Vgl. vor allem Hunt/Grunig 1994, ferner Cutlip et al. 1994, S. 259 ff., Baskin/Aronoff 1988, S. 192 ff., Crable/Vibbert 1986, S. 129 ff., Seitel 1980, S. 89 ff., Beger et al. 1989, S. 197 ff., Bogner 1990, S. 145 ff., Brauer 1993, Rota 1994 und Avenarius 1995. Instruktive Anregungen finden sich auch in den Fallsammlungen von Kalt/Steinke 1992 und Center/Jackson 1995.

zur dialogorientierten Unternehmenskommunikation verwiesen werden, den wir an anderer Stelle vorgelegt haben.[1310] Die folgende Skizze beschränkt sich deshalb auf eine grobe Übersicht, bei der zwei Aspekte im Vordergrund stehen. Einerseits sollen die prinzipiellen Zielsetzungen erörtert werden, die mit Mitteln der episodischen, veranstalteten, medialen und massenmedialen Öffentlichkeitsarbeit realisiert werden können. Zum anderen ist darauf hinzuweisen, daß die divergierenden Strukturmerkmale der einzelnen Plattformen zu durchaus unterschiedlichen Anforderungen auf der Handlungsebene führen. Wir wollen diese Anforderungen und die daraus abzuleitenden Vorgehensweisen kurz andeuten und damit auf den Facettenreichtum konkreter Kommunikationsprozesse hinweisen.

### *7.4.1 Massenmediale PR-Konzepte*

Massenmediale Kommunikationsaktivitäten werden unter Einbeziehung abstrakter, technisch konstituierter Kommunikationsplattformen realisiert.[1311] Presse, Rundfunk, offene Datennetze und telefonische Informationsdienste sind Beispiele für solche Foren, die eine Massenkommunikation im Fernbereich ermöglichen. Ihr entscheidendes Merkmal ist, daß sie im Prinzip für alle Interessenten zugänglich sind. Die Beteiligung der einzelnen Akteure am Kommunikationsprozeß wird allerdings durch strukturelle Rahmenbedingungen definiert, die sie im allgemeinen nicht selbst kontrollieren können. Dies gilt auch für die unternehmerische Öffentlichkeitsarbeit, die sich mit massenmedialen PR-Konzepten an ein disperses Publikum wendet. Dabei müssen sowohl technische Standards und Restriktionen, etwa bei der Einrichtung eines firmenspezifischen Diskussionsforums im Internet, als auch eine Vielzahl sozialer Selektionsmechanismen (z.B. journalistische Arbeitsroutinen) berücksichtigt werden. Das bedeutet unter anderem, daß massenmediale Konzepte vor allem dann zum Einsatz kommen, wenn ein persuasiver oder informativer PR-Stil angebracht ist. Dialogprozesse können in den genannten Foren zwar durchaus angestoßen werden, z.B. durch Imageanzeigen und Internet-Seiten, die den Rezipienten zu einer Antwort bzw. zur Formulierung von Anfragen auffordern. Die eigentliche Diskussion wird dann aber nicht mehr coram publico, sondern schriftlich, telefonisch oder per E-Mail geführt.

Demnach geht es bei massenmedialen PR-Konzepten weniger um eine Beeinflussung von Meinungen (Intentionen), sondern eher um eine Einflußnahme auf die Realitätskonstruktionen (Situationsdeutungen) der anvisierten Zielgruppen. In diesem Zusammenhang spielt die mehrfach erwähnte Thematisierungsfunktion der Massenmedien eine entscheidende Rolle.[1312] Es geht darum, strategiekritische Issues und Images zu formulieren und zu verändern, d.h. den Entstehungsprozeß der massenmedialen Agenda zu beeinflussen (Agenda

1310 Vgl. Bentele et al. 1996b.
1311 Vgl. zur Kennzeichnung solcher abstrakten Teilöffentlichkeiten oben S. 206 f.
1312 Vgl. oben S. 168.

Building).[1313] Dabei sind zwei Aspekte zu unterscheiden: Man muß sich erstens Zugang zum Mediensystem verschaffen und zweitens dafür sorgen, daß eine Problemstellung oder ein Image in einer bestimmten Weise dargestellt bzw. gestaltet wird.[1314]

Für den *Zugang zum Mediensystem* bieten sich mehrere Vorgehensweisen an.[1315] Man kann erstens Anzeigenraum und Sendezeiten kaufen, um Imagepolitik zu betreiben oder gesellschaftspolitische Themen in der Unternehmenswerbung anzusprechen (Advocacy Advertising).[1316] Damit umgeht man journalistische Selektionsmechanismen, verzichtet aber auch auf die Ausnutzung potentieller Verstärkereffekte, z.B. durch die größere Glaubwürdigkeit redaktioneller Beiträge. Ein zweiter Ansatzpunkt ist die klassische Medienarbeit. Sie umfaßt z.B. die Verbreitung von Pressemeldungen, die Veranstaltung von Pressekonferenzen und Hintergrundgesprächen mit Journalisten oder auch die Teilnahme von Firmenvertretern an Talkshows. Die Botschaften werden hier ebenfalls vom Unternehmen bzw. seinen Mitgliedern und Beauftragten (Agenturen) formuliert. Ob und wie sie bei den Adressaten ankommen, hängt nicht zuletzt von den Medienkommunikatoren (Journalisten, Moderatoren) ab. Empirische Studien zeigen jedoch, daß die Vorleistungen der Pressearbeit relativ stark in Anspruch genommen werden, wenn es sich nicht um Krisensituationen oder gut recherchierte Leitbeiträge handelt.[1317] Ein dritter und letzter Ansatzpunkt ist die Inszenierung von Medienereignissen.[1318] Damit sind verschiedene Events gemeint, die vor allem (wenn auch nicht ausschließlich) durchgeführt werden, weil man die Aufmerksamkeit des Mediensystems erregen und eine redaktionelle Berichterstattung anstoßen will. Ein typisches Beispiel sind Sponsoring-Aktivitäten, von denen man sich eine Imageverbesserung im gesellschaftspolitischen Umfeld erhofft. In diesem Fall übt die Öffentlichkeitsarbeit einen eher indirekten Einfluß aus, weil man nachrichtenwerte Ereignisse schafft, die Nachrichten selbst aber von Reportern und Journalisten formuliert werden.

Der Hinweis auf den Nachrichtenwert von Ereignissen und Meldungen verweist bereits darauf, daß massenmediale PR-Konzepte in besonderer Weise auf die Selektionskriterien des Mediensystems eingehen müssen.[1319] In diesem Zusammenhang wird die Beachtung der journalistischen Aufmerksamkeits-

---

1313 Vgl. zum Agenda-Building Lang/Lang 1983, im PR-Kontext auch Gandy 1982, Schönbach 1992, Hunt/Grunig 1994, S. 63, Bentele 1994b, S. 253 ff., Burkart 1995c, S. 245 f., und zu den weitergehenden Einflüssen auf die öffentliche Meinungsbildung van Leuven/Slater 1991.

1314 Wallack et al. (1993, S. 86 ff.) sprechen hier von »Access Strategies« und »Framing Tactics«.

1315 In ähnlicher Weise skizzieren Schmitt-Beck/Pfetsch (1994, S. 117, Abb. 1) verschiedene Formen der massenmedialen Politikvermittlung über »Free Media« und »Paid Media«.

1316 Vgl. zu den verschiedenen Spielarten der Unternehmenswerbung Hunt/Grunig 1994, S. 327 ff., Klenk 1991, Frauscher/Signitzer 1991; zum Advocacy Advertising ferner Sethi 1977.

1317 Vgl. den Überblick von Burkart 1995c, S. 280 ff., sowie die Fallstudien von Baerns 1979 und 1985, Hintermeier 1982, Grossenbacher 1986, Barth/Donsbach 1992, Fröhlich 1992, Rossmann 1993, Saffarina 1993 sowie Schweda/Opherden 1995.

1318 Vgl. Boorstin 1987, S. 31 ff., Burkart 1995c, S. 276 ff., Bentele 1994b, S. 256.

1319 Vgl. zu diesen Aufmerksamkeitsregeln und anderen Selektionsroutinen oben S. 167 f.

regeln (Nachrichtenfaktoren) zum zentralen Erfolgsfaktor der Öffentlichkeitsarbeit, der darüber entscheidet, ob die Medienkommunikatoren ein strategiekritisches Thema auf ihre Agenda setzen bzw. ob sie über eine konkrete Organisation oder Person berichten. Die *Thematisierung* setzt voraus, daß ein empirisches Phänomen, also ein Ereignis oder ein Tatbestand, benannt und als Problemstellung definiert wird (Fokussierung und Problematisierung).[1320] Die Fokussierung überführt mehr oder minder komplexe Sachverhalte und Handlungszusammenhänge in leicht kommunizierbare Termini (»Energiekonsens«, »Standortsicherung«). Durch die Problematisierung soll verdeutlicht werden, daß das Thema von allgemeiner Relevanz ist. Das wird immer dann gelingen, wenn die Öffentlichkeitsarbeit mit ihren Aussagen einen Bezug zu den alltäglichen Erfahrungen der (potentiellen) Rezipienten herstellen oder aber glaubhafte Verbindungslinien zu einem bereits etablierten Problemhaushalt aufzeigen kann. Für die erfolgreiche Beeinflussung von Situationsdefinitionen reicht es jedoch nicht aus, *daß* ein strategiekritischer Sachverhalt zur Diskussion gestellt wird. Entscheidend ist vielmehr, *wie* er in massenmedialen Teilöffentlichkeiten verhandelt wird, d.h. ob ein Thema (z.B. die Gentechnologie) eher als Chance oder als Risiko und ob verschiedene Imagedimensionen (z.B. diejenigen des bargeldlosen Zahlungsverkehrs) tendenziell positiv oder negativ dargestellt werden.

Aus diesem Grund muß die Öffentlichkeitsarbeit versuchen, sich aktiv in den Prozeß der *Themenstrukturierung* einzuschalten,[1321] indem sie Themen besetzt und sich um ein geeignetes »Framing« von Issues und Images bemüht. Wie ein solcher Deutungsrahmen aufgespannt werden kann, hat Gerhards am Beispiel gesellschaftspolitischer Problemstellungen aufgezeigt.[1322] Er weist darauf hin, daß ein durchsetzungsfähiger Interpretationsvorschlag in mehreren Dimensionen entfaltet werden muß. Zunächst sind neben dem Problem auch seine Ursachen und seine Verursacher zu benennen. Damit wird verdeutlicht, daß eine strategiekritische Fragestellung (z.B. die Höhe der Unternehmensbesteuerung) keine »Privatsache« ist, für die die Betroffenen selbst verantwortlich sind, sondern daß sie verschiedene Interessen berührt und insofern öffentlich diskutiert werden sollte. Ein zweiter Aspekt betrifft die Darstellung von Zielen und Lösungsstrategien. Die Öffentlichkeitsarbeit sollte stets klarstellen, wie das Problem der sozialen Integration in der jeweiligen Situation gelöst werden kann, d.h. ob beispielsweise eine schlichte Koordination auf der Handlungsebene oder eine grundlegende Infragestellung tradierter Wertsysteme anzustreben ist. Diese Lösungsvorschläge sind natürlich zugleich als Forderungen

1320 Vgl. nachfolgend Gerhards/Neidhardt 1990, S. 39 ff., Gerhards 1992a, S. 310 f., in Teilen auch Schönbach 1992, S. 328 ff.

1321 Vgl. zur Thematisierung und Themenstrukturierung als Elemente einer Funktionalisierung des Mediensystems Schmitt-Beck 1990, S. 646 ff., sowie Wallack et al. 1993, S. 96 ff.

1322 Vgl. Gerhards 1992a und im Grundsatz auch schon Gerhards/Neidhardt 1990, S. 42 ff. Dort werden auch konkrete Taktiken für die nachfolgend skizzierten Themendimensionen benannt. Weitere Hinweise zum »Framing« gesellschaftspolitischer Themen finden sich z.B. bei Schulz 1987, S. 138 f., Edelman 1988, Schönbach 1992, S. 328 ff., Wallack et al. 1993, S. 105 ff., Peters 1994, S. 177 ff.

zu verstehen, für die – drittens – konkrete Adressaten zu benennen sind. Dies kann das Unternehmen selbst sein, das seine Kompetenz zur Bewältigung bestimmter Sachfragen herausstellen will. Aufforderungen können sich aber auch an andere Akteure richten, z.B. an Gewerkschaften, die man durch die Mobilisierung der öffentlichen Meinung zur Aufgabe bisheriger Positionen bewegen will. Eine letzte Dimension betrifft die Selbstlegitimation des Kommunikators. Massenmediale PR-Konzepte müssen stets darauf bedacht sein, das Unternehmen als glaubwürdigen Akteur darzustellen, dessen Meinung auf der gesellschaftspolitischen Bühne zu Recht gehört wird. Diese Glaubwürdigkeit kann allerdings nicht sozialtechnologisch hergestellt, sondern nur vertrauensvoll erworben werden. Damit wird einmal mehr deutlich, daß abstrakte, technisch vermittelte Kommunikationsforen um weitere Plattformen ergänzt werden müssen, bei denen die Kommunikation in gemeinsame Erfahrungszusammenhänge eingebettet bleibt.

### *7.4.2 Mediale PR-Konzepte*

Mediale Vorgehensweisen ermöglichen die Kommunikation mit einem räumlich und/oder zeitlich getrennten, aber prinzipiell abgegrenzten bzw. abgrenzbaren Kreis von Rezipienten in kontrollierten Medienöffentlichkeiten.[1323] Dabei sind zwei Fälle zu unterscheiden. Durch Serienbriefe, Telefonate, Faxsendungen, E-Mail-Botschaften usw. werden *bestehende Kommunikationsforen* (Briefpost, Telekommunikationsnetze, Videosysteme) in Anspruch genommen. Daraus folgt, daß die Öffentlichkeitsarbeit wiederum bestimmte Zugangs- und Gestaltungsregeln beachten muß. Im Gegensatz zur Massenkommunikation fungieren die Betreiber von Kommunikationsnetzen jedoch als Übermittler und nicht als Vermittler; sie greifen also nicht selektierend in den Kommunikationsprozeß ein. Ihre Vorgaben sind eher als Rahmenbedingungen denn als aktive Einflußfaktoren der PR-Praxis anzusehen. Die Öffentlichkeitsarbeit kann ihren Handlungsspielraum noch erweitern, wenn sie *eigene Kommunikationsplattformen* schafft. Dies ist der Fall, wenn Nachbarschaftszeitungen, Informationsbroschüren, Unternehmensfilme oder CD-ROM-Präsentationen hergestellt und an ausgewählte Zielgruppen verteilt werden. Weitere Beispiele sind Bürgertelefone (Hotlines) und die Einrichtung von elektronischen Mailboxen, die eine direkte Kommunikation zwischen Unternehmensvertretern und Stakeholderrepräsentanten ermöglichen.

Programm-Heft

Kontrollierte Medienöffentlichkeiten stehen einer großen, aber gegenüber den Massenmedien doch begrenzten und vor allem besser eingrenzbaren Teilnehmerzahl offen. Dies wirkt sich unmittelbar auf die potentielle Kommunikationsdichte und Themenvarianz aus: Informationsbroschüren und Unternehmensfilme wecken nicht nur Aufmerksamkeit für ein Thema oder ein Imageobjekt. Sie sind auch in der Lage, komplexe Zusammenhänge in differenzierter Weise darzustellen. Sie können ferner ohne Verzerrungen durch das Mediensystem unmittelbar auf die Situationsdeutungen oder Absichten der Rezipien-

1323 Vgl. zum Begriff der kontrollierten Medienöffentlichkeit oben S. 206.

ten einwirken. Daraus folgt, daß mediale Vorgehensweisen prinzipiell geeignet sind, den Rezipienten zu informieren, zu überzeugen oder zu überreden. Welcher dieser drei PR-Stile im Einzelfall verwirklicht werden kann, hängt jedoch von den technischen Rahmenbedingungen ab. Der monologische Charakter klassischer Informationsbroschüren und Imagemagazine wird heute bereits mehr und mehr durch interaktive Techniken wie CD-ROM-Präsentationen und Telefon-»Dialog«-Systeme (Infolines) abgelöst.[1324] Das Feedback wird dabei allerdings nur genutzt, um dem Rezipienten einen gezielten Zugriff auf gespeicherte Mitteilungen zu ermöglichen. Von Dialogprozessen kann man erst sprechen, wenn die Beteiligten zusätzlich befähigt werden, ihre Rollen im Kommunikationsprozeß zu tauschen. In diesem Zusammenhang wird man auf audiovisuelle und elektronische Kommunikationsnetze (Telefon, Bildtelefon, Internet, T-Online) zurückgreifen müssen, die eine wechselseitige Aktualisierung von Mitteilungs- und Verstehenshandlungen ohne bzw. mit geringfügigen zeitlichen Verzögerungen zulassen.

Das breite Zielspektrum und die facettenreichen Gestaltungsformen der medialen Öffentlichkeitsarbeit münden in sehr unterschiedliche Vorgehensweisen auf der Handlungsebene, auf die wir nicht im Detail eingehen können. Im Grundsatz gilt jedoch stets, daß bei der Umsetzung medialer PR-Konzepte zwei miteinander verwobene Aspekte zu beachten sind. Ein erster Punkt betrifft die *Wahl der (technischen) Plattformen,* deren Eigenschaften eine Realisierung der situationsspezifischen Zielsetzungen ermöglichen müssen. Dabei ist zu berücksichtigen, daß die Adressaten nicht nur durch den tatsächlichen Kommunikationsprozeß, sondern bereits durch den Charakter der gewählten Plattform beeinflußt werden: „The medium is the message“ [1325] – diese vielzitierte Formulierung von McLuhan spielt z.B. dann eine Rolle, wenn ein Unternehmen seine technologische Kompetenz herausstellen will und zu diesem Zweck auf innovative Präsentationsformen wie Multimedia-CD-ROMs setzt. Der zweite Aspekt betrifft die *medienspezifische Thematisierung und Themenstrukturierung.* Hier muß die Frage beantwortet werden, welche Themen bzw. Imagedimensionen von wem in welcher Weise kommuniziert werden sollen. Im Hinblick auf persuasive Vorgehensweisen hat die verhaltenswissenschaftliche Marketingforschung eine Vielzahl einschlägiger Kriterien und Strategien vorgeschlagen:[1326] Es gilt beispielsweise, das Nutzungsverhalten der Rezipienten, die Ausdrucksform der Botschaft und die Glaubwürdigkeit der Kommunikatoren zu berücksichtigen. Von daher ergeben sich konkrete Schlußfolgerungen für die Gestaltung medialer Mitteilungshandlungen,

---

1324 Bei interaktiven Infolines wird der Anrufer mit einem Computer verbunden, der über ein Spracherkennungssystem verfügt oder Eingaben auf der Telefontastatur des Anrufers abfragen kann. Dadurch wird der Anrufer in die Lage versetzt, zwischen verschiedenen angebotenen Optionen zu wählen, um gesprochene Informationen abzufragen, die Übertragung von Faxmitteilungen anzustoßen oder auch eine persönliche Nachricht auf ein Band zu sprechen. Vgl. hierzu das Praxisbeispiel bei Kocks/Krause 1996, S. 436 ff.

1325 McLuhan 1968, S. 23.

1326 Vgl. z.B. Kroeber-Riel 1993c, S. 91 ff., Nieschlag et al. 1994, S. 593 ff., Kotler/Bliemel 1995, S. 922 ff.

z.B. hinsichtlich des Layouts von Informationsbroschüren, der Ausstattung von Direktmailings und der Dramaturgie von Unternehmensfilmen. Diese »handwerklichen« Aspekte werden in der angloamerikanischen PR-Literatur bereits kenntnisreich diskutiert.[1327] Wir verzichten deshalb auf eine vertiefte Darstellung und beschränken uns auf den Hinweis, daß an dieser Stelle die operative Intelligenz der Öffentlichkeitsarbeit in besonderer Weise gefordert ist. Sie muß das bewährte Repertoire medialer Vorgehensweisen zielführend einsetzen, darüber hinaus aber auch einen Blick für das Potential innovativer Techniken haben, um so eine effektive und effiziente Umsetzung medialer PR-Konzepte sicherzustellen.

### *7.4.3 PR-Konzepte für Präsenzveranstaltungen*

Kommunikationsprozesse in veranstalteten Präsenzöffentlichkeiten unterscheiden sich von den bislang skizzierten Vorgehensweisen vor allem dadurch, daß sie in räumlicher, zeitlicher und thematischer Hinsicht relativ klar fixiert sind.[1328] Unternehmen nehmen solche Plattformen für ihre Öffentlichkeitsarbeit in Anspruch, wenn sie *Veranstaltungen anderer Akteure* instrumentalisieren und sich z.B. auf Bürgerfesten und Freizeitausstellungen mit einem Informationsstand präsentieren. In den meisten Fällen wird man jedoch *eigene Veranstaltungen* organisieren. Das Spektrum reicht hierbei von themenspezifischen Events über klassische »Tage der offenen Tür« bis hin zu Kommunikationszentren, Meinungsführerdialogen und Gesprächskreisen mit Werksanrainern.

Präsenzöffentlichkeiten stehen nur einem beschränkten und prinzipiell abgrenzbaren Kreis von Kommunikationsteilnehmern offen. Sie betten die kommunikative Interaktion jedoch in gemeinsame Handlungszusammenhänge ein, in denen das ganze Spektrum kulturell verankerter Sequenzschemata aktualisiert werden kann: Veranstaltungen bieten die Gelegenheit für personale Kommunikationsprozesse zwischen Organisationsmitgliedern und gesellschaftspolitischen Stakeholdern, sind aber auch mit medialen Vorgehensweisen (z.B. der Aufstellung von computergesteuerten Infoterminals) kombinierbar. Sie ermöglichen direkte und indirekte Gespräche mit den Rezipienten, die sowohl monologisch als auch dialogisch angelegt werden können. Dabei wäre einerseits an Fachvorträge bei einem »Tag der offenen Tür«, andererseits an moderierte Diskussionsrunden mit Kritikergruppen zu denken. Daraus wird bereits ersichtlich, daß PR-Veranstaltungen die notwendigen Voraussetzungen für relativ intensive und flexible Verständigungs- und Beeinflussungsversuche schaffen. Sie können grundsätzlich genutzt werden, um soziale Beziehungen durch partielle Erfahrungsprozesse zu festigen (Vertrauensbildung und Imagegenese) und um eine Handlungsabstimmung oder Interessenklärung herbeizuführen. Dabei stellt die Aktualisierung eines argumentativen PR-Stils naturgemäß andere Anforderungen an die Veranstaltungsorganisation, als dies bei

1327 Vgl. v.a. Hunt/Grunig 1994, S. 179 ff. und S. 225 ff.

1328 Vgl. zu den Grundstrukturen von Präsenzöffentlichkeiten oben S. 205.

persuasiven und informativen Vorgehensweisen der Fall ist. Dieser Gedanke kann durch einige Beispiele aus der Unternehmenspraxis verdeutlicht werden: Events wie Vortragsveranstaltungen, Filmmatinees, Kunstausstellungen und Jubiläumsveranstaltungen sind geeignet, um sich mit klar definierten Botschaften an Bürger, Meinungsbildner und soziokulturelle Rollenträger zu wenden. Bei themenspezifischen Exkursionen, z.B. den »Technik-Touren« der Elektrizitätswirtschaft, werden solche Kommunikationsprozesse ausdrücklich in gemeinsame Erfahrungs- und Erlebenszusammenhänge eingebunden.[1329] Eine noch intensivere Kommunikation ermöglichen Kommunikationszentren, bei denen Besuchergruppen über die übliche Unternehmensdarstellung hinaus gezielt zu einem Dialog über strategiekritische Fragestellungen aufgefordert werden.[1330] Dieser Gedanke wird radikalisiert, wenn man dialogorientierte Kommunikationsplattformen schafft, die ausdrücklich für Verhandlungen, Beratungen und Diskurse mit gesellschaftspolitischen Stakeholdern genutzt werden sollen. In solchen personalen Settings lassen sich Kommunikationsregeln etablieren, die im Prinzip sogar eine argumentative Interessenklärung ermöglichen.

Bei PR-Veranstaltungen entspricht das Vorgehen auf der Handlungsebene dem gleichen Grundmuster, das wir bereits für mediale Konzepte skizziert haben. Die Öffentlichkeitsarbeit muß sich einerseits mit der *Entwicklung eines Veranstaltungssettings* auseinandersetzen, das den situationsspezifischen Anforderungen gerecht wird. Dieser Aspekt gewinnt gegenüber (massen)medialen Vorgehensweisen stark an Bedeutung, weil technische Standards und journalistische Arbeitsroutinen im Nahbereich eine geringere Rolle spielen. Das PR-Management bleibt ständig aufgefordert, seine Leistungsfähigkeit durch die kreative Nutzung dieser Gestaltungsfreiräume unter Beweis zu stellen. Ein zweiter Gesichtspunkt betrifft die *plattformspezifische Thematisierung und Themenstrukturierung*. Dabei geht es wiederum um die Frage, wer welche Themen und Imagedimensionen in welcher Weise kommunizieren soll. Sofern ein persuasiver PR-Stil angebracht ist, kann man auf eine Vielzahl einschlägiger Forschungsergebnisse und Handlungsempfehlungen zurückgreifen. Dies gilt sowohl für den Einsatz medialer Techniken, z.b. für die Gestaltung von Infoterminals und Messeständen, als auch für etablierte Formen der Besucherbetreuung und Event-Organisation.[1331] Die unterschiedlichen Dimensionen der persönlichen Kommunikation, bei der die inhaltlichen Aussagen in geeigneter Weise durch Rhetorik, Gestik und Mimik zu unterstützen sind, werden in der

1329 Der Grundgedanke dieser Vorgehensweise besteht darin, bei aktiven und kritischen Teilen der Bevölkerung eine größere Technikakzeptanz zu erreichen, indem die entsprechenden Zusammenhänge »vor Ort« verdeutlicht und erläutert werden; vgl o.V. 1992b, insbes. S. 162 f.

1330 Entsprechende Kommunikationszentren werden seit Anfang der neunziger Jahre von der Bayer AG in Leverkusen (»BayKomm«) und von der Energie-Versorgung Schwaben (EVS) AG im Heizkraftwerk Heilbronn betrieben; vgl. hierzu Springer 1996 bzw. Kresse 1995, S. 163 ff.

1331 Vgl. zur Öffentlichkeitsarbeit auf Messen und Ausstellungen z.B. Beger et al. 1989, S. 329 ff., Hunt/Grunig 1994, S. 303 ff. Die Event-Gestaltung wird bislang vornehmlich unter Marketinggesichtspunkten diskutiert; vgl. etwa Weidner 1992, S. 15 ff., Kinnebrock 1993, S. 48 ff.

Forschung ebenfalls seit langem thematisiert.[1332] Es mangelt auch nicht an praxisorientierten Publikationen und Seminaren, die sich mit den sozialpsychologischen Aspekten persuasiver Vorträge und Ansprachen auseinandersetzen. Ein gänzlich anderes Bild ergibt sich, wenn es um die Umsetzung eines argumentativen PR-Stils geht, der im Kontext dezentraler Legitimationsbemühungen (Unternehmensethik) eine zentrale Rolle spielt.[1333] Dieses Feld ist für die Öffentlichkeitsarbeit größtenteils Neuland: In der Unternehmenspraxis hat man erst vereinzelt Erfahrungen mit Meinungsführerdialogen, Bürgergesprächen und ähnlichen Kommunikationsplattformen gemacht. Eine theoretische Aufarbeitung und Stützung dieser Ansätze ist ebenfalls noch zu leisten.[1334] Unsere Überlegungen zur Theorie der Unternehmenskommunikation und PR legen ein konzeptionelles Fundament für solche Bemühungen, weil sie den systematischen Stellenwert argumentativer Dialogprozesse zwischen Anwesenden herausarbeiten. Mit der folgenden Skizze wollen wir zudem andeuten, wie entsprechende PR-Konzepte ausgestaltet werden können.

Wir beziehen uns dabei exemplarisch auf eine Vorgehensweise, für die wir vor einigen Jahren den inzwischen etablierten Begriff *»Unternehmensdialog«* vorgeschlagen haben.[1335] Darunter verstehen wir zumeist mittlergestützte Dialogprozesse, die das Ziel verfolgen, gesellschaftspolitische Problemfelder der Unternehmensstrategie im Sinne einer proaktiven Konfliktvermeidung, reaktiven Konfliktbewältigung oder kooperativen Problemlösung gemeinsam mit allen relevanten Bezugsgruppen zu thematisieren, um auf diesem Weg argumentativ begründete Situationsdeutungen, Handlungsoptionen und Interessenstandpunkte zu erarbeiten.[1336] Die Durchführung eines Unternehmensdialogs ist von drei *Voraussetzungen* abhängig.[1337] Ein Argumentationsprozeß kann im allgemeinen nur angestoßen werden, wenn die thematisierten Fragen von

---

1332 Vgl. statt anderer Hartig 1993 und Mulholland 1994, im Kontext der Öffentlichkeitsarbeit z.B. Seitel 1980, S. 125 ff., Crable/Vibbert 1986, S. 155 ff., Hunt/Grunig 1994, S. 205 ff.

1333 Vgl. zur Deutung der nachfolgend skizzierten »Unternehmensdialoge« als Ausdruck einer Neubestimmung des Verhältnisses von privatem Unternehmertum und öffentlichem Interesse insbes. Steinmann/Zerfaß 1993b; im demokratietheoretischen Kontext auch Burns/Ueberhorst 1988.

1334 Hier schließt das von der Deutschen Forschungsgemeinschaft (DFG) geförderte Forschungsprojekt »Der Unternehmensdialog als besonderes Verfahren im Rahmen der Gestaltung der Umweltbeziehungen« an, das seit Mitte 1995 vom Lehrstuhl Markt und Konsum der Universität Hannover (Prof. Dr. Ursula Hansen) in Kooperation mit dem imug Institut für Markt – Umwelt – Gesellschaft, Hannover, durchgeführt wird; vgl. Hansen/Niedergesäß et al. 1994.

1335 Vgl. zum Begriff »Unternehmensdialog« bzw. »Corporate Dialogue« zuerst Zerfaß 1991, S. 11, Steinmann/Zerfaß 1993a, S. 58, dies. 1993b, S. 4 ff., Zerfaß/Scherer 1995, S. 502 ff., und im Anschluß daran Hansen/Niedergesäß et al. 1994, Hansen/Schoenheit/Devries 1994, S. 12 ff., Hansen et al. 1996 sowie P. Ulrich 1995, S. 5.

1336 In ähnlicher Weise definieren Hansen et al. (1996, S. 311) Unternehmensdialoge als „besondere Verfahren ..., die von Unternehmen initiiert werden, um mit den relevanten Anspruchsgruppen situative und strukturelle Probleme, die sich aus der unternehmerischen Leistungserstellung und -verwertung ergeben haben oder ergeben könnten, verständigungsorientiert zu kommunizieren" (im Original kursiv).

1337 Vgl. zu diesen Voraussetzungen Steinmann/Zerfaß 1991a, S. 4. Hansen et al. 1996, S. 317, weisen ergänzend darauf hin, daß die notwendigen finanziellen und zeitlichen Ressourcen für einen derart aufwendigen Diskussionsprozeß verfügbar sein müssen.

den relevanten Akteuren als gesellschaftspolitisches Problem und nicht als »Privatangelegenheit« der Unternehmung angesehen werden. Zweitens müssen alle Beteiligten bereit sein, sich auf eine offene und hinsichtlich der potentiellen Ergebnisse kaum berechenbare Form der direkten Kommunikation einzulassen. Dabei ist die Einsicht wichtig, daß Fragen der geeigneten Mittelwahl nicht unabhängig von subjektiven und intersubjektiven Wertorientierungen bzw. Situationsdeutungen beantwortet werden können. Drittens muß von vornherein sichergestellt sein, daß der Dialog über einen unverbindlichen Gedankenaustausch hinausgeht, aber nicht sozialtechnologisch instrumentalisiert wird. Aus diesem Grund bleibt die argumentative Öffentlichkeitsarbeit in Präsenzforen in den meisten Fällen auf die Mitwirkung eines neutralen Moderators bzw. Mediators angewiesen.

| | *Erwartete Resultate* | | |
|---|---|---|---|
| *Aufgabenstellung* | Gemeinsame Situationsdeutungen und Handlungsinterpretationen | Handlungskoordination | Interessenabstimmung |
| Konfliktlösung bzw. -prävention | Gesprächskreis Hoechster Nachbarn | | |
| | Procter & Gamble-Unternehmensdialoge | | |
| Kooperative Problembewältigung | EVS-Energietage | | |
| | Deponieplanung der AWV in Niederösterreich | | |

*Tab. 6: Typologie und Beispiele für Unternehmensdialoge*

In der Praxis erfahren Unternehmensdialoge eine durchaus unterschiedliche *Ausprägung*. Die oben abgedruckte Systematisierung (Tab. 6) bringt zum Ausdruck, daß die Ausgangslage und die Zielvorstellungen der beteiligten Akteure von Situation zu Situation variieren.[1338] Die *Aufgabenstellung* reicht von der Beilegung eines bereits ausgebrochenen Konflikts über die vorbeugende Erörterung potentieller Problemfelder der Unternehmensstrategie bis hin zur

1338 Diese beiden Dimensionen entnehmen wir einer Systematisierung von Gray 1989, S. 179. Vgl. zu den Gestaltungsvariablen von Unternehmensdialogen auch Hansen et al. 1996, S. 319 ff.

Lösung eines von vornherein gemeinsam zu bewältigenden Problems. Diese Aspekte lassen sich natürlich nur analytisch trennen; sie gehen in der Praxis häufig ineinander über. Dies gilt auch für die *Resultate*, die das Unternehmen von einer solchen Vorgehensweise erwartet. In gemeinsamen Beratungen ist es den Beteiligten prinzipiell möglich, strittige Situationsdeutungen bzw. Handlungsinterpretationen zu klären, poietische Handlungen abzustimmen und Zwecksetzungen zu harmonisieren. Diese breite Zielpalette kommt deshalb in den Blick, weil in Situationen von Kopräsenz reflexive Diskurse angestoßen und im Bedarfsfall sogar neue Orientierungsmuster (Kommunikationsschemata) ausgebildet werden können.[1339] Dennoch steht in der Praxis immer wieder ein anderer Integrationsaspekt im Vordergrund. Das wird deutlich, wenn man die vier Fallbeispiele betrachtet, die wir zur Illustration in den Bezugsrahmen eingezeichnet haben.[1340]

- Der *Gesprächskreis Hoechster Nachbarn* wurde bereits in der einleitenden Fallstudie beschrieben.[1341] Es handelt sich dabei um einen »Runden Tisch«, der im Anschluß an den Griesheimer Störfall – also zur Bewältigung und Aufarbeitung einer akuten Krisensituation – ins Leben gerufen wurde. Die Gespräche werden von einer lokalen Vertrauensperson moderiert und dienen dem Zweck, die Unternehmenspolitik und die Interessen der Bezugsgruppen transparent zu machen und gemeinsame Projekte in die Wege zu leiten. Eine langfristige Interessenharmonisierung wird dagegen eher möglich sein, wenn ein potentieller Konflikt noch nicht ausgebrochen ist und zur Ausbildung relativ starrer Positionen geführt hat.

- Dies trifft bei den proaktiven Unternehmensdialogen zu, die seit Mitte der 80er Jahre von dem Markenartikelhersteller *Procter & Gamble* durchgeführt werden.[1342] Das Unternehmen hat potentielle Problemfelder seiner Produkte wiederholt zum Anlaß genommen, das direkte Gespräch mit den betroffenen Stakeholdern bzw. ihren Repräsentanten zu suchen. Der Teilnehmerkreis ist dabei weder lokal noch formal abgegrenzt;[1343] eingeladen werden vielmehr alle Akteure, die ihre Betroffenheit in Vorabgesprächen mit den neutralen Dialogbegleitern zum Ausdruck bringen.[1344] Das eigentliche Dialoggespräch

1339 Vgl. oben S. 212 ff.

1340 Dabei wurden die einzelnen Fallbeispiele tentativ verortet, weil die skizzierten Fälle nicht von vornherein mit Mitteln der interpretativen Sozialforschung begleitet wurden.

1341 Vgl. oben S. 41 f.

1342 Das Unternehmen begann diese Initiativen im Jahre 1985 mit einem (reaktiven) Dialogprogramm über „Waschen und Gewässerschutz" (»WAGE«), als ein neu auf den Markt gebrachter Waschverstärker ins Kreuzfeuer der öffentlichen Kritik geriet. Seitdem wurden in insgesamt neun verschiedenen Unternehmensdialogen Probleme der Trinkwasserversorgung, des Hausmülls, der Selbstmedikation bei Erkältungskrankheiten (»ERBE«) und des Spannungsfeldes von Haarpflege und Gesundheit (»HAGE«) thematisiert. Vgl. als Berichtsbände von Weizsäcker 1988, ders. 1989, ders. 1991, Steinmann/Zerfaß 1991b, Hansen/Schoenheit 1994.

1343 Da auch Endkunden, Handelsmittler und Wettbewerber einbezogen werden, handelt es sich hier also um einen Unternehmensdialog, der nicht auf die Öffentlichkeitsarbeit beschränkt bleibt, sondern als genuines Element einer integrierten Kommunikationspolitik anzusehen ist.

1344 Die einzelnen Dialogprogramme wurden von verschiedenen Wissenschaftlern (Prof. Dr. Ernst Ulrich von Weizsäcker, Prof. Dr. Horst Steinmann, Prof. Dr. Ursula Hansen) mit ihren Mitarbei-

wird durch ein Thesenpapier vorbereitet, das die Situationsdeutungen der Beteiligten und die Vernetzung der inhaltlichen Fragestellungen aufzeigt.[1345] Auf dieser Grundlage wird dann an zwei aufeinanderfolgenden Tagen versucht, mit etwa 30-40 Teilnehmern einen zielführenden Argumentationsprozeß durchzuführen. Eine Kombination von Statements, moderierten Plenumsdiskussionen und Arbeitsgruppen soll eine gemeinsame Strukturierung des Problemfelds und eine Identifikation inhaltlicher Konsens- und Dissenspunkte ermöglichen. Die persönliche Zusammenarbeit soll zudem den Grund für weitere, bilaterale Diskussionsprozesse zwischen dem Unternehmen und einzelnen Stakeholdern bereiten. Die Erfahrung hat gezeigt, daß die Hinterfragung bekannter Interessenstandpunkte, der Aufweis interdependenter Aspekte des Themengebietes und die gemeinsame Suche nach Lösungen zu teilweise überraschenden Ergebnissen führt. Diese reichten bei den genannten Dialogprogrammen von der grundsätzlichen Identifikation der von den Betroffenen überhaupt als wichtig erachteten Diskussionsfelder (Problemkatalogen) bis hin zu prozessualen und inhaltlichen Lösungsvorschlägen, die konkrete Aufforderungen an das Unternehmen oder andere beteiligte Akteure umfaßten und zwischenzeitlich auch umgesetzt wurden.

- Wiederum vor einem anderen Hintergrund hat die *Energie-Versorgung Schwaben AG (EVS)* 1991 eine Reihe von Unternehmensdialogen auf den Weg gebracht, die unter das Leitmotiv »Energie im Gespräch« gestellt wurden.[1346] Im Zuge der Umorientierung des klassischen Stromversorgers zu einem wettbewerbsorientierten Energiedienstleister sollte die Neuausrichtung der Unternehmensstrategie präsentiert und zur Diskussion gestellt werden. Dazu wurden in verschiedenen Gemeinden des Versorgungsgebietes innerhalb von zwei Jahren etwa 25 einwöchige Veranstaltungszyklen durchgeführt. Der Kerngedanke war, Mitarbeiter aus dem ganzen Unternehmen unter der Regie einer Kommunikationsagentur mit den Vertretern lokaler Anspruchsgruppen (Vereine, Bürgerinitiativen, Parteien, Schulklassen) ins Gespräch zu bringen. Dabei wechselten sich moderierte Streitgespräche in einem eigens aufgebauten »Kommunikationspavillon« mit bilateralen Workshops und Exkursionen ab. Im Vordergrund stand die Herbeiführung von mehr Transparenz über die verschiedenen Aspekte der Energieversorgung. Die Kommunikationspartner des Unternehmens zeichnen sich nämlich durch eine gewisse Janusköpfigkeit aus: als Kunden schätzen sie die Vorteile einer jederzeitigen Verfügbarkeit von Strom, als Bürger und Anwohner setzen sie sich zunehmend kritisch mit der Energieproduktion und -verteilung auseinander. Von daher zielte das Dialogprogramm auf eine Verdeutlichung und nicht zwangsläufig auf eine Ver-

tern in Eigenverantwortung vorbereitet und moderiert. Den hier nur angedeuteten Prozeß haben wir an anderer Stelle ausführlicher dargestellt; vgl. Steinmann/Zerfaß 1993a, S. 58 f., dies. 1993b, S. 7 ff., sowie Zerfaß/Scherer 1995, S. 502 ff.

1345 Vgl. z.B. im Kontext des ERBE-Dialogprogramms Steinmann/Zerfaß 1991a.

1346 Auch dieses Beispiel haben wir an anderer Stelle ausführlicher dargestellt und unter verschiedenen theoretischen Aspekten diskutiert; vgl. Steinmann/Zerfaß 1993a, S. 59 f., und Steinmann et al. 1993, S. 35 ff. Vgl. zu diesem Fall ferner Ahrens/Hütt 1993, S. 104 ff., Kresse 1995, S. 161 ff., sowie die ausführliche Rekonstruktion von Cokbudak 1993, S. 69 ff.

änderung der jeweiligen Interessenlagen ab. Darüber hinaus sind aus diesen Gesprächen aber auch gemeinsame Handlungsinitiativen hervorgegangen, z.B. im Bereich des durch den Bau von Hochspannungsleitungen betroffenen Vogelschutzes.

- Ein letztes Fallbeispiel betrifft die von Burkart rekonstruierte Standortplanung von zwei Sonderabfalldeponien in Niederösterreich.[1347] Im Vorfeld der Umweltverträglichkeitsprüfungen für diese Deponien wurde von 1988 bis 1991 ein Dialog zwischen der zuständigen Abfallwirtschaftsverbundplanungs-Ges.m.b.H. (AWV) und den Bürgern der vorgesehenen Standortgemeinden geführt. Als Kommunikationsplattformen dienten neben medialen und massenmedialen Vorgehensweisen insbesondere »Bürgerbüros«, in denen Unternehmensvertreter Rede und Antwort standen, öffentliche Expertengespräche, Informationsveranstaltungen, Exkursionen, sowie ein sogenanntes »UVP-Team«, von dem die projektbegleitende Umweltverträglichkeitsprüfung (UVP) vorbereitet und überwacht wurde.[1348] Im Gegensatz zu den anderen Fällen kamen hier keine externen Moderatoren zum Einsatz. Die Aufgabenstellung war dadurch gekennzeichnet, daß die grundsätzliche Errichtung der beiden Deponien von der zuständigen Landesregierung bereits beschlossen war und alleine die konkrete Realisierung zur Debatte stand. Das heißt: Bürger und AWV saßen trotz aller Gegensätze von vornherein »in einem Boot«, weil sie gezwungen waren, ein fest umrissenes Problem in möglichst kooperativer Weise zu lösen. Der konkrete Entscheidungshorizont verhinderte wiederum eine langfristige Interessenorientierung; vielmehr stand die Offenlegung von Dissenspunkten, die Abstimmung auf der Handlungsebene und die Verständigung über die relevanten Sachverhalte im Vordergrund.

Diese Fallbeispiele verdeutlichen, wie ein *argumentatives PR-Konzept für Präsenzveranstaltungen* im Prinzip aussehen kann.[1349] Die Öffentlichkeitsarbeit muß zunächst eine Dialogkonzeption entwerfen, die auf die situative Aufgabenstellung und den jeweiligen Zielhorizont abgestimmt ist. Dabei ist zu beachten, daß der argumentative Charakter des Kommunikationsprozesses von vornherein unterstrichen wird, weil er vielen Beteiligten – auch aus dem eigenen Unternehmen – angesichts der zumeist vorherrschenden Persuasionstechniken fremd erscheinen mag. Die Teilnahmebereitschaft und die Qualität des Dialogprozesses kann erheblich gesteigert werden, wenn ein glaubwürdiger und kompetenter Mediator mit der Gestaltung des eigentlichen Dialoges beauftragt wird.[1350] Die Rolle eines solchen aktiven Konfliktmittlers kann z.B. von

1347 Vgl. Burkart 1993, S. 39 ff., zur theoretischen Verortung des Falles als Anwendungsbeispiel einer »verständigungsorientierten Öffentlichkeitsarbeit« auch Burkart/Probst 1991, Burkart 1995d, sowie oben S. 55 ff.

1348 Vgl. Burkart 1993, S. 49 und S. 57 ff.

1349 Vgl. zur prozessualen Gestaltung des Unternehmensdialoges bereits die Darstellungen von Zerfaß 1991, S. 6, sowie ders. 1994a, S. 13, ähnlich auch Hansen et al. 1996, S. 322. Instruktive Hinweise finden sich ferner bei Burns/Ueberhorst 1988, S. 102 ff., Payne 1991 und den in der nachfolgenden Anmerkung genannten Schriften zu Mediationsverfahren.

1350 Darauf deuten die empirischen Erfahrungen mit Mediationsverfahren hin, die im angloamerikanischen und asiatischen Raum seit längerer Zeit bei einer Vielzahl sozialer Konflikte zur Aneiner lokalen Vertrauensperson, einer neutralen Autorität (Richter, Wissenschaftler) oder einem externen Kommunikationsberater übernommen werden.[1351] Ein Mediator kann und soll jedoch nur unterstützend eingreifen: Die Beteiligten müssen sowohl die konkreten »Spielregeln« als auch den inhaltlichen Verlauf der Gespräche selbst bestimmen. Die im Zuge der Habermas-Rezeption immer wieder geäußerte Hoffnung, die Rationalität einer Beratung bzw. eines Diskurses durch den Rekurs auf *universelle* Argumentationsregeln verbessern zu können, erweist sich vor dem Hintergrund unserer kommunikationstheoretischen Überlegungen als Trugschluß.[1352] Selbstverständlich macht es Sinn, die Beteiligten daran zu *erinnern,* welche Bedingungen in unserer Kultur an die Aktualisierung eines argumentativen Kommunikationsstils gestellt werden (z.B. eine unvoreingenommene, zwanglose und sachverständige Gesprächsführung). Diese dem westeuropäischen Erfahrungsschatz entnommenen Normen dürfen aber keinesfalls als unhintergehbare Strukturen mißverstanden werden, die z.B. auch im Kontext der interkulturellen Öffentlichkeitsarbeit ohne weiteres anwendbar sind. Sie müssen ferner situationsspezifisch ausdifferenziert und konkretisiert werden, wobei die Einbettung der Kommunikation in gemeinsame Handlungszusammenhänge wesentlich zum Erfolg solcher Orientierungsleistungen beiträgt. Das PR-Management ist dann wieder gefordert, wenn der Dialogprozeß zu einem (vorläufigen) Abschluß gekommen ist. Die Ergebnisse und Vereinbarungen müssen in den unternehmensspezifischen Entscheidungsprozeß eingespeist und hinsichtlich ihrer Rückwirkungen auf die Kommunikationspolitik und PR-Strategie überprüft werden. In vielen Fällen wird es auch notwendig sein, die Dialogergebnisse einem breiteren Publikum zugänglich zu machen, um sie so im gesellschaftspolitischen Umfeld zu verankern.[1353]

Ein letzter Punkt betrifft die *Erfolgsfaktoren und Risiken* von Unternehmensdialogen.[1354] Argumentative PR-Konzepte werden nur gelingen, wenn der Prozeß präzise vorstrukturiert wird, d.h. wenn insbesondere die Motivation, die Ziele und die Rolle der Unternehmung und des von ihr beauftragten Mediators frühzeitig verdeutlicht werden. Der Unternehmensdialog muß offen verlaufen,

---

wendung kommen; vgl. z.B. Folberg/Taylor 1990 und Goldberg et al. 1992, S. 103 ff. In Deutschland werden diese Verfahren bislang vorwiegend unter verwaltungsrechtlichen Gesichtspunkten (»partizipative Verwaltungsverfahren«) und im Hinblick auf ihre Eignung bei Umweltkonflikten diskutiert; Hoffmann-Riem/Schmidt-Aßmann 1990 bzw. Wiedemann et al. 1991, Claus/Wiedemann 1994, Renn/Webler 1994 und Dally et al. 1995. Vgl. zur Integration des Mediationsgedankens in die Öffentlichkeitsarbeit bereits Steinmann/Zerfaß 1993b, S. 3 f.

1351 Vgl. zur Mediatorrolle im Kontext der Öffentlichkeitsarbeit Steinmann et al. 1993, S. 36 ff.

1352 Vgl. zu einer solchen Argumentationslinie z.B. Burkart/Probst 1991 und Renn/Webler 1994, S. 35 ff.; zur Bestimmung der Verfahrensregeln im konkreten Gebrauch vgl. oben S. 182.

1353 Bei den Procter & Gamble-Dialogprogrammen geschieht dies durch einen Berichtband, der an selektierte Zielgruppen verschickt wird und im Buchhandel erhältlich ist.

1354 Vgl. nachfolgend Zerfaß 1994a, S. 14, sowie Hansen et al. 1996, S. 324 ff. Diese Hinweise sind als erste Annäherung zu verstehen, die sich in Ermangelung einer umfassenden Erforschung des Themenfeldes auf die Kenntnis der skizzierten Fälle und der einschlägigen Literatur zu Mediationsverfahren stützt. Ähnliche Vorschläge finden sich vereinzelt in der praxisorientierten PR-Literatur; vgl. Gorney 1987 und Gossen/Sharp 1987.

d.h. die Regeln und Inhalte sind von den Teilnehmern selbst zu bestimmen. Es muß gewährleistet sein, daß alle relevanten Anspruchsgruppen ohne Ansehung ihres faktischen Machtpotentials einbezogen werden. Dabei ist darauf zu achten, daß die jeweiligen Vertreter über eine hinreichende Kompetenz und Autorität verfügen, damit die Diskussionsergebnisse in den Stakeholderorganisationen diffundieren und verfestigt werden. Ein weiteres Erfolgskriterium ist die bewußte Grenzziehung zu (massen)medialen Kommunikationsprozessen, d.h. die Beschränkung der Diskussion auf die persönlich anwesenden Akteure. Dies mag dazu führen, daß man – wie bei den Procter & Gamble-Programmen – Journalisten bewußt außen vor läßt und die Dialogergebnisse erst im nachhinein in einem gemeinsam autorisierten Buch verbreitet. Schließlich muß man sich darüber im klaren sein, daß der Unternehmensdialog gesellschaftspolitische Beziehungsstrukturen grundlegend verändern kann. Er ist also zwingend in eine Kommunikationsphilosophie und ein PR-Rahmenkonzept einzubinden, die bewußt auf die Chancen und Risiken einer offenen Kommunikationspolitik setzen. Das Risiko von Unternehmensdialogen liegt vor allem bei einer Okkupation durch einzelne Akteure, die das offene Gespräch für ihre partikularen Zwecke instrumentalisieren und damit zu einem bloßen Ritual abqualifizieren. Ob dies geschieht und wie dies im Einzelfall zu verhindern ist, kann angesichts des Variantenreichtums personaler Kommunikationsprozesse allerdings nur in der Praxis selbst bestimmt werden.

### *7.4.4 PR-Konzepte für episodische Kommunikationsprozesse*

Episodische Begegnungen (Encounters) zwischen Organisationsmitgliedern und den Vertretern gesellschaftspolitischer Bezugsgruppen bilden eine weitere Plattform für die Realisierung der Öffentlichkeitsarbeit.[1355] Beispiele für solche bilateralen Gespräche sind Konsultationen mit Wissenschaftlern und Sportfunktionären, Kamingespräche mit Journalisten oder Meinungsführern und nicht zuletzt die vielfältigen Formen des Lobbyismus, bei denen der Kontakt zu den Akteuren des politischen Entscheidungssystems gesucht wird.[1356] Diese Begegnungen finden im allgemeinen nicht zufällig statt. Sie können vorbereitet werden, wenn man *Handlungskontexte* identifiziert, die eine gute Chance für einen persönlichen Gedankenaustausch bieten. Ein Beispiel sind Kongresse, die häufig nicht aufgrund der vorstrukturierten Kommunikation in Vortragsveranstaltungen und Workshops, sondern vor allem wegen der Möglichkeit zur informellen Diskussion mit anderen Teilnehmern besucht werden. Die Öffentlichkeitsarbeit muß darüber hinaus immer wieder bemüht sein, selbst einen Anstoß zur *Ausbildung von Encounters* zu geben. Dies wäre der Fall, wenn man sich außerhalb etablierter Veranstaltungen (z.B. in der Fuß-

---

1355 Vgl. zum Begriff und zu den Grundstrukturen episodischer Teilöffentlichkeiten oben S. 205.

1356 Lobbying-Aktivitäten umfassen zwar auch mediale (insbes. schriftliche und telefonische) Kommunikationssequenzen, werden aber zumeist in persönlichen Gesprächen aktualisiert. Vgl. Cates 1988, insbes. S. 249, und als weitere Annäherungen an diesen bislang nur spärlich thematisierten Bereich der Öffentlichkeitsarbeit Grunig/Hunt 1984, S. 527 ff., Baskin/Aronoff 1988, S. 337 ff., Beger et al. 1989, S. 308 ff., Strauch 1993, Birnbaum 1993, Avenarius 1995, S. 305 ff.

gängerzone der Standortgemeinde) mit einem Informationsstand präsentiert, um so mit einzelnen Bürgern ins Gespräch zu kommen. Ein anderer Ansatzpunkt ist das langfristige Knüpfen eines persönlichen Beziehungsnetzwerks, das die jederzeitige Kontaktaufnahme mit relevanten Ansprechpartnern ermöglicht. Empirische Forschungen haben gezeigt, daß solche Gespräche einen wesentlichen Einfluß auf die Situationsdeutungen und Handlungspläne der Beteiligten ausüben.[1357] Der Aufbau und die Nutzung sozialer Netzwerke erweist sich deshalb als zentraler Erfolgsfaktor der Öffentlichkeitsarbeit, weil dadurch ein Gegenpol zur weniger gut beeinflußbaren Meinungsbildung in (massen-) medialen Foren gebildet wird.

Episodische Teilöffentlichkeiten zeichnen sich durch eine begrenzte Teilnehmerzahl und einen marginalen Organisationsgrad aus. Dies ermöglicht allerdings eine hohe Kommunikationsdichte und eine äußerst flexible Gestaltung des Kommunikationsprozesses. Deshalb können in persönlichen Begegnungen – ebenso wie in Präsenzveranstaltungen – im Prinzip alle Formen der persuasiven, argumentativen und informativen Kommunikation aktualisiert werden. Ob und wie dies im einzelnen geschieht, bleibt allerdings den beteiligten Akteuren vorbehalten. Die Flüchtigkeit und die Variabilität von Encounters sorgt dafür, daß die Vorgehensweisen auf der Handlungsebene nur schwer theoretisch erfaßt werden können. Es gilt zwar weiterhin, daß die Öffentlichkeitsarbeit ihr Augenmerk zunächst auf die *Initiierung persönlicher Begegnungen* und dann auf die *situationsspezifische Thematisierung und Themenstrukturierung* lenken muß. Der konkrete Gesprächsverlauf kann jedoch nur sehr begrenzt vorgeplant werden. An dieser Stelle ist die persönliche Kommunikationskompetenz der beteiligten Organisationsmitglieder gefragt, die sich vor dem Hintergrund unserer konzeptionellen Überlegungen durch gute Überredungskünste (Schlagfertigkeit, Rhetorik) *und* durch die Fähigkeit zum argumentativen Handeln auszeichnen müssen.

## 7.5 Ansatzpunkte und Methoden der PR-Kontrolle

Unser Grundkonzept des PR-Managements hat bereits verdeutlicht, daß die PR-Kontrolle in zweifacher Weise ausdifferenziert werden muß.

Die *Ergebniskontrolle* setzt nach der Realisierung der Kommunikationskonzepte ein. Sie ist als Pendant zur operativen Programmplanung zu verstehen, weil sie die Zielerreichung im Sinne eines Soll-Ist-Vergleichs überprüft. Die *Prozeßkontrolle* präsentiert sich demgegenüber als eine mitlaufende Aktivität, mit der die Selektivität der einzelnen Managementphasen kompensiert wird. Dieser Teilbereich der PR-Kontrolle ist dadurch gekennzeichnet, daß er die Öffentlichkeitsarbeit unter strategischen *und* operativen Gesichtspunkten evaluieren soll. Das heißt: Es ist nicht nur prozeßbegleitend nach dem Beitrag zur Zielerreichung (Effizienz) zu fragen, sondern es muß darüber hinaus auch geprüft werden, ob die formulierten Ziele noch richtig sind (Effektivität).

1357 Vgl. insbes. Schenk/Rössler 1994 sowie Ohlemacher 1991.

Dieser Punkt wird in der PR-Forschung bislang noch nicht herausgearbeitet.[1358] Wir werden deshalb bei der folgenden Darstellung deutlich zwischen der *operativen PR-Kontrolle* (in der Ergebnis- und Prozeßdimension) und der *strategischen PR-Kontrolle* (als prozeßbegleitende Ergänzung der strategischen Programmplanung) unterscheiden.[1359] Diese beiden Funktionen sind um ein *PR-Controlling* zu ergänzen, bei dem sich die Aufmerksamkeit nicht länger auf die zu realisierenden PR-Konzepte, sondern auf den Steuerungsprozeß selbst richtet. Im Zuge eines PR-Audits ist regelmäßig zu prüfen, ob sich die Ausgestaltung der einzelnen Managementphasen bewährt hat oder ob in dieser Hinsicht ein Revisionsbedarf besteht. Damit wird eine reflexive Neuorientierung des PR-Managements (Metaplanung) angestoßen. Diese Überlegungen zeigen bereits, daß der Gesamtkomplex der PR-Kontrolle weitaus intensiver untersucht werden müßte, als es an dieser Stelle möglich ist. Im folgenden beschränken wir uns deshalb auf eine kurze Erläuterung der skizzierten Grundgedanken.

### *7.5.1 Operative PR-Kontrolle*

Die operative Kontrolle soll einen Beitrag zur effizienten Zielerreichung leisten. Sie knüpft an die Vorgaben der Programmplanung an und fragt, ob die im Zuge der Strategierealisierung ergriffenen Maßnahmen angemessen sind.[1360] Das PR-Rahmenkonzept und die PR-Strategien werden selbst nicht mehr in Frage gestellt, sondern als Referenzpunkte für den Kontrollprozeß herangezogen. Der *Erfolg* der durchgeführten Aktivitäten bemißt sich demnach an den situationsspezifischen Zielen der Öffentlichkeitsarbeit, nicht aber an dem Beitrag, der damit zur Realisierung oder (Um-) Orientierung der Unternehmensstrategie geleistet wird.[1361] Dies gilt unabhängig von der konkreten Umsetzung der Kontrolltätigkeit, die als Ergebniskontrolle und als prozeßbegleitende Fortschrittskontrolle ausgestaltet werden kann.

Die *Ergebniskontrolle* setzt am Schluß des Planungs- und Durchführungszykluses an. Es handelt sich mithin um eine Zeitpunktaufnahme, die den Erfolg der Strategierealisierung rückwirkend beurteilt (»Did we things right?«).[1362] Dazu ist es zunächst notwendig, das Soll zu bestimmen, d.h. sich die Zielsetzungen der zu untersuchenden PR-Kampagne in Erinnerung zu rufen. In einem weiteren Schritt muß die Ist-Situation ermittelt werden. Dabei

1358 Vgl. zu diesem von der deutschsprachigen Forschung erst in der jüngsten Zeit erschlossenen Gebiet neben der zentralen Publikation von Baerns 1995b v.a. Hagen/Oberle 1994a und 1994b. Die Beschränkung auf operative Kontrollaspekte ist ein Ausfluß des synoptischen Managementverständnisses (vgl. oben S. 245), das auch in der angloamerikanischen Literatur zur PR-Kontrolle aufgegriffen wird; vgl. etwa Grunig/Hunt 1984, S. 179 ff., Baskin/Aronoff 1988, S. 168 ff., Broom/Dozier 1990, S. 48 ff., Cutlip et al. 1994, S. 406 ff.

1359 Vgl. zur Unterscheidung von strategischer und operativer Kontrolle Steinmann/Schreyögg 1993, S. 344; zum Verhältnis von Kontrollarten, Controlling und Unternehmensführung Sjurts 1995.

1360 Vgl. zu diesem Verständnis der operativen Kontrolle Steinmann/Schreyögg 1993, S. 344 ff.

1361 Vgl. etwa Hagen/Oberle 1994a, S. 28, Baerns 1995a, S. 21, und Fuhrberg 1995, S. 60.

1362 Vgl. zum nachfolgend beschriebenen Prozeß der Ergebniskontrolle Steinmann/Schreyögg 1993, S. 345 ff., im Kontext der Öffentlichkeitsarbeit insbes. Baskin/Aronoff 1988, S. 179 ff.

kommen im Prinzip die gleichen Methoden zum Einsatz, die wir bereits aus der Analysephase kennen.[1363] Die Stakeholderanalyse zeigt, ob sich neue Anspruchsgruppen gebildet haben oder ob neue Koalitionen zwischen relevanten Akteuren im gesellschaftspolitischen Umfeld entstanden sind. Das Thementracking weist auf Veränderungen der öffentlichen Agenda in verschiedenen Kommunikationsarenen hin. In ähnlicher Weise belegt die Image- und Meinungsforschung – z.B. durch eine erneute Untersuchung der Koorientation zwischen ausgewählten Organisationsmitgliedern und Stakeholderrepräsentanten – den Wandel von Vorstellungen bzw. Einstellungen im Zeitablauf. Der Vergleich von Soll und Ist ermöglicht eine Ermittlung der (positiven oder negativen) Abweichungen von den Planzielen. Im Rahmen einer Abweichungsanalyse muß dann versucht werden, die Gründe für den festgestellten Erfolg oder Mißerfolg der PR-Aktivitäten offenzulegen. Hier wäre z.B. an Planungsfehler, unvorhersehbare Ereignisse (Störgrößen) und Versäumnisse bei der Programmrealisierung zu denken, die im Einzelfall zu identifizieren sind. Darüber hinaus wird man bemüht sein, die Wirksamkeit einzelner Kommunikationsaktivitäten zu überprüfen.[1364] Dies geschieht z.B. durch verschiedene Spielarten der Medienresonanzanalyse, bei denen der Erfolg massenmedialer PR-Konzepte durch eine Inhaltsanalyse der Berichterstattung von Nachrichtenagenturen, Zeitungen/Zeitschriften oder Rundfunksendern nachgewiesen werden soll.[1365] Bei medialen Vorgehensweisen kommen klassische Methoden der Umfrageforschung zum Einsatz, um z.B. die Nutzungsintensität von Nachbarschaftszeitungen und Informationsbroschüren zu erheben.[1366] Demgegenüber wird man bei personalen Kommunikationsprozessen differenzierter nachfragen müssen, ob die Erarbeitung gemeinsamer Situationsdeutungen, Interessenstandpunkte und Handlungspläne gelungen ist.[1367] In jedem Fall sind die Ergebnisse der Abweichungsanalyse abschließend zusammenzufassen und als Feedback in den Planungsprozeß einzuspeisen.

Der skizzierte Soll-Ist-Vergleich bezieht sich auf die primären Zielsetzungen der Öffentlichkeitsarbeit, d.h. auf die Veränderungen, die man im gesellschaftspolitischen Umfeld der Unternehmung bewirken konnte. Er kann insofern als Wirkungskontrolle bezeichnet werden.[1368] Darüber hinaus ist natürlich auch zu prüfen, inwiefern die in der Planungsphase festgelegten Teilpläne realisiert wurden.[1369] Die entsprechenden Fragen lauten, ob die Kommunikationsaktivitäten wie vorgesehen umgesetzt wurden, ob das Zusammenspiel zwischen den beteiligten Aufgabenträgern funktioniert hat und ob die not-

1363 Vgl. zur Darstellung dieser Methoden oben S. 326 ff.

1364 Fuhrberg (1995, S. 5) definiert Wirksamkeit als das Ausmaß, in dem bestimmte Maßnahmen oder Maßnahmenbündel ihr vorab definiertes Ziel erreicht haben.

1365 Vgl. zu verschiedenen Formen der Medienresonanzanalyse, die in Deutschland von mehreren PR-Agenturen und Dienstleistern angeboten wird, v.a. Femers 1994, S. 17 ff., Femers/Klewes 1995, Maas/Nazemi 1995, Mathes et al. 1995.

1366 Vgl. zur Kontrolle medialer PR-Konzepte Cutlip et al. 1994, S. 416 ff., Femers 1994, S. 11 ff.

1367 Vgl. zur Evaluation verständigungsorientierter PR-Konzepte Burkart 1995b und in Abgrenzung zur deterministischen Kontrolle persuasiver PR-Maßnahmen Zerfaß/Scherer 1995, S. 507.

1368 Vgl. Fuhrberg 1995, S. 56, Bruhn 1995, S. 243 ff., sowie Hagen/Oberle 1994a, S. 28 f.

1369 Vgl. zu diesen Teilplänen des PR-Mix oben S. 358.

wendigen Humanressourcen und technischen Hilfmittel zur Verfügung standen. Weitere Aspekte betreffen z.B. die Einhaltung der geplanten Zeitpläne und Budgets. In allen Fällen nimmt der Kontrollprozeß die Form des bereits beschriebenen Soll-Ist-Vergleichs an. Dabei kann man auf eine Fülle unterschiedlicher Kontrollverfahren zurückgreifen, die in gleicher oder ähnlicher Form in allen Bereichen der operativen Unternehmensführung zur Anwendung kommen. Ein Beispiel sind Kosten-Nutzen-Analysen, mit denen der gewählte PR-Mix unter dem Gesichtspunkt der ökonomischen Effizienz beurteilt werden kann.[1370] Dazu müssen die Kosten einzelner Vorgehensweisen (z.B. eines Messestands oder einer Vortragsveranstaltung) bestimmt und dem jeweils erzielten Nutzen (Herstellung eines Kommunikationskontaktes) gegenübergestellt werden. Der Vergleich verschiedener PR-Maßnahmen, z.B. im Hinblick auf die Kontaktkosten pro Mitglied der Zielgruppe, ermöglicht dann eine Optimierung des PR-Mix. Der rückblickende Charakter der Ergebniskontrolle führt jedoch dazu, daß diese Verbesserungen erst in künftigen Perioden bzw. bei neuen PR-Kampagnen zum Tragen kommen. Damit ist zwangsläufig die Gefahr verbunden, daß die Rückkopplung zu spät geschieht und falsche Aktivitäten nicht rechtzeitig bemerkt bzw. verändert werden.

Die *Fortschrittskontrolle* will dieses Problem vermeiden, indem sie schon während der Umsetzungsphase einsetzt und den Endpunkt der Programmrealisation antizipativ vorwegnimmt.[1371] Sie prüft laufend, ob die vorgesehenen Maßnahmen angesichts der bereits verfügbaren Informationen (noch) geeignet erscheinen, um das definierte PR-Ziel zu erreichen, oder ob hier eine Umsteuerung notwendig erscheint (»Are we doing things right?«). Dazu ist es notwendig, für die einzelnen PR-Programme Zwischenziele im Sinne von »Meilensteinen« zu definieren, deren Erreichung oder Nichterreichung fortlaufend registriert wird. Bei dieser Abweichungsanalyse kommen die gleichen Methoden zum Einsatz, die wir im Kontext der Ergebniskontrolle beschrieben haben. Der Unterschied besteht jedoch darin, daß die Erhebung von Imageveränderungen, Thematisierungseffekten usw. prozeßbegleitend vorgenommen wird *(Prozeßkontrolle)*. Bei der Wirkungsanalyse wird man zudem Zwischenindikatoren berücksichtigen, die Rückschlüsse auf den weiteren Kampagnenverlauf zulassen.[1372] Ein Beispiel aus dem Bereich der Medienarbeit ist der Umfang, in dem Pressemeldungen in der massenmedialen Berichterstattung berücksichtigt werden. Hier setzen kontinuierlich durchgeführte Abdruckerhebungen (Clippings) und Medienresonanzanalysen an. Ein anderes Beispiel ist die Zahl der Anmeldungen für einen geplanten Unternehmensdialog, die den Soll-Werten gegenüberzustellen ist. Solche Abweichungsanalysen auf der Ebene der Zwischenziele ermöglichen eine Projektion auf das Endergebnis, die dann wiederum Anlaß für eine rechtzeitige Umsteuerung der Öffentlichkeitsarbeit sein kann (Feedforward). Die Kontrollinformationen werden jedoch nur

1370 Vgl. zur Kosten-Nutzen-Analyse in der Unternehmenskommunikation Bruhn 1995, S. 248 ff.

1371 Vgl. zur Fortschrittskontrolle (adaptiven Kontrolle) z.B. Frese 1987, S. 191 ff., Weihrich/Koontz 1993, S. 586 ff., und im Kontext der Öffentlichkeitsarbeit Baskin/Aronoff 1988, S. 181 ff.

1372 Vgl. Cutlip et al. 1994, S. 413 ff.

genutzt, um die Erreichung der PR-Ziele sicherzustellen. Die Erhöhung der Kontrollhäufigkeit und die vorverlagerten Kontrollzeitpunkte dienen nicht dazu, die Richtigkeit der gewählten Strategie zu hinterfragen.[1373] Dieser Aspekt wird erst von der strategischen Kontrolle berücksichtigt, auf die wir im folgenden eingehen wollen.

### *7.5.2 Strategische PR-Kontrolle*

Die strategische Kontrolle richtet ihre Aufmerksamkeit ebenfalls auf die zu realisierenden PR-Konzepte und das PR-Rahmenkonzept, fragt aber nicht nach deren Umsetzung, sondern nach der Angemessenheit der strategischen Ziele, die diesen Konzepten zugrundeliegen.[1374] Als *Erfolgsmaßstab* dient hier der Beitrag der Öffentlichkeitsarbeit zur Realisierung oder (Um-) Orientierung der Unternehmenstrategie und integrierten Unternehmenskommunikation. Damit wird ein neuer Referenzpunkt herangezogen, der den Horizont und damit auch die Tragweite der Kontrolle erheblich erweitert.

Die Infragestellung der Strategie ist zwangsläufig im Sinne einer mitlaufenden *Prozeßkontrolle* anzulegen. Sie ist deshalb notwendig, weil in den einzelnen Phasen des Steuerungsprozesses immer wieder Entscheidungen getroffen werden, die sich im Licht wandelnder Situationsbedingungen als falsch erweisen können. Damit ist schon deshalb zu rechnen, weil die Planung niemals alle relevanten Informationen über das gesellschaftspolitische Beziehungs- und Themengeflecht sammeln und verarbeiten kann. Der Prozeß der Zielplanung verdeutlicht sich also als ein hochselektiver Akt.[1375] Darüber hinaus handelt es sich bei PR-Konzepten um strategische Programme, die bereits im Planungsstadium sorgfältig mit der Unternehmensstrategie, der integrierten Kommunikationsstrategie und anderen Teilstrategien (z.B. der Marktkommunikation) abzustimmen sind. Die Interdependenz dieser Teilpläne mag dazu führen, daß eine Umorientierung der PR-Strategie notwendig wird, obwohl sich in deren originärem Handlungsbereich (dem gesellschaftspolitischen Umfeld) keine Änderungen ergeben haben. Schließlich ist darauf hinzuweisen, daß wir es im Bereich der Öffentlichkeitsarbeit mit Zielgruppen zu tun haben, die sich nicht deterministisch verhalten, sondern mit beliebigen (Kommunikations-) Handlungen in den Lauf der Welt eingreifen können. Das Risiko, daß »alles auch anders kommen kann«, bedarf somit aus systematischen Gründen einer Kompensation. Diese Kompensationsfunktion wird von der strategischen PR-Kontrolle wahrgenommen, die als Pendant zur strategischen Programmplanung anzusehen ist.[1376] Diese Wechselwirkung beruht darauf, daß die formulierte Strategie den Maßstab zur Bewertung der Kontrollinformationen darstellt und

---

1373 Vgl. Steinmann/Schreyögg 1993, S. 344 f.

1374 Vgl. zu dem nachfolgend entfalteten Verständnis der strategischen Kontrolle oben S. 245 f. Im Kontext der Unternehmenskommunikation wird der Gedanke einer Zielvalidierung bislang nur von Bruhn (1995, S. 256 ff.) aufgegriffen, ohne daß dort bereits auf die Notwendigkeit einer strategischen Überwachung hingewiesen wird.

1375 Vgl. Hasselberg 1989, S. 37 ff.

1376 Vgl. zur Planung strategischer PR-Programme oben S. 347 ff.

andererseits nicht antizipierte Kontrollergebnisse eine sofortige Neuplanung erforderlich machen können.[1377]

Die strategische Kontrolle zielt auf die Validierung der Ziele und damit auf die Effektivität der PR-Strategie ab (»Are we doing the right things?«). Sie darf von der Intention her nicht selektiv angelegt sein, kann aber doch soweit ausdifferenziert werden, daß sich bestimmte Spezialisierungsvorteile ergeben. In diesem Sinne setzt sich ein umfassendes Kontrollkonzept aus einer Prämissenkontrolle, einer Durchführungskontrolle und einer strategischen Überwachung zusammen.[1378] Die *strategische Prämissenkontrolle* konzentriert sich auf die bewußt gesetzten Annahmen im Planungsprozeß. Die Formulierung von PR-Konzepten beruht stets auf einer Anzahl von strategiekritischen Prämissen, z.B. im Hinblick auf die bevorstehende Verabschiedung einer neuen Störfallverordnung, die umfangreiche Kommunikationsmaßnahmen mit Werksanwohnern nach sich ziehen wird. Die Prämissenkontrolle hat die Aufgabe, diese Annahmen laufend auf ihre Gültigkeit hin zu überprüfen und ggf. darauf hinzuweisen, daß eine PR-Strategie – z.B. beim Scheitern der Gesetzesvorlage – obsolet geworden ist bzw. geändert werden muß. Die *strategische Durchführungskontrolle* prüft demgegenüber, ob sich im Zuge der Strategierealisierung neue Erkenntnisse ergeben, die eine Umorientierung des gewählten Kurses nahelegen. Dazu müssen in Analogie zur operativen Fortschrittskontrolle zeitliche und sachliche Zwischenziele (Meilensteine) definiert werden, die sich allerdings auf solche Faktoren beziehen, die für die Validität des gesamten PR-Programms von zentraler Bedeutung sind. Diese Parallelität verdeutlicht bereits, daß bei diesen beiden Formen der strategischen Kontrolle im Prinzip die gleichen Methoden zur Anwendung kommen, die wir bereits bei der operativen Kontrolle und der PR-Analyse vorgestellt haben.[1379] Inwiefern die Ergebnisse einer Medienresonanzanalyse oder eines Issue-Monitoring-Prozesses eine strategische oder operative Bedrohung darstellen, läßt sich natürlich nur im Einzelfall feststellen. Das PR-Management muß jedoch sicherstellen, daß der Blick von vornherein auf die Angemessenheit der Maßnahmenwahlen *und* auf die Triftigkeit der Strategie gelenkt wird.

Die Hinwendung auf spezielle Kontrollobjekte führt zu Spezialisierungsvorteilen, die allerdings damit erkauft werden, daß man wiederum eine Reihe potentiell relevanter Entwicklungen ausblenden muß. Aus diesem Grund müssen die beiden skizzierten Kontrollaktivitäten in eine unspezialisierte und insofern globale *strategische Überwachung* eingebettet werden.[1380] Damit ist die Kernfunktion der strategischen PR-Kontrolle angesprochen, die „die Umwelt gewissermaßen flächendeckend auf strategiegefährdende Informationen hin überwacht".[1381] Diese Kontrollvorstellung macht sich den Gedanken zu eigen,

1377 Vgl. Steinmann/Walter 1990, S. 344.

1378 Vgl. zum dreistufigen System der strategischen Kontrolle zuerst Schreyögg/Steinmann 1985, S. 401 ff., daran anknüpfend auch Preble 1992, Sjurts 1995, S. 266 ff. und S. 362 ff.

1379 Vgl. oben S. 375 ff. bzw S. 326 ff.

1380 Vgl. Schreyögg/Steinmann 1985, S. 403 ff.

1381 Hasselberg 1989, S. 97.

daß krisenhafte Entwicklungen auch jenseits exakt definierter Vergleichsmaßstäbe erkannt werden können, wenn man sich an der potentiellen Bestandsbedrohung des Gesamtunternehmens orientiert. In diesem Sinne mag sich herausstellen, daß der bisherige Kurs der Öffentlichkeitsarbeit durch eine bislang völlig unbeachtete Einflußgröße in Frage gestellt wird. Ein Beispiel ist die US-amerikanische Gesetzgebung zu den »Sentencing Guidelines«, die das Strafmaß für ein Organisationsverschulden bei Gesetzesverstößen einzelner Mitarbeiter (z.B. Bestechungsversuchen) wesentlich davon abhängig macht, ob das betreffende Unternehmen über formalisierte Ethikprogramme verfügt.[1382] Eine Mißachtung dieser Präventivklausel kann im Zweifelsfall hohe Strafen nach sich ziehen, die sich für ein in die USA exportierendes Unternehmen aus dem deutschen Mittelstand unmittelbar bestandsgefährdend auswirken können. Eine Einführung entsprechender Ethikprogramme wird aber nicht möglich sein, ohne die Kommunikationskultur des Gesamtunternehmens zu ändern und eine verstärkte Sensibilität für normative Anforderungen aus allen Bereichen der Gesellschaft aufzubauen.[1383] In diesem Zusammenhang bleibt das PR-Management aufgefordert, seinen Zielkanon so zu erweitern, daß ein kontinuierlicher Aufbau von Verständigungspotentialen mit gesellschaftspolitischen Stakeholdern angestrebt wird. Dieses Beispiel zeigt bereits, daß sich die strategische Überwachung nur noch schwer vorstrukturieren läßt. Gefordert ist hier einerseits ein breites »issues scanning«, das sich nicht auf die typischen Felder der PR-Analyse beschränkt, sondern eng mit dem allgemeinen Prozeß der strategischen Frühwarnung verknüpft bleibt.[1384] Zum anderen zeigt sich an dieser Stelle einmal mehr, daß die Personalentwicklung und die Organisationsgestaltung auf einer vorgelagerten Ebene so angelegt sein müssen, daß das »Querdenken« abseits eingefahrener Routinen (z.B. der Gleichsetzung von PR mit Pressearbeit) gefördert und der Mut zu innovativen Zielsetzungen belohnt wird.[1385]

### *7.5.3 PR-Controlling*

Die strategische und operative Kontrolle richten ihr Augenmerk auf die Umsetzung bzw. Revision konkreter Kommunikationsprogramme, die im Rahmen des PR-Managements gestaltet und umgesetzt werden sollen. Darüber hinaus ist aber auch zu fragen, ob sich der Steuerungsprozeß selbst bewährt hat oder ob in dieser Hinsicht ein Revisionsbedarf besteht. Hier setzt das PR-Audit an, das zusammen mit der Metaplanung des Steuerungsprozesses den Gegenstandsbereich des strategischen PR-Controllings definiert.[1386] Der *Erfolg* dieser Aktivitäten bemißt sich an dem Beitrag, den die Ausgestaltung des Steue-

1382 Vgl. Dalton et al. 1994.

1383 Vgl. Zerfaß 1994c.

1384 Vgl. zu den Ausprägungen strategischer Frühaufklärungssysteme Krystek/Müller-Stewens 1993.

1385 Vgl. Steinmann/Schreyögg 1986, S. 759 ff.

1386 Vgl. zu der nachfolgend skizzierten Fassung des Controllingbegriffs Steinmann/Scherer 1996a sowie Sjurts 1995, S. 226 ff. und S. 347 ff. Im Unterschied dazu bezeichnet Bruhn (1995, S. 256 ff.) die Validierung strategischer Zielsetzungen (die strategische Kontrolle) als »Controlling«.

rungsprozesses zur Realisierung oder (Um-) Orientierung der Unternehmensstrategie leistet. Als Objekt der Planung und Kontrolle ist die Vorstrukturierung der *Programmformulierung und -revision* anzusehen. Das Controlling nimmt demnach eine Prozeßsteuerungsaufgabe wahr, die alle Phasen der Öffentlichkeitsarbeit begleitet und sich nicht auf bestimmte Zeitpunkte beschränkt. Dies gilt auch für das operative PR-Controlling, das die *Umsetzung* der formulierten PR-Konzepte durch die Bereitstellung geeigneter Methoden und Prozesse fördern soll. Als Erfolgsmaßstab sind in diesem Fall die situationsspezifischen Ziele der Öffentlichkeitsarbeit heranzuziehen.

Das *operative PR-Controlling* schafft die strukturellen Voraussetzungen für eine arbeitsteilige Realisierung der PR-Strategie. Dies kann etwa durch die Etablierung geeigneter Organisationsstrukturen innerhalb der PR-Abteilung, durch die Einrichtung eines PR-Informationssystems und durch spezifische Verfahren der operativen Planung und Budgetierung geschehen.[1387] Ein Beispiel sind Methoden für die Feinplanung des Kommunikationsetats oder die effiziente Schaltung von Imageanzeigen. Ein weiterer Schwerpunkt des operativen Controlling ist die Entwicklung und Bereitstellung von Kennzahlensystem für die Öffentlichkeitsarbeit. In diesem Zusammenhang ist z.B. auf die von Rolke vorgeschlagenen Kommunikationskennziffern für die Medienresonanz hinzuweisen.[1388] Die Grundidee besteht hierbei darin, die massenmediale Berichterstattung über ein Unternehmen im Hinblick auf die selbst – z.B. durch Pressemeldungen – initiierten und die von anderer Seite (Journalisten, Anspruchsgruppen) veranlaßten Meldungen zu untersuchen. Das Verhältnis zwischen den beiden Quellen kann als Kennziffer ausgedrückt und im Zeitverlauf bzw. im Sinne eines Benchmarking mit den entsprechenden Werten anderer Unternehmen verglichen werden.[1389] In den Bereich des operativen Controlling fallen auch die Bemühungen um eine Zertifizierung der Öffentlichkeitsarbeit auf der Grundlage international normierter Qualitätsrichtlinien (ISO-Standards).[1390] Die dort verankerten Prinzipien sollen eine effiziente Durchführung vorgegebener Programme sicherstellen. Sie prüfen aber nicht, ob das PR-Management effektiv arbeitet, d.h. im Sinne unserer Postulate der strategischen und integrierten Öffentlichkeitsarbeit in ein Gesamtkonzept der strategischen Unternehmensführung und -kommunikation eingebettet ist.

Das *strategische PR-Controlling* unterstützt die Formulierung und Kontrolle strategischer PR-Programme.[1391] Im Zuge eines strategischen PR-Audits ist der gesamte Steuerungsprozeß von der Analyse- bis zur Kontrollphase auf

---

1387 Vgl. Steinmann/Scherer 1996a, S. 138 f., und zur PR-Planung oben S. 345.

1388 Vgl. Rolke 1995, S. 185 ff.

1389 Vgl. zur Grundidee und Ausgestaltung des Benchmarking, bei der einzelne Leistungskriterien mit denjenigen der besten Unternehmen einer Branche verglichen werden, v.a. Karlöf/Östblom 1993 und im PR-Kontext International Public Relations Association 1994, S. 41 f.

1390 Vgl. International Public Relations Association 1994, S. 43 ff.

1391 Vgl. zum strategischen Controlling Sjurts 1995, S. 347 ff., zum strategischen Audit und zur Metaplanung auch Steinmann/Walter 1990, S. 345, sowie Steinmann/Scherer 1996a, S. 136 ff.

Defizite hin zu untersuchen.[1392] Dabei mag sich beispielsweise herausstellen, daß die strategische Prämissenkontrolle überhaupt nicht ausgebildet ist oder an unzureichend dokumentierten Planungsunterlagen scheitert. Die Einleitung entsprechender Verbesserungen fällt dann in den Aufgabenbereich der Metaplanung. Sie ist z.B. für die Bereitstellung und Weiterentwicklung strategischer Planungstechniken (Szenariomethoden, Checklisten für die Zielgruppenanalyse) zuständig. In diesem Zusammenhang ist auch zu prüfen, ob eine zweckmäßige Ausgestaltung des PR-Informationssystems zur Verbesserung der strategischen Entscheidungssituation führen kann.[1393]

Diese Hinweise verdeutlichen bereits, daß der Controllingbegriff nicht – wie dies neuere Ansätze der Betriebswirtschaftslehre nahelegen – mit dem Gesamtkanon der Managementfunktionen zusammenfällt,[1394] aber auch nicht auf operative Aspekte der Kennzahlensteuerung beschränkt werden darf. Das PR-Controlling ist vielmehr als reflexiver Bestandteil des PR-Managements zu verstehen, dem eine eigenständige, kontinuierlich wahrzunehmende Prozeßsteuerungsfunktion zukommt. Mit diesem Grundgedanken, der im einzelnen noch auszuformulieren wäre, wird unser Aufriß einer kommunikationswissenschaftlich *und* betriebswirtschaftlich aufgeklärten Öffentlichkeitsarbeit abgerundet.

## 7.6 Zusammenfassung

Im letzten Strang der vorliegenden Untersuchung haben wir die Fäden unserer Argumentation nochmals zusammengezogen, um die zentralen Perspektiven eines erfolgsträchtigen PR-Managements aufzuzeigen. Die systematische Einbettung des PR-Managements in ein integriertes Konzept der Unternehmensführung und Unternehmenskommunikation schlägt sich in einer praxisleitenden Grundorientierung nieder, die wir mit den Postulaten der strategischen, integrierten und situativen Öffentlichkeitsarbeit erfaßt haben. In prozessualer Hinsicht umfaßt die Gestaltung und Durchführung von Kommunikationsprozessen im gesellschaftspolitischen Umfeld der Unternehmung verschiedene Phasen (Analyse, Programmplanung, Realisierung und Kontrolle), die als interdependente Bestandteile eines vernetzten Aufgabenfeldes zu verstehen sind. Diese Phasen unterscheiden sich jedoch im Hinblick auf ihre prinzipiellen Zielsetzungen und Vorgehensweisen, auf die wir in den einzelnen Abschnitten dieses Kapitels näher eingegangen sind.

Wir wollen diesen Argumentationsgang hier nicht wiederholen, sondern statt dessen einige Punkte herausgreifen, bei denen die Fruchtbarkeit unserer theo-

1392 Dabei darf nicht übersehen werden, daß diese *prozeßbezogene* Aktivität *kontinuierlich* erfolgen muß. Insofern unterscheidet sich unsere Begriffsbildung von der bisweilen in der Literatur vertretenen Vorstellung, daß ein Kommunikations- oder PR-Audit eine umfassende, auf einen konkreten *Zeitpunkt* bezogene Bestandsaufnahme der Steuerungsprozesse und der *Inhalte* der Öffentlichkeitsarbeit beinhaltet; vgl. Crable/Vibbert 1986, S. 318 ff., Goldhaber 1993, S. 348 ff.

1393 Vgl. zum Beitrag von Informationssystemen zur Planung und Kontrolle Guthunz 1994.

1394 Vgl. z.B. Küpper 1995 und zur Kritik des weitgehend ungeklärten Controllingverständnisses der Betriebswirtschaftslehre Steinmann/Scherer 1996b, sowie Sjurts 1995, S. 163 ff. und S. 327 ff.

retischen Grundlegung besonders deutlich geworden ist. Diese Hinweise zeigen zugleich, an welcher Stelle sich Perspektiven für die *weitere Forschung* ergeben.

Durch die Übertragung des strategischen Managementverständnisses auf die Gestaltung der Öffentlichkeitsarbeit erscheint bereits der Prozeß des PR-Managements, der in der Literatur bislang als synoptischer Steuerungszyklus dargestellt wird, in einem neuen Licht. Der Verweis auf die prinzipielle Selektivität der Planung führt dazu, daß allen Bausteinen des PR-Managements eine eigenständige (Um-) Steuerungskapazität zugesprochen wird. Dies gilt in besonderer Weise für die PR-Kontrolle, über deren zentrale Aspekte – die strategische Kontrolle und das strategische Controlling – die PR-Forschung bislang noch nicht nachgedacht hat. Unsere Überlegungen haben gezeigt, daß das mehrdimensionale Erfolgsverständnis der Managementtheorie die Konstruktion eines umfassenden Kontrollbegriffs ermöglicht, der im einzelnen noch weiter auszuarbeiten wäre. Die konsequente Unterscheidung strategischer und operativer Aspekte ersetzt zudem die unscharfe Verwendung des Strategiebegriffs, der in der vorliegenden Literatur zumeist auf den langfristigen oder geplanten Charakter der Öffentlichkeitsarbeit hinweisen soll, aber nicht unbedingt einen Bezug zur Effektivität der Unternehmenstätigkeit herstellt Hier ergeben sich wichtige Anschlußstellen zur angloamerikanischen PR-Forschung, die auf die empirische Relevanz strategischer Kompetenzen hinweist, ohne aber bislang über einen fundierten Begriff des strategischen Managements zu verfügen.[1395]

Der Rückgriff auf betriebswirtschaftliche Konzepte erweist sich weiterhin als fruchtbar, wenn die Methoden der PR-Analyse zur Debatte stehen. Eine Durchsicht der vorliegenden Literatur hat gezeigt, daß die immer wieder postulierte, aber mit Ausnahme der »situational theory of publics« von Grunig kaum eingelöste Forderung nach tragfähigen Instrumenten der Bezugsgruppen- und Kommunikationsfeldanalyse aufgegriffen werden kann, wenn man sich näher mit verschiedenen Konzepten des Stakeholdermanagements, der strategischen Issue-Analyse und der Frühaufklärung auseinandersetzt. Ein noch weniger erforschtes Gebiet ist die Potentialanalyse, die eine systematische Untersuchung der Stärken und Schwächen des PR-Managements nahelegt. Die allenthalben propagierte Zertifizierung der Öffentlichkeitsarbeit stellt hier nur einen ersten Schritt dar, weil sie sich alleine mit Fragen der Effizienz, nicht aber mit der strategischen Orientierung der PR auseinandersetzt. Auch hier sind weitere Forschungsarbeiten notwendig, die sich z.B. mit der Übertragbarkeit von Total Quality- oder Benchmarking-Konzepten auf die Öffentlichkeitsarbeit auseinandersetzen müßten.

Im Hinblick auf die Planung von PR-Programmen haben wir zwei handlungsleitende Bezugsrahmen skizziert, in denen Gedanken aus mehreren Strängen der vorliegenden Studie zusammengezogen werden. Unser mehrstufiges Klassifikationsraster für potentielle PR-Ziele greift Überlegungen zu den prinzipiel-

1395 Vgl. Dozier et al. 1995 und Vercic/Grunig 1995.

len Wirkungsabsichten der Öffentlichkeitsarbeit (PR-Ziele), zur situativen Ausprägung von Kommunikationssequenzen (PR-Stile) und zur Gestaltung einzelner Kommunikationshandlungen (Einflußnahme und Verständigung) auf. Die Bestimmung konkreter Stoßrichtungen und Kernaktivitäten der PR wird durch ein Raster erleichtert, das die Interdependenz verschiedener Handlungsfelder, Adressaten und Foren der Öffentlichkeitsarbeit aufzeigt. Dieser Bezugsrahmen stellt zudem klar, daß das PR-Management in der Realisationsphase auf ein ganzes Spektrum massenmedialer, medialer, episodischer und in Präsenzveranstaltungen aktualisierter Vorgehensweisen zurückgreifen kann. Ein besonderes Augenmerk gilt dabei den bislang nur wenig erforschten Formen der argumentativen Öffentlichkeitsarbeit. Unsere theoretischen Überlegungen legen ein konzeptionelles Fundament für die empirische Untersuchung solcher Ansätze, weil sie den systematischen Stellenwert argumentativer Dialogprozesse zwischen Anwesenden herausarbeiten. In diesem Sinne bietet es sich beispielsweise an, sich näher mit der praktischen Ausgestaltung von Unternehmensdialogen auseinanderzusetzen.

Diese Anregungen zeigen, daß sich ein kommunikationswissenschaftlich *und* betriebswirtschaftlich aufgeklärtes PR-Management in mehrfacher Hinsicht von dem bislang vorherrschenden Bild der Öffentlichkeitsarbeit abhebt. Es entspricht jedoch den Visionen, die in der Unternehmenspraxis seit einiger Zeit angedacht werden und bleibt somit trotz seiner theoretischen Grundlegung ein zutiefst praktisches – und praxisnahes – Konzept. Für die Wissenschaft ergeben sich zudem eine Fülle neuer Fragestellungen, die der Etablierung einer infradisziplinären PR-Forschung Vorschub leisten können.

# 8. Resümee

Am Schluß dieser Untersuchung gilt es, sich den Ausgangspunkt, den Gang, den Ertrag und den Stellenwert unserer Überlegungen in Erinnerung zu rufen. Auf eine Zusammenfassung der inhaltlichen Ergebnisse wollen wir dagegen verzichten, weil diese bereits in den Schlußabschnitten der einzelnen Kapitel festgehalten wurden.

Wir haben uns von der Einsicht leiten lassen, daß dem breiten Feld der Unternehmenskommunikation und Öffentlichkeitsarbeit in der Praxis ein immer größerer Stellenwert eingeräumt wird. Damit korrespondieren seit Anfang der 90er Jahre verschiedene Bemühungen um eine theoretische Durchdringung der Thematik, die auf den Erkenntnissen und Paradigmen unterschiedlicher Disziplinen aufbauen. Um auf diesem unsicheren Grund Tritt zu fassen, bietet sich ein Anfang in der a-disziplinären und nur aus der Perspektive des Teilnehmers erschließbaren Unternehmenspraxis an. Diese Vorgehensweise, die sich auf die wissenschaftstheoretischen Einsichten des methodischen Konstruktivismus beruft, vermeidet ontologische Mißverständnisse und subjektivistische Irrwege. Wir haben deshalb in einem ersten Schritt die Praxis der Unternehmenskommunikation bei einem großen Chemiekonzern rekonstruiert, um auf diese Weise einige zentrale Anfragen an die Theoriebildung zu formulieren. Diese Leitfragen wurden dann herangezogen, um die wichtigsten Ansätze der deutschsprachigen und angloamerikanischen PR-Theorie vorzustellen und kritisch zu hinterfragen. Dabei hat sich gezeigt, daß diese Konzepte wesentliche Aspekte der Praxis aufgreifen, aber in ihrer Gesamtanlage aus unterschiedlichen Gründen zu kurz greifen.

Aus diesem Grund war es notwendig, einen grundlegenden Neuanfang zu wagen. Dabei wurden die Aporien der bisherigen Theoriebildung dadurch überwunden, daß das kommunikationswissenschaftliche und betriebswirtschaftliche Begriffsgerüst auf einem einheitlichen sozialtheoretischen Fundament errichtet wurde. Deshalb können wir den Anspruch erheben, daß die hier entwickelte Konzeption in sich konsistent und zur aktuellen Theoriedebatte in verschiedenen Disziplinen anschlußfähig ist. Vor allem aber ist sie in der Lage, die Problemlagen und Lösungsansätze der Unternehmenspraxis in ihrer ganzen Vielschichtigkeit zu erfassen. Dies wird deutlich, wenn man die hier vorgeschlagene Theorie der Unternehmenskommunikation und PR mit den bereits erwähnten Leitfragen konfrontiert.[1396] Die sozialtheoretische Grundlegung, bei der wir eine Verbindungslinie zwischen dem methodischen Konstruktivismus und den soziologischen Überlegungen von Giddens und Peters aufgezeigt haben, erklärt die wechselseitige Verschränkung von voluntaristischen Handlungsvollzügen und handlungsleitenden Sozialstrukturen. Die kommunika-

1396 Vgl. zur Formulierung dieser Fragen oben S. 45 ff.

tionstheoretischen Erörterungen zeichnen ein differenziertes Bild personaler und massenmedialer, einseitiger und zweiseitiger, überredender und argumentierender, in lokalen Erfahrungsbereichen und abstrakten Kulturräumen stattfindender Kommunikation. Der Rekurs auf die Grundlagen des betriebswirtschaftlichen Handelns wirft ein neues Licht auf die Konstitution der Unternehmung und ihre mehrdimensionale Rolle in der Gesellschaft. Durch die Zusammenschau dieser Argumentationsstränge wird es überdies möglich, eine Theorie der Unternehmenskommunikation zu konstruieren, die den systematischen Stellenwert der Öffentlichkeitsarbeit im Konzert der Kommunikationsfunktionen bestimmt. Die abschließenden Überlegungen zur Gestaltung des PR-Managements haben schließlich gezeigt, daß die verzweigten Wege durch die Theoriebildung kein Selbstzweck waren, sondern konkrete Ergebnisse für die PR-Praxis zeitigen. In diesem Sinne konnten wir eine Fülle von Unterscheidungen einführen, mit denen Gedankengänge strukturiert und Argumentationen befördert werden können. Als nützlich dürften sich auch verschiedene Bezugsrahmen erweisen, die Entscheidungsfelder und Zusammenhänge veranschaulichen und somit als »Redeinstrumente« bei der Bewältigung situationsspezifischer Problemlagen anwendbar sind. Der Ertrag der vorliegenden Studie besteht aber auch darin, daß sie über diese praktischen Anforderungen hinaus dem Anspruch genügt, fruchtbare Felder für die weitere Forschung aufzuzeigen. Einige dieser Felder wurden in den Zusammenfassungen der letzten beiden Kapitel benannt; sicherlich ergeben sich aber auch weitere Anschlußstellen, die noch nicht explizit offengelegt wurden.

Dieses positive Resümee legt die Frage nahe, warum der von uns eingeschlagene Weg nicht schon früher beschritten wurde. Zum einen liegt dies sicher daran, daß sich die international vernetzte PR-Forschung erst seit einigen Jahren auf den Weg gemacht hat, das skizzierte Themenfeld zu erschließen. Die wichtigsten Impulse kamen dabei aus den Kommunikationswissenschaften und von der austauschzentrierten Marketingforschung, nicht aber von einer sozialwissenschaftlich geöffneten Betriebswirtschaftslehre. Ein konsequenter Brückenschlag zwischen diesen Disziplinen wurde unter anderem dadurch verhindert, daß sich viele Forscher ausdrücklich um eine *allgemeine* Theorie der Public Relations bemühen, mit der die Kommunikationspraxis von Unternehmen, Non-Profit-Organisationen, Behörden, Verwaltungen usw. in gleicher Weise erfaßt werden soll. Unsere Überlegungen haben jedoch gezeigt, daß eine solche allgemeine Theoriebildung – wenn sie nicht auf einer verkürzten Gleichsetzung von PR und Pressearbeit oder massenmedialer Öffentlichkeitsarbeit beruht – notwendigerweise zu abstrakt bleiben muß. Im Prinzip operieren alle Organisationen in gesellschaftspolitischen und marktlichen Handlungsfeldern. Sie bleiben zudem auf innerorganisatorische Steuerungsleistungen angewiesen, so daß man auch bei Parteien, Kirchen und Krankenhäusern zwischen Öffentlichkeitsarbeit, Marktkommunikation und Organisationskommunikation unterscheiden kann. Da Kommunikationsaktivitäten jedoch immer als Mittel zum Zweck eingesetzt werden, kommt eine tragfähige Theoriebildung nicht umhin, die Konstitution und gesellschaftliche Rolle dieser Organisationen in ähnlich differenzierter Weise zu bestimmen, wie wir es am Beispiel der

Unternehmung versucht haben.[1397] Dabei mag sich dann zeigen, daß der Öffentlichkeitsarbeit in Non-Profit-Organisationen zwangsläufig ein größeres Gewicht zukommt als der Marktkommunikation, weil diese sozialen Einheiten primär in nichtökonomischen Sphären (z.B. im Gesundheitswesen) agieren. In jedem Fall weisen unsere Überlegungen den Weg für eine solche Theoriebildung, die den Schnitt etwas anders legt und sich nicht mit der Gesamtkommunikation bestimmter (erwerbswirtschaftlicher) Organisationsformen, sondern mit den gesellschaftspolitischen Kommunikationsaktivitäten aller sozialer Organisationen beschäftigt.

In diesem Sinne bleibt die Kommunikationspraxis aufgefordert, das sich langsam formierende Feld der PR-Forschung durch eine professionelle und selbstkritische Arbeitsweise zu unterstützen. Unsere Überlegungen haben gezeigt, daß (wissenschaftliche) Orientierungsmuster nur dann praktisch wirksam werden können, wenn sie „durch das Nadelöhr des Bewußtseins oder der Wahrnehmung der handelnden Individuen hindurch“ [1398] gelangen. Praxeologische Ratschläge helfen dabei kaum weiter – die Öffentlichkeitsarbeit präsentiert sich heute als ein komplexes Problemfeld, bei dem keine einfachen Lösungen, sondern fundierte Denkanstöße für ein reflektiertes Handeln gefragt sind.

---

1397 Dies gilt z.B. für den Ansatz von Grunig et al., der den Anspruch einer allgemeinen Theoriebildung bislang mit einem allzu undifferenzierten Organisationsverständnis erkauft; vgl. oben S. 62 ff.

1398 Giddens im Interview mit Kießling 1988b, S. 290.

# 9. Unternehmenskommunikation revisited (Ergänzung zur zweiten Auflage)

In den Jahren seit der Erstveröffentlichung der vorliegenden Studie haben sich Theorie und Praxis der Unternehmenskommunikation in mehrfacher Hinsicht weiterentwickelt. Wir wollen in diesem ergänzenden Kapitel einleitend einige zentrale Linien nachzeichnen und anschließend zeigen, wie sich die wichtigsten Diskussionsfelder systematisch in das von uns aufgespannte Theoriegerüst einfügen lassen.

In der *Unternehmenspraxis* wird die Kommunikationspolitik inzwischen deutlich als strategischer Erfolgsfaktor gesehen, der den ökonomischen Erfolg und die gesellschaftliche Performance nachhaltig beeinflusst. Das belegt eine Vielzahl empirischer Untersuchungen, beispielsweise die Anfang 2004 veröffentlichte Studie von Booz Allen Hamilton und c-trust zum Verhältnis von Unternehmenskommunikation und Unternehmenswert.[1399] 94 Prozent der befragten Führungskräfte bei den 300 größten börsennotierten Unternehmen in Deutschland messen der Kommunikationspolitik eine hohe Bedeutung für den künftigen Erfolg ihrer Firma bei. Dabei gewinnen Public Relations, Medienarbeit, Online-Kommunikation und interne Kommunikation immer stärker an Bedeutung. Die klassischen Instrumente der Marktkommunikation (Werbung, Messen etc.) werden als weniger effizient angesehen. Diese Einschätzung korrespondiert mit der Entwicklung der Dienstleisterbranche, die seit Mitte der 90er Jahre von einem überdurchschnittlichen Wachstum im Bereich der PR-Agenturen und einer starken Ausdifferenzierung der entsprechenden Serviceangebote – von der Nachrichtendistribution bis hin zur Online-Medienbeobachtung – gekennzeichnet ist.

Die Gründe für die steigende Bedeutung der Unternehmenskommunikation liegen auf der Hand: Angesichts international zusammenwachsender Märkte und globaler Rationalisierungswellen hält der Trend zu immer gleichartigeren Produkten und Dienstleistungen unvermindert an. Kommunikation ist unverzichtbar, um sich mit starken Marken und einem unverwechselbaren Image bei Kunden, Mitarbeitern und Investoren erfolgreich von Wettbewerbern abzugrenzen.[1400] Da gleichzeitig die Bedürfnisse und Einstellungen der Bevölkerung immer heterogener werden, stößt die kostenintensive und durch hohe

---

1399 Vgl. Booz Allen Hamilton/c-trust 2004. Befragt wurden im Oktober 2003 bei 300 börsennotierten deutschen Unternehmen die verantwortlichen Vorstände oder Direktoren für Kommunikation. Vgl. mit ähnlichem Ergebnis z.B. die Studien von Deraëd 2003 (Mercer-Studie) und Rolke 2003.

1400 Die dadurch erzielbaren höheren Gewinnmargen erklären das Bestreben der Konsumgüterbranche, der Niedrigpreispolitik namhafter Handelsketten eine Stärkung der Markenpolitik entgegenzusetzen. Deutliches Zeichen hierfür war die Mitte 2003 gestartete, erste gemeinsame Werbekampagne der Markenartikelindustrie; vgl. Merlicek 2003. Vgl. zur Bedeutung des Markenwerts und zur Markenwertermittlung ferner Bentele et al. 2003.

Streuverluste gekennzeichnete Werbung immer deutlicher an ihre Grenzen. Vergleichsweise kostengünstige PR-Strategien werden daher fast zwangsläufig zum „Profiteur der Wirtschaftskrise“ (Mast).[1401] Schließlich ist unübersehbar, dass die öffentliche Exponiertheit von Unternehmen und insbesondere von Topmanagern in der letzten Dekade deutlich gestiegen ist.[1402] In vielen Einzelfällen wurde der unmittelbare Zusammenhang von massenmedialer Berichterstattung, Verunsicherung von Kunden und Mitarbeitern, dadurch ausgelösten Eingriffen von Politik und Justiz sowie den nachhaltigen Auswirkungen auf Image und wirtschaftlichen Erfolg überdeutlich sichtbar. Verwiesen sei hier nur auf die lang anhaltenden und mit unterschiedlichem Erfolg gelösten Kommunikationskrisen der Konzerne Shell (Brent Spar), Deutsche Bank („Peanuts“-Affäre, Mannesmann/Vodafone-Prozess), Deutsche Bahn (Bahncard-Einführung) und DaimlerChrysler („Elch-Test“).[1403]

Mit der wachsenden Bedeutung der Unternehmenskommunikation geht auch eine *Professionalisierung der Ausbildung und des Berufsfelds* einher.[1404] Das Berufsfeld Öffentlichkeitsarbeit ist im deutschsprachigen Raum weiterhin extrem uneinheitlich und durch das Fehlen starker Interessenvertretungen gekennzeichnet. Empirische Untersuchungen belegen jedoch, dass die Akademikerquote unter den derzeit schätzungsweise 20.000 bis 30.000 PR-Fachleuten in Deutschland bei über 80 Prozent liegt.[1405] Mittelfristig werden auch die unverkennbaren Fortschritte im Ausbildungssektor positive Ergebnisse zeitigen. Die für den Berufseinstieg von Quereinsteigern traditionell wichtigen Weiterbildungseinrichtungen haben ihr Niveau deutlich erhöht. Zu nennen sind hier neben zahlreichen vom Berufsverband DPRG zertifizierten Instituten insbesondere die marktführenden Anbieter in Heidelberg und Berlin, denen es gelungen ist, akkreditierte und wissenschaftlich begleitete Fernstudiengänge am Markt zu platzieren.[1406] Studienschwerpunkte und PR-Professuren gehören inzwischen zum Kanon einiger kommunikationswissenschaftlicher Fakultäten, beispielsweise in Leipzig, Mainz, München, Münster und Stuttgart-Hohenheim. Die Betriebswirtschaftslehre behandelt die Unternehmenskommunikation – abgesehen von Fachhochschulprofessuren z.B. in Furtwangen, Mainz, Nürtingen, Osnabrück/Lingen und Pforzheim – bislang jedoch weiterhin stiefmütterlich. Bemerkenswert ist hier insbesondere das Engagement der Bertelsmann-Stiftung, die ab 1998 den Aufbau eines (allerdings in der Branche wenig in Erscheinung getretenen) Center for Corporate Communications im Rahmen des Instituts für Medien- und Kommunikationsmanagements an der Universität St. Gallen unterstützt hat. In einem weiteren Anlauf hat die Stiftung inzwischen gemeinsam mit anderen Trägern an der Technischen Universität München ein umfassendes Qualifizierungsprogramm

1401 Mast 2003b, S. 78.

1402 Die konflikthaltige Beziehung deutscher Topmanager zu den Medien und der medial vermittelten Öffentlichkeit belegt die empirische Studie von Sandhu 2003.

1403 Vgl. beispielsweise die von Szyszka 1999 und Töpfer 1999 dokumentierten Fallstudien.

1404 Vgl. zum Status quo der PR in Deutschland insbes. Bentele/Wehmeier 2003, S. 203 ff.

1405 Vgl. Wienand 2003, insbes. S. 237 ff., zur Berufsfeldforschung außerdem Röttger 2000.

1406 Vgl. www.dprg.de, www.oeffentlichkeitsarbeit.de, www.prkolleg.com.

für Führungskräfte und Kommunikationsmanager auf den Weg gebracht, das 2004 starten soll.[1407]

Die *Theoriediskussion* zur Unternehmenskommunikation und PR hat seit der Erstveröffentlichung dieser Studie deutlich an Profil gewonnen. Im internationalen Rahmen ist bemerkenswert, dass die angloamerikanische Forschung sich über das zwischenzeitlich abgeschlossene Excellence-Projekt von Grunig et al.[1408] hinaus weiter ausdifferenziert und grundlegend neue Ansätze entwickelt hat, bis hin zur hierzulande bislang weitgehend unbemerkten Rezeption des Dekonstruktivismus von Derrida für die PR-Theorie.[1409] Sehr inspirierend sind ferner die Ergebnisse der internationalen Metaforschung zum Verständnis von PR und Unternehmenskommunikation in verschiedenen Kulturkreisen. Dort liegen inzwischen lesenswerte Sammelbände auf globaler und europäischer Ebene sowie – auf Europa bezogen – eine aufschlussreiche Delphi-Studie vor.[1410] Über diese noch weitgehend deskriptive Erschließung des interdisziplinären „body of knowledge" hinaus hat sich im deutschsprachigen Raum eine lebhafte inhaltliche Diskussion um einzelne Teilaspekte der Unternehmenskommunikation entwickelt. Kristallisationspunkte sind insbesondere das mit dem „Intereffikationsmodell" von Bentele[1411] in ein neues Licht gerückte Verhältnis von PR und Journalismus, in prozessualer Hinsicht Themen wie Issues Management, kampagnenorientierte Kommunikation und Online-PR, sowie als spezielle Wirkungsfelder Finanzkommunikation (Investor Relations), Public Affairs / Lobbyismus und interne Unternehmenskommunikation. In übergeordneter Perspektive werden neben der Integrierten Kommunikation vor allem die drängenden Fragen nach dem messbaren Beitrag von PR zur ökonomischen Wertschöpfung und nach innovativen Ansätzen zur Evaluation der Unternehmenskommunikation thematisiert.

Diese Diskussionen, auf wir in den nachfolgenden Abschnitten näher eingehen werden, haben die PR-Forschung wesentlich vorangebracht. Sie können aber über eines nicht hinwegtäuschen: „Die PR-Theoriebildung", konstatieren Jarren und Röttger, „ist bis heute von der Frontstellung der beiden großen Paradigmen der sozialwissenschaftlichen Theoriebildung geprägt und in ihr gefangen".[1412] Vertreter der Systemtheorie einschließlich des radikalen Konstruktivismus und der Handlungstheorie stehen sich bisweilen unversöhnlich gegenüber.[1413] Natürlich mangelt es nicht an Versuchen, beide Denkrichtungen pragmatisch zusammenzuführen. Während dies bei den meisten Autoren eher unterschwellig geschieht, bekennen sich einige Forscher wie insbesondere

1407 Vgl. www.mcm.unisg.ch und www.bertelsmann-stiftung.de/communicate.

1408 Vgl. insbes. Grunig et al. 2002. Der Abschlussband des Excellence-Projekts untermauert das Verständnis von PR als Kommunikationsmanagement durch die Ergebnisse umfangreicher empirischer Untersuchungen in den USA, Kanada und Großbritannien.

1409 Vgl. Mickey 2003.

1410 Vgl. Sriramesh/Vercic 2003b, Ruler/Vercic 2004 sowie Ruler/Vercic 2002.

1411 Vgl. Bentele et al. 1997, Bentele 1999, Schantel 2000 und neuerdings Ruß-Mohl 2004.

1412 Jarren/Röttger 2004, S. 21.

1413 Vgl. als neuere Beiträge zur systemtheoretisch fundierten PR-Forschung v.a. Becker 1998, Dernbach 1998, Kückelhaus 1998, Hoffjann 2001 sowie Szyszka 2004a.

Rolke immer wieder ausdrücklich zu dieser Vorgehensweise.[1414] Ungeachtet der heuristischen Erkenntniskraft seiner Überlegungen hat ihm das prompt den in gewohnt polemischer Weise formulierten, aber inhaltlich nicht von der Hand zu weisenden Vorwurf des Enfant terrible der deutschen PR-Szene, Klaus Kocks, eingebracht, „Theorieansätze zu verbinden, die wissenschaftsgeschichtlich und systematisch schlicht nicht zu verbinden sind."[1415]

Dies zeigt einmal mehr: Der in der vorliegenden Studie eingeschlagene, steinige und mühsame Weg einer wissenschaftstheoretisch und begrifflich konsistenten Theoriebildung „ab ovo" bleibt ohne Alternativen. Die wechselseitige Verschränkung von intentionalem Handeln und Systemstrukturen in der PR-Praxis kann nur erfassen, wer die relevanten Bezüge von Kommunikation, Öffentlichkeiten, Organisation und Unternehmensstrategie vor dem Hintergrund einer umfassenden Sozialtheorie rekonstruiert.[1416] Deshalb ist es erfreulich, dass das hier entwickelte Verständnis von (Integrierter) Unternehmenskommunikation und Public Relations inzwischen in den wichtigsten Standardwerken der PR-Lehre aufgegriffen wird[1417] und als Grundlage in mehrere nachfolgende Dissertationsschriften eingegangen ist.[1418] Als besonders fruchtbar haben sich zwei in der vorliegenden Studie erstmals in die PR-Forschung eingeführte Gedankengänge erwiesen. Erstens bietet die Öffentlichkeitssoziologie von Gerhards/Neidhardt und die damit verbundene Unterscheidung verschiedener Sphären und Foren der Kommunikation ein großes Erklärungspotential für zahlreiche Fragestellungen der PR-Praxis.[1419] Zweitens erweist sich die Strukturationstheorie von Giddens immer deutlicher als geeigneter Ansatz, mit dem sich die zentralen Diskussionsfelder der PR-Forschung konzeptionell fassen lassen.[1420] Vielversprechend ist die Stukturationstheorie vor allem deshalb, weil sie nicht nur in der Kommunikationswissenschaft en vogue ist, sondern auch von der Betriebswirtschaftslehre zur Erklärung erfolgreicher neuer Organisationsformen (Unternehmensnetzwerke, virtuelle Unternehmen) herangezogen wird.[1421]

Was folgt aus dieser kurzen Bestandsaufnahme für die vorliegende Studie? Zunächst: Das entworfene Theoriegerüst hat sich bewährt und eignet sich

1414 Vgl. insbes. Rolke 1999, 2001/2002, 2004.

1415 Kocks 2004, S. 188.

1416 Deutlich zu kurz greift deshalb die Kritik von Kunczik (2002, S. 341 ff.) an der vorliegenden Studie. Der systematisch begründete Begriffsrahmen kann selbstverständlich nicht durch den (beliebigen) Verweis auf ein anders lautendes Verständnis von Macht und Management entkräftet werden. Dieser auch an anderer Stelle anzutreffende Eklektizismus (vgl. Kunczik 2001 als Replik auf Rolke 1999) ermöglicht pointierte Einwürfe, kann aber weder die Lücken zwischen Wissenschaftsdisziplinen noch jene zur Praxis schließen und bringt letztlich die Forschung nicht voran.

1417 Vgl. Schulz 2002, Mast 2002, Zerfaß 2001 und Faulstich 2000, insbes. S. 30 ff.

1418 Vgl. beispielsweise Fichter 1998, Zander 2000, Kirchner 2001, Weiß 2002. Aus dem Spektrum der Diplom- und Magisterarbeiten ist besonders lesenswert Gentsch 2001.

1419 Vgl. oben S. 192 ff., daran anknüpfend in der PR-Forschung insbesondere die Dissertationsschrift von Zander 2000, S. 123 ff., sowie Marschall 1999, Zerfaß 2004.

1420 Vgl. oben S. 85 ff., in der PR-Forschung später zunächst Röttger 2000, insbes. S. 137 ff., und Hoffmann 2001, S. 56 ff., dann ausführlich Zühlsdorf 2002 sowie Jarren/Röttger 2004.

1421 Vgl. vor allem Sydow/Windeler 2000, Windeler 2001, Picot et al. 2003.

weiterhin als Bezugspunkt für Wissenschaft und Praxis. Deshalb wollen wir in den folgenden Abschnitten zeigen, wie sich die wichtigsten neueren Diskussionsfelder der deutschsprachigen PR-Forschung in unseren Gedankengang einordnen lassen. Zugleich werden wir einige zentrale Konzepte kommentieren, neu interpretieren und einführen, um so Hinweise für zukunftsweisende Forschungsansätze zu geben.

Der *weitere Argumentationsgang* orientiert sich an den drei Leitideen der Public Relations, die in Kapitel 7.1 formuliert wurden und sich seitdem in verschiedenen Zusammenhängen bewährt haben:[1422]

- Das *Postulat der strategischen Unternehmenskommunikation* wird durch die zwischenzeitlich weiter vorangetriebenen Überlegungen zur ökonomischen Wertschöpfung durch PR unterstrichen. Ebenso bedeutsam ist – vor allem in der Unternehmenspraxis – die unter den Schlagworten „Corporate Citizenship" und „Sustainability" inzwischen mehr denn je thematisierte gesellschaftliche Verantwortung der Unternehmensführung. Um diese erweiterten Herausforderungen auf strategische PR-Programme herunterzubrechen, bietet sich der Einsatz neuer Steuerungsinstrumente in Anlehnung an die Balanced Scorecard an.
- Das *Postulat der integrierten Unternehmenskommunikation* fordert die Einbindung aller PR-Maßnahmen in ein stimmiges Gesamtkonzept, das die Marktkommunikation und interne Kommunikation als gleichgewichtige Handlungsfelder im Auge behält. Dieser viel diskutierte Aspekt gewinnt dadurch an Dynamik, dass inzwischen weltweit eine Vielzahl neuer Organisationsformen jenseits von Markt und Hierarchie entstanden sind, die eine Reformulierung des skizzierten Modells und die Einführung eines neuen Handlungsfelds der „Netzwerk-Kommunikation" nahelegen. Bei den eigentlichen Integrationsbemühungen rückt die prozessuale Dimension mehr und mehr in den Vordergrund. Das betrifft crossmediale Produktionsroutinen ebenso wie nonlineare Methoden des Campaigning und die Notwendigkeit, bei der Evaluation die Perspektive des Kommunikators (PR-Effekte) um jene der Rezipienten (PR-Usability) zu ergänzen.
- Das *Postulat der situativen Unternehmenskommunikation* betont, dass PR-Strategien stets vor dem Hintergrund sich wandelnder Öffentlichkeiten und Bezugsgruppen agieren. Durch die rasante Verbreitung der Internet-Technologie haben sich diese Rahmenbedingungen stark verändert. Bislang unbekannte Arenen der öffentlichen Kommunikation und Kommunikationspartner mit gänzlich neuen Handlungsmustern rücken ins Blickfeld. Digitale Öffentlichkeiten, Communities und virtuelle Bezugsgruppen sind keine Zeitphänomene, sondern grundlegend neue Herausforderungen für die Unternehmenskommunikation. Um die damit verbundenen Chancen zu nutzen, muss die PR-Forschung den bis heute vernachlässigten Brückenschlag zum soziologischen, ökonomischen und kommunikationswissenschaftlichen Diskurs über die Informationsgesellschaft nachholen.

---

1422 Vgl. oben S. 320 ff. sowie beispielsweise Zerfaß 1998a und 2003.

## 9.1 Strategische Unternehmenskommunikation: Public Relations als Investition und Werttreiber

Der unverkennbare Bedeutungszuwachs der Unternehmenskommunikation hat zu einer paradoxen Situation geführt. Einerseits zeigen zahlreiche empirische Untersuchungen, dass PR heute in der Wirtschaft unstrittig als „strategischer Erfolgsfaktor" gilt. Häufig verkannt wird aber, dass damit an die Kommunikationspolitik zwangsläufig ähnlich hohe Anforderungen zu stellen sind wie an andere, klassische Stellgrößen des betriebswirtschaftlichen Handelns: PR-Aufwendungen müssen sich in der betrieblichen Rechnungslegung abbilden lassen, nachweislich zur Wertsteigerung des Unternehmens beitragen und sich nicht zuletzt im Sinne des Risikomanagements in Bezug setzen lassen zu wandelnden gesellschaftspolitischen Rahmenbedingungen.

Diese drängenden Fragen der Unternehmenspraxis und die zwischenzeitlich in der PR-Forschung erarbeiteten Antworten lassen sich mit dem in dieser Studie aufgebauten Theoriegerüst systematisch erfassen. Dabei lassen wir uns von der Einsicht leiten, dass „strategisches Handeln" im Sinne der Managementforschung immer auf die Schaffung und Erhaltung von Erfolgspotentialen abzielt.[1423] Strategische Unternehmenskommunikation ist also keine Leerfloskel, sondern umfasst – jenseits der operativen PR-Routinearbeit – alle Maßnahmen, mit denen soziale Beziehungen aufgebaut und kommunikative, moralische oder auch rechtliche Strukturen begründet werden, auf die dann bei Bedarf zurückgegriffen werden kann.[1424] Hieraus leiten sich folgende Fragen ab: Welche Herausforderungen stellen veränderte *ökonomisch-rechtliche Rahmenbedingungen,* insbesondere der wachsende Wettbewerb um Aufmerksamkeit und neue Bilanzierungsgrundsätze, an die Unternehmenskommunikation? Wie können neue *gesellschaftspolitische Anforderungen,* vor allem die weltweit diskutierten Verpflichtungen zu Corporate Citizenship und Sustainability (Nachhaltigkeit), aufgegriffen werden? Schließlich: Welche Methoden der *strategischen Steuerung* bieten sich an, um diesen erweiterten Zielhorizont auf die Ebene strategischer PR-Programme herunterzubrechen? Diesen Fragen wollen wir nachgehen.

### *9.1.1 Ökonomische Imperative – Image und Reputation als Erfolgsfaktor*

Das Verhältnis von PR und Unternehmenswert steht im Mittelpunkt einer breiten Diskussion, die unter den Schlagworten Aufmerksamkeitsökonomie, Reputationsmanagement und Imagekapital geführt wird. Als Auslöser lassen sich mindestens vier Entwicklungen ausmachen. Erstens haben viele Unternehmen erfahren müssen, dass die Aufmerksamkeit der Rezipienten immer mehr zum knappen Gut wird. Die anhaltende Fragmentierung der Medienland-

1423 Vgl. oben S. 242. Einen fundierten Überblick zu den verschiedenen Dimensionen des Strategiebegriffs gibt Steyn 2002. Sie verweist zugleich auf das bislang weitgehend unzureichende Strategie-Verständnis der internationalen PR-Forschung.

1424 Vgl. oben S. 347 ff., insbes. das auf S. 350 erläuterte Ziel der kommunikativen Strukturierung von sozialen Beziehungen.

schaft und die wachsende Informationsüberlastung durch die globale Verfügbarkeit neuer Kommunikationskanäle (insbes. das Internet) haben dazu ebenso beigetragen wie die verstärkten Kommunikationsmaßnahmen von Wirtschaft und Politik. Um in diesem Wettlauf mitzuhalten, sind tendenziell immer höhere Aufwendungen erforderlich. Diese lassen sich jedoch – zweitens – in der anhaltenden Wirtschaftskrise, die die deutsche Volkswirtschaft im beginnenden 21. Jahrhundert kennzeichnet, nicht mehr durch allgemeine Hinweise auf den Erfolgsbeitrag der Unternehmenskommunikation rechtfertigen. Wer sich als PR-Manager oder Agentur in schwierigen Zeiten Budgets sichern will, muss einen konkreten Bezug zum Unternehmenswert herstellen können. Drittens hat bereits in den Boomzeiten der erfolgreichen Börsengänge der 90er Jahre eine Fusionswelle in der Wirtschaft begonnen, deren Ende noch nicht absehbar ist. Nachvollziehbare Methoden der Unternehmensbewertung (Due Diligence) haben stark an Bedeutung gewonnen. Hierbei werden langfristig aufgebautes Vertrauen und Images bislang nur unzureichend erfasst. Dieser systematische Mangel führt nicht nur zu Unter-, sondern auch zu Überbewertungen: Beispielsweise haben viele leichtgläubige Aktionäre und Analysten die „equity story" vieler Börsenneulinge allzu ernst genommen und damit viel Geld verloren. Viertens rückt die Einführung neuer Rechnungslegungsvorschriften gemäß der International Accounting Standards (IAS) ab 2005 immaterielle Werte erstmals in den Mittelpunkt finanzwirtschaftlicher Betrachtungen.[1425] Dies ist vor allem deshalb von größter Bedeutung, weil sich die Rahmenbedingungen für die Fremdfinanzierung von Unternehmen (Basel II) in naher Zukunft grundlegend ändern werden. Ein positives Rating infolge bilanzierter PR-Leistungen hat deshalb künftig unmittelbare Auswirkungen auf die Refinanzierungskosten und damit auf die allgemeine Kostenstruktur der Unternehmen.

Wie lassen sich diese Herausforderungen theoretisch fassen? Zunächst gilt es sich in Erinnerung zu rufen, dass die *Aufmerksamkeit* der Bezugsgruppen im Sinne ihrer Hinwendung zu bestimmten Themen, Botschaften, Medien, Informationsangeboten und Kommunikatoren eine unverzichtbare Voraussetzung jeder erfolgreichen Einflussnahme und Verständigung ist.[1426] Wenn die Aufmerksamkeit – wie Franck dies in seiner „Ökonomie der Aufmerksamkeit"[1427] beeindruckend gezeigt hat – zum Engpass wird, dann ist es Aufgabe der strategischen Unternehmenskommunikation, entsprechende Erfolgspotentiale aufzubauen. Das betrifft alle Maßnahmen, die dazu beitragen, die Häufigkeit und Intensität der Kontakte mit den wichtigsten Zielgruppen zu steigern.[1428]

1425 Vgl. zur strategischen Bedeutung und Bewertung immaterieller Güter grundlegend Horvath/ Möller 2004. Die IAS-Richtlinien finden sich unter www.iasb.org; für immaterielle Güter gilt insbes. IAS 38.

1426 Vgl. oben S. 149 ff., S. 347 ff. und S. 361 f., sowie Theis-Berglmair 2000, insbes. S. 324 f.

1427 Vgl. Franck 1998. Die für das Alltagsverständnis sehr gelungenen Metaphern vom „knappem Gut" Aufmerksamkeit und der Aufmerksamkeits-„Ökonomie" sind allerdings aus betriebswirtschaftlicher Sicht falsch, da sich Aufmerksamkeit als Ausfluss sozialer und kognitiver Prozesse nicht mit Hilfe von Märkten und Tauschverträgen bewerten, akkumulieren und handeln lässt.

1428 Vgl. zur Bedeutung von Kontaktqualität und Reputationsbildung Peetz et al. 2003, S. 15 f.

Beispiele aus der Unternehmenspraxis sind der Aufbau von Markenwelten (z.B. die weit über ein Auslieferungslager und Firmenmuseum hinausgehende Volkswagen-Autostadt in Wolfsburg)[1429] und die Etablierung eigener journalistisch geprägter Massenmedien mit hoher Glaubwürdigkeit (z.B. die Zeitschrift „DB mobil“ der Deutschen Bahn oder der von mehreren Verlagen und Firmen der Bauwirtschaft betriebene Online-Branchendienst baunetz.de). Die PR-Theorie muss diesen Aspekt noch deutlicher als bisher thematisieren und herausarbeiten, dass die nachhaltige Sicherstellung der Aufmerksamkeit relevanter Bezugsgruppen ein eigenständiges Ziel der Unternehmenskommunikation sein kann.[1430]

Wenn einem Unternehmen und seinen Kommunikationsmaßnahmen Aufmerksamkeit geschenkt wird, ist es im nächsten Schritt in der Lage, *Vertrauen* aufzubauen und positive *Images* von Firma, Produkten und Führungskräften zu vermitteln.[1431] Die dabei relevanten Vorgehensweisen wurden zwischenzeitlich in der Literatur ausführlich beleuchtet und herausgearbeitet. Zu nennen sind hier insbesondere die Arbeiten von Buß und Piwinger zum Image- bzw. Impression-Management.[1432] Dem erworbenen Vertrauen und Ansehen wird häufig eine direkte wertsteigernde Funktion zugesprochen; man spricht auch vom „Imagekapital“.[1433] Diese Sichtweise – das zeigen unsere an Parsons und Habermas angelehnten Überlegungen zu den prinzipiellen Formen der sozialen Integration in modernen Gesellschaften[1434] – ist nur bedingt richtig. Denn Vertrauen und Image beziehen sich keineswegs eindimensional auf Prestigeordnungen, die als Quelle für Reputation und Einflussnahme dienen. Sie sind auch grundlegend notwendig für die Anerkennung der Rechtsordnung und die Funktionsfähigkeit von Märkten, Hierarchien und Wertsystemen. Insofern sollten Aufwendungen für vertrauensbildende und imagebezogene Maßnahmen sinnvollerweise als *Investitionen* verstanden werden,[1435] die sich auf verschiedene Weise auszahlen können – in effizienteren internen Prozessen und höheren Margen (und damit im operativen Gewinn) ebenso wie in langfristig aufgebauter moralischer Integrität und fachlicher Reputation (also in immateriellen Vermögenswerten bzw. Kapital).

Unter *Reputationskapital* im engeren Sinn ist dann der immaterielle Wert zu verstehen, der darin zum Ausdruck kommt, dass relevante Bezugsgruppen einem Unternehmen und seinen Führungskräften bestimmte Fähigkeiten und Glaubwürdigkeit zusprechen, die es diesen ganz konkret ermöglichen, kommu-

1429 Vgl. Will/Löw 2003, S. 49 f.

1430 Vgl. dazu unsere Klassifikation von PR-Zielen auf S. 349 f., die dies unter dem Begriff der „kommunikativen Strukturierung von sozialen Beziehungen“ bereits ausdrücklich berücksichtigt.

1431 Vgl. zum Vertrauens- und Imagebegriff S. 124 ff. sowie zur kommunikativen Gestaltung von vertrauensbildenden Maßnahmen und Imageprozessen S. 214 ff.

1432 Vgl. Buß/Piwinger 1998, vertiefend insbes. Buß/Fink-Heuberger 2000, Piwinger/Ebert 2001.

1433 Vgl. grundlegend Stahl 1998, insbes. S. 355 (er spricht von „Reputationskapital“) sowie Rolke 2001/2002, S. 171 f.

1434 Vgl. oben S. 214 ff.

1435 Vgl. Buß/Fink-Heuberger 2000, insbes. S. 259 ff., sowie Schwalbach 2002.

nikativen Einfluss auszuüben.[1436] Reputation als „symbolisches Kapital“[1437] ist die Summe von geronnenem Vertrauen und sich ergänzenden Vorstellungsbildern (Images). Die Messung und Bewertung dieses Kapitals ist eine der spannendsten und vordringlichsten Herausforderungen für die PR-Forschung. Eine auch in der Praxis populäre Vorgehensweise ist die Bestimmung des *Reputation Quotient (RQ)* nach Fombrun.[1438] Hierbei wird das Ansehen verschiedener Firmen in standardisierten Dimensionen empirisch erhoben und zu mehreren Kennziffern verdichtet. Dies erlaubt neben einem Benchmarking auch die Identifikation von Schwachstellen und davon abgeleiteten Ansatzpunkten für künftige PR-Maßnahmen. Der RQ ist damit als Steuerungsinstrument geeignet, erfüllt jedoch nicht die oben skizzierten Ansprüche an eine ökonomisch tragfähige Wertbestimmung. Einen weitergehenden Ansatz haben Will und Löw vorgestellt.[1439] Sie schlagen vor, den *Reputationswert* als Differenz zwischen dem beobachtbarem Marktwert eines Unternehmens (ausgedrückt z.B. in der Börsenkapitalisierung einer Aktiengesellschaft) und dem aus Rechnungswesen und Bilanzen ablesbaren Buchwert zu berechnen. Er beträgt nach verschiedenen Untersuchungen zwischen 15 und 30 Prozent des Marktwerts,[1440] in Einzelfällen sicherlich noch mehr. Da der Reputationswert von externen Einschätzungen abhängt, ist er zugleich stark risikobehaftet.[1441] Schlechte Nachrichten, Gerüchte oder das Fehlverhalten von Topmanagern können das Ansehen und damit die Börsenkapitalisierung eines Unternehmens in kürzester Zeit beschädigen. Entsprechende Risiken müssen daher – das wird in der Praxis vielfach noch vernachlässigt – systematisch in die vom Gesetzgeber seit einiger Zeit geforderte Risikobewertung gemäß KonTraG (Gesetz zur Kontrolle und Transparenz im Unternehmensbereich) einfließen.[1442]

Investitionen in strategische PR können sich aufgrund der geänderten ökonomisch-rechtlichen Rahmenbedingungen jedoch auch positiv in den Büchern niederschlagen. Dabei ist zwischen bilanzierbaren und im Rahmen der freiwilligen Berichterstattung darzulegenden Werten zu unterscheiden. Die ab 2005 gültigen International Accounting Standards (IAS) berücksichtigen *immaterielle Werte in der Bilanz,* sofern sie abgrenzbar sind und in der Verfügungsmacht des Unternehmens stehen.[1443] Vor dem Hintergrund unserer Überlegungen wird deutlich, dass dies insbesondere für Maßnahmen und Medien der Aufmerksamkeitsgenerierung (z.B. etablierte Printmedien und Internetplattformen, Adressdatenbanken) gilt. Sie können zu Anschaffungskosten bewertet und bilanziert werden. Demgegenüber muss der Reputationswert

---

1436 Vgl. oben S. 219 f.; ausführlicher inzwischen die Habilitationsschrift von Voswinkel 2001.

1437 Voswinkel 2001, S. 119.

1438 Vgl. Fombrun 1996, Fombrun/Wiedmann 2001 sowie Stein 2003. Im Umfeld des von Fombrun geleiteten Reputation Institute in New York wurden zwischenzeitlich weltweit mehrere RQ-Studien durchgeführt, in Deutschland unter Leitung von Klaus-Peter Wiedmann, Univ. Hannover.

1439 Vgl. Will/Löw 2003.

1440 Vgl. Buß/Fink-Heuberger S. 2000, S. 296.

1441 Vgl. Fombrun et al. 2000, S. 87 f., Voswinkel 2001, S. 11 f., Peetz et al. 2003, S. 14.

1442 Vgl. Piwinger 2002, S. 6.

1443 Vgl. zu den Vorschriften im Detail www.iasb.org.

außerhalb des normierten Zahlenwerks in freiwilligen Bilanzen dargestellt werden.[1444] Es bietet sich an, in Analogie zu Wissens- und Umweltbilanzen künftig auch eine *Reputationsbilanz* zu erstellen. Dort können die internen Aufwendungen und die durch eine Auswertung externer Interpretationen (Medienresonanzanalysen, Mitarbeiter-, Kunden und Analystenbefragungen) belegten Erträge von vertrauensbildenden Maßnahmen und Imagepolitik dokumentiert werden. Eine solche in *doppelter Hinsicht* um kommunikationsrelevante Tatbestände erweiterte Berichterstattung ist für den Unternehmenserfolg von zentraler Bedeutung. Denn insbesondere im Dienstleistungssektor und bei Know-how-intensiven Produzenten (z.B. im Softwarebereich) stößt die herkömmliche Bewertung seit langem an Grenzen.[1445] In die Bewertung bzw. das Rating von Unternehmen werden deshalb – nicht zuletzt im Hinblick auf die verschärften Anforderungen von Fremdkapitalgebern im Zuge von Basel II und anderen Regularien – künftig auch solche Bilanzen einbezogen. An dieser Stelle bleibt für die PR-Forschung noch viel zu tun. Für die Einbindung des benötigten betriebswirtschaftlichen Sachverstands bildet das in dieser Studie entworfene Theoriegerüst einen geeigneten infradisziplinären Rahmen.

### *9.1.2 Gesellschaftspolitische Imperative – Corporate Citizenship und Sustainability als Herausforderung*

Die gesellschaftliche Verantwortung der Wirtschaft und deren Herausforderungen für die Unternehmenskommunikation stehen im Mittelpunkt von zwei Diskussionslinien, die seit einigen Jahren an Bedeutung gewinnen. Das Konzept des *Sustainable Development* bzw. der *Nachhaltigen Entwicklung* findet seit Ende der 90er Jahre breite Beachtung.[1446] Es besagt, dass im betriebswirtschaftlichen Handeln ökonomische, ökologische und soziale Ziele verfolgt und miteinander in Einklang gebracht werden sollen. Dies wurde vielerorts zum Anlass genommen, die traditionelle Umweltkommunikation durch erweiterte Strategien der „Nachhaltigkeitskommunikation" abzulösen.[1447] Im Mittelpunkt steht dabei die Darstellung konkreter Aktivitäten, die Ausdruck nachhaltigen Wirtschaftens sind. Vor allem aber wird eine umfassende gesellschaftspolitische Berichterstattung angestrebt, die als „Triple-Line-Reporting" wirtschaftliche, soziale und umweltbezogene Kennzahlen und Beispiele enthält. Damit wurde der Blick auf neue Inhalte der strategischen Unternehmenskommunikation gelenkt. Deutlich weiter geht das seit Anfang des 21. Jahrhunderts in rascher Folge von namhaften Wirtschaftsführern und zahlreichen Großunternehmen im deutschsprachigen Raum aufgegriffene

---

1444 Vgl. Will 2002, Will/Löw 2003, S. 52.

1445 Vgl. beispielsweise Schmidt/Friedag 2002.

1446 Vgl. Schönborn/Steinert 2001, S. III ff. und S. 3 ff., Weiß 2002 S. 134 f. Das Leitbild des Sustainable Development beruht auf der Agenda 21 des OECD-Gipfels in Rio de Janeiro 1992. Es wurde in Deutschland durch den 1998 veröffentlichten Abschlußbericht „Konzept Nachhaltigkeit" der Enquete-Kommission des Bundestags zum Schutz des Menschen und der Umwelt unterstrichen und erlangte parallel dazu auch in der Wirtschaft breite Akzeptanz.

1447 Vgl. hierzu insbes. den Sammelband von Schönborn/Steinert 2001.

Konzept des *Corporate Citizenship.*[1448] Es definiert die Rolle des Unternehmens nicht nur inhaltlich, sondern strukturell neu. Unternehmen sollen als gute „Corporate Citizens" bürgerschaftliches Engagement übernehmen, also neben ihren originären Aufgaben der Bedarfsdeckung auch freiwillige Leistungen für die Gesellschaft erbringen (Volunteering, Spenden) und an der Gestaltung der Rahmenordnung mitwirken. Dies gilt insbesondere im globalen Kontext.[1449] Denn dort sind die Grenzen von Markt und Rechtsordnung und die notwendige Verantwortungsübernahme durch international agierende Unternehmen mehr als deutlich sichtbar geworden. Als vorrangiges Ziel des Corporate Citizenship wird deshalb die „langfristige Sicherstellung von Akzeptanz und Legitimität unternehmerischen Handelns in der Gesellschaft, also der ‚license to operate'"[1450] genannt und betont, dass Corporate Citizenship „strategische PR ... im besten Sinne des Wortes"[1451] sei.

Diese Zitate zeigen, dass in der Unternehmenspraxis heute das zu Tage tritt, was in der vorliegenden Studie auf theoretischer Ebene bereits vorweggenommen wurde. Auf den drohenden „Entzug der ‚licence to operate' durch gesetzliche Auflagen, öffentliche Kritik und nachhaltigen Glaubwürdigkeitsverlust"[1452] haben wir im Zuge unseres Plädoyers für die *duale Rolle der Unternehmensführung* in der sozialen Marktwirtschaft hingewiesen.[1453] Mit der Freiheit zur Nutzung von Handlungsspielräumen im ökonomischen Eigeninteresse korrespondiert stets eine Verantwortung zur Mitgestaltung der Rahmenordnung und zur dezentralen Lösung situationsspezifischer Konflikte auf der Unternehmens- und Branchenebene. Auf die Diskussion um Corporate Citizenship bezogen bedeutet dies: Konzepte und Kommunikationsstrategien, die sich rein auf philanthropische Motive oder „bürgerschaftlichen Goodwill" stützen, greifen zu kurz und verlieren in wirtschaftlich schwierigen Zeiten rasch an Bedeutung.[1454] Corporate Citizenship ist kein freiwilliger Output erfolgreicher Unternehmensführung, sondern vielmehr eine konstitutive Voraussetzung betriebswirtschaftlichen Handelns. Deshalb muss die Verantwortung für das Gemeinwohl von vornherein mit dem Eigeninteresse des Unternehmens zusammengedacht werden. Dieses in der vorliegenden Studie skizzierte Verständnis findet sich in der PR-Forschung insbesondere bei Fombrun.[1455] Er geht davon aus, dass Corporate Citizenship zugleich ethische Verantwortung wahrnehmen, soziale Integration leisten sowie ökonomisch relevantes Vertrauen und Reputation aufbauen kann. Diese Darstellung bleibt jedoch unscharf, weil sie mögliche Spannungsfelder zwischen den drei

---

1448 Vgl. grundlegend Wieland/Conradi 2002 und Weiß 2002. Empirische Nachweise und Fallbeispiele für die Verbreitung von Corporate Citizenship in Deutschland finden sich ferner bei Reimer 2002, Behrent/Wieland 2003 und Habisch 2003.

1449 Vgl. Steinmann 2003.

1450 Wieland 2002, S. 11.

1451 Behrent 2003, S. 33.

1452 Zerfaß 1996a, S. 34, in jüngerer Zeit auch Zerfaß 2003, S. 121.

1453 Vgl. oben S. 263 ff.

1454 Vgl. zur Vergleich und zur Einordnung verschiedener Verständnisse von Corporate Citizenship Reimer 2002, S. 7 ff., und Wieland 2002, S. 9 ff.

1455 Vgl. Fombrun 1997, insbes. S. 28 ff.

Teilzielen konzeptionell nicht aufgreift. Sinnvollerweise sollte man daher mit Weiß Corporate Citizenship verstehen als ein Kontinuum von einem *„minimalen Citizenship,* das sich lediglich auf die Einhaltung der Gesetze konzentriert, über ein *diskretes Citizenship,* das Wohltätigkeit und Spenden beinhaltet, bis hin zum *strategischen Citizenship,* das in die Geschäftstätigkeit und die strategische Ausrichtung integriert ist."[1456] Zu ergänzen ist dieses normative Selbstverständnis um eine örtliche Dimension: Der Begriff des „Citizen" impliziert, dass jedes Unternehmen definieren muss, auf welche Gemeinschaft bzw. welche Gemeinschaften es seine bürgerschaftliche Rolle bezieht.[1457] Im Allgemeinen ist dies die Weltgemeinschaft, d.h. die Firmen und ihre Führungskräfte verstehen sich als interkulturell agierende „global citizens" und wollen politisch-rechtliche Regelungslücken auf internationaler Ebene durch ihr Eigenengagement schließen.[1458] Insofern kann das derzeit in der Unternehmenspraxis vorherrschende Leitbild als *strategisch-globales Citizenship* bezeichnet werden. Es erweitert die in unserem betriebswirtschaftlichen Grundlagenkapitel aufgegriffene Unternehmensethik-Diskussion der 90er Jahre insbesondere um die internationale Dimension.[1459]

Was bedeutet das für die strategische Unternehmenskommunikation? Zunächst ist in Theorie und Praxis deutlicher als bisher zwischen verschiedenen *Ausprägungen der gesellschaftspolitischen Orientierung von Unternehmen und den daraus abgeleiteten Kommunikationskonzepten* zu unterscheiden.[1460] Mit Blick auf die erfassten Themenfelder lässt sich beispielsweise die eindimensionale Umweltkommunikation von mehrdimensionalen Ansätzen der Nachhaltigkeitskommunikation (Umwelt, Soziales, Ökonomie) abgrenzen. Damit kann man die oben angesprochene Verschiebung zwischen beiden Konzepten in der Unternehmenspraxis theoretisch fassen. In einer weiteren Dimension lassen sich verschiedene Ausprägungen des Corporate Citizenship unterscheiden. Wer ein minimales oder diskretes Citizenship bzw. das Konzept der Sustainability verfolgt, will primär gesellschaftspolitische Verantwortung *dokumentieren* und sollte z.B. im Sinne der Nachhaltigkeitskommunikation die gesellschaftspolitische Berichterstattung vorantreiben. Wer dagegen dem Leitbild eines strategisch-globalen Citizenship verpflichtet ist, muss das gesellschaftspolitische Umfeld in verschiedenen Ländern *kommunikativ mitgestalten* und ein deutlich breiteres Spektrum an Maßnahmen einsetzen. Diese analytischen Unterscheidungen ermöglichen es, das Verhältnis von Unternehmens- und Kommunikationsstrategie besser zu verstehen und passende PR-Strategien zu entwickeln.

---

1456 Weiß 2002, S. 138 (Hervorhebungen durch den Verf.).

1457 Vgl. Polterauer 2004, S. 27.

1458 Vgl. Wieland 2002, S. 13 f., und insbes. Weiß 2002, S. 119 ff.

1459 Vgl. Steinmann 2003 und Scherer 2003. Die Autoren zeigen, dass sich die als Grundlage unserer Theoriebildung herangezogene Konzeption von Unternehmensstrategie und Unternehmensethik nach Steinmann et al. in der globalisierten Wirtschaft besonders bewährt. Sie steht für das, was in dem hier diskutierten Kontext als „strategisch-globales Corporate Citizenship" bezeichnet wird.

1460 Vgl. Weiß 2002, S. 192 ff., der eine Matrix zur Klassifizierung von gesellschaftspolitischen Strategien entwirft und Schlussfolgerungen für die Unternehmenskommunikation skizziert.

Eine weitere Schlussfolgerung lautet: Die in der PR-Praxis häufig propagierte *Zwangsläufigkeit* einer Entwicklung zu immer umfassenderer, immer offenerer Kommunikation im gesellschaftspolitischen Umfeld trifft nicht zu. Entscheidend ist immer die konkrete Positionierung und Produkt-Markt-Strategie eines Unternehmens. Der Verantwortungsbereich eines global agierenden Mineralölkonzerns unterscheidet sich deutlich von dem eines regionalen Baustoffhändlers. In jedem Umfeld messen die Bezugsgruppen mit anderen Maßstäben. Zu berücksichtigen ist zudem, dass das Kommunizieren von gesellschaftlicher Verantwortung mehrere *systematische Dilemmata* überwinden muß.[1461] Um glaubwürdig zu bleiben, dürfen die guten Absichten nicht zu stark in den Vordergrund gestellt und ausgemalt werden – aber erfolgreiche PR verlangt klare Botschaften. Um auf sich aufmerksam zu machen, muss man über positives gesellschaftspolitisches Engagement sprechen – aber negative Meldungen über leichte Verfehlungen werden von Medien und Rezipienten schneller aufgegriffen. Schließlich: Um eine Vorreiterrolle einzunehmen, muss man ständig neue Akzente setzen – aber gerade damit weckt man immer weitergehende Erwartungen bei immer mehr Bezugsgruppen. Diese Zusammenhänge und mögliche Lösungsansätze wurden bislang weder theoretisch noch empirisch näher untersucht. Sie bleiben ebenso wie die gesamte Corporate Citizenship-Kommunikation eine Herausforderung für die PR-Forschung.

### *9.1.3 Strategische Steuerung mit der Corporate Communications Scorecard*

Wie wir gezeigt haben, muss die Kommunikationspolitik heute einen erweiterten Beitrag zur Wertsteigerung des Unternehmens und zur Wahrnehmung gesellschaftlicher Verantwortung leisten. Das wirft die Frage auf, wie sich diese betriebswirtschaftlichen Zielvorgaben pragmatisch auf konkrete Kommunikationsmaßnahmen herunterbrechen lassen. Als Bezugsrahmen hierfür eignet sich der von uns in dieser Studie entworfene Managementprozess der Unternehmenskommunikation:[1462] Auf Basis der jeweiligen Unternehmensstrategie wird zunächst ein PR-Rahmenkonzept entwickelt. Vor diesem Hintergrund kann man dann in strategischen und operativen PR-Programmen die Ziele, Stoßrichtungen und Maßnahmen für konkrete Kommunikationsaktivitäten formulieren.

Es hat sich jedoch gezeigt, dass dieses Grundverständnis in der Unternehmenspraxis durch ein leicht verständliches „Handwerkszeug" für die *strategische Steuerung der PR* ergänzt werden muss. Hilfreich erscheint an dieser Stelle einmal mehr der Rückgriff auf die betriebswirtschaftliche Forschung. Dort haben Kaplan/Norton erkannt, dass vielfach eine große Lücke zwischen zukunftsorientierten Managementkonzepten und vergangenheitsbezogenem Controlling klafft und deshalb keine kontinuierliche, ganzheitliche Unternehmenssteuerung möglich ist. Sie setzen daher auf die *Balanced Scorecard* als ganzheitliches Steuerungsinstrument, das eine Brücke zwischen Vision,

1461 Vgl. Behrent 2003, S. 33.
1462 Vgl. oben S. 319 ff., insbes. S. 346 ff.

Unternehmensstrategie und strategischen Einzelprogrammen schlägt. Die Balanced Scorecard betrachtet das Unternehmen gleichzeitig aus mehreren Perspektiven (Finanzsicht, Kundensicht, Prozesssicht, Potenzialsicht).[1463] Für jede Perspektive werden ausgehend von der Unternehmensstrategie konkrete Ziele bzw. Erfolgsfaktoren festgelegt und die zugrundeliegenden Werttreiber identifiziert. Jedem Werttreiber sind messbare Leistungskennzahlen zuzuordnen. Dies sollten idealerweise sowohl Frühindikatoren als auch klassische, ex post zu erhebende Ergebniszahlen sein.[1464] An diesen Kennzahlen und entsprechenden Zielvorgaben (z.B. Cashflow, Grad der Kundenzufriedenheit im laufenden Geschäftsjahr) sollen sich dann alle Programme und Maßnahmen orientieren. Auf diese Weise wird ein Prozess in Gang gesetzt, mit dessen Hilfe alle Beteiligten die Auswirkungen ihres Handelns auf den Unternehmenserfolg – einschließlich möglicher Wechselwirkungen auf andere Bereiche und Zielperspektiven – erkennen können. Jeder Mitarbeiter soll sich auf wertsteigernde Aktivitäten konzentrieren und unnötigen Ballast abwerfen. Die Zielerreichung kann mit Hilfe der Leistungskennzahlen gemessen werden. Das ermöglicht sowohl eine funktionsübergreifende Erfolgsmessung als auch eine laufende Neujustierung der Scorecards für das Unternehmen und die einzelnen Teilbereiche. Deshalb ist das Instrument in kurzer Zeit sehr populär geworden und mittlerweile in Unternehmen und Non-Profit-Organisationen weit verbreitet.[1465]

Eine Adaption der Balanced Scorecard für das Kommunikationsmanagement bietet sich gleich aus mehreren Gründen an: Das Instrument ist praxistauglich, anschlussfähig und zudem in der Lage, den Beitrag der PR zur Wertsteigerung nachzuweisen. Erste Erfahrungen in der Unternehmenspraxis sind positiv. Bei DaimlerChrysler hat die Einführung von Scorecards in der internen Kommunikation unter anderem dazu geführt, dass Schnittstellenprobleme erkannt und beseitigt, neue Abläufe und Verantwortlichkeiten definiert und letztlich die Überstunden gesenkt wurden.[1466] Auch in der PR-Forschung werden entsprechende Vorgehensweisen von verschiedenen Autoren vorgeschlagen.[1467] Wenn man mit Mast davon ausgeht, dass mit Scorecards eine „Vernetzung von Kommunikationszielen mit Geschäftszielen, Kostentransparenz und Prozessoptimierung“[1468] angestrebt wird, zeigt sich jedoch schnell, dass die bislang ausformulierten Konzepte diesen Anforderungen nicht gerecht werden. Beispielsweise fehlen in der „Communication Scorecard“ von Schuppener/Schuppener konkrete Leistungskennzahlen für Kommunikationsmaßnahmen.[1469] Die „Balanced PR Scorecard“ von Besson reduziert das Steuerungsinstrument auf

1463 Vgl. Kaplan/Norton 1997 sowie insbesondere Horvath & Partner 2001, S. 9 ff.; im Überblick beispielsweise Picot et al. 2003, S. 573 ff.

1464 Vgl. Kaplan/Norton 1997, S. 144 ff.

1465 Konkrete Anwendungsbeispiele finden sich z.B. bei Horvath & Partner 2001, Scherer/Alt 2002.

1466 Vgl. Fuchs 2003, S. 43 ff.

1467 Vgl. Fleisher/Mahaffy 1997, Mast 2002, S. 82 f., Rolke 2002, S. 27 ff., Mast 2003c, S. 7 ff., Fuchs 2003, Krämer-Bach/Schulz 2003, Besson 2003, S. 194 ff., Schuppener/Schuppener 2004.

1468 Mast 2003c, S. 7.

1469 Vgl. Schuppener/Schuppener 2004, S. 218 ff.

ein Kennzahlensystem ohne Strategiebezug und Umsteuerungspotential.[1470] Selbst das prima facie überzeugende „Wertbasierte Kommunikationsmanagement" von Fuchs und die PR/C-Scorecard von Fleisher/Mahaffy lassen Fragen offen.[1471] Sie setzen nicht beim übergeordneten Unternehmenswert und den verschiedenen Perspektiven von Kaplan/Norton an, sondern zeigen auf einer nachgeordneten Ebene, wie man ausgehend von strategischen Erfolgsfaktoren der Kommunikation einzelne Werttreiber und Leistungskennzahlen identifizieren sowie einen entsprechenden Steuerungsprozess in Gang setzen kann.

Wir schlagen deshalb eine erweiterte *Corporate Communications Scorecard* vor, die sich als strategisches Steuerungsinstrument in die Balanced Scorecard des Gesamtunternehmens einfügt, diese erweitert und zugleich eine Steuerung der Kommunikationsprogramme selbst ermöglicht.

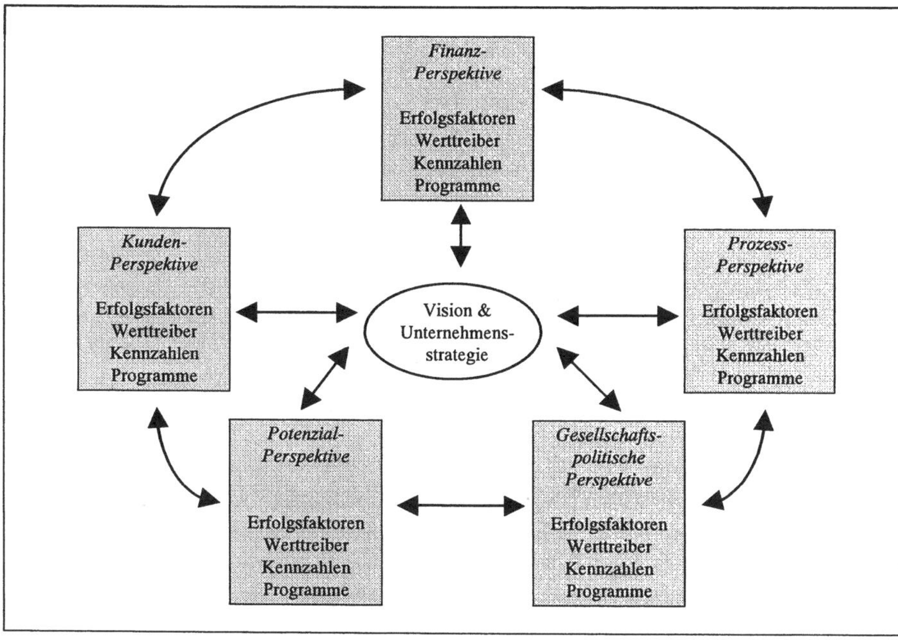


*Abb. 22: Die erweiterte Balanced Scorecard*

Ausgangspunkt ist die Vision und Unternehmensstrategie, die im Sinne der Balanced Scorecard aus verschiedenen Perspektiven betrachtet wird (vgl. Abb. 22). Vor dem Hintergrund unserer Überlegungen zur dualen Rolle und öffentlichen Exponiertheit der Unternehmung müssen die vier klassischen Sichten (Finanzen, Kunden, Prozesse, Potenziale) um eine gesellschaftspolitische

1470 Vgl. Besson 2003, S. 208 ff. Besson übernimmt zwar den Namen „Balanced Scorecard", greift aber erstaunlicherweise Struktur und Inhalte des Konzepts von Kaplan/Norton überhaupt nicht auf, sondern bezeichnet damit ein selbst entwickeltes, klassisches Kennzahlensystem.

1471 Vgl. Fuchs 2003 sowie Fleisher/Mahaffy 1997.

Perspektive ergänzt werden.[1472] Für jede Perspektive sind Erfolgsfaktoren, Werttreiber, Leistungskennzahlen und strategische Programme abzuleiten.

Abb. 23 zeigt beispielhaft, wie dies für einen Chemiekonzern aussehen kann und wie dabei die – grau unterlegten – Elemente der Corporate Communications Scorecard ermittelt werden können. Aus Darstellungsgründen wurden zwei Perspektiven als Ausschnitt herausgegriffen. Von der *Unternehmensstrategie* (1) werden zunächst die wichtigsten *strategischen Erfolgsfaktoren* (2) abgeleitet. Die Berücksichtigung der gesellschaftspolitischen Dimension führt dazu, dass vornehmlich kommunikativ erreichbare Ziele wie die Etablierung eines umfassenden Corporate Citizenship bereits auf dieser grundlegenden Ebene berücksichtigt werden. In einem nächsten Schritt werden alle *Werttreiber* identifiziert, die einen erkennbaren und messbaren Einfluss auf die Erfolgsfaktoren und damit auf den Unternehmenswert haben (3). Die Beispiele in der Abbildung verdeutlichen: Kommunikative Werttreiber wie Bekanntheit und Reputation spielen in der Balanced Scorecard gleich bei mehreren Perspektiven eine große Rolle, neben der hier abgebildeten Finanz- und gesellschaftspolitischen Sicht beispielsweise auch in der Kunden-Perspektive (Markenimages). Andererseits werden gesellschaftspolitische Ziele wie beispielsweise eine hohe Akzeptanz in den Standort-Kommunen nicht nur durch professionelle Kommunikation, sondern auch durch die Performance im Realgüterprozess (z.B. Produktionsprozesse ohne Störfälle und Umweltbelastungen) beeinflusst. Für alle Werttreiber werden dann *konkrete Leistungskennzahlen* definiert und mit *Zielvorgaben* ergänzt (4), so dass auf dieser Grundlage einzelne *strategische Kommunikations-Programme* sowie konkrete Einzelmaßnahmen entstehen können (5). Im Zuge der Anwendung der Corporate Communications Scorecard werden diese Zielwerte regelmäßig quantitativ erhoben und in der Regel quartalsweise mit den Ergebnissen verglichen. Falls Abweichungen auftreten, können die Prozesse und Maßnahmen verbessert oder auch die Zielvorgaben angepasst werden. Die Anwendung der Scorecard ist also iterativ zu verstehen: Man leitet Programme und Maßnahmen ab, misst Erfolge und Fehlschläge, erhält dadurch einen besseren Einblick in die Gesamtzusammenhänge und kann bei Bedarf die Strategie korrigieren.

Die hier skizzierte Corporate Communications Scorecard eignet sich zur strategischen Steuerung des Kommunikationsmanagements, weil sie einen direkten Bezug zwischen Unternehmensstrategie und Kommunikationsprogrammen herstellt. Sie ist kein isoliertes Instrument, das neben der finanz-, kunden-, prozess- und potenzialorientierten Betrachtung steht. Vielmehr ist die Corporate Communications Scorecard ein auf den Verantwortungs- und Aufgabenbereich des Kommunikationsmanagements bezogener *Auszug* aus der gesamten, um die gesellschaftspolitische Perspektive erweiterten Scorecard des Unternehmens.

---

1472 In eine ähnliche Richtung argumentieren Friedag/Schmid 2002, S. 150 ff. und S. 201 ff., die eine „Kommunikations-Perspektive" und eine „Öffentliche Perspektive" vorschlagen, sowie Krämer-Bach/Schulz 2003, die auf die „Wertschätzung der Öffentlichkeit" abheben.

| *Unternehmens-strategie (1)*<br>↓ ableiten | Finanz-Perspektive<br>*Welche Ziele leiten sich aus den Erwartungen der Kapitalgeber ab?* | | Gesellschaftspolitische Perspektive<br>*Welche Ziele leiten sich aus den Erwartungen von Bürgern, Anwohnern, Politikern ... ab?* | |
|---|---|---|---|---|
| *Strategische Erfolgsfaktoren (2)*<br>↓↑ | Kostenstruktur optimieren | Aktienkurs steigern | Corporate Citizenship ausbauen | Akzeptanz in Standort-Kommunen sicherstellen |
| *Werttreiber (3)*<br>↓↑ | a) Effizienz der Verwaltung | a) Image bei Kaufentscheidern für Aktien | a) Bekanntheit bei NGOs und Politikern | a) Bedeutung als Arbeitgeber |
| | b) Kreditkosten | | b) Übernahme von Verantwortung für die Umwelt | b) Produktion ohne Störfälle |
| | | | | c) Politik der offenen Tür |
| *Leistungs-kennzahlen und Zielvorgaben (4)*<br>↓↑ | a1) Verwaltungs-kosten vom Umsatz<br>Ziel: < 6% | a1) Imageprofil bei Analysten<br>Ziel: besser als Konkurrent X | a1) Bekannt-heitsgrad<br>Ziel: 60% ungestützt | a1) Arbeitsplätze<br>Ziel: > 850 Vollzeitstellen, > 40 Azubis |
| | b2) Fremd-kapitalzinsen<br>Ziel: < 9% | a2) Bericht-erstattung in der Finanzpresse<br>Ziel: mtl. 10 Nennungen | b1) Öko-Audit<br>Ziel: erfolgreiche Zertifikation nach EU-Standard | b1) Anzahl der Störfälle<br>Ziel: 0 |
| | | | | c1) Zielgrup-penkontakte:<br>Ziel: > 4 pro Bürger jährlich |
| *Strategische Kommunikations-Programme (5)*<br>↑ messen | ... | a11) Ausbau des Analysten-Netzwerks<br>a21) IR-Presse-kampagne | a11) Neuaus-richtung von Lobbyismus & Dialogkom-munikation | c11) Community Relationship-Konzept (Sponsoring, Pres-searbeit, Events) |

*Abb. 23: Beispiel für eine Corporate Communications Scorecard (Auszug)*

Die grau hinterlegten Felder zeigen den Kommunikationsverantwortlichen klar und deutlich, welche Ziele sie erreichen sollen, wie dies zur Wertsteigerung des Unternehmens beiträgt und wie ihre Bemühungen möglicherweise durch Entwicklungen in anderen Bereichen unterstützt oder konterkariert werden. Zugleich wird deutlich, dass Kommunikation an so vielen Stellen eine Rolle spielt, dass die konsequente Umsetzung einer – richtig verstandenen – integrierten Kommunikationspolitik ohne Alternativen bleibt.[1473]

Dieses Modell der Corporate Communications Scorecard unterscheidet sich grundlegend von den bislang in der PR-Forschung vorliegenden Entwürfen. Es schlägt jenseits aller Oberflächensemantik eine konkrete Brücke zum betriebs-

1473 Vgl. oben S. 307 ff. sowie die Ausführungen in Abschnitt 9.2.2, S. 411 ff.

wirtschaftlichen Erkenntnisstand. Das Modell und seine vielfältigen Anwendungsmöglichkeiten können an diese Stelle nicht vertieft diskutiert werden. Detailliertere Beispiele und der Nachweis, dass sich bekannte PR-Kennzahlen und Evaluationsmethoden (Imageanalyse, Medienresonanzanalyse, Teilnehmerbefragungen, Fokusgruppen, ...) problemlos in das Kennzahlensystem der Scorecard einbauen lassen, bleiben weiteren Veröffentlichungen vorbehalten.

## 9.2 Integrierte Unternehmenskommunikation: Orchestrierung und Evaluation von PR-Kampagnen

Kaum eine anderes Schlagwort ist in Theorie und Praxis der Unternehmenskommunikation so umstritten wie das der Integrierten Kommunikation. Einerseits zeigen eine Vielzahl empirischer Erhebungen, dass die Abstimmung von Marktkommunikation, Public Relations und interner Kommunikation große Optimierungspotenziale bietet. Um 59 Prozent, so die befragten Marketing-, PR- und Kommunikationsleiter der umsatzstärksten deutschen Unternehmen in einer Studie der FH Mainz, lässt sich der Kommunikationserfolg durch verbessertes Kommunikationsmanagement steigern. Dabei erscheint eine bessere Integration der Maßnahmen (von 94 Prozent befürwortet) wichtiger als höhere Budgets und optimierte Inhalte.[1474] Andererseits, so fasst Rademacher treffend zusammen, scheint der Begriff gerade in der Unternehmenspraxis „momentan den Höhepunkt seiner Unpopularität erreicht zu haben ... – schon finden sich Ausweichbegriffe wie «ganzheitlicher Ansatz», «360-Grad-Kommunikation» oder «Gesamtkommunikation»“[1475] Der verblassende Glanz hat mehrere Gründe. Erstens verwenden viele Unternehmen und vor allem Agenturen „Integrierte Kommunikation“ nur als wohlklingendes Attribut, ohne aber auf der Handlungsebene herkömmliche Vorgehensweisen zu ändern und auf der Ebene des Kommunikationsmanagements ganzheitliche Regelungen einzuführen. Das ist empirisch mehrfach belegt.[1476] Zweitens führt – wie Bruhn zu Recht feststellt – die weiterhin vorherrschende Zuordnung von Marketing und PR zu verschiedenen Abteilungen und der unterschiedliche Ausbildungshintergrund der entsprechenden Fachleute fast zwangsläufig zu Interessenkonflikten, Ressourcenrangeleien und mangelnder Kooperationsfähigkeit.[1477] Vor allem aber mangelt es – auch in der wissenschaftlichen Diskussion – häufig an einem klaren und betriebswirtschaftlich fundierten Verständnis der zu integrierenden Handlungsfelder.[1478]

---

1474 Vgl. Rolke 2003, S. 14 ff. Befragt wurden im Sommer 2002 insgesamt 388 Marketing-, PR- und Unternehmenskommunikation-Leiter; die Umfrage richtete sich an die 1.200 umsatzstärksten deutschen Unternehmen. Vgl. auch die Ergebnisse der Studien von Booz Allen Hamilton/c-trust 2004, insbes. S. 18, Scholz & Friends Agenda 2003 und Deraëd 2003 (Mercer-Studie).

1475 Rademacher 2003, S. 2.

1476 Beispielsweise bestätigten 74 Prozent der befragten Kommunikationschefs in der Mercer Benchmark-Studie 2003, „dass in den Unternehmen über integrierte Kommunikation gesprochen wird, diese de facto jedoch nicht stattfindet.“ (Deraëd 2003, S. 3); vgl. ferner Stradtmann/Kurt 2004.

1477 Vgl. Bruhn/Ahlers 2004a, S. 78, zu weiteren Barrieren auch Bruhn 2003, S. 69 ff.

1478 So das Resümee der Durchsicht vorliegender Theorieansätze zur Integrierten Kommunikation durch Rademacher 2003, S. 25. Rademacher lässt bei dieser Analyse allerdings sowohl das von

Für eine umfassende Auseinandersetzung mit dieser vielschichtigen Diskussion ist hier kein Platz.[1479] Wir wollen jedoch zeigen, wie das in dieser Studie dargelegte, weiterhin gültige Verständnis der Integrierten Kommunikation herangezogen werden kann, um die wichtigsten Fragen der Theoriebildung zu beantworten. Im Kern geht es um drei Aspekte: Was soll integriert werden, d.h. welches sind die zentralen Handlungsfelder der Unternehmenskommunikation, die sich – jenseits aller praxeologischen Unterscheidungen von Pressearbeit, Lobbyismus, Sponsoring, Online-Kommunikation, Investor Relations, Issues Management, Werbung, Direktmarketing und täglich neu hinzukommenden Aktivitäten mit klangvollen Namen – betriebswirtschaftlich und sozialtheoretisch begründen lassen und damit als systematischer Bezugspunkt für die Konzeptbildung herangezogen werden können? Neuere Entwicklungen der Unternehmenstheorie legen es nahe, die klassische Trias von (interner) Organisationskommunikation, Marktkommunikation und Öffentlichkeitsarbeit durch ein neues Handlungsfeld der *Netzwerk-Kommunikation* zu erweitern, um so die Kommunikation in und von Unternehmensnetzwerken und Clusterinitiativen zu erfassen. Weiterhin: Wie soll integriert werden, d.h. wie kann die *Umsetzung der Integrierten Kommunikation* optimiert werden? Und wie kann schließlich der Erfolg entsprechender Vorgehensweisen gemessen werden, d.h. welche *Ansatzpunkte der Evaluation* bieten sich an?

### *9.2.1 Netzwerk-Kommunikation – das neue Handlungsfeld im Zeitalter der grenzenlosen Unternehmung*

Unternehmenskommunikation, so besagt die in dieser Studie erarbeitete Definition, umfasst alle kommunikativen Handlungen von Organisationsmitgliedern, mit denen ein Beitrag zur Aufgabendefinition und -erfüllung in gewinnorientierten Wirtschaftseinheiten geleistet wird.[1480] Alle Kommunikationsaktivitäten haben daher stets einen gemeinsamen Referenzpunkt: Die jeweilige Unternehmensstrategie. Das wurde im vorhergehenden Abschnitt und insbesondere bei der Darstellung der Corporate Communications Scorecard erneut deutlich. Dennoch ist empirisch eine Ausdifferenzierung der Unternehmenskommunikation in die (interne) Organisationskommunikation sowie die (externe) Marktkommunikation und Öffentlichkeitsarbeit festzustellen. Das dies durchaus sinnfällig ist, haben wir mit Giddens sozialtheoretisch erklärt:[1481] Im Organisationsfeld, im Marktumfeld und im gesellschaftspolitischen Umfeld gelten unterschiedliche Spielregeln für die Handlungskoordination. Deshalb muss die Kommunikation – die hierbei als Mittel zum Zweck eingesetzt wird – unterschiedlichen Leitprinzipien folgen, um erfolgreich zu sein.

---

uns vorgeschlagene Verständnis von Integrierter Kommunikation (vgl. Steinmann/Zerfaß 1995 sowie oben S. 307 ff.) und das ähnlich angelegte Konzept von Kirchner 2001 außer Acht.

1479 Vgl. als Überblick zum theoretischen Diskussionsstand insbes. Kirchner 2001, S. 123 ff., Bruhn 2003, S. 50 ff., Rademacher 2003, Bogner 2003, Szyszka 2004b, Bruhn/Ahlers 2004a, S. 64 ff.

1480 Vgl. oben S. 287 sowie bereits Steinmann/Zerfaß 1995, S. 18; ebenso z.B. Mast 2002, S. 10 ff.

1481 Vgl. oben S. 289 ff. Aus systemtheoretischer Sicht kommt Rademacher 2003, S. 17 ff., zu ähnlichen Schlußfolgerungen.

Im Organisationsumfeld und damit für die *interne Unternehmenskommunikation* gelten zwei Maximen.[1482] Erstens müssen Gründung, Vision und Ziele eines Unternehmens aufgrund der Konstruktionslogik des Gesellschaftsrechts in direkten Kommunikationsprozessen zwischen den hieran beteiligten, verfassungskonstituierenden Akteuren vereinbart werden. Dieser Grundsatz gilt auch für Kapitalgesellschaften, bei denen sich der Ort der Entscheidungsfindung allerdings empirisch von Gesellschafter- und Hauptversammlungen in Aufsichtsgremien und vorgängige Abstimmungsprozesse zwischen den Anteilseignern verlagert – das erklärt die wachsende Bedeutung von Investor Relations-Strategien.[1483] Zugleich schafft die Organisationsverfassung immer eine legitimierte Herrschaftsordnung, auf die sich – zweitens – alle Beteiligten bei der laufenden Steuerung des arbeitsteiligen Leistungsprozesses berufen können. Die einheitliche Leitung führt zu einem Primat der administrativen Koordination (formale Autorität und Macht von Vorgesetzten), die situationsspezifisch durch verschiedene Spielarten der reputations- und wertgestützten Steuerung (Einfluss anerkannter Experten, Unternehmenskultur) ergänzt wird.[1484] Im *Marktumfeld* wird die Abstimmung mit Kunden, Zulieferern und Wettbewerbern im Grundsatz tauschvertraglich koordiniert.[1485] Werbebotschaften dienen ebenso wie die persönliche Kommunikation im Verkaufsgespräch, der Aufbau von Marken und Produkt-Images und andere Formen der Marktkommunikation letztlich immer der Anbahnung, Aushandlung, Erfüllung und Kontrolle von Transaktionsverträgen. Marktpreise und das universale Medium Geld ermöglichen es, dass einander unbekannte Marktteilnehmer effizient Beziehungen aufbauen und Leistungen austauschen können. Das *gesellschaftspolitische Umfeld* definiert sich aus betriebswirtschaftlicher Sicht dadurch, dass es hier an vorgängig legitimierten Verfügungsordnungen wie der einheitlichen Leitung und Administration bzw. dem Markt mangelt.[1486] Die Öffentlichkeitsarbeit orientiert sich daher am Leitprinzip der kommunikativen Einflussnahme via Reputation, geteilten Werten, direkter Interessenklärung und Mitgestaltung der Rahmenordnung (Lobbyismus).

Diese Dreiteilung des betriebswirtschaftlichen Handlungsfelds kann im Licht der neueren Diskussion um Unternehmensnetzwerke bzw. die „grenzenlose Unternehmung" (Picot et al.)[1487] um eine vierte Dimension erweitert werden: das *Netzwerk-Umfeld.* Der Begriff des *Unternehmensnetzwerks* verweist auf

---

1482 Vgl. oben S. 290 ff.

1483 Vgl. Kirchhoff/Piwinger 2001 und Janik 2002. Nicht haltbar ist das Plädoyer von Janik gegen die Einbeziehung der Investor Relations in die Integrierte Unternehmenskommunikation. Es beruht einzig auf dem dort zugrunde gelegten, vom allgemeinen Verständnis abweichenden und betriebswirtschaftlich untauglichen Begriff der Unternehmenskommunikation; vgl. Janik 2003, S. 49 ff.

1484 Vgl. zur Erläuterung der prinzipiellen Typen der gesellschaftlichen Koordination und Integration oben S. 208 ff. In Anlehnung an die Sozialtheorie von Parsons und Habermas unterscheiden wir kommunikative, reputationsgestützte (Prestige), wertgestützte (Moral/Normen), verfahrensregulierte (Recht), tauschvertragliche (Markt) und administrative (Hierarchie) Modi.

1485 Vgl. oben S. 298 ff.

1486 Vgl. oben S. 301 ff.

1487 Vgl. Picot et al. 2003; zu Unternehmensnetzwerken Sydow/Windeler 2000 und zur soziologischen Analyse von Netzwerken in verschiedenen gesellschaftlichen Bereichen z.B. Weyer 2000.

eine Organisationsform jenseits von Markt und Hierarchie, die dadurch gekennzeichnet ist, dass in ihr mehr als zwei Unternehmen dauerhaft eng zusammenarbeiten und die Koordination der arbeitsteiligen Handlungen maßgeblich auf dem dauerhaften Beziehungszusammenhang zwischen den Beteiligten beruht.[1488] Sie manifestiert sich in freiwilligen Vereinbarungen und Verträgen mittlerer Spezifität, die sich deutlich von inhaltlich weitgehend unspezifischen Verträgen mit internen Organisationsmitgliedern (Arbeits-, Gesellschaftsverträge) und detaillierten Verträgen mit Marktpartnern abheben.[1489] Unternehmensnetzwerke haben seit Ende der 90er Jahre weltweit beachtlich an Bedeutung gewonnen. Beispiele sind Produktionsnetzwerke beispielsweise in der Schuhindustrie (Adidas, Nike) oder Medienwirtschaft (Filmprojekte) und Dienstleistungsverbünde (Immobilienvermittlung, Finanzberatung). Ein Spezialfall sind *regionale Netzwerke* bzw. *Clusterinitiativen*, die neben mehreren Unternehmen (Produzenten, Abnehmer, Zulieferer) auch Forschungseinrichtungen und unterstützende Institutionen (Verbände, Standortentwickler, Regierungen) einbeziehen und sich durch geographische und thematische Fokussierung auszeichnen.[1490] Beispiele sind das kalifornische Silicon Valley als Zentrum der Informationstechnologie, das global agierende Ventilatoren-Cluster in Hohenlohe (Baden-Württemberg) und die Schuhindustrie im norditalienischen Montebelluna, die 75 Prozent aller weltweit verkauften Skistiefel herstellt.[1491] Von zunehmender Bedeutung sind außerdem *virtuelle Unternehmen* als weitere Sonderform von Unternehmensnetzwerken.[1492] Kennzeichnend ist hierbei, dass die arbeitsteilige Leistung an verschiedenen Standorten erbracht und mit Hilfe moderner Informations- und Kommunikationstechnologien (insbesondere Telekooperation) zusammengeführt wird. Ein Beispiel ist die Virtuelle Fabrik Euregio Bodensee, ein Verbund von rund 30 kleinen und mittelständischen Firmen aus Deutschland, Schweiz und Liechtenstein, die gemeinsam Projekte im Maschinenbau realisieren.[1493] Dies verweist darauf, dass vor allem der Siegeszug des Internets für den Bedeutungszuwachs von Unternehmensnetzwerken verantwortlich ist.[1494]

Von entscheidender Bedeutung für Theorie und Praxis der Unternehmenskommunikation ist, dass Unternehmensnetzwerke eigenständige Strukturen und keine Spielart bekannter Organisationsformen sind. Windeler hat unter Bezugnahme auf die auch von uns herangezogene Strukturationstheorie von Giddens überzeugend nachgewiesen, dass der *dauerhafte Beziehungszusammenhang* in Unternehmensnetzwerken einen Koordinationsmodus darstellt, der

1488 Vgl. grundlegend Windeler 2001, S. 231 ff. Damit revidieren und präzisieren wir den ursprünglichen Teil dieser Studie (vgl. oben S. 276 f.): unter dem Oberbegriff „Netzwerke" sind einheitlich gesteuerte *strategische Netzwerke* (Joint Ventures, Kooperationen) von primär durch dauerhafte Beziehungszusammenhänge koordinierten *Unternehmensnetzwerken* zu unterscheiden.

1489 Vgl. Picot et al. 2003, S. 300 ff.

1490 Vgl. zur Clustertheorie grundlegend Porter 1991, S. 59, ferner Sölvell et al. 2003, S. 18 ff.

1491 Vgl. Schiele 2003, S. 28 f. Weitere Beispiele finden sich dort und bei Sölvell et al. 2003, S. 59 ff.

1492 Vgl. Picot et al. 2003, S. 417 ff., sowie bereits Klein 1994, Reichwald/Möslein 1996.

1493 Vgl. Zerfaß/Hoffmann 2001.

1494 Vgl. Picot et al. 2003, S. 2 ff., und grundlegend zur Veränderung der Wertschöpfungskette von Unternehmen durch das Internet beispielsweise Zerfaß 1999, Zerfaß/Haasis 2002.

sich systematisch von denjenigen im Markt- und Organisationsumfeld abhebt.[1495] Daraus folgt zugleich, dass hier ein weiteres Handlungsfeld für die Unternehmenskommunikation vorliegt, das – weil es anderen Prinzipien folgt – auch begrifflich von der (internen) Organisationskommunikation, Marktkommunikation und Öffentlichkeitsarbeit abgegrenzt werden sollte.

Als *Netzwerk-Kommunikation* bezeichnen wir alle kommunikativen Handlungen von Organisationen, mit denen dauerhafte Beziehungen in Unternehmensnetzwerken, Clusterinitiativen und virtuellen Unternehmen gestaltet werden. Sie sind notwendig, um solche Systeme mittlerer Spezifität ins Leben zu rufen, gemeinsame Strategien und Schnittstellen zu definieren, arbeitsteilige Handlungen zu koordinieren sowie gegenüber Kunden, Wettbewerbern und weiteren Bezugsgruppen aufzutreten. Ihre Referenzpunkte sind einerseits die vor allem im Zuge der Gründung und laufenden Vertrauensbildung notwendige *direkte Kommunikation* zwischen den beteiligten Unternehmen und zum anderen bei der Leistungserstellung die *reputations- und wertgestützte Kommunikation,* die auf den Horizont geteilter Erfahrungen und spezifischer Fähigkeiten im Netzwerk rekurriert. Indem dies geschieht, werden die Strukturen des Unternehmensnetzwerks zugleich aktualisiert, modfiziert und reproduziert.[1496] In *strategischer Hinsicht* kann die Netzwerk-Kommunikation aufgrund der skizzierten Koordinationsformen im Spannungsfeld zwischen (interner) Organisationskommunikation und Public Relations verortet werden. Auf der *Handlungsebene* bedient sie sich – wie alle anderen Teilbereiche der Unternehmenskommunikation auch – des ganzen Spektrums massenmedialer, medialer und persönlicher Kommunikationsinstrumente.

Die *Herausforderungen für die Unternehmenspraxis* liegen auf der Hand: Bei der Netzwerk-Kommunikation geht es in erster Linie um die Gestaltung von Kommunikationsmaßnahmen, die jenseits der Identitäten und Botschaften der beteiligten Unternehmen ein eigenständiges Profil für das Netzwerk schaffen und dieses konsistent nach innen und außen vertreten. Dies ist deshalb besonders schwierig, weil es in Unternehmensnetzwerken keine verfassungsmäßig abgesicherte Leitung gibt. Zudem führt eine erfolgreiche Positionierung des Netzwerks fast zwangsläufig dazu, dass die mitwirkenden Unternehmen und deren Images in den Hintergrund treten. Die durch die Kommunikation bewirkte Wertsteigerung kommt damit nur dem Netzwerk zugute. Aus Sicht der beteiligten Firmen ist das nicht unproblematisch, weil sich dieses immaterielle Kapital– wie oben dargelegt – bislang nur schwer bewerten lässt und damit bei einem Ausscheiden aus dem Netzwerk gegebenfalls verloren geht. Kein Wunder also, dass die Entwicklung erfolgreicher Kommunikationsstrategien eines der drängendsten Probleme für Netzwerkorganisationen ist.[1497] Die hier skizzierte, neue Dimension der Unternehmenskommunikation bietet

1495 Vgl. Windeler 2001, insbes. S. 234 ff.

1496 Vgl. zu diesem Grundgedanken der Strukturationstheorie oben S. 95 ff., insbes. S. 102 ff.

1497 Das wurde beispielsweise Anfang 2004 bei der Behandlung des Themas auf der Jahrestagung der Initiative kompetenznetze.de des Bundesministeriums für Bildung und Forschung deutlich, in der sich über 100 Clusternetzwerke zusammengeschlossen haben.

ein großes Potential und sollte in Theorie und Praxis künftig vertieft analysiert werden.

### 9.2.2 *Umsetzung der Integrierten Kommunikation – mehr Prozessorientierung durch Crossmedia und Campaigning*

Eine zentrale Herausforderung für die Integrierte Kommunikation ist, dass sich die Kommunikation immer weniger vom Unternehmen steuern lässt.[1498] Zunehmend entscheiden die Bezugsgruppen selbst, aus welchen Quellen sie sich informieren und welche Kommunikationsangebote sie nutzen. Denn das Zeitalter weniger dominanter Medien (öffentlich-rechtlicher Rundfunk, General Interest-Zeitschriften, Tageszeitungen) ist passé. Heute konkurriert eine wachsende Zahl von massenmedialen Special Interest-Angeboten mit einer Flut kostengünstig hergestellter Direktmailings und Kundenzeitschriften, täglich neuen Events und der globalen Publikationsplattform Internet. Gleichzeitig ist in westlichen Gesellschaften eine Ausdifferenzierung sozialer Milieus und damit verbunden vor allem bei den modernen, gehobenen Bezugsgruppen ein aktiveres Anspruchsdenken und ein wachsendes Bedürfnis nach interaktiver, dialogischer Kommunikation festzustellen.[1499] Die Unternehmenskommunikation kann daher immer weniger linear vorgesteuert werden. Gefragt sind stattdessen Vorgehensweisen, die die Umfelddynamik und die vielfach nicht vorhersehbaren Spielzüge anderer Kommunikatoren einbeziehen.

Im Zuge dieser Entwicklung wurde auch in der Theoriebildung die früher anzutreffende Vorstellung einer einheitlich durchsetzbaren „Unique Communication Proposition“ bzw. einer vollständigen Integration aller Kommunikationsmaßnahmen aufgegeben. Mit Bruhn fordert auch der wichtigste Vordenker dieses Paradigmas inzwischen eine Ablösung der einseitigen Beeinflussung durch das Ziel, „zweiseitige Kommunikationsprozesse im Sinne von Dialogen zu initiieren und langfristige Beziehungen“[1500] aufzubauen. Die Forschung stimmt heute dahingehend überein, dass die Integration der Kommunikationspolitik – wie in dieser Studie dargelegt – kein Allheilmittel oder gar Selbstzweck ist. Notwendig ist vielmehr eine *fallweise Abstimmung* und ein *gestuftes Vorgehen,* das sich daran bemisst, ob sich auf diese Weise Ziele effektiver erreichen oder Mittel effizienter einsetzen lassen.[1501] Es geht also nie um eine möglichst weitreichende oder gar vollständige, sondern immer um eine bestmögliche Integration im Sinne einer wohlklingenden „Orchestrierung“ aller Instrumente.[1502]

---

1498 Vgl. Mast 2002, S. 48.

1499 Vgl. Bruhn 2000 und zum milieuspezifischen Kommunikationsverhalten Schenk/Wolf 2002.

1500 Bruhn 2003, S. 6. Dieser Abkehr liegt ein revidiertes Marketingverständnis (Beziehungs- statt Transaktionsmarketing) und ein erneuerter Kommunikationsbegriff zugrunde; vgl. Bruhn 2000, S. 14. Auf einige damit verbundenen Inkonsistenzen weist Gentsch 2001, S. 19 ff., hin.

1501 Vgl. oben S. 308 und Steinmann/Zerfaß 1995, S. 33 ff., sowie insbesondere Kirchner 2001, Janik 2003, Rademacher 2003, S. 28.

1502 Vgl. zu diesem Bild Scholz & Friends Agenda 2003.

Doch das alleine reicht heute nicht mehr aus. Künftig – so unsere These – muss sich die Integrierte Unternehmenskommunikation durch eine *stärkere Prozessorientierung* auszeichnen. Nur dadurch kann die skizzierte Dynamik erfolgreich bearbeitet werden. Im Prinzip lassen sich zwei Ansatzpunkte für Integrationsbemühungen unterscheiden – und für beide bietet die prozessuale Ausrichtung neue Perspektiven:[1503] Auf der Ebene des Kommunikationsmanagements führen integrierte Vorgehensweisen und insbesondere medienübergreifende Produktionsprozesse zu mehr Flexibilität. Und auf der Ebene der eigentlichen Kommunikationshandlungen fordert die Abkehr von linear vorgesteuerten Programmen dazu auf, die inhaltliche, formale und zeitliche Abstimmung durch eine dramaturgische Integration zu ergänzen.

Dem *Integrierten Kommunikationsmanagement* obliegt die Steuerung der (integrierten) Unternehmenskommunikation durch die Etablierung zielführender Ansätze der Planung und Kontrolle, der Organisation, des Personalmanagements und der Menschenführung (Leitung).[1504] In diesem Zusammenhang wurde früher häufig die Etablierung einer einheitlichen Organisationsstruktur bzw. eine hierarchisch aufgebaute Abteilung Gesamtkommunikation gefordert. Heute ist sich die Forschung einig, dass eine stärkere Lehr- und Lernkultur der beteiligten Mitarbeiter, die Zusammenarbeit in funktionsübergreifenden Projektteams und integrationsfördernde Anreizsysteme noch wichtiger sind.[1505] Zusätzlich bietet es sich an, den *Prozess der Entstehung, Produktion und Rezeption aller Kommunikationsmaßnahmen* systematisch zu analysieren und soweit möglich zu optimieren.[1506] Bei der *Analyse* sollte angesichts des wachsenden Einflusses der Bezugsgruppen auf den Kommunikationsprozess ein „outside-in-approach" gewählt werden. Ausgehend von konkreten Kommunikations-Kontaktpunkten mit dem Unternehmen lässt sich herausarbeiten, welche Plattformen bzw. Medien wann eine Rolle spielen und wer intern an deren Gestaltung beteiligt ist.[1507] Als Ansatzpunkt für *Optimierungen* bietet sich insbesondere der Produktionsprozess an. Bislang orientiert sich die Ablauforganisation in den meisten Unternehmen und Agenturen – selbst wenn abgestimmte Strategien vorliegen – an den unterschiedlichen Kommunikationskanälen. Beispielsweise arbeiten in der internen Organisationskommunikation die Verantwortlichen für Mitarbeiterzeitschriften, Intranet und Business TV häufig voneinander getrennt.[1508] Die Probleme liegen auf der Hand: Die gleichen Fakten werden mehrfach recherchiert, interessante aber für das jeweilige Medium nicht adäquate Themen fallen unter den Tisch, inhalt-

1503 Vgl. zu den zwei Ebenen der Integration oben S. 311. Diese wichtige Unterscheidung hat sich für die Forschung als sehr fruchtbar erwiesen; vgl. zu ähnlichen Argumentationen beispielsweise Kirchner 2001 und Rademacher 2003, S. 17.

1504 Vgl. oben S. 312 ff. und S. 320 f., sowie ursprünglich bereits Steinmann/Zerfaß 1995.

1505 Vgl. Bruhn/Ahlers 2004b, S. 87 ff., Kirchner 2001, S. 176 ff., sowie auf Basis einer empirischen Untersuchung Rolke 2003, S. 15 ff. und S. 46 ff., die damit dem von uns vorgeschlagenen Verständnis eines nicht-synoptischen Kommunikationsmanagements folgen, vgl. oben S. 312 ff.

1506 Vgl. Bruhn 2003, S. 223 ff., Bruhn/Ahlers 2004b, S. 85, Güller 2003, S. 25.

1507 Vgl. hierzu mit konkreten Beispielen Bruhn 2003, S. 227 f. Interessante Hinweise bietet hier auch die Media Choice-Forschung; vgl. im Überblick Picot et al. 2003, S. 106 ff.

1508 Vgl. Mast 2003a, S. 37 ff.

liche und zeitliche Widersprüche lassen sich nur durch nachträgliche Freigaberoutinen vermeiden. Ein Lösungsansatz ist die Etablierung einer konsequenten *Crossmedia-Prozessorganisation*.[1509] Ausgangspunkt sind hierbei im Sinne eines umfassenden Issues Management[1510] die als relevant erachteten Themen bzw. Inhalte (und nicht die Kommunikationskanäle). Eine integrierte Medienredaktion kann dann mit Hilfe eines einheitlichen, datenbankgestützten Content-Pools und regelmäßiger Abstimmungsroutinen alle Kommunikationskanäle effizient steuern, systematische Querbezüge anlegen und vor allem jederzeit auf eine veränderte Mediennutzung der Rezipienten reagieren.

Auf der Ebene der konkreten *Kommunikationshandlungen* führt die Prozessorientierung dazu, dass die inhaltliche, formale und zeitliche Abstimmung der einzelnen Maßnahmen um eine weitere Dimension ergänzt werden muss. Ausgangspunkt ist die Einsicht, dass linear geplante und umgesetzte Kommunikationsprogramme angesichts der wachsenden Aktivität von Bezugsgruppen und der Dynamik öffentlicher Kommunikationsprozesse immer häufiger an Grenzen stoßen. Einen Ausweg bietet das *Campaigning*, d.h. die Planung und Umsetzung von (integrierten) Kommunikationskampagnen, die sich von einem klaren Positionierungsziel ausgehend erst im Umsetzungsprozess herausbilden und laufend verändern.[1511] Kampagnen sind im Unterschied zu klassischen PR-Programmen non-linear, crossmedial, zeitlich befristet, thematisch eng fokussiert und vor allem dramaturgisch angelegt.[1512] Beispiele sind die erfolgreichen Kommunikationskampagnen von Greenpeace (Brent Spar), politische Kampagnen (Agenda 2010, Initiative Soziale Marktwirtschaft) oder auch die Kampagne von Vodafone im Vorfeld der spektakulären feindlichen Übernahme des Mannesmann-Konzerns Anfang 2000.[1513] Ihnen ist gemeinsam, dass die Reaktionen von Gegnern, Massenmedien, Rezipienten, politischen Entscheidern und insbesondere von Meinungsführern in die Fortentwicklung der eigenen Kommunikation einbezogen und soweit möglich sogar einkalkuliert werden.[1514] Die Kunst der Kampagne besteht darin, das Thema, die eigene Position und mögliche Gegenargumente so in einen dramaturgischen Ablauf zu verweben, dass letztlich die eigenen Kommunikationsziele erreicht werden. Die *dramaturgische Integration,* d.h. die konsequente Abstimmung aller Kommunikationshandlungen im Hinblick auf die Wirkung im Kampagnenkontext, wird deshalb zum Erfolgsfaktor der Integrierten Kommunikation. Auf dem Weg dorthin bleibt für Forschung und Praxis noch viel zu tun: Eine Anfang 2004 veröffentlichte Studie hat gezeigt, dass bislang nur ein Drittel aller untersuchten deutschen Marken- und Image-Kampagnen integriert und crossmedial angelegt sind.[1515]

1509 Vgl. Mast 2003a, S. 27 ff., und Güller 2003, S. 26 ff.; vgl. auch bereits oben S. 323.
1510 Vgl. oben S. 333 ff. sowie die Beiträge in Röttger 2001a, Kuhn et al. 2003.
1511 Vgl. zu diesem Begriffsverständnis Behrent/Mentner 2001, S. 104., zum Verhältnis von Leitidee und flexibler Umsetzung ferner Metzinger 2004, S. 51 ff.
1512 Vgl. grundlegend Huck 2003, S. 23 f.; speziell zu PR-Kampagnen außerdem Kendall 1996.
1513 Einige dieser Beispiele sind dokumentiert bei Röttger 2001b, Behrent/Mentner 2001, S. 129 ff.
1514 Vgl. zur Rolle von Meinungsführern in Kommunikationskampagnen Schenk/Döbler 2001.
1515 Vgl. Stradtmann/Kurt 2004.

### *9.2.3 PR-Usability und Erfolgsprognosen als Ansatzpunkte der Evaluation*

Die zunehmende Aktivität vieler Bezugsgruppen und die Dynamik öffentlicher Kommunikationsprozesse birgt auch neue Perspektiven für die *Evaluation der Integrierten Unternehmenskommunikation.* Dieses Thema gilt weiterhin als zentrale Herausforderung für das Kommunikationsmanagement.[1516] Es hat durch den zunehmenden Kosten- und Rechtfertigungsdruck in der Unternehmenspraxis stark an Bedeutung gewonnen. Ein exemplarischer Blick auf den Teilbereich der *PR-Evaluation* zeigt jedoch: Fortschritte sind nur auf der Ebene der operativen Wirkungskontrolle und der operativen Prozesskontrolle von PR-Programmen zu verzeichnen. Hierfür wurden in Theorie und Praxis zahlreiche operationalisierbare Kennzahlen, Methoden und Benchmarks entwickelt.[1517] Weiterhin vernachlässigt werden erstaunlicherweise die beiden weitaus wichtigeren, in dieser Studie vorgestellten Bereiche der strategischen Prozesskontrolle (mit der die PR-Strategie selbst laufend in Frage gestellt und justiert wird) und des Controllings (mit dem der zugrundeliegende PR-Managementprozess evaluiert wird).[1518]

| | *Zielsetzung* | *Perspektive* | *Methoden* |
|---|---|---|---|
| *PR-Controlling* | Optimierung des PR-Managementprozesses | PR-Prozessqualität aus Sicht der Unternehmensführung | Prozessanalysen, z.B.<br>- Integrations-Audit<br>(Bruhn 2003, S. 303 f.) |
| *PR-Prozesskontrolle* – *strategisch* | Optimierung der PR-Strategie | PR-Wertbeitrag aus Sicht der Unternehmensführung | Wertbestimmung, z.B.<br>- Corporate Comm. Scorecard<br>(oben S. 401 ff.) |
| *PR-Prozesskontrolle* – *operativ* | Optimierung der PR-Programme | PR-Programmqualität aus Sicht des Komm.-managements | Programmanalysen, z.B.<br>- Konzeptionsevaluation<br>(Besson 2003, S. 110 ff.) |
| *PR-Wirkungskontrolle* | Optimierung der PR-Maßnahmen | PR-Usability aus Sicht der Rezipienten | Erfolgsprognosen, z.B.<br>- Anzeigen-Pretest<br>(Trommsdorff 2003)<br>- Web-Usability-Test<br>(Zerfaß/Zimmermann 2004) |
| | | PR-Effekte aus Sicht des Komm.-managements | Ergebnismessungen, z.B.<br>- Befragung<br>- Medienresonanzanalyse<br>- Imageprofil<br>- Präferenzerhebung<br>- Kosten-Nutzen-Analyse<br>(IPR 1997, Merten 2004, Mast 2002, S. 138 ff., Besson 2003, S. 129 ff.) |

*Abb. 23: Ansätze und Methoden der PR-Evaluation*

1516 Vgl. zum aktuellen Diskussionsstand mit Blick auf die Integrierte Kommunikation Bruhn 2003, S. 297 ff.

1517 Vgl. insbesondere IPR 1997, Mast 2002, S. 134, Rolke 2003, S. 53 ff., Besson 2003, Merten 2004.

1518 Vgl. oben S. 322 und S. 378 ff.

Doch selbst die PR-Wirkungskontrolle – so unsere These – ist bislang in zweifacher Weise zu eng angelegt. Auch sehr elaborierte Konzepte fragen nämlich immer nur *ex post*, was bestimmte Kommunikationsmaßnahmen *aus Sicht des Unternehmens* bewirkt haben. Mit verschiedenen empirischen Methoden können Output (Reichweite, Abdrucke, Kontakte), Outgrowth (Wahrnehmung, Verstehen, Kenntnis) und Outcome (Meinungen, Einstellungen, Images, Präferenzen) im Sinne einer Ergebnismessung erhoben werden (vgl. Abb. 23).[1519]

Eine so verstandene Wirkungskontrolle greift erstens zu kurz, weil die alleinige Orientierung an den Interessen des Kommunikators mit dem Stimulus-Response-Modell ein längst *überholtes Kommunikationsverständnis* zugrunde legt. Dieses einseitige Verständnis wird – darauf hatten wir hingewiesen – inzwischen sogar von der marketinggetriebenen Forschung zur Integrierten Kommunikation verworfen.[1520] Rezipientenorientierte Ansätze spielen dort ebenso wie in der Kommunikationswissenschaft eine immer wichtigere Rolle.[1521] Denn in der heutigen Informationsgesellschaft entscheiden die Bezugsgruppen weitgehend selbst, welche Kommunikationsangebote sie nutzen wollen. Besonders deutlich wird das bei interaktiven Medienangeboten wie dem Internet, die ohne aktive Zuwendung erfolglos bleiben.[1522] Für die PR-Wirkungskontrolle heißt das: Die Messung der *PR-Effekte* („Welche Wirkung entfalten PR-Maßnahmen bei den Bezugsgruppen?")[1523] sollte durch eine systematische Evaluation der *PR-Usability* („Welchen Nutzen stiften PR-Maßnahmen für die Rezipienten?") ergänzt werden. PR-Usability bezeichnet dabei das Ausmaß, in dem ein Kommunikationsangebot oder Medium der Öffentlichkeitsarbeit von einem Benutzer verwendet werden kann, um kontextbezogene Ziele effizient und effektiv zu erreichen.[1524] Dies lässt sich mit Hilfe verschiedener Kriterien und Methoden (Befragungen, Experimente) empirisch erheben. Beispielsweise haben sich im Bereich der Online-Kommunikation Web-Usability-Tests mit der Methode des „Lauten Denkens" sehr bewährt.[1525] Hierbei werden fünf bis zehn Probanden gebeten, die Nutzbarkeit von Internetauftritten zu beurteilen. Jeder Beteiligte erhält mehrere Aufgaben (z.B. Informationsrecherche, Bestellung eines Geschäftsberichts) und muss seine jeweiligen Wahrnehmungen und Handlungen kommentieren. Durch die Auswertung der entsprechenden Protokolle werden grundlegende Nutzungsmuster und Missverständnisse schnell deutlich. Die PR-Verantwortlichen können ihre Kommunikationsangebote optimieren und so eine erhöhte Kontaktwahrscheinlichkeit und Wirkung sicherstellen.[1526] Weitere Beispiele für die kontextbezogene Nutzung von PR-Maßnahmen sind die Weiterbearbeitung von

1519 Zur Unterscheidung dieser drei Dimensionen vgl. Lindenmann 1993 sowie Mast 2002, S. 140.

1520 Vgl. oben S. 411 sowie Bruhn 2000 und Bruhn 2003, S. 6 ff.

1521 Vgl. Burkart 1998, S. 218 ff., und insbesondere Schenk 2002, S. 605 ff.

1522 Vgl. Schenk 2002, S. 611.

1523 Vgl. zum Begriff der PR-Effekte und des „Effect Controlling" Merten 2004.

1524 Bei diesem Begriffsvorschlag haben wir uns leiten lassen von der Usability-Definition in ISO 9241, die sich bei der Online-Kommunikation bewährt hat; vgl. Zerfaß/Zimmermann 2004, S. 5.

1525 Vgl. zu diesen und ähnlichen Methoden im Überblick Yom/Wilhelm 2004.

1526 Vgl. als Fallbeispiel beispielsweise Pfendert/Zerfaß 2004.

Pressemitteilungen durch Journalisten (als Textgrundlage, als Anstoß für Recherchen, ...) und der Umgang von Multiplikatoren mit postalisch zugeschickten Firmenmagazinen (Wahrnehmung als Fachzeitschrift oder als Werbematerial, Nutzung als flüchtiges Infomedium oder zur Recherche). Ein besseres Verständnis der Nutzersicht birgt auch hier großes Optimierungspotential.

Zweitens vergibt das bislang in der Literatur vorzufindende Verständnis der PR-Wirkungskontrolle wichtige Chancen, weil stets eine *Erfolgsmessung* angestrebt wird. Ein solcher Soll-Ist-Vergleich kann immer erst im Nachhinein geschehen und kommt – insbesondere bei komplexen, teuren Kommunikationsmaßnahmen und dynamischen Öffentlichkeiten – möglicherweise zu spät. Es erscheint deshalb sinnvoll, für wichtige PR-Maßnahmen zusätzlich eine *Erfolgsprognose* zu erstellen, d.h. eine empirisch begründete Voraussage über ihre Wirksamkeit bzw. Nützlichkeit. Die Grundidee ist einfach und aus der Werbewirkungs- und Online-Forschung bekannt: Im Zuge der Konzeptumsetzung werden zunächst konkrete Botschaften und Medien (Anzeigen, Infobroschüren, Pressemappen, E-Mail-Newsletter, Websites) entwickelt und diese dann im Vorfeld der Streuung bzw. Zielgruppenansprache mit ausgewählten Probanden getestet.[1527] Dabei können Varianten diskutiert und mit wenig Aufwand konkrete Optimierungsvorschläge ermittelt werden. Hierfür gibt es eine Reihe etablierter Methoden, die sich relativ einfach für PR-Aufgabenstellungen adaptieren lassen. Beispiele sind Anzeigen-Pretests, Fokusgruppen-Befragungen für „Nullnummern" von Zeitschriften sowie die bereits genannten Usability-Tests für Websites, die sich nicht nur im Echtzeitbetrieb, sondern auch schon im Entwickungsstadium durchführen lassen. Von einer solchen Evaluation „ex ante" oder „in between" kann man selbstverständlich keine exakte Ergebnisprojektion erwarten. Denn der Kommunikationsverlauf hängt letztlich – wie dargelegt – immer vom Handeln der jeweiligen Rezipienten und damit vom realen Kontext ab. Aber Pretests entfalten eine so große prognostische Kraft, dass sie stets als Ergänzung zur klassischen „ex post"-Messung in Betracht gezogen werden sollten.

Diese Hinweise zeigen, wie sich aus dem theoretischen Bezugsrahmen dieser Studie zukunftsweisende Impulse für die Evaluation der Unternehmenskommunikation ableiten lassen. Ein umfassendes Evaluationsmodell (vgl. Abb. 23) muss neben den klassischen Ansätzen und Methoden der Wirkungsforschung auch die strategische Prozesskontrolle und das Controlling des übergeordneten Managementprozesses beinhalten. Im Methodenmix finden Erfolgsprognosen, bezogen auf PR-Usability und PR-Effekte, ebenso einen Platz wie die von uns bereits als Steuerungsinstrument skizzierte Corporate Communications Scorecard,[1528] die selbstverständlich auch für Bewertungszwecke herangezogen werden kann. Der Erfolg von PR und Integrierter Kommunikation kann in allen relevanten Dimensionen schlüssig erhoben und nachgewiesen werden.

---

1527 Vgl. Herbst 2003, S. 162 ff.; zur Pretest-Forschung im Marketing insbes. Trommsdorff 2003.
1528 Vgl. oben S. 401 ff.

## 9.3 Situative Unternehmenskommunikation: Neue Öffentlichkeiten, Stakeholder und PR-Tools

Das gesellschaftliche, ökonomische und technologische Umfeld der Unternehmenskommunikation hat sich in den letzten Jahren in einer ungeahnten Schnelligkeit verändert. Dies unterstreicht einmal mehr, dass es keinen »one best way« der Kommunikationspolitik gibt, sondern situationsspezifische Vorgehensweisen notwendig sind.[1529] Jenseits konkreter Unternehmensstrategien sind dabei insbesondere zwei globale Entwicklungen zu berücksichtigen, die von der Soziologie unter den Stichworten „multipolare und multikulturelle Welt" sowie „Netzwerkgesellschaft" verhandelt werden.

Der erstgenannte Aspekt verweist darauf, dass mit dem Zusammenbruch des Kommunismus, dem Aufbrechen neuer Konfliktlinien zwischen fundamentalistischen und freiheitlichen Wertesystemen und nicht zuletzt durch das politische Zusammenwachsen Europas ideologische und ökonomische Grenzen an Bedeutung verloren haben. Dadurch rückt die kulturelle Dimension in den Vordergrund. Der *Umgang mit verschiedenen Kulturen,* das hat die intensive Debatte um den von Samuel P. Huntington propagierten „Clash of Civilizations" gezeigt,[1530] wird zur zentralen Herausforderung für das Zusammenleben innerhalb einzelner Staaten und im internationalen Kontext. Das hat unmittelbare Auswirkungen für das unternehmerische Handeln und für die Öffentlichkeitsarbeit. Diesen Fragen wollen wir an dieser Stelle nicht näher nachgehen – die PR-Forschung hat hierzu mit den Arbeiten von Sriramesh/Vercic und Huck in jüngster Zeit bereits einige bemerkenswerte Beiträge vorgelegt.[1531] Stattdessen fokussieren wir nachfolgend auf die zweite Entwicklung, die der Soziologe Manuel Castells (Berkeley) in seiner weltweit beachteten, monumentalen Trilogie zum *Informationszeitalter* herausgearbeitet hat.[1532] Castells zeigt, dass sich durch die Informationstechnologie eine global verflochtene Netzwerkgesellschaft herausgebildet hat, die durch eine zunehmende „Autonomie der Kultur gegenüber den materiellen Grundlagen unserer Existenz"[1533] gekennzeichnet ist. Das jahrhundertelange Ringen zwischen Natur und Kultur als prägendes Merkmal gesellschaftlicher Ordnungen wird abgelöst durch rein kulturell – und damit kommunikativ – konstruierte Muster der sozialen Interaktion. Das erklärt grundlegend, warum auch im Unternehmensumfeld emotionale Entscheidungen und (Marken-) Images eine immer größere Rolle spielen. Weil die Herausbildung dieser „Dream Society" untrennbar mit den Fortschritten der Informationstechnologie verknüpft ist,[1534] muss sich das Kommunikationsmanagement intensiv mit den Herausforderungen der Onlinekommunikation und des Internets auseinandersetzen.

---

1529 Vgl. oben S. 325 f.
1530 Vgl. Huntington 1996.
1531 Vgl. Sriramesh/Vercic 2003a sowie Huck 2004.
1532 Vgl. Castells 2004.
1533 Castells 2004, S. 536.
1534 Vgl. Pekka 2003, der sich im Kontext der PR-Theorie auf das am Copenhagen Institute for Future Studies entwickelte Konzept der „Dream Society" (Jensen 1999) beruft.

Das *Internet verändert öffentliche Kommunikationsprozesse* in dreifacher Hinsicht. Einerseits beschleunigt die globale Verfügbarkeit zielgruppengenauer Kommunikationskanäle die ohnehin feststellbare *Fragmentierung der Gesellschaft* in immer spezifischere und teilweise voneinander abgeschottete Lebensformen.[1535] Darüber hinaus verändern sich die *Medienangebote*. Zwar kann von dem vielfach prophezeiten „Ende herkömmlicher Massenmedien"[1536] (Rötzer) keine Rede sein. Doch die interaktiven Möglichkeiten und günstigen Produktionskosten netzbasierter Kommunikation haben dazu geführt, dass eine Vielzahl redaktioneller Special-Interest-Angebote und reichweitenstarker Onlinedienste neben Zeitungen, Zeitschriften, Hörfunk und Fernsehen getreten sind. Schließlich zeigen empirische Erhebungen, dass sich auch die *Mediennutzung* stetig verändert. In Deutschland sind inzwischen über 55 Prozent der Bevölkerung online, davon rund die Hälfte täglich.[1537] Jüngere Menschen und moderne Eliten nutzen das Internet überdurchschnittlich häufig, um über die Informationsrecherche hinaus Denkanstöße zu bekommen und sich eine Meinung zu bilden.[1538]

Was bedeutet das für die Unternehmenskommunikation? Um diese Frage jenseits praxisbezogener Handlungsanleitungen zu beantworten,[1539] ist es notwendig, die mit dem Internet verbundene Begriffsvielfalt präzise zu fassen (vgl. Abb. 24). Als *Online-Kommunikation* bezeichnet man „die Gesamtheit netzbasierter Kommunikationsdienste, die den einzelnen Kommunikationspartner via Datenleitung potenziell an weitere Partner rückkoppeln und ein ausdifferenziertes Spektrum verschiedenartiger Anwendungen erlauben".[1540] Das durch weltweit einheitliche Übertragungsprotokolle gekennzeichnete Internet ist daher – entgegen der umgangssprachlichen Rede – keineswegs ein zu Zeitung, Fernsehen etc. vergleichbares Medium, sondern ein Bündel verschiedenartiger Dienste bzw. *Kommunikationsmodi*.[1541] Diese unterscheiden sich hinsichtlich der beteiligten Kommunikatoren und Rezipienten (1:1, 1:n, n:1, n:n), der zeitlichen Dynamik (synchron, asynchron), der Initiierung (push, pull) und weiterer Kriterien.[1542] Für die Unternehmenskommunikation bedeutsam sind die konkreten *Kommunikationsplattformen*, die durch die Kombination einer oder mehrer dieser Dienste entstehen und im Sinne neuer raumzeitlich verfestigter Interaktionsmuster die Initiierung und den Verlauf von Kommunikationsprozessen prägen.[1543] Das Spektrum beginnt bei Nach-

1535 Vgl. hierzu beispielsweise Welz 2002.

1536 Rötzer 1996.

1537 Vgl. die Ergebnisse der seit 1998 monatlich durchgeführten @facts-Studien unter www.atfacts.de.

1538 Das belegt eine repräsentative Studie der SWR Medienforschung zum alters- und milieuspezifischen Informationsverhalten der Deutschen; vgl. Blödorn/Gerhards 2004, insbes. S. 8.

1539 Hilfreiche Hinweise für die Nutzung des Internet in der PR-Praxis bieten neben den Beiträgen in Krzeminski/Zerfaß 1998 z.B. Holtz 1999, Herbst 2001, Sauvant 2002, Rolke/Wolff 2002.

1540 Rössler 2003, S. 504.

1541 Vgl. hierzu und zur Beschreibung verschiedener Modi z.B. Döring 1999.

1542 Vgl. Rössler 2003, S. 506.

1543 Vgl. zu diesem – an die Strukturationstheorie von Giddens angelehnten – Verständnis oben S. 204 ff. Dort haben wir von „Kommunikationsforen" bzw. „Teilöffentlichkeiten" gesprochen.

richtenplattformen auf der Basis von Peer-to-Peer-Diensten (P2P), bei denen jeder Meldungen einstellen und einer breiten Nutzerschaft zugänglich machen kann. Es umfasst redaktionell gestaltete Online-Magazine (als Ableger von klassischen Massenmedien, als Verbands- bzw. Firmenpublikationen oder als eigenständige Formate) ebenso wie reichweitenstarke Portale, die verschiedene Inhalte und Services bündeln und damit monatlich mehrere Millionen Rezipienten erreichen. Von entscheidender Bedeutung ist, dass Unternehmen solche Kommunikationsplattformen – im Unterschied zu den klassischen massenmedialen Pendants Hörfunk und Fernsehen – mit überschaubarem Aufwand selbst schaffen bzw. durch enge Kooperationen mit den Betreibern mitgestalten können. Beispielsweise wird das Branchenportal baunetz.de von mehreren Firmen und Verlagen der Bauwirtschaft publiziert und auch im Gesundheitsbereich haben sich einige von der Pharmaindustrie finanzierte Online-Informationsdienste etabliert.

| | Online-Kommunikation (= CMC Computer Mediated Communication) | | | | | | | |
|---|---|---|---|---|---|---|---|---|
| *Kommunikationsmodi (Dienste)* | Instant Messaging | Chats | E-Mail | Mailinglisten | Newsgroups | P2P-Dienste | Datenbanken | Websites |
| *Interaktion*<br>*Dynamik*<br>*Initiierung* | 1:1<br>synchron<br>push | ... | ... | n:n<br>asynchron<br>push | ... | ... | ... | 1:n<br>asynchron<br>pull |

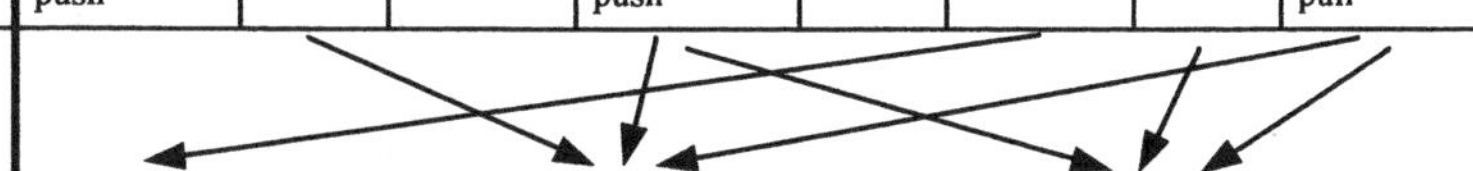

| | | | | | | |
|---|---|---|---|---|---|---|
| *Kommunikationsplattformen* | Nachrichtenplattformen | Meinungsplattformen | Communities | Weblogs | Online-Magazine | Portale |
| *Beispiele* | shortnews.de<br>dotcomtod.de | dooyoo.de<br>ciao.com | metropolis.de<br>multimedia.de | schockwellenreiter.de | ka-news.de<br>netzeitung.de | web.de<br>t-online.de |
| *Kommunikatoren*<br>*Rezipienten*<br>*Themenvielfalt* | viele<br>viele<br>groß/mittel | viele<br>viele<br>mittel | viele<br>sehr viele<br>gering | eine(r)<br>viele<br>mittel | wenige<br>viele<br>mittel | wenige<br>sehr viele<br>groß |

*Abb. 24: Erscheinungsformen der Online-Kommunikation (Beispiele)*

Vor dem Hintergrund dieser Überlegungen und des in dieser Studie entwickelten theoretischen Bezugsrahmens wird deutlich, dass das Internet die Rahmenbedingungen der Unternehmenskommunikation in dreifacher Hinsicht verändert: Erstens bilden sich im virtuellen Raum gänzlich neue *Öffentlichkeiten,* weltumspannende Kommunikationsarenen mit eigenen Strukturen, Themen, Kommunikationsabläufen und Aufmerksamkeitsregeln, die sich grundlegend von anderen Handlungsfeldern der PR unterscheiden. Zweitens müssen Unternehmen sich mit neuen *Bezugsgruppen und Meinungsmachern* auseinandersetzen, die infolge der Onlinekommunikation erst in Erscheinung getreten sind.

Inzwischen verwenden wir hierfür den weniger missverständlichen Terminus „Kommunikationsplattformen“; vgl. bereits Zerfaß 1997, S. 3, und Zerfaß 1998a, S. 35 f.

Schließlich ist unverkennbar, dass ein intelligenter Einsatz des Internets sowohl den Prozess des Kommunikationsmanagements optimieren als auch einzelne PR-Maßnahmen befruchten kann – *mehr Effizienz und Effektivität* sind Ziele, die durch die Online-PR nachweisbar zu erreichen sind.

### *9.3.1 Kommunikationsarenen im Internet – zur Dynamik von digitalen Öffentlichkeiten und Communities*

Das Internet und seine Kommunikationsplattformen beeinflussen den Aktionsradius der Unternehmenskommunikation, da sie bestehende Öffentlichkeiten verändern und neue herausbilden. Als Öffentlichkeiten bzw. Kommunikationsarenen bezeichnet man alle sozialen Handlungsräume, die einen sinnstiftenden Rahmen für konkrete Kommunikationsprozesse bilden und deren Sinn, Spielregeln und Funktion mitbestimmen.[1544] Die Onlinekommunikation *beeinflusst die Konstitution etablierter Öffentlichkeiten*, wenn sich Einflussmöglichkeiten einzelner Beteiligter, Themenaktualität und Interaktivität durch die Verfügbarkeit digitaler Dienste und Plattformen ändern.[1545] Beispielsweise tragen E-Mail-Kommunikation und Intranets in Konzernen dazu bei, dass die Agenda der Betriebsöffentlichkeit nicht mehr zentral gesteuert werden kann und transparente, schnelle Kommunikation ein Muss geworden ist. Darüber hinaus werden insbesondere Communities und Meinungsplattformen von vielen Nutzern als eigenständige soziale Räume und damit als *neue digitale Öffentlichkeiten* wahrgenommen.[1546] Man trifft sich im Internet mit Gleichgesinnten, um Neuigkeiten zu erfahren, ins Gespräch zu kommen und Erfahrungen auszutauschen. Damit bewegt man sich in Kommunikationsarenen, die sich durch die Praxis der Internet-Nutzung herausgebildet haben und dieser Praxis inzwischen selbst Sinn und Orientierung geben. Die jeweils relevanten Sprach- und Darstellungsformen, Aufmerksamkeitsregeln und Kommunikationswege unterscheiden sich deutlich von bisherigen Kommunikationsräumen. Beispielsweise artikulieren sich in Meinungsplattformen wie epinions.com, dooyoo.de und ciao.com hunderttausende von Verbrauchern ohne Rücksicht auf die im Journalismus bekannten Selektions- und Qualitätskriterien.[1547] In ähnlicher Weise treffen sich in internetbasierten Communities bzw. virtuellen Gemeinschaften einander potentiell unbekannte Menschen, die ein gemeinsames Interesse an bestimmten Themen zusammenführt.[1548] Damit entstehen von Raum und Zeit unabhängige Kommunikationsarenen mit eigenständigen Interaktionsmustern, und zwar auch dann, wenn die Mitglieder der Community nicht gemeinsam handlungsfähig sind und daher keine soziale Gruppe bilden. Solche Communities finden sich nicht nur im persönlichen Bereich (Flirt- und

1544 Vgl. oben S. 195 ff. und Gerhards/Neidhardt 1990, S. 15 ff.

1545 Zum Einfluss des Internets auf die Konstitution von Öffentlichkeiten vgl. Plake et al. 2001, S. 49 ff.

1546 Vgl. Zerfaß 1998a, S. 38 f.

1547 Vgl. das Praxisbeispiel bei Frohn-Bernau 2002.

1548 Vgl. Castells 2004, S. 406 ff. und zur Begriffsexplikation Höflich 1996, Thiedecke 2000. Einen Überblick zu Einsatzmöglichkeiten von Communities aus betriebswirtschaftlicher Sicht geben Bullinger et al. 2002; empirische Erfolgsfaktoren beschreiben Leimeister et al. 2003.

Freundschafts-Plattformen) sondern beispielsweise auch, wenn sich Mitarbeiter aus Internet-Abteilungen und -Firmen bundesweit seit Jahren auf der Plattform multimedia.de treffen.

Digitale Öffentlichkeiten und Meinungsplattformen entsprechen keineswegs dem Ideal eines herrschaftsfreien Raums, in dem jedermann gleichberechtigt zu Wort kommen kann. Vielmehr bestimmen die ökonomischen oder ideellen Interessen der Community-Betreiber die Spielregeln – und hohe Reichweiten sorgen vielfach dafür, dass Internet-Nutzer durch Suchmaschinen zunächst auf diese prima facie „neutralen" Angebote verwiesen werden. Daher empfiehlt es sich, im Rahmen des Kommunikationsmanagements regelmäßig zu prüfen, ob sich bestehende Öffentlichkeiten verändert haben oder neue entstanden sind und wie man in diesen Arenen agieren kann. Insbesondere bietet es sich an, mit Hilfe des Internets im Umfeld eigener Themen und Bezugsgruppen neue Kommunikationsarenen zu schaffen. Beispielsweise hat das Land Baden-Württemberg mit dem tagesaktuellen Internetportal doIT-online.de, einem begleitenden E-Mail-Newsletter und flankierenden Printmagazinen / Veranstaltungen eine regionale Branchenöffentlichkeit für die IT- und Medienbranche ausgebildet. Diese war bis dato kaum existent, da die bundesweite Fachpresse für regionale Themen keinen Raum bietet und der persönliche Austausch in einem Flächenstaat mit über 30.000 Firmen und Selbstständigen in diesem Sektor auf natürliche Grenzen stößt. Heute nutzt ein Drittel der Zielgruppe doIT-online.de, um Nachrichten, Personalia und natürlich die jeweils aktuellen Themen in Erfahrung zu bringen. Dabei wird die Agenda nicht nur nach journalistischen Gesichtspunkten zusammengestellt, sondern selbstverständlich auch genutzt, um wichtige Initiativen oder Positionen des Landes und des für die Redaktion zuständigen Kompetenzzentrum des Landes darzustellen. Es liegt auf der Hand, dass solche Vorgehensweisen gänzlich neue Möglichkeiten für die Unternehmenskommunikation eröffnen und – da sie schwierig imitierbar sind – strategische Wettbewerbsvorteile darstellen.

### *9.3.2 Kommunikationspartner im Internet – über virtuelle Bezugsgruppen und Meinungsmacher*

Im Cyberspace, also der Gesamtheit aller virtuellen Kommunikationsräume des Internets, treffen Unternehmen in den meisten Fällen auf bereits bekannte Bezugsgruppen und Kommunikationsmittler.[1549] Selbstverständlich sind es zunächst die gleichen Mitarbeiter, Kunden und Bürger, mit denen man via E-Mail kommuniziert und die die vom Unternehmen angebotenen Websites oder Newsletter nutzen. Sofern Online-Magazine und -Publikationen von Verlagen betrieben werden – beispielsweise als Ableger klassischer Printprodukte wie spiegel.de, horizont.net, kress.de – gestaltet sich auch die Beziehung zu den als Kommunikationsmittlern tätigen Online-Journalisten nicht grundsätzlich anders als bei der klassischen Pressearbeit. Hier stellt sich nur die Frage, ob und wie sich elektronische Kommunikationsprozesse effizienter und effektiver

1549 Vgl. zum Begriff und zu der Rolle von Kommunikationsmittlern oben S. 158 f.

durchführen lassen als herkömmliche Alternativen.[1550] Unter strategischen Gesichtspunkten von ungleich größerer Bedeutung ist die Tatsache, dass sich im Internet neue virtuelle Bezugsgruppen herausbilden können und vielfach Kommunikationsmittler auftreten, die sich als aktive Meinungsmacher verstehen und anders handeln als traditionelle Journalisten.

*Virtuelle Bezugsgruppen* konstituieren sich mit Hilfe verschiedener netzbasierter Dienste und Plattformen und sind dadurch gekennzeichnet, dass sie sich sehr kurzfristig bilden, in kürzester Zeit großen Einfluss gewinnen, gemeinsam handeln und sich ebenso schnell wieder auflösen können. Sie können, müssen aber nicht in spezifischen Communities bzw. Öffentlichkeiten miteinander kommunizieren.[1551] Virtuelle Bezugsgruppen sind mehr als ein disperses Publikum. Es handelt sich vielmehr um „publics" im Sinne der angloamerikanischen PR-Theorie, also Stakeholdergruppen, deren „Mitglieder das gleiche Problem oder das gleiche Thema entdecken, entweder persönlich oder durch mediatisierte Kanäle miteinander in Interaktion treten und dann wie eine Einheit handeln".[1552] Dabei bleiben die interne Struktur und die zentralen Ansprechpartner häufig im Verborgenen. Bekannte Beispiele sind Kritikergruppen, die sich zusammenfinden, um gegen gemeinsam wahrgenommene Missstände vorzugehen. Von Erfolg gekrönt war etwa die Auseinandersetzung um den fehlerhaften Pentium I-Prozessor von Intel, die in einer mehrere Millionen US-Dollar teuren Rückrufaktion endete[1553] und der „Online-Boykott" der Lufthansa AG während der Hauptversammlung 2001. Einer Protestgruppe gegen die Abschiebung illegaler Einwanderer per Flugzeug gelang es, zusätzlich zu einer herkömmlichen Demonstration vor Ort rund 10.000 Sympathisanten im Internet zu mobilisieren. Diese installierten eine eigens programmierte Software, die automatisiert und zeitgleich immer wieder die als Vertriebskanal genutzte Lufthansa-Website aufrief und sie dadurch – trotz technischer Gegenmaßnahmen – kurzzeitig unerreichbar machte.[1554]

Weniger spektakulär, aber vielfach noch bedeutsamer als neue Bezugsgruppen sind die *Meinungsmacher und Kommunikationsmittler,* mit denen es Unternehmen im Internet zu tun haben. Die verschiedenen Kommunikationsplattformen (vgl. Abb. 24) sind keineswegs immer so organisiert, dass man – beispielsweise auf der eigenen Firmen-Website – direkt und ungefiltert mit den Bezugsgruppen kommunizieren kann oder es zumindest – z.B. bei von Verlagen betriebenen Online-Magazinen – mit Journalisten zu tun hat, die herkömmlichen Selektionskriterien und Arbeitsweisen folgen. Vielmehr gibt es gerade bei Special-Interest-Angeboten eine Vielzahl engagierter Betreiber und Redak-

1550 Vgl. dazu den nachfolgenden Abschnitt 9.3.3, S. 424 ff.

1551 Insofern löst unser theoretischer Bezugsrahmen und die Unterscheidung von Kommunikationspartnern (Bezugsgruppen, Stakeholdern, Publics), sinnstiftenden Kommunikationsräumen (Öffentlichkeiten, Sphären) und konkreten Handlungsebenen der Kommunikation (Plattformen, Arenen) die in der Literatur immer wieder gestellte, unauflösliche Frage, ob „Communities" (nur) Interaktionssysteme oder (auch) soziale Gruppen sind; vgl. Thiedecke 2000, Plake et al. 2001.

1552 Vgl. Grunig/Hunt 1984, S. 144 (Übersetzung des Verfassers) sowie oben S. 162 und S. 330 f.

1553 Vgl. zu diesem Fallbeispiel Zerfaß 1998a, S. 39.

1554 Vgl. die Dokumentation unter http://go.to/online-demo sowie www.deportation-class.com.

teure von Online-Angeboten, die privat, ehrenamtlich oder nebenberuflich tätig sind und in den üblichen Adressenverzeichnissen der PR-Branche nicht auftauchen. Sie lassen sich als *Online-Journalisten* definieren, wenn sie im Prozess der Online-Kommunikation spezifische Leistungen der Bündelung, Aufmerksamkeitslenkung und ggf. Qualitätssicherung erfüllen.[1555] Das verdeutlicht, dass die klassische Rolle des Journalisten als Gatekeeper, der die knappen Spalten bzw. Sendeminuten in den Massenmedien kontrolliert, im Internet ausgedient hat. Notwendig sind vielmehr Kommunikationsmittler, die dem Rezipienten einen Weg durch die virtuelle Informationsflut bahnen und Wichtiges von Unwichtigem trennen.[1556] Empirische Untersuchungen zeigen, dass hauptberuflich tätige Online-Journalisten den traditionellen Zielvorstellungen des Journalismus folgen und insofern auch dem vielfach beschworenen Trend zur Vermischung von Nachricht, Beratung und Vermarktung widerstehen.[1557] Demgegenüber verfügen nebenberuflich tätige Kommunikationsmittler nur über eine rudimentäre journalistische Ausbildung.[1558] Bei neuen Informationsanbietern im Netz wie Betreibern von Weblogs und Nachrichtenplattformen (Peer to Peer-Diensten) lassen sich sogar gänzlich neue Muster der Berichterstattung identifizieren.[1559] *Weblogs* sind private oder thematische Nachrichtendienste, die als Website publiziert und ähnlich wie ein Tagebuch (daher der Name „Web-Logbuch") in regelmäßigen Abständen ergänzt werden. Sie zeichnen sich im Allgemeinen durch große Authentizität und Originalität aus. Das verhilft ihnen angesichts der zunehmend standardisierten Inhalte von Onlinemagazinen und Portalen zu großer Popularität. Weltweit wird die Zahl der aktiven Weblogs auf über 1,4 Millionen geschätzt und neben zahllosen Privatleuten nutzen auch viele renommierte Journalisten solche alternative Plattformen.[1560] Kennzeichnend für Weblog-Betreiber ist, dass sie einen subjektiv geprägten „Individualjournalismus" betreiben und ihre Meinungen aktiv verbreiten wollen. *Nachrichtendienste* wie shortnews.de stellen demgegenüber eine webbasierte Plattform für den Informationsaustausch zwischen beliebig vielen Nutzern bereit. Dabei werden Laienreporter motiviert, eigene Erfahrungen oder anderweitig rezipierte Meldungen weiterzugeben, einzuordnen und zu kommentieren. Die Betreiber solcher Peer-to-Peer-Angebote unterstützen damit einen „partizipatorischen Journalismus". Sie tun dies allerdings zumeist aus kommerziellem Interesse und ähneln dahingehend den Anbietern von Meinungsplattformen, die sich durch Online-Werbung, Sponso-

1555 Vgl. Neuberger 2003b, S. 135, sowie Löffelholz et al. 2003, S. 478 ff. Löffelholz et al. blenden bei der Identifizierung von Online-Journalisten allerdings unverständlicherweise jene aus, die redaktionelle Online-Angebote von Unternehmen und Verbänden betreuen. Dies verkennt die bedeutsame Funktion des Corporate Publishing für die Meinungsbildung in vielen Öffentlichkeiten.

1556 Vgl. Neuberger 2003a, S. 5 ff.

1557 Vgl. Löffelholz et al. 2003, die in der Ilmenauer Studie „Onlinejournalisten in Deutschland" (Laufzeit 2002 bis 2004) die Grundgesamtheit von rund 7.800 Personen erstmals repräsentativ befragt haben. Zur These von der veränderten Rolle der Online-Journalisten vgl. Wolff 2002.

1558 Vgl. Löffelholz et al. 2003, S. 480.

1559 Vgl. nachfolgend Neuberger 2004, der eine explorative Befragung der Betreiber von Weblogs, Peer-to-Peer-Angeboten und Internetportalen durchgeführt hat.

1560 Vgl. Wegner 2002; zur statistischen Erhebung von Weblogs vgl. http://www.dijest.com/bc/.

ring und die Durchführung von Marktforschung unter den registrierten Nutzern finanzieren. Was folgt daraus für das Kommunikationsmanagement? Im Kern geht es darum, neue Bezugsgruppen und Meinungsmacher im Netz frühzeitig zu identifizieren und regelmäßig zu analysieren. Nur wer Bedeutung, Beweggründe und Handlungsmuster der wichtigsten Kommunikationspartner versteht, kann situativ erfolgreiche PR-Strategien formulieren und umsetzen.

### *9.3.3 Herausforderung und Chancen der Online-PR*

Ein letzter und kurzer Blick soll der Frage gelten, wie sich die Online-Kommunikation und die Dienste des Internets im Sinne von PR-Tools in der Unternehmenspraxis einsetzen lassen. Hierbei sind zwei Ansatzpunkte zu unterscheiden:[1561] Erstens kann der *Prozess des Kommunikationsmanagements* in allen Phasen durch einen intelligenten Einsatz des Internets optimiert werden. Beispielsweise bietet sich während der *Analyse* ein Zugriff auf Online-Datenbanken mit Fachinformationen (GENIOS, GBI) und die automatisierte Beobachtung möglicherweise kritischer Diskussionen in Newsgroups (mit Hilfe von Services wie ewatch.com, newsradar.de) an. In der *Planungsphase* wird die Zusammenarbeit mit PR-Agenturen und freien Mitarbeitern durch virtuelle Projektmanagement-Plattformen erleichert, die sich jederzeit temporär aktivieren und nutzen lassen. Bei der *Umsetzung* von PR-Programmen und Kampagnen tragen Online-Datenbanken mit Kontaktdaten von Journalisten und Themenplänen von Zeitschriften dazu bei, Streuverluste zu vermeiden. Schließlich bieten verschiedene Dienstleister ein kontinuierliches Monitoring des Internets im Sinne einer „Medienbeobachtung" an; d.h. es werden insbesondere Online-Ausgaben von Zeitungen und Zeitschriften sowie Portale nach vordefinierten Stichworten (Firmen-/Produktnamen) durchsucht und die Fundstellen automatisiert zusammengestellt. Damit wird eine erweiterte Datenbasis für die operative Wirkungskontrolle als Teil der *Evaluation* geschaffen.[1562] Durch eine konsequente Digitalisierung der PR-Wertschöpfungskette wird das Kommunikationsmanagement effizienter, d.h. schneller und kostengünstiger, und zwar unabhängig davon, ob die Kommunikationsmaßnahmen selbst massenmedial, medial, personal, im Rahmen von Veranstaltungen oder netzbasiert umgesetzt werden.[1563]

Der zweite und in der Praxis meist im Vordergrund der gesamten Debatte um die Online-PR stehende Ansatzpunkt ist die Nutzung der Kommunikationsplattformen des *Internets bei der Umsetzung von PR-Maßnahmen.*[1564] Hiervon erhofft man sich einerseits mehr Effizienz, beispielsweise eine schnellere Zustellung von Pressefotos an Journalisten via E-Mail oder Download-Möglichkeit auf der Firmenwebsite. Zum anderen ist es aber auch möglich, die Effektivität zu steigern und mit einzelnen Bezugsgruppen gezieltere und qualitativ hochwertigere Kontakte aufzubauen. Das gilt etwa für Verbraucher,

1561 Vgl. Zerfaß 1998a, S. 37.
1562 Vgl. zu den Anwendungsmöglichkeiten ausführlicher Zerfaß 1997, 1998a.
1563 Vgl. zu diesen verschiedenen Kommunikationsplattformen oben S. 358 ff.
1564 Vgl. zu entsprechenden Beispielen Zerfaß 1997, S. 12 ff., sowie Holtz 1999, Herbst 2001.

für die man Antworten auf häufig gestellte Fragen (FAQs) zum jederzeitigen Abruf vorhalten und für die man interaktive Kundenforen einrichten kann. Der Fantasie sind hier wenig Grenzen gesetzt – letztlich gilt es immer, angesichts des technologisch Machbaren die beabsichtigten Wirkungen aus Sicht des Unternehmens (PR-Effekte) und die Nützlichkeit der Kommunikationsangebote für die Rezipienten (PR-Usability) nicht aus dem Auge zu verlieren.[1565]

## 9.4 Quo vadis? – Perspektiven der Unternehmenskommunikation

Am Schluss dieses ergänzenden Kapitels kristallisieren sich drei Punkte heraus. Erstens hat die Reflexion aktueller Fragen der Kommunikationspraxis gezeigt, dass das von uns in Anlehnung an den methodischen Konstruktivismus und die Strukturationstheorie von Giddens aufgespannte *Theoriegerüst weiterhin tragfähig* ist und zahlreiche Impulse für weitere Forschungsarbeiten gibt. Zweitens konnten *mehrere neue Konzepte herausgearbeitet* werden, die allesamt nur mit betriebswirtschaftlichem Sachverstand weiter vorangetrieben werden können: die Reputationsbilanz als Maßstab für kommunikative Unternehmenswerte, die Corporate Citizenship-Kommunikation, die Corporate Communications Scorecard als strategisches Steuerungsinstrument, die Netzwerk-Kommunikation als neues Handlungsfeld im Zeitalter der grenzenlosen Unternehmung sowie der Einsatz eines umfassenden Evaluationsmodells unter Einbeziehung von Controlling, Prozesskontrolle und einer um PR-Usability und Erfolgsprognosen erweiterten Wirkungskontrolle. Der von uns unternommene Brückenschlag zwischen Betriebswirtschaftslehre, Kommunikationswissenschaft und Sozialtheorie erscheint auch künftig als zentraler Hebel zur Fortentwicklung von PR und Integrierter Unternehmenskommunikation.

Nicht gezeigt werden konnte an dieser Stelle, wie sich die von uns skizzierte Theorie auf *Non-Profit-Organisationen und andere Kommunikatoren* übertragen lässt. Angesichts der zwischenzeitlich in PR-, Journalismus- und Managementforschung vorliegenden Rezeptionen der Strukturationstheorie dürfte dies eine vielversprechende und spannende Aufgabe sein. Eine Herausforderung bleibt ferner die theoretisch stimmige Durchdringung zentraler Anwendungsfelder des Kommunikationsmanagements. Zu nennen sind hier insbesondere die von uns nur angerissenen Strategien des Campaigning, das Issues Management, der Lobbyismus, das Corporate Publishing, die Internationale Unternehmenskommunikation, die Bedeutung von Bildern und Emotionen in der PR und nicht zuletzt die Besonderheiten der Marken-PR. Schließlich gilt es immer wieder, neue Ideen der Unternehmenspraxis durch geeignete Kommunikationsstrategien zu befördern und ihnen so zum Durchbruch zu verhelfen. Deshalb sollte vertieft über Innovationskommunikation und Innovations-PR nachgedacht werden.[1566] Denn in Umkehrung eines alten Sprichworts gilt heute: Der beste Weg die Zukunft zu gestalten ist, sie selbst vorherzusagen und kommunikativ vorzubereiten.

1565 Vgl. zu diesen beiden Wirkungsdimensionen oben S. 414 ff.
1566 Erste Überlegungen hierzu finden sich bei Zerfaß et al. 2004.

# Literaturverzeichnis


*Achleitner, P.M. (1985):* Sozio-politische Strategien multinationaler Unternehmungen, Bern/Stuttgart.

*Ahrens, R./Hütt, H. (1993):* Dialogorientierte Öffentlichkeitsarbeit, in: Kalt, G. (Hrsg.): Öffentlichkeitsarbeit und Werbung, 4. Auflage, Frankfurt a.M., S. 101-113.

*Ahrens, R./Scherer, H./Zerfaß, A. (Hrsg.) (1995):* Integrierte Unternehmenskommunikation, Frankfurt a.M.

*Albert, H. (1991):* Traktat über kritische Vernunft, 5. Auflage, Tübingen (Erstveröffentlichung 1968).

*Anders, W. (1983):* Kommunikationstechnik und Organisation, München.

*Anders, W. (1986):* Die Gestaltung der organisatorischen Kommunikation, Dissertation, München.

*Anderson, P.M./Rubin, L.G. (1986):* Marketing Communications, Englewood Cliffs (NJ).

*Angell, R.C. (1972):* Social Integration, in: Sills, D. (Hrsg.): International Encyclopedia of the Social Sciences, New York/London, S. 380-386.

*Ansoff, H.I. (1980):* Strategic Issue Management, in: Strategic Management Journal, 1. Jg., S. 131-148.

*Ansoff, H.I. (1981):* Zum Entwicklungsstand betriebswirtschaftlicher Planungssysteme, in: Steinmann, H. (Hrsg.): Planung und Kontrolle, München, S. 59-83.

*Apel, K.-O. (1973):* Das Apriori der Kommunikationsgemeinschaft und die Grundlagen der Ethik, in: ders.: Transformation der Philosophie, Band 2, Frankfurt a.M., S. 358-435.

*Armbrecht, W. (1992):* Innerbetriebliche Public Relations, Opladen.

*Armbrecht, W./Avenarius, H./Zabel, U. (Hrsg.) (1993):* Image und PR, Opladen.

*Armbrecht, W./Zabel, U. (Hrsg.) (1994):* Normative Aspekte der Public Relations, Opladen.

*Arndt, H. (1994):* Lehrbuch der Wirtschaftsentwicklung. Die Evolutionäre Wirtschaftstheorie in ihrer Bedeutung für die Wirtschafts- und Finanzpolitik, 2. Auflage, Berlin.

*Austin, J.L. (1979):* Zur Theorie der Sprechakte, 2. Auflage, Stuttgart (englische Erstveröffentlichung 1962).

*Avenarius, H. (1994):* Wer soll sagen, was PR ist? Der Disput zwischen Theorie und Praxis, in: Bentele, G./Hesse, K.R. (Hrsg.): Publizistik in der Gesellschaft, Festschrift für Manfred Rühl, Konstanz, S. 269-286.

*Avenarius, H. (1995):* Public Relations, Darmstadt.

*Avenarius, H./Armbrecht, W. (Hrsg.) (1992):* Ist Public Relations eine Wissenschaft?, Opladen.

*Ax, W. (1992):* Aristoteles, in: Dascal, M./Gerhardus, D./Lorenz, K./Meggle, G. (Hrsg.): Sprachphilosophie, 1. Halbband, Berlin/New York, S. 244-259.

*Badaracco, J.L. Jr. (1991):* The Boundaries of the Firm, in: Etzioni, A./Lawrence, P.R. (Hrsg.): Socio-Economics, Armonk/London, S. 293-327.

*Baecker, D. (1993):* Die Form des Unternehmens, Frankfurt a.M.

*Baerns, B. (1979):* Öffentlichkeitsarbeit als Determinante journalistischer Informationsleistungen, in: Publizistik, 24. Jg., S. 301-316.

*Baerns, B. (1985):* Öffentlichkeitsarbeit oder Journalismus? Zum Einfluß im Mediensystem, Köln.

*Baerns, B. (1995a):* „Es läuft auch *so!*" Zu offenen Fragen der Transparenz, Kontrolle und Bewertung in der Öffentlichkeitsarbeit, in: dies. (Hrsg.): PR-Erfolgskontrolle, Frankfurt a.M., S. 9-29.

*Baerns, B. (Hrsg.) (1995b):* PR-Erfolgskontrolle, Frankfurt a.M.

*Baerns, B./Fuhrberg, R. (1994):* PR-Ausbildung und Integrierte Kommunikation, in: Klewes, J. (Hrsg.): Jahrbuch Public Relations 1994, Düsseldorf, S. 51-60.

*Banton, M. (1965):* Roles. An Introduction to the Study of Social Relations, London.

*Barich H./Kotler, P. (1991):* A Framework for Marketing Image Management, in: Sloan Management Review, 32. Jg., Nr. 2, S. 94-104.


---

Falls fremdsprachige Werke in deutschen Übersetzungen vorliegen und u.E. keine Übersetzungsprobleme vorliegen, wird – soweit möglich – nach diesen leichter zugänglichen Quellen zitiert. Zur besseren Orientierung wird bei Übersetzungen und nach längerer Zeit wiederveröffentlichten Texten das Jahr der Erstveröffentlichung genannt.

*Barnard, C.I. (1970):* Die Führung großer Organisationen (The Functions of the Executive), Essen (amerikanische Erstveröffentlichung 1938).

*Barney, J. (1991):* Firm Resources and Sustained Competitive Advantage, in: Journal of Management, 17. Jg., S. 99-120.

*Barth, H./Donsbach, W. (1992):* Aktivität und Passivität von Journalisten gegenüber Public Relations, in: Publizistik, 37. Jg., S. 151-165.

*Barthenheier, G. (1982a):* Auf der Suche nach Identität – Zur historischen Entwicklung der Öffentlichkeitsarbeit/Public Relations, in: Haedrich, G./Barthenheier, G./Kleinert, H. (Hrsg.): Öffentlichkeitsarbeit, Berlin/New York, S. 3-13.

*Barthenheier, G. (1982b):* Zur Notwendigkeit von Öffentlichkeitsarbeit, in: Haedrich, G./Barthenheier, G./Kleinert, H. (Hrsg.): Öffentlichkeitsarbeit, Berlin/New York, S. 15-26.

*Barthenheier, G. (1992):* Nützlich für die Praxis der Public Relations?, in: PR Magazin, 23. Jg., Nr. 6, S. 50-51.

*Bartsch, E. (Hrsg.) (1994):* Sprechen – Führen – Kooperieren in Betrieb und Verwaltung, München/Basel.

*Baskin, O./Aronoff, C. (1988):* Public Relations, 2. Auflage, Dubuque (Ia).

*Bea, F.X. (1992):* Entscheidungen des Unternehmens, in: Bea, F.X./Dichtl, E./Schweitzer, M. (Hrsg.): Allgemeine Betriebswirtschaftslehre, Band 1: Grundfragen, 6. Auflage, Stuttgart/Jena, S. 309-424.

*Bea, F.X./Haas, J. (1995):* Strategisches Management, Stuttgart/Jena.

*Beba, W. (1993):* Die Wirkung von Direktkommunikation unter Berücksichtigung der interpersonellen Kommunikation, Berlin.

*Beck, L.W. (1976):* Akteur und Betrachter, Freiburg/München (amerikanische Erstveröffentlichung 1975).

*Beck, U. (1986):* Risikogesellschaft, Frankfurt a.M.

*Becker, T. (1998):* Die Sprache des Geldes. Grundlagen strategischer Unternehmenskommunikation, Opladen/Wiesbaden.

*Bednarczuk, P. (1990):* Strategische Kommunikationspolitik, Offenbach (Main).

*Beger, R./Gärtner, H.-D./Mathes, R. (1989):* Unternehmenskommunikation, Wiesbaden/Frankfurt a.M.

*Behnam, M./Muthreich, A. (1995):* Die Einbeziehung externer Interessengruppen in den Prozeß der Strategischen Unternehmensplanung, Arbeitspapier 1/95 des Lehrstuhls für Internationales Management an der European Business School Schloß Reichartshausen, Oestrich-Winkel.

*Behrent, M. (2003):* Citizens in der Weltarena, in: Behrent, M./Wieland, J. (Hrsg.): Corporate Citizenship und strategische Unternehmenskommunikation in der Praxis, München/Mering, S. 21-33.

*Behrent, M./Mentner, P. (2001):* Campaigning. Werbung in den Arenen der Öffentlichkeit, Münster.

*Behrent, M./Wieland, J. (Hrsg.) (2003):* Corporate Citizenship und strategische Unternehmenskommunikation in der Praxis, München/Mering.

*Bentele, G. (1984):* Zeichen und Entwicklung – Vorüberlegungen zu einer genetischen Semiotik, Tübingen.

*Bentele, G. (1988):* Der Faktor Glaubwürdigkeit, in: Publizistik, 33. Jg., S. 406-426.

*Bentele, G. (1989):* Kommunikationswissenschaft, Kommunikation und Massenkommunikation, in: Modellversuch Journalisten-Weiterbildung Freie Universität Berlin (Hrsg.): Fernstudium Kommunikationswissenschaft Teil 1, 2. Auflage, München, S. 11-57.

*Bentele, G. (1992):* Images und Medien-Images, in: Faulstich, W. (Hrsg.): Image – Imageanalyse – Imagegestaltung, Bardowick, S. 152-176.

*Bentele, G. (1993):* Wie wirklich ist die Medienwirklichkeit? Einige Anmerkungen zum Konstruktivismus und Realismus in der Kommunikationswissenschaft, in: Bentele, G./Rühl, M. (Hrsg.): Theorien öffentlicher Kommunikation, München, S. 152-171.

*Bentele, G. (1994a):* Öffentliches Vertrauen – normative und soziale Grundlage für Public Relations, in: Armbrecht, W./Zabel, U. (Hrsg.): Normative Aspekte der Public Relations, Opladen, S. 131-158.

*Bentele, G. (1994b):* Public Relations und Wirklichkeit, in: Bentele, G./Hesse, K.R. (Hrsg.): Publizistik in der Gesellschaft, Festschrift für Manfred Rühl, Konstanz, S. 237-267.

*Bentele, G. (1994c):* Zukunftsperspektiven für Public Relations, in: Schulze-Fürstenow, G./Martini, H.-J. (Hrsg.): Handbuch PR, 2. Auflage, Neuwied u.a., Loseblattsammlung Nr. 3.220, S. 1-14.

*Bentele, G. (1995):* Public Relations und Öffentlichkeit – ein Diskussionsbeitrag – oder: Über einige Fehlinterpretationen von PR, in: Publizistik, 40. Jg., S. 483-486.

*Bentele, G. (1999):* Parasitentum oder Symbiose? Das Intereffikationsmodell in der Diskussion, in: Rolke, L./Wolff, V. (Hrsg.): Wie die Medien die Wirklichkeit steuern und selbst gesteuert werden, Opladen/Wiesbaden, S. 177-193.

*Bentele, G./Beck, K. (1994):* Information – Kommunikation – Massenkommunikation: Grundbegriffe und Modelle der Publizistik- und Kommunikationswissenschaft, in: Jarren, O. (Hrsg.): Medien und Journalismus 1, Opladen, S. 15-50.

*Bentele, G./Buchele, M.-S./Hoepfner, J./Liebert, T. (2003):* Markenwert und Markenwertermittlung. Eine systematische Modelluntersuchung und -bewertung, Wiesbaden.

*Bentele, G./Bystrina, I. (1978):* Semiotik, Stuttgart u.a.

*Bentele, G./Liebert, T. (Hrsg.) (1995):* Verständigungsorientierte Öffentlichkeitsarbeit. Darstellung und Diskussion des Ansatzes von Roland Burkart, Leipziger Skripten für Public Relations und Kommunikationsmanagement Nr. 1, Leipzig.

*Bentele, G./Liebert, T./Seeling, S. (1997):* Von der Determination zur Intereffikation. Ein integriertes Modell zum Verhältnis von Public Relations und Journalismus, in: Bentele, G./Haller, M. (Hrsg.): Aktuelle Entstehung von Öffentlichkeit, Konstanz, S. 225-250.

*Bentele, G./Rühl, M. (Hrsg.) (1993):* Theorien öffentlicher Kommunikation, München.

*Bentele, G./Steinmann, H./Zerfaß, A. (1996a):* Dialogorientierte Unternehmenskommunikation. Ein Handlungsprogramm für die Kommunikationspraxis, in: dies. (Hrsg.): Dialogorientierte Unternehmenskommunikation, Berlin, S. 447-463.

*Bentele, G./Steinmann, H./Zerfaß, A. (Hrsg.) (1996b):* Dialogorientierte Unternehmenskommunikation. Grundlagen – Praxiserfahrungen – Perspektiven, Berlin.

*Bentele, G./Wehmeier, S. (2003):* From Literary Bureaus to a Modern Profession: The Development and Current Structure of Public Relations in Germany, in: Sriramesh, K./Vercic, D. (Hrsg.): The Global Public Relations Handbook. Theory, Research and Practice, Mahwah (NJ)/London, S. 199-221.

*Berger, J. (1986):* Die Versprachlichung des Sakralen und die Entsprachlichung der Ökonomie, in: Honneth, A./Joas, H. (Hrsg.): Kommunikatives Handeln, Frankfurt a.M., S. 255-277.

*Berger, U./Bernhard-Mehlich, I. (1993):* Die Verhaltenswissenschaftliche Entscheidungstheorie, in: Kieser, A. (Hrsg.): Organisationstheorien, Stuttgart u.a., S. 127-159.

*Bergler, R. (1963):* Psychologie des Marken- und Firmenbildes, Göttingen.

*Bergler, R. (1991):* Der Standort als Imagefaktor, in: PR Magazin, 22. Jg, Nr. 7, S. 31-38.

*Berk, U. (1979):* Konstruktive Argumentationstheorie, Stuttgart-Bad Cannstatt.

*Bernays, E.L. (1961):* Crystallizing Public Opinion, New York (Erstveröffentlichung 1923).

*Bernays, E.L. (Hrsg.) (1955):* The Engineering of Consent, Norman (Okl.).

*Besson, N.A. (2003):* Strategische PR-Evaluation. Erfassung, Bewertung und Kontrolle von Öffentlichkeitsarbeit, Wiesbaden.

*Beyme, K. von (1994):* Die Massenmedien und die politische Agenda des parlamentarischen Systems, in: Neidhardt, F. (Hrsg.): Öffentlichkeit, öffentliche Meinung, soziale Bewegungen, Sonderheft 34/1994 der Kölner Zeitschrift für Soziologie und Sozialpsychologie, Opladen, S. 320-336.

*Biervert, B./Wieland, J. (1990):* Gegenstandsbereich und Rationalitätsformen der Ökonomie und der Ökonomik, in: Biervert, B./Held, K./Wieland, J. (Hrsg.): Sozialphilosophische Grundlagen ökonomischen Handelns, Frankfurt a.M., S. 7-32.

*Biesecker, A. (1992):* Habermas und die ökonomische Wissenschaft – Überlegungen zur lebensweltlichen Orientierung der Wirtschaftstheorie, Diskussionsbeiträge Nr. 1 des Instituts Ökonomie und Soziales Handeln der Universität Bremen, Bremen.

*Biesecker, A. (1994a):* Lebensweltliche Elemente der Ökonomie und Schlussfolgerungen für eine moderne Ordnungsethik, Beiträge und Berichte Nr. 61 des Instituts für Wirtschaftsethik der Hochschule St. Gallen, St. Gallen.

*Biesecker, A. (1994b):* Ökonomie als Raum sozialen Handelns – Ein grundbegrifflicher Rahmen, in: Biesecker, A./Grenzdörffer, K. (Hrsg.): Ökonomie als Raum sozialen Handelns, Bremen, S. 7-15.

*Biesecker, A. (1994c):* Zur Öffnung der Ökonomie für die „Eigenlogik" in der Lebenswelt: Kann verständigungsorientiertes Handeln zu einem Koordinationsmedium der Wirtschaft werden?, Vortrag beim 5. Kempfenhausener Gespräch der Hypo-Bank im September 1994, unveröff. Manuskript, Bremen.

*Biesecker, A. (1995):* The Market as an Instituted Realm of Social Action, Paper presented to the 7th International Conference of the Society for the Advancement of Socio-Economics (SASE), April 7-9, 1995, Washington (DC).

*Binder, E. (1983):* Die Entstehung unternehmerischer Public Relations in der Bundesrepublik Deutschland, Münster.

*Bingel, O.-E. (1993):* Entwicklung und Praxis von integrierter Kommunikation: das Beispiel Hoechst High Chem, in: Bruhn, M./Dahlhoff, H.D. (Hrsg.): Effizientes Kommunikationsmanagement, Stuttgart, S. 67-83.

*Birnbaum, J.H. (1993):* The Lobbyists, New York.

*Bleicher, K. (1991):* Organisation, 2. Auflage, Wiesbaden.

*Bleicher, K. (1994):* Normatives Management, Frankfurt a.M./New York.

*Blickle, G. (1994):* Kommunikationsethik im Management, Stuttgart.

*Blödorn, S./Gerhards, M. (2004):* Informationsverhalten der Deutschen. Ergebnisse einer Repräsentativbefragung, in: Media Perspektiven, Nr. 1, S. 2-14.

*Blumer, H. (1973):* Der methodologische Standort des symbolischen Interaktionismus, in: Arbeitsgruppe Bielefelder Soziologen (Hrsg.): Alltagswissen, Interaktion und gesellschaftliche Wirklichkeit, Band 1: Symbolischer Interaktionismus und Ethnomethodologie, Reinbek, S. 80-101.

*Boeckmann, K. (1994):* Unser Weltbild aus Zeichen – Zur Theorie der Kommunikationsmedien, Wien.

*Bogner, F.M. (1990):* Das neue PR-Denken – Strategien, Konzepte, Maßnahmen, Wien.

*Bogner, F.M. (2003):* Die „Wiener Schule der Vernetzten Kommunikation". Ein Beitrag zur Entkrampfung des Diskurses über Integrierte Kommunikation, in: PR Forum, 9. Jg., S. 86-94.

*Böhi, D.M. (1995):* Wettbewerbsvorteile durch die Berücksichtigung der strategisch relevanten gesellschaftlichen Anspruchsgruppen, Bern u.a.

*Böhler, H. (1992):* Marktforschung, 2. Auflage, Stuttgart u.a.

*Boltz, D.-M. (1994):* Konstruktion von Erlebniswelten. Kommunikations- und Marketing-Strategien bei Camel und Greenpeace, Berlin.

*Böning, U. (1994):* Moderieren mit System, 2. Auflage, Wiesbaden.

*Boorstin, D.J. (1987):* Das Image, Neuausgabe, Reinbek bei Hamburg (amerikanische Erstveröffentlichung 1961).

*Booz Allen Hamilton/c-trust (2004):* Wertkreation mit Kommunikation. Herausforderung und Perspektiven für Unternehmen, Produkte und Marken, Frankfurt a.M.

*Bordieu, P. (1992):* Sozialer Raum und symbolische Macht, in: ders.: Rede und Antwort, Frankfurt a.M., S. 135-154.

*Börner, C.J. (1994):* Öffentlichkeitsarbeit von Banken, Wiesbaden.

*Botan, C.H./Hazleton, V., Jr. (Hrsg.) (1989):* Public Relations Theory, Hillsdale (NJ) u.a.

*Bouckaert, L. (1994):* Business and community, in: Harvey, B. (Hrsg.): Business Ethics – A European Approach, New York u.a., S. 154-191.

*Braehmer, U. (1983):* Nachrichtendiffusion in Großunternehmen, Münster.

*Brauer, G. (1993):* ECON Handbuch Öffentlichkeitsarbeit, Düsseldorf u.a.

*Brauer, G. (1996):* Dialogorientierte Öffentlichkeitsarbeit als Wegbereiter integrierter Leistungskonzepte: Das Beispiel der BMW AG, in: Bentele, G./Steinmann, H./Zerfaß, A. (Hrsg.): Dialogorientierte Unternehmenskommunikation, Berlin, S. 271-285.

*Braun, W. (1985):* Konstruktive Betriebswirtschaftslehre, Wiesbaden.

*Braun, W./Schreyögg, G. (1977):* Betriebswirtschaftslehre als rationale und empirische Handlungswissenschaft, in: Köhler, R. (Hrsg.): Empirische und handlungstheoretische Forschungskonzeptionen der Betriebswirtschaftslehre, Stuttgart, S. 189-207.

*Braun, W./Schreyögg, G. (1980):* Macht und Argumentation – Zu den wissenschaftstheoretischen Grundlagen des Machtbegriffs und zu seiner Verwendung in der Betriebswirtschaftslehre, in: Reber, G. (Hrsg.): Macht in Organisationen, Stuttgart, S. 19-36.

*Brody, E.W./Stone, G.C. (1989):* Public Relations Research, New York u.a.

*Bromann, P./Piwinger, M. (1992):* Gestaltung der Unternehmenskultur, Stuttgart.

*Bromley, D.B. (1993):* Reputation, Image and Impression Management, Chichester u.a.

*Broom, , G.M. (1977):* Coorientational Measurement of Public Issues, in: Public Relations Review, 3. Jg., Nr. 4, S. 110-119.

*Broom, G.M./Dozier, D.M. (1990):* Using Research in Public Relations, Englewood Cliffs (NJ).

*Broom, G.M./Lauzen, M.M./Tucker, K. (1991):* Public Relations and Marketing: Dividing the Conceptual Domain and Operational Turf, in: Public Relations Review, 17. Jg, S. 219-225.

*Broom, G.M./Smith, G.D. (1979):* Testing the practitioner's impact on clients, in: Public Relations Review, 5. Jg., Nr. 3, S. 47-59.

*Brosius, H.-B. (1991):* Schema-Theorie – ein brauchbarer Ansatz in der Wirkungsforschung, in: Publizistik, 36. Jg., S. 285-297.

*Brosius, H.-B. (1994):* Agenda-Setting nach einem Vierteljahrhundert Forschung: Methodischer und theoretischer Stillstand?, in: Publizistik, 39. Jg., S. 269-288.

*Brown, J.K. (1979):* This Business of Issues: Coping with the Company's Environments, Conference Board Report Nr. 795, New York.

*Bruhn, M. (1991):* Sponsoring, 2. Auflage, Frankfurt a.M. und Wiesbaden.

*Bruhn, M. (1995):* Integrierte Unternehmenskommunikation, 2. Auflage, Stuttgart.

*Bruhn, M. (2000):* Integrierte Kommunikation und Relationship Marketing, in: Bruhn, M./Schmidt, S.J./Tropp, S. (Hrsg.): Integrierte Kommunikation in Theorie und Praxis, Wiesbaden, S. 3-20.

*Bruhn, M. (2003):* Integrierte Unternehmens- und Markenkommunikation, 3. Auflage, Stuttgart.

*Bruhn, M./Ahlers, G.M. (2004a):* Der Streit um die Vormachtstellung von Marketing und Public Relations in der Unternehmenskommunikation – Eine unendliche Geschichte?, in: Marketing ZFP, 26. Jg., S. 71-80.

*Bruhn, M./Ahlers, G.M. (2004b):* Zur Rolle von Marketing und Public Relations in der Unternehmenskommunikation, in: Röttger, U. (Hrsg.): Theorien der Public Relations, Wiesbaden, S. 75-92.

*Bruhn, M./Dahlhoff, H.D. (Hrsg.) (1993):* Effizientes Kommunikationsmanagement, Stuttgart.

*Brumlik, M./Brunkhorst, H. (Hrsg.) (1993):* Gemeinschaft und Gerechtigkeit, Frankfurt a.M.

*Bryant, C.G.A./Jary, D. (Hrsg.) (1991):* Giddens' Theory of Structuration, London/New York.

*Bubner, R. (1982):* Handlung, Sprache und Vernunft, Neuausgabe mit einem Anhang, Frankfurt a.M.

*Buchholz, E. (1970):* Interessen – Gruppen – Interessentengruppen, Tübingen.

*Buchholz, R.E./Evans, W.D./Wagley, R.A. (1989):* Management Response to Public Issues, 2. Auflage, Englewood Cliffs (NJ).

*Bühler, K. (1934):* Sprachtheorie, Jena.

*Bühner, R. (1992):* Management-Holding – Unternehmensstruktur mit Zukunft, Landsberg am Lech.

*Bullinger, H.-J./Baumann, T./Fröschle, N./Mack, O./Trunzer, T./Waltert, J. (2001):* Business Communities, Professionelles Beziehungsmanagement von Kunden, Mitarbeitern und B2B-Partnern im Internet, Bonn.

*Bürger, J.H. (1989):* PR: Gebrauchsanleitungen für praxisorientierte Öffentlichkeitsarbeit, Loseblattausgabe mit Nachlieferungen bis 1992, Landsberg am Lech.

*Burgoon, M./Miller, M.D. (1990):* Communication and Influence, in: Dahnke, G.L./Clatterbuck, G.W. (Hrsg.): Human communication – Theory and Research, Belmont (Ca.), S. 229-258.

*Burkart, R. (1993):* Public Relations als Konfliktmanagement, Wien.

*Burkart, R. (1995a):* Das VÖA-Konzept: Eine Replik, in: Bentele, G./Liebert, T. (Hrsg.): Verständigungsorientierte Öffentlichkeitsarbeit, Leipziger Skripten für Public Relations und Kommunikationsmanagement Nr. 1, Leipzig, S. 65-80.

*Burkart, R. (1995b):* Erfolg und Erfolgskontrolle in der Öffentlichkeitsarbeit: eine Antwort auf kommunikationstheoretische Grundfragen, in: Baerns, B. (Hrsg.): PR-Erfolgskontrolle, Frankfurt a.M., S. 71-84.

*Burkart, R. (1995c):* Kommunikationswissenschaft, 2. Auflage, Wien u.a.

*Burkart, R. (1995d):* Verständigungsorientierte Öffentlichkeitsarbeit – ein kommunikationstheoretisch fundiertes Konzept für die PR-Praxis, in: Bentele, G./Liebert, T. (Hrsg.): Verständigungsorientierte Öffentlichkeitsarbeit, Leipziger Skripten für Public Relations und Kommunikationsmanagement Nr. 1, Leipzig, S. 7-27.

*Burkart, R. (1996):* Verständigungsorientierte Öffentlichkeitsarbeit. Der Dialog als PR-Konzeption, in: Bentele, G./Steinmann, H./Zerfaß, A. (Hrsg.): Dialogorientierte Unternehmenskommunikation, Berlin, S. 245-270.

*Burkart, R. (1998):* Kommunikationswissenschaft, 3. aktualisierte Auflage, Wien u.a.

*Burkart, R./Probst, S. (1991):* Verständigungsorientierte Öffentlichkeitsarbeit, in: Publizistik, 30. Jg, S. 56-76.

*Burkhardt, A. (1987):* Der Sprechakt als kooperative Anstrengung, in: Liedtke, F./Keller, R. (Hrsg.): Kommunikation und Kooperation, Tübingen, S. 185-215.

*Burns, T.R./Ueberhorst, R. (1988):* Creative Democracy, New York u.a.

*Büschges, G. (1983):* Einführung in die Organisationssoziologie, Stuttgart.

*Busse von Colbe, W./Laßmann, G. (1991):* Betriebswirtschaftstheorie, Band 1: Grundlagen, Produktions- und Kostentheorie, 5. Auflage, Berlin u.a.

*Buß, E./Fink-Heuberger, U. (2000):* Image-Management, Frankfurt a.M.

*Buß, E./Piwinger, M. (1998):* Welchen Wert hat Image?, in: Public Relations Forum, 4. Jg., S. 84-88.

*Calhoun, C. (1992):* The Infrastructure of Modernity, in: Smelser, N.J./Haferkamp, H. (Hrsg.): Social Change and Modernity, Berkeley/Los Angeles, S. 205-236.

*Carroll, A.B. (1993):* Business & Society. Ethics and Stakeholder Management, 2. Auflage, Cincinnati.

*Castells, M. (2004):* Die Informationsgesellschaft, Band 1: Der Aufstieg der Netzwerkgesellschaft, Opladen (amerikanische Erstveröffentlichung 1996).

*Castendyk, O. (1994):* Rechtliche Begründungen in der Öffentlichkeit. Ein Beitrag zur Rechtskommunikation in Massenmedien, Opladen.

*Cates, P. (1988):* Realities of Lobbying and Governmental Affairs, in: Heath, R.L. and Associates (Hrsg.): Strategic Issues Management, San Francisco/London, S. 238-257.

*Center, A.H./Jackson, P. (1995):* Public Relations Practices: Managerial Case Studies & Problems, 5. Auflage, Englewood Cliffs (NJ) u.a.

*Chakravarthy, B.S./Doz, Y. (1992):* Strategy Process Research: Focusing on Corporate Self-Renewal, in: Strategic Management Journal, 13. Jg., Special Issue Summer 1992, S. 5-14.

*Charlton, M./Neumann-Braun, K. (1992):* Medienkindheit – Medienjugend, München.

*Cheney, G./Dionisopoulos, G.N. (1989):* Public Relations? No, Relations with Publics: A Rhetorical-Organizational Approach to Contemporary Corporate Communications, in: Botan, C.H./Hazleton, V., Jr. (Hrsg.): Public Relations Theory, Hillsdale (NJ) u.a., S. 135-157.

*Claus, F./Wiedemann, P.M. (Hrsg.) (1994):* Umweltkonflikte. Vermittlungsverfahren zu ihrer Lösung, Taunusstein.

*Cokbudak, E.N. (1993):* Unternehmenskommunikation. Theoretische Grundlagen und praktische Konzeption am Beispiel eines Energieversorgungsunternehmens, unveröff. Diplomarbeit am Lehrstuhl für Allgemeine Betriebswirtschaftslehre und Unternehmensführung der Universität Erlangen-Nürnberg, Nürnberg.

*Coleman, J.S. (1991):* Grundlagen der Sozialtheorie, Band 1: Handlungen und Handlungssysteme, München (amerikanische Erstveröffentlichung 1990).

*Coleman, J.S. (1992):* Grundlagen der Sozialtheorie, Band 2: Körperschaften und die moderne Gesellschaft, München (amerikanische Erstveröffentlichung 1990).

*Conradi, W. (1995):* Strategische Unternehmenskommunikation in multinationalen Konzernen: Das Beispiel der Siemens AG, in: Ahrens, R./Scherer, H./Zerfaß, A. (Hrsg.): Integriertes Kommunikationsmanagement, Frankfurt a.M., S. 189-203.

*Cortés Rodas, F.L. (1993):* Praktische Philosophie und Theorie der Gesellschaft, Konstanz.

*Cortina, A. (1995):* The General Public as the Locus of Ethics in Modern Society, in: Ulrich, P./Sarasin, C. (Hrsg.): Facing Public Interest. The Ethical Challenge to Business Policy and Corporate Communications, Dordrecht u.a., S. 43-58.

*Crable, R.E./Vibbert, S.L. (1986):* Public Relations as Communication Management, Edina (Mn).

*Craib, I. (1992):* Anthony Giddens, London/New York.

*Crozier, M./Friedberg, E. (1979):* Macht und Organisation, Königstein/Taunus (französische Erstveröffentlichung 1977).

*Cutlip, S.M. (1994):* The Unseen Power: Public Relations. A History, Hillsdale (NJ)/Hove.

*Cutlip, S.M./Center, A.H./Broom, G.M. (1994):* Effective Public Relations, 7. Auflage, Englewood Cliffs (NJ).

*Cyert, R.M./March, J.G. (1995):* Eine verhaltenswissenschaftliche Theorie der Unternehmung, 2. Auflage, Stuttgart (amerikanische Erstveröffentlichung 1963).

*Dahrendorf, R. (1977):* Homo Sociologicus, 15. Auflage, Opladen (Erstveröffentlichung 1958).

*Dahrendorf, R. (1986):* Aktive und passive Öffentlichkeit. Über Teilnahme und Initiative im politischen Prozeß moderner Gesellschaften, in: Langenbucher, W. (Hrsg.): Politische Kommunikation, Wien, S. 56-65 (Erstveröffentlichung 1967).

*Dallmer, H. (1991):* System des Direkt Marketing – Entwicklung und Zukunftsperspektiven, in: ders. (Hrsg.): Handbuch Direct Marketing, 6. Auflage, Wiesbaden, S. 3-16.

*Dally, A./Weidner, H./Fietkau, H.-J. (Hrsg.) (1995):* Mediation als politischer und sozialer Prozeß, Loccumer Protokolle 73/93 der Evangelischen Akademie Loccum, 2. Auflage, Rehburg-Loccum.

*Dalton, D.R./Metzger, M.B./Hill, J.W. (1994):* The New U.S. Sentencing Commission Guidelines: A Wake-Up Call for Corporate America, in: Academy of Management Executive, 8. Jg., Nr. 1, S. 7-16.

*DeGeorge, Richard T. (1990):* Using the Techniques of Ethical Analysis in Corporate Practice, in: Enderle, G./Almond, B./Argandona, A. (Hrsg.): People in Corporations, Dordrecht u.a., S. 25-33.

*Demuth, A. (1994):* Erfolgsfaktor Image, Düsseldorf u.a.

*Deraëd, P. (2003):* Mercer Benchmark-Studie zur Unternehmenskommunikation, in: PR-Guide, September 2003, www.pr-guide.de/beitraege/p030808_2.shtml (Stand: 05.05.2004).

*Derieth, A. (1995):* Unternehmenskommunikation. Eine Analyse zur Kommunikationsqualität von Wirtschaftsorganisationen, Opladen.

*Dernbach, B. (1998):* Public Relations für Abfall. Ökologie als Thema öffentlicher Kommunikation, Opladen/Wiesbaden.

*Deutsche Public Relations-Gesellschaft e.V./Gesellschaft Public Relations Agenturen e.V. (1990):* Public Relations – Das Berufsbild Öffentlichkeitsarbeit (DPRG/GPRA), o.O. (Bonn).

*Dieterle, G.S. (1992):* Verhaltenswirksame Bildmotive in der Werbung, Heidelberg.

*Dietz, S. (1993):* Lebenswelt und System, Würzburg.

*Dill, W.R. (1958):* Environment as an Influence on Managerial Autonomy, in: Administrative Science Quarterly, 3. Jg., S. 409-443.

*Dlugos, G. (1989):* Unternehmensplanung und Unternehmenspolitik unter interessenpluralistischem Aspekt, in: Seidel, E./Wagner, D. (Hrsg.): Organisation, Festschrift für Knut Bleicher, Wiesbaden, S. 39-53.

*Donaldson, T./Preston, L.E. (1995):* The Stakeholder Theory of the Corporation: Concepts, Evidence, and Implications, in: Academy of Management Review, 20. Jg., S. 65-91.

*Donsbach, W. (1989):* Selektive Zuwendung zu Medieninhalten, in: Kaase, M./Schulz, W. (Hrsg.): Massenmedien – Theorien, Methoden, Befunde, Sonderheft 30/1989 der Kölner Zeitschrift für Soziologie und Sozialpsychologie, Opladen, S. 392-405.

*Donsbach, W. (1993):* Journalismus versus journalism – ein Vergleich zum Verhältnis von Medien und Politik in Deutschland und in den USA, in: Donsbach, W./Jarren, O./Kepplinger, H.M./Pfetsch, B.: Beziehungsspiele – Medien und Politik in der öffentlichen Diskussion, Gütersloh, S. 283-315.

*Donsbach, W. (1994):* Journalist, in: Noelle-Neumann, E./Schulz, W./Wilke, J. (Hrsg.): Publizistik Massenkommunikation (Fischer Lexikon), 3. Auflage, Frankfurt a.M., S. 64-91.

*Dorer, J. (1994):* Public Relations-Forschung im Wandel?, in: Publizistik, 39. Jg., S. 13-26.

*Dorer, J./Marschik, M. (1993):* Kommunikation und Macht. Public Relations – Eine Annäherung, Wien.

*Döring, N. (1999):* Sozialpsychologie des Internet, Göttingen.

*Dormann, J. (1994):* Aufbruch '94, Antrittsrede vor den Führungskräften der Hoechst AG am 28.4. 1994, unveröff. Foliensatz, o.O. (Frankfurt a.M).

*Dormann, J. (1996a):* Nicht nur die Chemie muß stimmen, in: Frankfurter Allgemeine Zeitung vom 26.4.1996, Magazin, S. 72-74.

*Dormann, J. (1996b):* Rede bei der Hoechst-Pressekonferenz am 31. Januar 1996 in Frankfurt a.M., Presse-Information der Hoechst AG, Frankfurt a.M.

*Dozier, D.M. (1992):* The Organizational Roles of Communication and Public Relations Practitioners, in: Grunig, J.E. (Hrsg.): Excellence in Public Relations and Communication Management, Hillsdale (NJ) u.a., S. 327-355.

*Dozier, D.M. (1993):* Image, Reputation and Mass Communication Effects, in: Armbrecht, W./Avenarius, H./Zabel, U. (Hrsg.): Image und PR, Opladen, S. 227-250.

*Dozier, D.M./Ehling, W.P. (1992):* Evaluation of Public Relations Programs: What the Literature Tells Us About Their Effects, in: Grunig, J.E. (Hrsg.): Excellence in Public Relations and Communication Management, Hillsdale (NJ) u.a., S. 159-184.

*Dozier, D.M./Grunig, J.E./Grunig, L.A. (1995):* Manager's Guide to Excellence in Public Relations and Communication Management, Mahwah (NJ)/Hove.

*Dozier, D.M./Grunig, L.A. (1992):* The Organization of the Public Relations Function, in: Grunig, J.E. (Hrsg.): Excellence in Public Relations and Communication Management, Hillsdale (NJ) u.a., S. 395-417.

*Dozier, D.M./Repper, F.C. (1992):* Research Firms and Public Relations Practice, in: Grunig, J.E. (Hrsg.): Excellence in Public Relations and Communication Management, Hillsdale (NJ) u.a., S. 185-215.

*Drucker, P.F. (1968):* The Effective Executive, New York.

*Duffy, R.A./Palmer, M.J. (1994):* How multimedia technologies will influence PR practice, in: Public Relations Quarterly, 39. Jg., Nr. 1, S. 25-39.

*Dülfer, E. (Hrsg.):* Organisationskultur, 2. Auflage, Stuttgart.

*Dürr, M. (1994):* Investor Relations, München/Wien.

*Dyllick, T. (1989):* Management der Umweltbeziehungen, Wiesbaden.

*Edelman, M. (1988):* Die Erzeugung und Verwendung sozialer Probleme, in: Journal für Sozialforschung, 28. Jg., S. 175-192.

*Edelman, M. (1990):* Politik als Ritual. Die symbolische Funktion staatlicher Institutionen und politischen Handelns, Neuausgabe, Frankfurt a.M./New York (amerikanische Erstveröffentlichung 1964/1971).

*Eemeren, F. van/Grootendorst, R. (1992):* Argumentation, Communication, and Fallacies, Hillsdale (NJ) u.a.

*Eggers, B. (1994):* Ganzheitlich-vernetzendes Management, Wiesbaden.

*Ehling, W.P./Dozier, D.M. (1992):* Public Relations Management and Operations Research, in: Grunig, J.E. (Hrsg.): Excellence in Public Relations and Communication Management, Hillsdale (NJ) u.a., S. 251-284.

*Ehling, W.P./White, J./Grunig, J.E. (1992):* Public Relations and Marketing Practices, in: Grunig, J.E. (Hrsg.): Excellence in Public Relations and Communication Management, Hillsdale (NJ) u.a., S. 357-393.

*Ehricke, U. (1989):* „Soft law" – Aspekte einer neuen Rechtsquelle, in: Neue Juristische Wochenschrift, 42. Jg., S. 1906-1908.

*Eichhorn, P. (1993):* Öffentliche und gemischtwirtschaftliche Unternehmungen, in: Wittmann, W./ Kern, W./Köhler, R./Küpper, H.-U./Wysocki, K. von (Hrsg.): Handwörterbuch der Betriebswirtschaftslehre, 5. Auflage, Stuttgart, Teilband 2, Sp. 2925-2940.

*Eisenstein, C. (1994):* Meinungsbildung in der Mediengesellschaft, Opladen.

*Ellis, V. (1994):* Der European Quality Award, in: Stauss, B. (Hrsg.): Qualitätsmanagement und Zertifizierung, Wiesbaden, S. 277-302.

*Enderle, G. (1993):* Handlungsorientierte Wirtschaftsethik, Bern u.a.

*Enderle, G./Homann, K./Honecker, M./Kerber, W./Steinmann, H. (Hrsg.) (1993):* Lexikon der Wirtschaftsethik, Freiburg u.a.

*Epskamp, H. (1994):* Stichwort »Integration«, in: Fuchs-Heinritz, W./Lautmann, R./Rammstedt, O./ Wienold, H. (Hrsg.): Lexikon zur Soziologie, Opladen, S. 303.

*Erikson, E.H. (1965):* Childhood and Society, Harmondsworth.

*Esman, M.J. (1972):* The Elements of Institution Building, in: Eaton, J.W. (Hrsg.): Institution Building and Development, Beverly Hills, S. 19-40.

*Esser, H. (1994):* Kommunikation und »Handlung«, in: Rusch, G./Schmidt, S.J. (Hrsg.): Konstruktivismus und Sozialtheorie, DELFIN 1993, Frankfurt a.M., S. 172-204.

*Etzioni, A. (1994):* Jenseits des Egoismus-Prinzips: ein neues Bild von Wirtschaft, Politik und Gesellschaft, Stuttgart (amerikanische Erstveröffentlichung 1988).

*Etzioni, A./Lawrence, P.R. (Hrsg.) (1991):* Socio-Economics, Armonk/London.

*Evan, W.M./Freeman, R.E. (1993):* A Stakeholder Theory of the Modern Corporation: Kantian Capitalism, in: Beauchamp, T.L./Bowie, N. (Hrsg.): Ethical Theory and Business, 4. Auflage, Englewood Cliffs (NJ), S. 75-93.

*Fahey, L./Narayanan, V.K. (1986):* Macroenvironmental Analysis for Strategic Management, St. Paul (Mn.) u.a.

*Fässler, E. (1989):* Gesellschaftsorientiertes Marketing, Bern/Stuttgart.

*Faulstich, W. (1991):* Medientheorien, Göttingen.

*Faulstich, W. (1992):* Grundwissen Öffentlichkeitsarbeit – Kritische Einführung in Problemfelder der Public Relations, Bardowick.

*Faulstich, W. (Hrsg.) (1993):* Konzepte von Öffentlichkeit, Bardowick.

*Faulstich, W. (2000):* Grundwissen Öffentlichkeitsarbeit, München.

*Femers, S. (Red.) (1994):* Kann man Öffentlichkeitsarbeit messen?, Schriftenreihe »Kompetenz – Public Relations und Management« Nr. 11, hrsg. von der Kohtes & Klewes Kommunikation GmbH, Düsseldorf.

*Femers, S./Klewes, J. (1995):* Medienresonanzanalysen als Evaluationsinstrument der Öffentlichkeitsarbeit, in: Baerns, B. (Hrsg.): PR-Erfolgskontrolle, Frankfurt a.M., S. 115-134.

*Fichter, K. (1998):* Umweltkommunikation und Wettbewerbsfähigkeit, Marburg.

*Fischer, G. (1991):* Public Relations als strategischer Erfolgsfaktor, Ludwigsburg/Berlin.

*Fisher, R./Brown, S. (1989):* Gute Beziehungen. Die Kunst der Konfliktvermeidung, Konfliktlösung und Kooperation, Frankfurt a.M./New York (amerikanische Erstveröffentlichung 1988).

*Fisher, R./Ury, W. (1989):* Das Harvard-Konzept. Sachgerecht verhandeln – erfolgreich verhandeln, 8. Auflage, Frankfurt a.M./New York (amerikanische Erstveröffentlichung 1981).

*Fittkau, B./Müller-Wolf, H.-M./Schulz von Thun, F. (1989):* Kommunizieren lernen (und umlernen) – Trainingskonzeptionen und Erfahrungen, 6. Auflage, Aachen-Hahn.

*Fleisher, C.S./Mahaffy, D. (1997):* A Balanced Scorecard Approach to Public Relations Management Assessment, in: Public Relations Review, 23. Jg., S. 117-142.

*Flieger, H. (1986):* Public Relations Seminare Teil 2, Wiesbaden.

*Flieger, H./Ronneberger, F. (Hrsg.) (1983):* Public Relations für die unternehmerische Wirtschaft, Wiesbaden.

*Folberg, J./Taylor, J. (1990):* Mediation, 4. Nachdruck der Originalausgabe, San Francisco/Oxford.

*Fombrun, C.J. (1996):* Reputation. Realizing Value from Corporate Image, Boston.

*Fombrun, C.J. (1997):* Three pillars of Corporate Citizenship. Ethics, Social Benefit, Profitability, in: Tichy, N./McGill, A./St. Clair, L. (Hrsg.): Corporate Global Citizenship, San Francisco, S. 27-61.

*Fombrun, C.J./Gardberg, N.A./Barnett, M.L. (2000):* Opportunity Platforms and Safety Nets – Corporate Citizenship and Reputational Risk, in: Business and Society Review, Vol. 105, S. 85-106.

*Fombrun, C.J./Wiedmann, K.-P. (1991):* Unternehmensreputation auf dem Prüfstand. Welche Unternehmen haben die beste Reputation in Deutschland?, in: Planung & Analyse, 28. Jg., Nr. 4, S. 60-64.

*Forum für Philosophie Bad Homburg (Hrsg.) (1994):* Markt und Moral. Die Diskussion um die Unternehmensethik, Bern u.a.

*Franck, G. (1998):* Ökonomie der Aufmerksamkeit, München/Wien.

*Franke, T. (1993):* Am Freitag Öl, am Samstag Feuer, am Sonntag blauer Staub. Chemie-Vorfälle und ihr Nachrichtenwert, in: Frankfurter Allgemeine Zeitung vom 10.3.1993, S. 3.

*Franken, R. (1982):* Grundlagen einer handlungsorientierten Organisationstheorie, Berlin.

*Frankena, W.K. (1986):* Analytische Ethik, 4. Auflage, München (amerikanische Erstveröffentlichung 1963).

*Frauscher, C./Signitzer, B. (1991):* Unternehmenswerbung, in: Media Perspektiven, Nr. 5, S. 291-296.

*Freeman, R.E. (1984):* Strategic Management. A Stakeholder Approach, Boston u.a.

*French, P.A. (1984):* Collective and Corporate Responsibility, New York.

*Frese, E. (1987):* Unternehmensführung, Landsberg am Lech.

*Frese, E. (1995):* Grundlagen der Organisation, 6. Auflage, Wiesbaden.

*Freter, H. (1983):* Marktsegmentierung, Stuttgart u.a.

*Frey, B.S./Kirchgässner, G. (1994):* Demokratische Wirtschaftspolitik, 2. Auflage, München.

*Friedag, H.R./Schmidt, W. (2002):* Balanced Scorecard, 4. Auflage, Freiburg u.a.

*Friedrich, W. (1979):* Erkenntnisse und Methoden Interner Public Relations, Nürnberg.

*Friedrich, W./Hupfeld, R./Pauler, K. (1978):* Der Verständniswandel von Public Relations (PR), in: Rühl, M./Walchshöfer, J. (Hrsg.): Politik und Kommunikation, Festschrift für Franz Ronneberger, Nürnberg, S. 375-395.

*Friedrichs, J. (1990):* Methoden empirischer Sozialforschung, 14. Auflage, Opladen.

*Frieling, A. (1992):* Selbstbeschränkungsmaßnahmen von Unternehmungen, Frankfurt a.M. u.a.

*Fritz, A. (1991):* Handeln in Kommunikationssituationen, in: Publizistik, 36. Jg., S. 5-21.

*Fritz, W. (1984):* Warentest und Konsumgütermarketing, Wiesbaden.

*Fröhlich, R. (1992):* Qualitativer Einfluß von Pressearbeit auf die Berichterstattung: Die »geheime Verführung« der Presse?, in: Publizistik, 37. Jg., S. 37-49.

*Frohn-Bernau, F. (2002):* Mächtige Verbraucher unter sich – Was die Community dooyoo erfolgreich macht, in: Rolke, K./Wolff, V. (Hrsg.): Der Kampf um die Öffentlichkeit, Neuwied/Kriftel, S. 45-55.

*Früh, W. (1991*): Inhaltsanalyse, 3. Auflage, München.

*Früh, W./Schönbach, K. (1982):* Der dynamisch-transaktionale Ansatz. Ein neues Paradigma der Medienwirkungen, in: Publizistik, 27. Jg., S. 74-88.

*Fuchs, D. (1993):* Eine Metatheorie des demokratischen Prozesses, Discussion Paper FS III 93-202 des Wissenschaftszentrum Berlin für Sozialforschung, Berlin.

*Fuchs, H.J. (2003):* Welchen Wert schafft Kommunikation?, in: Harvard Business Manager, 25. Jg., Nr. 6, S. 37-45.

*Fuhrberg, R. (1995):* Teuer oder billig, Kopf oder Bauch – Versuch einer systematischen Darstellung von Evaluationsverfahren, in: Baerns, B. (Hrsg.): PR-Erfolgskontrolle, Frankfurt a.M., S. 47-69.

*Gadamer, H.-G. (1975):* Wahrheit und Methode, Tübingen.

*Gälweiler, A. (1990):* Strategische Unternehmensführung, 2. Auflage, Berlin/New York.

*Gambetta, D. (Hrsg.) (1988):* Trust. Making and Breaking Cooperative Relations, Oxford.

*Gandy, O.H., Jr. (1982):* Beyond Agenda-Setting: Information Subsidies and Public Policy, Norwood (NJ).

*Garnham, N. (1992):* The Media and the Public Sphere, in: Calhoun, C. (Hrsg.): Habermas and the Public Sphere, Cambridge (Mass.)/London, S. 359-376.

*Gebauer, R. (1993):* Letzte Begründung. Eine Kritik der Diskursethik von Jürgen Habermas, München.

*Geissner, H. (1982):* Sprecherziehung, Königstein/Ts.

*Gentsch, M. (2001):* Die Programmatik integrierter Kommunikation und ihre jüngste Herausforderung: Public Relations im Internet, unveröff. Magisterarbeit am Institut für Kommunikations- und Medienwissenschaft der Universität Leipzig (Prof. Dr. Günter Bentele), Leipzig.

*Gerhards, J. (1991):* Die Macht der Massenmedien und die Demokratie: Empirische Befunde, Discussion Paper FS III 91-108 des Wissenschaftszentrum Berlin für Sozialforschung, Berlin.

*Gerhards, J. (1992a):* Dimensionen und Strategien öffentlicher Diskurse, in: Journal für Sozialforschung, 32. Jg., S. 307-318.

*Gerhards, J. (1992b):* Politische Veranstaltungen in der Bundesrepublik, in: Kölner Zeitschrift für Soziologie und Sozialpsychologie, 44. Jg., S. 766-779.

*Gerhards, J. (1993):* Neue Konfliktlinien in der Mobilisierung öffentlicher Meinung, Opladen.

*Gerhards, J. (1994):* Politische Öffentlichkeit, in: Neidhardt, F. (Hrsg.): Öffentlichkeit, öffentliche Meinung, soziale Bewegungen, Sonderheft 34/1994 der Kölner Zeitschrift für Soziologie und Sozialpsychologie, Opladen, S. 77-105.

*Gerhards, J./Neidhardt, F. (1990):* Strukturen und Funktionen moderner Öffentlichkeit, Discussion Paper FS III 90-101 des Wissenschaftszentrum Berlin für Sozialforschung, Berlin.
Wiederabgedruckt in: Müller-Doohm, S./Neumann-Braun, K. (Hrsg.): Öffentlichkeit, Kultur, Massenkommunikation, Oldenburg 1991, S. 31-89.

*Gerum, E. (1977):* Zu den normativen und empirischen Elementen einer Theorie einzelwirtschaftlicher Institutionen, in: Köhler, R. (Hrsg.): Empirische und handlungstheoretische Forschungskonzeptionen in der Betriebswirtschaftslehre, Stuttgart, S. 209-228.

*Gerum, E. (1981):* Grundfragen der Arbeitsgestaltungspolitik, Stuttgart.

*Gerum, E. (1988):* Unternehmensverfassung und Theorie der Verfügungsrechte – Einige Anmerkungen, in: Budäus, D./Gerum, E./Zimmermann, G. (Hrsg.): Betriebswirtschaftslehre und Theorie der Verfügungsrechte, Wiesbaden, S. 21-43.

*Gerum, E. (1991):* Unternehmensethik und Unternehmensverfassung, in: Steinmann, H./Löhr, A. (Hrsg.): Unternehmensethik, 2. Auflage, Stuttgart, S. 141-152.

*Gerum, E./Steinmann, H. (1984):* Unternehmensordnung und tarifvertragliche Mitbestimmung, Berlin.

*Gerum, E./Steinmann, H./Fees, W. (1988):* Der mitbestimmte Aufsichtsrat, Stuttgart.

*Geser, H. (1990):* Organisationen als soziale Akteure, in: Zeitschrift für Soziologie, 19. Jg., S. 401-417.

*Geser, H. (1992):* Towards an Interaction Theory of Organizational Actors, in: Organization Studies, 13. Jg., S. 429-451.

*Gethmann, C.F. (1982):* Proto-Ethik, in: Ellwein, T./Stachowiak, H. (Hrsg.): Bedürfnisse, Werte und Normen im Wandel, Band 1: Grundlagen, Modelle und Perspektiven, München, S. 113-143.

*Gethmann, C.F. (1987):* Letztbegründung vs. lebensweltliche Begründung des Wissens und Handelns, in: Forum für Philosophie Bad Homburg (Hrsg.): Philosophie und Begründung, Frankfurt a.M., S. 268-302.

*Gethmann, C.F. (1992):* Universelle praktische Geltungsansprüche, in: Janich, P. (Hrsg.): Entwicklungen der methodischen Philosophie, Frankfurt a.M., S. 148-175.

*Gethmann, C.F. (1993a):* Lebensweltliche Präsuppositionen praktischer Subjektivität, in: Baumgartner, H./Jacobs, W.G. (Hrsg.): Philosophie der Subjektivität? – Zur Bestimmung des neuzeitlichen Philosophierens, Akten des 1. Kongresses der Internationalen Schelling-Gesellschaft 1989, Band 1, Stuttgart-Bad Cannstatt, S. 150-170.

*Gethmann, C.F. (1993b):* Praktische Subjektivität, in: Gethmann, C.F./Oesterreich, P.L. (Hrsg.): Person und Sinnerfahrung, Festschrift für Georg Scherer, Darmstadt, S. 7-19.

*Gethmann, C.F. (1995):* Interaktion, in: Mittelstraß, J. (Hrsg.): Enzyklopädie Philosophie und Wissenschaftstheorie, Band 2, korr. Nachdruck, Stuttgart/Weimar, S. 264-266.

*Gethmann, C.F./Hegselmann, R. (1977):* Das Problem der Begründung zwischen Dezisionismus und Fundamentalismus, in: Zeitschrift für allgemeine Wissenschaftstheorie, 8. Jg., S. 342-368.

*Gethmann, C.F./Siegwart, G. (1991):* Sprache, in: Martens, E./Schnädelbach, H. (Hrsg.): Philosophie – Ein Grundkurs, überarbeitete und erweiterte Neuausgabe, Band 2, Reinbek bei Hamburg, S. 548-605.

*Gibson, J.W./Hodgetts, R.M. (1991):* Organizational Communication, 2. Auflage, New York.

*Giddens, A. (1977):* Notes on the Theory of Structuration, in: ders.: Studies in Social and Political Theory, London, S. 129-134.

*Giddens, A. (1981a):* A Contemporary Critique of Historical Materialism, Vol. 1: Power, Property, and the State, London.

*Giddens, A. (1981b):* Agency, institution, and time-space analysis, in: Knorr-Cetina, K./Cicourel, A.V. (Hrsg.): Advances in social theory and methodology, Boston u.a., S. 161-174.

*Giddens, A. (1982):* Power, the dialectic of control and class structuration, in: Giddens, A./MacKenzie, G. (Hrsg.): Social Class and the division of labour, Cambridge, S. 29-45.

*Giddens, A. (1984):* Interpretative Soziologie, Frankfurt a.M. (englische Erstveröffentlichung 1976).

*Giddens, A. (1988):* Die Konstitution der Gesellschaft, Frankfurt a.M./New York (englische Erstveröffentlichung 1984).

*Giddens, A. (1990):* The Consequences of Modernity, Stanford (Cal.).

*Giddens, A. (1991):* Modernity and Self-Identity, Cambridge.

*Giddens, A. (1992a):* Kritische Theorie der Spätmoderne, Wien.

*Giddens, A. (1992b):* The Transformation of Intimacy, Cambridge.

*Giddens, A. (1993):* Tradition in der post-traditionalen Gesellschaft, in: Soziale Welt, 44. Jg., S. 445-485.

*Giddens, A. (1995a):* Konsequenzen der Moderne, Frankfurt a.M. (Übersetzung von Giddens 1990).

*Giddens, A. (1995b):* Strukturation und sozialer Wandel, in: Müller, H.-P./Schmid, M. (Hrsg.): Sozialer Wandel, Frankfurt a.M., S. 151-191 (englische Erstveröffentlichung 1979).

*Glasersfeld, E. von (1991):* Einführung in den radikalen Konstruktivismus, in: Watzlawick, P. (Hrsg.): Die erfundene Wirklichkeit, 7. Auflage, München/Zürich, S. 16-38 (Erstveröffentlichung 1985).

*Göbel, E. (1992):* Das Management der sozialen Verantwortung, Berlin.

*Goffman, E. (1961):* Encounters. Two Studies in the Sociology of Interaction, Indianapolis.

*Goldberg, S.B./Sander, E.A./Rogers, N.H. (1992):* Dispute Resolution, 2. Auflage, Boston u.a.
*Goldhaber, G.M. (1993):* Organizational Communication, 6. Auflage, Dubuque.
*Gorney, C. (1987):* How to Use Public-Participation Groups Successfully, in: Public Relations Journal, 43. Jg., Nr. 6, S. 29-30.
*Gossen, R./Sharp, K. (1987):* How to Manage the Dispute Resolution, in: Public Relations Journal, 43. Jg., Nr. 12, S. 35-38.
*Granovetter, M. (1985):* Economic Action and Social Structure – The Problem of Embeddedness, in: American Journal of Sociology, 91. Jg., S. 481-510.
*Granovetter, M. (1990):* The Old and the New Economic Sociology: A History and an Agenda, in: Friedland, R./Robertson, A.F. (Hrsg.): Beyond the Marketplace, New York, S. 89-112.
*Granovetter, M. (1991):* The Social Construction of Economic Institutions, in: Etzioni, A./Lawrence, P.R. (Hrsg.): Socio-Economics, Armonk/London, S. 75-81.
*Graumann, C.F. (1972):* Interaktion und Kommunikation, in: ders. (Hrsg.): Sozialpsychologie (Handbuch der Psychologie, Band 7), 2. Halbband: Forschungsbereiche, Göttingen, S. 1109-1262.
*Gray, B. (1989):* Collaborating. Finding Common Ground for Multiparty Problems, San Francisco/ London.
*Grewendorf, G./Hamm, F./Sternefeld, W. (1987):* Sprachliches Wissen, Frankfurt a.M.
*Grice, H.P. (1975):* Logic and Conversation, in: Cole, P./Morgan, J.L. (Hrsg.): Syntax and Semantics, Volume 3: Speech Acts, New York, S. 41-58.
*Grochla, E. (1993):* Betrieb, Betriebswirtschaft und Unternehmung, in: Wittmann, W./Kern, W./ Köhler, R./Küpper, H.-U./Wysocki, K. von (Hrsg.): Handwörterbuch der Betriebswirtschaftslehre, 5. Auflage, Stuttgart, Teilband 1, Sp. 374-390.
*Groeben, N./Schreier, M./Christmann, U. (1990):* Argumentationsintegrität (I) – Herleitung, Explikation und Binnenstrukturierung des Konstrukts, Arbeiten aus dem Sonderforschungsbereich 245 „Sprechen und Sprachverstehen im sozialen Kontext" der Universitäten Heidelberg/Mannheim, Bericht Nr. 28, Heidelberg.
*Gröschner, R. (1991):* Zur rechtsphilosophischen Fundierung einer Unternehmensethik, in: Steinmann, H./Löhr, A. (Hrsg.): Unternehmensethik, 2. Auflage, Stuttgart, S. 103-123.
*Gröschner, R. (1992):* Das Überwachungsrechtsverhältnis, Tübingen.
*Grossenbacher, R. (1986):* Die Medienmacher. Eine empirische Untersuchung zur Beziehung zwischen Public Relations und Medien in der Schweiz, Solothurn.
*Großklaus, G. (1995):* Medien-Zeit, Medien-Raum. Zum Wandel der raumzeitlichen Wahrnehmung in der Moderne, Frankfurt a.M.
*Grunig, J.E. (1979):* A New Measure of Public Opinions on Corporate Social Responsibility, in: Academy of Management Journal, 22. Jg., S. 738-764.
*Grunig, J.E. (1989a):* Public, Audiences and Market Segments: Segmentation Principles for Campaigns, in: Salmon, C.T. (Hrsg.): Information Campaigns, Sage Annual Review of Communication Research Vol. 18, Newbury Park u.a., S. 199-228.
*Grunig, J.E. (1989b):* Sierra Club Study Shows Who Become Activists, in: Public Relations Review, 15. Jg., Nr. 2, S. 3-24.
*Grunig, J.E. (1989c):* Symmetrical Presuppositions as a Framework for Public Relations Theory, in: Botan, C.H./Hazleton, V., Jr. (Hrsg.): Public Relations Theory, Hillsdale (NJ) u.a., S. 17-44.
*Grunig, J.E. (1990):* Theory and Practice of Interactive Media Relations, in: Public Relations Quarterly, 35. Jg., Nr. 3, S. 18-23.
*Grunig, J.E. (1992a):* Communication, Public Relations and Effective Organizations: An Overview of the Book, in: ders. (Hrsg.): Excellence in Public Relations and Communication Management, Hillsdale (NJ) u.a., S. 1-28.
*Grunig, J.E. (Hrsg.) (1992b):* Excellence in Public Relations and Communication Management, Hillsdale (NJ) u.a.
*Grunig, J.E. (1993):* Image and Substance: From Symbolic to Behavioral Relationships, in: Public Relations Review, 19. Jg., S. 121-139.
*Grunig, J.E. (1995a):* Notes from a presentation to the Arthur Page Society on April 4, 1995, unveröff. Manuskript, College Park.
*Grunig, J.E. (1995b):* Public Relations Management in Government and Business, in: Garnett, J.L. (Hrsg.): Handbook of Administrative Communication, New York.

*Grunig, J.E./Grunig, L.A. (1989):* Toward a Theory of the Public Relations Behavior of Organizations: Review of a Program of Research, in: Public Relations Research Annual, Volume 1, Hillsdale (NJ) u.a., S. 27-63.

*Grunig, J.E./Grunig, L.A. (1991):* Conceptual Differences in Public Relations and Marketing: The Case of Health-Care Organizations, in: Public Relations Review, 17. Jg., S. 257-278.

*Grunig, J.E./Grunig, L.A. (1992):* Models of Public Relations and Communication, in: Grunig, J.E. (Hrsg.): Excellence in Public Relations and Communication Management, Hillsdale (NJ) u.a., S. 285-325.

*Grunig, J.E./Grunig, L.A./Dozier, D.M. (1996):* Das situative Modell exzellenter Public Relations. Schlußfolgerungen aus einer internationalen Studie, in: Bentele, G./Steinmann, H./Zerfaß, A. (Hrsg.): Dialogorientierte Unternehmenskommunikation, Berlin, S. 199-228.

*Grunig, J.E./Hunt, T. (1984):* Managing Public Relations, Fort Worth u.a.

*Grunig, J.E./Hunt, T. (1996):* Managing Public Relations, 2. Auflage, unveröff. Manuskript.

*Grunig, J.E./Repper, F.C. (1992):* Strategic Management, Publics, and Issues, in: Grunig, J.E. (Hrsg.): Excellence in Public Relations and Communication Management, Hillsdale (NJ) u.a., S. 117-157.

*Grunig, J.E./White, J. (1992):* The Effects of Worldviews On Public Relations Theory and Practice, in: Grunig, J.E. (Hrsg.): Excellence in Public Relations and Communication Management, Hillsdale (NJ) u.a., S. 31-64.

*Grunig, L.A. (1990):* Using Focus Group Research in Public Relations, in: Public Relations Review, 16. Jg., Nr. 2, S. 36-49.

*Grunig, L.A. (1993):* Image and Symbolic Leadership: Using Focus Group Research to Bridge the Gap, in: Armbrecht, W./Avenarius, H./Zabel, U. (Hrsg.): Image und PR, Opladen, S. 133-163.

*Grunig, L.A./Grunig, J.E./Dozier, D.M. (2002):* Excellent Public Relations and Effective Organizations. A Study of Communication Management in Three Countries, Mahwah (NJ)/London.

*Grunig, L.A./Grunig, J.E./Ehling, W.P. (1992):* What Is an Effective Organization?, in: Grunig, J.E. (Hrsg.): Excellence in Public Relations and Communication Management, Hillsdale (NJ) u.a., S. 65-90.

*Güller, K. (2003):* Ein crossmedialer Ansatz in der Integrierten Unternehmenskommunikation, in: o.V. (Hrsg.): Tagungsunterlagen zur Jahrestagung der DGPuK-Fachgruppe Public Relations/Organisationskommunikation vom 2. bis 4. Oktober 2003 in Krems, Krems, S. 24-29.

*Gutenberg, E. (1970):* Grundlagen der Betriebswirtschaftslehre. Erster Band: Die Produktion, 17. Auflage, Berlin u.a.

*Guthunz, U. (1994):* Informationssysteme für das strategische Management, Wiesbaden.

*Habermas, J. (1971):* Vorbereitende Bemerkungen zu einer Theorie der kommunikativen Kompetenz, in: Habermas, J./Luhmann, N.: Theorie der Gesellschaft oder Sozialtechnologie – Was leistet die Systemforschung, Frankfurt a.M., S. 101-141.

*Habermas, J. (1973a):* Legitimationsprobleme im Spätkapitalismus, Frankfurt a.M.

*Habermas, J. (1973b):* Wahrheitstheorien, in: Fahrenbach, H. (Hrsg.): Wirklichkeit und Reflexion, Festschrift für Walter Schulz, Pfullingen, S. 211-266.

*Habermas, J. (1976):* Was heißt Universalpragmatik?, in: Apel, K.-O. (Hrsg.): Sprachpragmatik und Philosophie, Frankfurt a.M., S. 174-272.

*Habermas, J. (1980):* Handlung und System – Bemerkungen zu Parsons' Medientheorie, in: Schluchter, W. (Hrsg.): Verhalten, Handeln und System, Frankfurt a.M., S. 68-105.

*Habermas, J. (1983):* Diskursethik – Notizen zu einem Begründungsprogramm, in: ders.: Moralbewußtsein und kommunikatives Handeln, Frankfurt a.M., S. 53-125.

*Habermas, J. (1986):* Gerechtigkeit und Solidarität, in: Edelstein, W./Nunner-Winkler, G. (Hrsg.): Bestimmung der Moral, Frankfurt a.M., S. 291-318.

*Habermas, J. (1987a):* Theorie des kommunikativen Handelns, Band 1: Handlungsrationalität und gesellschaftliche Rationalisierung, 4. Auflage, Frankfurt a.M. (Erstveröffentlichung 1981).

*Habermas, J. (1987b):* Theorie des kommunikativen Handelns, Band 2: Zur Kritik der funktionalistischen Vernunft, 4. Auflage, Frankfurt a.M. (Erstveröffentlichung 1981).

*Habermas, J. (1988):* Handlungen, Sprechakte, sprachlich vermittelte Interaktionen und Lebenswelt, in: ders.: Nachmetaphysisches Denken, Frankfurt a.M., S. 63-104.

*Habermas, J. (1989a):* Handlungen, Operationen, körperliche Bewegungen, in: ders.: Vorstudien und Ergänzungen zur Theorie des kommunikativen Handelns, 3. Auflage, Frankfurt a.M., S. 273-306 (Erstveröffentlichung 1984).

*Habermas, J. (1989b):* Erläuterungen zum Begriff des kommunikativen Handelns, in: ders.: Vorstudien und Ergänzungen zur Theorie des kommunikativen Handelns, 3. Auflage, Frankfurt a.M., S. 571-606 (Erstveröffentlichung 1984).

*Habermas, J. (1989c):* Volkssouveränität als Verfahren, in: Merkur, 43. Jg., S. 465-477.

*Habermas, J. (1990a):* Strukturwandel der Öffentlichkeit, Neuauflage, Frankfurt a.M. (Erstveröffentlichung 1962).

*Habermas, J. (1990b):* Vorwort zur Neuauflage, in: ders.: Strukturwandel der Öffentlichkeit, Frankfurt a.M., S. 11-50.

*Habermas, J. (1991):* Vom pragmatischen, ethischen und moralischen Gebrauch der Vernunft, in: ders.: Erläuterungen zur Diskursethik, Frankfurt a.M., S. 100-118.

*Habermas, J. (1992):* Faktizität und Geltung. Beiträge zur Diskurstheorie des Rechts und des demokratischen Rechtsstaats, Frankfurt a.M.

*Habermas, J./Luhmann, N. (1971):* Theorie der Gesellschaft oder Sozialtechnologie, Frankfurt a.M.

*Habisch, A. (2003):* Corporate Citizenship, Heidelberg u.a.

*Haedrich, G. (1982):* Öffentlichkeitsarbeit und Marketing, in: Haedrich, G./Barthenheier, G./Kleinert, H. (Hrsg.): Öffentlichkeitsarbeit, Berlin/New York, S. 67-75.

*Haedrich, G. (1986a):* Entwicklungstendenzen der Public Relations aus der Sicht der Wissenschaft, in: Meffert, H./Wagner, H. (Hrsg.): Neuere Entwicklungen in Public Relations, Arbeitspapier Nr. 28 der Wissenschaftlichen Gesellschaft für Marketing und Unternehmensführung e.V., Münster, S. 5-35.

*Haedrich, G. (1986b):* Zusammenhänge zwischen Unternehmenserfolg und Public Relations, in: Thexis, 3. Jg., Nr. 3, S. 46-53.

*Haedrich, G. (1987):* Zum Verhältnis von Marketing und Public Relations, in: Marketing ZFP, 9. Jg., S. 25-31.

*Haedrich, G. (1992):* Public Relations im System des Strategischen Managements, in: Avenarius, H./ Armbrecht, W. (Hrsg.): Ist Public Relations eine Wissenschaft?, Opladen, S. 257-278.

*Haedrich, G. (1994):* Die Rolle von Public Relations im System des normativen und strategischen Managements, in: Armbrecht, W./Zabel, U. (Hrsg.): Normative Aspekte der Public Relations, Opladen, S. 91-101.

*Haedrich, G./Jenner, T./Olavarria, M./Possekel, S. (1995):* Zur Situation der Öffentlichkeitsarbeit in deutschen Unternehmen im Jahre 1993, in: Die Betriebswirtschaft, 55. Jg., S. 615-626.

*Haedrich, G./Jeschke, B.G. (1994):* Zum Management des Unternehmensimages, in: Die Betriebswirtschaft, 54. Jg., S. 211-220.

*Haedrich, G./Kreilkamp, E. (1983):* Zur Situation der Öffentlichkeitsarbeit in deutschen Unternehmen, in: Die Betriebswirtschaft, 43. Jg., S. 431-443.

*Haedrich, G./Tomczak, T. (1990):* Strategische Markenführung, Bern/Stuttgart.

*Haferkamp, H./Schmid, M. (Hrsg.) (1987):* Sinn, Kommunikation und soziale Differenzierung, Frankfurt a.M.

*Hagen, L.M. (1992):* Die opportunen Zeugen, in: Publizistik, 37. Jg., S. 444-460.

*Hagen, L.M. (1995):* Informationsqualität von Nachrichten, Opladen.

*Hagen, L.M./Oberle, C. (1994a):* Wirkungskontrolle von Öffentlichkeitsarbeit. Teil 1: Publikumsbezogene Kontrollinstrumente, in: PR Magazin, 25. Jg., Nr. 8, S. 27-34.

*Hagen, L.M./Oberle, C. (1994b):* Wirkungskontrolle von Öffentlichkeitsarbeit. Teil 2: Kontrollinstrumente für die Pressearbeit, in: PR Magazin, 25. Jg., Nr. 10, S. 31-38.

*Hahn, D. (1992):* Unternehmensführung und Öffentlichkeitsarbeit, in: Zeitschrift für Betriebswirtschaft, 62. Jg., S. 137-157.

*Hamilton, P.K. (1992):* Grunig's Situational Theory: A Replication, Application, and Extension, in: Journal of Public Relations Research, 4. Jg., S. 123-149.

*Hansen, U. (1995):* Ethik und Marketing, in: Tietz, B./Köhler, R./Zentes, J. (Hrsg.): Handwörterbuch des Marketing, 2. Auflage, Stuttgart, Sp. 615-628.

*Hansen, U. (Hrsg.) (1996):* Marketing im gesellschaftlichen Dialog, Frankfurt a.M./New York.

*Hansen, U./Niedergesäß, U./Rettberg, B. (1996):* Dialogische Kommunikationsverfahren zur Vorbeugung und Bewältigung von Umweltskandalen. Das Beispiel des Unternehmensdialoges, in: Bentele, G./Steinmann, H./Zerfaß, A. (Hrsg.): Dialogorientierte Unternehmenskommunikation, Berlin, S. 307-331.

*Hansen, U./Niedergesäß, U./Rettberg, B./Schoenheit, I. (1994):* Der Unternehmensdialog als besonderes Verfahren im Rahmen der Gestaltung der Umweltbeziehungen, unveröff. Forschungsskizze und Projektantrag an die Deutsche Forschungsgemeinschaft (DFG), o.O. (Hannover).

*Hansen, U./Raabe, T./Schoenheit, I. (Hrsg.) (1988):* Konsumentenbeteiligung an der Produktentwicklung, Hannover/Berlin.

*Hansen, U./Schoenheit, I. (Hrsg.) (1985):* Verbraucherabteilungen in privaten und öffentlichen Unternehmen, Frankfurt a.M./New York.

*Hansen, U./Schoenheit, I. (Hrsg.) (1994):* HAGE – Haarpflege und Gesundheit – ein haariges Thema? Grundlagen und Ergebnisse eines Dialogprogramms, Hannover.

*Hansen, U./Schoenheit, I./Devries J. (1994):* Haarpflege und Gesundheit – Ein haariges Thema?, in: Hansen, U./Schoenheit, I. (Hrsg.): HAGE – Haarpflege und Gesundheit – ein haariges Thema? Grundlagen und Ergebnisse eines Dialogprogramms, Hannover, S. 9-41.

*Hansen, U./Stauss, B. (1983):* Marketing als marktorientierte Unternehmenspolitik oder als deren integrativer Bestandteil?, in: Marketing ZFP, 5. Jg., S. 77-86.

*Harlow, R.F. (1976):* Building a public relations definition, in: Public Relations Review, 2. Jg., S. 35-41.

*Harras, G. (1983):* Handlungssprache und Sprechhandlung, Berlin/New York.

*Hartig, W. (1993):* Moderne Rhetorik und Dialogik. Rede und Gespräch in der Kommunikationsgesellschaft, 12. Auflage, Heidelberg.

*Harting, D. (1992):* Führen mit strategischen Unternehmensplänen, Stuttgart.

*Hartmann, D. (1990):* Konstruktive Fragelogik, Mannheim u.a.

*Hartmann, D. (1993):* Konstruktive Sprechakttheorie, in: Protosoziologie, 3. Jg., Nr. 4, S. 73-89 und S. 200-202.

*Hartmann, J. (1983):* Politik und Gesellschaft in Japan, USA, Westeuropa, Frankfurt a.M./New York.

*Hasselberg, F. (1989):* Strategische Kontrolle im Rahmen strategischer Unternehmensführung, Frankfurt a.M. u.a.

*Hax, A.C./Majluf, N.S. (1991):* The Strategy Concept and Process, Englewood Cliffs (NJ).

*Heath, R.L. (1990):* Corporate Issues Management: Theoretical Underpinnings and Research Foundations, in: Public Relations Research Annual, Volume 2, Hillsdale (NJ) u.a., S. 29-65.

*Heath, R.L. (1992):* The Wrangle in the Marketplace: A Rhetorical Perspective of Public Relations, in: Toth, E.L./Heath, R.L. (Hrsg.): Rhetorical and Critical Approaches to Public Relations, Hillsdale (NJ) u.a., S. 17-36.

*Heath, R.L. (1993):* A Rhetorical Approach to Zones of Meaning and Organizational Prerogatives, in: Public Relations Review, 19. Jg., Nr. 2, S. 141-155.

*Heath, R.L. (1994):* Management of Corporate Communication, Hillsdale (NJ)/Hove.

*Heath, R.L./Nelson R.A. (1986):* Issues Management, Newbury Park u.a.

*Hein, M.R. (1990):* Organisationskommunikation und Organisationskultur, Bonn.

*Heinen, E. (1985):* Einführung in die Betriebswirtschaftslehre, 9. Auflage, Wiesbaden.

*Heinen, E. (Hrsg.) (1991):* Industriebetriebslehre, 9. Auflage, Wiesbaden.

*Hennemann, C. (1997):* Organisationales Lernen und lernende Organisation, München/Mering 1997.

*Hentze, J./Brose, P./Kammel, A. (1993):* Unternehmensplanung, 2. Auflage, Bern u.a.

*Herbst, D. (2001):* Internet-PR, Berlin.

*Herbst, D. (2003):* Praxishandbuch Unternehmenskommunikation, Berlin.

*Hermanns, A./Püttmann, M. (1993):* Integrierte Marketing-Kommunikation, in: Berndt, R./Hermanns, A. (Hrsg.): Handbuch Marketing-Kommunikation, Wiesbaden, S. 19-42.

*Heß, G. (1991):* Marktsignale und Wettbewerbsstrategie, Stuttgart.

*Hesse, K.R./Gelzleichtner, A. (1993):* Images und Fernsehen, in: Bentele, G./Rühl, M. (Hrsg.): Theorien öffentlicher Kommunikation, München, S. 409-434.

*Hiegemann, S./Swoboda, W.H. (Hrsg.) (1994):* Handbuch der Medienpädagogik, Opladen.

*Hilger, W. (1993):* Bericht des Vorsitzenden des Vorstands an die Ordentliche Hauptversammlung der Hoechst AG am 27.4.1994, veröff. Umdruck, Frankfurt a.M.

*Hintermeier, J. (1982):* Public Relations im journalistischen Entscheidungsprozeß, dargestellt am Beispiel einer Wirtschaftsredaktion, Düsseldorf.

*Hoechst AG (1995a):* Ansprechpartner – Zahlen – Fakten, Informationsbroschüre, Frankfurt a.M.

*Hoechst AG (1995b):* Progress Report – Umwelt, Gesundheit, Sicherheit 1995, Frankfurt a.M.

*Hofer, C.W./Schendel, D. (1978):* Strategy Formulation: Analytical Concepts, St. Paul u.a.

*Höffe, O. (1981):* Sittlich-politische Diskurse, Frankfurt a.M.

*Höflich, J. (1996):* Technisch vermittelte interpersonale Kommunikation. Grundlagen – organisatorische Medienverwendung – Konstitution „elektronischer Gemeinschaften", Opladen.

*Hoffjann, O. (2001):* Journalismus und Public Relations. Ein Theorieentwurf der Intersystembeziehungen in sozialen Konflikten, Wiesbaden.

*Hoffmann, C. (2001*): Das Intranet. Ein Medium der Mitarbeiterkommunikation, Konstanz.

*Hoffmann-Riem/Schmidt-Aßmann, E. (Hrsg.) (1990):* Konfliktbewältigung durch Verhandlungen. Band I: Informelle und mittlerunterstützte Verhandlungen im Verwaltungsverfahren, Baden-Baden.

*Holly, W. (1987):* Sprachhandeln ohne Kooperation?, in: Liedtke, F./Keller, R. (Hrsg.): Kommunikation und Kooperation, Tübingen, S. 139-157.

*Holoubek, K. (1994)*: Unternehmenspolitik und ihre Kommunizierbarkeit – der Störfall als Prüfstein, in: Gerling, R./Obermeier, O.-P. (Hrsg.): Risiko – Störfall – Kommunikation, München, S. 69-94.

*Holtz, S. (1999):* Public Relations on the Net, New York.

*Holzer, H. (1994):* Medienkommunikation, Opladen.

*Homann, K./Blome-Drees, F. (1992):* Wirtschafts- und Unternehmensethik, Göttingen.

*Honneth, A. (Hrsg.) (1993):* Kommunitarismus, Frankfurt a.M.

*Hortleder, G. (1977):* Massenhandeln, in: Lenk, H. (Hrsg.): Handlungstheorien – interdisziplinär, Band 4: Sozialwissenschaftliche Handlungstheorien und spezielle systemwissenschaftliche Ansätze, S. 273-289.

*Horvath & Partner (Hrsg.) (2001):* Balanced Scorecard umsetzen, 2. Auflage, Stuttgart.

*Horvath, P./Möller, K. (Hrsg.) (2004):* Intangibles in der Unternehmenssteuerung. Strategien und Instrumente zur Wertsteigerung des immateriellen Kapitals, München.

*Huber, B. (1993):* Strategische Marketing- und Imageplanung, Frankfurt a.M. u.a.

*Hubig, C. (1995):* Konsens- oder Dissensethik? Von der Diskursethik zum Dissensmanagement, in: Luckner, A. (Hrsg.): Dissens und Freiheit, Leipzig, S. 179-196.

*Huck, S. (2003):* PR-Campaigning, unveröff. Manuskript des Fachgebiets für Kommunikationswissenschaft und Journalistik der Universität Hohenheim, Stuttgart.

*Huck, S. (2004):* Public Relations ohne Grenzen? Eine explorative Analyse der Beziehungen zwischen Kultur und Öffentlichkeitsarbeit von Unternehmen, Wiesbaden.

*Hugot, B. (1991):* Hoechst vs. BUKO-Pharma – Die Entwicklung einer Streitkultur, unveröff. Diplomarbeit am Lehrstuhl für Allgemeine Betriebswirtschaftslehre und Unternehmensführung der Universität Erlangen-Nürnberg, Nürnberg.

*Hundhausen, C. (1938):* Public Relations, in: Zeitschrift für Betriebswirtschaft, 15. Jg., S. 48-61.

*Hundhausen, C. (1969):* Public Relations, Berlin.

*Hünerberg, R./Heise, G. (Hrsg.) (1995):* Multi-Media und Marketing, Wiesbaden.

*Hunt, T./Grunig, J.E. (1994):* Public Relations Techniques, Fort Worth u.a.

*Huntington, S.P. (1996):* The Clash of Civilizations and the Remaking of World Order, New York.

*Hunziker, P. (1988):* Medien, Kommunikation und Gesellschaft, Darmstadt.

*Inglehart, R. (1989):* Kultureller Umbruch. Wertwandel in der westlichen Welt, Frankfurt a.M./New York (amerikanische Erstveröffentlichung 1989).

*Inhetveen, R. (1983):* Konstruktive Geometrie, Mannheim u.a.

*Institut für Demoskopie Allensbach (1995):* Capital-Führungskräfte-Panel, Auswertung der Befragung vom 1.3. bis 14.3.1995, unveröff. Tabellenwerk, o.O. (Allensbach).

*Institute for Public Relations (IPR) Commission on PR Measurement and Evaluation (1997):* Guidelines and Standards for Measuring and Evaluating PR Effectiveness, Gainesville (FL).

*International Public Relations Association (IPRA) (1994):* Quality Customer Satisfaction Public Relations, in: PR Magazin, 25. Jg., 7, S. 31-46.

*Isaacs, W.N. (1993):* Dialogue, Collective Thinking, and Organizational Learning, in: Organizational Dynamics, 22. Jg., S. 24-39.

*Jablin, F.M./Putnam, L.L./Roberts, K.H./Porter, L.W. (Hrsg.) (1987):* Handbook of Organizational Communication, Newbury Park u.a.

*Janich, P. (1981):* Natur und Handlung, in: Schwemmer, O. (Hrsg.): Vernunft, Handlung und Erfahrung, München, S. 69-84.

*Janich, P. (1989):* Euklids Erbe – Ist der Raum dreidimensional?, München.

*Janich, P. (1992a):* Die methodische Ordnung von Konstruktionen, in: Schmidt, S.J. (Hrsg.): Kognition und Gesellschaft, Frankfurt a.M., S. 24-41.

*Janich, P. (1992b):* Ist Information ein Naturgegenstand?, in: ders.: Grenzen der Naturwissenschaft, München, S. 138-161.

*Janich, P. (1993):* Erkennen als Handeln, Erlangen/Jena.

*Janich, P./Kambartel, F./Mittelstraß, J. (1974):* Wissenschaftstheorie als Wissenschaftskritik, Frankfurt a.M.

*Janik, A. (2002):* Investor Relations in der Unternehmenskommunikation. Kommunikationswissenschaftliche Analysen und Handlungsempfehlungen, Wiesbaden.

*Janisch, M. (1993):* Das strategische Anspruchsgruppenmanagement, Bern u.a.

*Jarchow, K. (1992):* Wirklichkeiten, Wahrheiten, Wahrnehmungen. Systemtheoretische Voraussetzungen der Public Relations, Bremen.

*Jarren, O. (1994):* Politik und politische Kommunikation in der modernen Gesellschaft, in: Aus Politik und Zeitgeschichte, Beilage zur Wochenzeitung »Das Parlament«, 44. Jg., Nr. B 39/94, S. 3-10.

*Jarren, O./Röttger, U. (2004):* Steuerung, Reflexion und Interpenetration: Kernelemente einer strukturationstheoretisch begründeten PR-Theorie, in: Röttger, U. (Hrsg.): Theorien der Public Relations, Wiesbaden, S. 21-41.

*Jehle, E. (1980):* Unternehmung und gesellschaftliche Umwelt, Stuttgart.

*Jensen, R. (1999):* The Dream Society. How the Coming Shift from Information to Imagination will change your Business, New York.

*Jensen, S. (1980a):* Talcott Parsons, Stuttgart.

*Jensen, S. (1980b):* Einleitung, in: Parsons, T.: Zur Theorie der sozialen Interaktionsmedien, Opladen, S. 7-55.

*Jensen, S. (1984):* Aspekte der Medien-Theorie: Welche Funktion haben die Medien in Handlungssystemen?, in: Zeitschrift für Soziologie, 13. Jg., S. 145-164.

*Jeschke, B.G. (1993):* Konfliktmanagement und Unternehmenserfolg, Wiesbaden.

*Joas, H. (1978):* Die gegenwärtige Lage der Rollentheorie, 3. Auflage, Frankfurt a.M.

*Joas, H. (1986):* Giddens' Theorie der Strukturbildung, in: Zeitschrift für Soziologie 15 (1986), S. 237-245.

*Johannesen, R.L. (1974):* Attitude of Speaker toward Audience. A Significant Concept for Contemporary Rhetorical Theory and Criticism, in: Central States Speech Journal, 25. Jg., S. 95-104.

*Jones, B.L./Chase, W.H. (1979):* Managing public policy issues, in: Public Relations Review, 5. Jg., Nr. 2, S. 3-23.

*Kaiser, M. (1996):* Kulturelle Kommunikationspraxen als Leitbild einer wirtschaftsethisch reflektierten Unternehmenskommunikation, in: Bentele, G./Steinmann, H./Zerfaß, A. (Hrsg.): Dialogorientierte Unternehmenskommunikation, Berlin, S. 109-145.

*Kalt, G./Steinke, P. (Hrsg.) (1992):* Erfolgreiche PR. Ausgewählte Beispiele aus der Praxis, Frankfurt a.M.

*Kambartel, F. (1974a):* Moralisches Argumentieren – Methodische Analysen zur Ethik, in: ders. (Hrsg.): Praktische Philosophie und konstruktive Wissenschaftstheorie, Frankfurt a.M., S. 54-72.

*Kambartel, F. (Hrsg.) (1974b):* Praktische Philosophie und konstruktive Wissenschaftstheorie, Frankfurt a.M.

*Kambartel, F. (1974c):* Wie ist praktische Philosophie konstruktiv möglich?, in: ders. (Hrsg.): Praktische Philosophie und konstruktive Wissenschaftstheorie, Frankfurt a.M., S. 9-33.

*Kambartel, F. (1975):* Bemerkungen zum normativen Fundament der Ökonomie, in: Mittelstraß, J. (Hrsg.): Methodologische Probleme einer normativ-kritischen Gesellschaftstheorie, Frankfurt a.M., S. 107-125.

*Kambartel, F. (1978a):* Ist rationale Ökonomie als empirisch-quantitative Wissenschaft möglich?, in: Steinmann, H. (Hrsg.): Betriebswirtschaftslehre als normative Handlungswissenschaft, Wiesbaden, S. 57-70.

*Kambartel, F. (1978b):* Symbolische Handlungen, in: Mittelstraß, J./Riedel, M. (Hrsg.): Vernünftiges Denken, Gedenkschrift für Wilhelm Kamlah, Berlin/New York, S. 3-22.

*Kambartel, F. (1980):* Pragmatische Grundlagen der Semantik, in: Gethmann, C.F. (Hrsg.): Theorie des wissenschaftlichen Argumentierens, Frankfurt a.M., S. 95-114.

*Kambartel, F. (1982):* Formalistische und sophistische Elemente in der »dialogischen Logik«, in: Gethmann, C.F. (Hrsg.): Logik und Pragmatik, Frankfurt a.M., S. 41-52.

*Kambartel, F. (1984):* Analysen zur Komplexität und Ordnung unserer Handlungen, in: Janich, P. (Hrsg.): Methodische Philosophie, Mannheim u.a., S. 36-41.

*Kambartel, F. (1989a):* Autonomie, mit Kant betrachtet, in: ders.: Philosophie der humanen Welt, Frankfurt a.M., S. 117-131 (Erstveröffentlichung 1978).

*Kambartel, F. (1989b):* Begründungen und Lebensformen, in: ders.: Philosophie der humanen Welt, Frankfurt a.M., S. 44-58 (Erstveröffentlichung 1986).

*Kambartel, F. (1989c):* Vernunft: Kriterium oder Kultur? Zur Definierbarkeit des Vernünftigen, in: ders.: Philosophie der humanen Welt, Frankfurt a.M., S. 27-43.

*Kambartel, F. (1991):* Versuch über das Verstehen, in: »Der Löwe spricht ... und wir können ihn nicht verstehen« – Ein Symposion an der Universität Frankfurt anläßlich des hundertsten Geburtstages von Ludwig Wittgenstein, Frankfurt a.M., S. 121-137.

*Kambartel, F. (1992a):* Notwendige Geltung, in: Janich, P. (Hrsg.): Entwicklungen der methodischen Philosophie, Frankfurt a.M., S. 34-46.

*Kambartel, F. (1992b):* Die Vernunft und das Allgemeine, in: Gerhard, V./Herold, N. (Hrsg.): Perspektiven des Perspektivismus, Gedenkschrift zum Tode Friedrich Kaulbachs, Würzburg 1992, S. 265-277.

*Kambartel, F. (1993a):* Arbeit und Praxis. Zu den begrifflichen und methodischen Grundlagen einer aktuellen politischen Diskussion, in: Deutsche Zeitschrift für Philosophie, 41. Jg., S. 239-249.

*Kambartel, F. (1993b):* Bemerkungen zur Politischen Ökonomie, unveröff. Manuskript, Frankfurt a.M.

*Kambartel, F. (1993c):* Kann es gehirnpsychologische Ursachen unseres Handelns geben?, in: Elepfandt, A./Wolters, G. (Hrsg.): Denkmaschinen?: Interdisziplinäre Perspektiven zum Thema Gehirn und Geist, Konstanz, S. 215-227.

*Kambartel, F. (1993d):* Unterscheidungen zur Praktischen Philosophie, unveröff. Manuskript, Frankfurt a.M.

*Kambartel, F. (1995):* Zur Grammatik von Wahrheit und Begründung, unveröff. Manuskript, Frankfurt a.M.

*Kambartel, F./Stekeler-Weithofer, P. (1988):* Ist der Gebrauch der Sprache ein durch ein Regelsystem geleitetes Handeln?, in: Stechow, A. von/Schepping, M.-T. (Hrsg.): Fortschritte in der Semantik, Weinheim, S. 201-223.

*Kamlah, W. (1967):* Sprachliche Handlungsschemata, in: Gadamer, H.-G. (Hrsg.): Das Problem der Sprache, München, S. 427-434.

*Kamlah, W. (1973):* Philosophische Anthropologie, korrigierte Taschenbuchausgabe, Mannheim u.a.

*Kamlah, W. (1979):* Sprache und Sprachtheorie im Dienste von Verständigung, in: Lorenz, K. (Hrsg.): Konstruktionen versus Positionen, Festschrift für Paul Lorenzen, Band II: Allgemeine Wissenschaftstheorie, Berlin/New York, S. 3-22.

*Kamlah, W./Lorenzen, P. (1973):* Logische Propädeutik, 2. Auflage, Mannheim u.a.

*Kanngießer, S. (1976):* Sprachliche Universalien und diachrone Prozesse, in: Apel, K.-O. (Hrsg.): Sprachpragmatik und Philosophie, Frankfurt a.M., S. 273-393.

*Kaplan, R.S./Norton, D.P. (1997):* Balanced Scorecard. Strategien erfolgreich umsetzen, Stuttgart (amerikanische Erstveröffentlichung 1996).

*Karlöf, B./Östblom S. (1993):* Benchmarking, Chichester.

*Kehrer, A. (1992):* Zur Gehorsamsbereitschaft in Organisationen, in: Sandner, K. (Hrsg.): Politische Prozesse in Unternehmen, 2. Auflage, Heidelberg, S. 103-130.

*Kendall, R. (1996):* Public Relations Campaign Strategies, 2. Auflage, New York u.a.

*Kepper, G. (1994):* Qualitative Marktforschung, Wiesbaden.

*Kepplinger, H.M. (1990):* Realität, Realitätsdarstellung und Medienwirkung, in: Wilke, J. (Hrsg.): Fortschritte der Publizistikwissenschaft, Freiburg/München, S. 39-55.
*Kepplinger, H.M. (1992):* Ereignismanagement, Zürich und Osnabrück.
*Kepplinger, H.M. (1994):* Publizistische Konflikte, in: Neidhardt, F. (Hrsg.): Öffentlichkeit, öffentliche Meinung, soziale Bewegungen, Sonderheft 34/1994 der Kölner Zeitschrift für Soziologie und Sozialpsychologie, Opladen, S. 214-233.
*Kepplinger, H.M./Brosius, H.-B./Staab, J.F./Linke, G. (1989):* Instrumentelle Aktualisierung, in: Kaase, M./Schulz, W. (Hrsg.): Massenmedien – Theorien, Methoden, Befunde, Sonderheft 30/ 1989 der Kölner Zeitschrift für Soziologie und Sozialpsychologie, Opladen, S. 199-220.
*Kepplinger, H.M./Hartung, U. (1995):* Störfall-Fieber. Wie ein Unfall zum Schlüsselereignis einer Unfallserie wird, Freiburg/München.
*Kieser, A. (1994):* Fremdorganisation, Selbstorganisation und evolutionäres Management, in: Zeitschrift für betriebswirtschaftliche Forschung, 46. Jg., S. 199-228.
*Kießling, B. (1988a):* Kritik der Giddensschen Sozialtheorie, Frankfurt a.M.
*Kießling, B. (1988b):* Die „Theorie der Strukturierung" – Ein Interview mit Anthony Giddens, in: Zeitschrift für Soziologie, 17. Jg., S. 286-295.
*King, W.R. (1987):* Strategic Issue Management, in: King, W.R./Cleland, D.I. (Hrsg.): Strategic Planning and Management Handbook, New York, S. 252-264.
*Kinnebrock, W. (1993):* Integriertes Event-Marketing, Wiesbaden.
*Kirchhoff, K.R./Piwinger, M. (Hrsg.) (2001):* Die Praxis der Investor Relations, Neuwied/Kriftel.
*Kirchner, C./Schwartze, A. (1993):* Recht, in: Enderle, G./Homann, K./Honecker, M./Kerber, W./ Steinmann, H. (Hrsg.): Lexikon der Wirtschaftsethik, Freiburg u.a., Sp. 876-887.
*Kirchner, K. (2001):* Integrierte Unternehmenskommunikation. Theoretische und empirische Bestandsaufnahme und eine Analyse amerikanischer Großunternehmen, Wiesbaden 2001.
*Kirsch, W. (1971):* Entscheidungsprozesse, 3. Band: Entscheidungen in Organisationen, Wiesbaden.
*Kirsch, W. (1990):* Unternehmenspolitik und strategische Unternehmensführung, München.
*Kirsch, W. (1992):* Kommunikatives Handeln, Autopoiese, Rationalität. Sondierungen zu einer evolutionären Führungslehre, München.
*Kirsch, W./Knyphausen, D. zu (1993):* Gibt es in betriebswirtschaftlichen Organisationen ein verständigungsorientiertes Handeln?, in: Die Betriebswirtschaft, 53. Jg., S. 221-234.
*Kledzik, S.M. (1992):* Wilhelm von Humboldt (1767-1835), in: Dascal, M./Gerhardus, D./Lorenz, K./ Meggle, G. (Hrsg.): Sprachphilosophie, 1. Halbband, Berlin/New York, S. 362-381.
*Kleebinder, H.-P. (1995):* Internationale Public Relations. Analyse öffentlicher Meinungsbildung in Europa zum Thema Mobilität, Wiesbaden.
*Klein, S. (1994):* Virtuelle Organisation, in: Wirtschaftswissenschaftliches Studium, 23. Jg., S. 309-311.
*Klein, S. (1995):* Die Konfiguration von Unternehmungsnetzwerken – ein Parsons'scher Bezugsrahmen, in: Bühner, R./Haase, K.D./Wilhelm, J. (Hrsg.): Dimensionierung des Unternehmens, Stuttgart, S. 323-357.
*Kleindiek, W. (1992):* Flug über den Wolken, in: PR Magazin, 23. Jg., Nr. 10, S. 36-38.
*Kleinsteuber, H.J./Rossmann, T. (1994):* Europa als Kommunikationsraum, Opladen.
*Klenk, V. (1991):* Corporate Advertising als Instrument der gesellschaftsorientierten Public Relations, in: PR Magazin, 21. Jg., Nr. 3, S. 31-42.
*Klingenberg, H./Kränzle, H.-P. (1983):* Kommunikationstechnik und Nutzerverhalten, München.
*Knapp, H.G. (1978):* Kritik und Plan – Kritische Stellungnahme zu konstruktivistischen Thesen, in: Steinmann, H. (Hrsg.): Betriebswirtschaftslehre als konstruktive Handlungswissenschaft, Wiesbaden, S. 205-215.
*Knorr, R.H. (1984):* Public Relations als System-Umwelt-Interaktion, dargestellt an der Öffentlichkeitsarbeit einer Universität, Wiesbaden.
*Knyphausen-Aufseß, D. zu (1995):* Theorie der strategischen Unternehmensführung, Wiesbaden.
*Köcher, A.C. (1991):* Management von Public Relations. Ein integrales Konzept, Dissertation, St. Gallen.
*Kocks, K. (2004):* PR-Theorien – Vergebliche Versuche in der Halbwelt amerikanisierter Wissenschaft, in: Röttger, U. (Hrsg.): Theorien der Public Relations, Wiesbaden, S. 179-190.
*Kocks, K./Krause, D. (1996):* Dialog-PR, partizipatorische Soziokultur und interaktive Medien. Zur sozialwissenschaftlichen Einordnung eines Projektes der Ruhrgas-Öffentlichkeitsarbeit, in: Bentele,

G./Steinmann, H./Zerfaß, A. (Hrsg.): Dialogorientierte Unternehmenskommunikation, Berlin, S. 425-443.

*Köhler, R. (1976):* Marktkommunikation, in: Wirtschaftswissenschaftliches Studium, 5. Jg., S. 164-173.

*Kohtes & Klewes Kommunikation (1994):* Image von Großunternehmen – Sample Studie – im Auftrag der Kohtes & Klewes Kommunikation 1994, Berichtsband, o.O. (Düsseldorf).

*Kopperschmidt, J. (1973):* Allgemeine Rhetorik. Einführung in die Theorie der Persuasiven Kommunikation, Stuttgart u.a.

*Kopperschmidt, J. (1989):* Methodik der Argumentationsanalyse, Stuttgart-Bad Cannstatt.

*Kopperschmidt, J. (1995):* Grundfragen einer Allgemeinen Argumentationstheorie unter besonderer Berücksichtigung formaler Argumentationsmuster, in: Wohlrapp, H. (Hrsg.): Wege der Argumentationsforschung, Stuttgart-Bad Cannstatt, S. 50-73.

*Kosiol, E. (1968):* Einführung in die Betriebswirtschaftslehre, Wiesbaden.

*Kotler, P. (1976):* Eine allgemeine Marketing-Konzeption, in: Fischer-Winkelmann, W.F./Rock, R. (Hrsg.): Markt und Konsument, Teilband II: Kritik der Marketing-Theorie, München, S. 227-250 (amerikanische Erstveröffentlichung 1972).

*Kotler, P. (1986):* Megamarketing, in: Harvard Business Review, 64. Jg., Nr. 2, S. 117-124.

*Kotler, P./Bliemel, F. (1995):* Marketing-Management, 8. Auflage, Stuttgart.

*Kotler, P./Mindak, W. (1978):* Marketing and Public Relations, in: Journal of Marketing, 42. Jg., S. 13-20.

*Kötter, R. (1980):* Empirismus und Rationalismus in der Ökonomie, Dissertation, Erlangen.

*Kotthoff, H. (1994):* Betriebsräte und Bürgerstatus. Wandel und Kontinuität betrieblicher Mitbestimmung, München/Mering.

*Kramer, R. (1965):* Information und Kommunikation, Berlin.

*Krämer-Bach, S./Schulz, J. (2003):* Leitkonzepte der Unternehmenskommunikation in der Umsetzung, Beitrag zur Jahrestagung der DGPuK-Fachgruppe Public Relations/Organisationskommunikation vom 2. bis 4. Oktober 2003 in Krems, unveröff. Manuskript, Frankfurt a.M.

*Krawietz, W./Welker, M. (Hrsg.) (1992):* Kritik der Theorie sozialer Systeme, Frankfurt a.M.

*Kreilkamp, E. (1987):* Strategisches Management und Marketing, Berlin/New York.

*Kresse, U. (1995):* Kommunikation als integrierter Bestandteil der Dienstleistung – Das Beispiel der Energie-Versorgung Schwaben AG, in: Ahrens, R./Scherer, H./Zerfaß, A. (Hrsg.): Integriertes Kommunikationsmanagement, Frankfurt a.M., S. 155-167.

*Krippendorff, K. (1994):* Der verschwundene Bote. Metaphern und Modelle der Kommunikation, in: Merten, K./Schmidt, S.J./Weischenberg, S. (Hrsg.): Die Wirklichkeit der Medien, Opladen, S. 79-113.

*Krippendorff, K./Eeley, M.F. (1986):* Monitoring A Group's Symbolic Environment, in: Public Relations Review, 12. Jg., Nr. 1, S. 13-36.

*Kroeber-Riel, W. (1991):* Kommunikationspolitik, in: Marketing ZFP, 13. Jg., S. 164-171.

*Kroeber-Riel, W. (1992):* Konsumentenverhalten, 5. Auflage, München.

*Kroeber-Riel, W. (1993a):* Bildkommunikation, München.

*Kroeber-Riel, W. (1993b):* Marketing-Kommunikation, in: Wittmann, W./Kern, W./Köhler, R./Küpper, H.-U./Wysocki, K. von (Hrsg.): Handwörterbuch der Betriebswirtschaftslehre, 5. Auflage, Stuttgart, Teilband 2, Sp. 2720-2733.

*Kroeber-Riel, W. (1993c):* Strategie und Technik der Werbung, 4. Auflage, Stuttgart u.a.

*Krueger, R.* (1994): Fcus Groups, London.

*Krug, M. (1995):* Interne Unternehmenskultur und externe Unternehmenskommunikation: Das Beispiel der Hewlett Packard GmbH, in: Ahrens, R./Scherer, H./Zerfaß, A. (Hrsg.): Integriertes Kommunikationsmanagement, Frankfurt a.M., S. 205-210.

*Krulis-Randa, J.S. (1993):* Marketingwissenschaft: Stand und Entwicklung, in: Die Unternehmung, 47. Jg., S. 149-162.

*Krystek, U./Müller-Stewens, G. (1993):* Frühaufklärung für Unternehmen, Stuttgart.

*Krzeminski, M./Zerfaß, A. (Hrsg.) (1998):* Interaktive Unternehmenskommunikation. Internet, Intranet, Datenbanken, Online-Dienste und Business-TV als Bausteine erfolgreicher Öffentlichkeitsarbeit, Frankfurt a.M.

*Kückelhaus, A. (1998):* Public Relations: Die Konstruktion von Wirklichkeit, Opladen/Wiesbaden.

*Kuhlmann, W. (1985):* Reflexive Letztbegründung – Untersuchungen zur Transzendentalpragmatik, Freiburg i.Br.
*Kuhlmann, W. (1993):* Zum Spannungsfeld Überreden – Überzeugen, in: Armbrecht, W./Avenarius, H./Zabel, U. (Hrsg.): Image und PR, Opladen, S. 37-53.
*Kuhlmann, W. (1994):* Rhetorik und Ethik, in: Armbrecht, W./Zabel, U. (Hrsg.): Normative Aspekte der Public Relations, Opladen, S. 35-50.
*Kuhn, M./Kalt, G./Kinter, A. (Hrsg.) (2003):* Chefsache Issues Management. Ein Instrument zur strategischen Unternehmensführung – Grundlagen, Praxis, Trends, Frankfurt a.M.
*Kühn, R. (1992):* Unternehmungskommunikation: Formen, Bedeutung und Entwicklungstendenzen, Arbeitspapier Nr. 14 des Instituts für Marketing und Unternehmungsführung der Universität Bern, Bern.
*Kunczik, M. (1977):* Massenkommunikation, Köln/Wien.
*Kunczik, M. (1984):* Kommunikation und Gesellschaft, Köln/Wien.
*Kunczik, M. (1988):* Journalismus als Beruf, Köln/Wien.
*Kunczik, M. (1993):* Public Relations – Konzepte und Theorien, Köln u.a.
*Kunczik, M. (1994):* Public Relations: Angewandte Kommunikationswissenschaft oder Ideologie?, in: Armbrecht, W./Zabel, U. (Hrsg.): Normative Aspekte der Public Relations, Opladen, S. 225-264.
*Kunczik, M. (2001):* Dr. Fox lebt oder warum laut Lothar Rolke Public Relations gesellschaftlich erwünscht sind: „If you can't convince them, confuse them", in: Publizistik, 46. Jg., S. 425-437.
*Kunczik, M. (2002):* Public Relations – Konzepte und Theorien, 4. Auflage, Köln u.a.
*Kunczik, M./Heintzel, A./Zipfel, A. (1995):* Krisen-PR, Köln u.a.
*Künzler, J. (1989):* Medien und Gesellschaft. Die Medienkonzepte von Talcott Parsons, Jürgen Habermas und Niklas Luhmann, Stuttgart.
*Küpper, H.-U. (1995):* Controlling, Stuttgart.

*Labonté, E. (1988):* Produkt-Publizität als Instrumentalvariable der Kommunikationspolitik, Köln.
*Landsch, M. (1995):* Leistung, Konstruktion und Analyse von Images. Ein Beitrag aus dem Blickwinkel der Zeichentheorie (Semiotik), in: Baerns, B. (Hrsg.): PR-Erfolgskontrolle, Frankfurt a.M., S. 217-234.
*Langtry, B. (1994):* Stakeholders and the Moral Responsibilities of Business, in: Business Ethics Quarterly, 4. Jg., S. 431-443.
*Lasswell, H.D. (1948):* The Structure and Function of Communication in Society, in: Bryson, L. (Hrsg.): The Communication of Ideas, New York, S. 37-51.
*Lattmann, C. (1993):* Der Konstruktivismus und seine Bedeutung für die Betriebswirtschaftslehre, in: Management Revue, 4. Jg., S. 217-241.
*Laube, G.L. (1986):* Betriebsgrößenspezifische Aspekte der Public Relations, Frankfurt a.M. u.a.
*Lautmann, R. (1985):* Was nützt der Soziologie die Nutzenanalyse?, in: Soziologische Revue, 8. Jg., S. 219-226.
*Lazarsfeld, P.F./Berelson, B./Gaudet, H. (1969):* Wahlen und Wähler – Soziologie des Wahlverhaltens, Neuwied/Berlin (amerikanische Erstveröffentlichung 1944).
*Lehmann, H. (1968):* Integration, in: Grochla, E. (Hrsg.): Handwörterbuch der Organisation, Stuttgart, Sp. 768-774.
*Leichty, G./Springston, J. (1993):* Reconsiderung Public Relations Models, in: Public Relations Review, 19.Jg., S. 327-339.
*Leimeister, J.M./Sidiras, P./Krcmar, H. (2003):* Erfolgsfaktoren virtueller Gemeinschaften aus Sicht von Mitgliedern und Betreibern – eine empirische Untersuchung, in: Uhr, W./Esswein, W./Schoop, E. (Hrsg.): Wirtschaftsinformatik 2003. Medien – Märkte – Mobilität, Band 2, Heidelberg.
*Lerg, W.B. (1991):* Grundzüge der direkten Kommunikation, in: Dallmer, H. (Hrsg.): Handbuch Direct Marketing, 6. Auflage, Wiesbaden, S. 135-150.
*Leuven, J.K. van/Slater, M.D. (1991):* How Public, Public Relations, and the Media Shape the Public Opinion Process, in: Public Relations Research Annual, Volume 3, Hillsdale (NJ) u.a., S. 165-178.
*Lewald, G. (1993):* Gesellschaftspolitisch orientierte Unternehmenskommunikation, Münster/Hamburg.
*Liebl, F. (1994):* Issue Management, in: Zeitschrift für Betriebswirtschaft, 64. Jg., S. 359-383.
*Liebl, F. (1996):* Strategische Frühaufklärung. Trends – Issues – Stakeholders, München/Wien.
*Lindenmann, W.J. (1993):* Guide to Public Relations Research, New York.

*Löber, W. (1973):* Marktkommunikation, Wiesbaden.

*Löffelholz, M./Altmeppen, K.-D. (1994):* Kommunikation in der Informationsgesellschaft, in: Merten, K./Schmidt, S.J./Weischenberg, S. (Hrsg.): Die Wirklichkeit der Medien, Opladen, S. 570-591.

*Löffelholz, M./Quandt, T./Hanitzsch, T./Altmeppen, K.-D. (2003):* Onlinejournalisten in Deutschland, in: Media Perspektiven, Nr. 10, S. 477-486.

*Logsdon, J.M./Palmer, D.R. (1988):* Issues Management and Ethics, in: Journal of Business Ethics, 7. Jg., S. 191-198.

*Löhr, A. (1991):* Unternehmensethik und Betriebswirtschaftslehre, Stuttgart.

*Löhr, A./Bischof, B. (1993):* Die Führungsfunktion Leitung – Eine rollentheoretische Verankerung im strategischen Managementprozeß, Diskussionsbeitrag Nr. 75 des Lehrstuhls für Allgemeine Betriebswirtschaftslehre und Unternehmensführung der Universität Erlangen-Nürnberg, Nürnberg.

*Lorenz, K. (1995a):* Handlung, in: Mittelstraß, J. (Hrsg.): Enzyklopädie Philosophie und Wissenschaftstheorie, Band 2, korr. Nachdruck, Stuttgart/Weimar, S. 33-37.

*Lorenz, K. (1995b):* Lehr- und Lernsituation, in: Mittelstraß, J. (Hrsg.): Enzyklopädie Philosophie und Wissenschaftstheorie, Band 2, korr. Nachdruck, Stuttgart/Weimar, S. 565-566.

*Lorenzen, P. (1974):* Interdisziplinäre Forschung und infradisziplinäres Wissen, in: ders.: Konstruktive Wissenschaftstheorie, Frankfurt a.M., S. 133-146.

*Lorenzen, P. (1975):* Autonomie und empirische Sozialforschung, in: Mittelstraß, J. (Hrsg.): Methodologische Probleme einer normativ-kritischen Gesellschaftstheorie, Frankfurt a.M., S. 244-265.

*Lorenzen, P. (1978a):* Konstruktive Wissenschaftstheorie und Praxis, in: Steinmann, H. (Hrsg.): Betriebswirtschaftslehre als normative Handlungswissenschaft, Wiesbaden, S. 13-31.

*Lorenzen, P. (1978b):* Regeln vernünftigen Argumentierens, in: ders.: Theorie der technischen und politischen Vernunft, Stuttgart, S. 4-57.

*Lorenzen, P. (1980):* Rationale Grammatik, in: Gethmann, C.F. (Hrsg.): Theorie des wissenschaftlichen Argumentierens, Frankfurt a.M., S. 73-94.

*Lorenzen, P. (1985):* Konstruktive Wissenschaftstheorie und politische Vernunft, in: ders.: Grundbegriffe technischer und politischer Kultur, Frankfurt a.M., S. 158-167.

*Lorenzen, P. (1987):* Lehrbuch der konstruktiven Wissenschaftstheorie, Mannheim u.a.

*Lorenzen, P. (1991):* Philosophische Fundierungsprobleme einer Wirtschafts- und Unternehmensethik, in: Steinmann, H./Löhr, A. (Hrsg.): Unternehmensethik, 2. Auflage, Stuttgart, S. 35-67.

*Lorenzen, P./Schwemmer, O. (1975):* Konstruktive Logik, Ethik und Wissenschaftstheorie, 2. Auflage, Mannheim u.a. 1975.

*Ludes, P. (1993):* Scheinöffentlichkeiten – Medienwissenschaftliche Aufklärungsversuche, in: Faulstich, W. (Hrsg.): Konzepte von Öffentlichkeit, Bardowick, S. 58-82.

*Lueken, G.-L. (1992):* Inkommensurabilität als Problem rationalen Argumentierens, Stuttgart-Bad Cannstatt.

*Lueken, G.-L. (1995):* Konsens, Widerstreit und Entscheidung, in: Wohlrapp, H. (Hrsg.): Wege der Argumentationsforschung, Stuttgart-Bad Cannstatt, S. 358-385.

*Lueken, G.-L. (1996):* Philosophische Überlegungen zu Dialog, Diskurs und strategischem Handeln, in: Bentele, G./Steinmann, H./Zerfaß, A. (Hrsg.): Dialogorientierte Unternehmenskommunikation, Berlin, S. 59-79.

*Luhmann, N. (1971):* Öffentliche Meinung, in: ders.: Politische Planung, Opladen, S. 9-34.

*Luhmann, N. (1981a):* Die Unwahrscheinlichkeit der Kommunikation, in: ders.: Soziologische Aufklärung 3, Opladen, S. 25-34.

*Luhmann, N. (1981b):* Veränderungen im System gesellschaftlicher Kommunikation und die Massenmedien, in: ders.: Soziologische Aufklärung 3, Opladen, S. 209-320 (Erstveröffentlichung 1975).

*Luhmann, N. (1984):* Soziale Systeme, Frankfurt a.M.

*Luhmann, N. (1986):* Ökologische Kommunikation, Opladen.

*Luhmann, N. (1988):* Die Wirtschaft der Gesellschaft, Frankfurt a.M.

*Luhmann, N. (1989):* Vertrauen – Ein Mechanismus der Reduktion sozialer Komplexität, 3. Auflage, Stuttgart (Erstveröffentlichung 1968).

*Luhmann, N. (1990):* Gesellschaftliche Komplexität und öffentliche Meinung, in: ders.: Soziologische Aufklärung 5, Opladen, S. 170-182.

*Luhmann, N. (1993):* Das Recht der Gesellschaft, Frankfurt a.M.

*Lundberg, G. (1939):* Foundations of Sociology, New York.

*Maas, J./Nazemi, T. (1995):* Computergestützte Dokumentation und Evaluation, in: Baerns, B. (Hrsg.): PR-Erfolgskontrolle, Frankfurt a.M., S. 135-146.
*Macharzina, K. (1990):* Informationspolitik, Wiesbaden.
*Macharzina, K. (1995):* Unternehmensführung, 2. Auflage, Wiesbaden.
*Mag, W. (1995):* Unternehmensplanung, München.
*Maletzke, G. (1963):* Psychologie der Massenkommunikation, Hamburg.
*Maletzke, G. (1976):* Ziele und Wirkungen der Massenkommunikation, Hamburg.
*Maletzke, G. (1988):* Massenkommunikationstheorien, Tübingen.
*March, J.G./Simon, H.A. (1976):* Organisation und Individuum, Wiesbaden (amerikanische Erstveröffentlichung 1958).
*Marcinkowski, F. (1993):* Publizistik als autopoietisches System, Opladen.
*Maring, M. (1989):* Modelle korporativer Verantwortung, in: Conceptus, 23. Jg., Nr. 58, S. 25-41.
*Marlow, E. (1996):* Electronic Public Relations, Belmont (Ca.) u.a.
*Marr, R. (1993):* Betrieb und Umwelt, in: Bitz, M./Dellmann, K./Domsch, M./Egner, H. (Hrsg.): Vahlens Kompendium der Betriebswirtschaftslehre, Band 1, 3. Auflage, München, S. 47-114.
*Marschall, S. (1999):* Öffentlichkeit und Volksvertretung. Theorie und Praxis der Public Relations von Parlementen, Opladen/Wiesbaden.
*Martens, E. (1994):* Lebensformen, in: Hastedt, H./Martens, E. (Hrsg.): Ethik, Reinbek bei Hamburg, S. 215-232.
*Martens, W. (1969):* Öffentlich als Rechtsbegriff, Bad Homburg v.d.H. u.a.
*Martens, W. (1989):* Entwurf einer Kommunikationstheorie der Unternehmung. Akzeptanz, Geld und Macht in Wirtschaftsorganisationen, Frankfurt a.M./New York.
*Maslow, A. (1954):* Motivation and personality, New York.
*Mason, R.O./Mitroff, I.I. (1981):* Challenging Strategic Planning Assumptions, New York u.a.
*Mast, C. (2002):* Unternehmenskommunikation, Stuttgart.
*Mast, C. (2003a):* Crossmedia in der internen Unternehmenskommunikation. Ergebnisse der DAX-KOM-Umfragen und Schlussfolgerungen, Kommunikation und Management Band 1, Stuttgart.
*Mast, C. (2003b):* Public Relations – Profiteur der Wirtschaftskrise, in: Mast, C./Huck, S./Güller, K.: Kundenkommunikation – Ergebnisse einer Befragung der Top-500-Unternehmen in Deutschland, Kommunikation und Management Band 4, Stuttgart, S. 78-82.
*Mast, C. (2003c):* Was ist Public Relations wert?, Vortrag bei der Veranstaltung PR Forum live am 21. Mai 2003 in Stuttgart, unveröff. Manuskript, Stuttgart.
*Mathes, R./Czaplicki, A. (1993):* Meinungsführer im Mediensystem: »Top-down«- und »Bottom-up«-Prozesse, in: Publizistik, 38. Jg., S. 153-166.
*Mathes, R./Salazar-Volkmann, C./Tscheulin, J. (1995):* Medien-Monitoring – Ein Baustein der Public-Relations-Erfolgskontrolle am Beispiel Messe und Medien, in: Baerns, B. (Hrsg.): PR-Erfolgskontrolle, Frankfurt a.M., S. 147-172.
*Maturana, H.R./Varela, F. (1987):* Der Baum der Erkenntnis, Bern u.a.
*Mayntz, R. (1980):* Rollentheorie, in: Grochla, E. (Hrsg.): Handwörterbuch der Organisation, 2. Auflage, Stuttgart, Sp. 2043-2052.
*McLeod, J.M./Chaffee, S.H. (1973):* Interpersonal Approaches to Communication Research, in: American Behavioral Scientist, 16. Jg., S. 469-500.
*McLuhan, M. (1968):* Understanding Media, Taschenbuchfassung der 2. Auflage, New York (englische Erstveröffentlichung 1964).
*McQuail, D. (1973):* Soziologie der Massenkommunikation, Berlin.
*McQuail, D. (1994):* Mass communication theory, 3. Auflage, London u.a.
*Mead, G.H. (1993):* Geist, Identität und Gesellschaft aus der Sicht des Sozialbehaviorismus, 9. Auflage, Frankfurt a.M. (amerikanische Erstveröffentlichung 1934).
*Meffert, H. (1986):* Marketing, 7. Auflage, Wiesbaden.
*Meffert, H. (1988):* Strategische Public-Relations, in: ders.: Strategische Unternehmensführung und Marketing, Wiesbaden, S. 374-386.
*Meffert, H./Bruhn, M. (1978):* Marketingtheorie – Quo vadis?, in: Bratschitsch, R./Heinen, E. (Hrsg.): Absatzwirtschaft – Marketing: Betriebswirtschaftliche Probleme und gesellschaftlicher Bezug, Wien, S. 1-24.

*Meier, A. (1968):* Koordination, in: Grochla, E. (Hrsg.): Handwörterbuch der Organisation, Stuttgart, Sp. 893-899.

*Mendelow, A.L. (1987):* Stakeholder Analysis for Strategic Planning and Implementation, in: King, W.R./Cleland, D.I. (Hrsg.): Strategic Planning and Management Handbook, New York, S. 176-191.

*Merlicek, D. (2003):* Markenverband startet Markenkampagne, in: W&V Online vom 29.04.2003, www.wuv.de/news/artikel/2003/04/10511/index.html (Stand: 05.05.04).

*Merk, R. (1993):* Kommunikatives Management, Neuwied u.a.

*Merten, K. (1977):* Kommunikation. Eine Begriffs- und Prozeßanalyse, Opladen.

*Merten, K. (1992):* Begriff und Funktionen der Public Relations, in: PR magazin, 23. Jg, Nr. 11, S. 35-46.

*Merten, K. (1993):* Die Entbehrlichkeit des Kommunikationsbegriffs – Oder: Systemische Konstruktion von Kommunikation, in: Bentele, G./Rühl, M. (Hrsg.): Theorien öffentlicher Kommunikation, München, S. 188-201.

*Merten, K. (2004):* Möglichkeiten des Effect Controlling, in: Köhler, T./Schaffranietz, A. (Hrsg.): Public Relations – Perspektiven und Potenziale im 21. Jahrhundert, Wiesbaden, S. 225-241.

*Merten, K./Schmidt, S.J./Weischenberg, S. (Hrsg.) (1994):* Die Wirklichkeit der Medien, Opladen.

*Merten, K./Westerbarkey, J. (1994):* Public Opinion und Public Relations, in: Merten, K./Schmidt, S.J./Weischenberg, S. (Hrsg.): Die Wirklichkeit der Medien, Opladen, S. 188-211.

*Mertens, P./Bodendorf, F./König, W./Picot, A./Schumann, M. (1995):* Grundzüge der Wirtschaftsinformatik, 3. Auflage, Berlin u.a.

*Mertens, P./Griese, J. (1993):* Integrierte Informationsverarbeitung, Band 2: Planungs- und Kontrollsysteme in der Industrie, 7. Auflage, Wiesbaden.

*Metzinger, P. (2004):* Business Campaigning, Berlin u.a.

*Meyer, T. (1992):* Die Inszenierung des Scheins. Voraussetzungen und Folgen symbolischer Politik, Frankfurt a.M.

*Mickey, T.J. (2003):* Deconstructing Public Relations. Public Relations Criticism, Mahwah (NJ)/London.

*Miller, M. (1992):* Rationaler Dissens, in: Giegel, H.-J. (Hrsg.): Kommunikation und Konsens in modernen Gesellschaften, Frankfurt a.M., S. 31-58.

*Mitroff, I.I. (1983):* Stakeholders of the Organizational Mind, San Francisco u.a.

*Mittelstraß, J. (1967):* Die Prädikation und die Wiederkehr des Gleichen, in: Gadamer, H.-G. (Hrsg.): Das Problem der Sprache, München, S. 87-95.

*Mittelstraß, J. (1975):* Über Interessen, in: ders. (Hrsg.): Methodologische Probleme einer normativ-kritischen Gesellschaftstheorie, Frankfurt a.M., S. 126-159.

*Mittelstraß, J. (1989):* Gibt es eine Letztbegründung?, in: ders.: Der Flug der Eule, Frankfurt a.M., S. 281-312.

*Mittelstraß, J. (Hrsg.) (1995a):* Enzyklopädie Philosophie und Wissenschaftstheorie, Band 1, korr. Nachdruck, Stuttgart/Weimar (Erstveröffentlichung Mannheim u.a. 1980).

*Mittelstraß, J. (Hrsg.) (1995b):* Enzyklopädie Philosophie und Wissenschaftstheorie, Band 2, korr. Nachdruck, Stuttgart/Weimar (Erstveröffentlichung Mannheim u.a. 1984).

*Mittelstraß, J. (Hrsg.) (1995c):* Enzyklopädie Philosophie und Wissenschaftstheorie, Band 3, Stuttgart/Weimar.

*Möllmann, M. (1977):* Sprache, Regel und Spiel. Die Stellung des Regelbegriffs in der Spätphilosophie Ludwig Wittgensteins, Dissertation, Frankfurt a.M.

*Monge, P.R./Eisenberg, E.M. (1987):* Emergent Communication Networks, in: Jablin, F.M./Putnam, L.M./Roberts, K.H./Porter, L.W. (Hrsg.): Handbook of Organizational Communication, Newbury Park u.a., S. 304-342.

*Morris, C.W. (1972):* Grundlagen der Zeichentheorie, München (amerikanische Erstveröffentlichung 1938).

*Mulholland, J. (1994):* Handbook of Persuasive Tactics, New York.

*Müller-Schöll, U. (1995):* Erfolgs- vs. Verständigungsorientierung. Kritisches Statement zu Roland Burkarts Konzept einer verständigungsorientierten Öffentlichkeitsarbeit, in: Bentele, G./Liebert, T. (Hrsg.): Verständigungsorientierte Öffentlichkeitsarbeit, Leipziger Skripten für Public Relations und Kommunikationsmanagement Nr. 1, Leipzig, S. 43-46.

*Mullins, L.J. (1993):* Management and Organisational Behaviour, 3. Auflage, London.

*Münch, R. (1982):* Theorie des Handelns, Frankfurt a.M.
*Münch, R. (1984):* Die Struktur der Moderne, Frankfurt a.M.
*Münch, R. (1991):* Dialektik der Kommunikationsgesellschaft, Frankfurt a.M.
*Münch, R. (1995):* Dynamik der Kommunikationsgesellschaft, Frankfurt a.M.
*Murphy, P. (1989):* Game Theory as a Paradigm for the Public Relations Process, in: Botan, C.H./ Hazleton, V., Jr. (Hrsg.): Public Relations Theory, Hillsdale (NJ) u.a., S. 173-192.
*Murphy, P. (1991):* The Limits of Symmetry: A Game Theory Approach to Symmetric and Asymmetric Public Relations, in: Public Relations Research Annual, Volume 3, Hillsdale (NJ) u.a., S. 115-131.
*Myerson, G. (1994):* Rhetoric, Reason and Society, London u.a.

*Neidhardt, F. (1993):* The public as a communication system, in: Public Understanding of Science, 2. Jg., S. 339-350.
*Neidhardt, F. (1994a):* Öffentlichkeit, öffentliche Meinung, soziale Bewegungen, in: ders. (Hrsg.): Öffentlichkeit, öffentliche Meinung, soziale Bewegungen, Sonderheft 34/1994 der Kölner Zeitschrift für Soziologie und Sozialpsychologie, Opladen, S. 7-41.
*Neidhardt, F. (Hrsg.) (1994b):* Öffentlichkeit, öffentliche Meinung, soziale Bewegungen, Sonderheft 34/1994 der Kölner Zeitschrift für Soziologie und Sozialpsychologie, Opladen.
*Neske, F. (1977):* PR-Management, Gernsbach.
*Neuberger, C. (2003a):* Google, Blogs & Newsbots. Mediatoren der Internetöffentlichkeit, Vortrag bei der Tagung „Strukturwandel 2.0" der Bundeszentrale für politische Bildung am 1. und 2. Dezember 2003 in Berlin, veröffentlichtes Manuskript, Münster.
*Neuberger, C. (2003b):* Onlinejournalismus: Veränderungen – Glaubwürdigkeit – Technisierung, in: Media Perspektiven, Nr. 3, S. 131-138.
*Neuberger, C. (2004):* Partizipation statt Redaktion? Weblogs & Co., in: onlinejournalismus.de vom 23.04.2004, www.onlinejournalismus.de/forschung/weblogs.php (Stand: 05.05.2004).
*Neuberger, O. (1991):* Miteinander arbeiten – miteinander reden! Vom Gespräch in unserer Arbeitswelt, 13. Auflage, München.
*Neumann, G. (1991):* Public Relations der Deutschen Bundesbahn und der dort vertretenen Gewerkschaften, Nürnberg.
*Neumann, M. (1995):* Theoretische Volkswirtschaftslehre II – Produktion, Nachfrage und Allokation, 4. Auflage, München.
*Nieschlag, R./Dichtl, E./Hörschgen, H. (1994):* Marketing, 17. Auflage, Berlin.
*Noelle-Neumann, E. (1989):* Öffentliche Meinung. Die Entdeckung der Schweigespirale, Frankfurt a.M./Berlin (erweiterte Fassung von »Die Schweigespirale«, München 1980).
*Noelle-Neumann, E. (1994):* Wirkung der Massenmedien auf die Meinungsbildung, in: Noelle-Neumann, E./Schulz, W./Wilke, J. (Hrsg.): Publizistik Massenkommunikation (Fischer Lexikon), 3. Auflage, Frankfurt a.M., S. 518-571.
*Noelle-Neumann, E./Petersen, T. (1996):* Umfragen in der Massengesellschaft, München.
*Nöthe, B. (1994):* PR-Agenturen in der Bundesrepublik Deutschland, Münster.
*Nühlen, K. (1953):* Das Publikum und seine Aktionsarten, in: Kölner Zeitschrift für Soziologie und Sozialpsychologie, 5. Jg., S. 446-474.
*Nusch, F. (1995a):* Größeres Format, neue Dimension (Editorial), in: Hoechst Persönlich, 1. Jg., Nr. 2, S. 2.
*Nusch, F. (1995b):* Innovative Organisationsstrukturen als Voraussetzung erfolgreicher Unternehmenskommunikation: Das Beispiel der ABB Asea Brown Boveri AG, in: Ahrens, R./Scherer, H./ Zerfaß, A. (Hrsg.): Integriertes Kommunikationsmanagement, Frankfurt a.M., S. 169-188.

*O'Reilly, C./Pondy, L. (1979):* Organizational Communication, in: Kerr, S. (Hrsg.): Organizational Behavior, Columbus, S. 119-150.
*o.V. (1990):* Auswertung DPRG-Mitgliederumfrage Januar 1990, unveröff. Tabellenwerk, o.O. (Bonn).
*o.V. (1992a):* Nachbarschaftszeitung „Blick auf Hoechst", in: Kalt, G./Steinke, P. (Hrsg.): Erfolgreiche PR, Frankfurt a.M., S. 153-159.
*o.V. (1992b):* „TechnikTouren", in: Kalt, G./Steinke, P. (Hrsg.): Erfolgreiche PR, Frankfurt a.M., S. 161-170.

*o.V. (1995a):* Interaktives Fernsehen, in: w&v (werben und verkaufen), 33. Jg., Nr. 34, S. 136-138.

*o.V. (1995b):* Organisationsregeln für den Gesprächskreis Hoechster Nachbarn – Stand Januar 1995, unveröff. Manuskript, o.O. (Frankfurt a.M.).

*Oeckl, A. (1976):* PR-Praxis. Der Schlüssel zur Öffentlichkeitsarbeit, Düsseldorf/Wien.

*Oeckl, A. (1990):* Die Zukunft der Public Relations aus der Sicht des PR-Pioniers, in: Dörrbecker, K./ Rommerskirchen, T. (Hrsg.): Blick in die Zukunft – Kommunikations-Management, Remagen-Rolandseck, S. 13-27.

*Oenicke, J. (1996):* Online-Marketing, Stuttgart.

*Ohlemacher, T. (1991):* Persönliche Netzwerke und die Mobilisierung politischen Protests, Discussion Paper FS III 91-104 des Wissenschaftszentrum Berlin für Sozialforschung, Berlin.

*Olins, W. (1990):* Corporate Identity, Frankfurt a.M./New York.

*Ortmann, G. (1995):* Formen der Produktion, Opladen.

*Osgood, C.E./Suci, G.J./Tannenbaum, P.H. (1957):* The Measurement of Meaning, Urbana.

*Osterloh, M. (1993):* Interpretative Organisations- und Mitbestimmungsforschung, Stuttgart.

*Ouchi, W.G. (1980):* Markets, Bureaucracies and Clans, in: Administrative Science Quarterly, 25. Jg., S. 129-141.

*Oxley, H. (1989):* The Principles of Public Relations, Revised Edition, London.

*Pappi, F.U. (Hrsg.) (1987):* Methoden der Netzwerkanalyse, München.

*Parsons, T. (1975):* Gesellschaften, Frankfurt a.M. (amerikanische Erstveröffentlichung 1966).

*Parsons, T. (1980a):* Über den Begriff der „Macht“, in: ders.: Zur Theorie der sozialen Interaktionsmedien, Opladen, S. 57-137 (amerikanische Erstveröffentlichung 1963).

*Parsons, T. (1980b):* Über den Begriff „Einfluß“, in: ders.: Zur Theorie der sozialen Interaktionsmedien, Opladen, S. 138-182 (amerikanische Erstveröffentlichung 1963).

*Parsons, T. (1980c):* Über „Commitments“, in: ders.: Zur Theorie der sozialen Interaktionsmedien, Opladen, S. 183-228 (amerikanische Erstveröffentlichung 1968).

*Parsons, T. (1991):* The Social System, Neuauflage mit einem Vorwort von B.S. Turner, New York (Erstveröffentlichung 1951).

*Parsons, T./Smelser, N.J. (1956):* Economy and Society, London.

*Pasquier, M. (1994):* Conscience et comportement. Une approche intégrative bipolaire des objectifs de communication illustrée á l'aide des campagnes de Benetton, Arbeitspapier Nr. 21 des Instituts für Marketing und Unternehmensführung der Universität Bern, Bern.

*Pasquier, M./Weiss, M./Felser, P. (1994):* Die Entwicklungstendenzen der Marketingkommunikation. Ausführliche Ergebnisse einer Delphi-Studie, Arbeitspapier Nr. 25 des Instituts für Marketing und Unternehmensführung der Universität Bern, Bern.

*Paul, G. (1977):* Bedürfnisberücksichtigung durch Mitbestimmung, Dissertation, München.

*Pauli-Balleis, G. (1987):* Polit-PR. Strategische Öffentlichkeitsarbeit politischer Parteien, Zirndorf.

*Pavlik, J.V. (1987):* Public Relations. What Research Tells Us, Newbury Park u.a.

*Payne, S.L. (1991):* A Proposal for Corporate Ethical Reform: The Ethical Dialogue Group, in: Business & Professional Ethics Journal, 10. Jg., Nr. 1, S. 67-88.

*Pearson, R. (1989a):* A Theory of Public Relations Ethics, unveröff. Dissertation, Ohio University, o.O. (Athens, Oh.).

*Pearson, R. (1989b):* Beyond Ethical Relativism in Public Relations: Coorientation, Rules, and the Idea of Communication Symmetry, in: Public Relations Research Annual, Volume 1, Hillsdale (NJ) u.a., S. 67-86.

*Pearson, R. (1989c):* Business Ethics as Communication Ethics: Public Relations Practice and the Idea of Dialogue, in: Botan, C.H./Hazleton, V, Jr. (Hrsg.): Public Relations Theory, Hillsdale (NJ) u.a., S. 111-131.

*Pearson, R. (1990):* Ethical Values or Strategic Values? The Two Faces of Systems Theory in Public Relations, in: Public Relations Research Annual, Volume 2, Hillsdale (NJ) u.a., S. 219-234.

*Peetz, S./Plauschinat, O./Stein, T. (2003):* Reputationsanalyse als Grundlage für ein erfolgreiches Kommunikationsmanagement, in: Public Relations Forum, 9. Jg., S. 14-20.

*Peirce, C.S. (1960):* Collected Papers, 2. Auflage, Cambridge (Mass.).

*Pekka, A. (2003):* The @-conditions for Organizational Communication and PR, in: European PR News 2. Jg., Nr. 1, S. 17-21.

*Peters, B. (1991):* Rationalität, Recht und Gesellschaft, Frankfurt a.M.
*Peters, B. (1993):* Die Integration moderner Gesellschaften, Frankfurt a.M.
*Peters, B. (1994):* Der Sinn von Öffentlichkeit, in: Neidhardt, F. (Hrsg.): Öffentlichkeit, öffentliche Meinung, soziale Bewegungen, Sonderheft 34/1994 der Kölner Zeitschrift für Soziologie und Sozialpsychologie, Opladen, S. 42-76.
*Pfeiffer, W./Weiss, E. (1994):* Lean Management, 2. Auflage, Berlin.
*Pfendert, E./Zerfaß, A. (2004):* Professionelle Kommunikation optimieren: Der Usability-Test für das Landesportal www.baden-wuerttemberg.de, in: Zerfaß, A./Zimmermann, H. (Hrsg.): Usability von Internet-Angeboten. Grundlagen und Fallstudien, Stuttgarter Beiträge zur Medienwirtschaft Nr. 10, Stuttgart, S. 39-50.
*Picot, A./Reichwald, R. (1991):* Informationswirtschaft, in: Heinen, E. (Hrsg.): Industriebetriebslehre, 9. Auflage, Wiesbaden, S. 241-393.
*Picot, A./Reichwald. R./Wigand, R.T. (2003):* Die grenzenlose Unternehmung. Information, Organisation und Management, 5. Auflage, Wiesbaden.
*Piwinger, M. (2002):* Kommunikation wird zunehmend als Werttreiber erkannt, in: Bentele, G./Piwinger, M./Schönborn, G. (Hrsg.): Kommunikationsmanagement (Loseblattwerk), Neuwied 2001 ff., Nr. 2.06, S. 1-9.
*Piwinger, M./Ebert, H. (2001):* Impression Management – Wie aus Niemand Jemand wird, in: Bentele, G./Piwinger, M./Schönborn, G. (Hrsg.): Kommunikationsmanagement (Loseblattwerk), Neuwied 2001 ff., Nr. 1.06, S. 1-34.
*Piwinger, M./Niehüser, W. (1993):* Öffentlichkeitsarbeit ist Arbeit am Image, unveröff. Manuskript, Wuppertal/Münster.
*Piwinger, M./Niehüser, W. (1995):* Stimmungsinformationen und Unternehmenskommunikation, in: Ahrens, R./Scherer, H./Zerfaß, A. (Hrsg.): Integriertes Kommunikationsmanagement, Frankfurt a.M., S. 211-230.
*Plake, K./Jansen, D./Schuhmacher, B. (2001):* Öffentlichkeit und Gegenöffentlichkeit im Internet, Wiesbaden.
*Polterauer, J. (2004):* Gesellschaftliche Integration durch Corporate Citizenship? Diskussionspapiere zum Nonprofit-Sektor Nr. 24, Berlin.
*Popper, K.R. (1994):* Logik der Forschung, 10. Auflage, Tübingen (Erstveröffentlichung 1935).
*Porter, M.E. (1984):* Wettbewerbsstrategie, 2. Auflage, Frankfurt a.M./New York (amerikanische Erstveröffentlichung 1980).
*Porter, M.E. (1986):* Wettbewerbsvorteile, Frankfurt a.M./New York (amerikanische Erstveröffentlichung 1985).
*Porter, M.E. (1991):* Nationale Wettbewerbsvorteile, München (amerikanische Erstveröffentlichung 1990).
*Pöttker, H. (1994):* „Die niederen Leidenschaften und das Gemeinschaftsleben der Nation". Zur fortschreitenden Ausdifferenzierung von Öffentlichkeit durch dualen Rundfunk, in: Wunden, W. (Hrsg.): Öffentlichkeit und Kommunikationskultur, Hamburg/Stuttgart, S. 95-112.
*PR Executive Search GmbH (1994):* Umfrage zum Thema „Öffentlichkeitsarbeit" bei den 500 größten Unternehmen in Deutschland, in: PR Magazin, 25. Jg., Nr. 9, S. 29-35.
*Prahalad, C.K./Hamel, G. (1990):* The Core Competence of the Corporation, in: Harvard Business Review, 68. Jg., May-June 1990, S. 79-91.
*Preble, J.F. (1992):* Towards a comprehensive system of strategic control, in: Journal of Management Studies, 29. Jg., S. 391-409.
*Prescott, J.E./Ganesh, U./Gibbons, P.T. (1993):* Structuration of Strategy, Working Paper WP-719, The Joseph M. Katz Graduate School of Business, University of Pittsburgh (Pennsylvania).
*Pross, H. (1972):* Medienforschung, Darmstadt.
*Pürer, H. (Hrsg.) (1991):* Praktischer Journalismus in Zeitung, Radio und Fernsehen, München.
*Pürer, H. (1993):* Einführung in die Publizistikwissenschaft, 5. Auflage, München.

*Raabe, T. (1993):* Konsumentenbeteiligung an der Produktinnovation, Frankfurt a.M.
*Rademacher, L. (2003):* Positionen der Integrierten Kommunikation – Ansprüche, Reichweiten und Grenzen, in: Bentele, G./Piwinger, M./Schönborn, G. (Hrsg.): Kommunikationsmanagement (Loseblattwerk), Neuwied 2001 ff., Nr. 2.11, S. 1-34.

*Raffée, H. (1974):* Grundprobleme der Betriebswirtschaftslehre, Göttingen.

*Raffée, H. (1977):* Der Marketingansatz als Grundkonzept der Betriebswirtschaftslehre, in: Das Wirtschaftsstudium, 6. Jg., S. 56-60.

*Raffée, H. (1979):* Marketing und Umwelt, Stuttgart.

*Raffée, H. (1980):* Grundfragen der Marketingwissenschaft, in: Wirtschaftswissenschaftliches Studium, 9. Jg., S. 317-324.

*Raffée, H. (1982):* Marketingperspektiven der 80er Jahre, in: Marketing ZFP, 4. Jg., S. 81-90.

*Raffée, H. (1989):* Grundfragen und Ansätze des strategischen Marketing, in: Raffée, H./Wiedmann, K.-P. (Hrsg.): Strategisches Marketing, 2. Auflage, Stuttgart, S. 3-33 (Erstveröffentlichung 1985).

*Raffée, H. (1995):* Marketing-Wissenschaft, in: Tietz, B./Köhler, R./Zentes, J. (Hrsg.): Handwörterbuch des Marketing, 2. Auflage, Stuttgart, Sp. 1668-1682.

*Raffée, H./Abel, B. (Hrsg.) (1979):* Wissenschaftstheoretische Grundfragen der Betriebswirtschaftslehre, München.

*Raffée, H./Wiedmann, K.-P. (1985):* Kursbestimmung im Zeichen einer aktiveren und kritischeren Gesellschaft, in: PR Magazin, 16. Jg., Nr. 11, S. 30-33.

*Raffée, H./Wiedmann, K.-P. (1988):* Der Wertewandel als Herausforderung für Marketingforschung und Marketingpraxis, in: Marketing ZFP, 10. Jg., S. 198-210.

*Raffée, H./Wiedmann, K.-P. (1989a):* Corporate Communications als Aktionsinstrumentarium des strategischen Marketing, in: dies. (Hrsg.): Strategisches Marketing, 2. Auflage, Stuttgart, S. 662-691 (Erstveröffentlichung 1985).

*Raffée, H./Wiedmann, K.-P. (1989b):* Wertewandel und gesellschaftsorientiertes Marketing – Die Bewährungsprobe strategischer Unternehmensführung, in: dies. (Hrsg.): Strategisches Marketing, 2. Auflage, Stuttgart, S. 662-691 (Erstveröffentlichung 1985).

*Raffée, H./Wiedmann, K.-P. (1995):* Nonprofit-Marketing, in: Tietz, B./Köhler, R./Zentes, J. (Hrsg.): Handwörterbuch des Marketing, 2. Auflage, Stuttgart, Sp. 1929-1942.

*Raffée, H./Wiedmann, K.-P./Abel, B. (1983):* Sozio-Marketing, in: Irle, M. (Hrsg.): Methoden und Anwendungen in der Marktpsychologie, Göttingen, S. 675-768.

*Rasche, C. (1994):* Wettbewerbsvorteile durch Kernkompetenzen: ein ressourcenorientierter Ansatz, Wiesbaden.

*Rawls, J. (1993):* The Law of Peoples, in: Shute, S./Hurley, S. (Hrsg.): On Human Rights, New York, S. 41-82.

*Recktenwald, H.C. (1987):* Wörterbuch der Wirtschaft, 10. Auflage, Stuttgart.

*Reichwald, R. (1993):* Kommunikation, in: Bitz, M./Dellmann, K./Domsch, M./Egner, H. (Hrsg.): Vahlens Kompendium der Betriebswirtschaftslehre, Band 2, 3. Auflage, München, S. 447-494.

*Reichwald, R./Möslein, K. (1996):* Auf dem Weg zur virtuellen Organisation, in: Müller, G./Kohl, U./ Strauß, R. (Hrsg.): Zukunftsperspektiven der dgitalen Vernetzung, Heidelberg, S. 209-233.

*Reimann, H. (1968):* Kommunikations-Systeme, Tübingen.

*Reimer, S. (2002):* Corporate Citizenship. Zwischen Gemeinwohlorientierung und Gewinnmaximierung. Eine empirische Studie, unveröff. Diplomarbeit am Lehrstuhl für Soziologie der Freien Universität Berlin (Prof. Dr. Wolfgang Zapf), Berlin.

*Reineke, W./Sachs, G. (1975):* Praxis der Öffentlichkeitsarbeit, Heidelberg.

*Renckstorf, K. (1989):* Mediennutzung als soziales Handeln, in: Kaase, M./Schulz, W. (Hrsg.): Massenmedien – Theorien, Methoden, Befunde, Sonderheft 30/1989 der Kölner Zeitschrift für Soziologie und Sozialpsychologie, Opladen, S. 314-336.

*Renn, O./Webler, T. (1994):* Konfliktbewältigung durch Kooperation in der Umweltpolitik – Theoretische Grundlagen und Handlungsvorschläge, in: oikos – Umweltökonomische Studenteninitiative an der HSG (Hrsg.): Kooperationen für die Umwelt, Chur/Zürich, S. 11-52.

*Riedel, M. (1978):* Handlungstheorie als ethische Grunddisziplin, in: Lenk, H. (Hrsg.): Handlungstheorien – interdisziplinär, Band 2: Handlungserklärungen und philosophische Handlungsinterpretation, München, Erster Halbband, S. 139-159.

*Rieker, J./Schlote, S. (1996):* Glanz und Gloria der deutschen Großunternehmen. Imageprofile '96, in: Manager Magazin, 26. Jg., Nr. 6, S. 50-66.

*Riley, J.W./Riley, M.W. (1959):* Mass communication and the social system, in Merton, R./Broom, L./ Cottrell, L.S. (Hrsg.): Sociology today, Band 2, New York/Evanston, S. 537-578.

*Röglin, H.-C. (1985):* Verdient Vertrauen, wer um Vertrauen wirbt? Gedanken zu einem neuen Konzept der Öffentlichkeitsarbeit, in: gdi-impuls, 3. Jg., Nr. 1, S. 61-68.
*Röglin, H.-C. (1994):* Technikängste und wie man damit umgeht, Düsseldorf.
*Röglin, H.-C. (1996):* Die Öffentlichkeitsarbeit und das Konzept der kühnen Konzepte, in: Bentele, G./Steinmann, H./Zerfaß, A. (Hrsg.): Dialogorientierte Unternehmenskommunikation, Berlin, S. 229-244.
*Röglin, H.-C./Grebmer, K. (1988):* Pharma-Industrie und Öffentlichkeit, Basel.
*Röska-Hardy, L. (1991):* Sprechen, Sprache und Handeln, in: Protosoziologie, 1. Jg., S. 72-86 und S. 112-114.
*Röttger, U. (2000):* Public Relations – Organisation und Profession, Wiesbaden.
*Röttger, U. (Hrsg.) (2001a):* Issues Management. Theoretische Konzepte und praktische Umsetzung. Eine Bestandsaufnahme, Wiesbaden.
*Röttger, U. (Hrsg.) (2001b):* PR-Kampagnen. Über die Inszenierung von Öffentlichkeit, 2. überarbeitete und ergänzte Auflage, Wiesbaden.
*Röttger, U. (Hrsg.): (2004):* Theorien der Public Relations, Wiesbaden.
*Rötzer, F. (1996):* Interaktion – das Ende herkömmlicher Massenmedien, in: Maresch, R. (Hrsg.): Medien und Öffentlichkeit, München, S. 119-134.
*Rolke, L. (1995):* Kennziffern für erfolgreiche Medienarbeit – Zum Messen und Bewerten von PR-Wirkungen, in: Baerns, B. (Hrsg.): PR-Erfolgskontrolle, Frankfurt a.M., S. 173-197.
*Rolke, L. (1999):* Die gesellschaftliche Kernfunktion von Public Relations – ein Beitrag zur kommunikationswissenschaftlichen Theoriediskussion, in: Publizistik, 44. Jg., S. 431-444.
*Rolke, L. (2001/2002):* Unternehmenskommunikation in Deutschland: Auf dem Weg zum monetären Leitprinzip und kommunikationsbasierten Stakeholder-Kompass, in: Public Relations Forum, 7. Jg., S. 166-171 (Teil 1) und 8. Jg., S. 12-16 (Teil 2).
*Rolke, L. (2002):* Kommunizieren nach dem Stakeholder-Kompass, in: Kirf, B./Rolke, L. (Hrsg.): Der Stakeholder-Kompass, Frankfurt a.M., S. 16-33.
*Rolke, L. (2003):* Produkt- und Unternehmenskommunikation im Umbruch. Was die Marketer und PR-Manager für die Zukunft erwarten, Frankfurt a.M.
*Rolke, L. (2004):* Public Relations – die Lizenz zur Mitgestaltung öffentlicher Meinung. Umrisse einer neuen PR-Theorie, in: Röttger, U. (Hrsg.): Theorien der Public Relations, Wiesbaden, S. 95-125.
*Rolke, K./Wolff, V. (Hrsg.) (2002):* Der Kampf um die Öffentlichkeit. Wie das Internet die Macht zwischen Medien, Unternehmen und Verbrauchern neu verteilt, Neuwied/Kriftel.
*Roloff, E. (1992):* Messen und Medien. Ein sozialpsychologischer Ansatz zur Öffentlichkeitsarbeit, Wiesbaden.
*Ronneberger, F. (1977a):* Legitimation durch Information, Düsseldorf/Wien.
*Ronneberger, F. (1977b):* Unternehmens-Image in der Krise – Möglichkeiten und Grenzen von Public Relations, in: Jahrbuch der Absatz- und Verbrauchsforschung, 23. Jg., S. 382-394.
*Ronneberger, F. (1978):* Kommunikationspolitik, Band I: Institutionen, Prozesse, Ziele, Mainz.
*Ronneberger, F. (1989):* Theorie der Public Relations, in: Pflaum, D./Pieper, W. (Hrsg.): Lexikon der Public Relations, Landsberg am Lech, S. 426-430.
*Ronneberger, F. (1992):* Entwicklungsstränge des Raumverständnisses in der Medienkommunikation, in: Hömberg, W./Schmolke, M. (Hrsg.): Zeit – Raum – Kommunikation, München, S. 339-356.
*Ronneberger, F./Rühl, M. (1992):* Theorie der Public Relations, Opladen.
*Roß, K. (1994):* Sprecherziehung statt Rhetorik – Der Weg zur rhetorischen Kommunikation, Opladen.
*Rössler, P. (2003):* Online-Kommunikation, in: Bentele, G./Brosius, H.-B./Jarren, O. (Hrsg.): Öffentliche Kommunikation, Wiesbaden, S. 504-522.
*Rossmann, T. (1993):* Öffentlichkeitsarbeit und ihr Einfluß auf die Medien. Das Beispiel Greenpeace, in: Media Perspektiven, Nr. 2, S. 85-94.
*Rota, F.P. (1994):* PR- und Medienarbeit im Unternehmen, 2. Auflage, München.
*Roth, V.M. (1978):* Vier Stufen der Spracheinführung, in: Mittelstraß, J./Riedel, M. (Hrsg.): Vernünftiges Denken, Gedenkschrift für Wilhelm Kamlah, S. 71-86.
*Rowe, A.J./Mason, R.O./Dickel, K.E. (1982):* Strategic Management and Business Policy: A Methodological Approach, Reading (Mass.) u.a.
*Rucht, D. (1991):* Parteien, Verbände und Bewegungen als Systeme politischer Interessenvermittlung, Discussion Paper FS III 91-107 des Wissenschaftszentrums Berlin für Sozialforschung, Berlin.

*Rühl, M. (1992a):* Elfenbeintürmer – unbekannt verzogen, in: PR Magazin, 23. Jg., Nr. 8, S. 34 und 43.
*Rühl, M. (1992b):* Im Entwurf. Theorie der Public Relations, in: Media Spectrum, Nr. 6, S. 58-63.
*Rühl, M. (1992c):* Public Relations – Innenansichten einer emergierenden Kommunikationswissenschaft, in: Avenarius, H./Armbrecht, W. (Hrsg.): Ist Public Relations eine Wissenschaft?, Opladen, S. 79-102.
*Rühl, M. (1992d):* Public Relations ist, was Public Relations tut. Fünf Schwierigkeiten, eine allgemeine PR-Theorie zu entwerfen, in: PR Magazin, 23. Jg., Nr. 4, S. 35-46.
*Rühl, M. (1993):* Image. Ein symbolischer Mechanismus der öffentlichen Kommunikation zur Vereinfachung unbeständiger Public Relations, in: Armbrecht, W./Avenarius, H./Zabel, U. (Hrsg.): Image und PR, Opladen, S. 55-71.
*Rühli, E. (1992):* Koordination, in: Frese, E. (Hrsg.): Handwörterbuch der Organisation, 3. Auflage, Stuttgart, Sp. 1164-1175.
*Rühli, E. (1994):* Die Resource-based View of Strategy, in: Gomez, P./Hahn, D./Müller-Stewens, G./ Wunderer, R. (Hrsg.): Unternehmerischer Wandel, Festschrift für Knut Bleicher, Wiesbaden, S. 31-57.
*Ruler, B. van/Vercic, D. (Hrsg.) (2002):* The Bled Manifesto on Public Relations, in: Vercic, D. et al. (Hrsg.): The Status of Public Relations Knowledge in Europe and Around the World, Proceedings of BledCom 2002 in conjunction with 2002 Euprera Annual Congress, Ljubljana, S. 10-17.
*Ruler, B. van/Vercic, D. (Hrsg.) (2004):* Public Relations and Communication Management in Europe. A Nation-by-Nation Introduction to Public Relations Theory and Practice, Berlin/New York.
*Rüßmann, K.H. (1987):* Meinungen machen Märkte. Imageprofile '87, in: Manager Magazin, 17. Jg., Nr. 4, S. 224-237.
*Rüßmann, K.H. (1988):* Strahlkraft durch Kompetenz. Imageprofile '88, in: Manager Magazin, 18. Jg., Nr. 4, S. 254-273.
*Rüßmann, K.H. (1989):* Sieg der Köpfe. Imageprofile '89, in: Manager Magazin, 19. Jg., Nr. 4, S. 91-121.
*Rüßmann, K.H. (1990):* Der neue Stern. Imageprofile '90, in: Manager Magazin, 20. Jg., Nr. 4, S. 121-151.
*Rüßmann, K.H. (1991):* Glanz durch Größe. Imageprofile '91, in: Manager Magazin, 21. Jg., Nr. 4, S. 79-110.
*Rüßmann, K.H. (1992):* Der schöne Schein. Imageprofile '92, in: Manager Magazin, 22. Jg., Nr. 5, S. 37-64.
*Rüßmann, K.H. (1994):* Der Stern des Südens. Imageprofile '94, in: Manager Magazin, 24. Jg., Nr. 4, S. 84-119.
*Ruß-Mohl, S. (2004):* PR in der Aufmerksamkeitsökonomie. Zur Machtbalance zwischen Öffentlichkeitsarbeit und Journalismus – Eine ökonomische Analyse, in: PR Magazin, 35. Jg., Nr. 4, S. 43-48.
*Rust, H. (1982):* Geteilte Öffentlichkeit: Alltagskommunikation und Massenpublizistik, in: Publizistik, 27. Jg., S. 505-529.
*Rust, H. (1993):* Die Entgrenzung von Wissenschaft und Praxis, in: Bentele, G./Rühl, M. (Hrsg.): Theorien öffentlicher Kommunikation, München, S. 275-287.
*Ryle, G. (1969):* Der Begriff des Geistes, Stuttgart (englische Erstveröffentlichung 1969).

*Saffarina, P.A. (1993):* Determiniert Öffentlichkeitsarbeit tatsächlich den Journalismus? Empirische Belege und theoretische Überlegungen gegen die PR-Determinierungsannahme, in: Publizistik, 38. Jg., S. 412-425.
*Salchow, B. (1993):* Vorsicht vor Verharmlosung, in: Rheinischer Merkur, 48. Jg., Nr. 14 vom 2.4. 1993, S. 13.
*Sandhu, S. (2003):* Manager und Öffentlichkeit. Eine empirische Untersuchung deutscher Top-Manager, unveröff. Diplomarbeit am Lehrstuhl für Soziologie und empirische Sozialforschung der Universität Hohenheim (Prof. Dr. Eugen Buß), Stuttgart.
*Sandner, K. (1992):* Prozesse der Macht, 2. Auflage, Heidelberg.
*Sandner, K./Meyer, R. (1994):* Verhandlung und Struktur. Zur Entstehung organisationalen Lernens in Unternehmen, in: Schreyögg, G./Conrad, P. (Hrsg.): Managementforschung 4, Berlin/New York, S. 185-218.

*Sarcinelli, U. (1987):* Politikvermittlung und demokratische Kommunikationskultur, in: ders. (Hrsg.): Politikvermittlung, Bonn, S. 19-45.

*Saussure, F. de (1967):* Grundfragen der allgemeinen Sprachwissenschaft, 2. Auflage, Berlin (Erstveröffentlichung Lausanne/Paris 1916).

*Sauter-Sachs, S. (1992):* Die unternehmerische Umwelt, in: Die Unternehmung, 46. Jg., S. 183-204.

*Sauvant, N. (2002):* Professionelle Online-PR, Frankfurt a.M.

*Savigny, E. von (1993):* Die Philosophie der normalen Sprache, Frankfurt a.M.

*Saxer, U. (1992):* Public Relations als Innovation, in: Avenarius, H./Armbrecht, W. (Hrsg.): Ist Public Relations eine Wissenschaft?, Opladen, S. 47-76.

*Saxer, U. (1993a):* Fortschritt als Rückschritt? Konstruktivismus als Epistemologie einer Medientheorie, in: Bentele, G./Rühl, M. (Hrsg.): Theorien öffentlicher Kommunikation, München, S. 65-73.

*Saxer, U. (1993b):* Public Relations und Symbolpolitik, in: Armbrecht, W./Avenarius, H./Zabel, U. (Hrsg.): Image und PR, Opladen, S. 165-187.

*Saxer, U. (1994):* Norm und Gegennorm: Probleme von Normenverträglichkeit in der PR-Arbeit, in: Armbrecht, W./Zabel, U. (Hrsg.): Normative Aspekte der Public Relations, Opladen, S. 195-224.

*Schachtschneider, K.A. (1994):* Res publica res populi. Grundlegung einer Allgemeinen Republiklehre, Berlin.

*Schachtschneider, K.A. (1995):* Vom liberalistischen zum republikanischen Freiheitsbegriff, in: ders. (Hrsg.): Wirtschaft, Staat und Gesellschaft im Umbruch, Berlin, S. 418-449.

*Schantel, A. (2000):* Determination oder Intereffikation? Eine Metaanalyse der Hypothesen zur PR-Journalismus-Beziehung, in: Publizistik, 45. Jg., S. 70-88.

*Schanz, G. (1977):* Grundlagen der verhaltenstheoretischen Betriebswirtschaftslehre, Tübingen.

*Schein, E.H. (1986):* Organizational Culture and Leadership, San Francisco/London.

*Schein, E.H. (1993):* On Dialogue, Culture, and Organizational Learning, in: Organizational Dynamics, 22. Jg., S. 40-51.

*Schenk, M. (1984):* Soziale Netzwerke und Kommunikation, Tübingen.

*Schenk, M. (1987):* Medienwirkungsforschung, Tübingen.

*Schenk, M. (1989):* Massenkommunikation und interpersonale Kommunikation, in: Kaase, M./Schulz, W. (Hrsg.): Massenmedien – Theorien, Methoden, Befunde, Sonderheft 30/1989 der Kölner Zeitschrift für Soziologie und Sozialpsychologie, Opladen, S. 406-417.

*Schenk, M. (1993):* Die ego-zentrierten Netzwerke von Meinungsbildnern (»Opinion Leaders«), in: Kölner Zeitschrift für Soziologie und Sozialpsychologie, 45. Jg., S. 254-269.

*Schenk, M. (1994):* Kommunikationstheorien, in: Noelle-Neumann, E./Schulz, W./Wilke, J. (Hrsg.): Publizistik Massenkommunikation (Fischer Lexikon), 3. Auflage, Frankfurt a.M., S. 171-187.

*Schenk, M. (2002):* Medienwirkungsforschung, 2. Auflage, Tübingen.

*Schenk, M./Döbler, T. (2001):* Towards a Theory of Campaigns: The Role of Opinion Leaders, in: Klingemann, H.-D./Römmele, A. (Hrsg.): Public Information Campaigns & Opinion Research, London, S. 36-52.

*Schenk, M./Rössler, P. (1994):* Das unterschätzte Publikum. Wie Themenbildung und politische Meinungsbildung im Alltag von Massenmedien und interpersonaler Kommunikation beeinflußt werden, in: Neidhardt, F. (Hrsg.): Öffentlichkeit, öffentliche Meinung, soziale Bewegungen, Sonderheft 34/1994 der Kölner Zeitschrift für Soziologie und Sozialpsychologie, Opladen, S. 261-295.

*Schenk, M./Wolf, M. (2002):* Internetnutzung in den Sozialen Milieus, in: Welker, M./Winchenbach, U. (Hrsg.): Herausforderung „Internet für alle" – Nutzung, Praxis, Perspektiven, Stuttgarter Beiträge zur Medienwirtschaft Nr. 4, Stuttgart, S. 13-28.

*Scherer, A.G. (1993):* Rationalität und Begründung, in: Betriebswirtschaftliche Forschung und Praxis, 45. Jg., S. 207-227.

*Scherer, A.G. (1995):* Pluralismus im strategischen Management, Wiesbaden.

*Scherer, A.G. (2003):* Multinationale Unternehmen und Globalisierung, Heidelberg.

*Scherer, A.G./Alt, J.M. (2002):* Balanced Scorecard in Verwaltung und Non-Profit-Organisationen, Stuttgart.

*Scherer, H. (1995):* Medienrealität und Rezipientenhandeln, unveröff. Habilitationsschrift an der Wirtschafts- und Sozialwissenschaftlichen Fakultät der Universität Erlangen-Nürnberg, Nürnberg; veröffentlicht als: Medienrealität und Rezipientenhandeln, Wiesbaden 1997.

*Scheuch, E.K. (1993):* Netzwerke, in: Reigber, D. (Hrsg.): Social Networks, Düsseldorf u.a., S. 95-130.

*Schiele, H. (2003):* Der Standort-Faktor. Wie Unternehmen durch regionale Cluster ihre Produktivität und Innovationskraft steigern, Weinheim.

*Schimank, U. (1985):* Der mangelnde Akteurbezug systemtheoretischer Erklärungen gesellschaftlicher Differenzierung – Ein Diskussionsvorschlag, in: Zeitschrift für Soziologie, 14. Jg., S. 421-434.

*Schimank, U. (1988):* Gesellschaftliche Teilsysteme als Akteursfiktionen, in: Kölner Zeitschrift für Soziologie und Sozialpsychologie, 40. Jg., S. 619-639.

*Schimank, U. (1992a):* Determinanten sozialer Steuerung – akteurtheoretisch betrachtet, in: Bußhoff, H. (Hrsg.): Politische Steuerung, Baden-Baden, S. 165-192.

*Schimank, U. (1992b):* Spezifische Interessenkonsense trotz generellem Orientierungsdissens. Ein Integrationsmechanismus polyzentrischer Gesellschaften, in: Giegel, H.-J. (Hrsg.): Kommunikation und Konsens in modernen Gesellschaften, Frankfurt a.M., S. 236-275.

*Schimank, U. (1996):* Theorien gesellschaftlicher Differenzierung, Opladen.

*Schiwy, P./Schütz, W.J. (Hrsg.) (1994):* Medienrecht, 3. Auflage, Neuwied u.a.

*Schmidt, S.J. (1987):* Der Radikale Konstruktivismus: Ein neues Paradigma im interdisziplinären Diskurs, in: ders. (Hrsg.): Der Diskurs des Radikalen Konstruktivismus, Frankfurt a.M., S. 11-88.

*Schmidt, W./Friedag, H.R. (2002):* Zukunftsorientierung: Management und Controlling des Intellektuellen Kapitals, in: Der Controlling-Berater (Loseblattwerk), Freiburg, Nr. 3, S. 41-68 (Teil 1) und Nr. 4, S. 71-104 (Teil 2).

*Schmitt-Beck, R. (1990):* Über die Bedeutung der Massenmedien für soziale Bewegungen, in: Kölner Zeitschrift für Soziologie und Sozialpsychologie, 42. Jg., S. 642-662.

*Schmitt-Beck, R./Pfetsch, B. (1994):* Politische Akteure und die Medien der Massenkommunikation. Zur Generierung von Öffentlichkeit in Wahlkämpfen, in: Neidhardt, F. (Hrsg.): Öffentlichkeit, öffentliche Meinung, soziale Bewegungen, Sonderheft 34/1994 der Kölner Zeitschrift für Soziologie und Sozialpsychologie, Opladen, S. 106-138.

*Schnädelbach, H. (1977):* Reflexion und Diskurs, Frankfurt a.M.

*Schnädelbach, H. (1986):* Transformation der Kritischen Theorie, in: Honneth, A./Joas, H. (Hrsg.): Kommunikatives Handeln, Frankfurt a.M., S. 15-34.

*Schneider, H.J. (1979):* Zum Begriff der Ursache in den Sozialwissenschaften, in: Mittelstraß, J. (Hrsg.): Methodenprobleme der Wissenschaften vom gesellschaftlichen Handeln, Frankfurt a.M., S. 215-222.

*Schneider, H.J. (1980):* On Language Use and Language Structure, in: Kodikas/Code, 2. Jg., S. 77-85.

*Schneider, H.J. (1992):* Phantasie und Kalkül. Über die Polarität von Handlung und Struktur in der Sprache, Frankfurt a.M.

*Schneider, H.J. (1993):* Die Situiertheit des Denkens, Wissens und Sprechens im Handeln, in: Deutsche Zeitschrift für Philosophie (Berlin), 41. Jg., S. 727-739.

*Schneider, H.J. (1994):* Ethisches Argumentieren, in: Hastedt, H./Martens, E. (Hrsg.): Ethik, Reinbek bei Hamburg, S. 13-47.

*Schneider, H.J. (1995):* Bedeutung, in: Mittelstraß, J. (Hrsg.): Enzyklopädie Philosophie und Wissenschaftstheorie, Band 1, korr. Nachdruck, Stuttgart/Weimar, S. 259-260.

*Schneider, W.L. (1994):* Die Beobachtung von Kommunikation, Opladen.

*Schöhl, W. (1994):* Medienbeobachtung und Imageanalyse mit Pressedatenbanken – neue Instrumente für Presse- und PR-Stellen, in: PR Magazin, 25. Jg., Nr. 11, S. 31-38.

*Schöhl, W. (1996):* Elektronische Presseausschnitte, Internet und das moderne Management von Presseabteilungen mit Unterstützung von Datenbanken, in: PR Magazin, 27. Jg., Nr. 6, S. 47-58.

*Scholz & Friends Agenda (2003):* Integrierte Kommunikation und Agenda Setting in deutschen Unternehmen und Institutionen, Analyse der Ergebnisse des Surveys, unveröff. Manuskript, Berlin.

*Scholz, C. (1987):* Strategisches Management, Berlin/New York.

*Schönbach, K. (1977):* Trennung von Nachricht und Meinung, Freiburg/München.

*Schönbach, K. (1992):* Einige Gedanken zu Public Relations und Agenda-Setting, in: Avenarius, H./ Armbrecht, W. (Hrsg.): Ist Public Relations eine Wissenschaft?, Opladen, S. 325-333.

*Schönbach, K./Stürzebecher, D./Schneider, B. (1994):* Oberlehrer und Missionare? Das Selbstverständnis deutscher Journalisten, in: Neidhardt, F. (Hrsg.): Öffentlichkeit, öffentliche Meinung, soziale Bewegungen, Sonderheft 34/1994 der Kölner Zeitschrift für Soziologie und Sozialpsychologie, Opladen, S. 139-161.

*Schönbauer, G. (1994):* Handlung und Struktur in Anthony Giddens' „social theory", Regensburg.

*Schönborn, G. (Hrsg.)/Steinert, A. (2001):* Sustainability Agenda. Nachhaltigkeitskommunikation für Unternehmen und Institutionen, Neuwied/Kriftel.

*Schönefeld, L. (1993):* Kommunikation in der Krise, Schriftenreihe »Hoechst im Dialog«, Frankfurt a.M.

*Schönefeld, L. (1994a):* Aktive Öffentlichkeitsarbeit in der Krise: Erfahrungen und Konsequenzen bei der Hoechst AG, in: Uth, H.-J. (Hrsg.): Krisenmanagement bei Störfällen, Berlin u.a., S. 295-322.

*Schönefeld, L. (1994b):* Ein Jahr nach Griesheim ... Wie Hoechst die Bevölkerung, die Medien und die Mitarbeiter informierte, Schriftenreihe »Hoechst im Dialog«, Frankfurt a.M.

*Schönefeld, L. (1994c):* Krisenkommunikation in der Bewährung, in: Rolke, L./Rosema, B./Avenarius, H. (Hrsg.): Unternehmen in der ökologischen Diskussion, Opladen, S. 297-222.

*Schönefeld, L. (1995a):* Presse- und Öffentlichkeitsarbeit im lokalen Umfeld, Schriftenreihe »Hoechst im Dialog«, Frankfurt a.M.

*Schönefeld, L. (1995b):* Umwelt und Corporate Identity. Die Schriftenreihe »Hoechst im Dialog«, Vortrag am Institut für Publizistik der Johannes Gutenberg-Universität Mainz am 27. Januar 1995, unveröff. Manuskript, Frankfurt a.M.

*Schönefeld, L. (1996):* Dialogorientierte Unternehmenskommunikation im lokalen Umfeld: Das Beispiel Hoechst, in: Bentele, G./Steinmann, H./Zerfaß, A. (Hrsg.): Dialogorientierte Unternehmenskommunikation, Berlin, S. 369-392.

*Schreyögg, G. (1978):* Umwelt, Technologie und Organisationsstruktur, Bern/Stuttgart.

*Schreyögg, G. (1984):* Unternehmensstrategie, Berlin/New York.

*Schreyögg, G. (1993):* Umfeld der Unternehmung, in: Wittmann, W./Kern, W./Köhler, R./Küpper, H.-U./Wysocki, K. von (Hrsg.): Handwörterbuch der Betriebswirtschaftslehre, 5. Auflage, Stuttgart, Teilband 3, Sp. 4231-4247.

*Schreyögg, G./Steinmann, H. (1985):* Strategische Kontrolle, in: Zeitschrift für betriebswirtschaftliche Forschung, 37. Jg., S. 391-410.

*Schüller, B. (1991):* Strategisches PR-Management, München.

*Schulz von Thun, F. (1981):* Miteinander reden: Störungen und Klärungen – Psychologie der zwischenmenschlichen Kommunikation, Reinbek bei Hamburg.

*Schulz, B. (1992):* Strategische Planung von Public Relations, Frankfurt a.M./New York.

*Schulz, R. (1994):* Mediaforschung, in: Noelle-Neumann, E./Schulz, W./Wilke, J. (Hrsg.): Publizistik Massenkommunikation (Fischer Lexikon), 3. Auflage, Frankfurt a.M., S. 187-218.

*Schulz, W. (1971):* Kommunikationsprozeß, in: Noelle-Neumann, E./Schulz, W. (Hrsg.): Publizistik (Fischer Lexikon), Frankfurt a.M., S. 89-109.

*Schulz, W. (1973):* Analytische Theorie der Medien, unveröff. Habilitationsschrift, Mainz.

*Schulz, W. (1974):* Bedeutungsvermittlung durch Massenkommunikation, in: Publizistik, 20. Jg., S. 148-164.

*Schulz, W. (1982):* Ausblick am Ende des Holzwegs, in: Publizistik, 27. Jg, S. 49-73.

*Schulz, W. (1984):* „Agenda-Setting“ und andere Erklärungen – Zur Theorie der Medienwirkung, in: Rundfunk und Fernsehen, 32. Jg., S. 206-213.

*Schulz, W. (1987):* Politikvermittlung durch Massenmedien, in: Sarcinelli, U. (Hrsg.): Politikvermittlung, Bonn, S. 129-144.

*Schulz, W. (1989):* Massenmedien und Realität, in: Kasse, M./Schulz, W. (Hrsg.): Massenmedien – Theorien, Methoden, Befunde, Sonderheft 30/1989 der Kölner Zeitschrift für Soziologie und Sozialpsychologie, Opladen, S. 135-149.

*Schulz, W. (1990):* Die Konstruktion von Realität in den Nachrichtenmedien, 2. Auflage, Freiburg/München (Erstveröffentlichung 1976).

*Schulz, W. (1993a):* Die Transformation des Mediensystems in den Achtzigern, in: Kutsch, A./Holtz-Bacha, C./Stuke, F.R. (Hrsg.): Rundfunk im Wandel, Festschrift für Winfried B. Lerg, Berlin, S. 155-171.

*Schulz, W. (1993b):* Massenmedien im politischen Prozeß, unveröff. Manuskript, Nürnberg.

*Schulz, W. (1993c):* Medienwirklichkeit und Medienwirkung, in: Aus Politik und Zeitgeschichte, Beilage zur Wochenzeitung »Das Parlament«, 43. Jg., Nr. B 40/93, S. 16-26.

*Schulz, W. (1994a):* Inhaltsanalyse, in: Noelle-Neumann, E./Schulz, W./Wilke, H. (Hrsg.): Publizistik Massenkommunikation (Fischer Lexikon), 3. Auflage, Frankfurt a.M., S. 42-63.

*Schulz, W. (1994b):* Kommunikationsprozeß, in: Noelle-Neumann, E./Schulz, W./Wilke, H. (Hrsg.): Publizistik Massenkommunikation (Fischer Lexikon), 3. Auflage, Frankfurt a.M., S. 140-171.

*Schulz, W. (1994c):* Nachricht, in: Noelle-Neumann, E./Schulz, W./Wilke, H. (Hrsg.): Publizistik Massenkommunikation (Fischer Lexikon), 3. Auflage, Frankfurt a.M., S. 307-337.

*Schulz, W. (2002):* Public Relations/Öffentlichkeitsarbeit, in: Noelle-Neumann, E./Schulz, W./Wilke, H. (Hrsg.): Publizistik Massenkommunikation (Fischer Lexikon), aktualisierte und vollständig überarbeitete Auflage, Frankfurt a.M., S. 517-545.

*Schulze, G. (1995):* Die Erlebnisgesellschaft. Kultursoziologie der Gegenwart, 5. Auflage, Frankfurt a.M./New York (Erstveröffentlichung 1992).

*Schulze-Fürstenow, G. (1988):* Konzeptions-Modell für gesellschaftsorientierte Public Relations, in: ders. (Hrsg.): PR-Perspektiven. Beiträge zum Selbstverständnis gesellschaftsorientierter Öffentlichkeitsarbeit (PR), Neuwied, S. 51-58.

*Schuppener, B./Schuppener, N. (2004):* Kommunikationsmanagement – Kommunikation als Wertschöpfungsfaktor, in: Köhler, T./Schaffranietz, A. (Hrsg.): Public Relations – Perspektiven und Potenziale im 21. Jahrhundert, Wiesbaden, S. 217-224.

*Schwalbach, J. (2002):* Unternehmensreputation als Erfolgsfaktor, in: Reese, M./Söllner, A./Utzig, B.P. (Hrsg.): Relationship Marketing, Berlin, S. 225-238.

*Schweda, C./Opherden, R. (1995):* Journalismus und Public Relations. Grenzbeziehungen im System lokaler politischer Kommunikation, Wiesbaden.

*Schweigert, G./Schwarz, H. (1987):* Kommunikation im Markt, in: Hoyos, C. Graf/Kroeber-Riel, W./Rosenstiel, L. von/Strümpel, B. (Hrsg.): Wirtschaftspsychologie in Grundbegriffen, 2. Auflage, München/Weinheim, S. 365-377.

*Schweizer, U. (1990):* Industrieansiedlung und Bürgerprotest. Dissenswahrnehmung und Konsensbildung durch die Unternehmung, Dissertation, Mannheim.

*Schwemmer, O. (1974):* Grundlagen einer normativen Ethik, in: Kambartel, F. (Hrsg.): Praktische Philosophie und konstruktive Wissenschaftstheorie, Frankfurt a.M., S. 73-95.

*Schwemmer, O. (1976):* Theorie der rationalen Erklärung, München.

*Schwemmer, O. (1979):* Praktische Begründung, rationale Rekonstruktion und methodische Überprüfung, in: Lenk, H. (Hrsg.): Handlungstheorien – interdisziplinär, Band 2: Handlungserklärungen und philosophische Handlungsinterpretation, München, Zweiter Halbband, S. 536-580.

*Schwemmer, O. (1986):* Die Verständlichkeit unseres Handelns, in: ders.: Ethische Untersuchungen, Frankfurt a.M., S. 126-149.

*Schwemmer, O. (1995):* Interesse, in: Mittelstraß, J. (Hrsg.): Enzyklopädie Philosophie und Wissenschaftstheorie, Band 2, korr. Nachdruck, Stuttgart/Weimar, S. 268-271.

*Scott, J.C./O'Hair, D. (1989):* Expanding Psychographic Concepts in Public Relations: The Composite Audience Profile, in: Botan, C.H./Hazleton, V., Jr. (Hrsg.): Public Relations Theory, Hillsdale (NJ) u.a., S. 203-219.

*Scott, W.R. (1986):* Grundlagen der Organisationstheorie, Frankfurt a.M./New York (amerikanische Erstveröffentlichung 1981).

*Searle, J.R. (1990):* Ausdruck und Bedeutung, 3. Auflage, Frankfurt a.M. (englische Erstveröffentlichung 1979).

*Searle, J.R. (1992):* Sprechakte, 5. Auflage, Frankfurt a.M. (englische Erstveröffentlichung 1969).

*Seifert, E.K./Priddat, B.P. (Hrsg.) (1995):* Neuorientierungen in der ökonomischen Theorie, Marburg.

*Seitel, F.P. (1980):* The practice of public relations, Columbus u.a.

*Sethi, S.P. (1977):* Advocacy Advertising and Large Corporations, Lexington (Mass.)/Toronto.

*Shannon, C.E./Weaver, W. (1949):* The Mathematical Theory of Communication, Urbana (Ill.).

*Shelby, A.N. (1993):* Organizational, Business, Management, and Corporate Communication: An Analysis of Boundaries and Relationships, in: Journal of Business Communication, 30. Jg., S. 241-267.

*Signitzer, B. (1988):* Public-Relations-Forschung im Überblick, in: Publizistik, 33. Jg., S. 93-116.

*Signitzer, B. (1991):* Aspekte neuerer Public Relations Theorie und wissenschaftliche PR-Beratung, in: PR Magazin, 20. Jg., S. 31-42.

*Signitzer, B. (1992):* Theorie der Public Relations, in: Burkart, R./Hömberg, W. (Hrsg.): Kommunikationstheorien, Wien, S. 134-152.

*Simmel, G. (1989):* Philosophie des Geldes, Band 6 der Simmel-Gesamtausgabe, Frankfurt a.M. (Erstveröffentlichung 1900).

*Simon, H.A. (1981):* Entscheidungsverhalten in Organisationen, Landsberg am Lech (amerikanische Erstveröffentlichung 1945/3. Auflage 1975).

*Simon, H.A. (1991):* Organizations and Markets, in: Journal of Economic Perspectives, 5. Jg., Nr. 2, S. 25-44.

*Sjurts, I. (1995):* Kontrolle, Controlling und Unternehmensführung, Wiesbaden.

*Slesina, W. (1994):* Stichwort »Einstellung«, in: Fuchs-Heinritz, W./Lautmann, R./Rammstedt, O./ Wienold, H. (Hrsg.): Lexikon zur Soziologie, Opladen, S. 160.

*Sofsky, W./Paris, R. (1994):* Figurationen sozialer Macht, Frankfurt a.M.

*Sölvell, Ö./Lindqvist, G./Ketels, C. (2003):* The Cluster Initiative Greenbook, Foreword by Michael E. Porter, Stockholm.

*Springer, H. (1996):* Das Kommunikationszentrum als Forum für Information und Dialog. Das Beispiel der Bayer AG, in: Bentele, G./Steinmann, H./Zerfaß, A. (Hrsg.): Dialogorientierte Unternehmenskommunikation, Berlin, S. 351-367.

*Springston, J.K./Keyton, J./Leichty, G.B./Metzger, J. (1992):* Field Dynamics and Public Relations Theory: Toward the Management of Multiple Publics, in: Journal of Public Relations Research, 4. Jg., S. 81-100.

*Sriramesh, K./Vercic, D. (2003a):* A Theoretical Framework for Global Public Relations Research and Practice, in: Sriramesh, K./Vercic, D. (Hrsg.): The Global Public Relations Handbook. Theory, Research and Practice, Mahwah (NJ)/London, S. 1-19.

*Sriramesh, K./Vercic, D. (Hrsg.) (2003b):* The Global Public Relations Handbook. Theory, Research and Practice, Mahwah (NJ)/London.

*Staab, J.F. (1990):* Entwicklungen der Nachrichtenwert-Theorie. Theoretische Konzepte und empirische Überprüfungen, in: Wilke, J. (Hrsg.): Fortschritte der Publizistikwissenschaft, Freiburg/ München, S. 161-172.

*Staehle, W.H. (1969):* Die Unternehmung als Koalition und die Notwendigkeit der Werbung um Koalitionsteilnehmer, in: Zeitschrift für Betriebswirtschaft, 39. Jg., S. 377-390.

*Staehle, W.H. (1992):* Funktionen des Managements, 3. Auflage, Bern/Stuttgart.

*Staehle, W.H. (1994):* Management, 7. Auflage, München.

*Stahl, H.K. (1998):* Zum Aufbau von Reputationskapital in Stakeholder-Beziehungen, in: Handlbauer, G./Matzler, K./Sauerwein, E./Stumpf, M. (Hrsg.): Perspektiven im Strategischen Management, Festschrift für Prof. Hans H. Hinterhuber, Berlin/New York, S. 351-368.

*Stahlmann, V. (1994):* Umweltverantwortliche Unternehmensführung, München.

*Starkulla, H. (1993):* Marktplätze sozialer Kommunikation, München.

*Stauss, B. (1985):* Strategische Marketingreaktion auf verbraucher- und umweltpolitische Herausforderungen – ein Erklärungsmodell, in: Hansen, U./Schoenheit, I. (Hrsg.): Verbraucherabteilungen in privaten und öffentlichen Unternehmen, Frankfurt a.M./New York, S. 65-108.

*Stauss, B. (1991):* Gesellschaftsorientiertes Marketing, in: Corsten, H. (Hrsg.): Die soziale Dimension der Unternehmung, Berlin, S. 119-141.

*Stein, T. (2003):* Unternehmensreputation. Definition, Messverfahren und praxisorientierte Analysemethode, in: PR Magazin, 34. Jg., Nr. 1, S. 49-56.

*Steinmann, H. (1969):* Das Großunternehmen im Interessenkonflikt, Stuttgart.

*Steinmann, H. (1976):* Die Unternehmung als Interessenverbund, in: Betriebswirtschaftliche Forschung und Praxis, 28. Jg., S. 1-12.

*Steinmann, H. (Hrsg.) (1978a):* Betriebswirtschaftslehre als normative Handlungswissenschaft, Wiesbaden.

*Steinmann, H. (1978b):* Die Betriebswirtschaftslehre als normative Handlungswissenschaft, in: ders. (Hrsg.): Betriebswirtschaftslehre als normative Handlungswissenschaft, Wiesbaden, S. 73-102.

*Steinmann, H. (1981):* Der Managementprozeß und seine Problemschwerpunkte, in: ders. (Hrsg.): Planung und Kontrolle, München, S. 1-19.

*Steinmann, H. (2003):* Unternehmensethik und Globalisierung – Das politische Element in der Multinationalen Unternehmung, in: Holtbrügge, D. (Hrsg.): Management Multinationaler Unternehmungen, Festschrift für Martin K. Welge, Heidelberg, S. 377-398.

*Steinmann, H./Böhm, H./Braun, W./Gerum, E./Schreyögg, G. (1976):* Betriebswirtschaftslehre und Praxis. Vorüberlegungen auf der Grundlage der Konstruktiven Philosophie und Wissenschaftstheorie, in: Ulrich, H. (Hrsg.): Zum Praxisbezug der Betriebswirtschaftslehre in wissenschaftstheoretischer Sicht, Bern/Stuttgart, S. 51-92.

*Steinmann, H./Gerum, E. (1978):* Reform der Unternehmensverfassung, Köln u.a.

*Steinmann, H./Hasselberg, F. (1988):* Der strategische Managementprozeß – Vorüberlegungen für eine Neuorientierung, in: Zeitschrift für Betriebswirtschaft, 58. Jg., S. 1308-1322.

*Steinmann, H./Heinrich, M./Schreyögg, G. (1976):* Theorie und Praxis selbststeuernder Arbeitsgruppen, Köln.

*Steinmann, H./Hennemann, C. (1993):* Personalentwicklung und strategisches Management, in: Laske, S./Gorbach, S. (Hrsg.): Spannungsfeld Personalentwicklung, Wien, S. 131-151.

*Steinmann, H./Hennemann, C. (1995):* Personalmanagementlehre zwischen Managementpraxis und mikro-ökonomischer Theorie, Diskussionsbeitrag Nr. 76 des Lehrstuhls für Allgemeine Betriebswirtschaftslehre und Unternehmensführung der Universität Erlangen-Nürnberg, 2. Auflage, Nürnberg.

*Steinmann, H./Löhr, A. (1994a):* Grundlagen der Unternehmensethik, 2. Auflage, Stuttgart.

*Steinmann, H./Löhr, A. (1994b):* Unternehmensethik – ein republikanisches Programm in der Kritik, in: Forum für Philosophie Bad Homburg (Hrsg.): Markt und Moral, Bern u.a., S. 145-180.

*Steinmann, H./Löhr, A. (1995a):* Unternehmensethik als Ordnungselement in der Marktwirtschaft, in: Zeitschrift für betriebswirtschaftliche Forschung, 47. Jg., S. 143-174.

*Steinmann, H./Löhr, A. (1995b):* Zehn Jahre Unternehmensethik – eine Bestandsaufnahme der Kernprobleme, in: Schachtschneider, K.A. (Hrsg.): Wirtschaft, Staat und Gesellschaft im Umbruch, Berlin, S. 225-241.

*Steinmann, H./Olbrich, T. (1994):* Unternehmensethik und Internationales Management, in: Schiemenz, B./Wurl, H.-J. (Hrsg.): Internationales Management, Wiesbaden, S. 117-144.

*Steinmann, H./Scherer, A.G. (1995):* Wissenschaftstheorie, in: Corsten, H. (Hrsg.): Lexikon der Betriebswirtschaftslehre, 3. Auflage, München/Wien, S. 1056-1063.

*Steinmann, H./Scherer, A.G. (1996a):* Controlling, strategisches und operatives, in: Schulte, C. (Hrsg.): Lexikon des Controlling, München/Wien, S. 135-139.

*Steinmann, H./Scherer, A.G. (1996b):* Controlling und Unternehmensführung, in: Schulte, C. (Hrsg.): Lexikon des Controlling, München/Wien, S. 139-144.

*Steinmann, H./Schreyögg, G. (1986):* Zur organisatorischen Umsetzung der Strategischen Kontrolle, in: Zeitschrift für betriebswirtschaftliche Forschung, 38. Jg., S. 747-765.

*Steinmann, H./Schreyögg, G. (1993):* Management. Grundlagen der Unternehmensführung, 3. Auflage, Wiesbaden.

*Steinmann, H./Schreyögg, G./Thiem, J. (1989):* Strategische Personalführung – Inhaltliche Ansatzpunkte und Überlegungen zu einem konzeptionellen Bezugsrahmen, in: Mitteilungen aus der Arbeitsmarkt- und Berufsforschung, 22. Jg., S. 397-408.

*Steinmann, H./Walter, M. (1990):* Managementprozeß, in: Wirtschaftswissenschaftliches Studium, 19. Jg., S. 340-345.

*Steinmann, H./Zerfaß, A. (1991a):* Das ERBE-Dialogprogramm. Chancen und Grundlagen eines Dialogs zwischen Unternehmen und Öffentlichkeit über die Problemfelder der Selbstmedikation bei Erkältungskrankheiten, Diskussionspapier zur Vorbereitung des ERBE-Symposiums, Nürnberg.

*Steinmann, H./Zerfaß, A. (Hrsg.) (1991b):* Selbstmedikation bei Erkältungskrankheiten. Grundlagen und Ergebnisse eines Dialogprogramms, Stuttgart.

*Steinmann, H./Zerfaß, A. (1993a):* Corporate Dialogue – a new perspective for Public Relations, in: Business Ethics – A European Review, 2. Jg., Nr. 2, S. 58-63.

*Steinmann, H./Zerfaß, A. (1993b):* Privates Unternehmertum und öffentliches Interesse, in: Wagner, G.R. (Hrsg.): Betriebswirtschaft und Umweltschutz, Stuttgart, S. 3-26.

*Steinmann, H./Zerfaß, A. (1993c):* Unternehmensethik, in: Enderle, G./Homann, K./Honecker, M./ Kerber, W./Steinmann, H. (Hrsg.): Lexikon der Wirtschaftsethik, Freiburg u.a., Sp. 1113-1122.

*Steinmann, H./Zerfaß, A. (1995):* Management der integrierten Unternehmenskommunikation, in: Ahrens, R./Scherer, H./Zerfaß, A. (Hrsg.): Integriertes Kommunikationsmanagement, Frankfurt a.M., S. 11-50.

*Steinmann, H./Zerfaß, A. (1996):* Republikanische Unternehmensethik und katholische Soziallehre, in: Brieskorn, N./Müller, J. (Hrsg.): Gerechtigkeit und soziale Ordnung, Festschrift für Walter Kerber SJ, Freiburg u.a., S. 83-104.

*Steinmann, H./Zerfaß, A./Ahrens, R. (1993):* Ethische Problemfelder der Public Relations-Beratung, in: PR Magazin, 24. Jg., Nr. 10, S. 33-40.
Englische Fassung: Consultants' Roles and Responsibilities: Lessons from Public Relations in Germany, in: von Weltzien Høivik, H./Føllesdal, A. (Hrsg.): Ethics and Consultancy: European Perspectives, Dordrecht u.a. 1995, S. 163-177.

*Steyn, B. (2002):* From 'Strategy" to 'Corporate Communication Strategy": A Conceptualisation, in: Vercic, D. et al. (Hrsg.): The Status of Public Relations Knowledge in Europe and Around the World, Proceedings of BledCom 2002 in conjunction with 2002 Euprera Annual Congress, Ljubljana, S. 126-142.

*Stoffels, J.D. (1994):* Strategic Issues Management, Oxford.

*Stone, C.D. (1975):* Where the Law Ends, New York u.a.

*Stoner, J.A.F./Freeman, R.E. (1992):* Management, 5. Auflage, Englewood Cliffs (NJ).

*Stradtmann, P./Kurt, K. (2004):* Crossmedia Monitor 2004 von FCBi Foote Cone & Belding, Hamburg.

*Strauch, M. (Hrsg.) (1993):* Lobbying, Wiesbaden und Frankfurt a.M.

*Stüdemann, K. (1993):* Allgemeine Betriebswirtschaftslehre, 3. Auflage, München/Wien.

*Stuiber, H.-W. (1992):* Theorieansätze für Public Relations – Anmerkungen aus sozialwissenschaftlicher Sicht, in: Avenarius, H./Armbrecht, W. (Hrsg.): Ist Public Relations eine Wissenschaft?, Opladen, S. 207-220.

*Suntum, U. van (1991):* Die soziale Komponente in der Marktwirtschaft, in: Aus Politik und Zeitgeschichte, Beilage zur Wochenzeitschrift »Das Parlament«, 41. Jg., Nr. B 3-4, S. 16-27.

*Sydow, J. (1992):* Strategische Netzwerke, Wiesbaden.

*Sydow, J./Windeler, A. (Hrsg.) (2000):* Steuerung von Netzwerken. Konzepte und Praktiken, Wiesbaden.

*Szyszka, P. (1992):* Image und Vertrauen, in: Faulstich, W. (Hrsg.): Image – Imageanalyse – Imagegestaltung, Bardowick, S. 104-111.

*Szyszka, P. (1993a):* Falsche Erwartungen?, in: PR Magazin, 24. Jg., Nr. 1, S. 48-50.

*Szyszka, P. (1993b):* Öffentlichkeit als konstituierendes Prinzip der Public Relations, in: Faulstich, W. (Hrsg.): Konzepte von Öffentlichkeit, Bardowick, S. 195-214.

*Szyszka, P. (1994):* Öffentlichkeitsarbeit und Kompetenz. Fragen an das Berufsbild, in: Reineke, W./ Eisele, H.: Taschenbuch der Öffentlichkeitsarbeit, 2. Auflage, Heidelberg, S. 21-30.

*Szyszka, P. (1999):* Inszenierte Öffentlichkeit. Eine qualitative Analyse der zentralen Akteure im Fall "Brent Spar", in: Imhof, K./Jarren, O./Blum, R. (Hrsg.): Steuerungs- und Regelungsprobleme in der Informationsgesellschaft, Opladen, S. 118-135.

*Szyszka, P. (2004a):* Fokus »Organisation« – Konturen eines organisationalen Theorieentwurfs zu Public Relations und Kommunikationsmanagement, in: Röttger, U. (Hrsg.): Theorien der Public Relations, Wiesbaden, S. 127-146.

*Szyszka, P. (2004b):* Integrierte Kommunikation als Kommunikationsmanagement. Positionen – Probleme – Perspektiven, in: Köhler, T./Schaffranietz, A. (Hrsg.): Public Relations – Perspektiven und Potenziale im 21. Jahrhundert, Wiesbaden, S. 199-215.

*Taube, V. (1992):* Bildliche Sprechakte, in: Protosoziologie, 2. Jg., Nr. 2, S. 63-70 und S. 93.

*Teubner, G. (1992):* Die vielköpfige Hydra: Netzwerke als kollektive Akteure höherer Ordnung, in: Küppers, G./Krohn, W. (Hrsg.): Emergenz: Die Entstehung von Ordnung, Organisation und Bedeutung, Frankfurt a.M., S. 189-216.

*Thayer, L. (1968):* Communication and Communication Systems, Homewood (Ill.).

*Theis, A.M. (1992):* Inter-Organisations-Beziehungen im Mediensystem: Public Relations aus organisationssoziologischer Perspektive, in: Publizistik, 37. Jg., S. 25-36.

*Theis, A.M. (1994):* Organisationskommunikation, Opladen.

*Theis-Berglmair, A.M. (2000):* Aufmerksamkeit und Geld, schenken und zahlen, in: Publizistik, 45. Jg., S. 310-329.

*Thiedecke, U. (2000):* Virtuelle Gruppen: Begriff und Charakteristik, in: Thiedeke, U. (Hrsg.): Virtuelle Gruppen, Wiesbaden, S. 23-73.

*Thommen, J.-P. (1990):* Glaubwürdigkeit als Grundlage des strategischen Managements, in: Rühli, E./ Krulis-Randa, J.S. (Hrsg.): Gesellschaftsbewusste Unternehmungspolitik – «Societal Strategy», Bern/Stuttgart, S. 121-149.

*Tibi, B. (1991):* Islamischer Fundamentalismus als Antwort auf die doppelte Krise, in: ders.: Die Krise des modernen Islams, erweiterte Neuauflage, Frankfurt a.M., S. 202-279.

*Töpfer, A. (1999):* Plötzliche Unternehmenskrisen. Gefahr oder Chance?, Neuwied/Kriftel.

*Tondeur, E./Wälchli, J.P. (1972):* Public Relations und Werbung: ein unnötiger Grenzstreit, in: Industrielle Organisation, 41. Jg., S. 499-502.

*Toth, E.L./Heath, R.L. (Hrsg.) (1992):* Rhetorical and Critical Approaches to Public Relations, Hillsdale (NJ) u.a.

*Trabant, J. (1976):* Elemente der Semiotik, München.

*Trabant, J. (1989):* Zeichen des Menschen – Elemente der Semiotik, Frankfurt a.M. (völlig überarbeitete und erweiterte Fassung von »Elemente der Semiotik«, 1976).

*Trommsdorff, V. (1975):* Die Messung von Produktimages für das Marketing, Köln u.a.

*Trommsdorff, V. (1987):* Image als Einstellung zum Angebot, in: Hoyos, C. Graf/Kroeber-Riel, W./ Rosenstiel, L. von/Strümpel, B. (Hrsg.): Wirtschaftspsychologie in Grundbegriffen, 2. Auflage, München.

*Trommsdorff, V. (2003):* Werbe-Pretests – Praxis und Erfolgsfaktoren, Stern Bibliothek, Hamburg.

*Ulrich, H. (1981):* Die Betriebswirtschaftslehre als angewendungsorientierte Sozialwissenschaft, in: Geist, M./Köhler, R. (Hrsg.): Die Führung des Betriebes, Stuttgart, S. 1-25.

*Ulrich, H. (1987):* Unternehmungspolitik, 2. Auflage, Bern/Stuttgart.

*Ulrich, P. (1977):* Das Großunternehmen als quasi-öffentliche Institution, Stuttgart.

*Ulrich, P. (1986):* Transformation der ökonomischen Vernunft, Bern/Stuttgart.

*Ulrich, P. (1991):* Unternehmensethik – Führungsinstrument oder Grundlagenreflexion?, in: Steinmann, H./Löhr, A. (Hrsg.): Unternehmensethik, 2. Auflage, Stuttgart, S. 189-210.

*Ulrich, P. (1994):* Integrative Wirtschafts- und Unternehmensethik – ein Rahmenkonzept, in: Forum für Philosophie Bad Homburg (Hrsg.): Markt und Moral, Bern u.a., S. 75-107.

*Ulrich, P. (1995):* Business in the Nineties: Facing Public Interest, in: Ulrich, P./Sarasin, C. (Hrsg.): Facing Public Interest. The Ethical Challenge to Business Policy and Corporate Communications, Dordrecht u.a., S. 1-8.

*Ulrich, P./Fluri, E. (1992):* Management, 6. Auflage, Bern/Stuttgart.

*Vanberg, V. (1975):* Die zwei Soziologien. Individualismus und Kollektivismus in der Sozialtheorie, Tübingen.

*Vanberg, V. (1992):* Organizations as Constitutional Systems, in: Constitutional Political Economy, 3. Jg., S. 223-253.

*Vennen, H. (1993):* Störfälle in Serie? Die Ereignisse bei Hoechst zwischen dem 22. Februar und dem 2. April 1993. Ursachen – Folgen – Konsequenzen, Schriftenreihe »Hoechst im Dialog«, Frankfurt a.M.

*Verband der Chemischen Industrie e.V. (1995):* Leitfaden „Verantwortliches Handeln", Frankfurt a.M.

*Vercic, D./Grunig, J.E. (1995):* The Origins of Public Relations Theory in Economics and Strategic Management, Paper presented to the Second International Public Relations Research Symposium, July 6-9, 1995, Bled, Slovenia.

*Voswinkel, S. (2001):* Anerkennung und Reputation. Die Dramaturgie industrieller Beziehungen, Konstanz.

*Wahren, H.-K.E. (1987):* Zwischenmenschliche Kommunikation und Interaktion in Unternehmen, Berlin/New York.

*Wallack, L./Dorfman, L./Jernigan, D./Themba, M. (1993):* Media Advocacy and Public Health, Newbury Park u.a.

*Watzlawick, P./Beavin, J.H./Jackson, D.D. (1990):* Menschliche Kommunikation, 8. unveränderte Auflage, Bern u.a. (amerikanische Erstveröffentlichung 1967).

*Weber, J. (1985):* Unternehmensidentität und unternehmenspolitische Rahmenplanung, München.

*Weber, M. (1964):* Wirtschaft und Gesellschaft, Studienausgabe, hrsg. von J. Winckelmann, Erster Halbband, Köln/Berlin (Erstveröffentlichung 1921).

*Wegner, J. (2002):* Die wilde Ehe des Journalismus, in: Message, Nr. 4, S. 76-80.

*Weick, K.E. (1985):* Der Prozeß des Organisierens, Frankfurt a.M. (amerikanische Erstveröffentlichung 1969).

*Weidner, S. (1992):* Bausteine und Werkzeuge eines Events-Konzeptes als Bestandteil integrierter Kommunikation, Schriften zur Kommunikationsarbeit, hrsg. vom Deutschen Kommunikationsverband BDW e.V., Bonn.

*Weihrich, H./Koontz, H. (1993):* Management, 10. Auflage, New York u.a.

*Weimann, G. (1994):* The Influentials. People Who Influence People, Albany (NY).

*Weinberg, P. (1986):* Nonverbale Marktkommunikation, Heidelberg.

*Weischenberg, S. (1992):* Journalistik. Band 1: Mediensysteme, Medienethik, Medieninstitutionen, Opladen.

*Weischenberg, S. (1994):* Journalismus als soziales System, in: Merten, K./Schmidt, S.J./Weischenberg, S. (Hrsg.): Die Wirklichkeit der Medien, Opladen, S. 427-454.

*Weiser, D. (1988):* Two Concepts of Communication as Criteria for Collective Responsibility, in: Journal of Business Ethics, 7. Jg., S. 735-744.

*Weiß, E. (1995):* Zeitorientiertes Management technologischer Innovationen. Konzeption einer Technologiesteuerung auf Basis der Theorie autopoietischer Systeme, unveröff. Habilitationsschrift an der Wirtschafts- und Sozialwissenschaftlichen Fakultät der Universität Erlangen-Nürnberg, Nürnberg.

*Weiß, R. (2002):* Unternehmensführung in der Reflexiven Modernisierung. Global Citizenship, Gesellschaftstrategie und Unternehmenskommunikation, Marburg.

*Weizäcker, E.U. von (Hrsg.) (1988):* Waschen und Gewässerschutz, 2. Auflage, Karlsruhe.

*Weizsäcker, E.U. von (Hrsg.) (1989):* Gutes Trinkwasser – wie schützen?, Karlsruhe.

*Weizsäcker, E.U. von (Hrsg.) (1991):* Weniger Abfall – Gute Entsorgung, Karlsruhe.

*Welge, M.K./Al-Laham, A. (1992):* Planung: Prozesse – Strategien – Maßnahmen, Wiesbaden.

*Welz, H.-G. (2002):* Politische Öffentlichkeit und Kommunikation im Internet, in: Aus Politik und Zeitgeschichte, Beilage zur Wochenzeitung »Das Parlament«, 52. Jg., Nr. B39-40, S. 3-11.

*Wellmer, A. (1989):* Was ist eine pragmatische Bedeutungstheorie?, in: Honneth, A./McCarthy, Th./ Offe, C./Honneth, A. (Hrsg.): Zwischenbetrachtungen – Im Prozeß der Aufklärung, Festschrift für Jürgen Habermas, Frankfurt a.M., S. 318-370.

*Werhane, P.H. (1985):* Persons, Rights, and Corporations, Englewood Cliffs (NJ).

*Westerbarkey, J. (1989):* „Publizistische Maskenbildner". Zur Theorie und Praxis der Öffentlichkeitsarbeit, in: Bellers, J. (Hrsg.): Sozialwissenschaften in Münster, Münster, S. 253-261.

*Westerbarkey, J. (1991a):* Das Geheimnis. Zur funktionalen Ambivalenz von Kommunikationsstrukturen, Opladen.

*Westerbarkey, J. (1991b):* Geheimnis-Management. Zur Theorie der Öffentlichkeitsarbeit, in: gdi-impuls, 9. Jg., Nr. 1, S. 47-55.

*Westerbarkey, J. (1995):* Journalismus und Öffentlichkeit, in: Publizistik, 40. Jg., S. 152-162.

*Wever, U.A./Besig, H.-M. (1995):* Unternehmens-Kommunikation als Lernprozeß. Dem Erfolg auf der Spur. Das Beispiel der Hypo-Bank, Frankfurt a.M./New York.

*Weyer, J. (Hrsg.) (2000):* Soziale Netzwerke. Konzepte und Methoden der sozialwissenschaftlichen Netzwerkforschung, München/Wien.

*White, J. (1992):* The Pros and Cons of „Getting to Yes", in: Goldberg, S.B./Sander, E.A./Rogers, N.H.: Dispute Resolution, 2. Auflage, Boston u.a., S. 45-47.

*White, J./Mazur, L. (1995):* Strategic Communications Management, Wokingham u.a.

*Wiedemann, P.M. (1991):* Öffentlichkeitsarbeit bei Krisen, Eschborn/Ts.

*Wiedemann, P.M./Femers, S./Hennen, L. (1991):* Bürgerbeteiligung bei entsorgungswirtschaftlichen Vorhaben, Berlin.

*Wiedmann, K.-P. (1986):* Public Marketing und Corporate Communications als Bausteine eines strategischen und gesellschaftsorientierten Marketing, Arbeitspapier Nr. 38 des Instituts für Marketing der Universität Mannheim, Mannheim.

*Wiedmann, K.-P. (1989a):* Corporate Identity-Strategie als Orientierungsrahmen einer effizienten Auseinandersetzung mit der Öffentlichkeit, in: PR Magazin, 20. Jg., Nr. 3, S. 31-38.

*Wiedmann, K.-P. (1989b):* Gesellschaft und Marketing: Zur Neuorientierung der Marketingkonzeption im Zeichen des gesellschaftlichen Wandels, in: Specht, G./Silberer, G./Engelhardt, W.H. (Hrsg.): Marketing-Schnittstellen, Festschrift für Hans Raffée, Stuttgart, S. 227-246.

*Wiedmann, K.-P. (1992a):* Corporate Identity als strategisches Orientierungskonzept der Unternehmensführung und speziell der Unternehmenskommunikation, in: ders.: Grundkonzept und Gestaltungsperspektiven der Corporate Identity-Strategie, Arbeitspapier Nr. 95 des Instituts für Marketing der Universität Mannheim, Mannheim, S. 1-56.

*Wiedmann, K.-P. (1992b):* PR und Marketing, in: ders.: PR. Wandel – Wege – Wagnisse, Arbeitspapier Nr. 96 des Instituts für Marketing der Universität Mannheim, Mannheim, S. 40-62.

*Wiedmann, K.-P. (1992c):* Public Relations: Wandel – Wege – Wagnisse, in: ders.: PR. Wandel – Wege – Wagnisse, Arbeitspapier Nr. 96 des Instituts für Marketing der Universität Mannheim, Mannheim, S. 1-39.

*Wiedmann, K.-P. (1992d):* Varianten der integrierten bzw. vernetzten Kommunikation, in: ders.: Grundkonzept und Gestaltungsperspektiven der Corporate Identity-Strategie, Arbeitspapier Nr. 95 des Instituts für Marketing der Universität Mannheim, Mannheim, S. 98-142.

*Wiedmann, K.-P. (1993a):* Öffentlichkeit aus managementwissenschaftlicher Sicht, in: Faulstich, W. (Hrsg.): Konzepte von Öffentlichkeit, Bardowick, S. 146-194.

*Wiedmann, K.-P. (1993b):* Rekonstruktion des Marketingansatzes und Grundlagen einer erweiterten Marketingkonzeption, Stuttgart.

*Wiedmann, K.-P./Raffée, H. (1995):* Social Marketing, in: Tietz, B./Köhler, R./Zentes, J. (Hrsg.): Handwörterbuch des Marketing, 2. Auflage, Stuttgart, Sp. 2298-2308.

*Wieland, J. (2002):* Corporate Citizenship-Management. Eine Zukunftsaufgabe für die Unternehmen !?, in: Wieland, J./Conradi, W. (Hrsg.): Corporate Citizenship. Gesellschaftliches Engagement – unternehmerischer Nutzen, Marburg, S. 9-21.

*Wieland, J./Conradi, W. (Hrsg.) (2002):* Corporate Citizenship. Gesellschaftliches Engagement – unternehmerischer Nutzen, Marburg.

*Wieland, W. (1974):* Praxis und Urteilskraft, in: Zeitschrift für Philosophische Forschung, 28. Jg., S. 17-42.

*Wiggershaus, R. (1974):* Zum Begriff der Regel in der Philosophie der Umgangssprache über Wittgenstein, Austin und Searle, Dissertation, Frankfurt a.M.

*Wild, J. (1974):* Grundlagen der Unternehmensplanung, Reinbek bei Hamburg.

*Will, M. (2002):* Reputation passt nicht in Zahlenkolonnen, in: Börsen-Zeitung vom 11.09.2002, o.S.

*Will, M./Löw, E. (2003):* Markt und Meinung für Kapital und Reputation. Das Zusammenspiel von Wert- und Reputationsmanagement in der Unternehmensführung, in: PR Magazin, 34. Jg., Nr. 10, S. 47-52.

*Williamson, O.E. (1991):* Comparative economic organization: The analysis of discrete structural alternatives, in: Administrative Science Quarterly, 36. Jg., S. 269-296.

*Willke, H. (1989):* Systemtheorie moderner Gesellschaften, Weinheim u.a.

*Willke, H. (1992):* Ironie des Staates, Frankfurt a.M.

*Willke, H. (1993):* Systemtheorie, 4. Auflage, Stuttgart/Jena.

*Wimmer, O. (1994):* International integrierte Unternehmenskommunikation, Konstanz.

*Windeler, A. (2001):* Unternehmungsnetzwerke. Konstitution und Strukturation, Wiesbaden.

*Wingert, L. (1993):* Gemeinsinn und Moral, Frankfurt a.M.

*Wiswede, G. (1991):* Soziologie, 2. Auflage, Landsberg am Lech.

*Wittgenstein, L. (1984):* Bemerkungen über die Grundlagen der Mathematik, Werkausgabe Band 6, hrsg. und bearbeitet von G.E.M. Anscombe/R. Rhees/G.H. von Wright, Frankfurt a.M. (Erstveröffentlichung 1956).

*Wittgenstein, L. (1993a):* Tractatus logico-philosophicus, in: ders.: Werkausgabe Band 1, 9. Auflage, Frankfurt a.M., S. 7-85 (Erstveröffentlichung 1921; im Text zitiert mit Angabe der Seitenzahl und lfd. Nummer des betreffenden Abschnittes).

*Wittgenstein, L. (1993b):* Philosophische Untersuchungen, in: ders.: Werkausgabe Band 1, 9. Auflage, Frankfurt a.M., S. 225-580 (Erstveröffentlichung 1958; im Text zitiert mit Angabe der Seitenzahl und Nummer des betreffenden Abschnittes).

*Wittmann, W. (1959):* Unternehmung und unvollkommene Information, Köln/Opladen.

*Witzer, B. (1992):* Kommunikation in Konzernen, Opladen.

*Wohlrapp, H. (1979):* Handlungsforschung, in: Mittelstraß, J. (Hrsg.): Methodenprobleme der Wissenschaften vom gesellschaftlichen Handeln, Frankfurt a.M., S. 122-214.

*Wohlrapp, H. (1983):* Über die philosophischen Voraussetzungen konstruktiver Begründung, in: Gottfried Wilhelm Leibniz-Gesellschaft e.V. (Hrsg.): Leibniz – Werk und Wirkung, 4. Internationaler Leibniz-Kongreß, Hannover 1983, S. 836-841.

*Wohlrapp, H. (1995a):* Argumentative Geltung, in: ders. (Hrsg.): Wege der Argumentationsforschung, Stuttgart-Bad Cannstatt, S. 281-297.

*Wohlrapp, H. (1995b):* Die diskursive Tendenz, in: ders. (Hrsg.): Wege der Argumentationsforschung, Stuttgart-Bad Cannstatt, S. 395-415.

*Wohlrapp, H. (1995c):* Konstruktive Anthropologie als Basis eines Konzepts von Kulturpluralismus?, in: Jelden, E. (Hrsg.): Prototheorien – Praxis und Erkenntnis?, Leipzig, S. 149-163.

*Wohlrapp, H. (Hrsg.) (1995d):* Wege der Argumentationsforschung, Stuttgart-Bad Cannstatt.

*Wolff, V. (2002):* Berichterstatter, Berater oder Verkäufer? – Zur Rolle von Journalisten im Internet-Zeitalter, in: Rolke, K./Wolff, V. (Hrsg.): Der Kampf um die Öffentlichkeit, Neuwied/Kriftel, S. 103-112.

*Wolfrum, U. (1993):* Erfolgspotentiale. Kritische Würdigung eines zentralen Konzeptes der strategischen Unternehmensführung, München.

*Woll, A. (1990):* Allgemeine Volkswirtschaftslehre, 10. Auflage, München.

*Wood, D.J. (1991):* Corporate Social Performance Revisited, in: Academy of Management Review, 16. Jg., S. 691-718.

*Wright, G.H. von (1977):* Handlungslogik. Ein Entwurf, in: ders.: Handlung, Norm und Intention, Berlin/New York, S. 83-103 (englische Erstveröffentlichung 1967).

*Wright, G.H. von (1979a):* Das menschliche Handeln im Lichte seiner Ursachen und Gründe, in: Lenk, H. (Hrsg.): Handlungstheorien – interdisziplinär, Band 2: Handlungserklärungen und philosophische Handlungsinterpretation, München, Zweiter Halbband, S. 417-430.

*Wright, G.H. von (1979b):* Norm und Handlung, Königstein/Ts. (englische Erstveröffentlichung 1963).

*Wright, G.H. von (1984):* Erklären und Verstehen, 2. Auflage, Königstein/Ts. (amerikanische Erstveröffentlichung 1971).

*Yom, M./Wilhelm, T.H. (2004):* Methoden und Erkenntnisse der Web-Usability-Forschung, in: Zerfaß, A./Zimmermann, H. (Hrsg.): Usability von Internet-Angeboten. Grundlagen und Fallstudien, Stuttgarter Beiträge zur Medienwirtschaft Nr. 10, Stuttgart, S. 25-38.

*Zander, A. (2000):* Medien, Journalismus und Public Relations. Eine kritische Betrachtung der systemtheoretischen Forschung mit Überlegungen zu theoretischen Veränderungen, Dissertationsschrift an der Sozialwissenschaftlichen Fakultät der Universität Göttingen, Göttingen.

*Zerfaß, A. (1991):* Dialog zwischen Unternehmen und Öffentlichkeit, Vortrag beim betriebswirtschaftlichen Kontaktseminar der Universitäten Bern, Zürich und Erlangen-Nürnberg am 11.10.1991 in Appenzell, unveröff. Präsentation, Nürnberg.

*Zerfaß, A. (1993):* Öffentlichkeit und Unternehmenskommunikation – Betriebswirtschaftliche Fragen und Perspektiven, in: Faulstich, W. (Hrsg.): Konzepte von Öffentlichkeit, Bardowick, S. 116-145.

*Zerfaß, A. (1994a):* Dialogorientierte Unternehmenskommunikation: Theoretische Anschlußpunkte und Fragestellungen, Korreferat auf der 1. Jahrestagung des Deutschen Netzwerk Wirtschaftsethik – EBEN Deutschland e.V. am 7.3.1994 in Hannover, unveröff. Foliensatz, Nürnberg.

*Zerfaß, A. (1994b):* Europäische Unternehmensordnung, Diskussionsbeitrag Nr. 71 des Lehrstuhls für Allgemeine Betriebswirtschaftslehre und Unternehmensführung der Universität Erlangen-Nürnberg, 2. Auflage, Nürnberg.

*Zerfaß, A. (1994c):* Kommunikative Kompetenz und Unternehmensethik, in: Bartsch, E. (Hrsg.): Sprechen, Führen, Kooperieren in Betrieb und Verwaltung, München/Basel, S. 297-306.

*Zerfaß, A. (1995):* Gesellschaftsorientierte Öffentlichkeitsarbeit, in: Forum Wirtschaftsethik, 3. Jg., Nr. 2, S. 8-11.

*Zerfaß, A. (1996a):* Dialogkommunikation und strategische Unternehmensführung, in: Bentele, G./ Steinmann, H./Zerfaß, A. (Hrsg.): Dialogorientierte Unternehmenskommunikation, Berlin, S. 23-58.

*Zerfaß, A. (1996b):* Was ist exzellente PR? Ergebnisse des weltweit größten Forschungsprogramms, in: Public Relations Forum, 2. Jg., Nr. 3, S. 18-21.

*Zerfaß, A. (1997):* Interaktive PR – Öffentlichkeitsarbeit in Internet und Online-Diensten, in: Schulze-Fürstenow, G./Martini, B.-J. (Hrsg.): Handbuch PR (Loseblattwerk), 2. Auflage, Neuwied/Kriftel 1994 ff., Nr. 1.111, S. 1-21.

*Zerfaß, A. (1998a):* Öffentlichkeitsarbeit mit interaktiven Medien. Grundlagen und Anwendungen, in: Krzeminski, M./Zerfaß, A. (Hrsg.): Interaktive Unternehmenskommunikation, Frankfurt a.M., S. 29-52.

*Zerfaß, A. (1998b):* Techniken – Tools – Theorien. Management-Knowhow für Public Relations, in: Medien Journal, 22. Jg., Nr. 3, S. 3-15.

*Zerfaß, A. (1999):* Digitale Wertschöpfung – Neue Medien optimieren die Geschäftsprozesse, in: Barske, H./Gerybadze, A./Hünninghausen, L./Sommerlatte, T. (Hrsg.): Das innovative Unternehmen (Loseblattwerk), Wiesbaden 1998 ff., Kap. 12.01/1, S. 1-18 (Teil 1) und Kap. 12.01/2, S. 1-17 (Teil 2).

*Zerfaß, A. (2001):* Unternehmensführung und Öffentlichkeitsarbeit, in: Brauner, D.J./Leitolf, J./Raible-Besten, R./Weigert, M.M. (Hrsg.): Lexikon der Presse- und Öffentlichkeitsarbeit, München, S. 394-399.

*Zerfaß, A. (2003):* Public Relations – richtig verstanden: Warum moderne Unternehmensführung strategische und integre PR benötigt, in: Ahrens, R./Knödler-Bunte, E. (Hrsg.): Public Relations in der öffentlichen Diskussion. Die Affäre Hunzinger – ein PR-Mißverständnis, Berlin, S. 121-126.

*Zerfaß, A. (2004):* Emerging patterns of the Public Sphere. The challenge of corporate networks, virtual communities and ethnic diversification for Corporate Communications, in Vorbereitung.

*Zerfaß, A./Emmendörfer, A. (1994):* Gesellschaftsorientiertes Marketing und sozial verantwortliche Unternehmensführung, Diskussionsbeitrag Nr. 80 des Lehrstuhls für Allgemeine Betriebswirtschaftslehre und Unternehmensführung der Universität Erlangen-Nürnberg, Nürnberg.

*Zerfaß, A./Haasis, K. (2002):* Internet und E-Business im Mittelstand – Anwendungsfelder, Chancen, Handlungsmöglichkeiten, in: Haasis, K./Strommer, W./Zerfaß, A. (Hrsg.): Digitale Wertschöpfung, 2. Auflage, Heidelberg, S. 5-25.

*Zerfaß, A./Hoffmann, C. (2001):* Das Netzwerk vom Bodensee – Über 100 Industrieunternehmen aus Deutschland, der Schweiz, Österreich und Liechtenstein kooperieren in der „Virtuellen Fabrik", in: CyBiz, 2. Jg., Nr. 5, S. 78-80.

*Zerfaß, A./Sandhu, S./Huck, S. (2004):* Innovationskommunikation, in: Kommunikationsmanager, 1. Jg., Nr. 2/3, im Erscheinen.

*Zerfaß, A./Scherer, A.G. (1995):* Unternehmensführung und Öffentlichkeitsarbeit. Überlegungen zur wissenschaftstheoretischen Grundlegung der Public Relations-Forschung, in: Die Betriebswirtschaft, 55. Jg., S. 493-512.
Frühere Fassung veröffentlicht als: Die Irrwege der Imagekonstrukteure. Ein Plädoyer gegen die sozialtechnologische Verkürzung der Public Relations Forschung, Diskussionsbeitrag Nr. 77 des Lehrstuhls für Allgemeine Betriebswirtschaftslehre und Unternehmensführung der Universität Erlangen-Nürnberg, Nürnberg 1993.

*Zerfaß, A./Zimmermann, H. (Hrsg.) (2004):* Usability von Internet-Angeboten. Grundlagen und Fallstudien, Stuttgarter Beiträge zur Medienwirtschaft Nr. 10, Stuttgart.

*Zezschwitz, F. von (1978):* Wirtschaftsrechtliche Lenkungstechniken: Selbstbeschränkungsabkommen, Gentlemen's Agreement, Moral Suasion, Zwangskartell, in: Juristische Arbeitsblätter, 10. Jg., S. 497-505.

*Zimmermann, W. (1992):* Operations Research. Quantitative Methoden zur Entscheidungsvorbereitung, 6. Auflage, München/Wien.

*Zöllner, O. (1993):* Dialog als kommunikative Strategie. Öffentlichkeitsarbeit staatlicher Stellen am Beispiel der Akademie der Bundeswehr für Information und Kommunikation, Waldbröl.

*Zühlsdorf, A. (2002):* Gesellschaftsorientierte Public Relations. Eine strukturationstheoretische Analyse der Interaktion von Unternehmen und kritischer Öffentlichkeit, Wiesbaden.

*Zündorf, L. (1986):* Macht, Einfluß, Vertrauen und Verständigung. Zum Problem der Handlungskoordinierung in Arbeitsorganisationen, in: Seltz, R./Mill, U./Hildebrandt, E. (Hrsg.): Organisation als soziales System, Berlin, S. 33-56.

*Zündorf, L. (1987):* Macht, Einfluß und Vertrauen, in: Angewandte Sozialforschung, 14. Jg., S. 303-311.